教，然后知反

Jiao Ranhou Zhifan

诸君 主编

幼儿园一线新课程探索与实践

教学实践卷

文匯出版社

本书编委会

（以姓氏笔画为序）

主　编：诸　君

副主编：王　燕　竺　清

编　委：王　艳　吕　萍　刘　岚　陈灵君
杜　玥　沈　婷　沈　静　沈祎冰
陆　益　李　洁　周葱葱　祝晓隽
殷　凤　唐金丹　蒋慧群　傅敏敏

主编的话

上海市浦东新区学前教育（托育服务）指导中心主任　诸　君

《教，然后知反——幼儿园一线新课程探索与实践》丛书，是上海市浦东新区学前教育（托育服务）指导中心成立以来正式出版的第一套丛书。这套书，从主题策划、内容确定、文稿征集到修改校对，前前后后经历了一年多时间。此刻，沉甸甸的书稿即将杀青付梓成书，作为主编，我深刻地感受到在丛书编辑过程中，编委会学到了许多新知识，积累了不少经验，也汲取了一些教训。这些都将鼓励我们把这项利于区域学前教育发展的好事坚持做下去，争取今后每年都出版一些书籍，为基层幼儿园和一线教师提供更多发表论文和交流研究成果的机会，为教师搭建更多成长成才的平台。

作为浦东新区教育局领导的学前教育（托育服务）指导中心，我们始终坚持全面贯彻党和国家的学前教育方针政策，贯彻落实上海市和浦东新区学前教育发展规划和三年行动计划，办人民满意的学前教育。通过加快实施新课程，培育能够适应区域教育改革与发展的优质师资队伍，推进区域幼儿园均衡优质发展，是办人民满意的学前教育的重要基础和前提。因此，中心成立以来，我们始终坚持以"幼有善育"为工作的一个重要目标，确立并坚持基于儿童立场及儿童优先发展的理念，不断激励各层面幼儿园特色、多元、创新发展，在这一过程中积极加快教师专业发展。这套丛书，在一定程度上反映了我们的工作实绩。本书的作者都是基层幼儿园的一线管理者和教师，收录的所有文章都是她们在实际工作中的实践和探究，这些文章比较生动地展现了浦东新区幼儿园科学保教的新实践、新经验，展现了新时代浦东学前教育深化改革规范发展的新面貌，展现了我们的教师兢兢业业潜心实践和探索的点滴经验与收获。

全书分上、下两卷，上卷是优秀论文卷。浦东新区学前教育（托育服务）指导中心于2021年6月组织了首届优秀教育论文评选活动，旨在激发广大教师开展教育教学研究的积极性，积极推广教师优秀的教育教学经验，提升教师实践研究和撰写论文的能力，为一线教师展示教科研成果搭建平台。论文征集通知下发之后，广大教师积极参与，中心共收到参评论文376篇。为了提高论文评选的权威性和公正性，中心决定初评和终评全部采用盲评的形式。首先由部分经验丰富的退休园长进行初评，选出入围论文150多篇；再组织学科专家和资深编辑进行终评，评出一、二、三等奖。其中一等奖30篇，就是上卷收录的全部论文。这些论文从不同角度反映了浦东新区各基层幼儿园教师认真探究推进新课程、促进教育教学改革与发展的实践研究成果，以及在科学育儿指导服务、教师专业成长与发展、办园质量评价改革、幼儿园装备及专用活动室建设、幼儿园信息化建设与应用、幼小衔接、家园共育、幼儿卫生保健、关爱特殊幼儿等方面工作的先进经验。这些论文都是行动研究的成果，具有很强的可操作性，因此具有较强的推广和借鉴价值。

下卷为教学实践卷，展示的是2021年浦东新区幼儿园特色活动展示周的实践成果。我们中心每年组织的幼儿园特色活动展示周，已经成为展示各幼儿园办园特色的一个重要品牌，成为展示一线教师教育教学才华和实践研究能力与成果的舞台，成为提高幼儿园保教研究质量、助推浦东学前教育优质均衡发展的重要抓手。本届展示周共有41场主题活动，本书精选其中43篇经验交流文章、45篇教学课例（小班13篇、中班9篇、大班23篇）、104份个别化学习活动设计（小班6个主题、12份活动设计，中班8个主题、45份活动设计，大班4个主题、47份活动设计）。这些文章从不同层面呈现了区域各基层幼儿园基于儿童视角的课程实践，从助力幼儿健康成长的不同维度、从一日活动的不同环节等，展示、分享其特色课程和校园文化，描绘了新课程实施过程中，浦东各幼儿园一线教师对《幼儿园教育指导纲要》和《3～6岁儿童学习与发展指南》的理解和诠释，展现了一幅幅浦东学前教育改革与发展精彩纷呈的温馨画面。

在中心首套丛书即将出版之际，我首先要感谢浦东新区教育局和托幼处领导对我们这项工作的积极支持。我还要感谢资深编辑周春梅老师和文汇出版社资深编辑张涛老师，他们以严谨的专业精神指导编委会工作，给我们留下深刻印象，使我们学到了编辑、出版专业的许多知识与技能，为今后的工作奠定了良好的基础。

值得一提的是，在编辑这套丛书的过程中，浦东学前教育领域涌现了一支很有战斗力、专业能力很强的志愿者队伍，他们有的是幼儿园园长，有的是一线优秀教师，有的是区域教育研发机构的专家和资深编辑。这支队伍召之即来，来之能战，战之能胜。他们利用节假日，不计报酬加班加点，认真地进行论文评选（指出每一篇论文的优缺点）、文章修改校对（统一文章的格式，联系作者帮助修改文稿）等一系列琐碎繁杂的工作。我想，这套丛书能够顺利出版，离不开他们的共同努力。今后，我们还将依靠他们，并争取更多志愿者参加，把我们每年要出版的专业书籍编得更好。在此，我谨向丁秀娟、王艳、吕萍、刘岚、杜玥、沈婷、沈静、沈祎冰、陆益、李洁、周葱葱、祝晓隽、殷凤、唐金丹、顾惠芬、傅敏敏等老师表示真诚的感谢。《浦东教育》原编辑室主任陈家昌老师是最年长的志愿者，他从头至尾参加了本书的全部编校工作，并且承担指导专业志愿者的任务，为本书的顺利出版做了许多有效的工作，在此说声谢谢！

“万事开头难。”新书的出版，标志着中心在教科研领域取得了一定的成果，值得庆贺。但同时，我也不讳言，由于这是一项全新的工作，或者说我们对这方面完全无经验可言，一切都在摸索过程中，因此，本书的错漏之处，在所难免，敬请读者批评指正。同时，我还希望读者对我们今后论文征集以及教育展示周活动，提出意见和建议，以督促我们把这项工作做得更好，做得更加持久、更加有效。

2021年8月

目录

课　例　篇

小班集体学习活动

中班集体学习活动

大班集体学习活动

个别化学习活动设计篇

经验交流篇

幼儿园情景剧特色课程的开发与实施

徐玉杰（上海市浦东新区康弘幼儿园）

一、研究背景

（一）课程研究经历三个阶段

我园于2011年建园伊始，就将情景剧活动确定为特色活动。经市、区教育专家和高校教授跟踪指导，组织实施一系列市、区级课题，幼儿情景剧活动逐渐成熟，呈现明显的活动课程的特征，也就是幼儿园特色课程中的一种课程形态。其间，主要经历了三个阶段：第一阶段：2011年9月～2015年5月，我们组织4项区级课题研究，提炼幼儿情景剧相关概念，形成幼儿园情景剧活动实施方案。第二阶段：2015年6月～2018年12月，我们组织7项市、区级课题，建构幼儿情景剧活动课程。第三阶段：2019年1月至今，我们正在实施6项市、区级课题，又申报了5项课题，聚焦幼儿情绪能力发展，优化情景剧活动的组织实施。

（二）研究的方法与过程

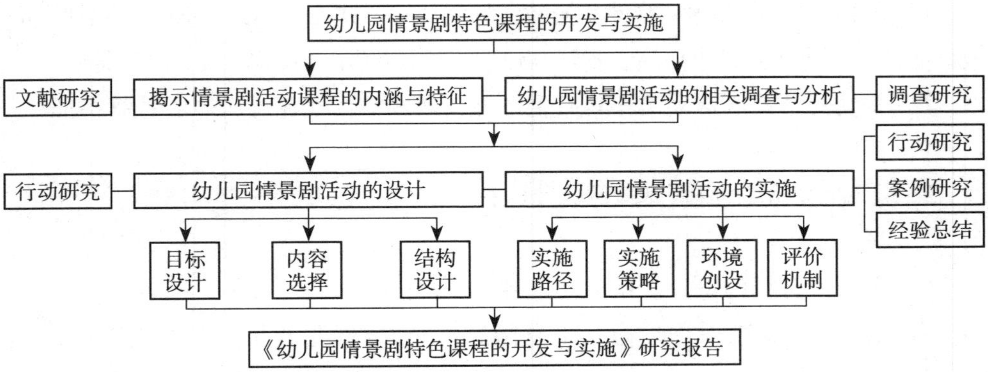

图1：项目研究行动架构图

二、课程的理念：舞台点亮童年，角色开阔人生

我们重视陈鹤琴先生的提示："儿童最易受暗示。关于良好举动、习惯风俗等，我们都可以利用暗示来养成。"以及"要注意戏剧的暗示给儿童的影响。人的动作很容易暗示儿童，如戏剧中有系统的动作格外容易暗示儿童。"提倡"舞台点亮童年，角色开阔人生"的理念，以幼儿身心发展规律为依据，以"知情意行"心理发展为核心目标，融合戏剧方法和幼儿教育方法，组织开展专门性活动和渗透性活动，促使幼儿在角色扮演中丰富内心世界，在情景演绎中促进具身认知，在美感体验中不断增强自信。

三、课程的内涵和特征：融合戏剧的"本质论"和"工具论"

情景剧源自戏剧。幼儿情景剧活动课程立足幼儿多样化体验和丰富生活经验的思考，借鉴戏剧具有的"工具论"和"本质论"相融的特点，既关注幼儿戏剧经验生长，即"本质论"功能，又重视幼儿道德品质发展，即"工具论"功能。融汇教育戏剧、戏剧教育和创造性戏剧教育等教育理论和核心概念，厘清幼儿情景剧与故事表演、表演游戏、戏剧表演和儿童剧之间的区别，揭示幼儿情景剧活动课程的独特内涵。

（一）幼儿情景剧活动课程具有独特内涵

幼儿情景剧活动课程是指教师根据幼儿的年龄特点、已有经验和最近发展区，从幼儿园教参、经典绘本、幼儿生活和传统美德等故事中，提炼有价值素材，有目的、有计划地选用戏剧方法和剧场元素预设特定时刻的情形，吸引幼儿运用动作感知、情绪感染、语言表达、物件变换和音效烘托等方式雕塑情景、参与角色塑造的教育活动。幼儿在情景中扮演、表达和体验，增加阅历，丰富智慧，提升美感。

（二）幼儿情景剧活动课程具有融合性、戏剧性、建构性和体验性等特征

四、课程的设计：整体架构目标和内容

（一）课程目标的设计，聚焦幼儿品艺发展

我们思考情景剧课程形态，贯彻国家《3～6岁儿童学习与发展指南》与

《幼儿园教育指导纲要》，以及张金梅《学前儿童戏剧教育》，聚焦幼儿品德发展和戏剧经验生长两个维度，制定情景剧课程目标。

表1：幼儿情景剧活动课程具体目标

一级目标	二级目标	具 体 要 求
知：道德认知（主动的探索表达）	经验积累	探索认识周围事物和现象，运用身体表达自我和生活意义。
	角色对话	依据剧情商定台词或动作，声音清楚，动作鲜明，大胆自信地对话（语言或肢体）交流。
情：道德情感（积极的美感体验）	情绪感受	结合已有生活经验，主动发现剧情及角色情绪的变化，通过观察学习、讨论辨析、亲身体验等感受角色情绪。
	美观创造	喜欢情景剧活动，合作运用肢体与情绪、言语和声音等表现美，创造美。
意：道德意志（持续的兴趣投入）	自主创编	依据主要线索，合作制造冲突，尝试合理解决，大胆创编剧情。
	大胆表现	根据角色特点及剧情发展，运用肢体和情绪、言语和声音、音效和灯光等揣摩想象，塑造角色，合作雕塑情景。
行：道德行为（良好的习惯养成）	习惯养成	模拟生活实景，体悟剧中解决问题的方式和方法，促进良好生活习惯、学习习惯、文明习惯等的养成。
	剧场礼仪	关注他人，主动回应，合作互助，养成遵守剧场规则的良好习惯。

（二）课程内容的选择，挖掘多渠道有价值素材

遵循有助于幼儿发展积极情感、萌发表达表现能力和解决问题能力的原则，梳理选材遵循生活性、适宜性、教育性、兴趣性、可表演性；选择渠道来自教参中的故事、经典绘本中的故事、生活中的故事、传统美德的故事；确定主题六个维度，就是爱国、乐学、诚信、友善、明理、自护。

表2：各年龄段幼儿情景剧内容一览表

主题内容	年龄段 \ 素材来源	教参中的故事	绘本中的故事	生活中的故事	传统美德故事
爱国	小班	《小壁虎借尾巴》《十二生肖》	《游子吟》	《一个不能溜达的春天》《班尼兔的缤纷世界》	《花木兰》《宝莲灯》《愚公移山》

（续表）

主题内容 \ 年龄段 \ 素材来源		教参中的故事	绘本中的故事	生活中的故事	传统美德故事
爱国	中班	《重阳节的故事》《幸福农场》	《去外婆家的神奇之旅》	《寻找春天的笑脸》	《黄香扇枕温被》《狮子王》《沉香救母》《陆绩怀橘》
	大班	《小石狮》《月亮船》	《西游记》《寻找中国龙》	《爸爸妈妈听我说》	《大禹治水》《董存瑞》《水调歌头》《精忠报国》
乐学	小班	《小壁虎借尾巴》《乌鸦反哺》	《小熊不刷牙》《想吃苹果的鼠小弟》	《玩具找家》	《亡羊补牢》《草船借箭》
	中班	《小松鼠采松果》	《小马过河》《猴子学样》	《我有一个秘密告诉你》	《子路借米》
	大班	《螃蟹奇遇记》《曹冲称象》《小雨点旅行记》	《奇怪的蛋》《别想欺负我》	《淘淘上学去》《会唱歌的溜冰鞋》	《铁杵磨成针》《大禹治水》
诚信	小班	《十二生肖续》	《葫芦娃》	《我可以吗》	《守株待兔》
	中班	《咕噜牛》	《雪孩子》	《淘淘上学去》	《金斧头银斧头》《狼来了》
	大班	《谁毒害了小鲤鱼》	《卖火柴的小女孩》	《大人不在家》《我的幸运一天》	《雪中送炭》
友善	小班	《小猪去郊游》《送大乌龟回家》	《大熊的拥抱节》《白雪公主》《大象艾玛》	《我不生气》《宝贝不可以》	《年的故事》《狼和小羊》《仁慈的九色鹿》
	中班	《荷叶姐姐的伞》	《有趣的鞋店》《空中小屋》	《手不是用来打人的》《请你听我说》	《年》
	大班	《大鲸鱼在海边》《蜈蚣叔叔的袜子》《香香要回家》	《黑猫警长》	《闪光点》《天生一对》《卖火柴的小女孩》	《三个和尚》
明理	小班	《买礼貌》	《图书馆狮子》《29只小精灵》	《一个接一个》	《拔苗助长》

（续表）

主题内容 \ 年龄段 \ 素材来源		教参中的故事	绘本中的故事	生活中的故事	传统美德故事
明理	中班	《春风》	《十一只小猫》《厨房小精灵》	《那片草地真美丽》《康弘路最后一站》	《猴子捞月》
	大班	《快上一年级》	《春神跳舞的森林》	《我可以跳舞吗》	《孔融让梨》
自护	小班	《小兔乖乖》《交通安全我知道》	《胖国王瘦身记》《森林，生病了》	《危险的面包》	《邋遢大王》
	中班	《三颗星星》	《牙齿大街的新鲜事》《最后一只海豚》《我不跟你走》	《滚蛋吧感冒君》《挑食宝宝》《回归蔚蓝》《着火了》《我不跟你走》	《司马光砸缸》
	大班	《听雨》	《没有牙齿的大老虎》《螃蟹咔哒》《美人鱼》	《汤姆走丢了》《别想欺负我》《流感大人》	《小红帽》

五、课程的组织形式：体现幼儿自主体验

幼儿情景剧活动课程以幼儿为中心，由一系列活动组成，主要包括专门性活动和渗透性活动。专门性活动有经典剧、自由剧和欣赏剧。经典剧以教师发起为主，一般为经过历年打磨和沉淀的、认可度高的情景剧；自由剧以幼儿发起为主，共享感兴趣的故事素材点或生活事件，协商确定情景剧主题，设法探寻塑造角色和雕塑情景的方法，旨在发展幼儿自主表达表现，大胆想象创造的能力；欣赏剧由师生共同发起，包括舞台剧和经典剧欣赏等。渗透性活动以多样化的方式隐性渗透于生活活动、运动和家庭生活中，主要有戏剧游戏和亲子戏剧。

依照情景剧活动的内容组成，从四大特征着手，将情景剧活动渗透于一日活动中，以多样化的体验形式，鼓励幼儿主动感知周围世界，大胆表达自己的想法和情感。

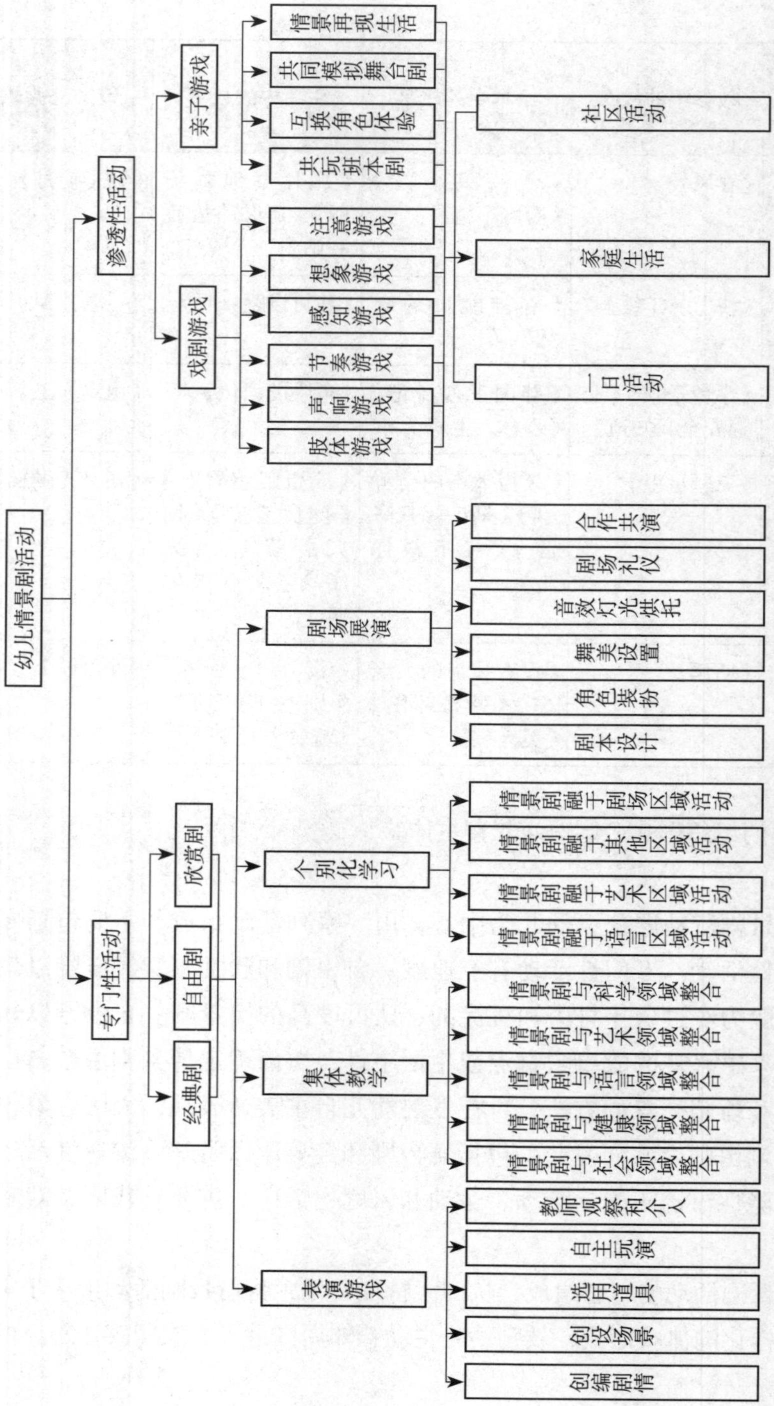

图2：幼儿情景剧活动课程的实施途径

（一）表演游戏

师生以情景剧为线索，自主创编剧情，用自己的语言和行为与情景剧中的情节、角色的特点联系起来，摆弄场景，自然玩演，按照自己的理解表达表现剧情。

如中班情景剧活动《小雨人儿》中，小雨人们一个个装扮好，再从百宝箱里找到蓝色的布、白色的板和一团团的棉花，在虚拟的云彩中、池塘里快乐玩耍。

（二）学习活动

聚焦情景剧活动元素，关注幼儿全面和谐发展，组织实施情景剧相关集体教学或个别化学习活动，优化情景剧特色课程实施。

1. 集体教学

挖掘情景剧素材点下适宜幼儿最近发展区的内容，以戏剧作为教学的媒介，运用戏剧方法和元素来丰富幼儿的观察力、想象力等，根据情景剧开展的需要而设计，为解决情景剧演绎中的难点、认知方面的需要，丰富情绪情感经验，推动情景剧的演绎等而展开学习活动。比如《谢谢你！消防员》，为了增强幼儿在舞台上的空间感知能力；又如《勇敢的军人》，为了让幼儿感受军人顽强勇敢的精神，萌发爱的情感。

2. 个别化学习

师生以个别操作或小组合作的形式，根据情景剧实施过程中对于剧情、台词、音乐、道具等的设计与制作的需要，自主选择相应区域，选用材料，尝试运用情绪言语、肢体动作、美术表征等多元的表达表现方法，进行关键的剧情创编、角色塑造和情景雕塑，丰富情景剧内涵。

比如，大班情景剧《我可以跳舞吗》，分设“贝琳达的梦想”“贝琳达的故事”创编剧情，“贝琳达的服饰”“扇子”等设计与制作服饰和道具，等等。

（三）剧场展演

是指一期一度，结合重要节庆活动，教师、幼儿和家长会聚剧场，合作演绎班本情景剧等。剧场展演既是情景剧活动的最终仪式，也是结果性评价环节。

六、实施策略：支持幼儿创造性表达

我们甄选适合3～6岁幼儿的戏剧方法与剧场元素，融入情景的玩演过程，采用角色塑造、情节生长、情景雕塑、师幼互动、家园合作策略。支持幼儿创造性表达，激发幼儿积极主动地感知和体验。

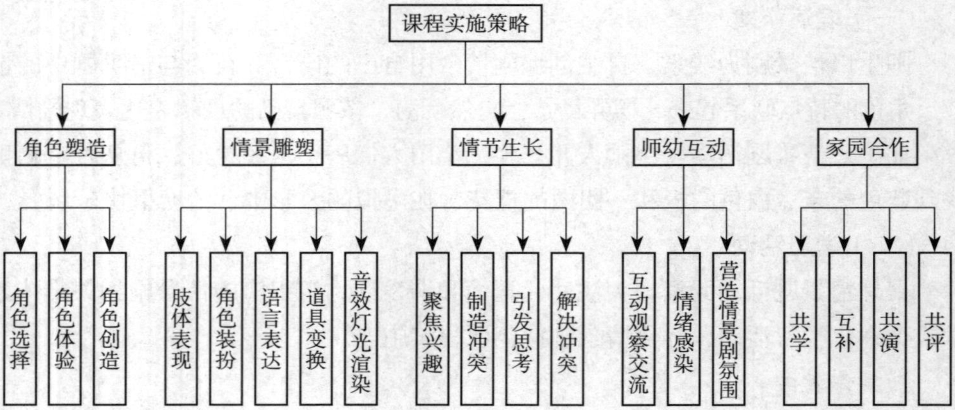

图3：幼儿情景剧课程实施策略

七、环境创设：发挥环境的影响作用

基于幼儿、家长对幼儿情景剧活动环境创设经验少等问题，创设形式多样、空间多维的“情景”环境，如门厅的开放式舞台、班本情景剧体验环境、走廊的彩绘情景、楼梯的“情景”剪影、小不点大剧场等。幼儿在环境中自主选择材料、塑造角色、雕塑情景，加深体验。

八、课程评价：构建多元评价机制

注重发展性评价，采取幼儿自评、同伴互评和家长及教师他评的方式，通过观察法（录像）——访谈（幼儿、家长）——问卷（亲子小不点剧场、教师进剧场）——档案袋（幼儿成长手册）等综合教师、家长、专家团队的意见，全面了解幼儿发展情况及教师情景剧活动组织能力，检验幼儿园情景剧特色课程实施的成效。

自主阅读　探究发展

——懿行幼儿园自主探究阅读特色介绍

徐　曼（上海市浦东新区懿行幼儿园）

懿行幼儿园创建于2016年9月，是浦东新区教育局委托上海市示范幼儿园浦南幼儿园托管的全日制公办幼儿园。2019年上半年，懿行幼儿园以优异的成绩通过上海市教育评估院的幼儿园等级评估，成为“上海市一级幼儿园”，同年被评为“上海市安全文明校园”“上海市依法治校标准校”，连续两年被评为“浦东新区见习教师优秀聘任园”，2020年被评为“上海市家庭教育示范校”“十四五家庭教育基地学校”。

我们秉承“阅读启智，为孩子终身幸福奠基”的办园理念，嫁接浦南早期阅读的研究成果，以《幼儿自主探究阅读活动的实践》为园本课题，同时确立“自主探究阅读”为园本特色。

一、探究阅读特色活动的逻辑起点

幼儿自主探究阅读活动，是幼儿园以全体幼儿为对象，在一定理论的指导下，以阅读为载体，创设适宜的环境和氛围，采用恰当的形式和方法，让他们自主发现问题、分析问题、解决问题，从而培养其探究兴趣、方法、能力和品质的活动。

二、探究阅读特色活动的实践行动

自主探究阅读素养，必须通过日复一日、长期细致的培育。在自主探究阅读活动的实践中，我园力求做到教育的完整性、全面性和持续性，所涉及的内容均合理地安排在幼儿的每日、每周、每月、每学年中，形成了以固定活动为主体，不定时的阅读相关活动为补充的特色活动架构方式。

（一）一个目标

我们形成了总体目标、分类目标、分年龄段目标。

（二）两个途径

第一个途径：集体活动

1. 集体阅读活动——每周

通过活动的开展，鼓励幼儿积极主动地对画面中的图画符号进行观察与发现，让幼儿在自主阅读中发现问题、提出问题、分享交流，创造性地表达表现。

2. 月月秀活动——每月

为了提升幼儿的语言表达能力，使其愿意大胆地在集体面前表达表现，我园设有“月月秀”活动，每个年级组每月结合德育、美育等进行不同主题的月月秀活动。表演形式有多种，如儿歌、童谣、歌舞、童话剧、创意表演等。

3. 欢乐阅读节——每年

我园于每年的上半年开展为期两至三周的阅读节，教师们有目的、有计划地开展一系列与阅读有关的活动，确保每位幼儿、家长能全程参与这一节日。

本届阅读节我们结合建党百年，通过课程领导小组、家委会商议确定主题“致敬百年　悦读筑梦”，开展分别指向幼儿、教师和家长的三个篇章活动。

结合“世界读书日”发出阅读节活动倡议，其中包括一年一度的“徽标征集”，评选出家长、孩子、老师心中的本届徽标。

2020年阅读节于5月10日正式开幕，6月1日闭幕。第一篇章，“致敬——我和我的祖国”。在这个篇章中，幼儿参与活动“经典主题人物秀”，装扮起了中国传统绘本角色，感受绘本带来的魅力；教师开展“学党史、荐绘本”活动；而家长报名成立了“红色经典故事巡讲团”，每天下午为孩子们带去一个个精彩的线上故事。我们共同致敬中国共产党百年华诞，萌发爱国、爱党的美好情感！

第二篇章，“悦读——我和我的绘本”。在这个篇章中，幼儿和家长共同自制“图画书”，体验制作图书的快乐；我们还邀请了专家为家长带去“亲子阅读指导专题讲座”。而老师们则设计开展了自主探究阅读活动，共同感受绘本世界的奇妙，提升阅读素养！

第三篇章，“筑梦——我和我的梦想”。在这个篇章中，幼儿争做“小主播”，经过班级初赛、年级复赛评选出了“故事大王”，每天下午高年龄段孩子走进低年龄段孩子的教室，带去一个个精彩的故事；此外，在这个篇章中家长、教师、幼儿合力大胆编排“童话剧”，大胆表达、自信表现，能说会道，能演会做。

第二个途径：个别活动

1. 个别化阅读活动——每天

在个别化学习活动中，每班设有一块好“玩”的自主探究阅读墙，结合不同的绘本内容创设可供幼儿阅读、操作、发现的墙面，引发幼儿进行自主探究，主动获取阅读经验，建构各类知识经验。

我们还设有好“动”的自主探究阅读走廊，教师巧心思地将绘本通过各种材料制作，将其中的探究点通过智能笔和可操作的材料整合，使幼儿仔细倾听故事和互动内容，和走廊上的故事动一动，提升探究素养。

2. 小喇叭广播——每天

活动前，教师结合年龄特点、班级主题进程抑或是幼儿生成内容，合理分配幼儿的播报时间和顺序，取得家长的支持和合作。小班幼儿以表演短小儿歌、童谣为主，中班幼儿以气象播报、讲故事为主，大班幼儿以故事表演、播报新闻为主。

活动中，教师组织幼儿开展广播活动，及时表扬、鼓励幼儿在集体面前大胆表达表现，引导小听众专注倾听、观看他人的表演，养成幼儿有意倾听的习惯。

活动后，教师组织幼儿共同参与讲评，将播报中产生的“新闻记录”或“播报之星”布置在班级环境中。

3. 图书漂流活动——每周

活动前，教师做好宣传工作，准备符合班级人数的漂流书籍与绘本指导内容，做好图书漂流活动的编号、记录等。结合疫情变化，教师还推出了电子图书的指导内容，通过二维码的形式给予家长图书漂流的绘本内容、纸质漂流物语传递亲子漂流的心得。

活动中，教师及时对书本数量、漂流物语进行核对，对活动中优秀的漂流物语进行班级展示，并根据每周的漂流情况进行及时的调整。

活动后，教师根据班级开展情况进行“家长沙龙”活动，听取家长的声音，给予更好的亲子阅读指导。

4. 亲子阅读——每月

教师选择适宜的自主探究阅读绘本通过线上或线下的方式向家长推荐，针对绘本内容做好指导。分为“向您推荐”，主要是绘本内容的概要；“共读时刻”，包括趣味导读和语气语调，帮助家长在亲子阅读中注意方式和方法；“亲子共乐”，主要围绕故事内容中一些有趣的引发幼儿思维的提问；最后的“想想记记、做做玩玩”主要引发幼儿对绘本的探究思考与发现，在亲子阅读中提升幼儿的探究素养。

（三）三种形式、四种方法、五条策略

在实践探究阅读活动中，我们提炼和总结了三种形式，分别为自觉能动式、独立自控式、创新质疑式；同时，我们找到了四种开展探究阅读活动的方法，分别为情境创设、问题推进、图片排序以及现象引发法；在开展探究阅读活动中，我们经常会使用五条策略，动机激发、情境设疑、循序渐进、情感渗透以及鼓励评价策略。这些形式、方法和策略很好地提升了探究阅读活动的效能。

三、探究阅读特色活动的丰满收获

经过几年实践行动，我们探究阅读活动有了明确的目标、适当的途径、恰切的形式、科学的方法和正确的策略，极大地提高了效益，取得了丰满的收获，促进了幼儿的发展，促进了教师的发展，促进了幼儿园的发展。

基于目前我园的实践成果，后续我们将进一步深入研究，纵向细化研究内容，丰富自主探究阅读的素材，拓展自主探究阅读活动的深度，以进一步促进幼儿自主探究阅读素养的提升。

让每一个孩子发挥独特的潜能，让每一位教师充满担当的能量，让幼儿园奉献优质的教育，为成就而成长，为卓越而超越，懿行幼儿园——永远行进在发展的路上！

发现美，创造美

——幼儿园造型艺术启蒙教育的实践研究

张　丹（上海市浦东新区博山幼儿园）

美到处都有。对于我们的眼睛而言，不是缺少美，而是缺少美的发现。

幼儿园教育作为基础教育的一部分，其意义就是如何让孩子从小播下美的种子，拥有幸福的童年和完美的人生。博山幼儿园创办于1991年，是上海市一级园，是一所以美育为特色的幼儿园，多年来一直重视幼儿美育能力培养的研究，积累了一些有效的经验，如何传承和发展是我们一直思考的问题。为此，我园进行了《幼儿园造型艺术启蒙教育的实践研究》。

一、幼儿造型艺术启蒙教育的培养目标

总目标：通过挖掘和利用生活中的各种材料，萌发幼儿对造型艺术活动的兴趣，培养幼儿立体构造能力和良好的生活习惯，提高幼儿审美兴趣、创美能力，增进幼儿的环保意识。

分目标：小班幼儿以激发对造型艺术的兴趣为主；中班幼儿以培养对造型艺术的感受体验能力为主；大班幼儿以培养造型艺术创意能力为主。

二、造型艺术启蒙教育实施的内容

（一）源于生活的造型艺术

源于幼儿生活的造型艺术教育活动，因为材料的生活化孩子们更为感兴趣，他们往往会调动全部的热情和智慧去探索、去发现、去尝试。

（二）源于传统文化的造型艺术

结合我园的办园理念，融合历年造型艺术教育经验，我园以传统文化中的二十四节气以及相关的传统习俗为载体，创设以“二十四节气”为主题的园所环境，开展“二十四节气”传统习俗的主题活动，通过制作造型艺术作品，使幼儿能够耳濡目染，感知时令和节气对生活的影响，激发他们对中华传统文化中“二十四节气”的兴趣，激活他们自主探究的行为。

三、造型艺术启蒙教育实施的途径

我们以集体教学活动、个别化学习活动、亲子活动三大主题为切入口，挖掘和利用生活中的各种造型材料，萌发幼儿对造型艺术活动的兴趣，培养幼儿立体构造能力和良好的生活习惯，提高幼儿审美兴趣、创美能力，增进幼儿的环保意识。

（一）集体教学活动

在幼儿园集体教学活动中，教师有目的地将造型艺术元素融入集体教学，把造型艺术活动内容与集体活动中的数学活动、语言活动、科学活动等融合起来，间接地引导幼儿掌握造型艺术的技能、技巧，激发幼儿的创造力。

1. 数学活动与造型艺术

幼儿园的造型艺术活动离不开数学，数学知识的丰富和数学概念的建立都是幼儿美育发展的基础，对造型艺术教育有着一定的促进作用。活动中，幼儿不仅认识了左右对称、从大到小，感受了排列的美，还掌握了形状、图形的等分等数学概念，为制作类似的造型作品奠定了基础。

2. 语言活动与造型艺术

语言活动内容和情节的构思不需要做到细致入微，幼儿可以一边玩，一边联想，不断丰富内容。如《我的幸运一天》是幼儿喜欢的绘本故事。为了让幼儿能在个别化学习中讲述、表演这个故事，老师和幼儿就用生活材料制作了故事中狐狸和小猪的角色，孩子们非常喜欢。

（二）个别化学习活动

个别化活动旨在补充和完善集体教学中利用各种材料进行造型艺术启蒙教育的不足，作为集体教学的延续，更多满足幼儿的个体需要，通过多种活动形式的配合和补充，更好地萌发幼儿对造型艺术活动的兴趣。

（三）亲子活动

每学期我们通过亲子制作活动、家长开放日、家长评委等形式向家长进行宣传，让家长了解我园的特色；了解造型艺术对幼儿发展的价值及意义；指导家长如何发掘身边的各种造型材料，引导孩子大胆创作以及如何评价孩子作品。

亲子制作活动：孩子们和爸爸妈妈一起利用各种材料进行创意制作，老师则搭建了展示的平台，在大厅里、走廊上展示亲子作品。同时组织家长开展的亲子运动器械制作作品则投放到幼儿园的运动区域，以此来丰富幼儿的户外运动器械，提高幼儿的运动能力。

家长开放日活动：每学期的家长开放活动，教师们会精心准备一节利用各种材料开展的造型活动，请家长一起加入。在活动中家长就像小朋友一样，边看、边学、边做，和孩子们共同设计制作，一起交出自己的作品。

家长评委：每学期幼儿园都会举办一次亲子制作活动，活动后期我们会邀请每个班级的家长代表作为评委，评选出优秀的作品。家长们会以幼儿作品的创意、风格、童趣、美感作为考量依据，评价他们的作品。

四、造型艺术启蒙教育实施的方法

（一）感受理解法

感受理解法是指教师在造型艺术活动中调动幼儿的各种感官，通过欣赏美的直观、感性形象来引导幼儿感受美、理解美、创造美，使幼儿产生审美愉悦，来提高其审美鉴赏力和创造力的教育方法。如在开展活动《小乌龟》前，幼儿展开了讨论，在众多材料中找出了一次性盘子、光碟、塑料篮子等来制作小乌龟，又用吸管、毛线、报纸、豆豆等打扮着小乌龟，活动室的“小池塘”里一下子热闹了起来。

（二）自我表现法

自我表现法是指幼儿通过对外部世界的感觉，自由表达表现的一种方法。为此教师为幼儿提供了形式多样的活动形式，如幼儿园的创意活动室和亲子吧每天向幼儿开放，教师们依据不同年龄段幼儿的特点、季节、主题的变化等，及时调整、补充材料、工具，让幼儿能尽情地玩、有兴趣地玩，在做做玩玩中大胆表现自我。

（三）环境熏陶法

环境熏陶，意在孩子的心田里播下美的种子，让其获取成长的力量。如我们将幼儿园的大环境进行整体布局，总部以“春夏秋冬”为主题，郁郁葱葱的竹叶上高声鸣叫的小鸟，美丽的小花园里那一朵朵盛开的鲜花，引来了蝴蝶、蜜蜂飞舞其中。分部以二十四节气以及相关的传统习俗为载体，创设以“二十四节气”为主题的园所环境，这些都是用各种造型材料制作而成的。

五、研究成效

（一）提升了幼儿的艺术素养

在课题研究过程中，我们发现幼儿在造型艺术方面的感受、理解、想象、表现、能力均有明显的进步。造型艺术活动使幼儿的思维力、动手操作能力、感知能力、审美表现能力、创造想象力明显提高了。而教师们始终扮演着合作者、支持者和引导者的角色。

（二）丰富了教师的艺术教育经验

在实践研究中，教师的成长不可忽视。收集材料、活动的选材与设计、发现问题、反复尝试寻求对策、指导幼儿、经验总结等，都离不开教师的辛勤努力。我们的教师在课题组的带领下，以满腔的热情投入到这项极其艰辛的工作中，在困难中不退缩，大胆尝试，充分体现了教师对工作的敬业精神。

（三）彰显了幼儿园艺术教育特色

通过实践研究，我们进一步地认识到对幼儿进行造型艺术的启蒙教育是实施美育的主要途径，能促进幼儿健全人格的形成，并进一步凸显我园的办园理念——在美育环境中促进幼儿个性健康成长，进一步推进我园的美育教育。

跟随节气脚步　走进传统文化

——探究传统节气习俗活动，构建传统文化特色课程

李　遥（上海市浦东新区博山幼儿园）

我园多年来一直坚持以美育为特色，培养幼儿的美育能力，通过“利用生活材料开展幼儿园造型艺术启蒙教育的实践研究”的课题，以集体教学活动、区域活动、亲子主题活动三条途径，挖掘和利用生活中的各种材料，探索如何利用生活材料，开展幼儿造型艺术的启蒙教育，萌发幼儿对造型艺术活动的兴趣，培养幼儿立体构造能力和良好的生活习惯，提高幼儿审美兴趣、创美能力，增进幼儿的环保意识。

为了继承并发展我园的美育特色，激发幼儿学习中华优秀传统文化的积极性，将文化自信植入幼儿心灵，彰显幼儿园传统文化教育特色，从2019年9月起，结合我园的办园理念，融合历年课题经验和成果，我园以中华传统文化中的二十四节气以及相关的传统习俗为载体，开发并实施与之相适应的课程活动。一方面，使幼儿在习得二十四节气以及相关的传统习俗的基础上，感受优秀传统文化的熏陶，激发幼儿自主参与传统文化节庆的兴趣，激励幼儿热爱和探究民族文化的自主意识，并在活动中激活幼儿的多元智能；另一方面，通过本项目实施，加快推进有关传统节庆活动的教育资源库，加快园本课程开发与实施，并将课程建设的经验渗透到共同性课程，逐步构建具有博山特色的课程体系，提高我园教师的创新精神和实践能力，推进幼儿园的全面发展。

我们创设以“二十四节气”为主题的园所环境，开展“二十四节气”传统习俗的主题活动，通过制作造型艺术作品，使幼儿能够耳濡目染，激活他们自主探究的行为。激励幼儿家庭开展中华传统文化节气习俗亲子活动，在亲子互动中让

幼儿感知时令和节气对生活的影响，激发他们对中华传统文化中“二十四节气”的兴趣。接下来我们就来一起回顾我园开展过的二十四节气及传统节日的相关主题活动。

一、创设传统节气文化特色校园环境

“二十四节气”贯穿于整个幼儿园环境之中。大厅内以“四季”图为核心，将“二十四节气”的名称包围在四季图外围，每次活动的精彩照片都将布置于大厅之中。用小树桩围成的展示区，将根据不同的节气和传统节日，布置出具有节气特色的植物及食物，同时展示幼儿的造型艺术作品。走廊中通过春夏秋冬四季，布置了“二十四节气”的实景图片。梯道内以中国传统节日为指引，让幼儿了解中国传统节日的故事，知道中国有哪些传统节日习俗。

二、幼儿园传统节气文化主题实践活动

（一）元旦

新年到来，为了丰富我园幼儿的生活，活跃幼儿的身心，幼儿园特举办“迎新年　庆元旦”化装舞会，让全园的小朋友们身着中国的传统服饰快乐而有意义地度过元旦。老师为幼儿准备了大鼓、苹果、糖果、葱，让幼儿摸一摸，寓意幼儿在新的一年做事一鼓作气，生活平平安安，日子甜甜蜜蜜，脑袋聪聪明明。孩子们身着传统服饰学着古人的样子来了一场古风走秀，更好地体验了中国的传统文化。

（二）元宵

元宵节，博山幼儿园的小朋友们度过了一个精彩又有意义的元宵节。我们的元宵节活动有画汤圆、做元宵、做灯笼、赏花灯、猜灯谜……师生们在欢度节日的同时，也给孩子们讲讲元宵节的由来和习俗，孩子们一同制作了各式有元宵特色的造型艺术作品，在欢庆的同时收获知识。

（三）清明

清明节是中华民族的传统节日，承载着厚重的历史文化。为了充分发挥传统节日思想熏陶和文化教育意义，博山幼儿园在党支部的号召下，组织大班幼儿

开展“缅怀先烈，继承传统”的主题活动。活动中，大班幼儿聆听了革命先烈的感人故事，随后孩子们还通过绘画、折纸、泥塑等多种方式制作了献给英雄先烈的菊花。在看看、听听、讲讲、做做中帮助孩子们懂得：现在美好的生活是英雄先烈们用鲜血和生命换来的，他们是最伟大的人。清明正逢春暖花开、万物复苏的季节，有很多美味而又有营养的时令菜，它们都是餐桌上的美味佳肴。幼儿园里也带孩子们认识了许多当季蔬菜，看到这些绿油油的菜叶子，孩子们充满了好奇，还用这些蔬菜水果举办了一场蔬果造型秀。

（四）立夏

为了让孩子们更好地了解中华民族的传统文化，体验立夏的习俗，同时丰富幼儿园生活，我们博山幼儿园开展了“立夏”的一系列活动，增长了“立夏”的相关知识。让我们来看一看，博幼的孩子们都参与了哪些立夏风俗活动呢？

老师向孩子们介绍了有关立夏的有趣故事和风俗，随后，孩子们来画蛋，以蛋为纸，创意无限，蛋宝宝们在孩子的巧手上纷纷露出可爱的脸庞，每位孩子都开动自己的小脑筋，画出一个属于自己的立夏蛋。“立夏蛋，满街甩”，斗蛋通常是小孩子们的游戏。斗蛋的规则挺简单，说白了就是“比比谁的蛋壳硬”：大家各自手持鸡蛋，尖者为头，圆处为尾，蛋头撞蛋头，蛋尾击蛋尾，一个一个斗过去，斗破了壳的，认输，然后把蛋吃掉，而最后留下的那个斗不破的小强，被尊为“蛋王”。

（五）中秋

中秋节，我园开展了庆中秋的传统节日主题活动。中秋节是一个团圆的节日，在孩子们的眼里中秋节是一个甜蜜的季节，为了让孩子们更深刻地感受中国传统节日的意蕴和魅力，我们的孩子们用自己的行动红红火火地过了一个愉快的节日。在开展“庆中秋”的活动中，不仅让幼儿了解了中秋佳节的传统习俗，如赏月、吃月饼、玩花灯、赏桂花等民俗，孩子们还一起制作了以“玉兔”为主题的造型艺术作品，活动提高了幼儿对我国民族传统文化的兴趣，加深了对祖国的热爱之情。孩子们在参与中秋节各种活动中能大胆自信地表现自己，并了解中秋节的来历和祖国的传统文化。

三、基于传统节气文化主题亲子活动

（一）清明主题亲子活动

清明，既是二十四节气之一，也是传统节日。为了弘扬传统文化，传播劳动人民的智慧结晶，秉承传统习俗，结合我园二十四节气的专题活动，在这初春时节，家长们带着孩子走进春天，品尝春天的美味，寻找春天的踪迹。

（二）立夏主题亲子活动

爸爸妈妈在立夏这一天，也为我们的孩子们准备了许多关于立夏的小活动，孩子们在家里也度过了一个不一样的立夏。瞧，这些活动可真是丰富多彩呢！相传从立夏这一天起，天气晴暖并渐渐炎热起来，许多人特别是小孩子会有身体疲劳四肢无力的感觉，食欲减退逐渐消瘦，称之为“疰夏”。每年立夏之日，小孩子的胸前挂上煮熟的鸡鸭鹅蛋，可避免疰夏，所以孩子和爸爸妈妈一起编蛋网、挂蛋。立夏称重会给人带来福气，爸爸妈妈给孩子称重，也是祈求孩子健康成长。立夏吃立夏饭，饭里加有雷笋、豌豆、蚕豆、苋菜等佐料，含有“五谷丰登”的意思，立夏吃五色饭，还有一年到头身体健康的寓意。

中华民族的优秀传统文化璀璨耀眼，我们需要弘扬传承，未来我园将继续致力于让幼儿了解、体验传统节气习俗，传承传统文化，树立民族自信，让传统文化开启幼儿的心智，涵养幼儿的人格，丰富幼儿的想象力，同时逐步形成特色鲜明的幼儿园文化。

传承与创新，畅想民间美术之魅力

郭　蓓（上海市浦东新区新苗幼儿园）

新苗幼儿园是一所小而精的微型幼儿园。在近几年的办园中，我们以科研“书画活动的实践和研究”为载体，使新苗书画这一特色在区域范围内具有了较高的知名度和影响力，也初步形成了园本特色体系。但是随着研究的不断深入，我们发现课程资源局限、教师思维固化等一些弊端逐步凸显。如何在幼儿园原有特色的基础上有所突破与创新呢？丰富多元的民间美术为我们拓宽了思路，使我们在传承的基础上能够开拓创新，有效地丰富幼儿园特色活动的内容和实施途径，促进我园构建更加丰富多元的园本课程资源。因此，《幼儿园民间美术活动的创新设计与实施的研究》区级课题也孕育而生。针对此课题我们开始了深入的实践研究过程。

一、整体布局，重塑以“传统艺术”为基调的园文化

艺术教育最重要的就是要给予幼儿充分的审美感受和体验。而环境育人是不变的主旋律。为此，我们根据园所特色整体布局，创设富有民间美术气息的环境，使幼儿能耳濡目染地受到熏陶，为幼儿提供感受民间美术和表现民间美术的机会与条件。在重塑园文化过程中，我们主要把握好“三大”特色板块内容。

1. 创设传统民间美术与创新表现相融合的园内大环境

挖掘幼儿园可利用的空间和墙壁，展示幼儿民间美术的作品。走进园所沿楼梯而上，一步一景，展现了不同形式、不同内容的民间美术作品。走廊环境从色彩、材料、作品呈现等方面做了统筹的思考，力求在和谐之中彰显亮点。我们让园内每一处风景、每一块墙壁、每一个角落都会说“民间美术”话，让幼儿时时

处处都能领略中国民间美术的博大精深。

2. 创设具有自身特色的“民间美术室”

民间美术室不仅集中展示教师、幼儿或家长共同创作的民间美术作品，同时还根据不同年龄特点幼儿的发展需求设计了印染区、版画区、水墨区、贴画区、雕塑区等内容丰富的幼儿体验区域，成为我园民间美术教育熏陶的活动主阵地。

3. 精心设计独具班级特色的“民间美术区”

民间美术区是各班幼儿进行民间美术自主探索、展示民间美术特色作品的地方，满足全班幼儿操作欲望，为幼儿搭建才艺展示平台。为此，我们要求教师创设时做到“班班有特色，人人有新意”，内容和形式要有创意，作品定期更换保持新鲜感，让幼儿不但了解民间美术，还热衷创作民间美术作品。

二、整合资源，开发和生成民间美术特色教育内容

为了寻找有本园特色的民间美术教育内容，我园以《3 ～ 6岁儿童学习与发展指南》为指导，充分挖掘家、园、社会中的教育资源，不断开发贴近幼儿生活经验、易激发幼儿学习兴趣的，又充满创意的民间美术教育内容，主要途径：

1. 从教材中挖掘。我们以新的教育理念对幼儿园现有教材和同行已有研究成果中的相关内容进行价值分析，同时充分利用《学习活动》教参，对各年龄段主题活动中的美术素材点进行整理罗列，把握每个主题活动中美育的核心内容。再将我们开展的民间美术教学活动内容与之进行对接，筛选出合理的活动内容（如“京剧脸谱”“走近青花瓷”“有趣的泥娃娃”等），使民间美术活动内容有机地融入基础课程的主题活动中，初步完成了民间美术特色课程资源库的建设。

2. 从“节日”中挖掘。以中国传统节日活动为线索，挖掘教育内容。将节日来历故事、民俗民风活动等引入教育教学，生成了诸如春节——“美丽的窗花”、元宵节——“灯笼”、端午节——“龙舟”等主题活动。

3. 从社会中挖掘。通过组织去有关研究民俗的专门机构，如大世界、纸艺工作室、金山农民画村、城隍庙以及我们潍坊社区的老年书画社等具有民间美术特色的地方与专家学习交流，为开发民间美术活动资源提供了更多、更专业和更准确的材料。

三、科学构建，形成有本园特色的民间美术教育内容体系

在广泛搜索、精心选择的基础上，我们初步构建了本园的民间美术教育内容体系。主要包括有以下内容：一是以中国画、版画和彩画为主的民间绘画主题；二是以民间纸艺、民间雕塑和民间贴画为主的民间手工制作主题。同时又结合各类民间美术活动的特点及各年龄段幼儿学习与发展的特征，制定了民间美术活动的总目标及中国画、版画、彩画、民间纸艺、民间雕塑和民间贴画的分类分年龄段目标。

四、周密统筹，形成常态化的民间美术特色主题系列活动

为了给孩子们创设一个良好的教育环境，我们充分挖掘资源并创新形式，通过区域活动、工作坊、亲子大活动等多种形式并存的方式落实我们的民间美术特色活动。

1. 民间美术工艺坊。是以游戏为主的同龄（或混龄）活动，更具开放性和公共性。我们在各个教室开展了“纸艺坊”“轻泥小屋”“七彩墨趣园”“五谷丰登”“刻‘版’印象”和“神奇贴贴坊”六个工艺坊，它们均衡了民间美术活动的各个内容，打破了幼儿年龄和班级界限，以自主选择、混班混龄的形式开展，满足了幼儿自主活动的需要，促进幼儿艺术个性、交往能力的发展。

2. 民间美术风情节。是通过挖掘中国传统节日的风俗，结合民间美术表现形式，以亲子活动的形式开展节日活动，在活动中让家长和孩子共同感受不同节日的意义，了解不同节日的来历，在丰富知识经验的基础上再通过动手操作，更加深入地体验民间美术活动的丰富多元，让家长和幼儿在有趣的亲子活动中提升对传统文化的感受力和表现力。

3. 六一美术节。利用六一儿童节这一特殊的节日举办美术节的活动，每个孩子、每个家长都能全程参与其中，大大丰富了我园课题实施的形式。

五、探索尝试，积累民间美术活动创新设计经验

“创新”是课题的核心，在课题研究的过程中我们从材料、工具和教学策略

方面深入探索实践“创新”的方法形式，并总结梳理了一些可行的经验。

首先，在材料的创新上我们挖掘了多种有趣的材料，比如：自然生活材料，我们选择树叶、蔬果等自然材料，让幼儿进行实物版画的操作，使幼儿充分感受自然物的神奇及实物版画的乐趣。我们还探索发现了许多新型的材料，比如医用的石膏绷带、水拓画颜料等，这些操作简单、造型多变的材料给我们的民间美术活动打开了新的思路，也给孩子们带来了全新的操作体验。

其次，在工具的创新方面我们更关注工具的适宜性，在观察分析幼儿操作过程的基础上重新设计和改造工具，使其更好地为幼儿的艺术表现服务。比如：《云朵面包》活动中所运用到的“果冻胶”，就是解读分析小班能力水平的基础上对粘贴工具的创新使用。果冻胶不仅解决了活动中固体胶无法粘贴棉花的难题，同时也使幼儿在“挤酱料”的过程中有了更加有趣的体验和感受。

再次，在教学方法和策略的创新方面，我们通过创设有趣情境，激发学习兴趣，让传统的民间美术活动变得更具故事性和趣味性。此外，我们有效利用各种媒体，优化教学过程。教师通过视频、PPT、白板等多种媒体相结合的方式让幼儿实现自主学习。而且媒体可重放、截取、放大等功能使活动指导更有针对性，有效地优化了传统民间美术的教学方法和幼儿的学习过程。

民间美术是一切美术形式的源泉，民间美术活动的实施让我们的孩子近距离地感受中国传统艺术的丰富多元，也让他们在欣赏、感受和创作表现的过程中深刻感受到民间美术的魅力。后续我们将从活动设计的本身进一步思考和探索“创新点”，积累更多民间美术活动创新设计的方法和经验。

秀出自我　川润童心

——绣川幼儿园表演游戏特色课程介绍

周　怡　包锦秀（上海市浦东新区绣川幼儿园）

一、课程的由来

绣川幼儿园成立于2013年，目前一共有两个部，川迪部和平川部，在园幼儿近600名。建园初期，80%以上的幼儿来自黄楼农村动迁地区，孩子们普遍比较羞涩、拘谨。“希望孩子在幼儿园开阔眼界，能说会道一点。”那些祖祖辈辈在农村的家长们朴实的话语、信任的眼神深深打动了我们。于是，根据幼儿园所处环境与教育资源、家长需求、幼儿实际发展情况，我园确立了表演游戏特色课程。

在表演游戏研究初期，我们深入调查研究幼儿的绘本阅读和表现表达水平，得出了《绣川幼儿园幼儿绘本阅读与表演能力的调查报告》，在此基础上，我们启动了表演游戏特色课程的1.0版本。

（一）确定基于绘本的幼儿表演游戏目标

首先分析了我园幼儿表演游戏中孩子的兴趣、参与度、表达表现的需求、社会性能力的发展，从愿参与、会合作、善表现三个维度来确立不同年龄阶段幼儿在表演游戏中的目标，并逐一细化，关注到幼儿表演游戏中的参与兴趣、参与体验，语言表达和艺术表现能力的发展，自信心、规则意识、合作能力具体表现，形成了可操作、可检测的具体目标。

教师能够根据不同年龄阶段幼儿的特点，结合班级幼儿的表达、表现能力的情况，有的放矢地针对三个维度的目标更好地组织与实施幼儿表演游戏，并在此过程中帮助幼儿构建表演支架，在观察的基础上有效介入，让幼儿的表演更精彩。

	小　班	中　班	大　班
愿参与	1. 喜欢观看各种表演，有模仿和参与表演活动的愿望。	1. 愿意参加表演游戏，能比较自然地在集体面前表演，并对自己的演出充满自信。	1. 能主动发起表演活动，积极参与表演游戏。
会合作	2. 乐于和同伴一起表演，有简单的角色扮演意识。	2. 能初步和同伴一起商量合作，遵守表演中的规则，感受和同伴一起表演的快乐。	2. 能和同伴一起商量、合作，会在表演活动中出主意、想办法，克服在表演中的困难，体验与同伴一起合作完成表演游戏的快乐和成功感。
善表现	3. 初步尝试用一些简单的道具来表现儿歌和绘本故事的内容。 4. 能在成人的指导下，用声音、动作、姿态模拟熟悉的儿歌、故事中的情境，进行简单的表演活动。	3. 能根据绘本表演内容，选择、使用各种表演道具。 4. 能运用语言、动作、表情等展示所扮演的角色。	3. 能自主选择绘本故事，尝试自编自演，并为表演选择和搭配简单的服饰、道具或者布景。 4. 能投入地表演，运用生动的语言、表情、动作来展现所扮演的角色。

（二）探索幼儿表演游戏的内容和实施途径

综合考虑各年龄阶段幼儿表演游戏的特点、对绘本的喜好、当前主题活动的经验等，选择了适宜的儿歌、绘本故事，开展幼儿表演游戏，并不断拓展幼儿表演游戏的内容，最终形成了富有特色的、较为完整的、基于绘本的幼儿表演游戏内容体系。

其次，综合幼儿园场地、教师、可利用资源等情况，我们主要通过利用专用活动室、融入角色游戏、开展特色活动、走进亲子时光这四大途径来具体实施幼儿表演游戏。

途　径	主要形式	时间安排
利用专用活动室	图画书故事表演 故事拓展表演	每周1次
融入角色游戏	小舞台活动	融入角色游戏中
开展特色活动	“秀秀我自己”	每天餐前开展
	快乐星期五活动	每月1次（年级中进行）

（续表）

途　　径	主要形式	时间安排
开展特色活动	“爱阅读、爱表演”活动 绣川表演节活动	每学期1次（全园开展）
走进亲子时光	亲子表演	以班级为单位定期开展 每学期1次全园亲子表演擂台赛

（三）积极探索完全服务于孩子的课程资源

1. 我们强调创设一个赋予儿童权利、基于儿童视角的环境

在环境创设的过程中，教师们不断叩问自己：这样的环境孩子喜欢吗？孩子

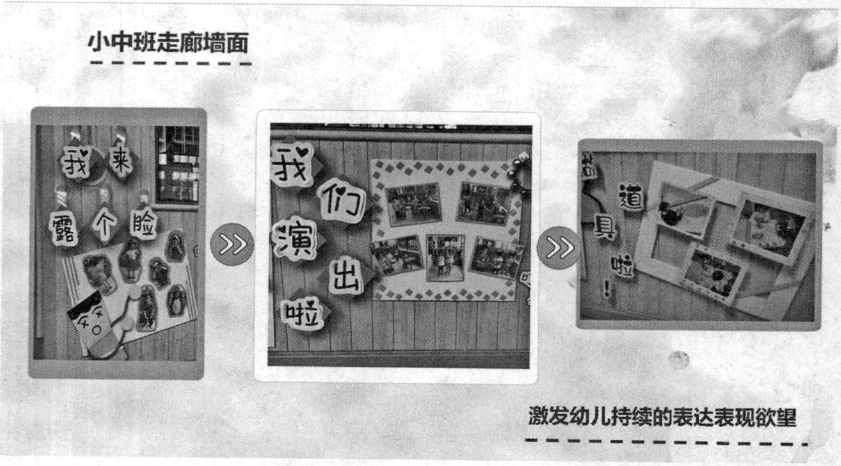

能看懂吗？孩子使用起来方便吗？有了这样的理念和思考，教师们不断尝试与调整：走廊上、大厅里大片的公共区域被有效利用了起来，有了各具特色的班级小舞台，墙面上布置了孩子们的表演计划、各类讨论、记录、留白区，不断激发幼儿持续的表达表现欲望。

2. 教师们引入新颖的学习资源

将孩子们精彩的表演视频做成二维码，布置在走廊上，推送在公众号中，家长可以随时根据孩子的需要扫码观看；将孩子喜欢的国粹戏剧、民俗表演、武术表演做成短视频；将童话故事录制成音频，和孩子自主创编的故事图册一起放置在阅读区中，由孩子自主观看、自由阅读。新颖、多元的学习资源激活孩子的灵感，让孩子欣赏、感受和学习多元的表达表现方式。

随着表演游戏课程1.0的有序推进，表演游戏在绣川幼儿园逐渐生根开花，通过充足的时间去游戏、去合作、去体验，孩子们更自主与开放，更活泼与自信，更敢于表达、善于表达。

二、新的思考

表演游戏课程1.0版本的开启与运用，使教师深入地了解了表演游戏的内涵与游戏观察的要领，能较有效地运用表演游戏去提升幼儿各方面能力的发展。但表演游戏课程的1.0版本在环境资源的利用、内容的多元化方面仍有一定的局限性。在疫情后，如何拓展幼儿表演游戏的空间，使幼儿能更亲近自然？如何使表演游戏课程更多元化，让幼儿在表演游戏中玩得更尽兴，有更多的获得和满足感呢？

带着这样的思考我们开启了表演游戏课程2.0版本的研究与实践。

（一）延伸到自然的环境

我们创设了户外表演游戏环境，将表演游戏从单一的室内空间拓展到了室外，结合幼儿园现有的户外场地条件，利用草坪、小山坡、亭子、池塘、小桥等自然环境，以及大型运动器械、木制器械等多种材料，丰富户外表演游戏环境，让幼儿亲近自然，尽兴游戏。

随着表演游戏课程2.0版本的推进，幼儿有了更加广阔的展示舞台，户外、走廊、门厅到处活跃着他们自信的身影，使他们表演游戏的内容和形式得到丰富的同时，幼儿的创造力也得到了更好的发挥。

（二）多元表演内容的拓展

1. 在表演游戏内容设置上，我们尊重儿童的主体价值，从孩子的现有经验、兴趣、需要出发，不断丰富与完善课程，展现更多元化的表演内容。

如：好听的声音主题下的小乐器来唱歌、美妙的歌声，与中国传统文化相结合的戏剧走秀、舞龙舞狮、民俗故事、端午节划龙舟，与幼儿生活经验相衔接的

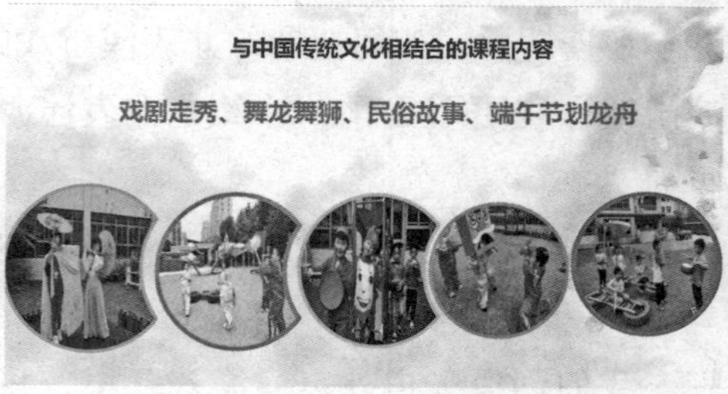

中国功夫、篮球宝贝、上海童谣、唱红歌、迪斯尼音乐人物秀，以及渗透德育教育的适合小中大班不同年龄的系列故事等。孩子们自主选择同伴、商量表演内容、布置表演场景、运用道具材料、创编情节，体现出我的游戏我做主的状态。

我们惊喜地发现，有种看不见的力量在幼儿的身上逐渐明晰、凸显出来，那就是幼儿个性心理品质的健康发展。从被动到主动，从胆小到勇敢，从自卑到自信，从拘谨到活泼，这些心理品质的转变都在积极参与表演游戏中的幼儿身上呈现出来。

2. 教师们及时用学习故事和案例表格的形式，观察记录下孩子自发的表演活动，进行价值判断，提供环境与材料的支持，帮助幼儿实现并优化自己的表演设想，丰富表演内容。

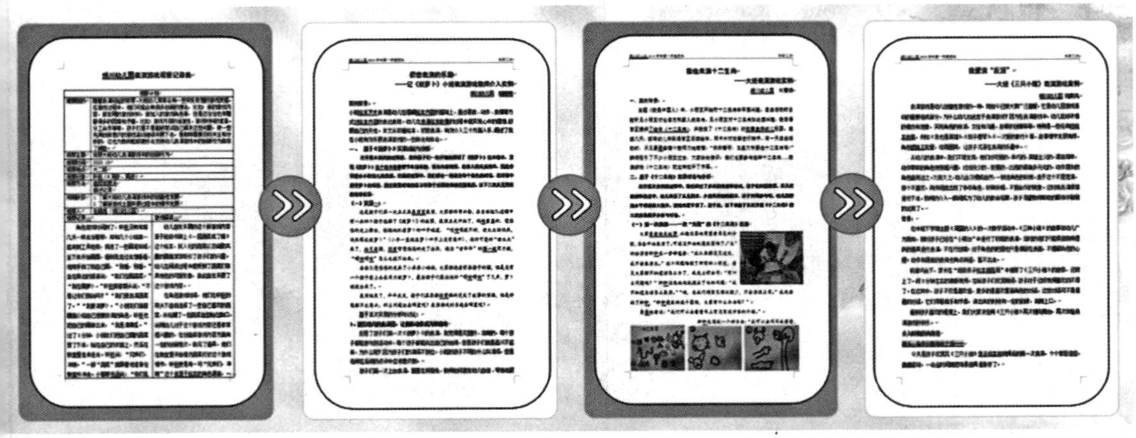

（三）拓展了表演游戏的实施途径

增加每周的户外表演游戏和园门口广场的路演。创建亲子表演社团，让表演游戏从幼儿园延伸到家庭，让更多的家长了解支持幼儿园的特色课程。特别是疫情期间，在教师的支持下，一个个家庭中的游戏氛围更浓了，亲子陪伴的质量得到了提升，亲子之间的情感也在轻松热闹的游戏氛围中得到了升华。各类丰富的社会活动也使幼儿表演游戏的途径和形式得到进一步的拓展，让他们自信的表现有了更多的展示舞台。

（四）在行动研究的过程中，我们提炼了开展幼儿园表演游戏的四大策略

即故事选择与运用的策略、表演游戏中教师的适时介入策略、表演游戏后的

园门口广场路演

成立“我行我秀”亲子表演社团

星光文艺社　欣享乐演社　音舞社　酷.秀社　奇思妙想社　舞动童心社

课程由学校走向家庭和社区

音乐剧展演　多组家庭亲子表演　社区环保秀　电台小主播

分享交流策略、指导亲子表演游戏的策略。这些策略让老师们不断优化游戏中的观察与支持行为，更加有目的、有方法地指导家长在家庭中积极开展表演游戏，达到家园共育的良好效果，让幼儿在最自然最开心的游戏状态中获得语言、艺术、社会性全面发展。

一路走来，绣川幼儿园以表演游戏为核心，引领幼儿园内涵建设，提升幼儿园办学质量。表演游戏特色课程，不仅培养了自信从容善表达的快乐儿童，而且优化教师的教育理念和行为，也使我园逐步形成了自己的办园特色，彰显了“秀出自我，绽放精彩”的办园理念。

与科齐驱　与艺同行

——基于临港地域资源开启科艺融合之旅

凌行知（上海市浦东新区冰厂田临港幼儿园）

“临港”，曾经是一个偏远的地区，且只是一片滩涂，后来经过整整两年的吹泥工程，成了首个“吹”出来的新城。据说吹出来的泥巴如果筑成一米高的墙面，可以绕地球一圈半。随着上海自贸区临港新片区的成立、新兴产业的兴起、高新技术产业的发展，临港的资源愈发丰富，蕴藏的潜力也愈发巨大，这是一座充满生机与活力的城市。

作为和“临港”同名的我们，如何让我们的孩子、家长、教师都能基于临港、融入临港，对临港有归属感、认同感，为自己是一名临港人而感到自豪呢？

一、特色缘起，在资源中生成

通过和专家的讨论研究，一个基于临港地域资源开展特色活动的想法闪现在园长沈老师的脑海中。临港有着丰富的科技、艺术、自然、人文资源，如海昌海洋公园、天文馆、海绵城市展示中心、艺术中心、春华秋色公园等就是最好的课程资源。通过对冰厂田班本化课程、瑞吉欧方案教学、项目化教学、陈鹤琴“活”教育思想等内容的学习，最终我们确定了一个初步的方向——基于临港地域资源开展幼儿园科艺融合活动。

有了方向，全园上下开始真正地实施基于临港地域资源的科艺融合活动。可是随即，教师们又开始陷入迷茫期，“临港的资源这么多，我该怎么用？”——资源太多，无从着手。由于我们是新开办园，80%的教师都是刚从学校踏上工作岗位，有不少还是非学前教育专业。很多教师光有理论，缺少实战经验。主题活动尚未熟悉，却要开始开展基于临港地域资源的科艺融合活动，自主选择主题、不限形式。突如其来的自主权，再加上丰富的资源，让教师们不知从何开始。

“那为何不让教师先行？”我们虽然已经对临港的资源进行了大致的分类和梳理，但是教师们只是初步了解了资源的名称和特点，并没有深入。对于这些资源到底怎么样？有哪些价值？如何运用到我们的科艺融合活动中……教师们并没有深刻的认识和感受。

于是教师对临港地域资源的体验之旅启程了。在众多资源中，我们根据幼儿的年龄特点、幼儿可能的兴趣点、科艺融合活动的核心等几个要素，挑选了几个我们认为当下最需要去了解的资源，比如海绵城市展示中心、南汇嘴公园、铃铛馆、当代美术馆、海事大学船舶体验中心……我们利用假期和闲暇时间，一同前往参观感受。

通过教师先行的参观活动，让每一位老师都有了很深的感触，那团迷雾似乎在逐渐消散，科艺融合活动开始慢慢地步入正轨。

二、特色定位，在科艺中融合

也许有人会问，什么是科艺融合活动？科学和艺术该如何相融？

我们之所以会定位于科学和艺术相融合的活动，不仅仅是因为临港是一座科技之城，也是一座艺术之城，有着丰富的科技和人文艺术资源，更是因为科学和艺术所能带给儿童的非凡价值和意义。“科”侧重于培养儿童勇于发问、勤于探究的科学品质，“艺”侧重于培养儿童善于表达、乐于创造的艺术品质。

在这里，科艺融合活动指将科学领域和艺术领域有机融合的一种幼儿自主探究的活动，既是一种形式上的融合，更是一种理念上的融合，其内涵就是“科”和“艺”相互依存、融会贯通。

我们基于儿童的视角，选择适宜的主题及多元的活动形式，与孩子共同进行科学和艺术的探究与学习。比如竖笛特色活动、编程特色活动及科艺融合活动。

竖笛和编程活动的开展给了孩子更多的体验和表达创作的手段。如在“临港的春夏”主题中，幼儿积累了很多关于临港的经验，同时也用不同的方式表达着自己的感受，有的用镜头留下了临港美丽的景色，有的用五彩的积木搭建过临港的建筑，也有的用灵巧的画笔描绘临港美好的未来。竖笛编曲这一手段，可以让幼儿用音乐表达自己对临港的喜爱，也让幼儿对临港的感受及表达更加完整，有了竖笛的加入也让幼儿的表达方式更加多元。

科艺融合活动则更加特殊，每个活动的来源都是孩子，每个活动的前期都有一个孩子探索的故事。在日常生活中，我们会发现幼儿的需要，寻求以问题为核心的真实教育环境。活动由好奇而起，教师创设宽松的环境让幼儿探究，整个过程老师需要做的就是等待、赏识、允许失败，并不断观察与调整，寻找新的突破点，结合孩子们的兴趣引发下一个活动。

虽然对于教师而言这些活动都是一个较大的挑战和考验，但是却能为幼儿搭建一个科艺启蒙的阶梯，满足个体发展需求，助推幼儿情感、认知、创造等多方面可持续发展。

三、特色价值，在成果中显现

从企鹅、船舶，到之后的北极熊、桥梁，再到现在的临港的春夏、水母、花车巡演等，我们以探究为基点，展开科艺之旅，幼儿通过边玩边思、边思边做，享受当一位创作家的乐趣，体验探究的创作美，得到真正的乐趣与心灵上的享受，不断形成最活化、最人性化的课程教学。

特色活动开展至此，无论是教师、幼儿、家长，还是园所都出现了较为明显的变化，科艺融合活动的价值在我们身上得到了充分的体现。儿童的思维不断开阔，对事物探究的积极态度、表达创造的丰满程度让我们刮目相看，《指南》中提出的好奇好问好探究在孩子们身上显现。家长实现了和孩子之间真正意义上的联结，他们运用自身的文化优势积极卷入课程，真实感受到孩子的变化时，也学着调整自己的行为，学着反思，在自我完善的道路上迈出重要一步。教师的理念有了明显的改变，我们在内容选择上不断拓展思路，从封闭奔向开放；在科艺活动实施中不断调整视角，从结果转向过程；在科艺活动评价上不断转变观念，从任务走向自主。

科艺融合活动在不断地继续，随着临港新片区的发展，临港地域资源也在不断地丰富，我们需要继续不断地开发。充分开发和利用各种资源开展科艺融合活动，对幼儿园教育工作能够起到推动作用。如何深入挖掘这些资源，让它们为学前教育淋漓尽致地发挥作用，也是我们幼儿教师需要不断拓展和学习的课题。

基于儿童视角下的“四微”课程行动的实践与思考

沈 洁（上海市浦东新区惠南西门幼儿园）

很高兴能够亲历幼儿园“融爱蕴美”课程的实践与研究过程，并且有机会能够分享自己的感受，这一过程，让我在教育观念方面有了很多新的认识和感受。

在幼儿园“融爱蕴美”课程理念的引领下，我们将爱的教育、美的行动贯穿于爱的融情微记录、微行动、微语录以及微阅读的四微课程行动中，并立足幼儿园实际，结合班级情况，探讨课程的实施心得。

一、爱的融情微记录

（一）让幼儿：用眼寻美，爱在身边

1. 小小摄影师，发现大大的美

校园是幼儿生活与学习的小社会，校园里处处有精彩，需要孩子们拥有一双发现美的眼睛。小小摄影师的活动吸引了幼儿的参与，潜移默化地培养幼儿的审美意识，让幼儿在感悟美的同时将美的事物与同伴分享。

2. 寻美何必远方，美就在身边

摄影源于生活，素材近在身边，“爱的融情微记录”活动就鼓励幼儿发现身边美，用手机记录“我”周围的人、定格“我”的生活。通过一张张照片、一段段视频，带领孩子们去品味生活之爱，蕴发现之美，感恩自然，感恩他人，将美的感受深藏心中。

（二）让幼儿：绘爱在心，融爱于美

绘画是幼儿对五彩斑斓世界中美好的事物的一种记录。

1. 走进自然，绘爱自然

大自然是孩子发挥天性、释放童真最好的地方，这里能够激发孩子自由探索的热情。带领孩子走进自然，将大自然的奇妙记录在画卷中，感受探索之美。

2. 点亮童心，聚爱社会

生活在一个有爱的社会，感受到社会对我们的关爱，孩子们将自己的小爱回报社会。小小的爱心，汇聚奉献之美。

世界水日，孩子们走出校园，走进社区，与社区的小伙伴们共同绘制节水惜水长卷画，将节水惜水的意识传递给社区的居民，收获环保之美。

爱的融情微记录，记录爱，收获美，将一切美好的事物留在照片中，留在画卷中，更深藏在孩子的心中。

二、爱的融情微行动

爱的融情微行动充实了“融爱蕴美”的特色课程，借助丰富多样的活动，记录爱的瞬间，孕育美的时刻。

（一）注重一日活动，孕育爱的种子

“我的班级我做主”，幼儿作为一日活动的主角，活动规则由幼儿制定，拥有属于他们自己的规则，遵守规则的意识逐渐增强。在幼儿心中守秩序、爱集体的种子已生根发芽，开出了礼仪之美的花朵。

（二）融合节庆特色，感受传统文化

我们利用一些重要的节日，融合节庆特色，让幼儿感受中国的传统文化，丰富幼儿的生活。如：劳动节开展自我服务，自己擦桌子、分碗筷、整理床铺，用实际行动感受劳动之美；爱粮日引导幼儿爱粮惜粮，厉行节约，传承勤俭之美。

（三）开展主题活动，体现爱蕴于美

在主题活动中，开展符合儿童心理特点的一些具体化、形象化、新颖化的活动，让孩子在自主学习中了解主题的内容，在主题活动内容中发现爱、感受美。

走进种植园地，浇水、除草，融绿色之爱，蕴发现之美；小小推普员，推广普通话，感受语言之美。

三、爱的融情微语录

（一）小小朋友圈，分享爱与美

基于幼儿喜欢和同伴分享自己的所见所闻，班级开展小小朋友圈活动，幼儿将自己的快乐经历通过绘画的方式记录下来，与同伴进行分享。有了朋友圈，孩子们越来越积极地去发现新鲜事，有趣事和同伴交流分享，大胆表现自己，展现自信之美。

（二）童言与稚语，萌发爱种子

记录游戏中的“童言稚语”活动，挖掘幼儿的爱的小“哲理”。在娃娃家游戏中，宝宝生病去医院时，“妈妈”会说宝宝会饿我要带上点心，宝宝会冷我要带上被子。童言稚语中充满了爱，孩子懂得了关爱之美，他们正用实际行动诠释爱。

四、爱的融情微阅读

（一）每月一漂流，阅读乐分享

带上喜爱的图书，来一场故事漂流，绘本故事带进我家，和爸爸妈妈一起阅读，分享读书心得，将爱传递给下一位小伙伴。陪伴幼儿阅读的爸爸妈妈也分享了自己的阅读感受。

（二）每周一广播，故事传递爱

每周一广播，分享爱的故事，班级开设了“爱心广播台”，对话+故事+歌曲的形式开展广播节目，与小伙伴、弟弟妹妹们分享爱的故事，将爱延续。

（三）每日一分享，伴爱入梦乡

每日一个睡前小故事，伴着孩子们进入甜甜的梦乡。爱是一种传递，睡前小故事就像妈妈温柔的爱。

爱的融情微阅读，我们收获了分享之美。

“融爱蕴美”背景下的“四微”课程行动，以幼儿核心发展为教育目标，基于儿童视角，让孩子心中有爱，眼中有美，行中有善。

最后，想用一句话来结束我今天的交流分享：

爱是教育永恒的主题，让爱驻进幼儿心田，用爱的教育开启幼儿美好的人生。

快乐表演　和谐发展

——东陆幼儿园“以特促质”的探索与发展旅程

冯　梅（上海市浦东新区东陆幼儿园）

幼儿园特色发展的根本目的是为本园幼儿的发展营造有益的教育环境，促进幼儿园的可持续发展。我园的语言特色源自先后开展的几轮课题的引领，其间不断拓展和丰富特色活动内容与形式，先后历经四轮特色发展的轨迹。

一、大海捞针——寻找特色

东陆幼儿园创建于1998年9月，在建园初期，基于专家的指导、教师群体擅长语言教学的特点、儿童发展的需求，在第一任园长的带领下，确立了办园理念：创设多元化的表达环境，培养幼儿的语言表达能力，促进师生和谐发展。

2003～2007年，我园开展了区级课题“幼儿语言素养培养”的研究，积极探索幼儿语言素养在各科教育中的整合；2008～2013年开展区级课题“培养幼儿语言多元化表达能力的探索”，我们研究制定了幼儿语言运用的实施途径——集体性教学活动、渗透性活动和主题性活动。

语言是交流最直接的手段，也是体现个人素养最显性的方式，在教育研究实践中，我们发现了语言能力培养对儿童发展的重要性，幼儿园更坚定了语言特色发展方向。

二、星星之火——聚焦特色

《3～6岁儿童学习与发展指南》中特别指出，幼儿语言能力是在交流与运用的过程中发展起来的。表演游戏是幼儿园游戏活动之一，在潜移默化中发展幼儿语言表达能力、艺术表现能力、合作交往能力、解决问题能力等。表演游戏建构了一个语言运用的大平台，这为我园幼儿语言能力的培养注入新的活力。

在2014～2019年，开展区级课题“在表演游戏中培养幼儿语言运用能力的实践研究”，构建了幼儿语言运用能力培养的目标、内容、途径、策略和方法，编制了评价指标等。此课题的研究，将表演游戏和基础性课程的内容和素材相融合，为本园课程设置和改革做了有益的探索。

在新课程理念引领下，我们认识到特色要源于幼儿的兴趣、幼儿的年龄特点，着眼于幼儿社会经验的扩展、幼儿需要的满足，我们依托幼儿园课题研究，审视幼儿园已有的课程资源库，思考和调整基础内容的开发和调整，明确构建幼儿适用的故事表演特色活动。

三、燎原之势——夯实特色

办学特色的形成有一个孕育、诞生、成长、成熟的过程。我作为接棒的园长，在“传承、发扬、创新”的管理思想引领下，加快课程园本化进程和语言特色创建。

（一）架构具有“语言”特色的园本课程实施方案

1. 课程目标：我们把语言核心素养（认真倾听、适度表现、大胆表达）融入课程培养总目标、分目标。

2. 课程内容：我们不断丰富和开发故事表演的内容。

（1）非主题背景下的经典故事表演。选择一些幼儿熟悉的、适合表演的经典故事，如《拔萝卜》《三只小猪》《金鸡冠的公鸡》等，根据故事的情节进行表演的改编，这些经典的故事表演在每个年龄段实施的重点有所不同。

（2）主题背景下的故事表演。我们从幼儿园基础课程主题中筛选了36个内容改编成故事表演活动方案（如：一个邮包、小猪胖胖、月亮船等）。在故事表演中教师担当起支持者的角色，让幼儿在视听结合的表演情境中体验、习得知识、经验。

3. 课程实施：在园本课程实施时，逐渐梳理基础性课程与特色活动之间的“独立”和“融合”的关系。在基础性课程保质保量实施的前提下，幼儿园把故事表演，根据内容、形式、时间占比有机地“融合”。既有以故事表演为载体的集体教学活动，又有幼儿自主自发的表演游戏，还有满足幼儿个体发展需要的故事个别化活动及故事小社团活动。把“经典故事”和“主题背景下的故事”有效融合到课程之中，成为幼儿园特色活动。

（二）采用“多通道路径”，开展特色实践

在夯实语言特色过程中，以幼儿喜闻乐见的“听、说、演”作为主要的语言活动形式，采用“多通道路径”，开展语言特色的研究和实践。

1. 环境篇——注重情境体验

创设拟真的情境，搭建表达表现的平台，将办园理念和培养目标融合于环境创设之中。开辟了“阅读室”“多功能表演室”，每班开辟“表演角”等，引导幼儿以个体或小组开展表演游戏。教师还提供适合不同年龄段幼儿开展表演游戏的服饰和道具，帮助幼儿进一步了解文学作品的主要内容情节，熟悉不同角色的性格特性。我们充分发挥“让环境说话”的作用，彰显我园的办园特色。

2. 幼儿篇——我表演我快乐

（1）日日演：在幼儿一日活动中我们通过表演游戏、个别化学习、闪亮10分钟等为幼儿搭建表达表现平台，让幼儿了解不同的表演方法，感受表演乐趣。

（2）月月秀：结合幼儿年龄特点，我们每月组织表演特色活动，如：古诗词吟诵、童谣表演、诗歌朗诵等。以幼儿个别、小组表演为主，幼儿自主选择表演的内容。通过班级海选，年级组或者全园决赛的形式进行，让每一个孩子都有机会表达自我、表达情感、表现才能。

（3）欢乐表演周：每学期聚焦一周欢乐时光，童话剧巡演、表演游园会、童话剧观摩等让幼儿沉浸在浓浓的表演氛围中，体验表达之乐，最终促进每个孩子“各得其所”“各有所长”，成就自己的美好。

3. 家长篇——我和孩子共成长

（1）注重家庭环境创设

为了激发幼儿表演的兴趣，我们开展“最美语言家庭环境”评比活动，积极引导家长共同来创设想说、敢说、会说、爱演的氛围，为亲子表演奠定基础。

（2）教师引导和家长自主相结合

① 教师充分发挥家园栏作用，开设亲子表演游戏专栏，每月推荐一篇亲子表演游戏，鼓励家长和孩子在家庭中共同游戏。

② 幼儿园公众号根据不同的主题、不同的事件，推荐绘本或者故事，丰富家庭教育的资源。

③ 建立家长交流沙龙，组织“枫叶妈妈故事会”，鼓励家长自主分享亲子阅读经验与方法，不断提高亲子陪伴质量。

④ 让家长走进课堂，邀请故事爸爸或妈妈，参与亲子故事表演课程实践。

⑤ 开展亲子故事表演交流会，拉近家长与幼儿园课程的距离，也让更多的孩子感受到了亲子故事表演的魅力。

四、薪火相传——拓展特色

延续已有的“语言特色”，寻找新的突破点是我们确立新课题的主要方向。在“多元表达，和谐发展”办园理念的引领和教科研专家的指导下，我们开展了区级课题“幼儿故事文本“同材多构”的行动研究”，将“听、说、演”主要的语言活动形式，拓展到“听、读、讲、演、画”等，采用“多维度整合”策略，以此来满足符合幼儿个性与全面发展的实际需求，重塑与加深教师多元表达教育价值的理念认识，实现以多元表达为载体、促进幼儿整体全面和谐发展的目的。

幼儿园特色活动的开展是一项只有起点、没有终点的持续推进的系统工程，我们将本着幼有善育的方向，基于儿童、基于问题、互助共研，为幼儿园的特色发展描绘出更新更美的图画！

爱生态　乐生活

——幼儿园生态教育特色课程的构建与研究

董磊雯（上海市浦东新区小天使幼儿园）

上海市浦东新区小天使幼儿园，创办于1997年，是一所全日制公办幼儿园。2020年9月开设秀龙部，办园规模逐步扩展为一园两址。小天使幼儿园2005年12月被评为上海市一级幼儿园，2010年6月、2016年5月和2020年12月，三次通过了上海市一级幼儿园复验评审。

我们关注幼儿发展、满足家长需求、助推教师成长，立足园本实际，不断扩大办学规模、完善办园条件，幼儿园的管理水平、保教质量、幼儿整体发展水平稳步提升。在23年的办园历程中小天使一步一个脚印地在幼教路上砥砺前行。我园先后获得浦东新区文明单位、新区绿色学校、上海市家庭教育指导示范校、新区优秀家长学校、上海市“十三五”家教基地学校、新区语言文字规范化示范校、新区科学实验基地园学校等殊荣。

小天使幼儿园秉持“爱生态、乐生活、慧学习、向未来”的办园理念，积极营造绿色、活力、智慧、和谐的校园文化，打造“有正气、有匠心、有活力”“慧工作、慧生活、慧成长”的三有三慧教师团队，培养爱绿、乐活、崇美、敢创的生态小天使。

我园基于儿童立场，回归儿童生活，构建生态教育特色课程，形成了“爱绿乐活——成就孩子向未来”的课程理念，将生态教育融入一日生活的各个环节中，成为幼儿学习与生活的一部分，着力于培养与阳光同行、与生态交融、与社会同步、与未来相适的未来小公民。

我们因地制宜，积极拓展空间，为幼儿创设一个温馨舒适的生态绿色环境。以时尚之理，得自然之趣；以美美与共，显和谐之美，小天使幼儿园的教师在无声的教育中，用自己的努力不断地为幼儿创设一个“自然之趣、和谐之美”的生态环境。

在我园“爱生态、乐生活”生态教育特色课程中，以“爱生态”教育为核心，以“乐生活”教育为辅助，让幼儿在与大自然的亲密接触中，萌发探索之趣、喜爱之情，与大自然建立紧密的情感连接。在生活化、情境化的生态教育活动中，掌握丰富的知识，了解生态环境变化的前因后果；形成保护环境的意识，学习低碳环保的有效做法。在一日生活的点滴生态教育中，爱护生态，养成绿色生活方式，与伙伴一起，与老师一起，与家长一起，亲身实地参与保护环境行动，为地球环境付出自己的一份努力。

一、爱生态

（一）自然探索：包括天使小农庄、生态生活角、集体教学活动、亲子阅读等活动内容。

二级维度	三级维度	主　要　内　容
自然探索	天使小农庄	我们将天使小农庄划分为三块区域：蔬菜园地、多肉园地和育苗园地，利用闲置空间为孩子们搭建一个体验农务、动手种植、认识植物的乐园。
	生态生活角	教师将“爱生态、乐生活”的特色课程理念也融入班级环境的创设中，每班都有一个生态生活角，教师细致观察幼儿的兴趣，挖掘有价值的生态教育内容，创设了以“南瓜、石头、帽子、树叶”等为主题的生态生活角。
	集体教学活动	我们还围绕“自然探索”主题开展集体教学活动研究。
	亲子阅读	在自然探索的二级维度下，我们还开展了亲子阅读活动，通过小天使幼儿园的微信公众号，向家长推荐一本与生态教育特色课程内容相关的书籍，这份小书单成为他们买书、借书、读书的指南。

（二）生态节日：包括ANGEL生态节和ANGEL爱心节等活动。

二级维度	三级维度	主 要 内 容
生态节日	ANGEL 生态节	结合以环境为主题的节日（地球日、爱鸟日、世界水日等）开展主题教育活动。活动内容蕴涵着生态知识、生态宣传等，丰富多彩的活动不仅让孩子了解了“生态节”的意义，而且营造了“人人关心环境、个个参与生态”的浓郁氛围。这是已实施的生态节活动。
	ANGEL 爱心节	我们通过“爱心储蓄罐”“爱心集市”“爱心捐赠”等多种活动形式，培养幼儿关心他人、爱护他人的情感，也提高幼儿爱护玩具、珍惜资源的环保意识，感受变废为宝的乐趣。

（三）天使慧育坊：包括创衣社、美食家、居家屋和出行客等活动。

二级维度	三级维度	主 要 内 容
天使 慧育坊	创衣社 美食家 居家屋 出行客	这些亲子俱乐部，满足了幼儿和家长自主选择和个性发展的需求。疫情期间，我们通过家园共育开展天使慧育坊活动，每班充分挖掘家长资源，鼓励家长们积极参与各个俱乐部。由家长撰写制作微信公众号的文案与照片、视频，并进行网上发布。通过天使慧育坊让我们的绿色生活方式传播到每个家庭，从而通过家长，指导培养幼儿“爱生态、乐生活”的理念，让更多家庭走进生态、爱上生态、成就生态，让绿色生活方式成为一种习惯。

二、乐生活

（一）劳动活动：包括休闲娱乐、劳动生活、衣食住行等活动。

二级维度	三级维度	主 要 内 容
休闲娱乐	生态 5分钟	每天餐前有5分钟的时间，说说生态、看看生态、玩玩生态，包括经典生态小金句诵读、亲亲大自然书籍阅读、生态知识小竞赛、粮食营养丰富我感恩、自然角的发现与分享、生态游戏大家一起玩、你我他共唱生态之歌、一物多玩头脑大风暴八类不同的主题。

（续表）

二级维度	三级维度	主　要　内　容
劳动生活	生态值日生	我们还开展了劳动生活的各类活动，如生态值日生，提醒大家践行各类生态行为，如节约用水、节约用电、照顾植物等。目前生态值日生已在大班班本化实施，引导幼儿将生态行为落实到每日的行动中，养成习惯。
	绿色自然角	幼儿参与自然角管理、观察自然角的动植物，亲近大自然，养成爱劳动、爱观察的良好习惯。
	集体教学活动	我们围绕“劳动生活”主题开展集体教学活动研究。
衣食住行	个别化学习	围绕“衣食住行”中的“极简衣尚”“我爱粮食”“绿色家居”和“低碳出行”四个主题开展个别化学习活动研究。

（二）低碳运动：包括低碳材料运动、生态律动操、ANGEL运动节等活动。

二级维度	三级维度	主　要　内　容
低碳运动	低碳材料运动	幼儿在每天的户外运动和室内运动中，都与低碳材料进行积极的互动。我们结合大教研以《低结构材料探索和支持》为题，开展专题研究。我们研讨了室内运动中桌子的一百种玩法，以更好地激发幼儿的无限创意，更好地激发幼儿与材料的互动。
	生态律动操	目前我们共设计完成了小、中、大各一套器械操，希望通过生态律动操，锻炼幼儿强健的体魄。同时，与生态相关的知识经验，通过音乐般的节奏和旋律传递给幼儿，可以形象有趣地帮助幼儿认识自然界，认识社会生活。
	ANGEL运动节	本着让每一个孩子参与、快乐、健康的原则，我们结合幼儿身体发展情况和日常运动开展的情况，举行了亲子运动会，让每一个幼儿积极地参与运动。由于受疫情影响，定向越野、远足等活动，将根据后续抗疫要求来实施。

未来的日子里，我们会继续加强学习、不断探索、善于思考、积极实践，继续构建小天使幼儿园生态教育特色课程。

（注：本文作者董磊雯，原任上海市浦东新区小天使幼儿园园长，现任上海市浦东新区上钢新村幼儿园园长。）

师幼融合共成长促“小绿芽”课程可持续发展

祁　婷（上海市浦东新区常青幼儿园）

一直以来常青幼儿园的“小绿芽”课程面向的是全园的教职工和幼儿，在立志于培养有绿色环保、绿色消费理念小卫士的同时，教师团队也是“小绿芽”课程构建中的重要组成部分，我们与幼儿同样以参与者、引领者、组织者、实施者、探索者的多重身份参与到园本特色课程中，与幼儿形成互相促进、互相共勉、互相协作、互相融合的多种模式，共同将绿色环保理念融入我们日常生活中，促进可持续发展。

一、思考：什么是可持续发展

（一）可持续发展：可持续发展是既满足当代人的需求，又不对后代人满足其需求的能力构成危害的发展。

（二）常青“小绿芽”课程可持续发展：满足教师与幼儿在园内一日生活中需求的同时，养成良好的绿色生活意识。自然形成节约理念并深埋心底，能习惯并主动收集生活中常见的各种可回收物，成为幼儿园开展活动需求的基础材料，从而实现有效的循环利用价值。

二、贯彻绿色理念，师幼践行

（一）绿色生活

1. 绿色出行是指采取相对环保的出行方式，通过碳减排和碳中和实现环境资源的可持续利用和交通的可持续发展。

（1）我园共有360名幼儿，其中接近99%的幼儿都是步行或者由家长骑自行车、电瓶车等方式来园，选择低碳出行方式，大大减少了空气污染。只有极个别需要特殊照顾的幼儿选择乘私家车来园。

（2）我园共有教职工50名，其中有开车上班需求的教职工17名，占人数的34%。经过我园对绿色出行方式的意义和价值的宣传，以及减少环境污染理念的不断强调与潜移默化，实际开车出行上下班的人数为6人，占总人数的12%。此外，我园每天选择步行或骑行上下班的教职工有24人，占总人数的48%。剩余20位教职工分别选择公共交通工具，占总人数的40%。

2. 节约自然资源是指爱惜自然资源，减少资源的浪费造成污染及危害。

（1）2018年8月，中共中央总书记、国家主席、中央军委主席习近平作出重要指示指出，我国学生近视呈现高发、低龄化趋势，严重影响孩子们的身心健康。强调全社会都要行动起来，共同呵护好孩子的眼睛，让他们拥有一个光明的未来。

（2）幼儿园的孩子们正处于视力发育的重要时期，因此教室里电视屏幕每天使用时间我们也有明确的规定，每天不超过半小时。当电视不用的时候应及时关闭屏幕，以免造成光污染直接损害幼儿眼睛，同时也是避免浪费电资源。由于我园结构特殊的关系（幼儿需要下楼用餐），幼儿每天离开教室的时间和次数较多，因此离开教室随手关灯、关风扇、关闭电源的绿色生活方式几乎已经成了教师与幼儿的本能。幼儿午睡时，一楼、二楼、三楼走廊的灯源也全都关闭，随处可见的节约用电的标识时刻将节约资源挂在心头。

（二）绿色消费

绿色消费又称“可持续消费”，是从满足生态需要出发，以有益健康和保护生态环境为基本内涵。经过多年课题的研究和渗透，绿色消费的节约意识早已深埋在常青教师与幼儿的心目中。

1. 班级环境的创设

班级环境创设时我园幼儿与教师习惯性地将废旧材料作为主要的素材。例如主题墙面中将硬纸板变成了大恐龙、变成了“我自己”、变成了建筑结构，废旧鞋盒变成了礼物盒，废旧篮筐变成了鸟窝，废旧报纸和广告纸变成了大树，纸盒和卷纸筒变成了机器人，外卖纸袋子变成了小书包……这样的创设在我园随处可见。又例如幼儿在班级中分享玩具的纸盒，纷纷变成了语言区绘本展示架、自然角中收纳和支架等多功能材料，矿泉水瓶子变成了植物角底盘支架，这样简单实用的创意同样在我园随处可见。

2. 班级百宝箱素材提供

各班的百宝箱（材料库）里的素材，90%以上来源于幼儿的主动收集，包括各种矿泉水和饮料瓶子、各种奶粉罐、饼干盒、废旧衣物、布料等，这些成了孩子们开展一日活动时的必不可少的重要素材。我园教师和幼儿十分擅长利用各种废旧纸箱进行简单的加工变成班级中的百宝箱（材料库），用可回收物去分类、去装载可回收物，真正做到了物尽其用。

3. 角色游戏

在受孩子们喜欢的角色游戏中，废旧材料也是利用率极高、效果极好的主要素材。例如游戏中，孩子们利用各种大小不同的瓶子设计了“套圈”游戏，利用废旧的玻璃胶芯子、即时贴芯子和纸板开展了“乒乓球馆”，利用开展活动中收集到的盒子变成“电脑城”。同样利用即时贴芯子在“海盗船”游戏中变成了大炮，撕开一个三角又变成了旗帜，回收的旧报纸变成了斑马线，各种糖果盒在孩子们灵巧的手中变成了花店……这样的例子数不胜数，每天的角色游戏中都能看见。

4. 户外运动游戏创设

在保证幼儿户外游戏趣味性的同时，我们尽可能、尽量多地使用各种教师与幼儿共同收集的废旧材料创设户外游戏运动场景。经过幼儿与教师的加工后，我们变废为宝，成为游戏中颇具挑战性和趣味性的素材。例如3号运动场地上的堡垒、盾牌，孩子们能够愉快地在对战情境中锻炼投掷和闪躲能力；6号运动场地的穿越火线，十分考验幼儿的反应能力；7号运动场地的“小小红军”，幼儿背上米袋制成的“负重包”挑战一系列难关。

5. 六一大活动

本学期刚刚开展的“小小绿芽　快乐成长”六一大活动中，无论是环境创设、区域隔断还是游戏素材提供，幼儿与教师首选都是废旧材料。例如投壶高手用到了废旧报纸、塑料瓶外的包装纸、鞋盒（纸盒），套圈大比拼用到了大小不同的矿泉水瓶子，夹弹珠达人用到了幼儿废旧的木头筷子和废旧鞋盒，最佳投手用到了报纸制作成的报纸球、矿泉水瓶子等。我们力求将能够收集到的材料，通过“变废为宝”的方式发挥其在幼儿园最大的价值。

6.“变废为宝”巧手大比拼

我园还会不定期地开展各种“变废为宝”创意比赛。本学期我们开展了“自制包袋”活动，前后勤利用各种废旧材料，例如废旧衣物、牛奶盒子、损坏的玩偶、各种饼干盒子等，通过一双双巧手变成了一个个崭新的实用包袋，真正实现了废旧物的二次利用甚至多次利用，真正做到了物资的回收再利用。

三、牢记课程理念，师幼砥砺前行

“小绿芽”课程理念的深入及延续，不是一朝一夕的学习与讨论，更不是依赖于某一活动就能寻找到完成课程目标的捷径。幼儿与教师在践行课程理念的路程上是密不可分的，是幼儿与教师在每一天每一个活动中自然的“润物细无声”，并不断共同探寻、思考和实践，逐渐将理论上的“理念”变为深入心底的习惯与意识。师幼的融合，共同的成长，使“小绿芽”理念成为可长久持续发展的课程。

小小绿芽　快乐成长

——常青幼儿园“小绿芽”课题活动方案

成　圆（上海市浦东新区常青幼儿园）

我园长期以来坚持将“小绿芽”课程渗透在孩子们的一日生活中，从小让幼儿树立环保意识，养成绿色生活的方式。

开展课题活动中，我们借鉴国外的经验，如“以物易物”的做法，让闲置物品获得二次利用。为此，我们常青幼儿园设计了自己的小代币作为“桥梁”，让幼儿可以以更灵活的方式进行闲置物的置换，让环保观念萌芽期的孩子逐步养成绿色生活的好习惯，对孩子们的未来产生正向的引导，成长为适应未来时代发展需要的“绿色小卫士”。

活动分为绿色主题活动、环保知识问答、废旧材料收集以及玩具漂流和六一换购大活动。

一、绿色主题活动

（一）绿色饮食主题

绿色饮食包括“光盘行动”和“菜谱播报”两个内容。在每个班级餐厅的墙壁上，我们创设了光盘墙，鼓励幼儿在午餐时能够光盘。做到不浪费、不挑食，就可以获得一个光盘标志。不同年龄段的光盘要求可以不同，例如小班幼儿的胃口较小，挑食的情况较多，从光盘一个碗开始，根据幼儿的用餐情况逐步递增。

每日餐前我们还增加了“菜谱播报”，孩子们可以根据当天菜谱进行介绍，让其他幼儿一起了解每日午餐的菜品和富含的营养以及对身体健康所产生的影响，激发幼儿用餐的兴趣。根据年龄特点的不同，介绍时长大约为小班1分钟、中班3分钟、大班6分钟。

（二）绿色消费主题

我们在园内不定时会开展材料大收集活动，按照要求收集废旧材料或制作成作品。例如在“纸”的系列活动中，研究了各种各样的纸，孩子们通过活动收集了报纸、餐巾纸、厨房用纸、广告纸等各式纸张，了解纸的由来，并制作和使用再生纸。孩子们和家长们还进行了巧手制作，通过剪剪贴贴的方式摆弄这些废旧的鞋盒、瓶盖、纸杯、纸巾等材料，看着它们经过改造后焕然一新。

幼儿园一日生活中，也少不了资源的节约利用。比如洗手搓泡沫时，有主动关水龙头的动作。喝水时能按需适量，不浪费饮用水等。看似不经意的举动，处处都隐含着节约、绿色的意识。

（三）绿色生命主题

活动主要体现在班级植物角中，从种子播种、发芽、生长、开花到结果，对幼儿来说是一个全新的经历，从中体验种植的乐趣，感受丰收的喜悦。通过亲手种植还能了解一些植物或动物的生长条件和特性。

照顾生命的同时，对自我的保护也是绿色生命主题的重要内容。在防拐骗、地震演习、火灾演习等活动中，孩子们通过听听、说说、做做学会了许多保护自己的方法。结合环保知识竞赛，进一步巩固这些知识，从小在心中树立自我保护的意识。

（四）绿色居住主题

在幼儿园一日生活里，产生的垃圾也并不少，还有许多废旧环保材料，都属于可回收垃圾，不能和干垃圾混在一起。是否能对自己产生的垃圾进行正确的垃圾分类，也是孩子们所能做到的小小贡献之一。

课题研究过程中，我们通过绘本教学激发幼儿关心爱护环境的情感，引导幼儿从“小”做起，从身边做起，保持教室内、外环境的干净、整洁。

二、环保知识竞赛活动

每月根据当前的主题活动内容在各班内进行一次环保知识问答竞赛。通过竞赛活动，我们能清晰地了解到班级幼儿对当前主题活动的认知层面，如此一来便于老师有针对性地开展后面的活动。

三、废旧材料收集（融合在绿色消费主题活动中）

四、课题大活动

（一）玩具漂流活动（上学期）

每年12月，幼儿园都会举办一次玩具漂流活动：幼儿可以将自己家中闲置的、较完整的玩具或书本带到幼儿园来进行漂流。带来漂流物品的幼儿可以在班级里和同伴一起讨论各自玩具的漂流标准，达成共识。若玩具漂流双方对玩具的价值有差异，可以选择用小代币来补差。没有漂流物品的幼儿也可以使用小代币换取自己喜欢的玩具或书籍。

（二）六一换购活动（下学期）

下半学期大活动，我们结合六一儿童节，在园内举办一个常青小集市，分为摊位区和游戏区。在摊位区准备了丰富的礼品和小零食。游戏区设置了许多小游戏，例如投壶、套圈、跳远、射门等。其中也使用了很多废旧材料来制作游戏的道具，通过游戏，孩子们还能获得一些额外的小代币。幼儿在六一大活动中的良多收获正是对平时一日生活中养成了节约、懂得节约资源的好习惯的鼓励和肯定。经历了这一系列的课题活动，幼儿更了解开展大换购活动的意义，知道地球只有一个，如何合理利用资源，有效地使用这些资源，对绿色消费的理念有一个初步的认知。

这是一个循环的过程，孩子们在一日生活中养成绿色环保意识的同时，也积累相关绿色生活的经验。

五、经验和思考

幼儿园“小绿芽”课程中，我们将四大主题的要点化为主题月活动，融入幼儿园一日活动中。相比另外三大主题，绿色消费主题一直是比较难攻克的点。因为这个概念对年龄尚小的幼儿是比较难以理解的，所以我们认为要让孩子们形成绿色消费这个理念，需要用一种浅显易懂的方式来引导他们。于是，常青小代币问世了。“循环利用，合理交换”成了我们绿色消费的一个突破方向，玩具漂流和六一换购两个大活动也由此而来。

当常青小代币面世并投入使用以来，我们虽欣喜于幼儿的积极和热情，却也一直在思考一个问题：似乎孩子们都是以“赚钱”为目的在进行绿色环保行动，这完全与我们的理念背道而驰。面对这一问题，我们及时进行反思、调整。经过老师们一次次的头脑风暴，我们重新推出了三个层次的环保称号，分别是“××小能手”“环保小达人”和“绿色小卫士”。其中，“××小能手”是初级称号，各大主题活动中完成度较好的幼儿可获得此称号，比如“光盘小能手”“垃圾分类小能手”“种植小能手”等。那么在一学期中，累计获得2个及以上“××小能手”称号或某一个主题活动中能力特别突出的幼儿，称号升级为“环保小达人”。能获得5个及以上“××小能手”称号或某两个主题活动中能力特别突出的幼儿，称号升级为“绿色小卫士”。每一次获得称号或升级称号都能获得小代币的奖励。在之后的课题活动中，我们将启用这一环保称号升级机制，需要在实际运用过程中进行实践和研究。

用“儿童视角”走近儿童 走进项目化学习

沈　倩（上海市浦东新区金科苑幼儿园）

近年来，如果说学前教育领域的热词，“儿童视角”“项目化学习”这两个词，我想肯定是榜上有名的。

儿童视角：成人走近儿童，了解儿童真实想法、理解儿童看待事物方式的一种尝试。

项目化学习：是一种以幼儿为主体，链接真实世界的事件，在一段时间内，团队共同解决一个复杂问题或完成一项综合性任务，幼儿经历全过程，通过亲身体验、深刻理解来获得核心素养发展的一种学习方式。

解读了这两个词，我们忽然发现：在这些年的实践中，我们老师就是用儿童视角来走近儿童、走进项目化学习的。

2018年，我们申报了区级课题《STEM+教育视域下幼儿科技教育项目化学习的实践研究》。三年多的实践过程中，我园小、中、大共实施12个项目化学习。

小班：巧克力、蛋宝宝

中班：蔬果超市、游乐场、披萨店、南瓜、金科田园

大班：飞机场、太空、桥、新生训练营、我是小小兵

在三年项目化学习过程中，我们感受到了老师的变化：从主观创设环境到基于幼儿需求的环境提供；从关注材料本身到关注幼儿发展；从关注学习结果到关注学习过程。

幼儿的变化：幼儿学习的主动性充分激发，合作交往能力、设计能力、创造能力都有了明显的提升。

基于教师和幼儿的变化，我们觉得：项目化学习在我园有实施的必要性以及推广的价值性。

收获一：相信儿童，成全童趣

在项目化学习启动的初期，我们将老师们带入任务情境中，用自己的方式与同伴们共同体验、共同制作、共同评价，充分展现了学习者的主动性、合作性、创造性。那如何把这样的一份感觉带给孩子们，去激发孩子的学习动力，引发孩子的学习创造力呢？于是我们把这个权利交给了孩子，让孩子决定学什么，让孩子选择怎么学，让孩子总结学到了什么，评价自己学得怎么样。如此一来，孩子成为学习的主人。项目化学习真正把头脑还给了孩子，把空间还给了孩子，把双手还给了孩子。项目化学习让老师们学会了相信孩子，也成就了孩子的兴趣，成全了童趣。

收获二：走进儿童，聆听童声

在多年的项目化学习过程中，我们老师达成共识：教师需要在项目化学习开展的过程中，聆听幼儿的声音，捕捉幼儿的兴趣，了解幼儿的需求，更重要的是对幼儿感兴趣的众多问题作出价值判断，选取其中有价值的、可探究的问题作为驱动性问题。

驱动性问题的要素：有趣的、真实的、能够探究的、挑战的、开放的。如，中班项目化学习《南瓜》开展初期，各班的老师就进行了问题的收集：

1. 南瓜为什么是椭圆形的？南瓜切开后是什么样子的？
2. 南瓜能生吃吗？南瓜瓤能不能做成南瓜冰棒？南瓜肉有几种颜色？
3. 南瓜可不可以做成发饰？南瓜的根有没有银色的？
4. 南瓜籽可以炒菜吗？南瓜能不能做成气球？小南瓜和大南瓜哪个能做成南瓜项链？
5. 我们可以自己种南瓜吗？
6. 南瓜瓤可以做成饼干吗？
7. 南瓜糖是怎么做的？
8. 南瓜到底是甜的还是咸的？

9. 南瓜外面的皮是什么颜色的？

10. 南瓜有几种颜色？南瓜籽怎么保存做种子？

11. 南瓜长在什么地方？大南瓜和小南瓜重量一样吗？南瓜有几种颜色？

12. 有没有长方形的南瓜？

13. 南瓜是怎么长大的？

14. 南瓜长什么样子？南瓜的重量怎么测量的？

15. 南瓜是长在树上的还是地上的呢？南瓜是什么季节成熟的呢？

16. 世界上最大的南瓜有多大？

17. 吃南瓜有什么好处？南瓜是怎么生长的？

根据孩子们的问题，老师进行了梳理，删除小部分天马行空、不具备实施研究可行性的问题，又将剩余的问题分成两类：一是知识性的问题，幼儿通过一些途径（电脑查询资料、看绘本、问大人等）直接获得经验，比如吃南瓜对身体有什么好处，世界上最大的南瓜有多大等；二是幼儿可以通过探索操作去获得的经验，我们可以用一个个小项目的形式去开展。比如：南瓜肚子里有什么，南瓜籽可不可以吃等。在完成一个个项目的过程中，随着孩子研究的深入也会产生新一轮的驱动性问题，比如：在研究南瓜籽可不可以吃的过程中，幼儿又产生了新的问题："用什么工具可以烘烤南瓜籽，使它变熟呢？"然后新一轮的项目——电磁炉圆舞曲、空气炸锅又开始启动了。

收获三：观察解读，给予支持

项目化学习中教师对幼儿的支持很关键。教师基于观察，可以从以下几方面给予幼儿学习上的支持。

空间时间的支持：给幼儿一个自主探究的空间和时间。教师可以在班级创设一个区域供幼儿进行项目活动的探究，在时间和空间上双重保障，幼儿可以在自由活动时、游戏时在此进行观察、操作、记录、讨论等。

资源的支持：除了已有的教学资源之外，教师在幼儿探究的过程中，挖掘各种与项目活动探究有关的资源，如人力资源、信息资源、社区资源等，以帮助幼儿获得更多的信息，找到解决问题的办法。

我园在开展项目化活动之初，教师整理了一张资源统计表，将与活动相关的家长资源、社区资源、幼儿园资源一一罗列，以便及时灵活地根据活动的进程，调动与运用各种资源，给予幼儿学习上的支持。

材料的支持：在操作与探究的过程中，幼儿会发现新的问题，并反复实践，进一步寻找答案。因此，教师基于对孩子的观察，应准备各种可随时取用的合适的材料供幼儿操作，并且材料库是可以动态调整的，以便幼儿更好地发现问题、解决问题。例如，我们在各班都设立一个“材料超市”，由教师和幼儿一起收集材料并分类摆放，以便幼儿在探究过程中随时取用。

信息的支持：在项目活动中，幼儿只有不断寻找获取信息，才能解决驱动性问题，获得成果。因此，教师要为幼儿提供各种获取信息的途径，让幼儿了解信息可以从哪些地方获得，这也是培养幼儿自主学习能力的途径之一。例如，教师在班级设立专门的图书区，提供幼儿可操作的平板电脑。本学期我们还提供了编程材料、电子白板等信息技术设备，让幼儿通过多种途径获得信息，以促进项目化学习的顺利开展。

工具的支持：这里所说的工具主要是指“思维工具”。思维工具不仅有助于培养幼儿的逻辑思维能力，更是幼儿参与项目活动的好帮手。我园教师在推进项目化学习的开展过程中，一直在思考如何将孩子们内部的一些想法让它可视化。我们发现，通过一些可视化的工具，可以帮助孩子们更好地将他们讨论的实践问题和后续的一些展示内容呈现出来。于是，课题组的老师通过研讨，确立了班级五板一墙的环境（有问题墙、信息板、故事板、科学展示板等），为幼儿提供探索的支持。

另外，幼儿通过实践掌握一些思维的方法，从而使他们更合乎逻辑地解决探究中遇到的各种问题也是我们一直在努力的。例如，在幼儿通过各种途径获得不同的信息后，教师可以让幼儿尝试运用思维导图的方式对信息进行梳理，以便幼儿在众多信息中找到关键点并与他人分享。通过一段时间的实践，孩子们都能够熟练运用圆圈图、气泡图、树状图进行信息梳理。

收获四：关注过程，多元评价

传统实践中，教师往往是评价的主体。但我们在开展项目化学习的过程中，逐渐将教师、家长以及幼儿的评价贯穿始终。多元评价，其实是家长、幼儿、教师共同参与的评价，可以让教师更准确地把握幼儿的兴趣、已有经验和发展需要，以此为根据分析幼儿的现有水平，创设适宜的项目化学习内容，提供适宜的指导和帮助，同时也让整个项目化学习在民主、和谐的氛围中进行着。

1. 幼儿自评：让幼儿会说

考虑到参加项目化学习的孩子都是中大班年龄段，有一定的表达意愿和表达能力，所以在评价环节，我们又增加了“打分”环节，每次利用项目化学习的最后5分钟，请每个孩子进行自我评价，为自己评分，讲讲理由。让孩子们对自己开展的活动进行评价，包括最高兴的事、最不高兴的事、学会的本领、还想学会什么。通过对自己的评价，孩子们逐渐有了自我评价的意识，也让老师更了解孩子真实的想法。

2. 教师评价：借助多媒体手段，实现家园沟通

园方为课题组课题的研究提供技术设备的支持，采购了二维码生成系统，并且提供培训。教师利用15秒科技App平台，为每个幼儿每次活动进行针对性评价。教师就幼儿在活动中动手能力、合作能力、语言表达能力、交往能力、记录能力、发现问题解决问题的能力等方面进行评价，让幼儿和家长都能清晰地看到优势与不足，并且在活动结束后，生成二维码发给家长，让家长了解孩子每一次活动的情况。

3. 家长评价：从纸质的量化评价走向可视化过程性评价

当老师将运用15秒科技给幼儿定制的个性化的二维码发给家长后，也激发了家长更多评价的愿望。家长们通过录制视频对自己的孩子、对项目化学习表现进行了评价。他们通过给老师留言、积极参加QQ群的互动，对整个活动进行了评价。从家长的评价中，教师们发现平时上传照片、上传视频、每次活动前跟家长的预告、活动后跟家长的反馈都是有所回馈的，家长们都会仔细地去看、去跟自己的孩子交流，家长们积极参加的热情增强了，在家园共同配合的基础上，孩子们各方面的能力也增强了！

一系列多元评价的模式的开发与运用，让孩子的探究更有深度，让教师的研究更有底气，让家长的支持更有方向。

三年多一路走来，我们在实践中清晰地认识到，项目化学习不仅仅是一种学习方式，它更是一种教育理念，它源于生活，聚焦幼儿，强调自主，面向未来，它让幼儿真正成为学习的主人。

自然材料在幼儿园个别化学习活动中的一物多用

吴　佳（上海市浦东新区下沙幼儿园）

幼儿教育家陈鹤琴提倡“大自然、大社会都是活教材”，大自然中的五谷杂粮、花草树木、飞鸟虫鱼都是孩子们天然的教玩具，是幼儿学习最有利的教育资源。大自然会调动孩子们的好奇心和注意力，在尽情的玩乐嬉戏中，孩子们感受和体验着大自然的千变万化。结合我园亲自然特色课程，我们研究尝试将个别化学习活动与自然材料相结合，真正地在使用自然材料的过程中培养孩子亲近自然的性情，引领孩子智慧的成长。

在实践中，我们就不断探索、尝试，调整活动，最终我们发现原来这么多的自然材料在个别化学习活动中可以“一物多用”。生活中随手可得的自然材料是个别化学习活动中很好的操作材料。

一、自然材料的收集

自然材料指的就是来自大自然的材料，比如瓜果蔬菜、花草树木、沙石泥土、农作物（麦秆、芦苇秆、稻草、棉花）、羽毛、蟹壳、贝壳、各类坚果、豆子、谷物等。

在户外开展个别化学习活动时，幼儿可以根据自己的需求去周围的环境中收集。走进校园菜地，幼儿可以仔细观察常见的蔬菜，开展蔬菜写生、蔬菜拓印画等艺术创作。沙水池中，幼儿可以搭建城堡、画画沙画等。小花园中，幼儿闭上眼睛闻各种气味、摸一摸不同质地的物体，还可以进行赏花、闻花、画花、树皮拓印画、枯树枝创意手工等。

一些幼儿园环境中没有的材料，我们就借着家长力量，或是教师对材料进行再次加工。比如将树木进行切割，树枝、木片、木板、木轮、木屑，不同的材料可以做成各种木制品。

二、自然材料在不同区域的“一物多用”

1. *石头*

生活中常见的石头，我们可以引导小班幼儿学习手口一致地点数。玩玩捡石头游戏，听口令捡石头，引导幼儿按数量要求捡石头、手口一致点数。对于中班孩子，我们可以重点引导幼儿学习按石头的特征有规律地进行排序。先看看、说说自己带来的石头，再把石头分分类，可以按石头的颜色、大小、光滑程度等分，最后引导幼儿有规律地排序铺路。大班孩子用石头排列的方法就更多样了，ABA、AAB、ABBA规律都有可能。我们还可以引导幼儿在已排列的物体中寻找出排列规律，运用推理接着排。也可以将石头进行厚薄比较，尝试按厚薄之差异排序等。

石头的彩绘、造型画经常出现在幼儿园美工类活动中。幼儿利用各种形状的石头，借助油画棒、棉签、橡皮泥、各色纸、毛线、双面胶、吸管、稻草、瓶盖、牙签、皱纹纸等材料，充分想象，大胆创作，逐步打开幼儿的想象空间，拓宽思维，使幼儿的想象思维彻底地激发出来，使幼儿的创作更加丰富多样。

音乐类活动中，幼儿可以自己制作石头打击乐器，练习演奏方法。用两块石头互相敲打发出声音；将石头放入纸盒、塑料瓶、易拉罐等物体中摇晃发出声音；将石头敲击在不同物体上发出声音等。在自己的探索中，幼儿发现石头在碰到不同的物体时会发出不同的声音，有的清脆响亮，有的比较柔和。通过操作，运用不同方法体验不同石头打击乐器敲击的声音，培养幼儿对节奏乐的兴趣。

科探类活动中，幼儿在看一看、摸一摸、玩一玩中，去探索石头的特征、用途。幼儿能直观地感受到石头有青色、灰色、白色、红色、黄色。有的石头四四方方，有的像鸡蛋，还有的奇形怪状、有点重……还可以给幼儿提供一些漏斗、筛子等，玩玩沙中寻宝，做做净化水的小实验，又可以是帮助乌鸦喝水、比比哪种物体滑得快等。

2. *花朵*

大自然中的花朵，鲜艳的色彩、多彩的造型，让孩子们探索起来欲罢不能。

美工类活动中，孩子们用花瓣进行装饰，将花瓣想象添画成不同的事物。也可以插花、花卉写生、制作头饰、衣服等。经过孩子们的加工后，成为一件件了不起的艺术品。

益智类活动中，数数花儿有几片花瓣，根据花瓣形状给花儿分类，根据花朵的特征，有规律地排列等。

科探类活动中，借助放大镜仔细观察，说说花朵的特点，探索花朵的用途，自己冲泡花茶喝。在花盆中倒入色素，几天后，你就会发现花朵变色了。如果在水中加入荧光笔笔芯药水，打开手电筒，你的荧光花会变色吗？如果把花茎剪开插在不同颜色的水中，你就能得到彩色花朵。

3. 树枝、树叶

树叶是幼儿园内随处可见的，树叶上藏着许许多多小秘密。我们给幼儿自制了《植物百科》图书，借助扫描笔，幼儿在找找、摸摸、比比中探索树叶的特征，如树叶的形状、纹理、触感、厚薄，分辨树叶等。还可以将树叶做出树叶娃娃，借助幕布在语言类活动中演演说说树叶的故事。

拿起树枝摇一摇，沙沙沙，对着奶粉罐头敲一敲，竹竿舞跳起来咯！

树叶贴画、树叶拓印、树叶添画也是美工区比较常见的，借助自己的想象，小树叶也有大用途。

绑绑、剪剪、贴贴，树叶托盘、树枝画就做好了，真是环保又漂亮！

借助蓝丁胶等材料还可以将树叶做出树叶船，在水中开开，也可以和其他材料制作的小船比一比，看哪种材料的小船开得更快。

三、“一物多用”引发的后续思考

1. 促进幼儿全面发展

自然材料的“一物多用”激发了幼儿不断探索材料玩法的兴趣和欲望，幼儿在自我探索的过程中，合理运用各种材料，完成自己的制作和创造，并体验到成功的喜悦。“一物多用”带给幼儿更多的空间与灵感，更是幼儿习得知识经验的宝贵财富。与自然材料的互动中，幼儿感受到大自然的美与智慧，同时想象力、创造力、探究能力、动手能力、解决问题能力、表达能力等方面都有所发展。

在户外利用自然材料开展个别化学习活动，使幼儿从电子产品的大量辐射中解放出来，亲近自然，保护视力。自然的颜色也是儿童眼睛的最好保护色。

2. 提升教师教学能力

自然材料的“一物多用”充分体现了教师在个别化学习活动中对材料的灵活运用。以往我们在室内的个别化学习活动中就会运用自然材料，现在到了户外，该如何投放自然材料？材料的摆放在户外如何呈现？如何更好地运用材料激发幼儿探究、学习的兴趣？在一次次摸索、尝试中，我们学会了利用自然材料作乐器，学会了用花朵制作染料等，思考多用途的玩法。在探究中，我们和幼儿共同学习。

3. 思考

幼儿对户外开展的个别化学习活动很感兴趣，但是受天气的影响，一些材料不适合放在户外，每次收取摆放材料比较麻烦。哪些个别化活动适合在雨天开展？怎样让自然材料更体现年龄特点，相同的材料满足不同孩子的需求？这都是我们还在思考、尝试、研究的。

今后，我们将继续探索更多自然材料在幼儿园个别化学习活动中的一物多用，引导幼儿亲近自然，促进幼儿全面发展。

让课堂走进大自然

——以小班集体教学活动“会响的小路”为例

汪　瑜（上海市浦东新区下沙幼儿园）

我国教育家陈鹤琴先生曾提出“活教育”理论，他认为：“‘活教育’的课程是把大自然、大社会做出发点，让儿童直接向大自然、大社会去学习。”让幼儿多和大自然接触，大自然中的一切都可以引发幼儿无穷的想象。我们将课堂带入大自然，在大自然中进行集体教学活动，让幼儿与大自然亲密接触，使幼儿“亲历”自然、“亲近”自然、热爱自然。孩子们在大自然中学习，也让他们的各种感官变得真正的敏感和富有想象力。下面让我来介绍一下我在大自然中开展的案例。

一、教学尝试

第一次实践：

秋天是一个色彩斑斓的季节，随处可见五彩的落叶随风飘荡。小班的幼儿对于这些好看的树叶都充满着好奇和喜爱。于是结合“好听的声音”这个主题，我设计了“会响的小路”这个集体教学活动。我像以往的语言活动一样，通过PPT的展示，让孩子们欣赏散文并学说不同的小动物经过树叶小路发出的不同的声音。散文中有很多的象声词来表示不同的小动物走过小路发出的声音，但是我发现孩子们在学说时不能很好地去理解。所以到了第三环节让幼儿扮演小动物来演绎走过树叶小路，并尝试着说一说相应的象声词时，孩子们显得有些茫然。

我的思考：

第二环节中我采用了简单的PPT模式出示图片，再让幼儿不断地重复每次小动物走过树叶小路发出的声音。由于散文中小动物走过树叶发出的声音都使用了象声词来表示，比如“窸嗦窸嗦”“踢踏踢踏”等词都比较抽象，比较空洞，很难让孩子们去理解这些词所代表的含义。单一的形式加上对象声词的不理解消磨了孩子们的兴趣，整个活动显得很沉闷，根本达不到活动的预期效果。我有了一些思考：为什么不能把自然物带入教室，让孩子们通过亲身的体验去感受、发现呢？于是，我开始了第二次的尝试。

第二次实践：

经过思考，我进行了第二次实践活动，将自然物——树叶带入了教室。并在教室里用这些树叶做出了一条树叶小路。活动一开始我通过欣赏很多美丽的树叶小路的图片来引出今天的主题——一条神奇的小路。接着在第二环节理解散文内容时我一边播放散文一边让幼儿在事先准备好的树叶上走一走，模拟小动物走在树叶小路上发出的声音来让幼儿更好地理解这些象声词。当孩子们看着PPT的画面又倾听着树叶发出的声音时，一下子都听得非常的认真，学习的兴趣也被调动了起来。最后我带着幼儿一起扮演小动物，尝试着模仿小动物的动作走过教室里的这条神奇的树叶小路。

我的思考：

活动中我设计让幼儿通过用手、耳朵等去感知树叶，发现不同的动作，树叶会发出不同的声音，从而引出小动物走过树叶小路发出的不同声音，并学会用象声词来表示它们。通过这样的亲身体验，幼儿不但理解了这些象声词代表的意思，也更好地激发了幼儿学习的兴趣，让学习氛围更轻松、和谐。

但是我发现在第三环节感受“会响的小路”的乐趣时，由于教室场地空间太小，走小路时显得特别的拥挤，限制了幼儿的行动，而且没走几步路就已经走到了路的尽头。他们也不能更好地用感官去感受“会响的小路”的神奇之处，没有很好地体验到“会响的小路”的乐趣。

第三次实践：

我又进行了第三次的教学实践，我把活动的场地定在了幼儿园的大草地上。草地周围正好种植了各种品种的树，正值秋天，树上的树叶都飘落下来，形成了一条条天然的树叶小路。当幼儿来到草地上时都兴奋极了，都发出了欢呼：“哇！地上有好多树叶呀！”“树叶都好漂亮呀！”我让孩子们在草地上走一走、听一听、想象一下，走在树叶小路上都会发出什么好听的声音。孩子们身处大自然中感官更敏感了，学习的氛围也更轻松，他们很快就掌握了这些用来表示声音的象声词。最后我让幼儿自己去走一走这条神奇的小路，看看小朋友走上这条小路会发出怎么样不同的声音。他们发现“我跳着走过小路时，小路会发出咔嚓咔嚓的声音”。“我轻轻地走过小路时，小路发出的声音也是很轻很轻的，就像吱——吱——”“我跳着舞走过小路的时候，小路发出来嘎吱嘎吱的声音。”孩子们都开心地探索着发现着，语言的能力也得到了很大的提高，表达得越来越清晰。

我的思考：

活动中幼儿从一开始的学习状态就和前几次明显的不一样。虽然之前几次幼儿通过老师语言的讲述、观察图片的学习，也能学说各种象声词，也能进行初步的想象，但是不经过实践，怎么可能有真实的体验，幼儿对于这些词的概念都是模糊不清的，只有经过亲身感受实践，才能真正地理解这些象声词所代表的含义。在自然中学习，孩子们的学习状态也比在教室中更为放松，他们自由结伴地去探索、发现，这种自然形成的教育意义是无穷无尽的，它吸引着孩子们的注意力，引发他们的想象力和创造力，也激发了幼儿的天性，提升了幼儿对于学习的兴趣。

二、活动效果及分析

经过三次的尝试，我们的课堂也从室内变成了室外，最后在“大自然课堂”中圆满地落幕，达成了预设的活动目标。幼儿的学习兴趣一次比一次浓厚，语言的表达能力一次比一次有所提高，在宽松的学习氛围中，孩子们想说、敢说，也更愿意说、喜欢说。活动过程中，孩子们的兴趣也多了许多，在观察的过程中，幼儿和幼儿之间、幼儿和老师之间的互动也非常的好，分享了自己的发现，分享了自己的感受，更分享了自己的经验，在这个过程中幼儿更愿意表达了，也更有自己的想法了。

三、总结

亲近自然是幼儿园课程的重要内容，我们更应该带着孩子们走出教室，走向大自然，遵循自然的规律，利用自然的资源，让孩子自然地学习，自然地成长。

在自然课堂中，孩子们的想象力像天空中的云彩那样任意驰骋，他们的创造力也得到无限的发展。这一次的尝试给了我很大的启发，今后我还会继续开展自然课堂活动，让课堂走进大自然。

在探究阅读中培养幼儿良好的阅读品质及前书写能力

——以大班案例“记事情”为例

林奥琦（上海市浦东新区懿行幼儿园）

近期，在班级中，“记事情”这个词总是频繁地在幼儿口中出现。探寻这个新词汇出处的过程中，我发现在阅读区幼儿总是三三两两围在一起翻看一本叫作《记事情》的绘本，并热烈地讨论着自己在书中看到的各种记事情的好办法。“记事情”俨然成了班级中的新晋“小网红”，这到底是一本什么样的书呢？在好奇心的驱使下，我也细细阅读了这一本绘本……

《记事情》将横跨几千年来的文字和记录演变精华，浓缩成图画故事，以绘画的形式展现了人们寻找更好的记录工具和方法并演变出符号和文字的过程。当下，幼儿已进入大班第二学期，他们即将进入小学，参与到越来越多的书写活动中。在对这一绘本进行解读之后，一个小点子出现在了我的脑海里……

一、“读”以致用

（一）墙面会说话

这天，我在办公室细细阅读《记事情》这一绘本，探寻孩子们喜爱这一绘本的原因，并做了如下分析：1. 内容符合大班幼儿的年龄特点；2. 故事线索清晰；3. 定位生活化主题；4. 传递积极态度、品质。

通过解读，一本可读、可品、可用的绘本映入我的眼帘。将它放置在阅读区，幼儿们需要主动翻阅才能品味。何不将它融入环境，让幼儿们能够随时品读呢？

于是，借由这一绘本，我开启了班级中自主探究阅读墙面的创设，截取了绘本的几个主要画面，以立体的形式呈现在我们的探究阅读墙面上，供幼儿进行自主阅读。通过环境这一无声的话语，与幼儿讲述“记事情”这个故事。

（二）游戏中的“小惊喜”

到了大班，我们角色游戏中的各个区域的工作人员在卖出产品后都需要进行“记账”。以往，孩子们都是以画画的形式记录账目。这天我看到小菜场的工作人员和小吃店的工作人员在交流怎样更快捷地进行记账，他们通过探究阅读墙面上所呈现的各种记事方法，在记账本上发明了用类似于绳结法和符号记录的方法进行记账的方式。

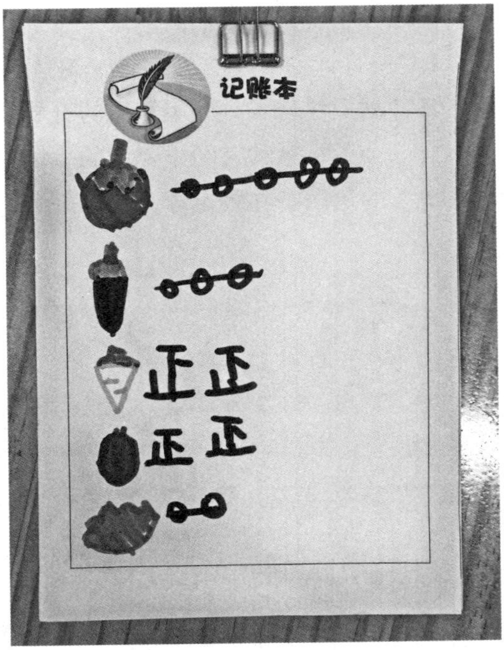

【观察与识别】

在发现这一绘本的价值之后，我通过创设自主探究阅读墙面帮助幼儿更好地阅读《记事情》这一绘本。从中，我关注到了它对于幼儿前书写能力发展的价值：

1.“记事情”兴趣更浓厚了。

2.“记事情”的途径更多样了。

3.“记事情”的内容更丰富了。

环境正是这样，在无形中影响着孩子们前书写能力的发展。对此，我们继续探寻着……

二、润物细无声

（一）隐形的提示

从自主探究阅读墙得到启示后，我开始在班级环境创设中融入一些符号去帮助幼儿对环境的阅读。如在餐厅里的用餐提示牌上，使用箭头提示幼儿正确的用餐顺序；在“光盘小贴士”上增加笑脸和大拇指，鼓励幼儿样样都吃完；在“爱眼小贴士”上增加“笑脸”“哭脸”以区分各种行为对眼睛的作用……

（二）“每日一记”在改变

渐渐地，我从孩子们的记录中看到了改变。

1.“一日计划”中符号多样：这些天，我发现幼儿们以往寥寥简笔画勾勒出的一日计划上浮现了一些不一样的符号。圈圈在今天的“一日计划”上用符号记录了自己今天在运动时间里要做的事情，如用箭头表示跳绳是一项需要“向上跳再落地”的运动；在踢足球旁画了一个“旋转的圈”……

2.“植物生长记录”特定符号出现：在植物角的记录本上，也悄然发现了孩子们符号的使用，如使用“感叹号”表示观察到植物需要浇水；“打钩”表示植物生长状态良好；“尺子”标示出植物生长的高度……关于记录的一些符号孩子与孩子之间达成了共识，孩子能读懂同伴的记录了。

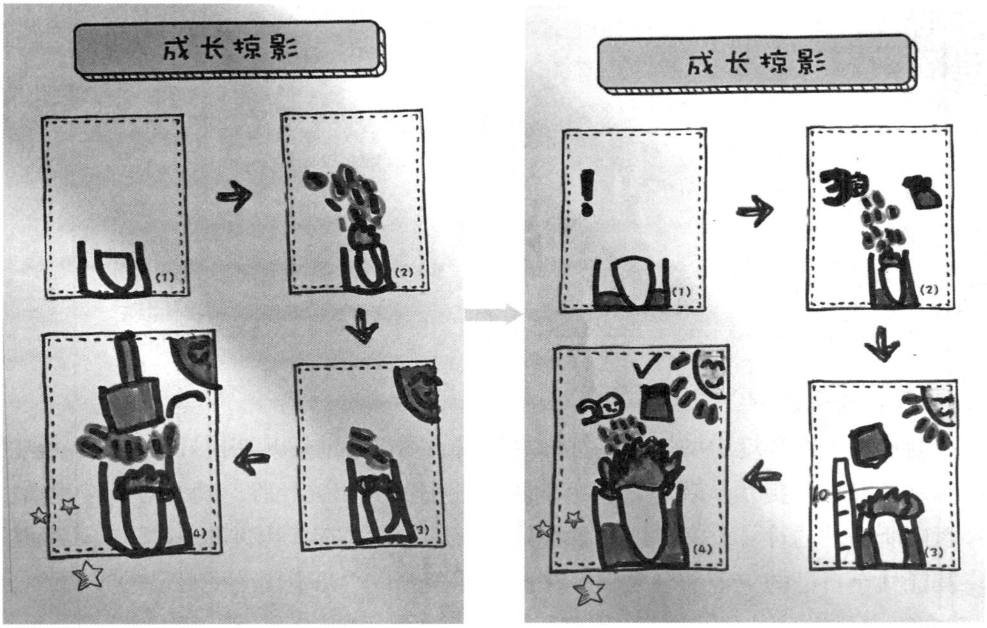

3.“图书漂流物语”形式多样：开展图书漂流活动以来，我们鼓励家长和幼儿在家中阅读完漂流图书后记下自己阅读的体验。近期，我发现幼儿们在漂流物语的记录中也开始出现了“树状图”……

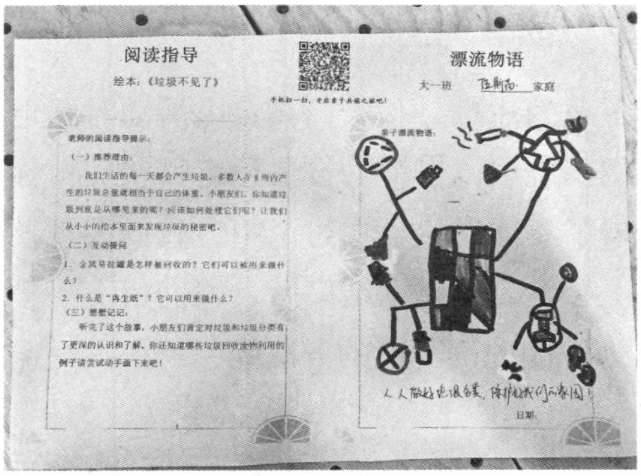

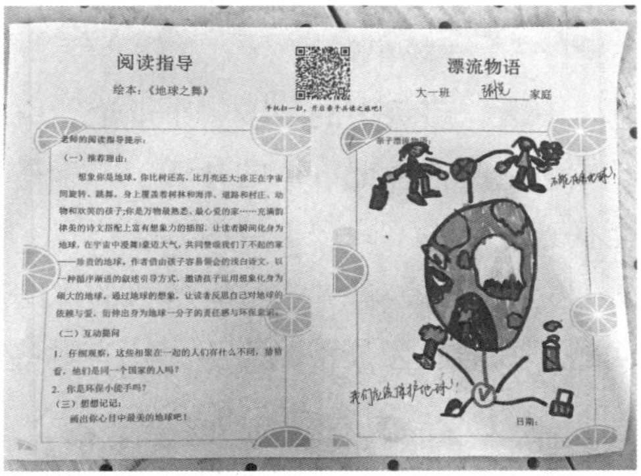

4.“新闻小主播”记录丰富：开展新闻小主播活动以来，当天担任小主播的幼儿会在家中与爸爸妈妈一起提前准备主播内容。现在，图加文的主播稿形式已经越来越多地被幼儿们所使用……

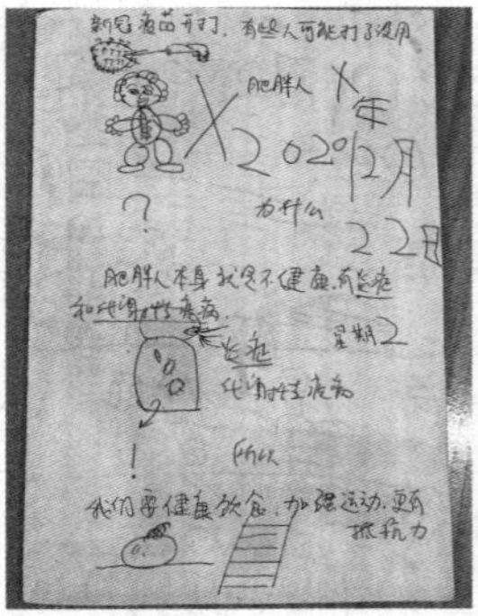 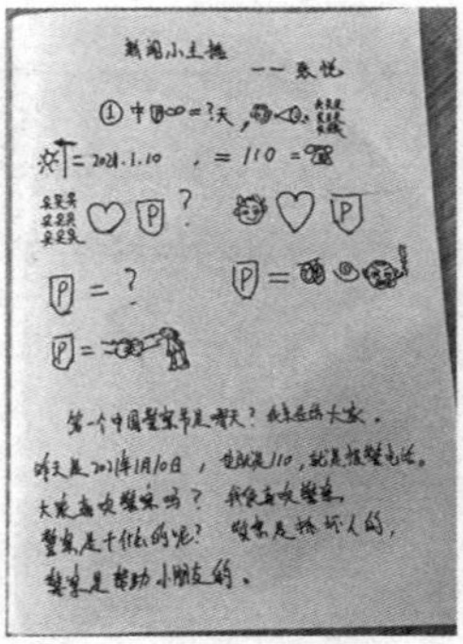 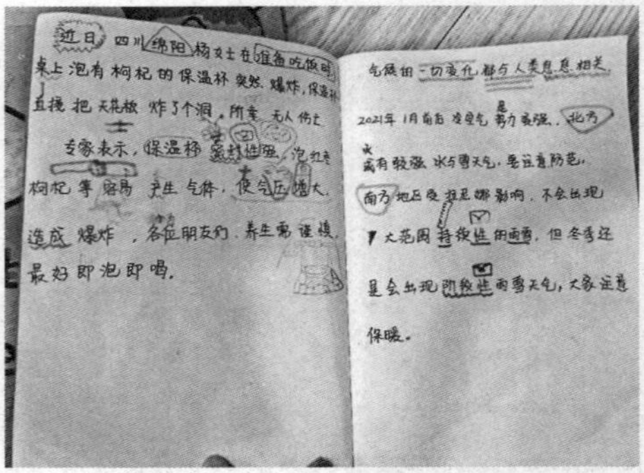

【观察与识别】

通过在班级环境中增加一些符号的使用，不仅帮助幼儿在更好的阅读环境中提升阅读品质，更是从环境之中汲取到了前书写的相关经验。幼儿对日常生活、环境中所出现的符号、文字以及各种信息表达方式都有着积极的关注，并不断地将其迁移至自己的“记录”之中。在这一过程中，幼儿不仅会用自己的方式，如“双向箭头”“笑脸哭脸符号”等进行记录，也会“自创”一些“象形符号”，如利用云朵、高山的符号表示植物生长得很高，“圆圈内有很多小点”的符号表示“浇水”，等等。

三、讨论活动——“记事情”有好办法

（一）一场小辩论

一天，班级中的一段“小辩论”引起了我的注意，孩子们在自由活动时间也开始讨论起各种记事情的办法……于是我们围绕“记事情的方法还有哪些呢？你能找到生活中不同记事情的方法吗”？开展了集体讨论。在讨论中，我们发现孩子们提出的每一种方法都有各自的优缺点。于是，在讨论结束后，我们留下一个问题：“在科技发展下的今天，还有哪些更为便捷的记事情的方法呢？”

（二）寻求解决问题的方法

带着辩论中留下的疑问，孩子们运用各种方法寻找解决问题的方法，有的百度、有的问爸爸妈妈……一天之后，孩子们纷纷将自己找到的好办法带回幼儿园与大家分享。在分享的过程中，孩子们了解到，我们除了可以使用一些常见的实物工具记事情外，还可以用手机里的各种App来记事情……

（三）孩子们的探索和发现

那么，到底哪种记录方式更合适呢？我为幼儿提供了“记事好办法”调查问卷，请孩子们将自己认为最合适的好办法记录下来，最后将大家选出的“最合适的记录方式”展示在我们班级的阅读墙面上，供孩子们继续交流讨论……

【观察与识别】

从观察中发现幼儿对于“记事情”中所存在的疑惑，能够主动地与同伴一起探讨问题、解决问题。此外，借助家长的力量，我们也引导幼儿在家中与爸爸妈妈们一同阅读绘本，并在阅读后寻找现代科技发展下的记事情好办法。在这一系列的过程中，幼儿不仅在亲子阅读、寻找答案的过程中增进了亲子关系，更在与同伴的讨论中，吸收百家之精华，拓宽了幼儿对现代“记事方法”的认识。

四、反思

在借由《记事情》这一绘本开展的一系列探究阅读活动，培养幼儿良好阅读品质及前书写能力的过程中，引发了我的几点思考：

1. 巧选绘本，制作材料

我们所选择的这一绘本，内容较为复杂，情节丰富，符合大班幼儿年龄特点，能引发幼儿的奇思妙想。通过选择一本符合幼儿当下年龄特点、贴合幼儿的兴趣的绘本，挖掘绘本的内涵，制作一系列与绘本相关的操作材料。幼儿在这一过程中主动地探寻记事情的各种好办法，专注地阅读同伴的记事卡，能够有效激发幼儿对“书写”的兴趣，增加了幼儿阅读的主动性。

2. 巧创环境，营造氛围

结合《记事情》这一绘本，我们通过创设有自主探究的阅读墙面，在环境中融入各种“符号”以及书写的方式方法，为幼儿创设有利于强化前书写能力的环境，引导幼儿在环境无声的暗示中，发展自身书写能力，并在专注的阅读活动中增加了幼儿阅读的稳定性。

3. 巧借外力，家园共育

结合《记事情》一系列活动的开展，我们借助家长的力量，引导幼儿在家中一同阅读绘本，并与爸爸妈妈一起寻找“记事情的好办法”，同时坚持每日在家中利用一定时间专注于“记事情”，并于第二天将自己所记的事情带来园中与同伴分享。在家园共同的促进下，借由阅读活动，进一步促进幼儿前书写能力的发展。

从“小路”到“勇敢者道路”

——中班室内平衡运动的两次实践与反思

高莉君（上海市浦东新区龚路幼儿园）

平衡是指人体所处的一种稳定状态，即不论处在何种位置，运动或受到外力作用时，能自动调整并维持姿势的能力。《3～6岁儿童学习与发展指南》中强调：平衡能力是完成各种身体动作的前提，也是实现自我保护最基本的能力。因此，发展平衡能力对幼儿终身发展至关重要，意义深远。而通过运动发展幼儿的平衡能力是最重要的渠道。那么，怎样利用室内现有的空间和材料开展平衡运动？哪些器材能促进幼儿平衡能力的发展？这些问题都需要我们在反复的实践中去不断地思考和研究。

为此，我们结合中班主题活动“我在马路边”，在室内平衡区运动中创设了“小路”游戏，并以此为例进行了探究。在第一次活动中，由于提供的材料单一，中班幼儿自主搭建的小路过于简单，对其动作及平衡能力的发展缺乏挑战性。于是，在第二次活动中，我们通过增加和调整材料，引导幼儿自主排列组合，并赋予情境性、趣味性和挑战性，活动名称改为“勇敢者道路”，不仅激发了幼儿的运动兴趣，锻炼了平衡能力，同时也增强了幼儿在运动中的自我保护意识以及勇敢、坚强的意志品质。

第一次活动：材料单一，缺乏挑战性

室内运动开始了，老师向小朋友介绍着准备好的游戏材料：“孩子们，这里有我们熟悉和喜爱的万象组合器械，有大家一起收集的纸盒和纸棒，还有我们平时坐的小椅子、玩的呼啦圈等。现在，就让我们用这些器材搭出不同的小路，

看谁搭得快！好吗？”“好！”孩子们异口同声地回答着，兴高采烈地选材料搭了起来。

不一会儿，三条排列组合各异的小路便完成了。孩子们时而在万象组合器械搭成的窄窄长长的“独木桥路”上小心翼翼地走着，时而在纸盒、纸棒间隔排列成的“跨栏路”上跨跳着，时而又踏上椅子排成的羊肠小道，钻过竖起的呼啦圈“山洞”。就这样，孩子们在每一条小路间不断地穿梭着，努力尝试着在走、跳、钻的过程中找到平衡点。半个小时的平衡区活动很快就过去了。

活动结束后，教师们对整个活动过程进行了研讨。大家觉得，虽然孩子们参与运动的积极性非常高，似乎也玩得很开心，但是他们的基本动作、平衡能力、运动经验并没有因为这次活动得到进一步的发展。究其原因：

1. 提供的活动材料单一，相对中班幼儿来讲，局限了幼儿自主构建具有多样化的、挑战性的道路。

2. 教师的引导不够，没有形成让幼儿挑战高难度任务的氛围和情境。活动开始，教师介绍了材料品种，活动内容的简单交代，而对“要搭一条怎样的小路”没有说清楚，导致幼儿在搭建的时候急于完成，没有一定的指向性。

针对以上问题，我们制定了下一步调整方案。

首先，我们将活动名称调整为“勇敢者道路”。活动中，教师要引导幼儿自主搭建出一条具有趣味性和挑战性的道路，鼓励他们在行走时用不同的方式保持身体平衡，努力成为一名不怕困难，坚持到底的“勇敢者”。

其次，筛选和补充材料。将继续运用教室内原有的一些材料，同时补充新材料，为幼儿的自主构建提供更多的选择。

于是，我们又进入了第二次的实践与探究。

第二次活动：丰富材料，增强挑战性

这是一些新增的材料，教师重点介绍后，便交代：“今天我们要用这些材料建造一条‘勇敢者道路’，谁来说说什么样的路才能称作是勇敢者道路呢？”孩子们思考了一下，便你一句我一句地说开了：“就是走在上面会有一点危险的路。”“高高低低不平的路。”“要很勇敢的人才能走过去的路。”……在孩子们发表了一番对“勇敢者道路”的理解后，教师总结道：“是啊，勇敢者道路上会有一点危险，走的时候会有一点难度，只有不怕困难、坚持到底的勇敢者才能到达终点。你们想不想成为勇敢者呀?”“想!”孩子们坚定地回答道。随后，在老师的引导下，大家便开始选材料，搬的搬、扛的扛，迅速地搭起了“勇敢者道路”。

搭的过程中，有的孩子把竹梯悬空横架在两张桌子的中间，他们称之为“高架路”；有的把两根竹竿绑在椅子腿上，或平行，或交叉，好比“独木桥”；有的将万象组合器材进行了重组拼装，弯弯曲曲地摆放仿佛一条蜿蜒崎岖的山间小路；还有的则干脆用椅子大做文章，并排放、背靠背放、侧翻着放等，看似随意，却着实像一个“小迷宫”一样。

道路很快就建好了，为了让孩子更好地保持平衡，同时又增加足底的触感，老师引导孩子们脱去鞋子，光着脚在道路上行走。他们沿着标志所指的方向，慢慢地小心翼翼地前进着。“哇，这个软软的刺刺的，脚好痒、好舒服哦!”一个踩在小魔毯上的孩子欣喜地喊道。“这个竹竿又软又滑，老师，我怕!”又一个孩子害怕地惊呼了起来。老师鼓励道:“别怕，脚踩稳，试着扶一下旁边的柜子吧。”瞧!能力强的孩子在悬空的竹梯上勇敢地站了起来，而胆小的孩子则手脚并用着爬过去……

活动进行中，老师还提醒说:“周围有很多好玩的玩具，我们可以带着它们一起走上我们的‘勇敢者道路’哦!”于是，有的孩子扮起了娃娃家妈妈，一路上，像模像样地保护着手中的孩子；瞧!有的撑起了小阳伞悠哉地走在崎岖的小路上；还有的头顶沙包一路上手舞足蹈，犹如一名“小小杂技员”。

整个活动中，孩子们非常投入，不管前方的路有多难走，不管用何种方法走过去，孩子们始终坚持着，努力地在“勇敢者道路”上寻找着身体的平衡点，大胆、勇敢地走下去。

反思

一、提供便捷、多样的平衡器材，给幼儿更多自主建构的机会

由于室内运动在空间上非常有限，材料上下搬运会造成诸多不便。因此，我们应尽可能地利用教室内现有的资源。同时，还应根据幼儿的年龄特点及动作发展特点，开发利用一些轻便的、且有助于幼儿平衡能力发展的器械。

二、创设探索的情境，将目标隐含在游戏过程中

情境是“会说话”的教育元素，当活动以“勇敢者道路”引出时，孩子们的情绪更加激动和愉悦。而当他们在活动的过程中，遇到困难和害怕时，其“勇敢

者”的身份更激励了他们勇往直前、坚持到底的决心。另外，中班幼儿有非常强烈的“竞争”意识——“你能做到的我也要做到”，幼儿相互比较、相互模仿和激励，这些都在“勇敢者”这个角色游戏中得到完美的融合。

三、提供适当的辅助器械，让幼儿的经验在平衡活动中灵活运用

在以往的运动中，往往容易出现幼儿枯燥地进行基本动作练习的现象，这样不利于幼儿的全面发展。幼儿在“勇敢者道路”上行进时，能力强的幼儿可以轻松地用一些抱的、撑的、顶的等辅助器械锻炼平衡，能力弱的幼儿则可以借助旁边的柜子、桌子等加以自我保护。总之，通过不同的辅助器械，让幼儿在平衡活动中找到平衡点，获得平衡的经验和能力。

浅谈幼儿心理健康教育环境的创设

奚伟红（上海市浦东新区康桥第一幼儿园）

在幼儿教育中，环境是重要的教育资源。幼儿虽然年纪小，但拥有独立的意识。在幼儿园心理健康教育活动中，创设良好的心理环境，将心理健康教育活动的目标和内容“物化”，能够对幼儿起到各种心理认知、引导、暗示等影响作用，提高幼儿心理健康教育在一日活动中的渗透性，促进幼儿的心理健康，有效帮助幼儿发展。

那么幼儿园应该如何为幼儿创造良好的、“物化”的心理健康的教育环境呢？

一、创设与幼儿年龄特点相符的心理健康教育环境

针对小、中、大班不同年龄阶段，可能会面临的不同的心理发展阶段和心理问题，我们有目的地设计布置了与幼儿年龄特点相符的心理健康教育环境，帮助幼儿建立必要的心理认知水平，提高相应的心理适应能力。

如小班的“全家福”“我的好朋友”等墙面环境创设，帮助幼儿缓解入园的焦虑情绪。有的班级在教室门口，制作了一个笑脸挂饰，每天早上来园时引导孩子们和它打招呼，和父母分离的时刻，像太阳花宝宝一样笑眯眯的。这些物理环境的提供，有效地帮助幼儿顺利度过了初入园时的焦虑期。

中班孩子处于自我独立意识快速发展阶段，特别渴望能逃开成人的约束，所以不少班级创设了“悄悄话小屋”“心情屋”等温馨的半围合的空间，满足幼儿想把自己“藏起来”的心理需求。

大班幼儿在相处的过程中产生各种各样的分歧、纷争、不认同等情况是很正常的。通过引导，大班幼儿能够逐步学会欣赏同伴的优点，认同自己、他人的不同，用恰当的语言表达对他人的看法等。“心语桥”就是这样一个载体。两个孩子站在地面上画出“心语桥”的两端，每向桥中心跨出一步，就要说一句对方的优点，或者对对方的希望、祝愿等，待走到中间的“心心相印”时，两个朋友抱一抱、亲一亲，彼此的欣赏会变得更加美好，纷争也会逐渐消散。又如通过奖励骰子、注意力训练25宫格等材料的提供，提升大班孩子的关注他人、评价自我、心理练习等方面的能力。

二、创设双向调节的心理健康教育环境

幼儿也会有负面情绪。现在的孩子，运动少，同伴交往少，宣泄负面情绪的通道也比较少。在对幼儿进行心理健康教育时，一般来说，成人会较多地进行关怀和疏导，而常常忽略了宣泄。因此，在环境创设时，我们关注了正向积极的情绪、情感的培养和负向消极情绪、情感的排遣宣泄几个方面。

正向、积极心理的构建和引导——如小班的“我真棒”、中大班成功墙、谁的朋友多、心语吧等，起到了激发幼儿自信心、引导幼儿积极交往等作用。

负向、消极心理的宣泄和疏导——如小班的“出气筒”“受气包”“一条苦恼虫”，帮助幼儿将不自觉积累的压力和不良情绪释放出来，学会调整情绪，以积极心态面对，或引导幼儿倾诉、宣泄不良情绪。中大班的“情绪垃圾桶”等环境的创设，是让幼儿将自己的负性情绪画下来，丢弃到情绪垃圾桶的象征性的方法，让幼儿获得丢弃坏心情的心理暗示，从而转化不良情绪，达到保持良好的心境的目的。

三、关注幼儿当前的问题，有针对性地创设心理健康教育的环境

每个幼儿面临的心理问题可能各不相同。只有关注个体，关注幼儿当前的突出问题，才能使心理健康教育活动具有针对性和有效性。在环境创设中，则可以通过“心情小站”“我的情绪小怪兽”等环境的创设，让幼儿认识情绪情感，丰富他们的情感体验。关注到自己的一些基本的情绪情感，如快乐、悲伤、恐惧、愉快、喜悦、伤心等，让孩子知道哪些情绪情感是对我们身体有益的，哪些是对

我们身体有害的。

再比如，2020年疫情期间，当幼儿带着好奇与不安回到幼儿园，由于幼儿年龄小，对事件的理解能力有限，不正确的认知，长时间缺乏与同伴的交流等因素，导致个别幼儿有一些不良情绪与心理压力的产生。我们用幼儿可理解的方式，帮助幼儿正确认知疫情产生、蔓延原因，以及适当的应对方式，知道疫情是可控、可防、可治的。用科学知识改变不合理的想法，进而改变不良情绪与行为，开展“认知疗法”。在环境中，老师则创设了一些能引发幼儿同伴交流、画画、角色扮演、情绪分享、倾诉等各种形式的活动环境，引导幼儿说出对疫情的不安与困惑、担心与害怕、疑惑与愿望等，对幼儿进行合理疏导，帮助幼儿将疫情中积累的压力和不良情绪释放出来，学会调整情绪，以积极心态面对疫情。

总之，只有保证了良好的物质环境，才有了创设良好心理环境的基础。幼儿在这种良好的物化的心理环境中活动，才能产生积极向上的情感和愉悦的情绪，为将来良好的社会性情感的发展奠定基础。我们要善于设身处地地体验孩子们的所思所想，耐心细致地观察、了解孩子的内心世界，真诚关怀、关心理解每一个幼儿，尽我们所能地让他们健康快乐地成长。

以幼儿心理健康教育为内容开展菜单式家教指导活动

王　蓓（上海市浦东新区康桥第一幼儿园）

幼儿时期是个性、情绪调控能力、意志自制力与坚持性等心理品质迅速发展时期，抓住这个时期对幼儿健康心理的形成进行引导和促进，对培养其良好的情绪、意志具有积极的意义。在这个过程中，如能家园协同进行心理健康教育，开展各种形式的家教指导活动，则能起到事半功倍的效果。

在进行家教指导活动中，由于心理健康教育的特殊性，幼儿既面临一些共性的问题，又会面临一些特殊的个别问题。因此，为了让心理健康家教指导活动能关照到每位家长的需求，提供针对性的指导，我们提出了“菜单式”家教指导活动的形式。用菜单把幼儿在幼儿园阶段面临的心理、行为问题罗列出来，让家长有选择地参加家教指导活动，更大程度地解决家长的困惑和烦恼。

那么，幼儿园开展以心理健康教育为内容的菜单式家教指导活动，要关注哪些方面的问题呢？

一、以心理健康教育为内容的菜单式家指导活动内容的选择

在对康一幼在园幼儿各年龄段共282位家长的一份问卷调查中，统计结果分析显示：家长们普遍感觉在孩子身上存在着各种各样的比较突出的心理行为问题。

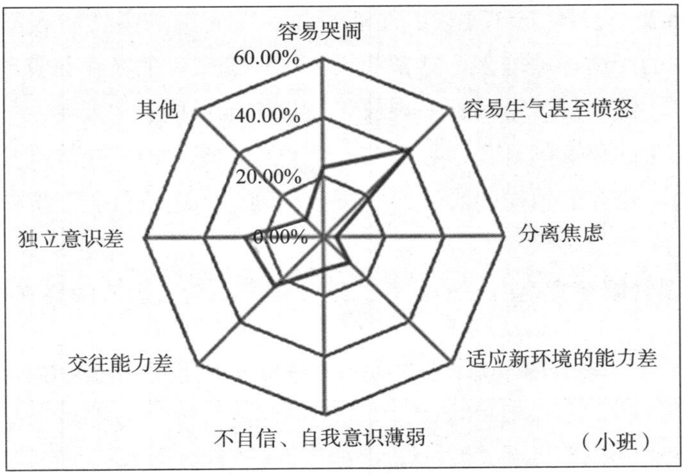

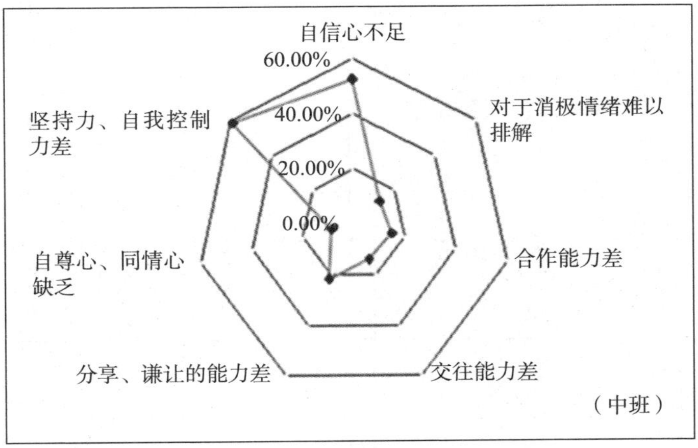

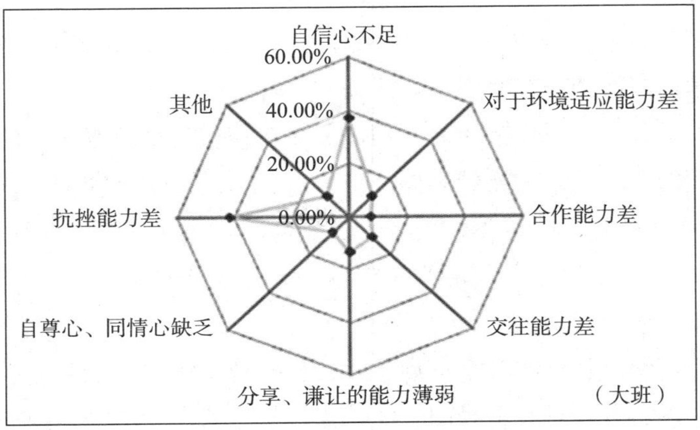

康一幼小中大班幼儿心理健康发展状况家长问卷调查统计图

比如：随着小班孩子自我意识逐渐增强，对周围的事物和人都有自己的看法，同伴交往的矛盾逐渐增多，常常会因为同伴或父母的行为与自己的预期目标不一致而生气、发脾气。针对这一现象，家长们觉得孩子主要是生气苦恼等情绪问题。中班孩子的普遍问题集中在自信心、自控力等方面。进入大班，培养孩子良好的专注力是家长们迫切的心愿，大班孩子则集中在自信心、抗挫能力方面。

二、以心理健康教育为内容的菜单式家教指导活动的形式的确立

对家长“希望以哪种形式获取幼儿心理健康相关知识”的调查统计表

年龄段 / 活动形式	小班		中班		大班	
	人数	占总数% N＝73	人数	占总数% N＝92	人数	占总数% N＝82
辨析式现场指导活动	31	42.46%	29	31.52%	29	35.36%
家访	18	24.65%	17	18.48%	13	15.85%
沙龙式现场指导活动	23	31.51%	36	39.13%	19	23.17%
讲座活动	29	39.73%	40	43.48%	22	26.82%
班级群、网上论坛	29	39.73%	46	50.00%	40	48.78%
家园小报	50	68.49%	68	73.91%	50	60.96%

对康一幼家长“希望以哪种形式获取幼儿心理健康相关知识”的调查统计结果显示：家长对心理健康教育相关资料的发放排在了第一位，文本资料的直观性便于工作繁忙的家长随时学习。因此我们在家长手册中加大了文本资料的发放，同时安排每学期两次的现场家教指导活动。

在对家长进行“菜单中的家教指导内容希望以何种形式开展”的调查结果显示，不同类型的话题，家长希望开展的形式有较大的差别。如中班合作能力培养这个话题，60.96%的家长希望以现场家教指导活动的形式来开展；对小班恐惧心理的疏导的话题，有31.51%的家长对这一话题很有感触，我们组织这部分家长进行了沙龙式指导活动。

我园的心理健康教育的各个活动单元，包括情绪情感、社会适应、个性发展等多个方面，它们各自有其本身固有的特点。从这些活动内容本身的特点出发来确定家教指导活动的形式，才能使我们的家教指导活动更加有效、更有针对性。

三、以心理健康为内容的菜单式家教指导活动组织实施的思考

（一）形成菜单式家教指导活动的操作程序的思考

在实施菜单式家教指导活动的整个操作过程中，我们先根据调查的结果进行统计分析，找出共性的问题，然后设计出家教指导活动的菜单。再让家长完全根据自己的需要自由选择适合的菜单，然后进入自己选择的活动室参与活动，教师进行观察、指导、交流，把获取的一些有价值的信息即时反馈，与家长沟通互动，从而达到对家长的指导作用。在活动后，教师及时地进行总结评价，分析实践中的得失，调整计划，实施下一次活动。

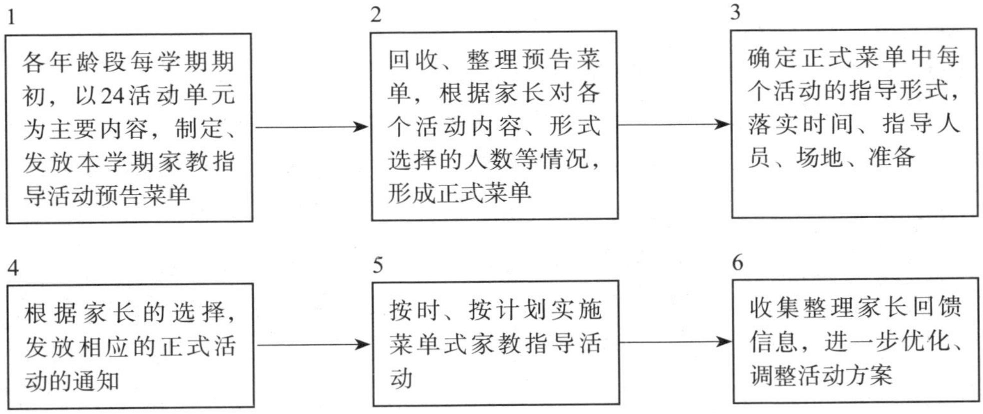

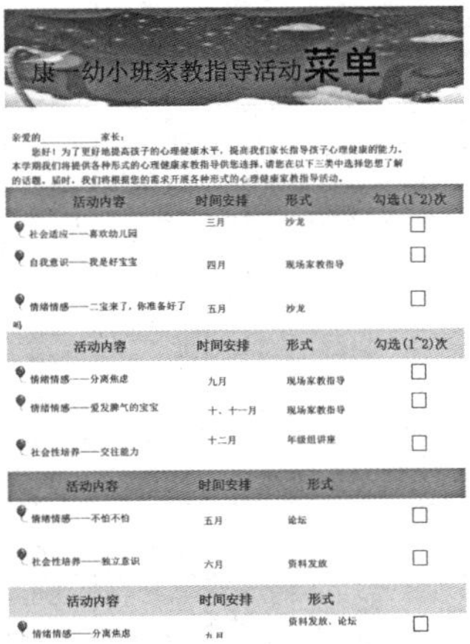

康一幼小班家教指导活动菜单

亲爱的__________家长：

您好！为了更好地提高孩子的心理健康水平，提高我们家长指导孩子心理健康的能力。本学期我们将提供各种形式的心理健康家教指导供您选择，请您在以下三类中选择您想了解的话题。届时，我们将根据您的需求开展各种形式的心理健康家教指导活动。

活动内容	时间安排	形式	勾选(1~2)次
社会适应——喜欢幼儿园	三月	沙龙	☐
自我意识——我是好宝宝	四月	现场家教指导	☐
情绪情感——二宝来了，你准备好了吗	五月	沙龙	☐

活动内容	时间安排	形式	勾选(1~2)次
情绪情感——分离焦虑	九月	现场家教指导	☐
情绪情感——爱发脾气的宝宝	十、十一月	现场家教指导	☐
社会性培养——交往能力	十二月	年级组讲座	☐

活动内容	时间安排	形式	
情绪情感——不怕不怕	五月	论坛	☐
社会性培养——独立意识	六月	资料发放	☐

活动内容	时间安排	形式	
情绪情感——分离焦虑	九月	资料发放、论坛	☐

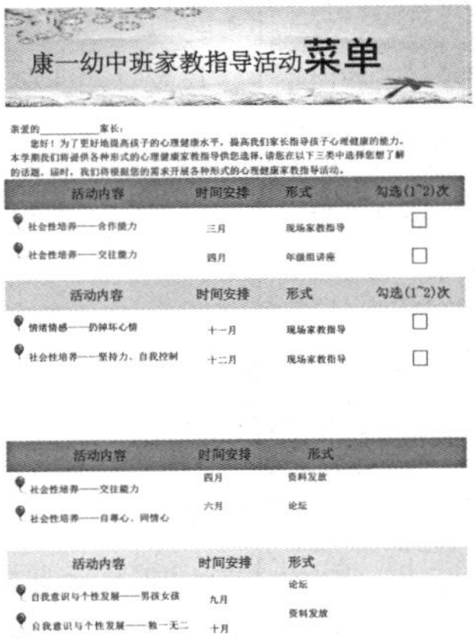

康一幼中班家教指导活动菜单

亲爱的__________家长：

您好！为了更好地提高孩子的心理健康水平，提高我们家长指导孩子心理健康的能力。本学期我们将提供各种形式的心理健康家教指导供您选择，请您在以下三类中选择您想了解的话题。届时，我们将根据您的需求开展各种形式的心理健康家教指导活动。

活动内容	时间安排	形式	勾选(1~2)次
社会性培养——合作能力	三月	现场家教指导	☐
社会性培养——交往能力	四月	年级组讲座	☐

活动内容	时间安排	形式	勾选(1~2)次
情绪情感——扔掉坏心情	十一月	现场家教指导	☐
社会性培养——坚持力、自我控制	十二月	现场家教指导	☐

活动内容	时间安排	形式
社会性培养——交往能力	四月	资料发放
社会性培养——自尊心、同情心	六月	论坛

活动内容	时间安排	形式
自我意识与个性发展——男孩女孩	九月	论坛
自我意识与个性发展——独一无二的我	十月	资料发放

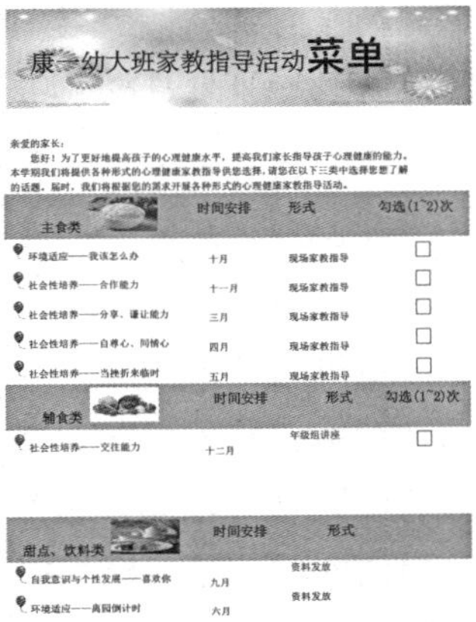

康一幼大班家教指导活动菜单

亲爱的家长：

您好！为了更好地提高孩子的心理健康水平，提高我们家长指导孩子心理健康的能力。本学期我们将提供各种形式的心理健康家教指导供您选择，请您在以下三类中选择您想了解的话题。届时，我们将根据您的需求开展各种形式的心理健康家教指导活动。

主食类	时间安排	形式	勾选(1~2)次
环境适应——我该怎么办	十月	现场家教指导	☐
社会性培养——合作能力	十一月	现场家教指导	☐
社会性培养——分享、谦让能力	三月	现场家教指导	☐
社会性培养——自尊心、同情心	四月	现场家教指导	☐
社会性培养——当挫折来临时	五月	现场家教指导	☐

辅食类	时间安排	形式	勾选(1~2)次
社会性培养——交往能力	十二月	年级组讲座	☐

甜点、饮料类	时间安排	形式
自我意识与个性发展——喜欢你	九月	资料发放
环境适应——离园倒计时	六月	资料发放

各年龄段心理健康家教指导活动推荐菜单

（二）提高菜单式家教指导活动的现场效果的思考

在组织开展菜单式家教指导活动时，除了向家长提供“心理链接”“专家视点”等理论方面的知识外，我们还选用问卷调查中收集到的来自班中幼儿的真实事例，再配合情境表演再现、参与式讨论、观点交锋等活动形式，以提高现场家教指导活动的现场感和家长的参与度、体验度。

以设计“扔掉坏心情”现场家教指导活动为例。在设计家教指导活动方案前，为了使家教指导活动变得有效，在前期我们设计了一份调查问卷，调查问卷的内容是：“您的孩子会有消极情绪吗？当孩子有消极情绪时他的表现是什么？”我们在设计活动时就从家长那里收集到的案例着手。从调查问卷分析中我们看到家长们普遍的心态有两种：一部分家长对孩子们消极情绪危害性认识不足，认为孩子的消极情绪是很普遍的现象，长大了自然就会化解；还有一部分家长虽然认识到消极情绪对孩子的健康成长有不利影响，却又找不到合适的方法去解决。针对这样的情况，我们在设计家教指导活动时便有的放矢地进行指导。

在设计家教指导活动时，我们设计了案例分享——分析危害性——探讨方法——实践运用的四个环节。在案例分析的环节，我们选择具有代表性的案例拿出来进行分析，帮助家长将自己孩子的消极情绪进行归类，比如有的孩子在心情很糟糕时情绪反应很激烈，而有的孩子在坏心情来临时则表现得比较平静。我们和家长一起探讨，产生这样表现背后的原因是什么，当孩子们产生消极情绪的时候会对他的健康成长产生什么样的影响等。当家长们介绍自己成功帮助孩子摆脱消极情绪案例的时候，我们又及时帮助家长梳理处理问题的方法，如处理孩子们消极情绪时，我们可以用接纳、共情、转移注意力等方法来帮助幼儿，使得家长们了解到原来处理幼儿消极情绪时的方式方法有很多。当然，除了帮助家长了解处理消极情绪的方法，及时地运用也是比较重要的，同时我们出示了漫画解读，让家长们通过看漫画的方式掌握处理孩子们消极情绪时具体该怎么做，让家长掌握到了实用的方法。

通过“以幼儿心理健康教育为内容的菜单式家教指导活动”的开展，我园的老师们认识到，相较于理论、认识方面的传递，家长们更需要我们帮助分析孩子们产生各种心理和行为问题的原因，处理这些问题的方法。“以幼儿心理健康教育为内容的菜单式家教指导活动”的开展，使家长们在与教师、与其他家长之间的互动中得到实实在在的帮助，提高了家教指导活动的针对性和有效性。

基于运动核心经验的室内区域性体育活动的设计与实施

王　岚（上海市浦东新区绿川幼儿园）

区域性体育活动包含户外与室内两种形式，受天气原因影响，幼儿园开展室内区域性体育活动的频率越来越高，在开展过程中经常会有这样的困惑：室内运动内容是否与户外一致，材料如何选择；活动场面热闹，但是孩子的动作技能是否发展；运动空间受限，运动量如何达成……基于此，本学期我园开展了基于运动核心经验的室内区域性体育活动的设计与实施专题研讨，梳理总结了相关研究经验。

一、因地制宜，开发室内运动空间

（一）借助建筑优势，打造专用运动场所

我园基于现有的建筑特点，定制了包含蹦床、滑索、海洋球等项目的淘气堡，涵盖荡桥、爬笼、大型滑梯等更具挑战性的运动器械组合以及二人制足球场，专用运动场所的这些项目涵盖了身体控制与平衡、身体移动、器具操控的运动核心经验及窄道移动、悬垂、跳、钻、攀、爬、踢等动作技能。

（二）巧妙布局空间，挖掘运动功能

室内运动环境创设最大的挑战就是空间问题，虽然较户外场地有着很大的局限性，但是只要我们巧妙挖掘，全方位考虑其安全性和适宜性，充分挖掘场地隐藏的运动功能，利用上空、地面、墙面等，从平面到立体，从单维到多维，我们就能发现原本不起眼的狭窄走廊、楼梯等都能成为很好的运动场所。例如走廊上的实体墙面不仅可以设置成滑翔布道，还可以进行球类射门，悬挂下目标物时可以进行投掷练习；楼梯的坡道则是让孩子们练习上下走的天然场所。

（三）充分利用墙面，融美观实用于一体

走廊的运动环境融于幼儿园整体环境，如我园一楼的呼啦圈十二生肖、高跷豆豆龙、二楼的停机坪等，全部充分利用了墙面，这样的优势在于：1. 既美观又扩展了走廊的利用率，给孩子更大的运动空间；2. 摆放位置暗示了器械的活动范围，保证空间使用的有序性；3. 便于幼儿自主选择，活动后物归原处，养成收纳的好习惯。

二、有理有据，打造适宜运动环境

户外运动与室内运动在空间大小、器械提供、自然因素利用、安全性、运动量等方面是有所不同的，因此在进行室内运动环境创设时我们需要从空间、材料、幼儿发展等多维度综合进行考虑。

（一）考虑空间因素：包括活动场所的人均活动面积、安全性、采光和通风。在人均活动面积方面我园参照《上海市办园评价指南》中对户外运动场地的要求：水平三生均不低于1.5平方米及水平五生均达2平方米，结合自己幼儿园的室内场地优势，保证了生均2平方米；安全性方面，在选择场地时避免玻璃及视野盲区。

（二）考虑材料因素：室内运动的材料绝不是简单地将户外运动材料移到室内这么简单，而是需要考虑材料——

1. 适宜性：包括大小适宜、轻重适宜、数量适宜。

2. 安全性：除了在空间因素上我们需要考虑安全性外，在材料方面我们也要考虑安全性，例如大型助跑跨跳材料、在户外常见的风火轮等，因为有比较大的冲击力在室内显然是不合适的。其次，特别高的一些材料，当孩子们运动时会碰到顶部的吊扇，也是需要舍弃的。经过测量我园从地面到吊扇的高度为2.5米，因此我们的材料高度不能超过0.8米。

3. 健康性：据科学考量，雾霾天气室内运动内容选择如果不合适，其$PM_{2.5}$的浓度甚至超过了室外重度污染的浓度，因此拍球、跳绳等容易扬尘的项目显然在室内是不合适的，而且拍球噪声较大，跳绳由于空间小也容易甩到其他的孩子。

（三）考虑幼儿发展因素：所有运动材料的投放最终的目的是为了促进幼儿的发展，因此我们在创设时需要注意全面性、补差性。

1. 全面性：从幼儿园层面我们需要思考创设的区域是否涵盖了身体控制与平衡能力、身体移动、器械操控核心经验，没有缺失。从班级层面需要思考，涉及的运动核心经验相关动作技能是否全面，上下肢运动是否都得到兼顾。

我们借助《学前儿童健康领域学习与发展核心经验》一书，对幼儿各项动作发展的特点及规律进行解读，将相关内容进行梳理（见下表），并对室内运动利于落实的核心经验进行筛选，在这里以身体控制与平衡能力及身体移动这两个核心经验为例，可以发现前者内容室内室外都合适，但是后者中跑跳移动类项目可以减少，例如追逐跑、快跑等速度类项目可以舍弃。

核心经验	动作技能	相关难度变化内容或动作发展水平
身体移动能力	行走	走直线、走曲线；有无队列，队列长短；向前（后）走、侧向走、变向走；重心低中高走；不同场地走；节奏快慢走；有无持物走；有无障碍走（大小高低等）
	跑	原地跑、曲线跑；有无队列，队列长短；向前（后），往返跑；半蹲转身；慢跑、快跑；后踢腿跑，高抬腿跑；有无持物跑；有无障碍跑等
	跳跃	原地双脚向上跳、双脚连续向前跳、立定跳远、双脚连续向侧跳、跨跳、水平和垂直障碍、双脚向下跳、单脚连续跳、夹包跳、跳绳、协同跳
	攀	直线攀登；向上（下）向左（右）攀登；快速攀登、无速度任务攀登；攀登或者攀爬；有无持物攀登……
	钻爬	直线钻爬、曲线钻爬；向上（下）向左（右）钻爬；快速钻爬、无速度任务钻爬；正面钻、侧面钻；手膝着地爬、并手并膝、手脚着地、肘膝着地、匍匐爬、仰身爬、持物钻爬、单人多人协同爬

2. 补差性：身体素质是基本运动能力的基础，包括平衡性、协调性、速度、力量、耐力、灵敏、柔韧等要素，这些除遗传外更多需要后天身体锻炼而获得。户外运动我们对于柔韧性很少有涉及，于是在室内我们创设了瑜伽环境、脚夹球转身传递等内容，对之前缺失的内容进行补差，保证孩子身体素质的全面提高。

三、观察分析，动态科学调整改进

（一）基于儿童视角，解读核心经验后的调整

衡量运动环境是否适宜，我们对老师的要求是要看孩子爱不爱、会不会、能不能、是不是真运动。基于这样的思考，就要求教师在对孩子实际运动情况的观

察与分析的基础上，根据孩子的能力、需求，进行动态化的调整。如，我园的投掷区在创设的过程中，就跟随着孩子们的兴趣从人满为患到门庭冷落最终又重获新生，经历了一场兴衰变迁，在这一过程中基于对幼儿的观察、对运动核心经验的把握、室内环境条件的解析，我们及时进行了运动环境的动态调整，我们发现动态的调整提高了幼儿运动的效率，激发了运动的兴趣，也使运动环境更加具有生命力。

（二）基于幼儿运动量，科学研判后的调整

运动量也称“运动负荷”，指人体在身体练习中所能完成的生理负荷，由强度、密度、时间、数量及运动项目的特点等因素构成。运动量是考量本次运动是否适宜和科学的重要指标。我们可以通过幼儿的脸色、出汗、脉搏、呼吸、幼儿自述、运动手环等方式了解运动量。

室内运动时我们经常会发现孩子们虽然玩得热火朝天，但是运动结束却没有汗，可见运动量是不够的。我们可以通过以下方式，调整运动量。

1. 适当提高运动密度及时长

受空间限制，在室内运动时很难开展大运动强度的活动，因此可以适当加大运动密度和运动时长。我园在室内运动分散活动的时间较户外就延长了5分钟，并且通过动态的环境改变吸引孩子提高运动的参与频率及持续运动时间。

2. 运动项目的互相组合

以某间活动室为例，之前我们只提供了平衡走的材料，但是在实践中发现运动量低，于是调整后增加了悬垂材料，这不仅在运动量上进行了相互补差，而且也考虑到了上下肢锻炼的兼顾，一举两得。

3. 鼓励幼儿一物多玩

瑜伽砖在活动中非常常见，孩子们可以利用一块砖进行静态平衡练习，平铺在地面上进行平衡走练习，也可以将砖块叠起一层进行双脚跳、单脚跳练习，甚至有孩子利用多块瑜伽砖，进行跨跳动作的练习。虽然材料相同，但是不同难度的运动场景、多样化的运动方式，使运动量也随之发生了改变。

当然运动量是否适宜需要考量的因素还有很多，比如季节、气候、孩子个体差异，需要老师根据现场实际情况，随机应变，作出科学的研判。

通过这一学期的研讨，绿幼的老师们对于如何基于运动核心经验进行室内区域性体育活动的设计与实施有了初步的认识和尝试。目前研究仅仅持续一学期，对核心经验在室内运动中的解读与落地研究还不够深入，在此抛砖引玉，与大家共勉。

投掷区变奏曲

——基于运动核心经验的室内投掷区环境创设

崔　颖（上海市浦东新区绿川幼儿园）

近年来，我园着力于研究“基于运动核心经验的室内区域性体育活动的设计与实施”，并围绕这一专题开展了现场展示、实践研讨、案例剖析等一系列的教研活动。

我园二楼北面的走廊地形狭长，光照柔和，中二班的老师和孩子们运用各种材料将这里变成了投掷区。在创设的过程中，这条平凡无奇的走廊，跟随着孩子们的兴趣从人满为患到门庭冷落，经历了一场兴衰变迁。它到底如何兴起，又为何衰落，最后又是怎样实现“伟大复兴”的呢？让我们一起走进这段变奏曲。

一、投掷区的兴衰变迁

（一）投掷区的兴起

二楼走廊上的投掷区域里，我们在天花板上悬挂了铁制网格，在网格上悬挂着泡沫棍制成的各式垂吊物，根据各年龄段幼儿的发展水平，我们将垂吊物制成了大小各异、形式各样、高低参差的吊环。投掷材料是巨型火箭和泡沫飞机，火箭长而细、飞机宽而短。提供这两种材料主要让幼儿在投掷过程中感受不同长度、宽度器械的不同特性。该投掷区域主要发展幼儿掷准的能力。

吊环颜色鲜艳、停机坪美观实用、火箭飞机情境性强，材料一经投放，孩子们就充满了兴趣，投掷区常常人满为患。

（二）投掷区衰落了

在材料新投放的一段时间里，孩子们对火箭和飞机的投掷材料非常感兴趣。可是随着活动次数的增多，孩子们对单一的材料失去了兴趣，投掷区常常无人问津。

二、投掷区的复兴历程

衰落后的投掷区走上了一段复兴的历程。复兴的历程中有两条主线，一条是幼儿讨论生成，一条是教师捕捉调整。

（一）幼儿讨论生成

1. 添置新材料

针对投掷区经常门庭冷落的局面，我们进行了一场讨论：为什么不喜欢这里了？

“我全都会了。”

“扔来扔去就是飞机和火箭，我都扔过了。”

“有其他东西可以扔吗？”

“当然可以！”

去哪里收集材料呢？

孩子们纷纷发表了自己的意见。经过讨论，孩子们制定了两个方案：

自己制作。

在幼儿园里寻找。

（1）搜寻组

根据促进幼儿投掷能力发展的教育策略，提供的投掷材料要合适、丰富，因此，在收集和制作材料的过程中，教师既鼓励幼儿主动探索，又有的放矢地引导幼儿发现。寻找材料时，教师引导幼儿发现海洋球、纸盘、毛绒球、沙包等轻重不同的投掷材料；材料收集完毕，可是这些材料都适合用来投掷吗？孩子们一致认为圆棍不安全、易损坏。因此，圆棍从投掷材料中被去除了。

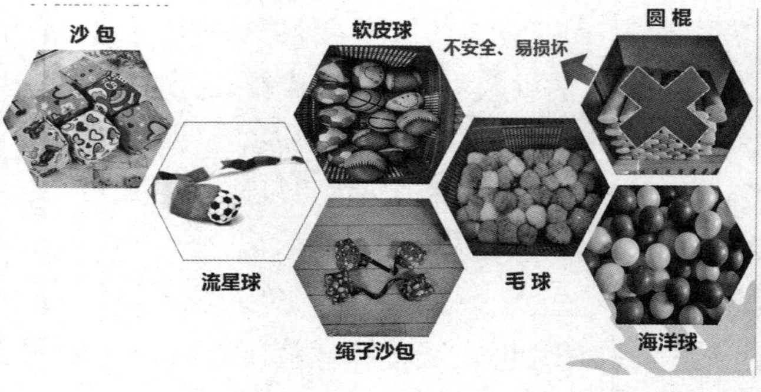

（2）制作组

制作组制作了纸飞机、纸棍、袜子球、纸球等。在亲子制作的过程中，教师引导幼儿制作多样化的投掷材料。如纸飞机可以用硬度较小的报纸、硬度较大的卡纸和软硬适中的手工纸、光滑的广告纸等；纸棍制作成粗细不同的样式；袜子球可用成人或宝宝的袜子制成大小不同的袜子球；纸球则用各种纸张做成，轻重各异。

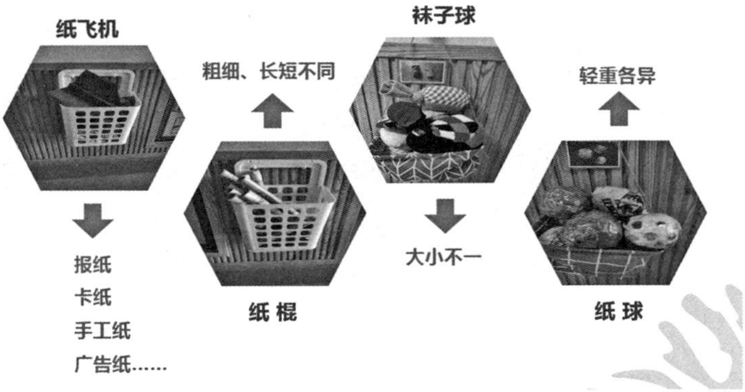

2. 出现新问题

上述材料投放不久，问题出现了，较重的纸球在投掷过程中砸痛了孩子的头，流星球和绳子沙包悬挂在吊环上，吊环损坏了。于是孩子们赶紧商量对策，商讨的结果如下：

（1）纸球和绳子沙包不在此块区域使用。

（2）流星球不能悬挂在吊环上。

去除了这些材料，投掷区终于安全了。在孩子选择材料的过程中，教师在确保安全的情况下，放手让孩子去尝试、去发现，被纸球击中过才知道过重的物品不适合投得太高，吊环损坏了才引发幼儿共同制定规则。

3. 升级新游戏

在一次运动中，传来了一阵争论声。

“我比你厉害，我这个圈圈很高的。”

“可是我这个圈圈小啊！”

原来是孩子们在争论谁的圈圈难度更高，怎样区分圈圈的难度呢？孩子们用各种图案制作了1星到3星的标识，并用投票的方式决定吊环的难度等级。

投准区域的目标物面积、高度、形状各不相同，投掷物轻重、大小、宽窄、粗细、长短各异，旨在让幼儿通过多样化的材料提高投准的能力，同时，为各能力层次的儿童提供较多的选择机会。

（二）教师捕捉调整

复兴历程中除了幼儿生成，还有教师捕捉调整。

1. 生成新玩法

有一天，一个孩子用两根绳子设计了一个新游戏，他将一根绳子作为起点，另一根绳子作为终点，召集了一群小伙伴，用各种材料从起点向终点投掷，老师看到孩子们自发生成了投远的内容，非常高兴。但是问题也出现了，孩子们成功了之后，就将绳子越放越远，直到再也扔不到了，就失去了兴趣。

为了激发孩子们投掷的兴趣，结合投掷的核心经验，我们做了相应的调整：

（1）添置标识

根据各年龄段投远能力的发展要求，用星数进行标识，从1颗星到5颗星，分别对应3米到7米的距离，鼓励孩子进行挑战。

（2）更换走廊

北面的走廊由于还有吊环区，不适合再进行投远，于是我们选择了东面走廊。首先它比北面走廊更宽；其次，要发展幼儿投远的技能，就需要较长的场地空间，越长越有利于幼儿视野的放宽，越有利于投掷。在室外肯定有足够的空间，在室内，小班幼儿需要将沙包向前投掷两米左右，投掷的环境设置就需要5米以上，大班需要将沙包向前投掷五米左右，投掷环境设置就需要8米以上。东面的走廊就宽

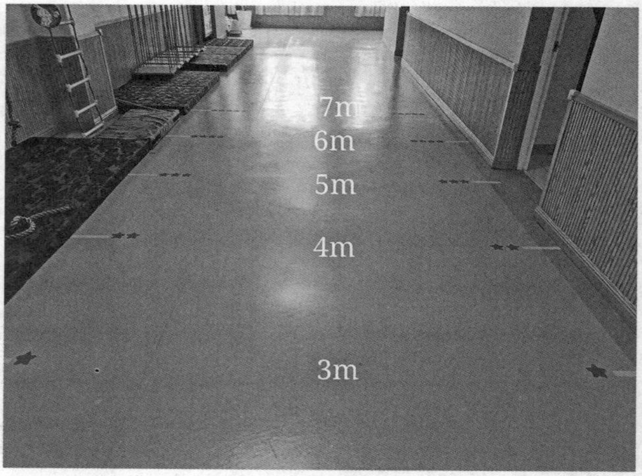

度和长度而言都是非常合适的。于是我们选择将这条走廊创设成投远的区域。在进行投远游戏的过程中，孩子们还用绳子作为延长线，识别投掷的星数。

2. 寻找新游戏

投远和投准的内容都有了，还缺少移动投掷，于是，我们和孩子一起去室外寻找新的游戏。

（1）改变材料进行游戏

小小野战军是孩子们喜欢的对战游戏，可是PVC管制成的战壕并不适合摆放在室内，于是孩子们想出了用其他玩具进行改建。原本的万象玩具孩子们经常搭建成跑跳或平衡场景，现在万象被分成黄绿两队进行战壕的搭建。考虑到投掷

室外野战军PVC管

万象玩具

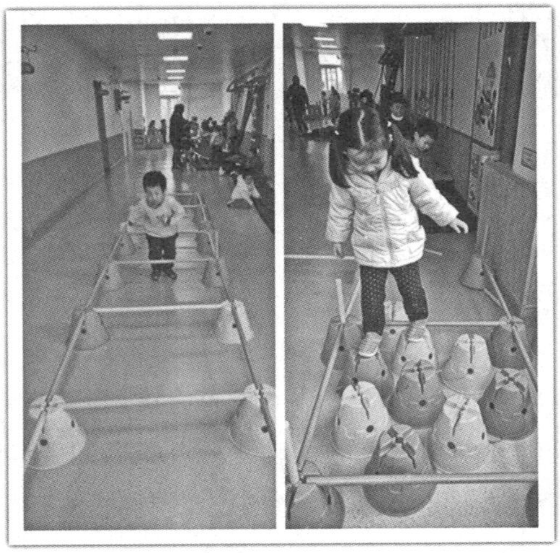

跑跳　平衡

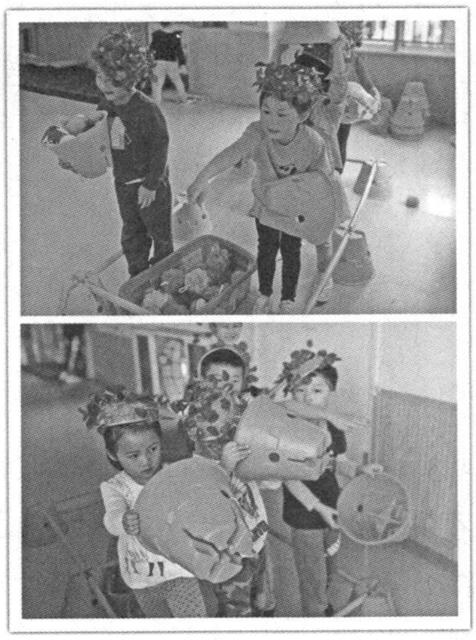

万象版野战军

物是质量较轻的沐浴球和毛球，投掷目标是孩子本身，是在不断移动和躲闪的，因此在投远的各年龄段要求上作了适当的调整，用有颜色的线为战壕的摆放位置提供了距离参考。

（2）根据场地选择游戏

另外被搬到室内的还有你投我闪和黏黏乐两个游戏，在投放之后，孩子们发现，由于场地大小有限、地面摩擦力较小，在跑动的过程中容易影响他人，容易碰撞和摔倒，于是大家决定这两个游戏在室外进行。

黏黏乐

你投我闪

在整个投掷区变奏曲的过程中，有两条线是贯穿始终的，一条是儿童视角，一条是投掷的核心经验。这两条线有时平行，有时交叠，只有将这两条线落到实处，才能打造出孩子真正喜欢、促进幼儿动作发展的运动区域。我们的变奏曲还在继续，在孩子与材料的互动中，在老师不断地深入研究中，变奏曲还将奏响出更美妙的旋律。

从游戏的游离者成为精彩的表演主角

凌　洁（上海市浦东新区绣川幼儿园）

一、背景

初见曦曦时，他给我的感觉特别的安静、内向，语言表达能力非常弱。在幼儿园这个大集体里，他总是安静地待在自己的世界里，喜欢一个人静静地看着窗外，喜欢一个人在区角里摆弄玩具。即使到了大班，开展表演游戏时，他还是静静地坐在角落里看着眼前不属于自己的“热闹”。我内心迫切期待曦曦的早日“花开”，终于细水长流的陪伴等来了这一天，现在的曦曦从游戏的游离者，成了精彩的表演主角。

二、故事

噢，我也来试试吧

户外表演游戏开始啦，朋友们纷纷兴致勃勃地走向不同的区域，开始分组、布局、打扮自己，只有曦曦依旧如往日一般，安安静静地站立在一旁。

没一会儿工夫，曦曦耐不住性子了，开始在场地上漫无目的穿梭着。我赶忙边挥手边叫住曦曦：“曦曦，来来来。”他愉快地走向我，我拉住他的小手，问道：“曦曦，今天想表演什么呢？”曦曦停顿了片刻，很小声地说："我想，我想……"我摸了摸他的脑袋，说："没事，我们先去看一看，待会做决定？"曦曦愉快地点点头。大约又过了10分钟，我同曦曦来到了表演区，这里表演的是故事《小兔子散步》，曦曦同我一起认真地观看着，我发现曦曦抿着嘴在笑，我蹲下身体看着曦曦，故作小声地说："曦曦，想不想跟小兔子一起散步？"曦曦先犹豫了一下，随后回答："好。"一旁的萱萱走近曦曦拉着他的手进入了表演区域："曦曦，跟我一起做。"萱萱很认真地教着曦曦学做小兔子走路，曦曦紧随其后，开始模仿起来。

针对曦曦今天的表现，我发现，对于故事《小兔子散步》他是喜欢的，在欣赏表演和模仿的过程中，他的情绪非常愉悦。

我建构的支架：

1. 同伴影响：邀请曦曦参加表演游戏，一同学做小兔子。

2. 教师引导：在表演游戏时间，关注孩子的行为表现，用语言介入的方式引导和激发曦曦想演一演的欲望。

3. 家园互力：告诉曦曦妈妈本周我们新授了故事《小兔子散步》，根据故事内容，和孩子共同熟悉角色和故事中的对话。

咦，多了一只"霸王龙"

表演游戏的时间又到了，曦曦依旧没有离开他的座位，但这回他的目光注视着小舞台，侧着身体张望。我观察到曦曦的变化，便迅速走到小舞台给萱萱使了一个眼神。萱萱明白了我的用意，便走到曦曦面前，什么话也没说拉着曦曦就走。出乎我的意料，曦曦没有拒绝，跟着萱萱奔向小舞台，随后他手舞足蹈地等在走廊一角。终于轮到曦曦出场了，我在一旁期待：他会扮演什么样的角色呢？瞧，他一只手放在额头前，另一只手放在屁股后面，边走还边压低声音说："我是一只霸王龙，我在散步！"我在一旁给他竖起了大拇指，连连对着他点头微笑，曦曦也笑了，暗自高兴着。这一刻，我看到了曦曦从一个游戏的游离者慢慢变成表演的参与者。

通过今天的表现我发现，其实曦曦还是有一定的观察和表现能力，他模仿“恐龙”的体态、动作、神情非常的有细节和到位，这来源于曦曦日常生活中的观察和兴趣爱好。

我建构的支架：

1. 同伴影响：继续选择能力强的孩子，邀请曦曦一同参加表演游戏。

2. 教师引导：在表演游戏评价时，邀请曦曦和同伴在集体面前表演故事《小兔子散步》，并引导孩子讨论：今天的表演有什么不一样的地方？同时邀请孩子们跟着曦曦一起学一学、演一演。

3. 家园互力：邀请曦曦妈妈和孩子参与一些活动，捕捉孩子表演时的亮点，用激励的方式提高孩子的自信，在表演中增强曦曦的表达和表现能力。

呀，霸王龙变成了“长颈鹿”

又是表演游戏时间，曦曦继续着他的“霸王龙”表演。我在一旁为他竖起了大拇指，曦曦习惯性地对我甜甜地微笑。等到第二遍故事表演完，我走近曦曦，夸赞道：“哇塞！你扮演的大恐龙真威风。除了恐龙，你还喜欢什么动物？”“我还喜欢猫头鹰、长颈鹿。”“哇，太神奇了，那长颈鹿是怎么散步的？我想学一学。”曦曦很快伸长了脖子做出了长颈鹿走路的样子，还左右摇晃。这时，一旁的彦秀和萱萱也学了起来，边学边说：“曦曦你真棒！”曦曦看到朋友们都在学做长颈鹿又夸奖他，表演得越发投入，脸上露出掩饰不住的喜悦。就这样曦曦从“凶巴巴”的霸王龙变成了憨态可掬的长颈鹿。

这一次的表演游戏，曦曦从表演一个角色迁移到其他角色中，显然他有了表演上的突破。

我建构的支架：

1. 同伴影响：和曦曦一起参与故事表演《小兔子散步》，模仿曦曦的长颈鹿模样，并用欣赏的语言肯定曦曦的表现。

2. 教师引导：引导曦曦拓展故事中的角色，丰富故事情节，帮助曦曦在表演中树立自信。

3. 家园互力：表扬曦曦在表演游戏中的表现，请妈妈在家中同曦曦学做小兔子，并一同学学、演演小兔子的对话，为曦曦下回表演当主角做准备。

嗨，我是主角"小兔子"

又一天的表演游戏如期而至。这一回曦曦快速来到材料区，翻找许久，似乎没有找到中意的装饰。此时曦曦皱着眉头，坐在一旁生着闷气。

我走上前去，问道："曦曦，怎么噘着嘴不开心呀？"曦曦立马要哭的样子，我忙蹲下身抱抱曦曦："没事没事，我们来想想办法。"我思索了一会儿，看着曦曦说，"曦曦，你不是很会画画吗，不如我们给自己做个头饰吧？"曦曦瞪大了眼睛思索着，我见机便说："画个小兔子吧，今天我们就来当小兔。"曦曦笑了，说："好。"没一会儿工夫，曦曦就把兔子头饰做好了。戴上头饰的曦曦一会儿跳跳，一会儿走走，兴奋极了。这一刻，曦曦变成了最棒的"主角"。

此次表演游戏中我发现，曦曦喜欢上了表演。

我建构的支架：

1. 同伴影响：同曦曦一起表演故事《小兔子散步》。

2. 教师引导：邀请曦曦参与表演、制作道具，搭建表演平台，让曦曦体验当"主角"的快乐。

3. 家园互力：推荐经典绘本、趣味动画片，让曦曦学一学、说一说视频中的精彩对话，不断丰富孩子的表演经验，让表演成为孩子自信的一部分。

三、我的感悟

孩子都是表演天才，我们要接受孩子在表演过程中的"不完美"。我们的角色不应仅仅是观察者、指导者，更应该是孩子们的伙伴、朋友，是孩子们游戏的欣赏者、支持者。对于内向的孩子来说，最大的缺陷在于误解、忽视和自我否定。我们要给内向的孩子足够的宽容和包容，提供舞台的同时，鼓励他们在自己的节奏里绽放精彩。

表演游戏就是一场“润物细无声”的教育。每个孩子都是一朵花，只是花期不同，像曦曦这样一颗“安静的种子”更需要足够的爱、足够的理解和足够的尊重。

我也来演十二生肖

——表演游戏中教师的观察与介入

刘慧娟（上海市浦东新区绣川幼儿园）

一、案例背景

主题“我是中国人”中，小朋友开始对十二生肖非常感兴趣。于是我在语言区提供了绘本《十二生肖》，并投放了《十二生肖》的故事盒供幼儿玩耍。有一天自由活动时，只见豪豪拿着个鼓用力地敲着：“快来看呀，玉皇大帝要选十二生肖咯！”瞬间吸引了不少小朋友过去，大家纷纷表示也要参与选举十二生肖……表演游戏《十二生肖》就这样拉开了序幕。

二、基于《十二生肖》实录讨论与分析

第一次表演——一次“失败”的《十二生肖》表演

表演游戏开始，大家拿着绘本，准备开始表演。可还没开始就遇到困难了。“龙”的扮演者轩轩在一旁嘟囔着：“我从来都没见过龙，我不会表演龙。”看见大家都不知道该怎么办了，我走上前去问：“有什么问题吗？”轩轩沮丧地向我提出了他的问题。我先安抚了轩轩，然后将问题抛给了其他小朋友：“轩轩遇到的这个困难，大家有什么办法吗？”豪豪抢着说：“我们可以去看看书上有没有这方面的介绍。”轩轩也想到一个好办法：“我可以去问问我爸爸，他知道的知识可多了！”于是第一次的表演以失败告终。但是大家都带着自己的问题想办法寻找答案。

基于本次实录的分析与思考：

1. 绘本刺激，故事内容自己定

反思本次活动，幼儿兴趣很高，表演内容是自发的。《十二生肖》故事中虚构的情节，给大班幼儿很大的想象空间，符合大班幼儿“异想天开”喜欢幻想的特点。故事中生肖的来历，让幼儿感到神奇，激发了想要表演的兴趣。对于幼儿自发生成的表演内容，教师应及时给予鼓励和支持。

2. 教师退后，解决办法自己想

当大家为“龙是什么样子的”一筹莫展时，教师的介入是很有必要的。但是教师并没有直接指导，而是通过提问为幼儿打开思路，帮助幼儿寻找解决问题的办法。在此过程中，幼儿一方面可以通过查询教师在语言区提供的绘本、视频资料等，另一方面可以通过家长资源收获相关信息，幼儿的解决问题能力得到提升。

第二次表演——只有“动作”的《十二生肖》表演

在上次分享之后，小朋友们对龙的样子有了一定了解，很快大家开始了第二次表演。豪豪像个小导演一样，在一旁组织着：“大家先按照十二生肖的顺序排好队。我喊到谁，谁就出场。”说完，就拿着《十二生肖》开始读，“先出场的是猫和老鼠。”整个全程就是豪豪一个人根据绘本说旁白，其他的小朋友则在他的提示下依次出场表演。

分享环节，有个孩子提出了自己的疑问：“为什么只有你一个人有台词？”豪豪说：“书上没有他们的台词呀。”这时，我问道：“如果故事表演没有台词可以吗？”有的孩子说：“不可以，以前我们的表演都是有台词的。”也有的认为：“也不是不可以，但是有台词肯定会有趣一些，比如刚才猫和老鼠是好朋友，如果再加上‘你好呀，小老鼠’，就更像好朋友了。”最后大家商量讨论觉得应该有一个剧本，并增加一些道具。

基于本次实录的分析与讨论：

1. 自主评价，游戏情节大家定

对于幼儿的表演，在分享环节由教师的一个问题“如果故事表演没有台词可以吗”，引发幼儿的自主思考和评价。表演者在表演过程中没有发现“没有台词”

这个问题，而“小观众”却能很明确地感受到没有台词的表演“不生动”“没趣味”。通过大家讨论，最后激发了“大家一起商量”“应该有一个剧本”“邀请爸爸妈妈帮忙一起做道具”这样的新想法。

2. 共同商讨，剧本道具一起做

听了大家的提议，豪豪带领着他的小演员们一起利用自由活动时间，商量讨论每个角色在什么时候应该有对话。美工区小朋友也一起忙乎了起来。有的去语言角找来了手偶，有的去美工区画了小老鼠的头饰，还有的请爸爸妈妈来帮忙。

第三次表演——每个孩子“不一样”的《十二生肖》

有了剧本，孩子们的第三次表演明显清晰和生动了许多。猫和老鼠见面了会打招呼，小兔子会蹦蹦跳跳唱着歌上场……第三次的表演获得小朋友的一致好评。分享环节时，小宇又提出了他和爸爸表演的是小龙人里的龙。原来，有了家长的参与，小朋友的表演更丰富了。每个孩子演出的十二生肖也都不一样了，有的“龙”是东海龙宫的“龙王”，有的龙是小龙人里的“龙”。

基于第三次实录的分析与讨论：

1. 教师推动，表演内容有创新

第三次表演，同一角色幼儿之间有不同的表演方式。对于幼儿的新想法，教师应善于发现并及时给予鼓励，推动幼儿表演内容更创新。另外，教师还应推动家长积极参与，为幼儿的想法添砖加瓦。

2. 家长助力，表演形式更丰富

从幼儿之间的相互表演，转变为亲子表演，表演的形式更丰富了。此次表演游戏，家长们参与了道具的制作、台词的背诵，甚至有家长参与整个表演游戏，他们从中看见了幼儿在游戏过程中的成长，认可了表演游戏促进幼儿全面发展的重要性。而幼儿的表演游戏，也因为有家长的参与更精彩了。

三、基于案例，多渠道支持幼儿表演游戏反思和建议

1. 建构支架，让幼儿表演更精彩

在表演游戏中，教师通过让幼儿参与表演主题的选取、角色的分配、剧本的

设计、道具的准备等，一步步引导幼儿建构游戏支架、把握情节、解决游戏过程中的困难，幼儿拥有更多的创造空间，可以更好地激发他们的积极性和创造性，从而表演游戏更精彩。

2. 适时介入，让幼儿表演更自主

在表演游戏开展的过程中，幼儿总会遇到各种困难，教师的适时介入是保证游戏顺利开展的重要因素。在此次活动中，教师第一次介入，出现在幼儿对角色不熟悉时。教师通过提供绘本、视频等方式，间接帮助幼儿化解难题。第二次介入是当幼儿发出质疑“表演没有台词”时，教师通过提问：“表演没有台词可以吗？”引发幼儿思考，通过质疑、讨论，最后大家一起分工创编绘本、制作道具等。

3. 家长参与，让幼儿表演更有趣

表演游戏中，家长的参与可以让表演游戏更有趣。完善的道具、不同形式的参与、不同场景的表演，能增进幼儿表演的热情，提升表演的乐趣。同时，有了家长给予的更多信息，每个幼儿的表演变得独具一格，丰富多样。另外，家长和幼儿在家中一起表演，整个过程也给双方带来了乐趣，让幼儿在游戏中体会到表演游戏创造和成功的快乐。

综上所述，教师适时的介入和家长的助力能让幼儿的表演游戏更精彩。幼儿经历一次次的表演游戏，他们收获颇多，而我们也可以在此过程中发现他们成长的足迹、精彩的蜕变。

在结构游戏中促进幼儿社会交往能力的发展

刘旭芳（上海市浦东新区竹园幼儿园）

心理学研究表明，幼儿社会交往能力的发展是幼儿全面发展的应有之义，深刻影响着幼儿的社会性和身心其他方面的健康发展。因此，《幼儿园教育指导纲要》明确提出，应该“引导幼儿参加各种集体活动，体验与教师、同伴等共同生活的乐趣，帮助他们认识自己和他人，养成对他人、社会亲近、合作的态度，学习初步的人际交往技能”。

而幼儿社会交往能力的发展往往基于真实的社会交往和人际互动，是在一日生活中实现的。以结构游戏为代表的创造性游戏是幼儿典型的、特有的学习方式和生活方式。在结构游戏中，幼儿不仅能够尝试将兴趣和想法用材料呈现出来，完成对社会生活的再现和创造，而且能够通过与同伴的交流合作，学会共处、共享、共赢等社会交往能力。

一、凸显开放的环境创设，蕴含交往契机

环境一直被视为幼儿的第三任教师，潜移默化地影响着幼儿的身心发展。“会说话”的环境往往隐含着丰富的教育意义。我们在创设结构游戏环境时，着力凸显开放，推促幼儿互动，连接不同需求，激发幼儿发生交往的契机。

在实践中，我们结合不同年龄段幼儿结构游戏的特点，创设了两种结构游戏的搭建场景：环绕式和侧边式。这两种场景一方面维护幼儿结构游戏的秩序，一方面促进幼儿在结构搭建中的交往互动。

1. 环绕式

环绕式场景是展示台居中，搭建的小区域围在展示台周围，材料创设在一侧集中摆放。这样的搭建场景创设，方便小年龄幼儿的互动交往。小年龄幼儿在搭建的过程中，注意力容易分散，在一个小区域内容易集中注意力；同时小年龄幼儿在搭建的过程中，与紧邻或同组的幼儿交流互动较多，很少与其他小组的同伴有更多的互动交流。况且长距离的移动，还会造成一定安全隐患，因此半开放的环绕式既减少了干扰，又满足了小年龄幼儿在搭建中同伴间的互动。

2. 侧边式

侧边式场景是展示台在一侧，搭建区域集中在中间，材料也是集中摆放在另一侧，这种场景创设更加适合大年龄幼儿的结构游戏。因为在搭建的过程中，大年龄幼儿自主性更强，他们常常会以小组为单位，共同商议搭建的主题、搭建作品需要的材料，而且各个小组之间的互动交往比较频繁，有时各组之间也会进行互动合作，他们需要更加开放的搭建空间，因此侧边式场景能够满足大年龄幼儿在搭建中合作交往的需求。

需要说明的是，这两种环境创设在幼儿结构游戏中，不是一定小年龄幼儿只能提供环绕式，大年龄幼儿只能提供侧边式，可以根据搭建的内容以及本班幼儿的互动交往的需求来创设。

二、启迪认知的师幼对话，激发交往意愿

在幼儿搭建之前，教师可以通过话题讨论引发幼儿本次搭建的主题和一些搭建要求，这其中就要有一些激发幼儿交往愿望的话题。与孩子们共同商量“今天搭建的主题内容”时，教师可以通过一些简单提问来引发幼儿的交往愿望，如：说说今天你想搭建什么？你想和谁一起搭？有谁愿意一起搭建××××吗？同时还可以提供前次作品，提示幼儿解决前次遗留的困难。

教师给予幼儿商量的环境，鼓励有共同搭建主题愿望的幼儿在一起说说各自在搭建中的想法，教师可以以旁观者的身份倾听各组幼儿商议的过程，尽量不要干预。但是当幼儿商议过程中出现争执或者有攻击行为时，教师要及时介入，然后还是要以幼儿自主协商为主，鼓励幼儿间的相互包容，最终达成共识。

三、因势利导的教师支持，推动交往可能

在结构游戏中，我们希望看到幼儿之间的双向交往，希望孩子们不仅会自学，而且会合作学；不仅会创造成果，而且会与人共享成果。因此，在构建过程中，我们会发现许多幼儿开始有了初步的合作意识，他们很自然地自由结伴，联合游戏，这时就需要因势利导，不断鼓励幼儿与同伴间的交往，使幼儿间的交往能力增强，并能共同完成构建任务，体验合作的快乐、有趣，从中也培养了幼儿的集体观念。

1. 以强带弱，有意无形的交往互动

我们在游戏实践中，会有意识地搭建以强项带弱项的发展桥梁：让幼儿在自己比较擅长的方面与同伴交往，从而使整个游戏能有效地提高幼儿交往的自信心和主动性，并产生诸多有利于同伴交往的行为，从而改善同伴关系，发展了交往能力。

有的幼儿在搭建中会遇到困难，这时教师可以鼓励一起搭建的同伴给予作品的借鉴，如："×××你哪里不会搭呀？"同时对同桌搭建的其他幼儿说："××你这里是怎么搭的呀？可以把你的作品给×××看一看吗？"老师通过鼓励同伴间范例参考，从而促使幼儿解决搭建中的困难并完成作品。

2. 小组合作，有形无意的交互联动

同伴互动在合作学习中发生的互动契机相对较多。因此在建构游戏中，我们采取了分小组建构的形式。当幼儿在自主建构中遇到困难和问题时，鼓励他们通过寻求同伴的帮助、共同探究的方法来解决。这样既可以增加幼儿之间进行互动交往的机会，也有助于形成幼儿合作学习的态度。

在小组合作搭建中，幼儿体会到互相的力量、合作的乐趣，共同体验成功的喜悦，从而乐于合作，善于合作。

四、水到渠成的总结展示，升华交往意义

交流形式的多元化是共享交流成功的重要方法，它可以鼓励幼儿在分享时能够更多地关注同伴作品以及游戏中交往行为的表现，确保儿童以积极的眼光看待事物、积极的态度面对生活。

1. 作品再现，激发经验传递

通过幼儿作品的介绍分享，不但可以帮助幼儿寻找、梳理值得学习的经验，同时还可以挖掘同伴间的好的建议，拓展思维。

当幼儿分享作品后老师及时追问："你有困难还没有解决吗？"幼儿表达搭建中又多次尝试但都没有成功，这时教师鼓励其他幼儿出出主意，于是幼儿纷纷把自己的想法说了出来。在分享中，幼儿互学互助，形成了良好的交往氛围。

2. 过程回顾，迸发共赏乐趣

在分享搭建的一些技能时幼儿还不能够准确地运用动词表达清晰，这时教师可以采用录像回放，再现刚才搭建的过程，孩子们可以通过录像，边看边听介绍，对搭建的技能就能够有深刻的理解了，而且这样的交流形式，对于交流者和共享者来说都更为生动有趣。

3. 小组分享，引发思维碰撞

在以小组为单位共同搭建后的分享，一般采用小组合作分享，它可以鼓励幼儿间的互相包容和接纳，同时也能够相互质疑、解惑，推进了生生间的共享交流。

总之，在结构游戏中，不仅能够促进幼儿社会交往能力的发展，还能培养幼儿互帮互助、包容接纳的个性品质。充分利用结构游戏对幼儿的强大吸引力，强化幼儿在交往互动中克服困难后取得成功的喜悦情绪和内心体验，使他们逐渐养成友爱互助、懂得分享的行为习惯，并最终内化为个性品质。

从“我带着孩子玩”到“孩子带着我玩”

杨莜文（上海市浦东新区小螺号幼儿园）

作为一名青年教师，说到室内运动，就会想起刚刚踏入教师行列的时候，我其实非常害怕组织孩子们开展室内运动，因为室内常常都是空间狭小的，还有很多桌椅橱柜，作为老师总会担心孩子们运动时会发生什么磕磕碰碰。还有一个原因就是，虽然在开展室内运动前，我也学习了很多资料，尽可能地模仿网络上看到的优质的运动项目，但孩子们往往玩了几天就不喜欢了，所以我对于如何开展好室内运动非常困惑。

恰好在我对室内运动开展存在很多困惑的时候，我们小螺号幼儿园黄山部开始研究室内运动，通过大教研活动的学习和实践，我逐渐发现自己对于组织室内运动的观念存在一些问题。运动是孩子的运动，所以我需要把视角转化为幼儿视角，室内运动玩什么、怎么玩都应该由孩子做主。以下我就以三个简单的案例来谈谈在研究室内运动过程中我的改变。

一、玩转小椅子

教室里的椅子是最好的运动器材之一，椅子的合理利用不仅能缓解空间小的问题，还能玩出很多花样。前期，我先在班级中做了一个小调查，询问孩子们椅子可以怎么玩，也把我想到的玩法介绍给孩子们，最后通过全班的投票表决，选出了几种玩法，在班级中专门开辟了“玩转小椅子”的区域。

在这个区域中，有四条路线。路线1：椅子朝不同的方向正放于地面，变成了一条有高度并有障碍物（椅背）的椅子桥，锻炼走、跨越等动作技能。路线

2：椅子面对面错落摆放，孩子坐在起点的椅子上，先从一把椅子把小屁股挪动到另一把椅子再移动双脚，锻炼身体的协调性。路线3：把椅子一排靠在墙上，孩子双手撑住椅子横移通过，或者是坐在椅子一头双脚抬起，横向挪动，锻炼上肢和腰腹力量。路线4：把椅子侧放于地面，锻炼四肢协调地向前爬和平衡能力。

考虑到安全因素，起初我们这四条路线分别需要的椅子数量、摆放顺序和总体的位置都是统一好的。但有一次，有个孩子和我说：“老师，我可以再拿几把椅子吗？我还需要两把小椅子。”虽然不明白孩子的意图，但出于尊重孩子的观念，我同意了。只见那个孩子把椅子放在了两条路线的中间，将两条路线串联在了一起。孩子的做法让我非常惊讶，这个举动也让我意识到，应该大胆放手让孩子去调整和创造，有时老师认为最安全最好的方法，虽然是为了孩子们好，但往往就忽略了孩子真正的需要，束缚了孩子的创造力。

从那一次之后，我们约定在安全的前提下，“玩转小椅子”这个区域里的椅子的数量、摆放方式、路线、玩法都是可以随意改变的，椅子也可以随意利用到其他区域里去。我们还经常进行一些小小的运动分享会，请孩子们来说一说自己的玩法，鼓励孩子进行创造性的运动。

二、“共享材料库”的诞生

这个故事是由“海绵棍”这种材料引发的一次矛盾而展开的。海绵棍这种材料是“一物多玩”的材料，投放在“赶小猪”这个项目中。海绵棍用作赶小猪的工具时，可以用推、击打、夹球等玩法。有时候孩子们还会把海绵棍用不同的造型摆放在地上，作为活动的障碍物或通道。一种小小的材料，孩子们玩出了许许多多的玩法，开发出材料无限的可能。

但一次室内运动中，两个孩子因为“海绵棍”发生了争吵。原因是一个“打怪兽”区域的孩子从“赶小猪”区域里拿了一根海绵棍，两个孩子就材料的归属权问题产生了激烈的争辩。“打怪兽”的孩子委屈地说：“你们不是还有很多的嘛，我们一个都没有。”……

这个情况让我反思“材料不应该局限于一个区域”，当天运动结束后，我就这件事情组织孩子们一起讨论：怎么样才能公平地分配材料呢？经过激烈的讨论，孩子们想到可以像角色游戏的材料库一样，每个区域可以有自己独有的主材料，运动中的其他材料可以都放在一个地方，哪个区域想用了就拿来用。就这样，经过大家的一致认同，我们室内运动的“共享材料库”诞生啦！“共享材料库”的材料可以随意拿取，也可以把自己觉得适合的材料放到“共享材料库”中去。渐渐地，“共享材料库”里的材料越来越多，海绵棍、水瓶、纸球、沙包……

三、学会“变废为宝”

小班孩子的活动都需要情境化，室内运动也是一样，所以为了小班孩子们能更喜欢室内运动，我用KT板做了一些可翻折/粘贴的材料，这些材料可以用作山洞、门帘等，增强了运动的情境性和趣味性。这些材料投放后，孩子们的兴趣的确被调动了起来，每次运动都兴致勃勃。而且这些材料虽然看上去体积很大，但它的摆放和整理收纳都是比较便捷的。摆放时，孩子一人或两人合作即可；收纳时，板子翻折/重叠在一起后，就可放置在门背后，完全不占空间。

随着孩子们年龄的增长以及他们运动经验和技能的丰富，孩子们对情境性的需求越来越低了，这些情境性的材料也就慢慢闲置了下来。所以升入中班后，我开始对运动材料进行整理，准备把破旧、损坏和长时间不用的材料舍弃。在处理这些KT板材料前，我先询问了孩子们是否还需要，孩子们一致认为不需要。为了方便丢弃，我就把KT板切割成小方块。这时，有个孩子对我说：“老师，这个小方块可以不要扔掉，放在‘共享材料库’里吗？玩过河的垫子不够，可以用它吗？”孩子的想法突然点醒了我，是呀，一个不用的材料稍微改变一下或者换个区域就能再利用了啊。于是我把切割开的KT板都投放进了“共享材料库”。之后，孩子们也真的用到了这些小方块，有的用来玩“过河”游戏，还有的孩子请老师帮忙扎了橡皮筋套在手上，变成了“小手套”。

我从孩子身上学到了这种“变废为宝”的精神和方法，当然，“变废为宝”不仅局限于运动材料自身，也可以衍生出去，比如：在更换主题墙面时，墙面上的东西也能用到运动中；角色游戏中、区角活动中的材料都可以再次利用。

最后，在经过这几轮室内运动的研究实践之后，我最大的体会就是开展室内运动一定要“基于幼儿视角”，也可以说是把主导权还给孩子。要知道，孩子的潜力是无限的，只要给他们机会，他们会给我们无限的惊喜，他们会比我们老师想得更好、做得更好。我们老师只需做好协助者的角色，尊重孩子的想法，甚至很多时候要向孩子学习，让孩子带着我们玩，而不是我们带着孩子玩。

像玩角色游戏一样玩运动

沈家璐（上海市浦东新区小螺号幼儿园）

至今我还记得，一年多前的一个雨天，在教室里我无意中听到两个孩子之间的对话。

女孩子看着窗外淅淅沥沥的雨，自言自语道："下雨了，今天又不能到外面去运动了。"

旁边一个男孩叹了口气说："是的呀，今天又要室内运动了。"

女孩说："我不喜欢室内运动，我就想玩角色游戏。"

男孩说："我也是，我也想玩角色游戏。"

……

孩子们无意间的一段对话引发了我的好奇。于是，趁着晨会时间，我在班级里做了一次小调查：室内运动和角色游戏，你们更喜欢哪一个？

结果出乎我的意料，几乎80%的孩子毫不犹豫地选择了角色游戏。

我有点儿震惊，同时也有点儿汗颜：孩子对一项活动的不喜欢，问题一定出在老师的身上。我决定向孩子请教，于是围绕"角色游戏&室内运动"的一场讨论即兴展开。孩子们你一言我一语，最后，将主要原因归结于：角色游戏可以自主选场地和材料，而室内运动的场地和玩法只能由老师规定。

这次讨论对我的触动很大。为了避免事故发生，确保孩子的安全，我为孩子设下了许多"规定"，这些规定以"游戏"为借口，却不是孩子真正喜欢的。没有了运动的兴趣，室内运动也就失去了应有的价值。

正当我有这个困惑时，我园黄山部大教研组掀起了一场关于室内运动的解惑研究。在"基于幼儿视角"理念的影响下，我也渐渐找到了培养孩子运动兴趣和运动能力的那个关键词：放手。那么，怎样才能让孩子像喜欢玩角色游戏一样喜欢玩室内运动呢？

我想，就从孩子最需要我放手的两条途径着手："放手"场地和材料、"放手"玩法与规则。

一、"放手"场地与材料

经历那场讨论后，我郑重地承诺孩子们：以后室内运动的场地布置你们也可以像角色游戏一样自己商量布置。孩子们听到这个承诺，积极性一下子被调动起来了，马上就投入了"商量、沟通、搬器具、玩材料"的过程中。

虽然也出现了抢桌椅、材料分配不均等矛盾，但是，因为有着角色游戏自主商量的良好基础，孩子们自己布置出来的运动场地终于启动了。

角色游戏孩子常用的娃娃家区域成了"勇敢者道路"；小银行地方小，孩子们用来做瑜伽馆；孩子们新开的"美食广场"区域成了玩"穿越火线"的场地，还有投掷、跳跃、拍球等区域，都被妥妥地安放进了孩子们最近常玩的角色游戏主题区域中。

我看着手中记录下的场地草图忍俊不禁：孩子们场地划分计划活脱脱就是角色游戏的翻版啊。一旁的保育员看到了急着想上前提醒孩子们，这么小的地方怎么运动啊？我轻轻拉了拉她，暗示她再等等。我想看看这场放手的变革，究竟会给孩子们带来什么样的变化。

拥有了运动自主权的孩子们刚开始活动的时候，个个玩得热火朝天。但是很快就出现了各种问题与矛盾。有的孩子抱怨：勇敢者道路变短了，内容变少了，就变得不好玩了；有的孩子说：教室里都是滚掉的皮球，一不小心就要绊倒；还有的孩子反映，隔壁区域的沙包一直扔到我们这里来……

于是，我像组织游戏分享一样组织孩子们围绕今天运动中出现的问题开展了一场讨论，并让孩子们自由组合，以小组为单位分析原因，寻找方法。下面，我们一起来看看孩子们的答案。

（一）勇敢者道路

不好玩的原因：地方太小，且是方形场地，外面的人都能看到里面，没有秘密。

想要的场地要求：最好能够场地大一点的，还要有遮挡的地方，有点神秘感。

最后达成的共识：利用保健室外面的场地做勇敢者道路，地方大，而且有柱子和墙壁，有点神秘的感觉。

调整前的勇敢者道路就是一条直线，材料也仅仅局限于桌子、椅子；调整后的勇敢者道路，由于场地的扩大，路线更曲折、材料也能摆放更多，木梯、木板都能投放进去，挑战性更大了。

（二）球类区

皮球到处滚的原因：没有围住的地方。

想要的场地要求：能够把场地围起来的地方。

最后达成的共识：不管什么球，都要在区角里玩，这样才不会滚到外面。

随着一个个问题被攻破，在不知不觉中，室内运动的设计已经成为孩子们经常讨论与争论的话题。这是一次成功的尝试，它让孩子们体验到了自主运动的快乐，同时也让我从思想到行为上都感受到"基于幼儿视角"的重要性。

当然，与游戏不同的是，在放手场地的过程中，作为教师的我们还是要适时地提醒一下幼儿对某些运动器械性能的考虑，帮助他们实现更加合理的规划，尤其是对安全方面的保障。

二、"放手"玩法与规则

在这一场变革的过程中，最让我惊喜的就是孩子对于材料玩法和规则的设计，真可谓每次都有新花样。在放手之前，教室里的桌椅是老师眼里需要消耗的材料，桌子最多的玩法就是上面爬、下面钻。但是自从让孩子们自己设计玩法后，桌子就成了孩子们运动的"挑战性材料"，爬、跳、钻、滚、撑、跨……各种动作眼花缭乱，桌子成为运动材料的"香饽饽"。

如果没有之前的放手，我可能永远不知道孩子们这么智慧，这么会玩。我记得在大教研活动中我们一起学习过国家督学成尚荣老师的一篇文章《儿童立场的核心是什么》，其中有一段话让我印象深刻：教师是教育的策划者、设计者和组织者，但是真正"发出"教育需求的却是儿童，是儿童焕发生命活力的诉求才有了教育活动，儿童是教育活动的发出者，因此儿童是教育的主体。成人在儿童立场上的"越位"，最终使儿童立场异化为成人立场，最后只剩成人立场。

我很庆幸能够及时幡然醒悟，才得以让孩子在活动中绽放出应有的光彩。当然，作为一名教师，我们并不是什么都不做，我们需要的是看得到、看得对、看得懂孩子的需要，在适时的时机有效地帮助他们。

就比如当我观察到孩子们玩“飞机跳”（从桌子上往下跳）时，有些孩子跳的动作不准确，存在潜在的危险时，我会及时组织孩子们一起观看我下载的体操运动员的视频，让孩子们了解正确的运动姿势与安全的关系，而不再是一味地练习和提醒。孩子们在观看了体操运动员的视频后，不断进行模仿，这样的学习才是主动和有效的。

苏联的教育家霍姆林斯基曾说过：“儿童就其天性来讲，是富有探索精神的探索者，是世界的发现者。”自由和探索是儿童的天性和本义，教师就应该顺应这种天性，坚守这一本义，引导他们进一步去探索和发现。在这一轮的研究中，我有了些许改变，知道了改变的意义，那便是，改变自己，改变立场。

让STEAM教育在幼儿科学探究中生根发芽

——基于STEAM教育理念的幼儿园生命科学探究活动的实践

孙红卫　倪春英　吴　慧（上海市浦东新区祝桥东港幼儿园）

我园一直立足于幼儿科学探究特色的研究与实践，我们发现STEAM的科学教育理念与我们的需求不谋而合，而且两者在某种程度上很契合，如STEAM教育是科学+技术+工程+艺术+数学五者的有机结合体，所倡导的“是什么”“为什么”“做什么”“怎么做”与我们的小问答（是什么、为什么）、小实验（做什么）、小制作（怎么做）有异曲同工之妙，于是我们思考结合STEAM的教育理念开展科学探究活动，并尝试在生命科学领域进行实践与探索。

所谓生命科学，是指与一切有生命的物体——人物、植物和动物，包括生长周期，动植物的环境需求，栖息地和对各种人、动植物独有特征的观察。因为生命科学的内容比较广泛，所以本课题是指从这些内容中根据幼儿自身的兴趣、需求出发而产生的适合幼儿探究的生命科学内容。

但是在开展生命科学探究活动的初期，我们想到的是要让孩子们对这些植物感兴趣，并且能产生一些值得探究的问题。我们有意识地摆放植物，但是孩子们却熟视无睹，更不要说提出问题了。怎么才能引发孩子们对植物的关注呢？在科研组内，大家展开了讨论，老师们提出如果让孩子们自己来种一盆植物，会不会有看头？有的提出要引导幼儿观察周围有变化的植物，例如花园里有哪棵树开花了，说不定孩子们会提出稀奇古怪的问题来；有的提出让孩子们动起手来，更容易激发他们求知兴趣和欲望……于是，依着我们内心的想法，我们开始进一步行动，也就产生了下面的三个故事。

一、一次散步活动触发的STEAM生命科学探究活动

这个故事来自我们大班倪老师的班级，那是一次很美的寻花之旅。

金秋十月，校园里弥漫着浓浓的桂花香，倪老师带领孩子们进行“校园寻找桂花之旅”。回教室午睡时，每个人手心里都攥着一簇桂花，但是因为要午睡了，不得不把这“珍贵”的桂花暂时放进自己的小抽屉里。当孩子们午睡起来，他们惊慌地发现：“我的桂花被烤焦了！”“一定是抽屉里太热了，把桂花烧焦了！”……孩子们七嘴八舌地猜测着。

倪老师和孩子们开展了一次揭秘实验，把桂花装进研钵捣了起来，发现是湿的，里面有水。老师就追问道：“这水到底是从哪里来的？”“这是桂花花瓣里面的汁水。”老师又继续追问：“那为什么桂花放进抽屉以后会变焦黄呢？”“是因为桂花里面的水分没有了。”“没错，因为桂花离开树枝以后，花瓣里的水分蒸发了，花瓣氧化了，所以就变成了我们看到的干干的、焦焦的样子。”通过这个实验，孩子们自己找到了问题的答案。之后孩子们又生成了“制作糖桂花”的新活动，跟着步骤图制作起来，最后他们开心品尝了自己的劳动成果。

可能有老师会问，你们这个过程里有STEAM吗？可以肯定地说，有STEAM，用实验的方法解决桂花花瓣里有没有水这个问题不就是科学吗？制作糖桂花的系统步骤不就是工程和技术吗？一层桂花、一层白砂糖，一层一层重复，最后用蜂蜜封口的制作过程不正蕴含着数学的排列吗？品尝美味的桂花茶不正是艺术的生活体现吗？所以，这是一次成功的值得尝试的STEAM生命科学探究活动。

二、一次品尝活动引发的STEAM生命科学探究活动

第二个故事来自我们中班的吴老师班级，是一个平菇成长记。

一次午餐孩子们吃了骨头菌菇汤，孩子们觉得里面的菌菇太好吃了，就对菌菇长在哪里产生了兴趣。于是让孩子们回家和爸爸妈妈一起去查找资料，由此孩子们产生问题：“平菇生长需要阳光吗？”有的说要，有的说不要，于是决定亲

自种一种，寻找结果。在网上购买了平菇包，两个平菇包放在阳光下，另外两个放在阴凉的地方进行比较。一周后发现没有任何反应，孩子们查了资料说想要平菇长得快，上面要盖一条湿毛巾。于是找来四条湿毛巾盖上。几天后，发现夹层里的平菇包上长出了一个个可爱的小平菇，慢慢地晒不到太阳的平菇包都长出来了，可是晒在太阳下的平菇包一点动静也没有，最终决定把它移到阴凉的地方，没过几天，所有的平菇包都长出来了，还惊奇地发现颜色、大小都是不一样的。孩子们感慨道，原来平菇真的要在阴凉潮湿的地方才能更快地长出来。

又过了几天，孩子发现那个平菇变小了。为了留住平菇，就有了后续的平菇拓印画、平菇像什么、平菇写真、平菇沉浮、平菇汤等小实验和小活动。

在故事中，老师认识到从生活中引发探究问题、从资料中引发问题思考、从实验中进行问题验证、从观察中引发新的思考、从问题中延伸新的探究，遵循这个过程就能开展好STEAM的生命科学探究活动。

三、一次种植活动激发的STEAM生命科学探究活动

第三个故事来自大班孙老师的班级，算是一次萝卜嫁接记。

秋天正是种萝卜的季节，孙老师的班级开展种萝卜的活动。但是过了一周又一周，萝卜苗几乎没有什么变化，孩子们对此也失去了兴趣。孙老师感觉这个活动进行不下去了，探究也深入不了，问题出在哪里了呢？经过蔡老师的指导，孙老师找到了问题症结，STEAM是包含科学、技术、数学、工程、艺术的活动，而这个活动就限制在萝卜种植方面，太狭窄了。不妨把萝卜和STEAM嫁接起来，如萝卜和科学相结合，可以探究加了肥料和不加肥料的萝卜哪个生长得好，放在不同玩具柜上有不同光照情况哪个发芽快，这样科学探究内容就深入了；把萝卜和技术相结合，可以利用厨艺开展腌制萝卜、萝卜榨汁等，探究制作技术；把萝卜和物理、化学工程相结合，探究萝卜是酸性还是碱性，不同品种萝卜之间有什么异同；把萝卜和数学相结合，对萝卜苗的多少进行比较记录，苗的高矮进行测量；萝卜和艺术相结合的话，那内容是多得不得了，如萝卜刻章、萝卜拼盘、萝卜叶贴画、书签、萝卜写生、表演萝卜的生长故事……蔡老师还梳理了一张思维导图，可以寻找生命科学的探究嫁接点，深度挖掘出其内容来。（如图）

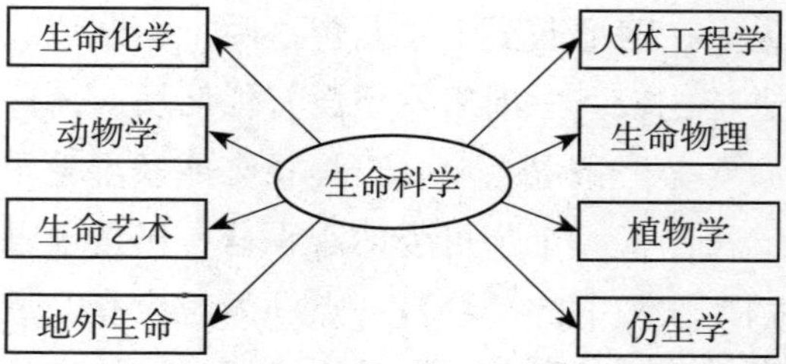

有了灵感之后，一系列的活动就开展起来了，这使孙老师认识到当孩子们提不出什么问题时，老师就要助推孩子们一把，把实物和STEAM充分结合，推动孩子们运用各种方法在科学、数学、艺术、技术、工程方面进行深入的探究、实验、制作、设计、创意，从中不断有所发现，呈现成果。当然当孩子们在探究中出现问题时，老师要鼓励孩子们根据问题实施进一步探究，寻找答案。

幼儿园绘本教学活动中教师有效回应的案例研究

樊燕雯（上海市浦东新区民乐幼儿园）

一、我的思考：问题的提出

幼儿园教学活动是实现幼儿情感、态度、能力、知识、技能等教育内容的基本途径，而教学活动的成败与教师回应的优劣息息相关。

《上海市学前教育课程指南》中明确指出：师幼互动“主要看教师在活动的过程中，是否关注幼儿……是否能在观察的基础上，做出恰当的判断，并及时地、积极地与幼儿互动，以有效地促进幼儿发展”。

在《3～6岁儿童学习与发展指南》中多次对于教师语言提出要求：对幼儿讲话时，注意结合情境使用丰富的语言，以便于幼儿理解；要使用幼儿听得懂的语言；注意说话时的语气语调等。

阅读活动是我们民乐幼儿园的特色活动项目之一，我个人也深深地喜欢阅读活动，特别是绘本教学活动。然而，在我日常的绘本教学活动中，对于教师有效回应方面还存在诸多的问题，所以我借助绘本教学活动开展了教师有效回应的案例研究。

二、我的实践：存在的问题

（一）学情了解不充分

在进行教学活动时，教师对于每位幼儿的情况了解得不够。每个幼儿的发展情况不一样，有的幼儿语言能力好，有的幼儿律动比较强。教师不能全部关注到所有幼儿，反之则可以全面覆盖幼儿的回应。教学前对于幼儿学情了解不深入，导致不能对幼儿有全面的了解，不能按照幼儿的发展情况来制定适合幼儿的教学目标，按部就班地进行教学，导致目标达成度不高，效果不佳。

（二）教学形式套路化

在进行绘本教学的时候，大多数教师最常用、最普遍的方式就是采用带起话题、播放演示文稿、提问等。利用多媒体来进行教学，首先，生硬的导入无法让幼儿完全融入绘本故事的教学情境；其次，教师利用相应的演示文稿进行教学的同时导致师幼互动的方法单一。教师翻阅演示文稿讲述就是让幼儿自行听阅故事内容，之后幼儿又将自己所看所想陈述一二，那教师于活动的意义何在。

（三）教学经验不充足

在进行绘本教学时容易局限于教案，没有丰富的教育教学经验积累，可能会对教学效果产生一定的影响，面对幼儿各种各样的回应，教师要试图接到幼儿手中的“球”，并且把这个“球”推入下一个环节，促使下一个环节顺利进行，这无疑对于教师的教学经验是一次考验。很多教师也会出现教学重难点把握不准的情况。

（四）教学过程预设化

每位幼儿都处于不一样的发展阶段，幼儿能力也是各有千秋，这样的特殊性导致其对于绘本的掌握程度也存在差异。同一绘本每位幼儿都有不同的理解，但教师在进行绘本教学活动时，大部分教师更注重的是活动的延续性、完整性，为了将每次的教学活动顺利地按照预设的内容开展，教师减少了幼儿自由发言的时间，导致幼儿很难表达自己对绘本的真实理解。

三、我的收获

（一）四个学会

1. 学会了分析与判断幼儿

教师提问后，第一步应该看看幼儿可不可以回答出来。幼儿正确回答后，教师应及时鼓励认可，激发幼儿参与的积极性；回答错了，教师也要及时回应，绝对不能进行责怪，否则对其弱小的心灵有可能是一次伤害；回答上出现分歧，教师应该针对其中要点加以概括，尽量顾及每位幼儿的情绪；当幼儿在回答问题时出现紧张、说话吞吞吐吐的情况，教师不应催促，等待和引导很重要；在幼儿简单讲述后教师应快速理解和提炼幼儿的回答，拓展和提炼幼儿的经验。

2. 学会了追问与调整问题

面对幼儿不够理想的回答状况，教师势必要进行追问，及时地进行调整回应的方式与内容。在教学过程中，当幼儿的回答达不到预期的“点”时，教师应将问题简化、分解，降低问题的难度，逐步引领幼儿有的放矢地探索问题的答案。当幼儿能够回答问题时，教师应自然而然地将问题进行迁移，转换成另一个需要解决或突破的问题。这样幼儿的思路也比较流畅，过渡也就比较自然，利于目标的达成。当幼儿很轻松地回答了问题时，教师应及时地提高问题的难度，或者进行同级问题的归纳与总结，以达到提升幼儿知识和经验的效果。

3. 学会了及时点拨与提醒

在幼儿无法独立解决问题时，教师应及时地进行点拨，通过暗示性的语言旁敲侧击，引导幼儿独立思考，激活幼儿的思维。如：在幼儿的回答模棱两可或词不达意时，教师可针对幼儿原话请其重新叙述。幼儿在重复时就可能意识到前一次表达的问题所在，从而开始修正尚未表达清楚的信息或者澄清自己的观点。教师也可设置一个判断性的提问，引导幼儿说出这样判断的理由等。

4. 学会了反问与转向

幼儿在回答问题时，通常只阐述自己的观点。对此，教师可以通过转向式提问，引导幼儿揣测同伴或其他不同立场的观点，从而完善或进一步理清思路。如：“某某小朋友认为是这样的，你怎么看？”引发幼儿阐述自己的观点。教师还可通过文本素材转向幼儿的生活经验进行现场提问，如：“如果是你的话，你会怎么做呢？”通过转向提问以探寻幼儿的自我感受，使教学更接地气，贴近幼儿的生活。教师还可设置反问，如：“对吗？”“真的是这样吗？”以此来澄清幼儿的认知，让幼儿在“是”与“非”的判断中思考，达到加深幼儿理解的目的。

（二）一个提升

幼儿回答问题的积极性和思维活跃度得到提升。教师回应是师幼互动的一个动态过程，宽松的、民主的活动氛围往往能调动幼儿参与教学活动的热情，活跃幼儿思维，促使幼儿多角度看问题。教师要不时地把话语权还给幼儿，让幼儿多发问多思考，自主探究。针对幼儿的问题可以让幼儿先尝试解答；未能得以解决的问题，教师可以帮助幼儿分析、归纳、引导、总结，在教师的帮助下找到问题的答案。对于幼儿多样化的回答要予以充分的肯定，使幼儿不至于中途放弃参与活动的热情。要让幼儿在教学过程中时刻感受到教师对自己答案的重视与认同，增强幼儿的自信心和回答问题的积极性。

（三）一个认识

我对“教师回应”有了更为深入的认识。在活动中，如果教师在关键处用一两句话回应幼儿，点明要旨，可以有效帮助幼儿归纳提升，使得互动更加有效。教师在教学活动中要把幼儿放在第一位，施教时能让幼儿自己观察，不多干预，把动手操作的权利交还给幼儿，能够让幼儿自己思考，说出自己看法；耐心等待，而不是把答案结论直接告诉讲述者，让幼儿按照教师预设的方向走。

总之，没有最好的教师回应策略，只有最有效的教师回应策略。

利用一日活动中的碎片时间开展生态教育

——以“生态5分钟”系列活动为例

毛莹骅（上海市浦东新区小天使幼儿园）

一、背景介绍

在我们组织与实施生态教育的过程中，一日活动中的碎片时间是一个开展活动的同时将生态教育理念进行渗透式教育教学的有效契机，即在晨间来园时刻、运动过后的课前过渡、课间与游戏环节之间的过渡、餐前准备、睡前准备和离园准备等几个环节中，从一个活动转向另一个活动的过渡，从而开展的生态教育活动。

所谓“一寸光阴一寸金”，每一个碎片时间虽短，却也与四大板块中的每一个环节一样，加以善用就有着重要的意义和价值。我们的“生态5分钟”系列活动正是其中的具体体现。以下就列举了两个有代表性的活动内容进行介绍。

二、案例分享

（一）经典生态小金句诵读

习近平总书记关于生态文明的每一句金句都值得学习。对于孩子们来说，“经典生态小金句诵读”是在初步的感知和体验的基础上，将与生态相关的知识理念拓展丰富到已有的认知经验中，使情感与认知更加相辅相成。

1. 内容介绍

一次音乐活动之后，孩子们还沉浸在歌表演的欢愉气氛中。为了让孩子们沉下心来，投入到之后的游戏当中，避免过于“疯狂”，我说：“我请来了一个很厉害的人教你们学本领，你们应该都认识。”孩子们睁大好奇的眼睛注视着我点开多媒体课件，“习爷爷！”孩子们不约而同地说道。我说：“习爷爷有很多有用的话要教给我们小朋友，我们跟着习爷爷一起学一学。”之后，我们开始了“经典生态小金句诵读”的活动。

结合多媒体课件图夹文的形式，画面的左边出现了三个词，分别是“为”“守住”和“留住”；右边出现了三幅图，分别是一群人、绿水青山和蓝天白云。我问孩子们：“看得懂吗？”“人”“小朋友”“山水”“蓝天白云”……孩子们七嘴八舌地嚷着。我指着画面上的图片一一告诉孩子们：“这是人民群众。”“这是绿水青山。”“这是蓝天白云。”指着整个图夹文的完整画面讲道，“为人民群众守住绿水青山，留住蓝天白云。”孩子们紧跟着念了一遍，并粗浅地听我解释了金句的大致意思，也饶有兴趣地学习了接下去的几句金句。之后，孩子们在组织和带领下进行每日的诵读，直至熟练到脱口而出。

2. 实施效果

值得一提的是，孩子们在学习并诵读之后回家向家长分享了金句的内容，让家长跟着一起诵读。还有家长表示，孩子回家之后提醒爸爸妈妈要保护环境，因为“人不负青山，青山定不负人”。可见，习爷爷的生态金句已经在孩子们的心中产生了积极正面的影响，逐渐萌发和增强了保护生态环境的意识和情感。

（二）自然角的发现与分享

与幼儿园班级中的“绿色自然角”不同，幼儿和家人一起在家中进行植物养殖或动物饲养，在动植物的生长过程中进行观察和记录，并向班级幼儿进行分享和介绍。这一过程将生态与生活相融合，幼儿在养殖与饲养、观察与记录、分享与交流的整个过程中亲近动植物，感知动植物的生长变化。同时感受自然生命的美好，萌发亲近自然、保护环境的情感。

1. 内容介绍

中班正在开展学习活动主题“在动物园里”，孩子们讨论着自己家里有没有饲养小动物，养了什么小动物。得知安安家里养了两只鹦鹉，孩子们好奇不已，我也带着一份好奇联系了安安的妈妈，问安安妈妈能否协助安安将饲养鹦鹉的故事分享给小朋友，得到了安安妈妈的热情响应和支持。

一周之后，安安妈妈以安安的口吻事先写了一篇分享文，题为《自然角的发现与分享之小月、小海和我》。约定好分享日的那天早晨，安安在妈妈的帮助下提着一只鸟笼来园了。

当天的午餐后，在睡前，安安向同伴们介绍了她的小月和小海，孩子们全神贯注地注视着鹦鹉的一举一动，听着安安讲述她在饲养、观察、喂食鹦鹉过程中的发现和趣事。不一会儿，午睡时间到了，我说："小月和小海要休息了，我们也该午睡了。"意犹未尽中，孩子们进入了午睡前的准备中。

2. 实施效果

小动物本就深受幼儿的欢迎和喜爱，鹦鹉更是人们家中鲜有饲养的宠物，此次安安在妈妈的协助下向同伴们分享饲养鹦鹉的故事，内容新鲜有趣，让孩子们都兴奋不已。在这一过程中，孩子们不仅了解到安安在家中如何饲养鹦鹉，鹦鹉吃什么、吃多少、什么时候吃，鹦鹉有些什么样的行为，以及安安如何与鹦鹉互动等。安安和妈妈一起把鹦鹉带来，更加让孩子们在直接观察鹦鹉、和鹦鹉近距离接触的过程中发现并了解鹦鹉的特征和习性，满足了亲眼所见、亲身接触鹦鹉的愿望，真正落实了亲近小动物、感受生命的美好。这便是一次成功又有价值的分享活动。

三、所思所想

很显然，在碎片时间中进行的生态教育活动，开展时间是短暂的，活动周期是持续的，形式内容是灵活的，活动效果是积极的。结合"生态5分钟"系列活动，在实施与开展的过程中，我还总结出了以下两点：

（一）收放有度，使生态教育活动更高效

在"生态5分钟"系列活动中，"收放有度"的师幼关系是积极可取的。所谓"收"即以教师为主体的幼儿参与，比如"经典生态小金句诵读"，幼儿对教师提供的金句内容加以学习和理解，并在教师的引导和组织下进行多种形式的金句诵读，从而丰富对生态的认知。所谓"放"即以幼儿为主体的幼儿参与，比如"自然角的发现与分享"这一内容更突显幼儿的参与和感知体验，教师起到了协调活动组织开展的作用。

针对不同的活动内容，采用不同的组织形式，尊重幼儿主体地位，发挥教师指导价值，做到"收放有度"，才能使生态教育活动更有成效。

（二）知情结合，使生态教育理念更渗透

生态教育活动的重点和难点是培养幼儿的生态行为和生态意识，且两者缺一不可、相辅相成。因此，生态教育活动需做到生态活动体验和生态认知情感的相互结合，实现以意识促行为，以行为显意识。

所谓“知”即认知行为，所谓“情”即情感体验。在“生态5分钟”系列活动中，幼儿“说说生态、看看生态、玩玩生态”，通过学习、讨论、游戏、探索等形式加深对生态环境的认识与了解，并实现从初步的感知体验到深入的知识积累，最终潜移默化、由浅入深地达到生态教育理念的渗透。

因此，在生态教育活动的组织与开展中，教师不仅要帮助幼儿掌握生态知识，学习和养成绿色健康的生活方式；同时要引导幼儿理解生态环境变化的前因后果，形成保护生态环境的意识，真正树立“爱生态、乐生活”的生态小公民的社会责任意识，实现全面健康成长。

生态教育中的个别化指导
——“极简衣尚”的奇思妙想

励文君（上海市浦东新区小天使幼儿园）

一、从时尚潮流中汲取灵感

1980年以来，时尚品牌及零售商加快了潮流更新换代的速度，廉价的“快时尚”已经彻底改变了我们的穿衣方式，也改变了我们对待衣物的态度。

基于此，我们幼儿园开展了“爱生态、乐生活”——幼儿园生态教育特色课程的构建与研究。在这一课题下，将“衣”的主题定为“极简衣尚”，鼓励幼儿与家长崇尚极简、崇尚慢生活。

个别化学习是幼儿一日活动中的重要组成部分之一，希望幼儿能通过操作，学会区分干净衣物，知道如何清洗衣物，初步养成生活自理的好习惯；愿意把衣服穿得久一点，为旧衣服找到新的搭配创意；愿意从自身做起，在选择衣物时考虑环境因素。

二、从旧改衣物中挖掘价值

“极简衣尚”的绿色生活方式是我们所推广的，它是指：幼儿在穿衣习惯、穿衣认知、穿衣品位上，能够建立一种更“低碳”、更“生态”的穿衣意识和习惯。我在平时和幼儿的交流中发现，不少孩子每天穿的衣服都是妈妈或者奶奶准备好的，很少有孩子能自己选择要穿的衣服，小班的孩子在穿衣认知和穿衣品位上更多体现的是家长的选择和态度。其实孩子们对“衣”的理解一定会有自己的想法，他们也很想自己来搭配。同时，我们班级的生态生活角重点探索了衣服的秘密，收集了一些废旧、不穿的衣物，孩子们也和家长一起参与亲子活动——大衣改小，有了一定动手改衣的经验。基于孩子们的这种想要自己打扮自己的欲望和一定的动手经验积累，我鼓励幼儿利用收集来的废旧衣物布料自己搭配出时尚的服装，做一个小小“创衣师”。今天我要分享的，就是在设计实施个别化活动中的一些小思考和小收获。

三、在反思调整中完善奇思

（一）活动目标的形成：材料源于幼儿、源于生活、源于有所需

1. 我的观察

我们班孩子衣服更新换代的速度非常快，经常能从孩子的嘴里听到：“妈妈淘宝给我买的衣服快递叔叔送来啦。”“昨天去商场，外婆给我买了一条裙子。”诸如此类的对话。而当我问孩子们：“穿不下的衣服，怎么办呢？”大部分孩子的回答是：“穿不下就扔掉了。”“妈妈说太旧了，不能穿了。”只有个别二孩家庭的孩子说：“给弟弟妹妹穿。”

2. 我的思考

从观察交谈中发现，我们班的幼儿家庭在衣服上存在一定的浪费现象，大部分的幼儿对于衣服可以循环利用并不清楚，也没有形成节约的想法。那是不是能通过幼儿感兴趣的内容来帮助他们建立节约、循环利用的生态环保理念呢？而在幼儿园的一日活动中，个别化是学习中的重要一块，如果用个别化的形式来呈现，会有效果吗？

3. 我的跟进

基于这些思考，我将想法付诸实践。家园合作，共同收集生活中废弃不穿的衣服、不用的布料，让幼儿了解这些是可循环利用的生态环保材料。在搜集了材料之后，结合生态生活角的创设，和幼儿分享这些衣服布料的来源，将衣服、布料投入到班级的各类学习活动、游戏活动中，增强幼儿对于布料的认知和熟悉。

（二）活动形式的设计：形式基于兴趣、基于思考、基于能力

1. 我的观察

在平时的各类活动中，我们班的幼儿对于制作类的活动非常感兴趣，在个别化活动中，美工区更是人头攒动，幼儿非常喜欢这类操作。同时，幼儿拥有一定

的使用美工工具的能力，能够进行简单的美工制作活动。

孩子经常将家中的娃娃带来玩变装的游戏，部分孩子都非常感兴趣，热衷于给娃娃穿脱，有的孩子会说："我在练习穿脱衣服的本领呢。"还有不少孩子在妈妈的手机上玩过"奇迹暖暖"的变装游戏。

2. 我的思考

兴趣是幼儿实践、行动、学习的一大助力和推动。结合衣服布料的材料特质，设计一个美工区的个别化活动，是不是更能够调动幼儿的积极探索参与热情，激发他们对"极简衣尚"这一想法更深的思考呢？在确定了个别化区域的方向性后，又思考：那什么样的形式既适合小班的幼儿操作，又能体现衣服布料的多用性呢？布料的拼贴再配上幼儿可爱的头像照片、卡通的轮廓似乎是个不错的选择。

3. 我的跟进

首先我在收集材料的基础上，进行了个别化方案的设计和完善；其次我制作幼儿操作底版，考虑到小班幼儿的年龄特点，尽可能制作得美观、童趣，特别选择幼儿的大头照。活动以为自己和同伴设计服装的形式，用废旧衣物布料黏贴的方法来进行。这样既能调动幼儿的积极性，也能增添趣味性。黏贴的方式选择了双面胶，便于幼儿操作。头像则是利用了宝贴，可以循环使用。

（三）活动实施的优化：实践注重观察、注重调整、注重反思

1. 我的观察

（1）布料摆放分类不够清晰，投入的量过大，幼儿挑选时花费大量时间。

（2）布料的尺寸较为单一，幼儿选择性小，不能满足不同能力幼儿的需求。

（3）布料材质不同，幼儿粘贴过程中，部分材料操作有困难。

（4）操作底版应该是可活动的，有幼儿提出"想要多穿几套好看衣服"的需求。

2. 我的思考

个别化的操作材料应该是灵活的、适量的、层次分明的，要考虑到幼儿的可操作性，提高成功的体验感，更有利于活动的开展推进。双面胶的使用最初考虑到幼儿操作的难度，老师事先为孩子粘贴好了，只需要撕开，是不是过于简单？对于能力强的孩子来说，是否局限性太高了？布料虽然搜集了很多，是否都适用于粘贴操作？底版使用书写板夹，不便于幼儿操作中对于自己设计的审视和检验，那可翻页的底版应该更为实用、灵活。

3. 我的跟进

（1）调整布料的投入量。

（2）裁剪布料，提供不同形状、大小的布料。

（3）提供多样的粘贴工具（双面胶、白胶、固体胶等），为不同能力的幼儿提供不同的底版（粘贴好双面胶的、全新的底版）

（4）底版从书写板夹，调整为用垫板和卡纸封皮连接，可翻页的形式。

四、在实践探索后延展妙想

个别化学习活动是一个持续性活动，我们老师在不断地观察、分析、思考、跟进、调整、反思，使得活动效果达成得更好，增强幼儿的体验感和成就感。

在研究进程中，我的观察指导能力有了提升。我不仅关注了个别化学习的设计，还关注了个别化学习的观察、反思与调整。从“衣”出发，用趣味的个别化形式外显转变为将核心主旨“极简衣尚”与树立生态环保理念、节约循环使用衣物的想法联系在了一起。

后续的观察也发现，孩子们的循环使用理念初步形成，经常会带来自己搜集的废旧材料，问老师能否使用在角色游戏中、个别化中等。

奇思妙想还在不断继续，研究也在不断深入，希望能够通过更多不一样的形式和方法，帮助我们的幼儿树立生态理念，畅享绿色生活。

用生态思维乐享生活

——“大师”的随想与细酌

杨颖琼（上海市浦东新区小天使幼儿园）

我园的区级课题“爱生态 乐生活——幼儿园生态教育特色课程的构建与研究”已经开展了一段时间，在课程研究和实施的过程中，也让我感受到了“爱生态、乐生活”对于生活的积极意义，让我学会了用积极、乐观、生态的思维去享受生活中的每一件事。

一次偶然的机会看到了日本微观大师田中达也的微景观作品，虽然材料仅仅用了生活中一些普通的蔬果、生活用品、小摆件等，但是通过大师的想象、变化和组合，展现出了一个个精致的微景观故事，我被他的作品深深打动了。

可能是出于对美术活动的情有独钟，当看到生活中一些美好事物的时候我总会想：这么棒的作品是否可以用到美术活动中分享给我的孩子们呢？于是，一个想法油然而生——我想要为孩子们开展一次关于“微景观”的美术活动。

但是，如何运用生态思维将这个想法付诸实践？如何设计一个既体现课程理念，又符合幼儿认知发展水平与兴趣爱好的集体教学活动？这一切都需要谨慎思考，用心对待。于是，我经历了几番思考和细酌：

一、思——活动目标

首先，是思考生态思维如何融入活动目标。

在这个活动中，我希望幼儿能够初步欣赏和感知“微景观”艺术作品的美，体验艺术创作为生活带来的快乐；并且能够尝试利用一些蔬菜、水果和小摆件等来制作“微景观”，培养生态生活的意识。

二、酌——活动环节

其次，是斟酌生态思维如何贯穿活动环节。

以“微景观”为情境贯穿整个活动，但是如何在活动环节中为目标服务是一个需要斟酌的难点。

环节一：导入

设计意图是让孩子了解什么是“微景观”。

环节二：“大师”之材料解析

在这一环节中，怎样引导幼儿根据材料进行想象、变化和组合是一个重难点。

环节三：大师之作品欣赏

引导幼儿欣赏艺术作品，发现作品中呈现的艺术美感。

环节四：“大师”之作品创想

幼儿通过想象、变化和组合材料的方式创作“微景观”作品。

环节五：分享交流

幼儿分享自己的作品，感受创作“微景观”这一乐享生活的新方式。

——“大师”之材料解析

在第一次试教中，我提供了示范作品，也引导孩子们欣赏了大师的作品，再进行创作和分享。但是我发现我的示范作品限制了孩子的创作手法，也忽略了引导孩子对于材料的想象、变化和组合，使得孩子们的作品形式比较单一。

经过一番思考和调整，在第二次的试教中，我更重视发挥孩子们的想象力，将创作作品中对于材料的想象、变化和组合这一重难点进行讲解，随后开启对大师作品的欣赏。

——大师之作品欣赏

第一次的试教中，我将大师作品一一呈现并做了简短的解说，但是我发现时间太长，而且缺少了孩子们和大师作品的交流对话。于是我查阅了一篇关于美术欣赏的论文，其中将美术欣赏定义为：欣赏是与美术作品之间的一种对话活动，更突出强调欣赏者的主体地位。欣赏者以大师美术作品为媒介，以已有的生活经验或美术欣赏知识为基础，自由、无拘无束地与作品进行对话，并在欣赏过程中丰富审美经验，获得审美体验，产生审美愉悦。我斟酌了一番之后将大师作品的欣赏分为：集体欣赏和自由欣赏。让孩子们在老师的带领下了解微景观的同时，也能够尝试用自己的方法去欣赏作品和作品进行对话；体现孩子在欣赏中的主体地位，同时也为接下来幼儿创作做铺垫。

——“大师”之作品创想

在作品创作环节，其实也是美术作品欣赏方法中的“表现法”。通过创作表现来表达自己对美术作品欣赏的感受。在这一环节中，我给了孩子们充分的自主性，孩子们可以根据自己的需求自由拿取材料进行创作，在这一过程中作为教师，要善于观察，能够随机应变地指导。

——分享交流

在分享交流环节中，从作品欣赏中可以看出无论是孩子之间的作品欣赏还是幼儿对于大师作品的欣赏，都是在丰富幼儿的美感经验和乐享生活的情趣。在第一次的试教中分享交流环节我并没有要求孩子们为自己的作品命名，所以孩子们在介绍自己作品的时候语句组织比较散，有些作品之间的关联性就不够。比如：有一个小朋友作品中有美人鱼、有山、有高楼。虽然可以看到孩子对材料的各种想象，但是并没有很好地组合起来形成一个情境故事。鉴于这一点，在第二次的试教中，在分享环节我鼓励孩子们为自己的作品命名再分享自己作品。显然，最终的效果较第一次有所提升。

三、联——生态思维

最后，是联想生态思维如何联系日常生活。

运用生态思维，实现乐享生活是我设计这个活动的初衷，而我也将这一想法贯穿于整个活动当中。

材料的选择上，我选择了一些菜根、果皮或者一些蔬果片段切除了霉变部分，将这些被嫌弃的材料化腐朽为神奇。比如：我们吃橘子剩下的橘皮，经过一番倒腾可以变成一艘帆船，再加上小人、海豚等一些小摆件便组合成了一个有关海洋的“微景观”故事。

在活动的最后，我找了一些图片，一些腐烂或者是变质的蔬菜、水果等来呼应整个活动，让孩子们感受到生活中真的会有这样一些被随手丢弃的食物，但是我们可以用它们来创造美、创造绿色生活。当然，我们也可以用一些新鲜的蔬果和一些小摆件来摆盘创作微景观，让我们对食物更有食欲，也让我们的生活更有情趣。

生活中对于很多事情的定义其实都在我们的一念之间，资源和垃圾、悲观和乐观、美丽与丑陋，其实只要我们用乐观的心态、生态的思维去看待生活中一些平淡无奇的小事，它们会因你而变得光彩绽放。我想，这就是我们“爱生态 乐生活——生态教育特色课程”开展的意义。

我们和杉树林的故事

——大班涂画笔记活动

连　娜（上海市浦东新区东南幼儿园）

在儿童的发展过程中，涂画作为一种图形语言是幼儿认识世界的手段，也是幼儿进行交流的工具，更是一个有着儿童自己的内在逻辑和表现形式的独特领域。STEAM视域下的儿童涂画笔记则是幼儿记录生活中的所见、所闻、所思的一种方式。大班幼儿的求知欲较强，对新鲜的事物有探索欲和好奇心，喜欢提出问题，但实际探索经验不足，还未能形成很好的探索能力。而我们的涂画笔记恰好能记录幼儿的奇思妙想，老师也能够借此引导幼儿自己解决问题，培养幼儿留心观察生活的能力，唤起幼儿的想象力，提高幼儿解决问题的能力。

一、顺应幼儿兴趣，重视观察发现

（一）杉树林初印象

初春的午后，我们来到杉树林里散步，孩子们看着光秃秃的杉树产生了困惑："杉树林怎么光秃秃的，它们快死了吗？"细心的馨悦发现了杉树的嫩芽，立刻反驳道："才不是，你看，它们正在发芽呢！"孩子们瞬间对这些正在发芽的杉树充满了兴趣，希希向我提议道："老师，我们以后能经常来看看杉树林吗？"看着希希亮晶晶的眼睛，我知道他们现在迫切地想要观察这些杉树的成长，于是笑着答应了。

（二）杉树林初记录

顺应孩子的兴趣，我们每周都会来杉树林看一看。一到杉树林孩子们必然先去关注那棵正在发芽的杉树。再一次来到杉树林，多多感叹道："哇，这个小芽芽跟上次不一样了，要是能把它们都拍下来就好了。"旁边的馨悦一听："我们把它画下来不就好了吧。”于是，孩子们开始尝试记录杉树的成长。

（三）分析与思考

有两个孩子都对杉树长新芽的过程产生了浓厚的兴趣，但两个孩子选择记录的方式却截然不用，他们各自选择了自己喜欢的方式记录了杉树发芽的过程，他们从不同角度、不同视界展开观察操作，抓住了杉树新芽的变化过程。在这个过程中，用涂画笔记记录的馨悦显然更需要对观察到的信息作出适当的提取、比较、归纳的处理。幼儿认识世界的视点和成人不同，其直观性更强，教师需要引导幼儿学会观察，并在思维整合中完成认知构建，帮助幼儿在观察中逐渐建立起对周围世界的认知。

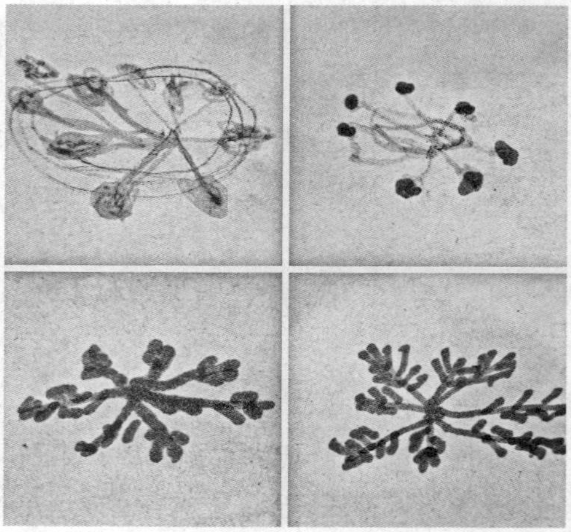

二、丰富幼儿经验，支持自主探索

（一）萌发探索的欲望

再一次来到杉树林，孩子们抱着粗粗的树干发出感叹：“这棵杉树好粗呀，我抱都抱不住了。”“这棵树也好粗啊，你看，我们一起用手才能围住它。”孩子们互相比较着，想要知道到底哪棵树更粗。

（二）测量初体验

看着孩子们兴趣满满的样子，我建议孩子们可以试着量一量这些杉树的粗细，看看到底哪一棵更粗。于是，他们在教室里收集着自己认为可以测量的材料，雪花片、麻绳、扭扭棒都成了孩子们的测量工具。他们带着自己的测量工具再一次到杉树林开始了测量，在这个过程中，孩子们摸索着这些材料的测量方法，也尝试统计材料的数量。

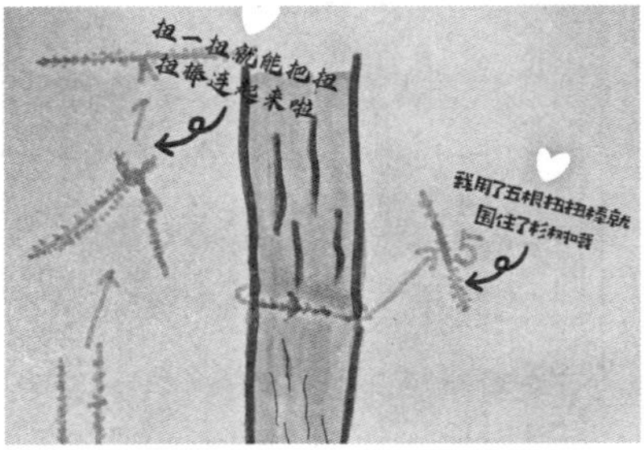

但是，很快俊峰又发现了问题："老师，这样我还是不知道哪棵树更粗呀！""用了5根扭扭棒的树肯定比用了23片雪花片的树细啊！"锌雨立刻说出了自己的想法。

"才不是呢，扭扭棒本来就比雪花片长啊！"多多立刻反驳道。于是，到底哪一棵树粗？这个问题再一次困扰着孩子们。

（三）认识测量工具

1. 实录

为了满足孩子们的好奇心，帮助他们更加深入地探索杉树的粗细，我们在杉树林里

组织了一次集体教学活动“认识测量工具”，意在鼓励幼儿主动参与测量的过程，让幼儿用多种感官去听、去操作、去思考，从而发现正确的测量方法。孩子们在活动过程中通过猜测、验证发现，卷尺和皮尺适合测量大树这样的圆柱体，而直尺、折尺这些不易弯曲的工具无法准确测量杉树的粗细。

2. 分析与思考

面对幼儿的刨根问底，老师设计了这次的集体活动“到底哪棵树更粗”？这个困惑引发了孩子们强烈的好奇心，促使他们在活动过程中开动脑筋，有步骤去探索、去发现，在动手操作中不仅获得知识经验，提高了能力，而且他们通过观察、比较、操作、实验等方法，学会了发现问题、分析问题和解决问题。

三、活动反思

幼儿活动的过程，应该是幼儿主动探索的过程，教师要鼓励幼儿去尝试、去猜测，并支持幼儿大胆探索与表达。在一定意义上，经历的过程就意味着收获，也意味着教育“重过程”的价值。我们需要尝试在支持幼儿的主体性与发挥教师的主导作用之间找到平衡，在幼儿的探索和学习过程中多样性地参与，和幼儿积极互动，共同游戏、探索、操作，才能激发幼儿的探索欲望，提升学习的兴趣和自信心，为幼儿主动学习创设更多的机会和可能，促进其获得持续性的发展。

在这一年里，幼儿从多角色的体验、多维度的学习认识了杉树林，这段有趣又有意义的经历使得幼儿的学习兴趣有了提升，学习能力和表达能力变强了，自主探索意识也在增强。看到孩子们的这些变化，我们心中无限欢喜，更确定了STEAM视域下幼儿涂画笔记对幼儿发展的意义。我们也会继续摸索，努力培养孩子们科学的探索态度和思维方法。

植物角里的精灵

——涂画笔记生活篇

张唯仕（上海市浦东新区东南幼儿园）

午餐时芃芃舀起一勺蘑菇问道："老师，这是什么？""这是蘑菇，好吃又有营养。""真好吃，它是从哪里来的？"

一、小精灵来啦

在家委会的妈妈们帮助下，孩子们在植物角自发地开辟了一块"蘑菇自留地"，在照顾蘑菇的过程中，幼儿产生了更加强烈的责任心与好奇心，他们迫不及待地想要知道更多关于蘑菇的知识，也时不时拿起纸笔记录观察。

1. 我的记录我做主——促观察能力发展

在最初记录的时候，幼儿主要记录的内容是日期、观察天气等自然情况。随着幼儿记录经验的不断丰富以及想法不断涌现，幼儿记录的内容越来越丰富，他们开始记录蘑菇生长的细节。有的幼儿开始记录自己是如何照顾蘑菇的，还有的幼儿为蘑菇设计了有趣的对话，也有幼儿将蘑菇长大后的样子画出来。

幼儿在涂画中发展了记录的能力，他们将自己种植蘑菇过程中生成的新知识融入涂画当中。芊芊发现蘑菇每天都在长大，她将蘑菇比作一个小朋友，画出蘑菇一天一天成长的过程。萌萌想要"和旁边的蘑菇比赛，看谁长得快"。添添则把看到自己的蘑菇长大了那种喜悦的情绪画在纸上。认识是从动作开始的，动作在儿童的智力和认知发展中起着重要的作用。幼儿在科学探究活动中，对现象及结果的认知是内化的动力，而幼儿的操作与记录则是这种知识内化的前提。在观察记录过程中，完成"蘑菇生长"知识与经验的自我建构，发展幼儿科学活动的主体性。

2. 精灵的魔法——推同伴间互相学习的能力

经历了一个周末，蘑菇似乎长成了孩子们不认识的模样。大家发出自己的惊叹："哇，苏苏的蘑菇也太大了吧！""蘑菇都变成扇子了。""我的蘑菇也很大了。"很多幼儿都发现自己的蘑菇变得特别大，但是其中也夹杂了一些不同的声音，"老师，我的蘑菇怎么就小小的一点点。我也想要我的蘑菇变大。"其他的幼儿也围着小蘑菇开始研究，"你的蘑菇真的好小，为什么这么小呀？"我追问："为什么大家一起种植的蘑菇，有的大有的小呢？"

孩子们开始探究自己是如何照顾自己的蘑菇的，特别是种植出大蘑菇的幼儿，将自己的经验分享给其他幼儿。弟弟说自己会定期浇水，而且不会让袋子里留太多的水。苏苏传授自己的浇水经验，每次浇水时都会标注日期，而且还会用水滴的数量来表示自己浇水的多少。幼儿借助涂画笔记将他们的观察结果记录梳理出自己的经验并进行对比交流，进一步了解蘑菇的生长变化过程。《3～6岁儿童学习与发展指南》提道："鼓励幼儿用绘画等办法记录观察和探究的过程与结果，注意要让记录有意义，通过记录帮助幼儿丰富观察经验，建立事物之间的联系和分享发现。"幼儿在探究的过程中，不断地进行讨论和交流，在过程中推动相互学习的能力。

3. 浇水大麻烦——助发明创造能力

孩子们需要经常为蘑菇浇水，日子一久，有些幼儿可能会忘记有没有浇水，导致出现多浇或者漏浇的情况。孩子们在一起讨论的时候说道："哎呀，浇水真是一个'大麻烦'。"晶晶说："我希望有一个会浇水的机器人，使用废旧的电视机当它的身体，还需要弹簧当它的脚，拧上螺丝装上爱心形的心脏，打开开关就可以工作起来帮我的蘑菇浇水了。"晶晶的设想引起了同伴的关注，大家都想要设计浇水机器人，并将自己的设计呈现在墙面上。就这样幼儿不断生成富有创意的设计。跳跳将自己设计的浇水装置的图纸带回家给爸爸展示，并提出想要制作一个会浇水装置。于是爸爸和他一起探讨，利用哪些工具和材料制作一个浇水的装置并生成了设计图。随后他们利用一个大的矿泉水瓶，在瓶底与瓶身扎几个圆孔，将一些吸管接到这些矿泉水瓶上，将矿泉水瓶吊在植物的上面，通过挤矿泉水瓶，利用拼接的吸管将水传递到顶端的喷头，从而完成浇水。

家长中多是"藏龙卧虎"的高手，利用家长资源，开展家庭涂画笔记活动，不但可以增进亲子情感与交流，同时也可以借助家长资源，为幼儿提供更多专业的指导，同时也丰富了家长对STEAM的认知，提升家长的科学教育理念。

二、小精灵搬家啦

在STEAM教育理念下开展的蘑菇种植活动中，我们鼓励幼儿将自己的创意记录下来，充分展示幼儿的创造力，发挥幼儿的想象力。教师有意识地引导幼儿用涂鸦、绘画、符号等形式将他们对蘑菇的所见、所闻、所感、所思进行记录，以帮助幼儿发现问题、分析问题和解决问题并不断积累经验，形成终身受益的学习态度和能力。

有意思的米筛
——在项目化学习活动中有效培养幼儿的问题解决能力

段佳波（上海市浦东新区红苹果幼儿园）

最近我们班结合园级活动“世界粮食日”开展了以米为主题的项目化学习活动。在进行了几次后，我发现研究各种粮食的那一组小朋友在偶然一次将粮食混在一起后，对如何将混在一起的粮食分拣出来产生了一定的兴趣。

事件一：

活动一开始，依依、瀚瀚、胖丁都迫不及待打开了粮食罐子，依依把她手里的红豆倒在了盆里，在那里研究起来。后来瀚瀚看到了说：“我也要用这个。”于是把大米也倒了进去。依依看到了，大声说道：“哎呀，你怎么把米倒进来了，都混在一起啦！”“是呀是呀，都分不开来了。”旁边的小朋友附和道。瀚瀚说：“这没关系的，我们可以把它拿出来的。”于是瀚瀚开始在混合的盆里分拣。但是捡了一会发现有点困难，由于数量太多，体积也很小，不方便筛选。这时候老师看到了，提醒道：“我们百宝箱里有很多材料，你们要不要用一用，看看能不能帮助你们用更方便的办法把这些粮食分拣开来。”

于是几人跑去百宝箱看了看，拿了一堆材料，在多次实践后，胖丁拿的菜篮得到了大家的好评。但是他们也发现了问题，依依说：“你们看，有的米掉下去了，有的怎么没掉下去？”胖丁说：“我知道，因为这个洞太小了，我家里也有这种篮子。”“我家也有的，我妈妈洗完菜放在里面的，没有放过米。”几个小朋友就如何把混在一起的粮食分拣开来展开了热烈讨论。

在结束分享的时候，我请这一组的小朋友上来讲了讲他们遇到的问题，请大家一起想办法来解决，最后讨论出来要自己做一个米筛，来把这些粮食更方便地分开来。

结果：

在这一次的活动开展中，这一组的小朋友偶然之间将粮食都混在了一起，从而对如何快速筛选出粮食产生了兴趣。在教师的引导下，幼儿运用到了菜篮来帮助他们筛选，但效果并不是很好，他们发现有的米会漏出来，有的不会。于是大家对如何更好地筛选粮食展开了激烈的讨论，老师看到后，发现幼儿对这个问题很感兴趣，同时也遇到了一些困难，于是在讨论的时候让这组小朋友在集体面前讲述自己的困惑，通过大家集体讨论最终得出下一次活动的内容。

事件二：

这一组的小朋友兴高采烈地从百宝箱里拿了很多材料，准备做起来。刚开始他们选了一个废旧的小盒子，然后用剪刀在小盒子上戳洞，可是尝试了很久，一直都没有成功。这时候胖丁跑来问我说："这个洞太小了，米都不掉下来，怎么办呢？"我没有急着给他们一个答案："你们想想看这个洞为什么太小了呢？你们还可以再想想办法，教室里面有这么多材料，你们都可以试试看。"在后来的分享活动时，瀚瀚他们这组把在活动中遇到的问题提了出来，让全班小朋友一起讨论，怎么样做一个好用的米筛。在过程中，我还给幼儿看了米筛的图片，让他们对米筛有了进一步的认识，然后他们下一次准备再进行不同的尝试。

结果：

上一次讨论出来要自己动手做一个米筛，于是他们自己去百宝箱选了牙膏盒、酸奶盒还有纸板等各种材料，准备在上面戳洞，但是尝试了之后发现做不到，第一是用剪刀戳洞很难而且也比较危险，效果也不是很好，戳出来的洞都很小。当他们来问老师怎么解决时，老师并没有马上告诉他们解决办法，而是在集体讨论的时候让他们把这个问题拿出来和小朋友分享，同时也给他们参考了米筛的图片，让大家一起来想办法怎么自己做一个米筛。

事件三：

经过上一次大家集体讨论后，这一次，活动开始，胖丁先跑到材料仓库拿了一张像素纸，然后拿到桌上开始剪起来。他把像素纸剪成一条一条的，于是这一次三位小朋友又开始动起手来，把像素纸剪成粗粗细细的条状，剪完后依依拿起一条纸直接贴在盒子上，然后又一个个贴，一个方向贴完之后她把米倒进去结果全都掉出来了。这时候胖丁说："你这个洞太大了，你这边还要把纸条贴上去。"于是依依又横向开始贴纸条。全部贴完后，他们又把混合在一起的米倒进来，这一次发现大大小小的豆子都能掉下来一部分。然后他们又调整了几次，又进行尝试，发现总是掉出来不一样种类的粮食。

在活动后的分享中，他们将自己做的米筛拿出来和大家进行介绍。他们发现太多粮食混在一起不利于筛选，于是我请他们用红豆和小米进行了尝试，发现这一次筛选的效果更好，他们也总结出原来体积大小差别明显的粮食更容易筛选出来。

结果：

幼儿对制作一个成功的米筛有了一定的认识，知道洞的大小对于要筛选的东西来说是很重要的，洞太大不行，太小也不行。他们还注意到自己做的米筛每个洞的大小不一样，也会出现不同种类的豆子都会掉出来一点的情况。于是在集体讨论的时候我请他们介绍了自己做的米筛，他们自己也发现了太多粮食混在一起很难用自制的米筛一下子全部筛选出来。但最后他们还是成功地用更为简单的方法将红豆和小米成功地筛选了出来，解决了他们一开始的问题。他们在活动的过程中也知道了原来在做米筛的时候要尽量保证每个纸条之间的间隔距离要一样，保证做出来洞的大小差不多大，与此同时还要考虑粮食的大小不同，所做的洞的大小也要不一样。

分析：

从这次幼儿动手实践尝试做米筛可以看出，幼儿们一开始是想把混在一起的粮食筛选出来，发现现有的菜篮子并不能满足他们的要求，于是他们经过不断尝试各种材料试图将米筛自制出来。在不断操作的过程中，幼儿从一开始习惯性地询问老师，到后面通过讨论交流，在实践中总结反思，幼儿在实践中的问题解决能力有了一定的发展。

反思：

一、兴趣驱动，激发问题意识

从孩子们制作米筛这一案例我们可以看出：幼儿始终都保持着强有力的好奇和持续的兴趣，这是孩子们主动探究的驱动力，也是激发幼儿发现问题的原动力。

1. 鼓励观察，大胆提问

《3～6岁儿童学习与发展指南》指出："鼓励幼儿根据观察或发现提出值得继续探究的问题，或成人提出有探究意义且能激发幼儿兴趣的问题。"支持幼儿积极动手动脑寻找答案或解决问题。幼儿提出的问题大多源于自己的生活经验，他们在与生活环境的互动中发现并提出自己感兴趣的问题。在探究性活动中，问题是幼儿主动探究和学习的起点，幼儿有了疑问并产生寻求答案的愿望，主动探究才会真正发生。此外安全的心理氛围是幼儿积极探索和解决问题的重要前提。教师应该以重视、尊重、接纳、赞赏、支持的教育态度为幼儿营造安全的心理氛围，让幼儿感受到自己可以提出各种问题，且自己的问题会受到老师和同伴的重视，这样，幼儿才能保持好奇心和探究欲望，愿意提出问题，敢于提出问题。

在活动中教师尊重每名幼儿提出的各种问题，对于幼儿想要操作实践的想法给予了充分的肯定，支持他们在保障安全的情况下去充分实验，同时在活动中也鼓励幼儿提出自己的问题，总结自己在活动中遇到的问题，为进一步解决问题奠定了良好的基础。

2. 抓住兴趣，助推思考

幼儿对事物充满好奇，思维比较活跃，教师要顺应幼儿的心理特点，保护幼儿的求知欲，重视幼儿的问题，抓住幼儿感兴趣的方面，运用正确的方式方法回应他们，并不断强化他们的问题意识。与此同时教师还需要根据幼儿的兴趣去助推幼儿进行思考。在一开始幼儿对分拣粮食很感兴趣，他们进行了丰富的讨论，在这过程中教师敏锐地发觉了这其中隐含了幼儿可进行深层次研究的问题点，于是教师巧妙地提问："怎么将这些不同种类的粮食更方便地分拣开来？"在基于幼儿感兴趣的方面来挖掘可以生成的问题点，确立了适合幼儿开展的，具有开放性、动态性以及兴趣性相结合的驱动型问题。活动实施的这段时间里，幼儿持续保持着高度的兴趣，每一个孩子都真正参与其中，而不是旁观者，每一个孩子都在学习体验过程中有着自己的发现和收获。

因此，教师应注重观察幼儿，捕捉幼儿的兴趣点，抓住幼儿对某种事物或现象的疑惑，激发幼儿的求知欲，引导幼儿主动探索，丰富和拓展幼儿的知识经验，促进幼儿的有效学习。

二、多元支持，推动问题解决

1. 提供丰富材料支持，创设积极探索氛围

探索活动往往由问题引起，而这些问题常常与环境和操作材料密切相关，所以在幼儿自由探索时，教师要根据幼儿的探索情况及时提供相关材料，并且提供多种类型的材料，通过幼儿和材料之间的互动来激发他们探索。通过有意识地设置矛盾冲突，创设问题情境，引导孩子发现问题，并结合原来的知识、经验在努力尝试和探索中解决问题。就像在活动中，教师询问有没有什么好办法能更方便地把粮食区分开来，幼儿在这个问题情境中，自主进行探索尝试去解决问题。而当教师发现幼儿对米筛感兴趣时，教师也能够主动提供相应的材料并积极配合幼儿的兴趣点。在幼儿园中，百宝箱就是一个很好的材料仓库，里面有着各式各样不同的材料。教师通过提醒幼儿去百宝箱里看一看，引导他们尝试运用工具。随着活动的展开，教师也相继投放了更多类型的材料来支持幼儿的研究，让幼儿通过自主操作发现问题。

2. 转变教师角色支持，关注幼儿主动探究

幼儿探究和解决问题的方式方法很多，教师在幼儿探究解决问题的过程中主要应扮演观察者和倾听者的角色，不去打扰幼儿自主探究和不断尝试，相信幼儿能通过结果反馈和同伴间的交流互动不断调整自己的认识及操作方式，最终使问题得到解决。

所以在后续的活动中，幼儿虽然在制作米筛的操作中发现了问题，洞太小了，但教师并没有急于介入，也没有直接告诉幼儿答案，而是在幼儿寻求帮助时以适宜的方式给予适当的引导和支持，使幼儿有更多的时间按自己的方式和速度去探索、寻找答案。关注幼儿主动探究的情况，让他们自己将问题逐一解决，从而在探索中达到解决问题的目的。因此在活动中，当幼儿遇到问题时，教师应该有意识地引导幼儿在不断摸索操作中逐步解决问题，多进行尝试，并在解决过程中学会总结归纳自己的学习经验，挑战自我。在探索中解决问题，能帮助幼儿按

照自己的意愿主动地与周围事物发生交互作用，自主地丰富和完善自身原有的认知结构，并向更高一级的认知阶段发展。

3. 给予等待时间支持，鼓励自主建构经验

探究活动是持续性的，一两次的活动，幼儿可能并不能很好地解决问题，那么这就不光要求幼儿要学会耐心等待，作为教师我们也要给予等待时间的支持，允许他们多进行尝试，一步步来，而不是为了解决当下问题，教师去把控事情的发展，从而得到自己想要的结果。只有通过操作和试误，孩子们一次次根据自己的经验尝试，一次次地失败，在错误中积累经验，在已有的经验基础上进行探索和发现，建构新经验，从而去解决自身感兴趣的问题。

在活动中，其实幼儿经历了很多次尝试制作米筛的过程，从一开始只是简单地想戳出洞来，到后来用编织的方法把洞给“编”出来，这其实就是幼儿在充分自主建构经验的过程。

三、讨论质疑，助推多解思维

1. 在讨论中提升幼儿互相质疑的能力

幼儿与同伴、教师分享，表述自己的探索过程与结果是非常重要的一环，此环节是幼儿思维相互碰撞、知识经验内化形成的关键所在。讨论与交流也是幼儿与同伴之间实现信息传递、情感沟通、经验分享的有效形式，在讨论与交流活动中，幼儿的思想与观点相互碰撞、相互启迪，共同建构知识，发展语言表达及人际交往等能力。

在活动中我会请这一组的小朋友将自己的问题记录下来，然后带到分享中集体讨论，让其他小朋友提出各种想法，请孩子们讨论怎样尝试解决问题。在第二个事件后的分享活动中，小朋友们提出了各种不同的方法来做米筛。但有的小朋友提出的解决办法并不是很成熟，有些小朋友就会提出问题，去追问这个方法具体的实施过程，于是在讨论、讲述和质疑中，幼儿得到启示，用“条条大路通罗马”的思维方式想出了多种解决问题的好办法。同时在这过程中，也让他们学会了追问、质疑，从而让幼儿形成了这样一种观念：只要动脑筋，问题一定会解决。

2. 在讨论中提升幼儿多维思考的能力

多维的思维方式是指在思考问题、解决问题时，善于变换思维的角度，进行多方位、多层次的思索，灵活、变通地寻找多种解决问题的方法。这也就是我们常说的要培养幼儿多解的思维能力。所谓“多解”，是指解决一个问题，处理一件事情，有多种不同的思路和方法。在活动后的集体讨论就是一个很好地培养幼

儿“多解”思维能力的机会。在集思广益、群策群力的氛围中，在无形中就帮助幼儿从不同的思路和方法来解决问题。因此在活动中，教师要对幼儿提出的各种方案和计划都给予鼓励和支持，通过亲自进行操作试误，多角度地进行尝试，培养问题解决多维度的思考方式。

综上所述，推动幼儿问题解决能力的发展首先需要激发幼儿的问题意识，作为教师要善于捕捉幼儿的兴趣点，提供探索条件和机会，通过关键性提问，促进幼儿与材料的相互作用，引发幼儿探索，提高发现问题、解决问题的能力。在解决问题的过程中，还需要多方面的支持。除了丰富的材料准备，作为教师我们必须强调幼儿在教育活动中的主体价值，尊重幼儿、解放幼儿，把幼儿当成学习的主动者，使幼儿的天性得到满足，潜在能力得以发挥。在推动幼儿解决问题能力发展上，激烈的讨论互动也是必不可少的。这里的互动指的不仅是幼儿与操作材料之间，还包括师幼之间、幼儿与幼儿之间，他们相互影响、交互作用。只有在此基础上，才能更好地推动幼儿问题解决能力的发展，才能帮助幼儿在下一次探究性活动中有所进步。

儿童音乐剧，很“游戏”

——儿童音乐剧《小猫历险记》的演绎与思考

钱　倩　陈　静（上海市浦东新区汇善幼儿园）

一、《小猫历险记》的演绎由来

（一）借游戏：躲猫猫

是一次怎样的契机让我们走进了儿童音乐剧呢？故事还要从一个音乐游戏“躲猫猫”说起。基于小班幼儿刚入园时难免会有一些哭闹、焦虑、不谙规则等情况的发生，我们借助“我的幼儿园”主题的开展，在实施主题经验之“乐于参加集体活动、体验幼儿园生活的快乐、能遵守简单的集体规则”的过程中，我们开展了音乐游戏“躲猫猫”，让每位孩子参与其中，并让孩子在游戏中体验幼儿园集体生活的快乐，在丰富、有趣的活动中学会遵守规则。

“躲猫猫”是每位孩子儿童时期十分钟爱的游戏，所以，我们的孩子在参与时也十分投入，甚至在游戏结束后仍然觉得意犹未尽。于是，我们将“躲猫猫”的游戏材料——“家的场景”投放到了区域中，让孩子们可以借助场景自主地开展游戏。

（二）生情节：地震了

一次，在孩子们游戏的过程中，我们关注到：有一个孩子在躲藏时不小心碰倒了一把椅子，随着“嘭”的一声，椅子坠地，孩子们都被这一声“嘭”的声音惊了一跳。随后，有一个孩子说：“爆炸了！”听到孩子脱口而出的这一声“爆炸了”，起初，我们只是觉得有些惊讶，觉得孩子很有想象力。但是，当一个孩子说出了这一句“爆炸了”之后，有更多的孩子开始七嘴八舌地说着“爆炸了”。

随即，孩子们都开始四处躲藏，由此，游戏便产生了新的情节。这也让我们想到了在音乐游戏“躲猫猫”的活动中融入一段“音效”，并借助“音效”的融入促使游戏产生戏剧性的冲突，生成新的情节。

于是，我们在“躲猫猫”的游戏中融入了“轰隆隆”的音效声……孩子们在听到“轰隆隆”的音效声响起后，都迫不及待地用语言来分享他们的感受和想法，有的说：“打雷了。”有的说：“好像怪兽来了啊！”有的说：“太吓人了。”最后，老师给了孩子们一个最终信号：“地震了！”伴随着音效的不断环绕以及老师的适当引导，有的孩子紧紧地跟着老师躲到了角落里，有的孩子捂住了眼睛，有的孩子惊慌失措地愣在原地。孩子们的情绪也被这突如其来的音效声以及紧张的氛围所感染。

由此可见，一段音效的融入不仅让音乐游戏“躲猫猫”生成了新的情节，并且，还激发了孩子们的语言表述、动作表现和情感表达的能力。也正因如此，才让我们想到了将音乐剧的元素：音乐、语言、动作、情感融入孩子们的游戏中，从而推动游戏产生新的情节，乃至引发戏剧冲突，最终让孩子们能够借助游戏走进儿童音乐剧。

（三）起冲突：大灰狼来了

何谓“戏剧冲突”？“戏剧冲突”是指表现人与人之间矛盾关系和人的内心矛盾的特殊艺术形式。戏剧冲突也是将儿童音乐剧情节推向高潮的必不可少的元素。基于对“戏剧冲突”字面含义的解读，我们以孩子们最熟悉、也最喜欢的故事《小兔乖乖》中的角色关系为借鉴，尝试着在游戏“躲猫猫”的活动中融入“大灰狼”的反面角色，从而增加戏剧冲突。并且，为了激发孩子们在游戏中的表现性和创造性，我们借助大灰狼演唱的台词、大灰狼戴墨镜的造型以及大灰狼四处摸索的动作来塑造一只瞎了眼的大灰狼。并且，在这一情节中还增加了两段风格鲜明的音乐，一段是大灰狼睡着时发出的“呼噜”声，一段是大灰狼四处搜寻时发出的“咚咚”声。两段音乐的融入也对大灰狼和孩子们在游戏中的表达与表现起着至关重要的暗示作用。

所以，在游戏“躲猫猫”演绎为儿童音乐剧《小猫历险记》的过程中，我们借助融入音乐以及增设角色的方法推动游戏中的戏剧冲突，同时，也在推动的过程中记录了孩子们的语言、动作、情感，让音乐游戏“躲猫猫”衍生出了“地震了”以及“大灰狼来了”的片段，儿童音乐剧《小猫历险记》也由此而诞生，同时，也成为每位孩子都可参与、可表现、可理解的儿童音乐剧。

二、儿童音乐剧片段《小猫历险记》带给我们的思考

（一）“游戏”让每一个孩子走进儿童音乐剧

1. 让每一个孩子“可参与”

在生活中，我们更多看到的是成人表演给孩子看的儿童音乐剧，但经过我们的实践和研究，发现借助“游戏”的方法能让每一个孩子自然参与到儿童音乐剧的演绎活动中，因此，每一个孩子都是“可参与”的。

2. 让每一个孩子“可理解”

当我们尝试着走到孩子的身后，做一个支持者的时候，我们把撰写剧本的主动权交给孩子。我们借助“音效”以及“角色”的融入，激发孩子大胆想象，并运用自身的已有经验，自然、大胆地做出应变反应，从而让孩子自己推动出新的情节，所以，每一个孩子都是“可理解”。

3. 让每一个孩子“可表现”

当孩子们用自己的语言、行为和感受推动了游戏的情节后，他们所说的每一句话、所做的每一个动作都变得真实而生动，孩子的表现既是游戏，更是表演。所以，在游戏化的音乐剧表演中，每一个孩子都是“可表现”的。

（二）《小猫历险记》带给孩子的活动价值

1. 音乐剧让孩子乐于表达，从而生成“对白”

当融入了音效——“轰隆隆”的地震声后，“躲猫猫”的游戏情节戛然而止，轰隆隆的音效声引发了新的戏剧冲突，从而生成了新的情节，活动也被推向了小高潮。过程中，每一个孩子都身临其境，并借助角色融入其中，想象着发生了什么。他们会运用语言去描述自己听到声音后的感受。例如：有的孩子说：“打雷了。”有的孩子说：“好像怪兽来了啊！”等之类的话语，音乐剧中的对白也由此自然生成。

2. 音乐剧让孩子善于表现，从而演绎“动作”

在“大灰狼来了”的情节中，大灰狼的一举一动能直接牵引孩子们的身心。为了不让大灰狼发现，他们必须随着大灰狼的一静一动做出应变反应。例如：当大灰狼躺在树下一动不动呼呼大睡时，呼噜声响起，孩子们就要跟着妈妈快快撤离；当大灰狼四处搜寻，咚咚声响起后，孩子们就要佯装成木头人一动不动，音乐剧中的动作也就此而顺利演绎。

3. 音乐剧让孩子迸发情感，从而热爱“生命”

无论是“轰隆隆”地震声的融入，还是“瞎眼”大灰狼的引入，都带给了孩子一种最为可贵的情感体验，那便是在面对自然灾害——“地震”的危险时能结合生活经验，寻找自我保护的方法以及勇于面对困难、机智应对邪恶势力大灰狼的无畏精神。在这个过程中，孩子们的情感从中而迸发，对生命也更加热爱。

在STEM活动中发现和支持中班幼儿的学习
——以“Duang小乐队”为例

高艾玫（上海市浦东新区蒲公英幼儿园）

今年是我来蒲公英幼儿园的第二年，了解和实践STEM活动也有近两年的时间了。之前会认为项目活动更适合大班，所以我对在中班开展STEM项目会有许多困惑：中班孩子能做项目吗？他们能发现事物之间的联系吗，真的有能力解决生活中的真实问题吗？带着这些疑问，在我们校区内走班团队的帮助协助下，我和我们中二班的孩子，开启了“Duang小乐队”的项目活动。

一、不怀疑不能见真理——学会提问是解决问题的基础

古人云：“疑，思之始，学之端。”所谓质疑，是要提出疑问，对各种问题都持怀疑、好奇的态度，并在此基础上进行思考，找到问题的答案。从中班幼儿年龄特点来看，孩子们已经能发现一些事物表面的现象，初步理解生活中常见的关系。在STEM项目进展中，我惊喜地发现，他们能在不断质疑和持续探究的过程中，去发现事物之间的内在联系，而且能在理解的基础上更好地解决问题。

吹奏组想要将竹子做成竹箫，第一次，他们将竹子一端塞住，往另一端的音孔里吹气，发现无法吹出声音。他们提出疑问：“同样的材料，同样往里面吹气，怎么没有声音呢？”同时，拿来了竖笛进行对比，发现竖笛表面有一排音孔。第二次，孩子们依样画葫芦，在竹管表面凿了一排音孔，经过测试提出：“有了音

孔还是没有声音，会不会和音孔的大小、音孔之间的距离有关呢?”于是，比较竹笛与竖笛的不同，发现需要在表面第二个音孔位置贴上笛膜，但是依旧无法发声，再次引发质疑:“笛膜有什么作用? 它和声音有关系吗?”第三次，观看竹箫发出乐音的视频，大家了解到，应在竹子管内用软木塞。原来，有了笛塞，竹笛就能发出不同的音调了。

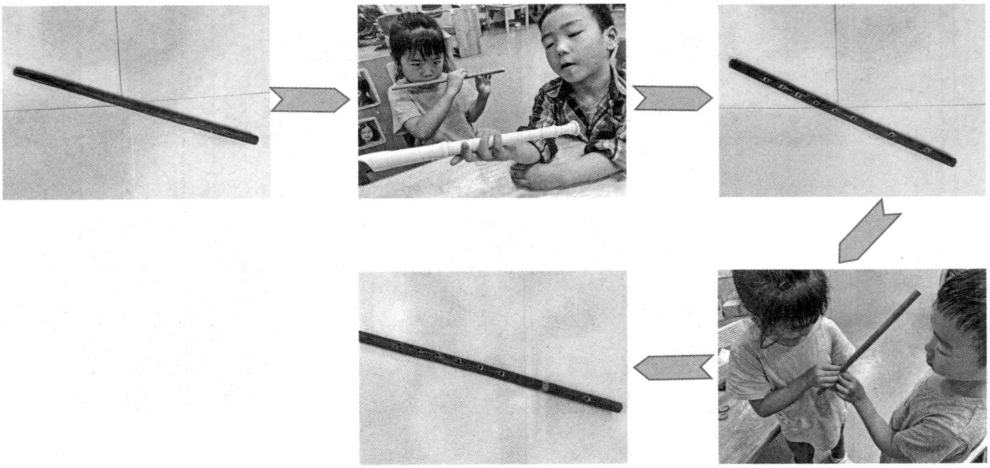

以前的我，面对幼儿遇到困难时，会急于把答案告诉他们，帮他们扫清障碍完成任务。但是在制作竹箫的过程中，我发现:(1)为了获得成功，孩子们学会了提出问题;(2)由简单到复杂问题的提出，说明了他们学习思考在不断深入;(3)在解决问题的过程中，孩子们能理解乐器发声的一些简单原理，对事物内在关联有了探究。只要让孩子们有机会质疑，鼓励发表观点、提出疑问，中班的幼儿也能遇见真理，理解事物的本质。

二、思维从惊奇中开始——创新是想象和创造

中班幼儿喜欢奇思妙想，他们思维跳跃，发散性强。制作鼓面时，孩子们发现大部分的鼓面都是用牛皮做的，颜色单一。他们提出:鼓身有不同的颜色、花纹，鼓面是不是也可以做成彩色的呢? 这样鼓声也会是不同的呢!

这个想法很有创意，为了支持他们，我特意准备了一些适合做鼓面的材料，有牛皮纸、棉布、塑料桌布等。同时，孩子们也自发地收集了透明塑料袋、树

叶、保鲜膜、气球等材料。我惊讶地发现：在制作的过程中，孩子们对我提供的材料一点没有使用的欲望，反而用他们自己的材料，不厌其烦地做了无数次的尝试，最终决定用气球来做鼓面，因为气球的弹性最大，颜色丰富，他们的“彩虹鼓”完成了。

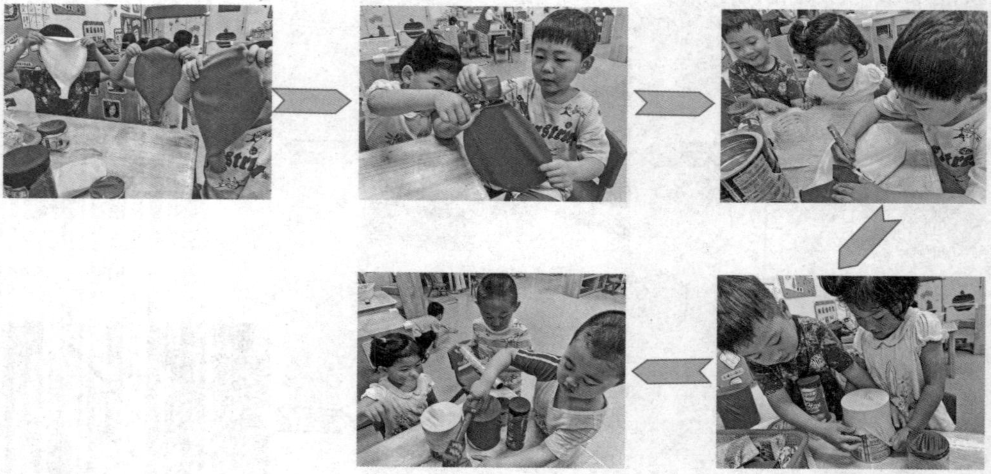

虽然中班孩子的经验有限，但是他们能根据要解决的问题进行想象，能够坚持把自己的想法付诸实施，并在不断尝试各种材料和不同方法中创造并完成挑战。我认为这就是创新，而我要学会放手、学会相信，去发现和激发中班孩子们的天马行空的创新意识。

三、在人群中更好地成就自己——学习共同体中的成长

在STEM活动中，一群志同道合的小伙伴会组成一个小组，建立学习共同体，大家就同一个问题开展探究，互相合作、互相学习。中班幼儿具备了初步的合作意识，但是谈到合作能力，他们的表现会是怎么样的呢?

编钟小组在探究如何将编钟钟体悬挂起来。刚开始，小组的5名幼儿都是各自思考悬挂的方法，独自尝试。

豆豆先是将毛线绕在塑料瓶瓶口再悬挂到衣架上，成功了。第二次当她用同样的办法悬挂时，她发现玻璃瓶太重了，绳子悬挂在衣架上的时候一直滑落，无法打结。于是她对身边的诺诺说：“你帮我拿一下吧。”诺诺欣然同意，帮着拿住

瓶身，很快玻璃瓶就悬挂在了衣架上。一次小小的合作在豆豆的请求下发生了。

桌边的昱昱、瓜瓜在认真地打结，昱昱试了几次，未果。他看看边上的瓜瓜，问："瓜瓜，你是怎么弄的呀？"瓜瓜说："打开瓶盖，将绳子放在瓶子里面，再盖上盖子卡住。"胡宝，一个害羞、沉默的女生。这时的她一个人默默地在架子边上操作，昱昱和瓜瓜的交流引发了她的思考，她看看自己手中的瓶子，想了想，照着瓜瓜的办法试了试，一下子就把瓶子挂好了，她的脸上露出了开心的笑容。

原来，每个孩子的合作方式是各不相同的。主动寻求他人帮助是合作；能够积极好问、耐心解答是合作；愿意倾听他人不同的想法，听取别人的建议，调整自己的方法也是合作。我想，这就是学习共同体的魅力，让不同性格、不同能力水平的孩子，学习协作与分享。

对幼儿来说，不登高山，不知天之高也；不临深溪，不知地之厚也。对我来说，同样如此，在STEM教育的实践中更好地发现并支持孩子们的学习。

幼儿是天生的××家

张秀玲（上海市浦东新区蒲公英幼儿园）

随着幼儿园学习活动研究的深入，我们发现了STEM教育理念更利于激发幼儿的深度学习。STEM活动是一种基于真实的问题情境，融合科学、技术、工程、数学领域的知识，注重培养解决问题能力和自主学习能力的教育活动。STEM活动通过项目化学习方式展开，为幼儿提供更多自主探索、自主学习的机会，不断激发幼儿的创造活力，让我们发现了幼儿其实是有能力的学习者，他们身上有着无限的可能性。

近期，班上正在开展“我要上小学”的主题，这个主题正好贴近毕业班孩子的生活。通过孩子间的日常谈话，我们发现他们对于小学的一切都充满好奇。为了能让幼儿更加主动、投入地对小学展开探究，激发其入小学的愿望，我们从幼儿视角思考，以建造真正的理想小学为任务，来开展我们的项目化学习活动。孩子们通过信息搜集、分享、交流后，根据不同的兴趣点，自发成立了项目探究小组。于是，我们以小组探究的方式由点及面地推动整个项目活动。

一、明智的哲学家

孩子是天生的哲学家，他们具备思辨、质疑、逻辑推理的能力。

参观小学回来后，很多孩子对于小学的课程非常感兴趣，提议要制作一张课程表放在教室里。教室组的小朋友最初设计的课程表上只有语文、数学和英语这三门课程。由此可以发现他们对于小学课程的概念及构成并不理解，因此让他们带着“小学里到底有些什么课呢？它是如何安排的？”这两个问题去进一步搜集信息。过程中孩子们了解到了小学一年级的所有课程，并且尝试运用了统计的方法对一周每门课程的课时数和时间安排进行更加“系统”的思考，最后通过不同颜色的纸和图案来呈现不同的课程。

从幼儿园到小学的学习模式发生了很大的改变，是孩子们心理发展的一个重要转折期。通过设计课程表的活动，孩子们对小学的课程体系有了更加深入的了解，激发了他们想要上小学的愿望和对小学生活的向往之情，同时也为入小学做了更好的心理准备。

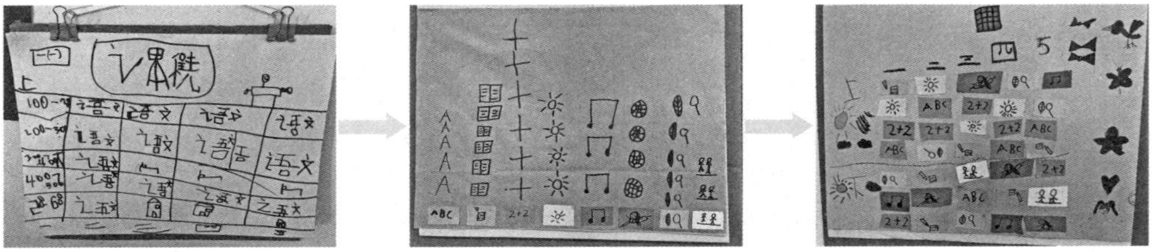

二、能干的工程师

孩子是天生的工程师，在项目化学习的过程中，我们鼓励和引导孩子运用“工程五步法”来解决实际遇到的困难，注重幼儿思维方式的养成和方法的获得，关注幼儿核心素养和关键能力的培养。

例如，操场组的孩子们提出小学有升旗仪式，想要搭建一个“升旗台”。孩子们历经了以下的过程：

提出问题阶段，孩子围绕着升旗台的结构和功能展开讨论。我们帮助他们梳理和聚焦问题：“升旗台是什么样的？”“升旗台有什么用？”“如何将旗帜固定在绳子上？”“如何升旗降旗？”并引发深入思考。头脑风暴阶段，他们将搜集到的与升旗台相关的信息与同伴分享和讨论。在创意设计阶段，他们记录解决问题的方法、步骤、材料，倾听同伴的建议，思考如何让设计变得更好。在动手制作的过程中，他们运用各种材料，尝试不同的方法来解决“旗杆不稳总是断裂，旗帜总是卡住无法抽拉，只能升旗不能降旗”等问题。通过观察、比较、讨论，总结失败经验，获得改进优化设计的方法。比如，他们发现了无法顺畅升旗是和制作旗杆的材料有关，四周光滑且有弧度的材料制作的旗杆升旗时会更加顺畅。“只能升旗不能降旗”和绳子的装法有关，通过观察实物和真实体验升旗降旗的过程，最终发现了升旗杆滑轮的原理，必须要将绳子做成一个封闭的圆形，这样才能一边升一边降。而且顶端需要一个像滑轮一样的装置将绳子吊起，可以利用扭扭棒制作一个环形来代替，这样就可以实现旗帜的自由升降了。在分享改进阶段，孩子们将制作升旗台遇到的主要问题以及解决办法进行了介绍，获得了再一次回顾经验的机会，并且重新组织好语言把经验共享给了其他幼儿。

有时候在项目活动的过程中，孩子们可能会由于自身经验的不足，导致活动无法推进下去，我们要引导他们注意细节、留意变化，运用适宜的提示和线索促进幼儿反思，帮助他们把观察结果与原先的观点建立起联系，找到关键原因，再改进优化。幼儿思维发展主要是在“设计——制作——反思——调整”中，利用已有知识和经验来建构新的知识和经验的。我们还需要为他们搭建生生互动的平台，帮助他们进行思维的碰撞和经验共享，最终幼儿可以用自己的方式很好地解决问题。

三、严谨的科学家

幼儿是天生的科学家，有着与生俱来的好奇心和探究欲，有着和科学家一样的探究热情，我们需要抓住和保护这些特质。通过STEM项目化学习活动培养其迎难而上、不轻言放弃的科学探究精神，有助于帮助他们建立良好的学习态度和学习习惯，为入小学打下基础。

孩子们在活动中的表现：

1. 电脑房的键盘：幼儿根据需求不断调整方法和材料，使用硬纸板让键盘按键从平面变得立体，利用扭扭棒使得按键从立体又优化到富有弹性。

2. *厕所的马桶*：幼儿通过反复观察对比实物，发现马桶盖和马桶圈的连接方式，初步了解到轴转动需要圆管完成，最终找到了合适的建构积木实现马桶盖的上下翻动。

3. *操场的跑道*：为了保持跑道一样的间距，幼儿将跑道分隔成30厘米一根道。两人合作测量，但发现总是会画歪，最终探究出来两点连成线不容易画歪。画跑道转角时，发现手臂的弯度正好可以连接两根直线，一人用手臂比着，一人画。

4. *舞蹈房的把杆*：幼儿首先压腿测试调整把杆的高度，然后选择用纸棍做把杆的柱子，发现因为底部接触面积太少立不住，于是调整成了奶粉罐，将纸棍架上面，再用封箱带层层加固。

5. *乒乓球台*：起初用奶粉盒做乒乓台桌面，但由于盒子不够，做的乒乓台又低又短，需要弯腰打球不够方便。最后调整成底下用大型纸箱代替，上面平铺奶粉盒，发现又美观又够长。制作中间的球网时，孩子们发现中间用两根绳子做的网不能够阻挡球，铁丝网又太重立不住，最后找到木质三角积木作为支撑架，再用封箱带固定，球网就稳稳地立起来了。

在项目化学习过程中，孩子们表现出了科学家精益求精的探索精神，将作品反复测试和优化，让作品越来越贴近生活。我们需要为他们创设适宜的有材料支持的环境。过程中幼儿不断遇到挫折和困难，但没有气馁，而是不断反思和挑战。相信这种迎难而上、持之以恒的科学探索精神和善于思考、乐于钻研的学习品质，也会深深影响他们后续学习和未来发展。

自班级项目化活动开展以来，孩子们学习的热情日益增加，干劲十足，每天都会生成新的东西："老师，我觉得我们理想小学还缺一个医务室。""我们想设计可以缓慢关上的静音马桶。""小学里万一着火了怎么办？我们要做两个灭火器，还需要练习一下逃生演习。""天气热了，教室里还需要添置一台空调。"……这些都是项目化活动带来的魅力，它让幼儿在学习中放飞心智，真正成为学习的主人，成为有能力的学习者！同时，幼儿在项目化活动中，他们的语言表达、思维结构、学习品质等都得到充分锻炼和提升。

静心观察　科学分析

——浅谈教师在科学个别化活动中的观察

包慷澜（上海市浦东新区天天乐幼儿园）

科学个别化活动更多是体现幼儿与材料之间的互动，教师的指导相对是较少且隐性的，即便是指导也是基于观察为依据。所以在科学个别化活动中观察就显得尤为重要。

一、掌握观察四要素，学会怎样去观察

那我们到底应该如何去观察呢？在此，我梳理了四个观察要素。

1. 脑中有意识——基于儿童视角

首先我们应该明确科学个别化活动的主角是儿童。在活动中，教师需要观察儿童在探究过程中的表现，关注他们的想法和感受，了解他们与环境、材料的互动情况。

2. 心中有目标——指南为引领

《3～6岁儿童学习与发展指南》中“科学探究”部分阐述了对3～6岁幼儿在科学领域方面明确具体的培养目标、发展指标和教育建议等，我们可以参照其中三个目标下不同年龄阶段发展指标，对幼儿行为进行观察和解读。

3. 手中有工具——借助观察表

我们还可以借助一些工具来了解考察幼儿行动中的感受与想法。如运用《科学探究活动观察表》进行有目的、有计划的观察和记录幼儿的行为表现，继而为客观、科学地支持幼儿探究提供依据。

4. 观察有方法——站稳十分钟

徐则民老师说：站稳10分钟——不说、不做、定点观察。由“站”着俯看、扫视，到真正蹲下身子看幼儿的操作，记录他们与材料互动的过程，想幼儿探究行为背后的原因，分析、反思材料提供对幼儿的学习品质的发展推进的效果。

当我们有意识、有目标、有工具、有方法后，就能将科学个别化活动的观察落到实处。

二、细看静听实录记，捕捉幼儿言与行

有教师不禁会问，我们在科学个别化活动中要观察些什么呢？

1. 探究时间看持续

在科学个别化活动中，幼儿与材料互动的探究时间往往能反映一个活动操作过程的复杂程度、探究问题的难易程度、探究材料的多样化程度是否适宜于幼儿的探究。那么在观察探究时间时，我们应该注意什么呢？关键就在“持续”。教师观察“探究时间”是看幼儿与材料互动的时间，而不是仅仅看幼儿在这个活动区域待了多久，准确的观察记录才能成为科学分析的客观依据。

2. 探究神情看变化

当幼儿专注于探究时，往往会根据自己的探究情况产生一些神情变化，比如思考时会眉头紧锁，操作时会屏气凝神，获得成功时会喜上眉梢，出乎意料时会连连惊呼，接连失败时会垂头丧气等。仔细观察幼儿的神情变化，也能成为教师解读分析幼儿探究情况的参考依据。

3. 探究行为看动作

在科学个别化活动中，观察到最多的就是幼儿的行为动作，我们要观察他：是如何与材料互动的？选取了什么材料？有哪些动作？运用了哪些方法？与同伴如何互动？等等，这些都能成为分析幼儿科学素养发展的重要依据。

4. 操作互动听语言

在科学个别化活动中幼儿的语言也会出现在他们的探究过程中。有时幼儿会自问自答或自我感慨，如“这个怎么玩呀”“噢原来是这样的”等等；有时也会主动向同伴或老师表达自己的发现，如“我知道了紫甘蓝汁会让雪碧变成红色”，或者请求帮助如“你能帮我把这个板翻过去吗”等；大班的幼儿还会与同伴协商进行分工合作。仔细倾听幼儿的语言，也能为我们解读幼儿与材料、与同伴互动

情况提供依据。

三、依据指引来解读，科学分析促探究

观察的目的是为了让教师从专业的角度更好地“读懂孩子”。我们依据“幼儿行为观察指引”中科学领域的内容来解读幼儿，继而通过有效支持提高幼儿的探究兴趣、探究能力，积累科学经验。

1. 探究兴趣要激发

要想培养幼儿的科学探究精神，首先要激发幼儿的科学兴趣。我们在分析幼儿探究兴趣时，可以从探究的持续时间、幼儿探究时的表情、重复操作的频次、对多种材料的尝试态度等方面来解读。

下面以小班个别化活动“毛毛虫快跑”“颜色变变变”为例。

观　察	毛毛虫快跑	颜色变变变
探究时间	时间长	时间短
探究神情	开心地笑 兴奋地说：“我的毛毛虫动啦！”	面无表情
探究行为	吹不同长短的毛毛虫看爬动情况 吹同一条毛毛虫的不同部位使其爬动	每个水果上盖一个彩色塑料片使水果变成相应颜色
操作频次	多次	1次

通过这些探究行为的解读，我们可以看出幼儿对“毛毛虫快跑”这个活动具有探究兴趣，而对于“颜色变变变”这个活动就缺乏探究兴趣。通过观察，我们发现因为“颜色变变变”这个活动中幼儿的探究动作简单、耗时短，探究过程缺少变化，因此该活动没有给幼儿带来愉悦体验。有了这样的解读分析，我们就可以调整材料投放，如两个颜色叠加变色，使操作过程变得有趣多变、探究结果具有不确定性，更好地激发幼儿的探究兴趣。

2. 探究能力要提高

探究能力是指幼儿在探索的过程中善于发现问题、解决问题并获得知识经验的能力。提高科学探究能力，能帮助幼儿更好地认识事物、了解事物，通过自身的探索发现，获得各种各样的科学经验。我们在解读幼儿探究能力时，可以从幼

儿与材料如何互动、在探究过程中使用了哪些方法、遇到问题时怎样调整等方面入手。

3. 探究品质要培养

良好的探究品质主要体现在活动中幼儿具有积极主动的态度，能大胆提出问题或假设，会尝试多种探索验证猜想，愿意与同伴分工合作，能表达自己的发现和分析等。

以大班“会拐弯的光”为例，这个游戏探究的是光的折射，利用镜子将光折射到其他位置。老师提供的材料有手电筒、纸筒、镜子和一个挖有门洞的纸箱。

观察内容	观　察　实　录	解读
探究行为	两位幼儿事先在记录纸上设计好光的拐弯路线，然后根据制定好的路线进行操作。	自主性 计划性
	两位幼儿经过商量，决定由女孩来调整镜子角度，男孩去出口看好光线有没有穿射出来。镜子的角度有一点偏差，光线就射不出来。两人对镜子的角度不断地调整并观察。	合作性 探究性
探究神情	最后当光终于从出口射出来以后，两位幼儿都高兴得手舞足蹈。	坚持性
探究时间	这两位幼儿在活动中一直在尝试，直到成功，时间长。	

根据观察到的行为，我们发现通过这样的活动过程，两位幼儿的探究品质都得到了充分体现。

我们对幼儿科学活动的观察要贯穿于探究活动始终。在科学个别化活动的观察中，我们要进一步树立观察者的角色意识——厘清操作材料与幼儿发展的关系，静心观察幼儿的各种探究言行——发现幼儿的原有经验，科学分析幼儿探究行为——深入思考教师在观察及调整中的作为，提供幼儿发展所需的教育支持，给予幼儿科学探究的机会，真正发展幼儿的科学素养和探究精神。

古韵童风　悦阅养正

——谈民俗文化早期阅读教育学科工作坊研修历程

茅琴美（上海市浦东新区天虹幼儿园）

一、基本情况

浦东新区教育发展研究院于2018年12月组建了区学科工作坊项目，坊主茅琴美老师挖掘幼儿园传统文化园本特色课程的优势，申报“民俗文化早期阅读教育”工作坊立项成功。经过教发院层层选拔和优秀青年教师双向选择，有18名学员成功入围工作坊。学员中有4位学员已经担任幼儿园的保教主任，多位学员是幼儿园的年级组长、项目组长，也有工作不满十年的青年新秀教师，相同的特点是对工作抱有极大的热情，都想在传统文化早期阅读方面有一定的专业发展，工作坊学员的整体水平比较强。

二、取得成效

自工作坊立项以来，我们在天虹幼儿园民俗文化早期阅读课程研究的基础上通过学科工作坊的推进研究，使学员们成为传播民俗文化阅读的使者，同时丰富了教师和幼儿对中国优秀民俗文化的认知，在渗透中华民族自豪感和民族感的同时，培养了幼儿的自主阅读习惯和早期阅读能力。

首先，在研究过程中，我们把中华传统美德“礼、信、仁、勤、智、孝”渗入到民俗文化早期阅读活动中去，让幼儿在阅读文学作品中逐步了解中国传统文化，体验其中蕴含的文化情感，传承和践行谦让、智慧、勇敢、孝顺的美好品德，从小掌握做人处事的基本技能，养成分享、礼孝、感恩等良好品质。

其次，我们定期开展教学实证研究，如《画鸡》《包子去哪了》《玫瑰园》《游园》《团圆》《围脖儿》《奔马图》《小池》《大鱼》《风筝的秘密》《水牛儿》《烟》《有一座大楼》等民俗文化早期阅读集体教学活动。大家在一次次的民俗文化早期阅读教育教学的实践——研讨——改进的过程中，在搜集民俗文化早期阅读素材、创设民俗文化早期阅读环境的过程中，不断学习、碰撞、反思和改进。学员们对幼儿年龄特点的把握、对民俗文化早期阅读的认识和指导能力、案例撰写能力等都有了很大提升。

在两年半的时间里，工作坊学员收获满满：有1名教师高级职称晋升，有6名学员中级职称晋升，有10名学员成为学前教育指导中心骨干教师，主持或参加课题16项，公开教学活动33人次，个人获奖38人次，研究成果约20万字印刷成册，他们成了各所幼儿园的中坚力量。

我园也在这一过程中得到了发展，现拥有市名师1名、区学科带头人2名、区骨干教师4名、区学科工作坊1个、区学科中心组成员2名，2019年成为浦东新区见习教师规范化培训基地，2020年成为浦东新区教师专业化发展学校。

三、研修经验

（一）根据需要，精确分组

工作坊成立之初，我们将18位学员分成三个学习小组，分别由三位保教主任承担，再根据学员所在幼儿园的地理位置，学员们自由组合选择学习小组，这样就形成了大组为主、小组为辅的学习模式，并由专人承担组内协调、日常联络、工作坊微信公众号的维护发送等任务。

（二）课堂观摩，浸润体验

为了让学员们深入体验我园民俗文化早期阅读研究，在刚开始的研修中，我们组织组员进行了多次的教学观摩活动，如名师祝晓隽的教学活动《小青花》《春天的诗和画》等优质活动，天虹青年教师教学活动《老虎学艺》《拉大锯》《咏柳》《滴墨成仓》等活动，让学员们近距离地走进课堂教学，分析教材，梳理过程，进行反思，习得经验。

（三）梳理脉络，课题研究

为了提升学员的科研能力，我们先后邀请了多位市区级专家老师对我们学员的课题选题研究、青年教师课题申报、论文案例撰写等进行了多次辅导，提高了学员们对科研工作的认识和理解，让学员们逐渐敢于开展课题研究。

（四）走进名园，开拓思路

为了感受名园的风采，我们一起走进上海市中福会幼儿园、上海市虹口实验幼儿园、上海科技大学附属幼儿园，观摩环境创设，聆听名园长的讲座，进行深入的互动，让学员们勇于突破自我，得到专业成长。通过学习，我们深入了解名园的办园特色，感受名园的校园文化，开拓了我们对于幼儿园办园理念与特色的理解。

（五）实践磨课，提升素养

其间，实践磨课活动也一直进行着。磨课的第一步是选材，我们推荐了一些民俗类的图画书；第二步先由学员自己选择素材进行备课；第三步分小组讨论设计要点，汲取大家的智慧；第四步自己设计成教学活动并与导师进行沟通调整；第五步进行实践反思修改再实践的磨课。通过这样的五部曲，学员们有了从不敢报名磨课到主动报名磨课的转变，通过“滚雪球”进行细化，考量每个环节的价值，不断完善优化活动设计。每次的学员课后研讨活动，我们会讨论并提出设想和建议，探讨每一个提问和小结的可行性，使学员们的研课活动越来越顺畅，积极性也越来越高。

（六）走进专家，汲取知识

工作坊提供各种培训机会，如组织学员线上线下参加三届绘本高峰论坛，近距离地和名师面对面，汲取关于早期阅读活动的最新的前沿知识，获取更多的文化滋养，让学员们对绘本设计、环境打造、语言核心领域、园本特色打造、绘本教研、亲子阅读等有了更深入的思考。工作坊挖掘资源，先后两次邀请保冬妮老师来工作坊开展阅读分享会，对原创绘本进行解析，讲作品的创作经历。从中，我们感受到了原创作家对中国文化的热爱，从而有信心和能力弘扬传统文化。

（七）导师解惑，互动研讨

我们组织学员现场观摩工作坊导师方红梅老师的教学活动和现场讲座。在活动现场，方老师通过丰富的案例和生动的解读，给学员们在绘本阅读设计时提供了新的启示，故事不止可以说，还可以唱故事、跳故事、演故事、画故事。

在疫情期间，方老师通过线上方式与我们进行两次互动。在第一次的线上讲座中，方老师分享了陈伯吹实验幼儿园如何追寻陈老先生“让文学赋予孩子大胸襟、大关怀、大境界”的教育思想，在实践中形成“艺术同构视野下的文学活动”的特色课程。第二次线上活动之前，工作坊的学员们按小组精心制作了共读分享PPT，用“说法子、照镜子、仿例子、结果子”的方式完成了共读学习任务单，还借鉴方老师书中传递的理念和策略用心设计了民俗文化早期阅读活动。在聆听了学员交流后，方红梅老师开展了专题分享，肯定了学员们爱学习的劲头，赞赏了学员们的用心梳理和设计。

四、问题反思

（一）如何使幼儿民俗文化早期阅读课程能够更好地发挥辐射作用

我园有着丰富的民俗文化早期阅读课程研究经验，课题成果曾获浦东新区第九届教育科研成果一等奖。可以说，我园在民俗文化这一角度开展研究有了一定的经验，经过成立学科工作坊确实也把优秀的中华传统文化进行了推广，但是如何让更多的幼儿园和教师爱上传统文化、爱上阅读研究，搭建平台辐射推广很有必要，是我们需要进一步思考的问题。

（二）如何促使青年教师积极开展工作课题研究

在这一轮的工作坊实施过程中，虽然参加培训的老师富有激情，也有一定的实践能力，但是普遍对开展课题研究有敬畏，虽然过程中邀请了多位课题专家来助力，学员们也有一定的进步，但是能够独立进行研究的老师并不多。如何提升青年教师的科研能力，也是我们在下一轮研究中需要突破解决的问题。

遇见最美的自己

——浅谈民俗文化工作坊促进幼儿园青年教师专业成长的探究

李　颖（上海市浦东新区小天使幼儿园）

苏霍姆林斯基说，理想的教育是培养真正的人，让每一个从自己手里培养出来的人都能幸福地度过一生。这是教育应该追求的恒久性、终极性价值。教师是实现理想教育的重要载体，只有教师幸福成长才能将这种幸福具体化，让每一个孩子都能感知、创造和享用幸福。学科工作坊就是这样一个温馨的团队，在学科工作坊学习的过程中也有不少的小片段见证了我的成长、进步、成熟……因为工作坊坊主茅老师以及其他专业导师关注教师成长，为我们提供展示个性魅力的平台，使工作坊的姐妹们在最美的年龄，成为最优秀的自己。

一、发现美，让我们更好地了解自己

在和茅老师交流中，我渐渐对茅老师有了更为深入的了解。茅老师身上的“笑颜如花绽，玉音婉转流”更是体现得淋漓尽致。最厉害的是她有一双发现美的眼睛，一双比我们更了解我们自己的慧眼。

（一）走近学员，用爱遇见

孟子说过：“爱人者，人恒爱之；敬人者，人恒敬之。”茅老师有一颗仁爱之心，在工作上多鼓励、多指导青年教师，在生活上多嘘寒问暖，让我们学员感受到集体的温暖，适应了解工作坊；让学员在信任的基础上，敞开心扉，畅所欲言，探讨工作中的困惑，分享成功的点滴经验。

（二）鼓励肯定，用人之长

工作坊的学员来自不同的幼儿园，但是茅老师走进老师心灵，了解老师内心需求，观察老师能做什么，有什么显性的能力，让其能力优势得到充分发挥。茅老师知人善任，多鼓励，让每个老师都成为最好的自己。

二、创造美，让我们勇敢地面对自我

作为坊主，茅老师主动给我们青年教师创造美的机遇，制定工作坊教师发展规划，指导教师根据自身能力制定并执行个人发展计划，积极创设有利于青年教师快速成长的学习环境，多途径为老师创造“美”的机遇。

当初进入茅老师工作坊学习时，我是一名非正式学员，但是我觉得能进入这个团队也是无比荣幸和自豪的。那么优秀的人都在努力，你有什么资格不努力呢!

每次培训，茅老师总会拍拍我的肩膀，用姐姐般的话语和我说：“小姑娘，加油，努力干！”

秉承这份信任和信念，我也格外认真地参与每次活动，以下是我的培训三步法：

（一）认真听课勤思考

在听课的过程中，我会开好摄像机，一来是可以进行回放，二来在活动结束后可以分享给工作坊中其他的成员。

有了录像就可以留有更多的时间进行思考和记录。可以关注如何将绘本、成语故事、简单的小知识转化为幼儿的精神财富；在课堂上如何组织幼儿自主探究，亲身体验。

（二）勤于反思多实践

课后的反思也是在和茅老师的不断探讨过程中所挖掘的，茅老师也时常和我们指出应从三个角色介入：

1. 尝试扮演“教师”的角色

要设身处地地思考，将执教者的教法与自己的构思进行比较，这样可以有更多的思维碰撞，以中立客观的态度去审视教学活动，可以避免无条件的理解，又可以避免看不到不足。

2. 努力客串“幼儿”的角色

一节好的教学活动离不开孩子，从幼儿的角度去反思教师怎样处理教学内容、怎样引导，幼儿才能听得懂、能探究、能应用、会掌握。

3. 深入反思“学习”的角色

在听课中更多地去发现教者的长处，发现集体教学活动中的闪光点，以及对自己有启迪的东西，做到取长补短，努力提高自己的业务水平。

（三）录像回放留定格

对于一些难理解，难消化或者精彩片段的回放，录像的微格定点聚焦也是必不可少。

或许机会总会给有准备的人，在第二年的时候，我有幸成了学科工作坊的正式成员，这一刻我无比激动。

三、展示美，让我们更好地展现自我

茅老师总有这样的人格魅力，让我们从思想上进行转变，把被动的接受变成我要学习，我要进步。

每一次教学活动后更像是我们的蜕变和华丽的转身，茅老师就是这样耐心地陪伴，细致地打磨，静待花开。

（一）第一次展示《玫瑰园》

作为工作坊第一次公开教学活动《玫瑰园》的展示人员，我心中的压力可想而知。更多的是想将这本民俗绘本如何联系实际，融入孩子生活，以及进行取舍和设计。

茅老师耐心、细心以及给我们信心，一句轻松的话语“没关系的，我们玩玩”看似平常，却犹如一剂安慰剂深入人心。

同时在教学活动设计的时候，更是体现了茅老师的专业素养，内援祝晓隽老师、园方也提供给我很大帮助。

自己在进行集体教学活动的过程和平时听课、评课也是有不少差别的，为此茅老师的鼓励和赞扬更是让我们在反思中求进步，进步中求成长。在教学活动中的思考也值得推荐：

1. 少想一点“怎么教”，多想一点“怎么学”

如果老师在上课时老想着“怎么教”，那就会只想着教案，只顾着赶环节，而忽视了教学中现场幼儿学习时的一种动态的表现。老想着“怎么教”的老师不愿意出现“节外生枝”的现象。

2. 少一点华丽，多一点平实

一些教学活动无需都披着华丽的外衣，这些华丽的外衣底下暴露的是刻意包装的痕迹。有的课情境表演、课件、动手制作、游戏、录像等热闹繁华，什么手段都用，全副武装。

虽然教学活动不是很理想，导师却给予我充分鼓励和期待我的再接再厉。时隔一年我主动请缨开展第二次教学活动，演绎了小班《八宝饭》活动，这一次相比以前进步不少。

（二）思维碰撞做课题

感谢茅老师邀请了胡老师两次来到学科坊进行青年教师课题的培训，刷新了我们对于课题的认识，对于我而言也勇敢地跨出了第一步。

完成初稿后，茅老师和胡老师从课题选题、核心概念界定、研究价值及创新之处等七个方面，介绍了一份完整的课题申报方案的撰写方法。建议教师从教育实践中的问题出发，找准问题点，从实践中来，到实践中去，让课题研究扎根于教育教学土壤，实实在在地做课题。

四、分享美，让我们期待遇见更好的自己

收获需要分享，分享带动进步。茅老师给我们创设想说、敢说、会说的机会，让我们在集体的经验分享中相互促进，共同提高。

（一）经验交流促分享

茅老师会在微信群、钉钉群等，给我们举行轻松愉悦的休闲茶话会，围绕一个教育教学困惑开展沙龙研讨活动，老师在多途径的经验分享中，各抒己见，吸取别人的经验，带动自己的进步。

（二）结业展示促成熟

不得不说，茅老师心系学员，给我们提供结业展示，让我们在一个更大的舞台上更好地锻炼自己。

工作坊给我们这群青年教师提供了平台和展示机会，我们的成长就是寻找最美的自己，在教学实践中完善自己、提升自己、重塑自我。茅老师激励每个老师拥有青春梦想，在最美的芳华，努力成为最美的自己，不忘初心，美丽前行。

在此，我想大声地对茅老师说：“不忘师恩，感谢遇见！”

在学习中成长，在实践中收获

——工作坊学习的那些事儿

翁超然（上海市浦东新区济阳一村幼儿园）

2018年年底，作为浦东新区青年新秀教师一员的我，有幸走进了民俗文化早期阅读教育工作坊，在这里，开启了我和工作坊、和导师、和团队成员们的美好学习旅程。在两年半的学习过程中，我有成长、有收获。关于工作坊学习的那些事儿，就由我在接二连三的感叹中细细道来。

一、在工作坊的相遇相聚，为我确立了学习目标

1. 工作坊主持人专业引领

民俗文化早期阅读教育工作坊的主持人茅琴美老师，是天虹幼儿园的园长，她在民俗文化早期阅读教育研究方面有着丰富的经验，先后主持市区级课题，在民俗文化早期阅读教育方面发表多篇论文。碰面时总是和蔼又优雅的她，说起话来也总是柔声细语，又满脸笑意，我潜移默化地学习着待人亲切和温暖。

2. 工作坊名师倾囊相授

学前教育界的大咖祝晓隽老师，在幼教杂志上、教学视频中早已久闻大名，没想到在工作坊中能有幸见到本人。她雷厉风行又充满柔情的工作方式、一针见血又句句温情的点评指导、充满机智且不失幽默的上课风格、滔滔不绝且慷慨无私的倾囊相授，让我不由得升起阵阵钦佩，赞叹名师的风采。

3. 工作坊学员们并肩学习

团队中的成员们也都是来自浦东新区各个幼儿园的精英，不少都是新秀教师、骨干教师，大家好学又富有团队精神，谦虚又充满各自特长。和这样优秀的

她们并肩在一起相遇，相聚在一起学习，让我欣喜又兴奋地找到了志同道合的学习伙伴，为自己确立了学习的榜样和目标。

二、在工作坊的观摩学习，为我拓宽了学习视野

1. 参观园所碰撞出智慧的火花

在民俗文化早期阅读教育工作坊里，观摩学习活动丰富极了，每一次的参观聆听都帮助我开阔视野，收获满满的惊喜。中福会幼儿园、六一幼儿园、虹口实验幼儿园、天虹幼儿园都留下了我们的学习足迹。从中，我感受着多样学习方式所带来的快乐。学习时“碰撞”的智慧，我认真地记录下传统文化环境的创设方式、个别化学习活动阅读材料的投放策略。

2. 课题展示逐渐明确研究方向

学习中“一睹”天虹团队一次次带来的对于民俗阅读绘本教育研究的精彩展示成果，尤其是关于《开展幼儿民俗图阅读的实践研究》的课题研究展示，我用心将观摩到的优秀课例、教学研讨会交流梳理出来，并结合浦东教育发展研究院胡少舜老师《从自己热爱的地方出发——进行教育教学科学研究》等交流分享，逐渐清晰自己的学习和研究方向。

3. 名师对话助推设计背后的思考

工作坊学习中时常“偶遇”名师、聆听专家讲座，比如听方红梅老师交流分享《如何运用绘本开展音乐活动》，听龚佩佩老师带来关于《儿童学习中华优秀传统文化的几点思考》，听保冬妮老师讲讲绘本设计背后的故事。我很珍惜这样的学习机会，用录像、照片、文字等多种方式记录，在绘本阅读的情境中，挖掘背后思考，丰富自己对于传统文化的底蕴。

三、在工作坊的资源平台，为我打开了学习思路

1. 有效运用好学习资源大礼包

在工作坊里，不时有“学习资源大礼包”从天而降。线上讲座链接、《师幼互动中教师言语行为的研究》《听说故事可以这样讲》《优+阅读》《民俗之韵，阅读之乐》等书籍、国韵童风小中大课件、童盟会绘本课程、幼师口袋师说堂……学习宝库一一被打开，向我张开手臂，热切迎接我去逐一学习。我从这些

高端研究中挖掘亮点，感受中华传统文化阅读在幼儿园的推广和浸润。

2. 积极延伸拓宽学习的渠道

工作坊网上教研学习的资源更是丰厚，在“助力阅读点亮童年——3～6岁幼儿100本读物的研究”课题展示中，我了解到很多关于选择绘本、如何思考绘本价值，以及如何帮助幼儿独立阅读绘本等方面的知识，但我并不止步于此，而是对于选择读物、如何了解幼儿对于读物的感想做了延伸学习和了解。

3. 充分用好比较交融提升认识

在《听说故事可以这样讲》读书比较交流分享中，我认识到文学不是独立存在的，它是可以和其他领域交融推进的。让我了解了什么是艺术同构下的文学欣赏性活动，应该让孩子们根据自己的兴趣自由选择、自发探索表现方法、自主分享交流经验。我把这些理念与自己以往的认知做了比较和交融，努力要让每一个孩子都得到锻炼，让每一个孩子都获得成功的体验。

四、在工作坊的扎实研讨，为我提高了学习能力

1. 定期实践研讨推动思考力

在工作坊里，我们分成了三个小组，各组分别定期研讨实践课。工作坊开启以来，团队成员们先后开展的精彩纷呈、风格迥异的教学实践活动，展现了每一位教师在演绎民俗文化早期阅读教学中，对教学活动的解读、对教具制作的用心、对方案设计的智慧。在扎实研讨的过程中，不仅考验了每一位教师的教学智慧，同时也引发了大家对绘本教学活动、语言游戏活动的多角度、全方位思考。

2. 方案活动设计提升实践力

我在亲子阅读方案中设计了《九色鹿》的活动，并在线上与成员们分享交流自己的亲子阅读方案。从老师们的分享内容中，我不仅收获了更多更好的中国传统文化故事，而且对于大家分享的选材想法，其中的精彩提问以及亲子互动游戏，都为我的阅读活动提供了很多的支撑。在和大家的实践研讨交流中，帮助我学习如何提高绘本阅读活动质量，教师们在交流分享中互相学习，扬长避短。

3. 实践活动展示促进执行力

《九色鹿》民俗绘本活动让我勇于挑战自我。研讨后，我首先对自己的教学活动进行了反思，随后团队中观摩活动的老师不仅从教学活动的目标、过程、方法、师幼互动、活动效果方面与我进行了深入的探讨，而且从一个个具体的提

问、小结、过渡等方面进行细化，考量每个环节的价值，折射出教师们对教育的负责态度，也不断帮助我完善优化活动设计，展现出更好的教学活动。

这两年半在工作坊学习的过程，帮助我提升了对民俗文化早期阅读的了解，让我学会在之后的教学活动中该如何去解读绘本、为发现活动的价值指引了明确的方向，并为之后民俗文化早期阅读教育的开展积累丰富的实践经验。感谢在民俗文化早期阅读工作坊的学习机会，感恩在这个学习过程中遇到的每位老师与同伴！

多元培训　彰显规范　助推成长

——小议凌桥幼儿园青年教师培养

李　敏（上海市浦东新区凌桥幼儿园）

凌桥幼儿园目前一园两址，有31个班级，青年教师将成为中坚力量。这批青年教师中大部分的专业学历都是通过在职进修学习后获得，实际的专业素养急需提升。因此，幼儿园将队伍建设的重心落在青年教师的培养上，采用多元培训方式，彰显规范培训内涵，进行分层培养，助推青年教师的成长！

一、制定规划，确定目标，获得专业自信

幼儿园队伍建设领导小组，从幼儿园发展规划——教师队伍建设发展规划——青年教师培养规划——青年教师个人发展规划入手，通过学习、诊断、制定、调整四部曲，确保从整体到个体，从个体回归整体，帮助青年教师确立个人成长目标意识和发展意识，真正体现了共筑愿景、共议问题、共同商讨、共同发展。

二、重视师德，规范行为，树立师德情怀

良好的校园文化是青年教师自主成长、快乐发展的精神土壤。多年来，我园围绕“弘扬高尚师德，潜心立德树人”的师德师风建设主题，借助教师节、凌幼文化年等活动，以身边的师德模范为榜样，以此来熏陶与浸染每一位青年教师。

三、增强认同，促其自信，体会职业幸福

（一）从管理入手，加强人文管理，提升教师归属感

作为幼儿园的管理者，我们不仅仅要关注职初教师教育教学任务完成的情况，还要有敏感的情感触角，从心理沟通开始，给予情感支持。

（二）从赏识入手，抓住时机鼓励，激发工作荣誉感

职初教师最容易在教育教学上出现“不安”的状态，我们应从赏识入手，抓住时机鼓励，激发其工作荣誉感。当他们获得成绩时要及时鼓励，并且采用公开表扬的方式，提升专业自信。

（三）从需求入手，解决实际困惑，点燃职业需求心

每个学期的开始，我们都会从了解职初教师面临的实际需求入手，围绕“在日常教育教学中，您遇到的教学困难是什么”进行问题征集，从中知晓职初教师面临的教学困惑，更好地开展有针对性的系统培训。

（四）从助推入手，创设展示机会，克服专业自卑感

通过调查，很多职初教师都提出在对待比自己年长的家长时，由于社会阅历和相关经验的缺乏，和家长交流的时候缺乏底气。面临这个问题，我们会在学期初的全体家长会上，正式地将职初教师介绍给家长，着重突出优势，增添自信心；在学校的亲子活动中，发挥职初教师的特长，提供展示的平台，获得家长的信任；遇到难以沟通的家长，提前指导沟通的策略，树立职初教师在家长心目中的专业性。

四、着重基础，兼顾全面，助推个性发展

（一）社团活动——强化教学技能

针对青年教师教学技能相对薄弱的现状，我园团支部认真思考，分别开展了美术社团、音乐社团、律动社团、故事社团和摄影社团，以社团活动为抓手，充分挖掘了青年教师们的潜能，锻炼教育教学技能，提升教育教学能力。此外，团支部联合保教组，每年举行“凌幼青年教师教学技能大赛”，按照青年教师们的教龄设置各年龄段专场比赛，从弹唱表演、命题绘画、律动编排、故事讲述、教案设计等方面，鼓励青年教师积极参与，并在活动中得以锻炼。

（二）师徒带教——传承教学经验

我们认为师徒带教是帮助青年教师“一年胜任，三年用武，五年成熟”的最有效途径。园内规定见习教师的第一位搭班教师必须是园级以上的骨干教师。同时，我们建立“双师带教”制度：一位是搭班的师傅，主要以班主任工作带教为主，让见习教师逐步胜任班主任工作；另一位是平行班的师傅，主要从学科教学的带教入手，帮助见习教师明确各学科领域活动的特点、活动设计与组织的策略。

（三）分层培训——凸显个性发展

多年来，我园根据园内每位青年教师的发展特点与优势，关注其最近发展区，分层培养，适度加压，提供其发展的机会和成长的空间。

1. 新苗组——主抓基础型学习

“新苗组”教师是我园一到三年青年教师集中培训、共同学习的团队，由保教主任和骨干教师负责，定期带领青年教师进行半日活动的互相听评，梳理一日活动各环节的组织要点，帮助青年教师掌握一日活动规范组织的策略和方法。在互相听评的过程中，青年教师犹如“照镜子”，看到了与自身相似的问题，通过保教主任的点评和集体研讨，在“纠错”的过程中梳理正确做法。

2. 蓓蕾组——助推发展与顿悟

“蓓蕾组”教师是我园三年之后，未成长为各级骨干教师的青年教师团队，也由保教主任和骨干教师负责，定期带领青年教师们进行集体教学活动、角色游戏等的深入实践和研讨。

3. 骨干组——促进提升与引领

每月的“骨干教师半日活动展示”活动，给予教师们规范组织半日活动的直观范例。每学期的“骨干教师展示周”活动，以专题讲座、集体教学活动展示与点评、角色游戏观摩、个别化学习研讨等形式全方位地向青年教师们提供学习机会。在此过程中，幼儿园不仅培养了骨干教师，更使青年教师们知道了规范，了解了方法，收获了经验。

五、挖掘资源，传递信息，夯实培训路径

（一）挖掘资源——拓展培训渠道

我园结合每学期的教研专题，充分挖掘专家资源，定期聘请各类名师来园指

导。在聘请专家来园指导的同时，幼儿园组织青年教师跨出园门，外出参观学习和培训。

对青年教师：我园鼓励青年教师根据自我发展目标认真参与360培训、见习教师培训等基础培训。

对骨干教师：我园积极为骨干教师们提供参加市、区高质量培训活动的机会，选送青年骨干教师跨区参加名师工作室、爱上课俱乐部，参与新区工作坊、各类中心组、新农村优秀教师培训班、后备干部培训班、李慰宜专项培训班等培训。

（二）传递信息——共享培训成果

多年来，我园在为青年教师们创设、提供大量观摩、学习、培训机会的同时，要求教师们将外出培训之后的学习收获及经验以专题讲座、课例模拟等形式，向全园青年教师进一步辐射，使我园的校本研修达到了资源共享的作用，真正使培训价值得以最大化。

近年来，在全园教师的共同努力下，我园申报成为新区“十三五校本研修学校”和新区见习教师规范化培训基地，获得新区校本研修学校年检“优秀”荣誉，连续多年被评为新区见习教师优秀聘任学校。多年来，我园始终致力于对青年教师梯队的培养，一大批青年教师也在此过程中脱颖而出，成为幼儿园保教工作的中坚力量。

路漫漫其修远兮，幼儿园将一如既往地为青年教师搭建绿色成长平台，努力做青年教师专业成长的导航者和引领者，使每个青年教师在凌幼这片沃土上，健康、茁壮成长，最终成为更好的自己！

我在项目化活动中的再成长

陈　丽（上海市浦东新区蒲公英幼儿园）

学前教育是奠定人发展的教育，教师不应该只是个“教书匠”，仅仅满足于把课上完，而是要在实践过程中真正为幼儿的学习与发展提供多方面的专业支持。蒲公英的做中学课程让我理解如何让幼儿亲历探究获得发展，科学教育活动让我关注幼儿的科学素养发展，到现在的STEM项目化学习，我惊喜地看到随着项目化学习的推动，幼儿在语言能力、思维能力、合作能力等方面获得的进步和成长。

从做中学到科学活动到STEM项目化学习，这是一个不断刷新、重识、整理、反思和重构的过程，刷新原有的理念和认识，重识幼儿的学习方式，反思重构教学活动，孩子们在不断成长的同时，我也获得了专业上的再成长。

一、课程理念的转变——从预设走向共建

课程理念是幼儿园教育实践工作者对幼儿园教育活动价值取向、教育内容、实践模式等的系统认识与集中表达。教师的课程理念会影响教师的教育价值取向、课程内容以及实施课程的方法和路径，一味的照搬和模仿别人的课程并不完全有利于幼儿的发展。以往课程大部分都是以教师预设为主，而随着STEM项目活动实践的深入，幼儿在活动中需要发展的空间对课程提出了更高的要求。幼儿园课程仅靠教师预设会导致课程失去生机，站在儿童的视角开展实践会让课程更加饱满。听孩子的想法不是随意地追随，而是顺应后的有目的的设计。基于幼儿视角和兴趣取向的项目化学习活动，不断更新着我的教育理念。

在“豌豆快长大”的项目活动中，我们预设了一个内容是提取豌豆苗汁染色，让孩子探索各种研磨、挤压的工具的使用、比较，进而进行染色活动，观察颜色的变化。但是，当孩子产生用豌豆汁来制作绿色馒头的意愿时，我们随即进行了调整。课程的走向和老师的预设产生了不一致，但是在支持孩子完成绿色面团的过程中，我发现，所有的课程内容都只是载体，重要的是背后的核心：教师对于幼儿能力发展发现的把握。师幼共建的“豌豆快长大”项目，更好地契合幼儿的兴趣需求，让他们在真实的情境中，围绕真问题展开探索，真正实现有目的地学习和为了理解而学习。

二、教学意义的转变——从关注认知到关注思维

对于学习的追求不是一味强调学得越多越好，评判一个人的学习能力关键在于整合、建构、迁移，创造性地运用知识解决实际问题的能力，即深度学习能力。教师是幼儿学习的引导者、支持者，深度学习必然需要教师深度教学的支撑，教师的支持就像一个脚手架帮助幼儿的思维和能力不断向上提升，教师的一个问题可能都是引发幼儿深度学习的起点。在STEM项目活动中，教师在关注幼儿低阶思维外，还会通过策略去支持幼儿高阶思维的发展。教学的任务与功能不再是单一的传授知识，更加强调发展学生的思维、培养品德及问题解决能力。

日常教学中我们习惯观察孩子外显的学习行为以及认知水平的发展，却很少分析思考幼儿的思维过程。在长程的项目化学习活动中，更便于我关注他们在调查、讨论、制作、合作等过程中高阶思维的发展。譬如，刚才说到的豌豆的项目，孩子们想尝试用提取出来的碗豆汁做饺子皮，一杯面粉要加多少豌豆汁呢？孩子们的答案都不同，而且差异很大。这些答案是基于幼儿怎样的经验？从这些答案中我发现大部分孩子是没有概念的，只有几个孩子有些前期生活经验，但是也仅仅是预估到水要比面粉少。我基于幼儿已有经验的分析，考虑到中班上学期幼儿标准测量经验不丰富，活动前做功课，先测量了100毫升碗豆汁放在了种植区，让幼儿有初步的量的概念，随后组织预测讨论，再按计划操作验证。在操作过程中幼儿提前搜集了各种测量的工具，幼儿尝试对实验数据和结果进行比较和思考。幼儿不再是无目的地玩，而是开始有目的地思考面粉和碗豆汁的比例关系，对之前的猜测进行验证和评价。幼儿边思考边学习边反思，结果已经不重要了，而学习变得更有效了。学会思考问题的方式让孩子终身受益。

三、支持方式的转变——从集体要求到差异支持

项目活动是不断产生问题并多角度解决问题的过程，而现实世界中的问题是复杂的，很少仅通过某一单一路径来解决。在学前阶段的幼儿对学习的热情经常会受到外界的影响，要想激发幼儿持续学习的热情，需要教师的支持和引导。在STEM项目化学习活动中，多以小组形式进行学习共同体活动，让我们更清晰地看到了孩子之间的差异，教师的支持也更具个性。

在弹拨盒项目活动中，孩子们从开始想要制作一个弹拨盒，到会发出声音的弹拨盒，再到会发出好听声音的弹拨盒。由于每个孩子在认知、制作、问题解决等方面的发展程度不一致，在实施过程中，我发现用集体的方式支持幼儿是远远不够的。因此，我开始根据不同幼儿的经验水平针对性给予差异化支持。首先，在时间上，我不再要求进度一致，让进度慢的小组或幼儿更多的时间去寻找合适的琴弦材料，鼓励他们坚持制作，不让每一个孩子落下；对于进度快的小组，引导他们小组内的头脑风暴，引导他们发现更核心的问题，激发幼儿深入思考和研究，寻找更多的解决方法。在一次次差异支持中，每个孩子都按照自己的发展进程表获得了发展，在项目化学习中，真正实现了"让每个幼儿成为主角，让每个幼儿获得发展"。

幼儿教育是灵动的、有趣的，在实施STEM项目活动过程中，我的教育理念和儿童观一直都在发生变化，我不断思考："在幼儿园成长的三年里幼儿应该学什么？怎样才能最大化促进幼儿的发展？幼儿将具备怎样的能力开启接下来的学习？"基于STEM项目活动中的所思所得，我想，一名好老师应该始终保持开放、包容的心态，学会尊重、接纳、理解、支持幼儿，并成为一个终身学习的人，和幼儿共同成长。

课 例 篇

绿　头　发

（核心领域：语言）

蔡紫辰（上海市浦东新区下沙幼儿园）

设计思路

● **解教材**

小班主题“小花园”的内容与要求是喜欢观察周围的花草树木，有爱护它们的情感。其情感的核心经验是喜欢观察、爱护花草、肌肤触摸。而儿歌《绿头发》是在小班“小花园”主题下的一个素材点。儿歌的字句工整、朗朗上口且浅显易懂。儿歌中蕴含了小草外形的认知及与小草快乐游戏的情感。同时，儿歌以拟人化的手法能拉近幼儿与小草之间的距离。因此，借助儿歌激发幼儿与小草做游戏的兴趣，萌发对小草的喜爱之情，正契合了主题“小花园”的主题核心经验。

● **析幼儿**

近期，我们小班正在开展“小花园”的主题活动，孩子对春天的季节变化有了一定的了解，知道小草从泥土里钻出来了，春天的小草是绿绿的。同时，我班孩子对儿歌非常感兴趣。根据小班孩子的特点——喜欢欣赏文学作品，愿意参加文学活动，对文学作品的语言感兴趣。因此以儿歌《绿头发》为载体，通过看看、说说、玩玩的形式，既能激发小班孩子参与活动的热情，也能帮助孩子理解儿歌内容，对儿歌作品感兴趣，更能萌发对小草的喜爱之情。

● **说设计**

《3～6岁儿童学习与发展指南》中指出：支持幼儿在接触自然、生活事物和现象中积累有益的直接经验和感性认识。因此，本次活动我选择到户外让幼儿在亲身体验、亲密接触小草的同时在大自然中轻松愉快地学念儿歌。因为让孩子们亲身到大自然中感受小草，对于他们来说是非常有益的，这会给他们带来一种直接的体验，带动他们的积极情绪。活动中让幼儿运用自己的感官通过看、摸、闻、听等多种途径与小草互动，能帮助小班幼儿理解儿歌内容，有兴趣学念儿歌。同时，也能让幼儿初步感受到大自然的神奇，萌发对小草的喜爱之情。

活动目标

1. 在游戏情境中感受理解并学念儿歌。
2. 萌发对小草的喜爱之情。

活动准备

- **物质准备**

安全空旷的绿草地。

- **经验准备**

对小草的外形有初步的了解。

活动过程

一、和小草做游戏

教师：宝贝们，我们今天来到了哪里？（草地上。）让我们一起来和小草做游戏吧。（音乐响起）

（一）一起与小草游戏（师幼脱下鞋子）

师：跳一跳、爬一爬、摸一摸、亲一亲，我们和小草来个亲密接触吧。

（二）个别观察并互动

主要提问：小草亲亲你什么地方了？

预设小结：小草亲亲我的小脚丫，亲亲我的小手呀……（根据幼儿的回答用儿歌句进行小结梳理）

（三）师幼继续游戏

边游戏教师边念儿歌：草地长出绿头发，我用脚趾梳梳它。小草痒得咯咯笑，亲亲我的小脚丫。草地长出绿头发，我用小手摸摸它，小草对我弯弯腰，亲亲我的小手呀。

【**设计思路**：本环节带领幼儿到户外草地上和小草进行亲密接触，旨在让幼儿在与小草的亲密互动中加深对小草的直观感受。通过主要提问让幼儿说说小草亲了自己什么地方，老师用儿歌句进行梳理预设小结，旨在让幼儿初步熟悉儿歌内容，萌发对小草的喜爱之情。】

二、理解学念儿歌

过渡：玩累了，让我们休息一下吧。

（一）亲亲小脚

1. 主要提问：刚才做游戏的时候小草亲了你的什么地方？有什么感觉？

2. 预设小结：草地长出绿头发，我用脚趾梳梳它。小草痒得咯咯笑，亲亲我的小脚丫。

3. 师幼边念儿歌边尝试都用小脚丫亲亲小草。

（二）亲亲小手

1. 主要提问：小草亲亲小手？有什么感觉？

2. 预设小结：草地长出绿头发，我用小手摸摸它，小草对我弯弯腰，亲亲我的小手呀。

3. 师幼边念儿歌边尝试都用小手亲亲小草。

主要提问：小草还亲了你什么地方？你有什么感觉？

预设小结：草地长出绿头发，我用鼻子闻闻它，小草对我微微笑，亲亲我的小鼻子。

【**设计思路**：本环节通过集体回顾刚才和小草亲密互动的时刻，通过主要提问鼓励幼儿说说和小草亲密互动的感觉，教师引领幼儿一边学念儿歌一边通过和小草亲密互动来加深幼儿对儿歌内容的熟悉和理解，帮助幼儿在游戏情境中初步学念儿歌。】

三、再次亲密接触

教师：小草说刚才和你们玩得十分高兴，还想和你们玩一次，让我们一起再来和小草做游戏吧。

（一边玩一边念儿歌）草地长出绿头发，我用脚趾梳梳它，小草痒得咯咯笑，亲亲我的小脚丫。草地长出绿头发，我用小手摸摸它，小草对我弯弯腰，亲亲我的小手呀……

结束语：小草说它不能一直亲你们的，要累的，影响小草的生长，让我们下次再来和小草一起做游戏吧。

【**设计思路：**本环节在熟悉并初步学念儿歌的基础上让幼儿再次自主地和小草做亲密互动，不仅加深幼儿对儿歌内容的熟悉和理解，更是在玩玩念念儿歌中萌发对小草的喜爱之情。】

专家点评

活动形式游戏化：本次教学活动以游戏的形式贯穿其中，符合小班孩子的年龄特点。游戏中孩子们的兴趣很高，在空旷的草地上赤脚与小草亲密互动，原生态地感受自然，接触自然。

师幼互动平等化：在整个教学活动过程中，教师给予幼儿宽松的氛围。教师只是充当了活动中的支持者、鼓励者、合作者、引导者。教师能用心倾听幼儿的表述，并及时给予梳理和预设小结。

建议：和草地做游戏的环节建议可以在活动开展前进行，让幼儿对小草有一个深刻的印象和深入了解。用视频或照片的形式记录下来。之后的活动建议在室内进行，这样更能体现集体教学活动的价值。

这里有一个按钮

（核心领域：语言）

尹莉雯（上海市浦东新区懿行幼儿园）

设计思路

● **解教材**

《这里有一个按钮》是一本色彩鲜艳、互动性强的绘本，里面有着各种颜色和形状的按钮，按下去之后会发生不同的反应，有的会哔哔叫，有的会让大家拍手，有的会让大家唱歌……绘本画面简单有趣，非常适合小班幼儿阅读。

● **析幼儿**

倾听是一种习惯，也是一种能力。有意倾听的培养是小班现阶段比较重要的任务，只有认真倾听，才能更准确地表达表现。我们班的孩子好奇好动，往往没有很大的耐心听老师或者同伴讲话，有意倾听的培养对于他们来说十分必要。于是，我借助绘本中的“按钮游戏”，将按钮、指令和倾听结合在一起，设计了教学活动。

● **说设计**

本次活动中选用三种不同颜色按钮的不同层次指令，帮助幼儿学习倾听，并鼓励幼儿用短句表达自己所听所想，通过师生互动和生生互动，先后完成寻找水果朋友、班级朋友、客人朋友这三个由易到难的任务，在不断挑战中体验语言游戏的乐趣。

活动目标

1. 学习倾听按钮发出的指令性语言，并愿意用短句表达自己的发现。

2. 喜欢参加语言游戏，体验和同伴、老师一起游戏的快乐。

活动准备

- **物质准备**

（1）教具：PPT

（2）学具：水果操作卡、按钮、背景板

- **经验准备**

幼儿有阅读《这里有一个按钮》的经验。

活动过程

一、绘本封面忆内容

教师：这是什么绘本？最近班级里的小朋友们都在看这本《这里有一个按钮》。

主要提问：还记得绘本中有哪些有趣的按钮吗？

预设小结：里面有会发出声音的红色按钮，有拍手的橙色按钮，唱歌的蓝色按钮……

过渡：让我们一起来看看你们记得对不对吧！

【**设计意图：**通过出示绘本封面，帮助幼儿回忆绘本内容，特别是绘本中有哪些有趣的按钮。此环节重在唤醒幼儿对按钮的记忆，为后续的新“按钮”作铺垫。】

二、黄色按钮找朋友

教师：在这些按钮里，你有发现一个特别的按钮吗？让我们一起按一按看看会发生什么呢？

（一）听听黄色按钮的指令

主要提问：按下这个黄色方块按钮会发生什么？

预设小结：原来这是黄色方块按钮，黄色水果是它的好朋友。

（二）找找黄色按钮的水果朋友

主要提问：你为黄色按钮找到了什么水果朋友？

预设小结：你们找得又快又准！原来柠檬、芒果、梨子和香蕉都是黄色按钮的朋友。

【**设计意图**：本环节旨在让幼儿找黄色水果的按钮，通过倾听简单指令找到相应条件的水果朋友，并鼓励幼儿用短句表述自己的发现。此环节的按钮指令比较简单，对幼儿来说是一个小小热身活动。】

三、绿色按钮找朋友

教师：绿色按钮也要来找朋友啦，这次要难一点了。

（一）听听绿色按钮的指令

主要提问：绿色按钮中的朋友是谁呢?

预设小结：原来声音的小主人就坐在我们中间呀!

过渡：那请你们把身后的小红花贴到声音的小主人身上吧!

（二）找找说说绿色按钮的朋友

主要提问：你们是怎么找到绿色按钮的朋友的?

预设小结：小耳朵真灵敏，找到了声音的小主人就是我们的 ×××。

【**设计意图**：本环节旨在辨别音色找朋友，通过倾听声音，以及对班级同伴的熟悉度，猜测声音的主人，并找到目标幼儿，完成指令。此环节的难度递增，特别是对幼儿的倾听能力有一定挑战。】

四、蓝色按钮找朋友

（一）听听蓝色按钮的指令

主要提问：你听到了什么?

预设小结：原来这个蓝色按钮是一个礼物按钮，只有找到戴着蓝色手环的客人老师，并对着她说一句有礼貌的话，才能得到她手中的礼物!

（二）找找说说蓝色按钮的朋友

主要提问：你是怎么找到蓝色按钮的朋友的?

预设小结：你们真是有礼貌的孩子，能够找到蓝色按钮的朋友。

结束语：教室里还有许多的更有趣的按钮，让我们一起去教室里找找吧!

【**设计意图**：本环节旨在让幼儿仔细倾听指令条件，复述声音内容，完成指令任务，并通过互动游戏促进幼儿社会交往能力。此环节的难度加大，是对幼儿倾听、复述、表达、交流的一个综合考验。】

专家点评

选材有趣：小班语言活动《这里有一个按钮》选材适宜小班，从幼儿兴趣出发，以幼儿最喜欢触碰的按钮为素材，通过不同颜色与形状的按钮，注入了让幼儿学习与发展的目标和内涵。

设计有益：本次语言活动设计蕴含着教师的智慧，对孩子的发展也非常有益。活动通过三个层次的语音指令，发展幼儿的有意倾听、观察表达以及社会交往能力。过程中教师关注幼儿已有经验，同时又提供给孩子“跳一跳、够得到”的机会。

建议：教师在活动中还需丰富回应策略，进一步提高师幼互动质量。

凳 子 游 戏

（核心领域：健康）

陈　童（上海市浦东新区绿川幼儿园）

设计思路

● **解教材**

《幼儿园教育指导纲要（试行）》中指出培养幼儿对体育活动的兴趣是幼儿园体育的重要目标，要根据幼儿的特点组织生动有趣、形式多样的体育活动，吸引幼儿主动参与。而生活中最常见的自然材料往往是幼儿熟悉且可以探索的最好器材，因此，本次活动我们选用了凳子来玩游戏，运用最简单的材料推动幼儿运动能力的发展。

● **析幼儿**

小班幼儿由于初涉集体运动，故对于基本的运动规则尚需了解，运用运动材料的能力也相对较弱，因此，选用幼儿熟悉的材料——凳子就能避免幼儿因为对材料的不熟悉而增添无关运动的问题。其次，小班幼儿集体讨论问题的经验不丰富，有意注意的能力也相对较弱。为了让小班孩子在活动中能围绕重要问题进行深入的思考，在后续的环节中，围绕重要问题，我设计了让幼儿在一旁观察，从而有效集中了全体幼儿的注意力，激发幼儿自主探索的兴趣，明确了探索的具体内容。

● **说设计**

从常玩的凳子游戏开始，利用凳子本身的高度，设计多种凳子路线，如并列、间隔、交错、高低错落（30～40厘米）等。逐步增加挑战的难度，最大限度地勾起幼儿自主探索以及拓展游戏方式的兴趣，努力做到小步推进，稳步发展。

活动目标

1. 在一定高度的间隔物上行走，提高身体控制与平衡的能力。
2. 乐意参加凳子游戏，接受适度挑战，体验游戏的快乐。

活动准备

- **物质准备**

高低不同的凳子、瑜伽砖、音乐。

- **经验准备**

有在一定高度物体上行走的体验。

活动过程

一、热身运动

随着音乐利用凳子活动身体。

（一）活动双脚：绕跑过凳子路。

（二）快乐转盘：坐在凳子上双脚绕圈移动。

【**设计意图：**初步感受和凳子做游戏的快乐，熟悉凳子的特性，尝试简单使用凳子开展运动游戏。】

二、好玩的凳子游戏

（一）独木桥：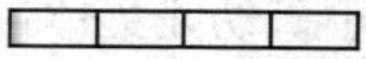

幼儿分成2组，尝试搭凳子桥，并从桥上通过。

主要提问：怎样才能使大家稳稳地通过凳子桥？

预设小结：双手打开、脚踩在凳子的中间才能稳稳地走过凳子桥。

（二）障碍桥：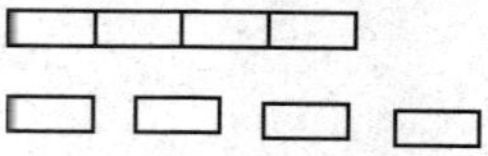

幼儿分成2组，选择自己合适的路线尝试通过。

主要提问：当中间有障碍物或者有间隔的时候我们在通过时需要注意什么？

预设小结：原来走凳子桥的时候要注意凳子之间的距离，当遇到障碍物的时候脚要慢慢抬高，轻轻落在前面凳子的中间，这样才能稳稳地过桥。

（三）高低桥：

幼儿分成2组，高矮不一的“凳子桥”，再次挑战。

主要提问：你用了什么好方法走过了高低不一又有间距的凳子桥？

预设小结：通过高矮不一又有间隙的凳子桥，我们既要用到刚刚又快又稳的好办法，还可以根据凳子的高低适当地调整重心，让自己顺利过桥。

【**设计意图：**通过尝试不同的凳子桥来提高身体的控制能力，增加运动的挑战性。】

三、放松活动

跟随音乐找一把凳子坐下，做放松动作，敲敲腿，敲敲手臂。

主要提问：说说今天游戏中你的发现和收获？

【**设计意图：**引导幼儿分享运动的感受，提升幼儿运动中获得的经验。】

专家点评

了解幼儿运动时的困难，提供递进式的帮助。根据幼儿日常运动的表现，以及我们观察个别幼儿的运动特点，我们找到了设计中需要解决的问题，如何激发幼儿运动兴趣，使他们对于看似简单的游戏产生生存智慧的表现。幼儿由于初涉运动，故对于基本的运动规则尚需了解，所以在运动的热身环节，增添了跟凳子做游戏，通过凳子做不同的热身运动来促进幼儿的“玩心”。其次，在后续的环节中，当老师改变路线的时候，设计了让幼儿在一旁观察，在观察的过程中，也是激发幼儿自主探索如何利用一些运动技能技巧来通过凳子桥。

通过简单的材料，让幼儿充分地“玩”起来。为了实现这一点，我们期初备选了很多器材：平衡木、竹梯等。但是，最终我们选择了凳子。首先，由于凳子的可玩性强，在日常阴雨天气的时候，我们会利用凳子作为室内运动的素材之一，故而幼儿对于凳子并不陌生且有运用的基本经验。其次，凳子的高度对于小班幼儿平衡能力的水平（20～40厘米），也有体现。利用凳子本身的高度，我们就可以开展很多凳子路线变换的模式，如并列、间隔、交错、高低错落（30～40厘米）等。最后，幼儿对于日常可见的事物，能作为真正的运动“器械”也是较为新奇的，能最大限度地勾起幼儿自主探索以及拓展游戏方式的兴趣。

毛 毛 虫

（核心领域：健康）

张文婷（上海市浦东新区杨思幼儿园）

设计思路

- **解教材**

小班幼儿的爬行目标为能手膝着地自然协调地向前爬行。在二期课改教参《运动》一书中，我们看到了很多相关的运动游戏。而毛毛虫这种萌萌的小动物成了低幼年龄幼儿开展爬行游戏时常选用的形象，让小班孩子在情境中模仿熟悉动物的动作开展运动，往往更能帮助幼儿坚持用与这一动物形象相关的基本动作积极地参与运动游戏。

- **析幼儿**

小班幼儿由于身体发展的特点和规律，特别喜欢爬行运动。而小班幼儿又特别喜欢模仿小动物的动作、叫声等，所以两者相结合，就生成了本次活动。

- **说设计**

本次活动设计强调在情境中开展运动，让幼儿置身于角色模仿之中，在场景的变换中练习手膝着地身子屈伸地向前爬，以此满足孩子对于爬的兴趣和欲望，并相应提高爬行能力以及身体协调性。

活动目标

1. 愉快扮演毛毛虫，学习手膝着地向前屈伸爬行的动作。
2. 感受爬行游戏的乐趣，在情境中积极地接受各种适宜的挑战。

活动准备

- **物质准备**

毛毛虫服饰、毛毛虫玩具、树叶、长凳等。

- **经验准备**

幼儿认识毛毛虫，见过毛毛虫爬行。

活动过程

一、热身运动

导入：宝贝们，天气真好，我们一起来做运动吧！（播放音乐，完成热身准备）

【设计意图：让幼儿进行热身运动，为后面的活动做准备。**】**

二、学习毛毛虫爬行

（一）幼儿第一次爬行

主要提问：看看我们今天变成了谁？（毛毛虫）

毛毛虫是怎么爬行的呢？

（幼儿自由探索）

【设计意图：幼儿将自己见到过的毛毛虫爬行的样子展现出来，自主探索。**】**

（二）幼儿第二次爬行

主要提问：我们爬得像不像毛毛虫呢？毛毛虫到底是怎么爬行的呢？（出示玩具毛毛虫）

预设小结：原来毛毛虫是一拱一拱爬行的。

（幼儿再次探索爬行）

【设计意图：通过观察玩具毛毛虫爬行的样子（重点：身体一拱一拱），进行模仿爬行。**】**

过渡：刚刚发现了一条爬得特别棒的毛毛虫，我们一起来看看他是怎么爬的？

预设小结：原来毛毛虫爬行的时候是小手向前走，身体变平平，小脚往前收，身体变成小山峰。

（幼儿再次练习爬行，掌握动作要领）

【设计意图：通过老师动作要领的提炼，以及同伴间的互相学习，使幼儿能更好地掌握屈伸爬行的动作要领。】

三、游戏

（一）找树叶（幼儿通过毛毛虫爬行爬到有树叶的地方）

（二）运树叶（幼儿在长凳上做毛毛虫爬的动作并将树叶运到指定的地方）

【设计意图：通过游戏，在增加趣味性与难度的基础上，使幼儿进一步巩固屈伸爬行的动作要领。】

四、放松活动

幼儿跟着音乐放松自己的身体。

【设计意图：使幼儿肌肉得以放松，缓解疲劳。】

专家点评

有趣的活动，生动的情境：今天每个孩子都穿了毛毛虫的衣服，增添孩子们的代入感，从而为今天的主题“毛毛虫爬行”起到了很好的铺垫作用。结合毛毛虫的生活情境，教师积极构建了有趣的情境，让幼儿的运动多了一份游戏的滋味，增强了幼儿参与运动的兴趣。

清晰的目标，有序地展开：活动一开始，通过律动热身，然后到鼓励孩子们自己自由探索毛毛虫爬行动作，再到出示毛毛虫玩具，模仿毛毛虫爬行，接着安排个别幼儿示范，全体幼儿再练习，层层递进，使得幼儿对于屈伸爬行这个动作有了比较好的掌握，目标达成度较好。

建议：在最后游戏的环节中，有个别幼儿急于采到树叶，所以在爬行的时候，总会忘记动作要领。老师这时需要适时地提醒一下，而且根据孩子动作较快的特点，老师可以适当地精简儿歌。不过总的来说孩子们对于此次活动有着很浓厚的兴趣以及投入程度，并且都能在游戏中得到锻炼，同时体验成功的喜悦。

橘子宝宝去游泳

（核心领域：科学）

崔赵婷（上海市浦东新区天天乐幼儿园）

设计思路

- **解教材**

《橘子宝宝去游泳》是一节小班主题“夏天真热啊”下的科学探究活动，为了让科学活动更加游戏化，设计了帮助小橘子游泳的情境，贯穿于整个科学活动之中。利用橘子在水中沉浮的特点，引导幼儿大胆猜测、表达，感知橘子沉浮与橘子皮有关，对产生的结果感到好奇。

- **析幼儿**

鉴于小班下学期，幼儿的动手能力相较于之前有了很大的提高，并且橘子对幼儿来说并不陌生，因此，选择了幼儿生活中常见的水果——橘子。考虑到多数幼儿已经有剥橘子的生活经验，于是，思考能否利用橘子皮的特点，让幼儿在操作实验中感受更有趣、更奇特的发现。

- **说设计**

在活动中预设了三个环节：第一个环节初步感知橘子会浮在水面上；第二个环节通过两次操作，感知橘子沉浮与橘子皮有关；最后一个环节联系实际，提醒幼儿夏天玩耍时要掌握这个保护自己的好办法。三个环节循序渐进，最后联系实际回归幼儿生活，从而达成活动目标。

活动目标

1. 观察橘子在水中的沉浮现象，感知橘子沉浮与橘子皮有关。

2. 乐于动手操作，对产生的结果感到好奇。

活动准备

- **物质准备**

橘子、装有水的透明箱、小筐、小毛巾、记录纸、PPT。

- **经验准备**

幼儿会剥橘子。

活动过程

一、会游泳的小橘子

（一）出示橘子，猜测橘子是否会游泳

1. 主要提问：小橘子也想来游泳，你们觉得它会游泳吗？

2. 预设小结：会游泳的小橘子浮在水面上，不会游泳的小橘子沉在水底下。

（二）观察、发现橘子入水后的实验结果

1. 示范：拿一个橘子，轻轻地放进水里，仔细观察小橘子停稳后，它在水的哪里？请把它记录下来。

2. 预设小结：原来小橘子是会游泳的，它会浮在水面上。

【**设计意图**：在于引导幼儿观察，并发现完整的橘子是会浮在水面上的，同时给予幼儿沉与浮的概念，便于在之后的实验中进行猜测比较。】

二、水里游泳真有趣

（一）幼儿第一次操作

1. 猜想：

小橘子感觉越来越热，它想“脱件衣服”，小橘子的衣服在哪里呢？你们猜，“脱了衣服”的小橘子还会游泳吗？

2. 实验要求：

（1）每个幼儿拿一个橘子，帮它“脱掉衣服”。

（2）把“脱了衣服”的小橘子轻轻地放进游泳池，静静地等一等，等小橘子停稳后，仔细观察。

（3）玩好后要记得把橘子送回家哦，顺便把自己的小手擦干净。

3. 分享：

主要提问：“脱了衣服”的小橘子到水的哪里了？

为什么一个浮在水面上，一个沉到水底下了呢？

4. 预设小结：原来秘密就藏在橘子皮上。有了橘子皮，小橘子就会浮在水面上；没有橘子皮，小橘子就会沉到水底下。

（二）幼儿第二次操作

1. 猜想：调皮的小橘子又想考考你们，我脱掉一部分衣服，还会游泳吗？

2. 实验要求：每人拿一个橘子，帮它“脱掉”一部分衣服。

3. 分享：这一次你又有什么发现呢？

4. 预设小结：不管剥掉的橘子皮多还是少，它都会浮在水面上。这是因为橘子皮里有许多小气孔，就好像穿了一件充气救生衣，这会让小橘子一直浮在水面上。而没有这件“救生衣”，小橘子就会沉到水底下。

【**设计意图**：通过两次实验，感知橘子沉浮与橘子皮有关。在第一次实验中，幼儿通过猜测、观察并发现剥了皮的橘子会沉到水底；在第二次实验中，幼儿发现橘子皮是多是少，都不会影响实验结果，橘子始终会浮在水面上。】

三、活动延伸

小橘子的这件衣服可真有用啊！夏天我们游泳时，也要记得穿好像橘子皮一样的救生衣，这样，就能让自己一直浮在水面上，不会沉到水底下发生危险了。让我们回到教室里，把这个大本领和班级里的其他小朋友一起分享吧！

【**设计意图**：结合幼儿生活，引导幼儿发现在夏天游泳时，可以穿上救生衣来保护自己。】

专家点评

探究充分：给足幼儿探索的时间，尊重幼儿的个性。比如幼儿在玩沉与浮的过程中，由于教师提供了充足的时间给幼儿，幼儿的语言也得到了发展，并且开始和同伴交流："这边好像有缝缝，所以它沉下去了。"

融入情境：用拟人化的形式，拉近了橘子、材料和幼儿之间的关系，让幼儿主动地进行探索，发现橘子和橘子皮沉浮之间的关系。

重视习惯：教师善于对幼儿进行习惯的培养。在每次操作过程后，教师让幼儿擦擦小手，材料归位，帮小橘子也擦一擦，等等，各种行为体现了教师助力于幼儿的全面发展。

建议：虽然橘子沉浮的游戏非常有趣，但是也要考虑到资源浪费的现象，能否使用其他非粮食材料作为替代。

水果皮里有水吗

（核心领域：科学）

殷　悦（上海市浦东新区祝桥东港幼儿园）

设计思路

● **解教材**

《幼儿园教育指导纲要（试行）》中指出幼儿科学教育的内容要从幼儿身边取材，积极引导幼儿对身边常见的事物和现象、特点及变化规律产生兴趣和探究欲望。水果是幼儿生活中常见的食物，本次《水果皮里有水吗》教学活动利用身边常见的几种水果的果皮，感知水果皮里有水这一特点并延伸到生活中的利用，让活动来源于幼儿生活，也能服务于幼儿生活。

● **析幼儿**

小班幼儿对水果的认识已有一定的经验积累，知道一些常见的水果，但是局部的果皮认识还不是很充分。指南中指出3～4岁幼儿对感兴趣的事物能仔细观察，发现其明显特征，能够用感官和行动探索事物，并关注动作所产生的结果。因此，本次活动通过果皮激发幼儿探究兴趣，从自主选择工具入手，来直观体验果皮有水这一特点。而小班幼儿的思维还处于直觉行动向具体形象过渡阶段，他们对事物的理解往往要通过自身活动来实现，所以整个活动都以幼儿动手操作和直观感知为主。

● **说设计**

活动中一直本着幼儿为主的原则，以激发幼儿探索兴趣入手，充分给予幼儿探索机会。当中采用了观察指导、谈话和记录等方法，导入部分让幼儿通过眼、脑、手、鼻等多种感官来感知果皮特征，充分调动幼儿探索的兴趣点。第二个环节中幼儿自由选择果皮和工具进行自主探索，通过记录、对比，直观地感知到果皮中有水的这一特点，也能从中感受到果皮中水的颜色和水的多少的不同，最后延伸到果皮在生活中的利用，为幼儿营造一个轻松愉快的探索环境，让探索更自主。

活动目标

1. 尝试利用工具进行探索，感知水果皮里有水分。
2. 在看看、玩玩中，体验动手探索水果皮的乐趣。

活动准备

- **物质准备**

香蕉、生梨、荔枝、橘子、火龙果、葡萄皮若干，榔头、压板、擀面杖等工具，操作纸，桌布、毛巾、果盆、垃圾桶等。

- **经验准备**

幼儿认识常见的水果，能够说出其名称。

活动过程

一、实物导入

（一）主要提问：看看老师今天带来了什么？

你看到了什么果皮？

你怎么知道的？

（二）预设小结：原来这么多水果皮，它们的花纹、颜色、味道都不一样，有的硬硬的，有的软软的。

【**设计意图：**观察各种水果皮，初步了解果皮的花纹、颜色等明显特征。】

二、猜测实践

（一）幼儿猜测

主要提问：你觉得水果皮里有水吗？为什么？

（二）幼儿操作，验证猜想

1. 实验要求：每人选一种水果，用不同的工具去试试，用完的水果皮放在旁边的盒子里。

2. 教师巡回观察指导。

（三）交流讨论

1. 主要提问：你用哪种工具发现水果皮里有水的?

2. 预设小结：我们用擀一擀、压一压、按一按的方法知道水果皮里都有水分，有的多有的少。正是因为果皮里有水分，所以有的水果也可以连皮带肉一起吃，既营养又健康。

【**设计意图：**幼儿探究，感知水果皮里有水分。】

三、活动延伸

主要提问：不能吃的果皮你们平时会怎么处理?

预设小结：果皮在生活中的利用，比如果皮贴画、果冻上色或者做花肥等。

【**设计意图：**果皮在生活中的再利用，诱发幼儿对新知的探索。】

专家点评

亮点：小班幼儿对事物的理解是靠行动来完成的，殷老师的活动从始至终都能把幼儿放在首位，为幼儿营造了一个宽松的探索环境及运用多种工具进行探索，从而大大提升了幼儿的探索兴趣，让探索更加自主。

建议：我们科学活动围绕“趣”开展的同时，也要提高幼儿发现问题和解决问题的能力，我们也要在实践活动中为幼儿播下一颗“兴趣和求真”的种子，让科学活动不再成为一节活动，而是幼儿科学探索的起点。

一起找快乐

（核心领域：社会）

陈嘉怡（上海市浦东新区惠南西门幼儿园）

设计思路

- **解教材**

《3～6岁儿童学习与发展指南》中指出：人际交往和社会适应是幼儿社会学习的主要内容，也是其社会性发展的基本途径。幼儿在与成人和同伴交往的过程中，不仅学习如何与他人相处，也在学习如何看待自己、对待他人，不断发展适应社会生活的能力。在我园基于幼儿高自尊行为养成的“融爱蕴美”园本课程的实践中，发现我班幼儿情绪理解与调节能力较弱，对他人的情绪关注度普遍不高，故生成“一起找快乐”的活动。

- **析幼儿**

入园将近一年，孩子们基本都能适应集体生活，也愿意和同伴一起游戏，对自己的感受也能与成人交流。但孩子们都是家中的“小太阳”，周围众多“阳光”的娇宠，甚至是过分的溺爱，自私、任性、不关心别人等诸多缺点在这些孩子身上时有显现。日常生活中，对小伙伴的不良情绪视而不见，遇到朋友有困难不会主动关心等。

- **说设计**

以园本课程之“融友谊之爱，蕴分享之美”主题为基础，我设计了本次活动，旨在以“一起找快乐”的形式帮助幼儿及时关注同伴的情绪，一起寻找正确、适当的方式表达对他人的关心，带着孩子们感受朋友带来的愉悦，与快乐牵手，与友爱同行。

活动目标

1. 学习用正确、适当的方式表达对他人的关心。
2. 愿意表达自己的想法，体验帮助他人的乐趣。

活动准备

- **物质准备**

PPT、展板。

- **经验准备**

幼儿愿意解读他人表情。

活动过程

一、音乐游戏，激趣导入

（一）导语：宝贝们，今天我们一起来玩个好玩的游戏吧！听，好听的音乐来咯！

（二）主要提问："碰碰乐"游戏可真好玩呀！玩了那么有趣的一个游戏，你们心情怎么样啊？

（三）预设小结：是呀，我也感受到你们的快乐了，快乐都写在你们的脸上了呢！

【设计意图：以"碰一碰"的音乐游戏导入，激发幼儿快乐的情绪。**】**

二、观察照片，互动讨论

（一）过渡语：你们瞧，这里也有一些小朋友，他们看上去怎么样啊？（出示照片）

（二）主要提问：你从哪里看出来他不开心了？

猜猜，他为什么这么难过呢？

当我们的朋友遇到不开心了，我们该怎么办呢？

你们觉得会是什么好办法，让这个朋友开心的呢？

（三）预设小结：原来当朋友伤心时，我们可以给他一个拥抱，跟他说说悄悄话安慰他；也可以分享好玩的玩具，你们的办法真好。

【**设计意图：**通过观察照片，体会图片中幼儿的情绪，并说说自己关心别人的方法。】

三、交流分享，解决问题。

（一）过渡语：小五班还有几位朋友想请你们帮帮忙，看看这几位朋友遇到了什么问题？

（二）出示同伴遇到困难的照片。

（三）主要提问：我们的朋友怎么了？

你能用什么好办法帮助他呢？

（四）预设小结：原来呀，我们每个人都会有不开心的时候，但只要心里装着朋友，学会关心朋友，朋友就一定会开心起来。

【**设计意图：**设置问题情境，鼓励幼儿用自由结对的方式，巩固帮助他人快乐的方法。】

四、活动延伸

小结语：再过几个月，我们也要变成中班的哥哥姐姐，我们幼儿园也会迎来新的小班弟弟妹妹们，到时候，我们一起用刚才你们想到的好方法去帮助弟弟妹妹吧。谢谢有爱心的小五班小朋友，现在我们一起把我们的好办法再去和教室里的其他朋友们说一说吧！

【**设计意图：**激发幼儿期待成长、乐于帮助他人的愿望。】

专家点评

有趣、有效："一起找快乐"活动以幼儿的情绪为出发点，帮助幼儿及时关注同伴的情绪，一起寻找正确的、适当的方式表达对他人的关心，带着孩子们感受朋友带来的愉悦。活动的目标达成度较高，目标明确，并且能够突出重点。教师在活动中关注整体幼儿，引导幼儿积极、主动地参与到活动中。环节有趣、生动，有效激发幼儿的兴趣和能动性。

建议：教师在活动中对于个别幼儿的表现应给予更多的关注。

热带风暴中的老虎

（核心领域：艺术）

李兰馨（上海市浦东新区东南幼儿园）

设计思路

- **解教材**

《热带风暴中的老虎》是卢梭丛林画中的一幅，画面极具想象力。根据画面内容结合小班下学期主题“动物花花衣”，让幼儿在感受名画《热带风暴中的老虎》的同时，尝试表现不同动物的花纹，从而萌生愿意亲近动物、爱护自然的美好情感。

- **析幼儿**

在小班主题“动物花花衣”开展阶段，幼儿对老虎、长颈鹿、奶牛等常见动物的皮毛有了初步的认识和了解。基于小班幼儿已有经验，用卢梭的名画来引发幼儿仔细观察画面中动物花纹的特点，并在欣赏感受名画的同时鼓励幼儿自己尝试表现动物的不同花纹特征。而在材料选择中，结合小班幼儿的年龄特点，选择了棉签进行表现，易于幼儿操作与体验。

- **说设计**

本活动由名画切入，让小班幼儿通过观察发现老虎虽然躲藏在丛林中，但是可以通过其身上的花纹进行识别。接着用PPT动态演示来鼓励幼儿仔细观察。而动物皮毛上的花纹也藏得更加隐蔽，通过有挑战的寻找、发现，激发幼儿积极投入到活动中。在操作表现中，教师提供了与名画相符的背景纸，小班幼儿可以通过对动物轮廓的识别对其皮毛进行涂鸦。而最后的分享交流也给予幼儿一个表达表现的平台，进行自我欣赏与互相欣赏。

活动目标

1. 欣赏感受名画《热带风暴中的老虎》，尝试表现不同动物的花纹特征。

2. 愿意亲近动物，爱护自然。

活动准备

- **物质准备**

PPT、塑封纸、背景、棉签棒、颜料（白、黄、橙、黑、咖啡）等。

- **经验准备**

主题开展中初步了解动物身上不同的花纹。

活动过程

一、活动导入

教师：今天，我想请你们都来做小小探险家，一起到丛林里去探险。丛林里藏着许多小动物，小小探险家们，进入丛林，你们的眼睛一定要亮亮的，看看谁能最快发现丛林里藏着的小动物。

【**设计意图：**本环节旨在让幼儿扮演小小探险家到丛林去探险，既交代了快速发现丛林里藏着的动物的活动任务，又激发了幼儿作为探险家的角色参与活动的兴趣。此环节要紧凑不拖沓。】

二、欣赏感受

主要提问：在这片丛林里你看到了什么动物？

你是怎么看出来这是一只老虎的？它身上的花纹是什么样子的？

预设小结：小小探险家们的眼睛真亮，虽然老虎躲在了丛林里，但是通过它身上的花纹，猜出了它是谁。

主要提问：这片丛林里，好像又有动物慢慢走过来了，猜猜它们是谁？（出示斑马、豹子、长颈鹿的花纹）

你们是怎么看出来的？

预设小结：你们的眼睛可真亮，原来动物身上都有着不一样的花纹，我们可以通过它们身上的花纹辨别出来它们是什么动物。

【**设计意图**：本环节用卢梭的名画来引发幼儿仔细观察画面中动物花纹的特点，并在欣赏感受名画的同时巩固对动物不同花纹特征的认识，为幼儿的操作表现打下基础。】

三、操作表现

教师：让我们也为丛林中的小动物们画上它们的花纹吧！

结束语：今天我们通过花纹发现了这么多的小动物，让我们回去跟别的朋友们一起分享这份喜悦吧！

【**设计意图**：在操作表现环节中，教师提供了与名画相符的背景纸，鼓励小班幼儿可以通过对动物轮廓的识别对其皮毛进行涂鸦，从而达成愿意亲近动物，爱护自然，尝试表现不同动物的花纹特征的活动目标。】

专家点评

选材新颖：整个活动源于名画，选材非常新颖，内容符合小班幼儿的年龄特点。活动各环节清晰，教师能围绕着目标展开，生动有趣的教学情境和美术活动自然结合，激发了幼儿对美术活动的热情。

互动有效：教师在活动中真正关注幼儿，敏感地察觉他们的需要和反应，捕捉他们在活动中发出的有价值的信息，如孩子说道："老师，我画的斑马，两条腿的颜色都不一样的，一条腿是黑色的，另一条腿是白色的。"老师回应道："你可真棒，是的，斑马身上其实是黑白的条纹。"在师幼、幼幼的对话中，能够充分感受到孩子们的快乐和童趣，看到在发现问题后尝试自主解决问题，凸显了STEAM教育理念。

建议：交流分享作为美术教学活动的一个关键环节，有非常重要的作用。皮亚杰在认知发展理论中指出，幼儿对周围世界任何现象和事物的理解都需要经历一个由外及内的动作内化过程，建议教师要充分利用分享环节，在该环节应注重"点、块、面"各种花纹，将名画的元素更多地融于活动中。

虾　　趣

（核心领域：艺术）

唐怡青（上海市浦东新区东南幼儿园）

设计思路

● **解教材**

我园秉承“尚美育人，美润童心”的教育理念，积极开展美育特色活动。为此，我选择《虾趣》作为本次小班美术活动内容，正是因为“虾”既是孩子们常见的一种动物，在海洋馆、菜场、班级的植物角……到处都能够见到它们的身影。再者，小虾在水中的形态非常灵动、有趣，在水里的形态也是变化万千，其基本构造也比较简单易创作表现。因此，选择“虾趣”，突出“趣味”，凸显美育。

● **析幼儿**

近阶段，在我班自然角中饲养了幼儿带来的小虾。孩子们经常喜欢围着小虾观察它们在水中游泳的样子，欣赏着它们在水中一摆一动的模样。而在平日的生活中幼儿也能经常看到虾。所以，“虾”对于我班幼儿来说，是有一定生活经验的。再者，我班幼儿对于拓印画和棉签添画有一定的基础。因此，结合小班幼儿的年龄特点，此次活动选用了拓印加棉签作为表现创作《虾趣》的方式。

● **说设计**

本次教学活动以形象、动态的画面与幼儿互动，激发幼儿参与活动的兴趣。并且运用多种感官支持幼儿感受和欣赏。如用耳朵听一听、用动作学一学、用手掌画一画等。在重点欣赏感受的环节，通过观察模仿，让幼儿充分感受到小虾在水中嬉戏游动时的不同形态，了解虾身体的变化等。而在创作形式上，以手掌侧面拓印来进行作画，作画方式有趣、易操作，符合小班年龄特点，也能体现出虾的独特形态美。最后，结合背景画纸在情境游戏中创作表现，使幼儿充分体验到玩色的乐趣。

活动目标

1. 尝试用手掌侧面大胆表现小虾游的简单形态。
2. 体验和同伴一起拓印玩色的乐趣。

活动准备

● **物质准备**

课件、画纸、红黑颜料、棉签等。

● **经验准备**

了解虾的简单特征。

活动过程

一、小虾游来了

教师：今天我们去一个好玩的地方，猜猜这是哪里呢？（播放视频）

主要提问：大海里有一群可爱的朋友。哎，你看到了谁？虾长得怎么样呢？

预设小结：小虾有着黑黑的小眼睛，长着长长的触须，身体一弯一弯在游泳呢！

【**设计意图：**通过视频播放，幼儿伴随着优美的音乐来到大海，看到了一群可爱的小虾。在教师的引导下说说虾的主要特征，激发幼儿对虾的喜爱之情。此环节时间不宜过长，主要以说出虾的主要特征为主。】

二、小虾真有趣

（一）虾身

主要提问：你喜欢哪一只虾？它游泳的时候身体是怎么样的？

● **身体直直的**

主要提问：它的身体是怎么样的？像什么呀？谁来学一学小虾的动作？

预设小结：小虾身体直直的，像……向前游起来喽！

- **身体弯弯的**

主要提问：这只小虾游泳时，它的尾巴像什么？

预设小结：小虾宝宝可真厉害，身体越弯，像弹簧一样一弹一弹就游得越快越远。

- **身体蜷曲的**

主要提问：这只小虾的尾巴怎么样？你来学一学，它是怎么游泳的？

预设小结：小虾的尾巴都卷起来了，像……我们也来弯一弯、游一游。哈哈，可真好玩！

预设总结：小虾们在海里快乐地做游戏，有时候尾巴弯弯像弹簧，有时候尾巴直直向前游，还会卷着尾巴爬呀爬，它们的样子都不一样，真可爱呀！

（二）触须

主要提问：小虾头顶上的触须是怎样的？

预设小结：是呀，小虾的触须细细长长的，还会甩来甩去呢，可真有趣。

【**设计意图：**此环节通过幼儿分享交流自己最喜欢的虾，并说说它游泳时的样子。旨在通过观察模仿小虾动作的基础上了解虾身的不同形态，为操作表现虾趣作品作铺垫。】

三、小虾做游戏

（一）游戏引入

教师：小虾游啊游，想和我们做游戏呢！看，小虾宝宝跳到我的手上了，找一找它在哪里呢？（手势动作）

教师：看！我的小虾宝宝尾巴弯一弯，游起来了！你的小虾宝宝呢？快来试一试。这里准备了颜料和小工具。我们带着小虾宝宝一起到海里去玩一玩吧！

（二）尝试创作

1. 鼓励用手掌侧面以不同方向拓印，大胆表现。

2. 引导用小棉签添画小虾的眼睛和触须。

【**设计意图：**本活动环节通过游戏“小虾游呀游”来鼓励幼儿尝试用手掌侧面以不同方向拓印表现虾的不同形态，并引导幼儿用小棉签添画小虾的主要特征，从而体验玩色乐趣。】

四、小虾来聚会

主要提问：哇！这么多小虾宝宝一起做游戏呀！谁愿意和大家介绍一下，你的小虾宝宝在干什么？它是什么样的？

预设小结：我们用拓印画画出了各种各样的小虾宝宝，有的……有的……它们在大海里快乐地一起游戏呢！

【**设计意图：**通过分享交流，鼓励幼儿大胆地用语言表述自己作品中小虾的各种动态，体验和同伴一起拓印玩色创作《虾趣》的乐趣。】

专家点评

1. 融于游戏，富有趣味：该活动内容选择适切，契合小班年龄特点。整个活动环节设计清晰有层次，富有趣味，运用手掌侧面进行拓印表现有一定新意。画纸的提供也考虑到了情境性，使作品呈现具有艺术美感。

2. 注重感知，积极表现：整个过程教师能充分运用语言、肢体动作、表情等引导幼儿欣赏和互动，充分激发了幼儿自主参与的兴趣。活动中幼儿兴致盎然、意犹未尽。

奇妙的种子

（核心领域：艺术）

范雯怡（上海市浦东新区东南幼儿园）

设计思路

● **解教材**

本次活动是在我们班级开展涂画笔记主题“随洞而行”的活动过程中产生的。在一次户外“洞洞探秘”的时候，孩子们发现了菜地里的洞洞，由此产生了疑问：洞洞里是什么？是不是有小种子藏在里面？里面能不能长出小苗来？于是我们做了实验，经过播种、浇水、施肥，过了不久，长出了小嫩芽，又过了几天长出了小苗……孩子们把种子的生长通过涂画笔记的形式画了下来。而在《3～6岁儿童学习与发展指南》中明确指出：创造机会和条件，支持幼儿自发的艺术表现和创造。于是，我们根据幼儿的生活经验，选择了“奇妙的种子”作为艺术表达表现的主题，引导幼儿围绕主题展开想象，进行创意的艺术表现。

● **析幼儿**

本次活动是在我们平时的涂画笔记研究中引发的，从问题的发现到探究、观察、解决、创造这一系列环节，幼儿对奇妙的种子是有相当丰富的经验积累的，他们还会用涂画笔记的形式画出种子的生长过程。为了支持幼儿探究种子发芽的兴趣，支持幼儿多种方式进行表现的愿望，并基于小班幼儿“经常涂涂画画、粘粘贴贴并乐在其中”的年龄特点，我选用了扭扭棒和黏土组合表现种子发芽的各种形态，因为通过捏一捏、搓一搓表现种子发芽，对小班幼儿来说易操作、易表现。

● **说设计**

本次活动我设计了四大环节，回忆自己种子的涂画笔记，欣赏种子生长过程的视频，尝试用黏土和扭扭棒组合表现种子发芽的各种形态，交流分享自己和同伴的作品。在欣赏环节，我着重引导幼儿仔细观察叶片的形状、茎的方向、长短，从而发现和感受种子发芽的各种形态，为幼儿用扭扭棒和黏土组合表现种子发芽的各种形态打下扎实的基础。

活动目标

1. 尝试用扭扭棒和黏土组合表现种子发芽的各种形态。
2. 感受种子发芽带来的生机和活力。

活动准备

● **物质准备**

PPT、立体盆栽、扭扭棒、超轻黏土。

● **经验准备**

涂画笔记：活动之初，我和孩子们一起播种小种子，孩子们每天给种子浇水、施肥，精心照顾，种子开始生根发芽，他们发现了种子的生长过程，并把种子的生长通过涂画笔记的方式画了下来。

活动过程

一、涂画笔记

主要提问：前段时间我们一起种了好多种子，你们的小种子后来怎么样了？

教师：我看到你们都把小种子的生长画了下来，谁来和大家说一说？

预设小结：小种子埋在泥土里，有了水和阳光，就会开始发芽，从泥底里长出可爱的小苗来。

【**设计意图：**通过聊聊自己的涂画笔记，回忆交流种子的生长过程，引发幼儿对种子发芽的兴趣，唤醒幼儿对种子发芽的已有经验，为后面环节作铺垫。】

二、欣赏讨论

过渡：（播放种子发芽视频）小种子长啊长，越长越高，长出了各种各样的小嫩苗儿。你看到的小苗是什么样子的？

（一）叶片的形状

1. 水滴形、蝴蝶形

主要提问：种子长出的叶片是什么样的？

追问：有几片叶子，它们是怎么样的？它像什么？请你来学一学。

预设小结：小种子长出了面对面的叶片，有的像小花，有的像蝴蝶的翅膀，慢慢往上长，越长越大。

2. 长条形

主要提问：这些小苗是什么样的？小苗像什么？

预设小结：小种子长出了细细长长的小苗，慢慢往上长，越长越高。

3. 新芽

主要提问：这粒小种子发芽了吗？它是怎么样的？

追问：它在干什么？

预设小结：小嫩芽耷拉着脑袋，好像还没睡醒的样子。原来这是小种子刚刚发芽呢，等它睡醒了就会抬起头，慢慢往上长。

预设总结：原来不同的种子，长出的小叶片都是不一样的。各种各样的叶片努力地生长着，代表着生命和希望。

（二）茎的方向、长短

主要提问：种子的茎长得一样吗？哪里不一样？

预设小结：小种子的茎有的长，有的短；有的直，有的弯。一起长出来，真好看。小种子长出高低不同的茎，上面还有形状不同的小叶子，真是太可爱了。

【**设计意图**：通过欣赏种子发芽的视频，引领幼儿仔细观察种子的叶片形状、茎的方向长短的不同，发现和感受种子发芽的各种形态，为幼儿创作表现打下扎实的基础。】

三、幼儿创作

（一）提出创作要求

教师：我在泥土里还撒了好多小种子，它们也等不及想要快快发芽。它们会长出什么样的茎？上面会有什么样的小叶片呢？请你们来帮帮它们吧。

（二）教师观察指导

主要提问：小种子长出了什么样的茎呢？叶片是什么样的？还有其他形状的叶片吗？

【**设计意图**：为幼儿提供表现创造的机会，鼓励幼儿在充分欣赏感受种子发芽的基础上，鼓励幼儿尝试用扭扭棒和超轻黏土组合表现种子发芽的各种形态。】

四、交流分享

主要提问：你们的小种子发芽了吗？它们是什么样的？

预设小结：种子发芽真有趣，我们邀请其他朋友也来参观吧。

【**设计意图**：通过分享交流，鼓励幼儿大胆表述自己创作作品小种子发芽的情况，同时通过参观分享推动幼儿学会欣赏同伴的作品，乐于与同伴交流。】

专家点评

素材来源于生活：本次活动内容由幼儿的涂画笔记引出，孩子们的日常发现成了本次活动的主题，可以看到教师在日常活动中善于捕捉和发现。

形式引发兴趣：教师结合涂画笔记的形式分享，一下子吸引了孩子的关注。并通过视频让孩子感受到了苗苗成长，充满了生命力，深深吸引了幼儿。活动中教师语言充满了童趣，及时的引导让幼儿能更好地表现表达。

材料便于表现：活动中教师提供了超轻黏土、扭扭棒等丰富的材料。而这些材料便于小班幼儿操作表现。幼儿通过捏一捏、搓一搓就能表现出种子发芽的各种形态。整体作品呈现立体、美观。

小小创衣师

（核心领域：艺术）

励文君（上海市浦东新区小天使幼儿园）

设计思路

● **解教材**

在“爱生态、乐生活”的课题下，我们设计组织了多样的活动，其中亲子线上俱乐部“创衣社”是我们小一班这一年重点参与研究的方向。“极简衣尚”的绿色生活方式是我们所推广的，它是指：幼儿在穿衣习惯、穿衣认知、穿衣品位上，能够建立一种更“低碳”、更“生态”的穿衣意识和习惯。也是对于二期课改《健康》这本教参书的准确解读和生动演绎。

● **析幼儿**

我在平时和幼儿的交流中发现，不少孩子每天穿的衣服都是妈妈或者奶奶准备好的，很少有孩子能自己选择要穿的衣服。小班的孩子在穿衣认知和穿衣品位上更多体现的是家长的选择和态度。其实孩子们对“衣”的理解一定会有自己的想法，他们也很想自己来选择。为此，我们在课题引领下做了尝试。上学期，我们班级的生态生活角就重点探索了衣服的秘密，收集过废旧、不穿的衣物，邀请孩子们和家长一起参与过“大衣改小”的亲子活动，有一定动手改衣的经验。

● **说设计**

兴趣是幼儿实践、行动、学习的一大助力和推动。基于孩子们普遍想要自己打扮自己的欲望和一定的动手经验积累，我选择利用收集来的废旧衣物布料作为本次活动的材料，提供幼儿动手创作的机会，满足了他们的愿望，并推进了他们对“极简衣尚”这一想法更深的思考。在确定了活动的方向后，我开始思考：什么样的形式既适合小班的幼儿操作，又能体现衣服布料的多用性？最终确定利用布料的拼贴，配上幼儿可爱的头像照片、卡通的轮廓可翻页的底版，一样一样陈列出来，方便了小班幼儿的操作，同时支持了他们对艺术美的追求。

活动目标

1. 乐意尝试创意拼贴的方法来设计宝宝服装，感受根据自己喜好选择搭配服饰的快乐。

2. 了解废旧衣物可以通过简单改变循环再利用，初步理解绿色生态的生活理念。

活动准备

- **物质准备**

教具：PPT、范例、布料陈列板。

学具：废旧衣服布料若干、设计底版。

- **经验准备**

幼儿对各种常见布料有一定的熟悉和认知。

幼儿有拼贴布料创作的经验。

活动过程

一、导入：旧衣服大用途

教师：孩子们，我在小区里发现了一个箱子。你见过这样的箱子吗？

主要提问：看看箱子上的小提示，你们猜猜它里面放的是什么？

预设小结：我们叫它废旧衣物回收箱，可回收那些我们不要的衣服、鞋子、包包。

主要提问：这些衣服回收了有什么用呢？

预设小结：回收的旧衣服有的可以给弟弟妹妹穿，有的可以捐赠给山区里的小朋友，还有的可以变一变，变成一件又可以用的东西。毛衣拆了变围巾，旧衣服变布条扎拖把，牛仔衣变拖鞋，废旧衣服的用处可真多呀！

【**设计意图**：从日常的真实发现开始，引导幼儿关注生活中的可利用资源，一开始就自然呈现出了绿色生态的理念。围绕旧衣服回收有何用的话题，鼓励小班幼儿各抒己见，自然引发了幼儿创作的愿望，为推进活动展开起到了作用。】

二、特别的新衣服

（一）欣赏改造后的新衣服

教师：今天励老师带来了三件特别的衣服，我们一起来看看吧。

主要提问：这三件漂亮衣服是用什么做的呢？

预设小结：这三件衣服就是用你们回收的废旧衣服剪下来的布料做成的。

（二）了解改造的简单方法

教师：这些布条是怎么来的呢？看了这个视频你就会知道了。（播放视频介绍）

主要提问：这段视频告诉了我们什么？

预设小结：直着剪一剪，衣服就变成了布料了。

主要提问：那我们小一班宝宝回收的衣服剪一剪，又会变成了什么样的布料呢？

预设小结：有的可以直着一条一条剪，有的可以一块一块地剪，有的可以剪出不同的形状，还有的可以沿着布上的图案剪，变成各种各样的布料。把这些废旧布料拼在一起就变成好看的衣服啦。

主要提问：再想想，一堆布料可以怎么拼成漂亮衣服呢？

预设小结：有的是一条一条竖着排列的，有的是横着排列的，有的是斜着排列的，排列的方法不同，设计出来的效果也不一样。

【**设计意图**：观察实物，理解老布料的新用法，通过一步一步的讨论，帮助幼儿理解改造的基本步骤，先变布料，再做拼贴，这个过程一旦清晰，小班幼儿的创作也就能变得顺利了。】

三、新衣我来设计

教师：你们想不想也来当小小创衣师，为自己设计一件新衣服呢？

（一）幼儿操作

当一个设计师，可是有要求的哦：

（1）桌上有很多布料，你可以选择自己喜欢的来拼贴。

（2）拿一条拼一条，拼好记得用小手按一按哦。

（3）音乐结束，小设计师们把你的漂亮衣服放在橱窗里。

（二）幼儿分享

主要提问：小设计师们，谁想来介绍介绍自己的作品？（幼儿自主介绍）

预设小结：排列方法不一样，布条有的横着排，有的竖着排，有的斜着排，有的交叉排，排的方法不一样，效果就不一样。再加上颜色的变化，设计出来的衣服就更漂亮了。

（三）奇思妙想

教师：创衣师们，除了今天我们尝试的办法，衣服布料还有哪些奇思妙想呢？我们一起来看一看吧。（播放PPT视频）

预设小结：废旧衣物用处大，循环利用多变化。动动脑动动手，废旧物品就成了新宝贝。下一次我们再试试看视频里的方法，来设计更多的新衣服。

【**设计意图：**通过动手尝试，分享交流，让小班孩子有了直接感受，对于理解活动背后的生态理念是有重要意义和效能的。最后教师用视频拓展幼儿的思路，更是让活动自然地衍生到了低结构的探索中，真正推进了活动目标的实现。】

专家点评

视角独特、形式新颖：《小小创衣师》这一活动，通过搜集废旧布料进行创意拼贴的方法，鼓励幼儿DIY为旧衣服找到新的搭配创意。教师选择的操作材料和操作底版环保、利用率高，材料更是源于幼儿、基于幼儿，不同的拼贴方式展现出旧布料新造型，给予幼儿美的体验。

互动积极、对话有效：整个活动中，教师能够关注到每个幼儿的拼贴情况，分享时能够将幼儿的拼贴方法总结归纳，帮助幼儿提升拼贴经验。介绍分享环节，给予幼儿充分表达表现的机会，体验旧衣改造的快乐和成就感。

建议：虽然整个活动创意很好，效果也不错，但依然有一个问题可以再思考斟酌。废旧的布究竟可以用来做什么，对于小班孩子而言，最实在的变化和利用会不会还有更合适的内容，我们可以再做思考和尝试。努力丰富孩子可以不断实践探究的内容可能会更有利于推进孩子对于绿色生态理念的理解和践行。

云 朵 面 包

（核心领域：艺术）

宋菁洋（上海市浦东新区新苗幼儿园）

设计思路

- **解教材**

绘本《云朵面包》讲述的是小猫摘的云朵被猫妈妈做成了云朵面包，吃了面包之后飞起来的有趣故事。孩子们对故事充满兴趣，经常羡慕主人公猫妈妈和两个猫宝宝吃了云朵做的面包后会飞在天空中，许多孩子在阅读时对做云朵面包表现出了强烈的兴趣和欲望。看到孩子们兴致勃勃的样子，结合我园民间美术的课题研究，我萌生了以云朵面包之载体进行撕贴活动的想法。

- **析幼儿**

对照我园民间美术幼儿发展目标，小班幼儿的培养目标是愿意使用美术工具进行随意的撕纸、粘贴，能表现简单的主题。而本班幼儿已经能够达到随意撕贴的能力，只是在表现主题上还缺乏明确的目的性。为此我们以制作各种不同口味的面包为主题，让幼儿能够有目的性地选择材料并通过撕、揉等方式表现面包上丰富的食物配料，既增加了幼儿撕贴的趣味性和目的性，也凸显了作品表现的主题。

- **说设计**

为更好地达成教学目标，我们从情境创设入手还原猫妈妈的面包制作过程，并通过材料替代配料的启发式引导以及个别幼儿上台展示的形式突出活动的重点，化解有目的撕、团的难点。整个活动环节的设计借助回忆故事情节引发幼儿回忆已有经验，产生制作兴趣后又通过生生互动、生材互动，使创作重点得到展现，在寻找云朵的趣味情境中，孩子们带着愉快的心情投入创作，整个过程轻松有趣，孩子在做做、玩玩中实现目标的有效达成。此外，美术活动中材料是幼儿进行创作表现的载体，在活动中我们提供了不同大小和质地的纸，其目的就是为了更好地支持幼儿的自主创作，鼓励他们学会根据自己的想法和需要利用材料丰富自己的创作内容。

活动目标

1. 尝试运用多种材料，运用揉、撕、贴等方法，制作出不同口味的云朵面包。
2. 大胆地进行创作，感受制作面包、再现绘本重要情节内容的快乐。

活动准备

- **物质准备**

《云朵面包》课件、一次性餐盘、太空棉、手揉纸、手工纸、果冻胶、自制“烤箱”等。

- **经验准备**

幼儿看过绘本《云朵面包》并进行了相关的话题交流。

幼儿已有一定撕纸的经验。

活动过程

一、回忆故事

主要提问：小朋友们，你们还记得它们吗？

它们在干什么？

猫妈妈把云朵做成了什么？吃了云朵面包会怎样？

过渡：吃了云朵面包以后会飞起来。瞧，这里飘进来一片云朵，我们也来做一做云朵面包吧！

【设计意图：回忆故事《云朵面包》的有趣情境，引发幼儿参与积极性。**】**

二、欣赏面包

（一）揉面

主要提问：做面包先要做什么？怎么揉？

过渡：我的面包做好啦，我想让面包变得更好吃，可以在上面加点什么？

（二）添料

1. 播放图片

主要提问：你看到了什么面包？上面有什么？

预设小结：原来面包上可以放很多东西，可以有水果、蔬菜、肉类还有各种酱。

2. 幼儿尝试

（1）教师演示涂果酱方法，引导幼儿正确使用果冻胶。

（2）出示不同的纸，个别幼儿尝试为面包添料。

主要提问：这些纸可以怎么变成面包上好吃的配料？（幼儿尝试团纸、撕纸）

预设小结：原来我们可以用团一团、撕一撕的方法做成面包上不同的配料。

【设计意图：了解不同的面包，知道制作面包的流程及添加配料的方法。**】**

三、制作面包

（一）找材料

幼儿寻找四散在活动室内的云朵（太空棉）。

（二）做面包

主要提问：做面包可不简单哦，你们还记不记得做面包的步骤？

（幼儿通过揉面、添料的步骤制作不同口味的云朵面包）

预设小结：做面包需要先揉面做成面包，再涂上美味的酱，添上各种配料，最后放进烤箱，这样美味的面包就完成了。

（三）“品”面包

主要提问：你的面包上面有些什么好吃的？是用什么方法做的？

你还喜欢哪个云朵面包？

【设计意图：运用不同材料、不同方法做出云朵面包，感受做面包的快乐。**】**

活动延伸：将面包放在“美食铺”卖，并提供材料，以便幼儿能继续发挥想象力进行创作。

专家点评

行动源于情动：本次活动以绘本故事《云朵面包》为主题，通过情境创设引导幼儿进行美术创作。内容选择符合小班幼儿的年龄特点。整个活动以制作面包的情境为主线，将撕贴的美术表现方法有机地融合在做面包的过程中，让幼儿在有趣的活动中充分体验美术活动的乐趣。

材料助推创作：在材料上教师运用了创新的材料——果冻胶，这一材料的创新运用代替了传统撕贴活动中的胶水，更有利于幼儿在立体材料上进行操作，也和活动融合得更加紧密。活动中幼儿想象力和创造力得到了充分的激活，活动气氛轻松有趣又充分体现出了小班幼儿的童真童趣。

建议：由于活动的源起来自绘本《云朵面包》，所以教师在开展艺术活动时，也应有意识地联系之前阅读的感受，运用更多故事中的语言进行情境中的指导，利用艺术活动进一步推动幼儿对故事的喜欢，将两次活动自然地联系起来，使活动和活动之间多一点联系和影响。

小 小 鸡

（核心领域：艺术）

范　珏（上海市浦东新区百灵鸟幼儿园）

设计思路

- **解教材**

《小小鸡》是一首朗朗上口、节奏鲜明的幼儿歌曲，小班幼儿的年龄特点决定了他们喜欢在动作模仿和游戏情境中学习，因此，选择的音乐将情境性和趣味性放在首位，节奏鲜明形象性强的音乐能引起幼儿活动的愿望。在唱唱玩玩中反复感受音乐的旋律，始终保持活泼愉快积极的情绪，做到玩中学学中乐。

- **析幼儿**

节奏的概念比较抽象，孩子难以理解，但孩子对节奏却是敏感的，节奏就存在于我们的周围生活中。因而要让孩子理解节奏、对节奏感兴趣必须从现实生活入手，挖掘节奏，寻找节奏，同时培养幼儿的节奏感。帮助幼儿通过感受节奏的变化来感受音乐，更是获得审美体验最好的途径，根据小班幼儿的年龄特征，循序渐进地让幼儿在生活中、游戏中体验和感受。

- **说设计**

在活动中运用游戏法让孩子反复感受音乐的旋律和歌词，从跳小鸡舞、小鸡捉虫、小鸡找朋友等几个游戏来激趣。运用情境法创设鸡妈妈和小鸡的家来进行分声部的演奏，让孩子在游戏的情境中不知不觉地感受到乐器演奏的和谐美。

活动目标

1. 在稳定两拍子节奏的基础上，尝试用小乐器进行齐奏和轮奏。
2. 体会与同伴共同演奏的乐趣，有初步演奏的兴趣。

活动准备

- **物质准备**

课件，小鸡、母鸡的鸡窝，小鸡与母鸡的头饰（与幼儿人数一致），小乐器（舞板、小铃，与幼儿人数一致）。

- **经验准备**

幼儿熟悉《小小鸡》旋律，并已经会唱这首歌曲；认识小铃与舞板，也尝试敲击过这两种小乐器。

活动过程

一、扮演角色、快乐律动

导语：小朋友，我们一起来做一只快乐的小鸡，听着音乐大家跳起来。

（师生跟随音乐一起律动）

【设计意图：进入角色情境，表现小鸡快乐。**】**

二、吃吃玩玩、稳定节奏

（一）游戏《小鸡捉虫》

教师：快乐的小鸡们，太阳这么好，我们去草地上捉小虫吃喽！

（边走边用语言节奏巩固两拍子。如：小小鸡，小小鸡，我是一只小小鸡。背小包，戴小帽，走进草地里。）

（二）游戏《小鸡找朋友》

教师：小肚子吃饱了，这么多小鸡，找个好朋友认识下吧！（幼儿听着音乐一起找朋友）

【设计意图：在小鸡捉虫、吃虫的情境中，感知语言节奏。**】**

三、听听敲敲、尝试齐奏和轮奏——

（一）演唱歌曲

1. 今天我们来音乐厅要开一个音乐会，请大家用好听的声音演唱歌曲《小小鸡》，演唱时请注意看指挥哦！

2. 角色分组

（1）主要提问：歌曲里有鸡妈妈和鸡宝宝，你们想扮演谁呀？

（2）预设小结：快到鸡妈妈和小鸡的家里去装扮下自己。

（二）尝试齐奏和轮奏

1. 过渡语：刚才我们用好听的声音演唱了歌曲，小乐器说也想来表演。

2. 主要提问：快去找找鸡妈妈和小鸡家里都藏了哪个乐器宝宝？

3. 预设小结：一起欢迎小铃到鸡妈妈家里表演。舞板到小鸡宝宝家里表演。

4. 幼儿演奏

（1）鸡妈妈和鸡宝宝，你们的小乐器都准备好了吗？（齐奏）

（2）鸡妈妈和鸡宝宝用不同的乐器一起来演奏，看着指挥一起开始一起结束。

（3）鸡妈妈和鸡宝宝要轮流进行演奏了，什么叫轮流呢？

（4）我们来看看鸡妈妈和鸡宝宝是怎样演奏的？（出示PPT）

5. 预设小结：轮奏就是有的小乐器先演奏，有的小乐器后演奏。

6. 结束语：今天的音乐会真热闹，不仅有唱歌，还有小乐器演奏，太棒了！

【**设计意图：**了解、体验齐奏与轮奏的不同，初步学会控制乐器。】

专家点评

有挑战：本次教学活动的设计对于小班幼儿来说，既尊重了孩子的年龄特点，又有一定的挑战性。在活动中运用游戏法让幼儿反复感受旋律，运用情境法进行分声部的演奏，玩中学，学中乐。

有策略：在整个活动设计中很好地体现了幼儿的主动学习。一般来说，教师在指挥两声部演奏时站位都在正中，方便两声部幼儿的关注。而本次活动中教师却站在了小铃的一边，把大屏幕展示留给了幼儿，更好地让幼儿观察。这样的站位既能更好指挥相对比较难控制的乐器，又能让幼儿更自主地关注，而不是一味依赖老师的指挥进行演奏。

有设计：多媒体的设计也是本次活动的亮点，在整个活动中起到非常重要的作用。大屏幕上不同角色的轮流出现，小朋友们自主地分声部演奏，既有趣又有挑战！

小　池

（核心领域：语言）

张雯婕（上海市浦东新区金囡幼儿园）

设计思路

- **解教材**

杨万里的《小池》，简简单单的一首具象的、清新的、极具自然景观化的诗。短短四句诗，有那么多的景：池、泉眼、细流、树阴、小荷、尖角、蜻蜓；又有那么多的趣：惜、爱、露、立。而这短短的二十多个字当中勾勒了一个详细的、丰富而饱满的池塘夏景。这首诗给了我一个让孩子们深入体验夏天美好的机会，既可以引领孩子们在这么小的一汪池塘中体会夏天的趣和美好，又能够让孩子们体会中国古诗词的简洁之力，以及诗人独有的对生活细致入微的观察和热爱生活的情感。

- **析幼儿**

和孩子们聊了很多和夏天有关的事情，夏天对孩子们来说，不仅仅是骄阳似火、酷热的感受，还能享受游泳池中嬉水的快乐，香甜可口的冰激凌带来的冰冰凉凉的感觉，开心地戴着太阳帽出去旅游等。孩子们说了很多喜欢夏天的理由，但是对于夏天这个特定的季节所呈现的大自然的丰富、有趣，孩子们几乎很少触及。在“火辣辣的夏天”里，主题的核心经验是观察夏天的各种自然景象，显然孩子们已有经验与核心价值之间有一定的距离，那么我们要做的就是缩近这个距离。

- **说设计**

如果一个人爱夏天，那是需要用心去爱的。这个心包含你所能触及和发现的美，以及你的内心是有着那样爱着生活的情感。而这首诗正好从这两方面都给了我们这样的一些台阶，来成就我们的孩子和我的认识。我把诗中的情景带到孩子们的面前，通过景音画的结合，让孩子们直观地感受小池的美好，从那些单个的字词进入，从孩子们熟悉的爱进入，从孩子们觉得有点琢磨不清的露字进入，勾勒情境，形成对诗句的更深入的体验和对自然的爱。

活动目标

1. 欣赏古诗《小池》，体会诗中一池夏日荷塘的美好，喜爱古诗描绘的自然景象。

2. 能对诗歌中的关键字词作合理的想象与表现，感受诗歌的意境和趣味。

活动准备

- **物质准备**

课件PPT、荷花、池塘、荷叶、莲蓬、蜻蜓、色空鼓、树、石、荷花背景板。

- **经验准备**

幼儿初步了解《小池》的诗句。

活动过程

一、欣赏诵读，回忆并感受古诗《小池》的种种美好

走走，看看，说说，走入古诗的情境

1. 孩子们，喜欢这个地方吗？让我们就站在这个喜欢的池塘边上，一起来吟诵一下古诗《小池》吧。

2. 主要提问：走着走着，念着念着，我们就走到了一块，好美的地方，好美的诗，念着这首诗，你们看到了什么美丽的景色？

3. 预设小结：仔细地读每一句，就能看到小池里面更多美丽的景色。

【**设计意图：**古诗欣赏对于中班的孩子来说有一定的难度，如何让孩子们更直观、具象地感受小池，于是我在古诗欣赏中融入小池的情境，带孩子走入情

境，通过吟诵古诗《小池》，看看说说，回忆《小池》的美好。】

二、解字体意，进一步感受古诗《小池》的美好

路径一："树阴照水爱晴柔"

过渡：在这首诗里有一个特别有魅力的字，那就是"爱"。在哪一句里呀？

1. 主要提问：你们记得可真清楚。这句诗里你们觉得是谁爱上了谁呢？

（播放视频）这片倒映在水面上的树阴美吗？它看上去怎么样？

这么美的树阴，你们觉得被树阴笼罩的水会对它说什么呢？

2. 预设小结：谁能不爱上树阴？太美了，在这片池塘里，还有相爱着的，是谁爱着谁呀？

【**设计意图**：在理解诗句的基础上，通过"树阴照水"的视频，让孩子们观察、发现倒映在水面上的树阴的美，美在哪，以对话的方式说说孩子们内心的感受，从而发现更多小池的美好。】

路径二："小荷才露尖尖角"

过渡：孩子们，在这首诗里有一个字可有意思呢。

1. 主要提问：你们看，我躲在荷叶后面，如果我这样出来，哎呀，我的头伸出来了对吗？如果张老师是这样呢？是什么露出来了？两只眼睛露出来了，露这个字多有意思呀，在这首诗里是谁露出来了？

小荷为什么不一下子站出来，而要露，慢慢露出来？

让我们一起来到荷塘里，做小荷花吧，体会那种慢慢的感觉是什么样。

2. 预设小结：虽然小荷只露尖尖角，但总有一天它会接天莲叶无穷碧，映日荷花别样红。

【**设计意图**：为什么小荷是露出来的？"露"这个字对孩子们来说有些琢磨不清，用动作、语言形象地表现出来，孩子们就更能理解，更想要尝试去表达表现。】

三、大胆表达自己心中夏日荷塘的美好

过渡语：中国古代的诗人非常非常了不起，他们有一双像孙悟空一样可以透视放大的眼睛，你看，荷塘里的水是安静地流着，倒映在水面的树阴是那么的美，波光粼粼，小荷露出尖尖角，绿色的蜻蜓站在粉粉的荷尖上，那么美好的景色都被作者发现了。

1. 主要提问：孩子们，他是怎么发现的？怎么能够看到这么美的情景？

杨万里就像你们说的那样看到了那么多池塘的美好，其实小池塘里有很多连杨万里都没有看到的美好，我们一起去找一找，和好朋友说一说。

2. 预设小结：因为你们说的让这个池塘更美了，夏天就是这样美好，其实夏天里除了池塘还有很多很多美丽的地方，让我们一起再去找找吧。

【**设计意图：**孩子们在教学中获得的体验充分而有效，但每一个个体接受事物的特点都不同，梳理和提升能将这些零星的认识和体验变得系统而有逻辑。孩子们感受到杨万里《小池》的美好，体会到中国古诗词的简洁之力，加上多媒体的互动，激发孩子自我表达的强烈愿望。】

专家点评

文化传承：中国传统文化是需要我们去传承，努力去传承文化之本、审美之情、智慧之趣。一首诗是一幅画，一首诗就是一本书，中班古诗欣赏教学对于老师来说是有挑战的。在《小池》的活动中，老师努力地把大自然的这些环境与这首古诗词发生关系，不只是去教而是让孩子去理解，这就是我们说的审美之情。活动中老师说到诗人用简单的这么几句话却写出了这么美妙的一个荷塘，让孩子们尝试用短短的、美美的话来说一说，这就是中国古诗的魅力，体现智慧之趣。

建议：今天的活动要思考我们在古诗词活动中怎么去对接儿童，使教学变得自然。老师要从儿童已有的知识和经验上进行对接，敏锐发现“幼儿的需要”，放缓环节，以实现多元化、整合性的教学活动。

工　具

（核心领域：语言）

董　莉（上海市浦东新区懿行幼儿园）

设计思路

● **解教材**

绘本《喜欢用工具的猫和不喜欢用工具的猫》讲述白猫和黑猫在除草、烹饪、购物、打扫等大大小小的事情上，喜欢用工具的白猫显得从容、轻松，不喜欢用工具的黑猫则显得吃力、疲惫。最后，两只猫同时要搬家，不喜欢用工具的黑猫则比喜欢用工具的白猫容易、方便了许多。图书封底上的一句话引发了我们更深的思考：没有各种各样的工具，我们的生活会变得多么不一样呢？这是一本适合中班下学期师幼共读或幼儿自主阅读的绘本。

● **析幼儿**

中班下期的幼儿已认识了生活中一些常见的工具，但是对"哪些事情可以运用工具来帮忙""工具是否多多益善"等问题不会进行辩证思考，为此，围绕主题"常见的用具"，选取绘本《喜欢用工具的猫和不喜欢用工具的猫》中的主要情节设计了本次集体学习活动，让幼儿尝试用辩证思维的方式思考问题：究竟是使用工具好，还是不使用工具好呢？从而帮助幼儿感受工具给生活带来的便利，思考如何合理使用工具，不过分依赖工具。该活动对中班下期幼儿思维能力、语言能力发展有一定的助推作用。

● **说设计**

活动设计打破以往按图书顺序逐一出现画面、讲述故事、讨论理解的方式，而是在环环相扣的活动过程中，让幼儿通过阅读画面"发现问题→解决问题→

验证问题→质疑问题”。首先，幼儿阅读“黑猫”生活事件的一组画面后发现问题；选择合适工具来帮助黑猫解决问题。这是幼儿围绕黑猫遇到的问题去思考如何解决、自主提出假设与猜想、寻找解决方法的过程。随后，再出示“白猫”生活事件的一组画面，幼儿阅读描述画面的过程，也是对幼儿帮助黑猫选择工具是否合适、解决方法是否准确的一次检验和及时反馈。最后，呈现绘本故事中的“搬家”画面，提出“到底用工具好，还是不用工具好”这一问题，打破幼儿的思维定势，引起幼儿对前面已解决的问题的再质疑。这样的“再质疑”可以使问题得以拓展与延伸，思维得以开放和多元。

活动目标

1. 仔细观察画面，围绕“是否需要用工具”的问题，大胆表达自己的想法。
2. 积极思考，愿意与他人讨论问题，思考工具与生活的关系。

活动准备

- **物质准备**

教具：课件。

学具：操作材料（黑猫活动图片、配对的工具图片、画笔）。

- **经验准备**

对生活中常见的工具有一定的了解。

活动过程

一、图文导入，引出问题“工具有什么用处”

主要提问：（出示PPT中工具图片）这些是什么？你在什么时候用到过它们？

预设小结：这些都是我们生活中经常会用到的工具。

【设计意图：引发幼儿在生活中使用工具的经验回忆，为后续的讨论作铺垫。**】**

二、观察比较，解决问题“选择合适的工具”

（一）认识黑猫：这是不喜欢用工具的黑猫先生

主要提问：黑猫先生不喜欢用工具，会发生什么事呢？

黑猫先生在干什么？你觉得它做事做得怎么样？

预设小结：黑猫先生不用工具可以做一些事情，但是做得并不方便。

【**设计意图：**引导幼儿观察画面，读懂黑猫在做什么，发现黑猫遇到的问题；聚焦问题讨论“黑猫做事做得怎么样”，让幼儿初步感悟不使用工具会给生活带来“不方便”。】

（二）选择工具，帮助黑猫先生解决问题

主要提问：你认为可以用什么工具来帮助黑猫先生呢？

操作要求：幼儿每人选择一幅黑猫活动图片，然后选择配对的工具图片，也可以使用画笔画出可以帮助黑猫先生的工具。

主要提问：你们为黑猫先生选择了什么工具？说说理由。

预设小结：谢谢小朋友给黑猫先生选择了合适的工具，相信有了这些工具的帮助，黑猫先生做事方便多了。

【**设计意图：**引导幼儿动手操作选择工具、交流分享解决问题的方法，提高幼儿学习的积极性和主动性。此环节重在引导幼儿倾听同伴发言、发表不同意见，以此促进幼儿逻辑思维能力、阅读能力、语言表达能力的发展。】

（三）认识白猫：这是喜欢用工具的白猫先生

主要提问：听到小朋友给黑猫先生的建议后，我们来看看白猫先生是怎么做的。

白猫先生用了哪些工具？

预设小结：白猫先生用了工具，所以白猫先生的生活看上去比黑猫先生轻松。

【**设计意图：**呈现有关白猫的画面，验证上一环节中幼儿对工具选择是否合理，让幼儿从画面中感受工具给生活带来的便利，同时为下一环节的再思考埋下伏笔。】

三、讲述结尾，思考问题“要不要使用工具”

教师：（继续播放PPT）有一天，白猫先生要搬家了，可是家里的东西太多了，怎么搬呀！黑猫先生也要搬家了，它打了一个包裹，说走就走。

主要提问：小朋友们，你们说到底是用工具好呢，还是不用工具好呢？说说你的理由。

预设小结：大家说得都有点道理。在我们的生活中，有时候使用工具可以让我们在生活中轻松、方便，但有时候过度依赖工具也会给生活带来一些小麻烦。

【**设计意图**：“搬家”情节的出现，让原本生活很方便的白猫没那么方便了，而让原本生活“不方便”的黑猫轻松了。这是怎么回事？此处抛出“两难”问题，引发幼儿思考，学习辩证思维。】

专家点评

选材有意：结合中班主题“常见的工具”进行选材，并从尊重中班幼儿年龄特点、儿童的需求出发设计活动，在环节中自然地注入学习目标。

互动有效：活动中，教师鼓励幼儿自主观察和思考，有意识地帮助幼儿梳理已有经验，为幼儿提供运用已有经验和知识的机会。认真倾听和理解幼儿的想法，并予以艺术的回应、及时的肯定和赞扬。

设计有心：活动最后环节抛出“两难”问题，打破幼儿的思维定势，启蒙幼儿的哲学思辨，体现本次活动的精妙设计。整个活动“联系生活”并“回归生活”，有后续发展价值，能让幼儿产生对生活中各种工具的好奇，探究发现如何合理使用各种工具。

建议：部分梳理总结的语言表述还可再精炼，做到要言不烦，恰到好处。

小 羊 和 狼

（核心领域：语言）

颜晓燕（上海市浦东新区东陆幼儿园）

设计思路

- **解教材**

《小羊和狼》是中班“幼儿园里朋友多”主题背景下的一个内容，讲述了动物朋友们团结一致帮助小羊对付大灰狼的故事。由于故事中的角色个性鲜明、情节简单、对话重复，所以孩子们非常喜欢表演这个故事。

- **析幼儿**

在幼儿的表演游戏中，时常能看到他们扮演故事《小羊和狼》中的动物角色，热衷于模仿动物间的对话，喜欢动物们一起对付大灰狼的情节。他们更注重表演游戏的游戏性，但对于用动作、表情来表现故事中的各个角色的能力有待提高。

- **说设计**

本次活动利用翻翻乐、听听演、猜猜演、魔法舞台等不同表演的形式让幼儿从多维度体验、感知，帮助幼儿运用多种方法（动作、语言、表情）表现故事中的各个角色。从而提升幼儿从一般性表现到生动性表现的能力，从目的性角色行为到嬉戏性角色行为，再到更高水平的目的性角色行为的回归，这些正是我设计本次活动的意义所在。

活动目标

1. 在熟悉故事内容的基础上，能用动作、语言、表情表现故事角色和故事情节。

2. 乐于与同伴一起进行故事表演，分享游戏的快乐。

活动准备

● **物质准备**

多媒体课件、头饰、装扮角色的道具等。

● **经验准备**

幼儿熟悉故事《小羊和狼》。

活动过程

一、谈话导入

（一）导语：今天魔法舞台要招募小演员，这是演出证，一起看看今天要表演什么故事。

（二）主要提问：这个故事你们听过吗？故事的名字叫什么？

你觉得故事里的狼是怎样的？小羊呢？

你能用表情或是动作表现狼的凶狠吗？

（三）预设小结：从你们的表演中让我看到了，这真是一只可怕、凶猛的狼。

【**设计意图：**通过“魔法舞台”招募小演员这一内容激发了幼儿表演的兴趣。运用词语说说狼和小羊的性格以及演一演狼都是调动幼儿的回忆，为下面的环节作铺垫。】

二、翻翻乐

快速翻图片，表演图片中的角色。

1. 翻到狼：请幼儿表演狼的表情。

2. 主要提问：你觉得这只狼凶狠吗？从哪里看出来的？

有什么表演的建议可以让它演得更凶猛？

3. 翻到羊：请幼儿表演羊的表情。

主要提问：这只羊演得太让我心疼了，我为什么会心疼？

4. 预设小结：小朋友演的和图片中的动物表情简直是一模一样，真是太厉害了。

【**设计意图：**“翻翻乐”的游戏调动了幼儿参与活动的积极性，以翻一翻、看一看、演一演、评一评的方式引导幼儿仔细观察动物的表情，进一步诠释狼的凶

猛可怕和羊的害怕伤心。】

三、听听演

用音乐感受狼和羊的不同。

1. 主要提问：这两段音乐你能分辨出狼和羊吗？

2. 预设小结：重重的、很响的音乐可以表示狼来了；欢快的音乐可以表示小羊。

3. 你们来试一试。

4. 预设小结：刚才狼群向我走来时我都被吓住了呢。

【**设计意图：**通过听辨两段截然不同、对比鲜明的音乐，引导幼儿在音乐中找寻小羊和狼，从个人到群体说说、演演故事中小羊在河边遇到狼的情节，进一步体会两者性格、情绪的强烈对比，从而帮助幼儿更好地进行表演。】

四、猜猜演

用动作表现故事中的动物。

1. 主要提问：哪些动物来帮助小羊了？你能用动作告诉我们吗？

2. 幼儿模仿故事中动物的动作，猜猜他演的是哪个动物？

3. 主要提问：你是怎么猜出来的？

4. 预设小结：我们可以通过不同的叫声、动作或者脚步声的轻响来猜测不同的动物。

【**设计意图：**在猜测的过程中帮助幼儿理解可以运用动作、声音、表情等不同表现方式来表演不同的动物，进一步激发幼儿表演的欲望。】

五、魔法舞台

1. 主要提问：看看今天魔法舞台上演的是故事中的哪个片段呢？

2. 幼儿分组表演。

3. 交流分享。

4. 预设小结：恭喜获胜的小朋友，你们将正式成为魔法舞台的演员啦。输了的那组没关系，我们回去再好好排练，争取下次也能获得魔法舞台的演出资格。

【**设计意图：**在找寻伙伴、商量角色、小组排练的过程中充分发挥幼儿的自主性和合作意识。在夸一夸、评一评的过程中幼儿不再局限于自己的表演，而是学会评价别人，学会欣赏别人身上的亮点。最后的亮灯竞演环节更是大大地激发幼儿表演的兴趣。】

专家点评

多维形式：在本次活动中，通过翻翻乐、听听演、猜猜演几个环节的层层递进和落实，幼儿从不同维度体验和感知表演的形式，从而掌握了运用多种方法（动作、语言、表情）表现故事中的各个角色。

积极支持：教师能耐心听、快速想、准确判断、及时回应，在和幼儿的互动中能给予不同幼儿充分的尊重和有效的支持。在今天的活动中，教师给予幼儿更多的时间去表达表现自己，将幼儿在表演中产生的质疑抛给同伴，让孩子们自己来解答更容易让幼儿接受，充分的表达表现让孩子们在今天的活动中得到了充分的满足。

建议：翻翻乐环节中引导幼儿仔细观察画面还不够深入，不仅要观察动作，还可引导幼儿观察情绪和情感（观察细节），形成狼和小羊情绪、情感的对比。

詹姆斯与篮球

（核心领域：健康）

沈　卉（上海市浦东新区龚路幼儿园）

设计思路

● **解教材**

幼儿园篮球运动不仅仅是体育教学的重要内容，还有一些文化、规则等在内，对孩子具有一定的教育作用，能够积极促进幼儿健康阳光地成长。

● **析幼儿**

幼儿从看一看、讲一讲、说一说各方面来读懂故事，通过趣味故事感受篮球运动的起源，培养幼儿表达能力，产生共情，与故事中孩子一起游戏，一起解决问题，培养孩子积极动脑、助人为乐的快乐精神，感受篮球运动带来的快乐。

● **说设计**

用故事的形式、游戏的方式让幼儿认识篮球运动的创始者——詹姆斯，了解篮球运动起源的简单过程，而且还感受到詹姆斯的智慧给我们带来的快乐。

活动目标

1. 观察画面阅读故事，初步了解篮球运动的起源。
2. 感受詹姆斯的智慧给人们带来的快乐。

活动准备

- **物质准备**

大图书1本、小图书12本、篮架2个、篮球2只。

- **经验准备**

幼儿有原地投篮经验。

活动过程

一、导入主题

（一）认识詹姆斯

（出示大图书封面）

1. 主要提问：图书上有谁？

2. 预设小结：今天就让我们一起来看一个关于詹姆斯的故事。

3. 过渡：别看詹姆斯是一位普普通通的老爷爷，他可是一位非常了不起的人。

（二）猜测故事

（翻至图书第一页：篮球、哨子、球衣、球场）

1. 主要提问：看看书上的图片，请你猜猜詹姆斯做的了不起的事情是什么呢？

2. 预设小结：篮球、哨子、球衣、球场，这些图片都和篮球有关系，詹姆斯做的了不起的事情确实跟篮球有关系。

3. 过渡：接下来，让我们一起来看一本小图书，书的名字叫《詹姆斯和篮球》，看看故事中的詹姆斯和篮球到底发生了什么有趣的事情呢？

【**设计意图：**引出故事，根据线索自主猜测，激发幼儿兴趣。】

二、阅读理解

（一）阅读分享，理解故事

1. 个体阅读

要求：（1）一人一本小图书。

（2）一页一页从前往后翻看图书。

（3）安静阅读，不影响别人。

2. 分享交流

（大图书翻至1、2页：寒冷的冬天，小朋友在屋里无事可干。）

（1）主要提问：故事发生在什么季节？说说理由。

图片中有谁？在干什么？

（2）预设追问：冬天是个怎样的季节？

从哪里看出他们的（无聊、不开心等）？

（3）预设小结：在一个很冷的冬天，小朋友们在屋里无事可干，好无聊！可是外面又太冷了，无法去玩耍，大家一点都不开心。

（大图书翻至3、4页：詹姆斯老师想出了一个游戏。）

（4）主要提问：看看，接下去发生了什么事情呢？

这个游戏是怎么玩的？

（5）预设追问：图书中是怎么告诉你这个游戏是詹姆斯想出来的呢？

小朋友们玩得快乐吗？说说你是从哪里发现的？

（6）预设小结：看着小朋友们又冷又无聊，詹姆斯老师灵机一动，把竹篮钉在墙上，拿起球，让大家一起玩投球的游戏。这个主意可真是太棒了，小朋友们玩得非常开心，身上也暖和起来了。

（7）过渡：有了这么好玩的游戏，小朋友们还会不开心吗？让我们看看接下去发生的事情。

（大图书翻至5、6页：竹篮破了，游戏无法再玩了。）

（8）主要提问：发生了什么事情，让游戏无法再玩了？

詹姆斯老师看到了这个问题，他会想什么呢？

（9）预设追问：怎样才能让篮筐可以更坚固？

（10）预设小结：用球投进篮筐的游戏真的非常棒，又好玩又有趣，还可以让身体很暖和。可是没玩多久，竹子做的篮筐破了好几个洞，游戏无法再继续了。

（11）过渡：看到了这一切，詹姆斯老师又想了一些好办法。那他会想到什么办法？又会发生什么呢？

（二）游戏体验，理解故事

1. 游戏：投篮

（1）交代任务：之后詹姆斯老师想了好几个办法，才让投篮的游戏变得越来越好玩。那詹姆斯老师想到了什么办法？又遇到了什么困难？让我们一起跟着故事中的小朋友们也来玩玩投篮的游戏吧。

（2）玩游戏

要求：多人玩一球，可以商量一下怎么玩。

今天游戏的内容是“投篮”。

边玩边想，这是个好玩的游戏吗？为什么？

（3）交流

主要提问：投篮的游戏好玩吗？为什么？

预设追问：你有什么好的建议吗？

（4）（大图书翻至第7页）小结：竹子做的篮筐那么容易破损，詹姆斯老师想出了用铁圈和绳子做成球筐，这样就牢固了。

2. 集体阅读

（大图书翻至第8页）

（1）主要提问：球筐牢固了，那故事中小朋友们玩得怎么样呢？

（2）预设追问：为什么每次都要用楼梯去取球？

（3）预设小结：篮筐牢固了，小朋友可用力开心地玩投篮游戏了，可是篮筐太高了，每次都要搬来楼梯爬上去从网里取出球，才可进行第二次游戏，大家都觉得有点不方便。

（4）过渡：怎样才能让游戏玩起来既好玩又方便呢？

（三）共同商议，解决问题

1. 主要提问：如何能方便地取出球网中的球呢？

看看詹姆斯老师想了什么办法？（图书翻至第9、10页）

你们觉得詹姆斯老师是个怎样的人？

2. 预设小结：詹姆斯用剪刀在线网下面剪开一个大口子，球直接从筐中掉下来，这个办法真方便。大家都很喜欢，然后就形成了现在的篮球架，詹姆斯老师是“篮球运动”的发明者。原来詹姆斯老师做的很了不起的事情就是发明了“篮球运动”。

3. 过渡：这么厉害的詹姆斯老师，这么好听的故事，让我们完整地欣赏一遍。

【设计意图：了解故事发生的时间、地点、场景，理解故事起因，如何解决问题疑问；通过游戏方式，实际体验幼儿遇到的问题；通过共同商议，解决游戏

体验中遇到的问题。】

三、欣赏延伸

（一）完整欣赏故事

（二）延伸：好听的故事会放在我们语言角中，还有许多的道具，有空的时候可以和好朋友一起听一听、讲一讲、演一演。

【**设计意图**：承上启下，完整感受与欣赏故事。】

专家点评

具有儿童视角：教师以“儿童视角”为切入点，从孩子的角度去剖析素材，创造性地使用詹姆斯的故事设计活动方案，符合幼儿的兴趣需求。

具有未来意识：教师在教材选择与活动设计的时候不仅关注各领域知识经验对幼儿成长的价值，更关注的是通过这个活动，对幼儿未来、他的一生都具有重要的价值，如仔细观察画面、大胆表达想法等，对孩子的观察能力、语言表达能力、主动探究能力提升都有一定的价值意义。

建议：变革教学模式，创设教学情境让孩子结合生活经验去发现、去表达。

提 起 瓶 子

（核心领域：科学）

邱　宏（上海浦东新区天天乐幼儿园）

设计思路

● **解教材**

中班“常见的用具”有“愿意学习使用一些简单用具，体会它们给人们带来的方便和快乐”这样一个内容与要求。我们生活中有时也会遇到没有适宜的工具，用随手可取的材料、利用不同材料的特性自制工具，能让幼儿更深入了解工具的作用，体会工具给我们带来的方便。

● **析幼儿**

中班的孩子具有一定的动手能力，且能通过观察比较事物，发现其异同，也能用一些图画、符号记录自己的探究过程或结果。所以提供能够变化组合的材料能满足幼儿动手操作的需求。多次的实验能让幼儿在比较中发现提起瓶子的关键在于材料与瓶口大小的关系，让幼儿实验操作和观察比较中学会发现问题、分析问题和解决问题。

● **说设计**

活动设计方面是希望通过游戏与挑战激发幼儿的好奇心，让幼儿在不断地发现问题、解决问题中积累经验。提供的材料由易到难，操作的过程也由简到繁，从单独尝试到多个组合，再到材料变形，同时为每一次探究设置了充裕的操作时间，让幼儿在层层递进的挑战中，探究发现提起瓶子的多种方法，从而积累起相关的经验。

活动目标

1. 探究提起瓶子的方法，感知材料宽度与瓶口大小之间的关系。

2. 乐于动手动脑，尝试材料的组合与改变，体验科学探究的乐趣。

活动准备

- **物质准备**

窄口瓶20个，样瓶2个，吸管、扭扭棒、弯弯乐若干，螺丝、黏黏球、串珠若干。

- **经验准备**

有动手缠绕物品的劳动经验。

活动过程

一、导入活动——激发幼儿探索兴趣，引起幼儿自主探索行为

导入：看！桌上有什么？瓶子里还有一根铁丝。如果我把铁丝向上拉，能不能提起瓶子呢？（一个能提，一个不能）

（一）主要提问：为什么他的铁丝能提起瓶子，而我的却不行呢？

（二）预设小结：原来提起瓶子的秘密在铁丝上。

（三）过渡：铁丝上绑了东西就能帮我们把瓶子提起来，是真的吗？我们来试一试。

【**设计意图：**幼儿通过游戏对提起瓶子产生兴趣。在观察比较中发现两个瓶子间唯一不同的是铁丝上绑了东西。幼儿瞬间觉得铁丝上绑了东西就可以把瓶子提起来，教师适时设疑，引发幼儿操作兴趣。】

二、操作体验——探索材料呈现大小与瓶口的关系

（一）第一次操作——熟悉材料，感受材料呈现大小与瓶口的关系。

1. 介绍材料：老师准备了三种材料，第一种黏黏球，第二种串珠，第三种螺丝。

2. 操作要求：

（1）用铁丝上黑色部分去绑材料，不然铁丝变得太短，会掉到瓶子里。

（2）每一次绑一种材料，试完第一种换第二种，三种材料都要去试一试。

（3）如果有材料能够成功提起瓶子，就请把成功的瓶子拿到前面的桌上展示。

（4）当操作的背景音乐结束了就请回到座位上。

3. 交流分享：

主要提问：桌上展示的材料都是螺丝，为什么没有串珠和黏黏球？

预设小结：材料小但瓶口大，所以它们很容易从瓶子里面出来，因此不能提起瓶子。

主要提问：为什么同样的瓶子、同样的铁丝、同样的螺丝，还会有不一样的结果呢？

预设小结：同样的螺丝，在瓶子中摆放的方向不同，结果也会不同。所以，不仅要用铁丝绑住螺丝，还要让螺丝在瓶子里能够横过来，使材料在瓶中的部分宽于瓶口，卡住瓶口，我们才能提起瓶子。

【**设计意图：**第一次操作给予幼儿充足的时间（5分钟）去熟悉材料，让幼儿自主地分别用铁丝绑住串珠、黏黏球和螺丝进行尝试，初步找到用铁丝绑住材料的方法。同时利用螺丝横绑和竖绑的不同，让幼儿感知是否能提起瓶子要看材料与瓶口的关系。】

（二）第二次操作——组合材料，感受材料组合呈现宽度与瓶口大小的关系。

1. 主要提问：第一次实验，我们发现黏黏球和串珠都没能把瓶子提起来，这两种材料真的不能成功吗？有没有办法改变它们，让它们成功呢？

2. 操作要求：

（1）请你们用两种材料再去试一试，可以试着改变一下。

（2）两种材料都试完了，就请把成功的瓶子拿到前面的桌上展示。

3. 交流分享：

主要提问：你们都成功了吗？为什么材料多了就能成功呢？

预设小结：实验发现，小材料我们可以组合叠加，使它在瓶中的宽度大于瓶口，铁丝绑上了这样的材料，就能卡住瓶口，帮助我们把瓶子提起来！

【**设计意图：**第二次操作使用的是第一次操作过的黏黏球和串珠，设计了2分钟的操作时间，让幼儿在操作中通过数量上的增加和组合，进一步积累材料比瓶口宽能提起瓶子的经验。】

（三）第三次操作——熟悉材料，感受材料自身变化后呈现大小与瓶口的关系。

1. 主要提问：如果没有其他材料帮忙，只有一根弯弯乐，或者一根扭扭棒，或者一根吸管，还能不能把瓶子提起来？

2. 操作要求：

（1）请你们用刚才的经验试一试改变一种材料使它能提起瓶子。

（2）试完请把瓶子拿到前面的桌上展示，放在相应的材料后面。

3. 交流分享：

主要提问：你是怎么做的？成功提起瓶子了吗？

观察这几个瓶子，猜猜它们能被提起来吗？说说你的理由。

预设小结：不管我们的材料是小还是大，或是更小，只要我们组合一下、改变一下，让材料在瓶中部分变得宽于瓶口，能卡住瓶口，就能帮我们把瓶子提起来！

【**设计意图：**第三次操作是新的材料，让幼儿借鉴前期的成功经验，通过弯、折、绕等方法改变材料，找到提起瓶子的办法。吸管有些许难度，所以设计了3分钟时间给予幼儿操作。希望幼儿在游戏与操作过程中喜欢探究，习得初步的探究能力。】

三、活动延伸——引发幼儿进一步探索，培养幼儿合作意识

主要提问：如果有一个瓶子，里面有六颗小圆珠，一人只拿一颗，你们还有没有办法把瓶子提起来呢？请你们去试一试。

【**设计意图：**中班下学期的幼儿应该有初步的合作意识萌芽，通过合作游戏，让幼儿既能巩固前期经验的积累，又能尝试与同伴合作，体验到合作的快乐。】

专家点评

整个活动环节设计逻辑性清晰，递进明显。

材料丰富：老师提供几种难易程度不同的材料，让幼儿在由简至难的操作中探索发现材料大小、方向和瓶口的关系，并积累通过材料的组合、变化使瓶中物体变大从而提起瓶子的经验。

自主探究：活动中，老师关注幼儿的自主探究，尤其通过操作时间的科学设定，给予幼儿更多思考和实践操作的时间，有效地支持了幼儿的探究行为。

建议：最后分享环节重点放在吸管上，可以询问幼儿遇到了什么问题，再让大家一起观察，最后解决问题，让幼儿得到更多科学经验的认知积累。

玩 转 粽 叶

（核心领域：艺术）

吴　芸（上海市浦东新区惠南西门幼儿园）

设计思路

● **解教材**

在《幼儿园教育指导纲要（试行）》中明确指出："要充分利用自然环境扩展幼儿生活和学习空间。"大自然是探索与发现最好的课堂，粽叶是我们身边有效的教育资源，如果合理利用，让孩子们通过直接观察，让他们在多元触摸、关注自然原生态的同时，"融生态之爱，蕴绿色之美"，在创新改造的过程中去实现它们的再生价值，帮助幼儿逐渐发现自然界的神奇与美妙，从而萌发热爱大自然生态环境的情感，发自内心地去呵护周围的生态环境，积极践行绿色低碳的和谐生活。

● **析幼儿**

中班的孩子喜欢亲近自然，经常去捡掉落的小叶子、小花瓣、小种子等自然物，对成人来说毫不起眼的东西，对于孩子来说都是宝贝。他们也尝试着去剪贴、折摆这些自然物，把它们创造成新的作品。中班幼儿想象力、动手操作能力较小班幼儿也都有明显提升，他们喜欢用手工制作的方式表现自己的所见所想，艺术创想能力与日俱增。

● **说设计**

基于我园爱的融情教育特色及端午节活动，我决定尝试用亲子制作的形式开展活动，旨在让妈妈奶奶和小朋友一起共同参与，用当季农村里常见的粽叶，来制作好玩的"玩具"。通过本次活动，让妈妈奶奶与孩子一起共成长，促进亲子关系，加强家园间的联系，融洽师、幼、家长间的关系，同时让孩子体验亲子课堂的快乐，让家长了解幼儿园活动的意义，知道用生活中随处可见的物品也能给孩子带来快乐。

活动目标

1. 欣赏粽叶作品，感受自然物制作的工艺品的艺术美。
2. 尝试运用各种不同方法，亲子共同巧变粽叶，体验亲子制作的快乐。

活动准备

- **物质准备**

PPT、粽叶若干、辅助材料及工具：牙签、双面胶、透明胶、剪刀、纸、红线、干花、眼睛装饰品等。

- **经验准备**

孩子对生活中的自然物有一些认识，并会折剪等一些常用方法。

活动过程

一、视频导入

（一）导语：今天老师请来了一位吴奶奶，我们一起和她打个招呼吧！吴奶奶要带我们去一个有趣的地方，一起去看看吧！

（二）主要提问：你们认识这个叶子吗？

吴奶奶在做什么呢？

过渡语：我们来听听吴奶奶是怎么说的吧！

（三）预设小结：原来吴奶奶在小河边摘粽叶呢。吴奶奶决定把她摘的粽叶送给大家呢！

【**设计意图**：通过观看吴奶奶采摘粽叶的视频，激发幼儿学习兴趣。】

二、欣赏粽叶作品

过渡语：大家一起闭上眼睛，数“一、二、三”，看！粽叶变出来了！

（一）主要提问：咦？怎么是拖鞋呢？

粽叶去哪里了？

你想用粽叶做什么呢？

你会用什么好方法呢？

（二）预设小结：原来粽叶也会大变身呢，小小粽叶可变出各种各样的工艺品。

过渡语：你们想不想也来试一试？今天吴奶奶把粽叶带来放在后面的桌子上了，和妈妈奶奶商量下你们想把粽叶变成什么，我们大家一起给粽叶大变身吧！

【**设计意图：**在欣赏粽叶制作的小物品的过程中，初步感知粽叶的不同巧变方法，激发幼儿的创作欲望。】

三、亲子创作粽叶作品

（一）关注亲子创作的任务分配情况。

（二）指导幼儿使用“折叠”“剪贴”等不同的方法制作粽叶制品。

（三）关注幼儿是否安全有效地使用工具。

【**设计意图：**幼儿和家长共同完成粽叶手工作品，把自己的创意表现出来，体验亲子制作的快乐。】

四、交流粽叶作品

（一）主要提问：你和妈妈奶奶做了什么东西？

你能介绍下这是怎么做的吗？你用了什么方法？

妈妈奶奶对于今天的活动有什么想跟孩子们说的吗？

（二）预设小结：今天宝贝和妈妈奶奶都很厉害，一起把粽叶大变身，做出了这么多好玩、有趣的东西。我们拿着我们的作品去展示给更多的人看吧！

【**设计意图：**通过交流分享作品，提升幼儿的表达能力，提升亲子感情。交流中关注展示粽叶巧变的方法。】

专家点评

自然教育：通过精彩的亲子活动，幼儿在多元触摸、关注自然原生态的同时，在创新改造的过程中实现了它们的再生价值，萌发他们热爱大自然生态环境的情感。

亲子合作：家长的共同参与给予幼儿与家长全新的亲子活动体验，在交流与操作的过程中，家长学习感受孩子真实的需要，在老师的带领下学会用正确的语言和肢体动作来支持幼儿的每个想法，真正实现了基于儿童视角。

水中精灵

（核心领域：艺术）

张子菁（上海市浦东新区冰厂田临港幼儿园）

设计思路

- **解教材**

《水中精灵》是基于临港的海昌海洋公园资源，来源于幼儿的生活。海洋公园里的每一个生物都吸引孩子的目光，在集体投票中水母成了孩子的最爱，孩子们对水母充满了好奇和兴趣。在前期对水母有了一个基本了解后，孩子们希望能表现出自己独一无二的水母，于是心动不如行动，我们找到了值得支持孩子们尝试的教学内容。

- **析幼儿**

本班幼儿对水母的外形特征和基本构造都有一个基本的了解，因为喜欢，他们也非常愿意欣赏并观察有关水母的各种图片，发现画面上水母不同的动态的美，为本次活动的表现奠定了基础。除此以外，我班孩子在平时的美术活动中有丰富的尝试多种绘画材料工具进行创作的经验，使得今天的活动实施起来会比较自然和轻松。

- **说设计**

《幼儿园教育指导纲要（试行）》明确指出我们应该给儿童提供自由表现的机会，支持儿童富有个性和创造性的表达。本次美术活动重在感知水母的不同动态，并用水彩笔、毛笔、记号笔等材料表现水母。考虑到中班幼儿的年龄特点，素材上选择了色彩丰富且鲜活灵动的水母照片和动态图，充分调动幼儿的情感体验并激发幼儿的想象力和创造欲，多元的材料给幼儿提供了个性化的创造机会。

活动目标

1. 欣赏感知水母的形态，尝试用晕染和添画的方式表现不同形态的水母。
2. 积极投入艺术创作，大胆合理运用各种材料和工具，体验晕染的乐趣。

活动准备

- **物质准备**

水母录像、水母图片、音乐《海洋》、水彩笔、毛笔、水、宣纸、毛巾。

- **经验准备**

幼儿了解水母的外形特征，了解水母的基本构造。

活动过程

一、欣赏水母录像

导入：你们瞧，这是什么？有这么多漂亮的水母在水中舞动。

主要提问：看完水母表演，感觉怎么样？

预设小结：水母在海里发着光、跳着舞，真美啊！

【**设计意图：**感受水母世界的奇幻美妙。】

二、分享水母照片

（一）介绍水母照片，感知水母的外形

过渡：之前你们都和爸爸妈妈去海昌海洋公园拍摄了好多美丽的水母照片，今天我也带来了。

主要提问：哪位小摄影师来介绍一下你拍的水母？

你拍摄的水母它有什么特别的地方？

预设小结：你们可真厉害，知道水母有很多种类，还有很多不同美丽的颜色。水母就像一个个伞状的小精灵一样漂在海里，形状、颜色和触手都不一样，可真神奇呀！

（二）观察水母动图，感知水母的动态

过渡：在神秘的海洋里还有好多五彩缤纷的水母，一起来看一看吧。

主要提问：水母精灵好像在干什么呀？

谁来模仿一下你喜欢的水母，让大家来猜一猜？

预设小结：水母宝宝往旁边游得可快了，触手都摇摇摆摆地跟在身后；往下游时，触手是朝上的。有的水母精灵像在跳芭蕾，有的手拉手好像在玩吹泡泡的游戏，有的可厉害了在倒立比赛呢，真有趣。

【**设计意图**：通过真实的图片来感知水母的形态。】

三、自由创作水母

（一）过渡：我们之前用伞创造出了大水母，今天我们要画五彩缤纷的水母，可以用一些什么材料呢？

（二）出示材料

主要提问：今天我也给你们准备了一些材料，想一想，这些材料该怎么用呢？

这么多材料一起用，该注意些什么才能创作出美丽的画呢？

预设小结：你们的想法都不错，水彩笔可画出水母不同的颜色，毛笔和水宝宝也来施展魔法让水母变大变小。记号笔可以画触手和花纹，还能画出水母不同的动作，让它们玩有趣的游戏，你们的水母会在大海里做什么游戏呢？快去试一试吧。

（三）幼儿自由创作，教师巡回指导

1. 注意水母的色彩搭配以及水母的大小、形状。

2. 鼓励幼儿画出水母不同的动态。

【**设计意图**：探索用水彩笔和水如何创作出水母的形态，感受晕染的乐趣。】

四、分享交流

主要提问：你画的是什么水母？水母在做什么呀？

预设小结：这么多水母精灵在一起，真有趣！我们带它们一起去和教室里的水母家族做游戏吧！

【**设计意图**：幼儿在分享和互相欣赏中感受晕染水母画的美感。】

专家点评

内容适切且设计重难点清晰：由于活动来源于孩子们的喜欢，所以幼儿对于观察和表现都表现出了很高的兴趣。设计中，教师把活动重点放在了观察水母的不同动态，难点是给孩子提供多元的材料，每个孩子都思考多元的材料怎么样来表现、表达水母这种不同的动态。使得有的在原有的经验基础上，有了新的挑战和收获，作品呈现的效果也非常唯美，每个孩子在充分欣赏后都能表达表现，水母外形细节也在孩子们的手中充分表现。

材料丰富且指导到位：本次活动教师大胆用了各种艺术表现材料，鼓励孩子使用多元材料表现，显然能帮助孩子们更好地投入创作。不仅如此，教师对于创作前的指导也是用心的，一些提问引导幼儿做了必要的思考，使得之后的创作成了有目的有方法的探索，活动有序而有效。

建议：在分享环节中可以充分地让幼儿表达，请幼儿介绍他的表现方法，用的什么材料创造出了水母。教师应围绕目标中的两条做进一步的共赏和引导，让孩子在表达表现与美术工具材料运用上获得更多清晰有益的感悟。

小兔的连衣裙

（核心领域：艺术）

王燕华（上海市浦东新区下沙幼儿园）

设计思路

- **解教材**

中班“春天来了”这一主题的内容与要求中指出：我们应让幼儿感受大自然美丽的景象，积极以各种方式表达自己的情感与体验。为此，我选取了绘本《我的连衣裙》这一素材。故事不仅讲述了小兔在美丽花园中的神奇经历，还描绘了春天幼儿熟悉的景色，能自然萌发幼儿对大自然的热爱之情，是紧扣主题要求，依据素材点选择的优秀活动内容。

- **析幼儿**

我园是以亲自然课程为特色的幼儿园，多年来，我们将接触自然、感受自然的各类活动整合在全园幼儿的一日活动中。因此，幼儿拥有了大量亲近自然的机会，他们对于自然的认识与观察能力相对同年龄孩子而言显现出明显的优势和强烈的兴趣。而我们班孩子在过去小班一年的幼儿园生活中，还定期开展户外写生活动，所以，幼儿在观察了解自然及即兴表达表现方面是有较为充足的前期经验铺垫的。

- **说设计**

《3～6岁儿童学习与发展指南》关于艺术领域的目标要求：艺术是人类感受美、表现美和创造美的重要形式，也是表达自己对周围世界的认识和情绪态度的特有方式。幼儿艺术领域的学习关键在于充分创造条件和机会，在大自然和社会文化生活中萌发幼儿对美的感受和体验，丰富其想象力和创造力，引导幼儿学会用心灵去感受和发现美。

基于指南的要求，我在设计本次《小兔的连衣裙》的集体教学活动时做了以下三点新尝试。1. 利用故事情节，引出“小兔来到花园”的话题，构建了合理的创作情境。2. 将美术课堂搬到户外，鼓励幼儿在具体生活情境中观察表现，帮助幼儿更好地亲近自然。3. 改编故事情节，引导幼儿做有目的的集中观察，依托合理的情节发展，推进幼儿多元表达表现。

活动目标

1. 发现小兔连衣裙的有趣变化，愿意尝试运用实景观察写生的方法为连衣裙添画。

2. 亲近自然，感受大自然的美，进一步体验故事的神奇与美好。

活动准备

- **物质准备**

大兔子一个、小兔子人手一个、写生板、马克笔、蓝牙音箱。

- **经验准备**

1. 幼儿前期有写生的经验。

2. 初步认识花园中常见的花卉并知晓其名称。

活动过程

一、欣赏会变的连衣裙

导入：上一回我们听过一个有趣的故事，故事里有只小兔子，遇到了一件神奇的事，小兔子用天上飘下的布做了一条连衣裙，一条有魔法的连衣裙。想想，这条连衣裙有怎样的魔法？（幼儿简单回忆故事）

教师：这会儿，小兔穿着它的连衣裙又来到了我们幼儿园，它说，幼儿园的花园真漂亮，我们一起带着小兔，去我们的小花园逛逛吧。

【**设计意图：**绘本故事作为引发幼儿艺术创作的素材，无需过于详细地展开，只需唤醒幼儿经验，简单引出即可。教师可以合理运用集体教学的时间为完成今日活动目标做努力。因此，此环节要简单明了，点到即可。】

（一）小兔来到蝴蝶花前

主要提问：小兔的连衣裙发生了什么变化？

幼儿观察并发现连衣裙变成了蝴蝶花图案的裙子（重点关注颜色：蝴蝶花的颜色是黄色和紫色相间的）。

预设小结：小兔穿上蝴蝶花图案的裙子，真漂亮。

（二）小兔来到常春藤前

主要提问：小兔的连衣裙变成了什么图案的连衣裙？

幼儿观察并发现连衣裙变成了常春藤图案的裙子（重点关注形状：常春藤的叶子像鸭掌一样，很特别）。

预设小结：小兔穿上常春藤图案的连衣裙，真漂亮。

（三）小兔来到紫叶酢浆草前

主要提问：小兔的连衣裙又变成了什么图案的连衣裙？

幼儿观察并发现连衣裙变成了紫色花裙子（重点关注颜色及形状：紫叶酢浆草的叶子是深紫色的，由三片像三角形的小叶子组成一片大叶子，花朵是小小的，粉红色的）。

预设小结：原来小兔的连衣裙有神奇魔力，只要它看见什么裙子就会变出什么来。这真是一条有趣的连衣裙。

【**设计意图：**本环节通过三次随着情节变化推进的欣赏与讨论，旨在帮助幼儿从不同角度观察并表现小花园中各种美丽的事物。注意引导中班幼儿从色——形——细节特征步步深入地观察，为之后表现做有意义的准备。】

二、添画小兔的连衣裙

教师：这件事让森林里其他小兔知道了，大家都很想拥有一条有魔力的裙子。于是，小兔用剩下的布，为其他小兔也做了一条连衣裙。瞧，穿着连衣裙的小兔都来了，请你们带着它们在我们幼儿园的花园里走走，帮着它们的连衣裙变出美丽的图案，好吗？

（一）讲述要求

1. 先带着你的小兔子去走走、看看，想想它的连衣裙还能变成什么图案。

2. 选择一个你觉得最漂亮的地方，轻轻坐下，为小兔的连衣裙添画上好看的图案。

（二）幼儿添画，教师观察指导

1. 幼儿添画时能否大胆选择喜欢的事物，运用写生的方式进行连衣裙添画。

2. 引导幼儿不要在阳光直射处进行写生活动。

【**设计意图：**艺术活动心动才能行动，教师合理地续编了故事，引出了更多兔子想拥有连衣裙的情节，为幼儿之后的创作起到了推动作用。教师在实施这一环节时，应始终在故事情境中推进活动展开，注意以故事中小兔子们的需要引导幼儿更投入地创作。】

三、说说美丽的连衣裙

主要提问：你帮小兔把它的连衣裙变成了什么图案？请你带着你的小兔来说一说吧？

预设小结：你们的小兔都穿上了不同图案的连衣裙，有的小兔穿上了××图案的连衣裙，有的……小兔的连衣裙真漂亮啊！

结束语：我这里还有一些小兔没有穿上漂亮的连衣裙，等着你们来帮助它们呢。找时间带着它们到不同的地方走一走，看看小兔的连衣裙还能变成什么。

【**设计意图：**因为本次活动安排在室外场景中进行，因此教师在分享环节可以积极利用实景实物做积极的对应，进一步推进幼儿细致观察，大胆表现能力的发展。例如：找找这条裙子上的小花在我们花园里的哪儿出现？看看这棵大树上还有什么？想想裙子上的这棵大树还可以添些什么等。】

专家点评

有益：《小兔的连衣裙》活动，教师巧妙地选取了绘本的情节，有选择、有目的地将绘本中小兔连衣裙的变化直接以观察自然的形式呈现出来，给予了孩子充分表达表现小花园美景的合理理由。使得幼儿的创作成了在情境下的自然行动，拓展了阅读的意义，也发展了幼儿的表现力和创造力。

有序：集体活动中，教师对于引导幼儿观察发现连衣裙花样变化，推进幼儿有序表现是有细致思考的。主要分为三步：观察蝴蝶花（重点关注颜色）——常春藤（重点关注形状）——紫叶酢浆草（重点关注颜色及形状）。这样有序的观察讨论，对于之后幼儿自主的写生活动是有显著教育作用的。

有趣：在户外开展的集体教学，为兔子们找寻有魔法的连衣裙，看见神奇连衣裙上的小小世界，这些都赋予了整个活动丰富的情趣，使得这个活动成了幼儿喜欢的艺术创作活动。

建议：由于本次活动在户外组织开展，因此最后分享交流的环节教师在整体呈现作品上稍显经验不足。建议1. 可以提前准备两块拿取方便的展板，引导幼儿在创作之后及时将作品自行贴到展板上，以便之后整体呈现在幼儿面前，做更清晰的观察和分享。2. 也可在回到教室后，将作品直接放入预先创设的墙面展板上，让孩子自然完成教室环境的共建任务，也能方便幼儿与同伴相互欣赏和交流。

嘘，我们有个计划

（核心领域：艺术）

陆晓雯（上海市浦东新区常青幼儿园）

设计思路

- **解教材**

最近我们在开展“在动物园里”主题活动，孩子们都非常喜爱动物。选择《嘘，我们有个计划》这本绘本故事，是想通过令人捧腹又富含深意的内容、三个猎人和小孩之间鲜明的形象以及奇妙出彩的构图设计，把孩子一下子拉入“爱护动物”情境之中，让孩子跟随美丽的小鸟一起，去体验一个出了错的“好计划”。这本绘本内容也正好契合了我园的课题《绘本教学促进幼儿绿色生活方式养成的实践研究》——“绿色生命”的小主题“保护动植物”。通过此绘本，让孩子进一步了解鸟类是人类的朋友，萌发善待小动物、爱护小动物的情感。

- **析幼儿**

《3～6岁儿童学习与发展指南》中说到中班幼儿能运用绘画、手工制作等表现自己观察到或想象的事物，我们班的幼儿也是非常喜欢参与艺术活动的，他们乐意在生活中细心观察、体验，活动中所需要的废旧材料也是幼儿平时一同收集的。微艺术活动积累了丰富的经验与材料，老师只需要提供丰富的材料，让幼儿自主选择如何造鸟窝，用自己喜欢的合作方式去创作，引导幼儿围绕绘本展开想象，进行艺术表现。

- **说设计**

本次活动以绘本故事为支架，共设计了三个环节：游戏导入，引入活动主题；观察画面，理解绘本内容；搭建鸟窝，激发护鸟情感。我用贴合故事情节、层层递进的环节设置，引领幼儿在感受绘本、感受人物不同角色形象的过程中，通过大胆猜想、表达、利用废旧材料制作鸟窝的过程中来引导幼儿对绘本故事的理解，让幼儿了解鸟类是人类的朋友，从而激发幼儿保护小鸟的情感。

活动目标

1. 尝试和同伴一起利用废旧材料，为小鸟建造舒适的家。
2. 喜欢观察有趣的绘本故事，激发保护小鸟的情感。

活动准备

- **物质准备**

教具：自制课件。

学具：收集各种废旧材料（树枝、树叶、水桶、鞋盒等）、小鸟若干、剪刀、胶水等。

- **经验准备**

幼儿有观赏过鸟类、参观动物园的经历。

活动过程

一、游戏导入，引入活动主题

导入：陆老师发现一个秘密，有的时候不需要我说话，你也能知道我想说什么，我们来试试看！

教师做手势（起立、转圈、坐下）。

过渡语：你们好棒，刚才老师都没有说话，但是你们一看我的动作就知道我要说什么。

【**设计意图：**通过玩看动作指令的游戏，旨在不仅能集中幼儿的注意力和参与活动的兴趣，也为让幼儿初步了解通过动作知道动作代表的含义，为喜欢观察有趣的绘本故事作铺垫。】

二、观察画面，激发护鸟情感

（一）观察画面，了解“嘘”的含义

主要提问：现在让我们来看一个画面，他们做了什么动作？

嘘！这个动作代表什么意思？

预设小结：“嘘”代表安静，不要说话。

（二）出示PPT，讲述故事开始部分（猎人开始计划）

主要提问：森林的夜晚静悄悄，你们瞧！1，2，3，来了几个人？这三个人想干什么？

预设小结：这三个人就是猎人，他们想趁着晚上黑漆漆的，悄悄地去森林打猎。

主要提问：这时候有个小孩悄悄地跟在猎人的后面，你们猜猜猎人会有什么反应呢？

预设小结：原来这三个猎人发现小孩跟在他们后面，都做了相同的动作，（猜猜什么动作？）猎人说：“嘘，嘘，我们有个计划！”

（三）出示PPT，讲述故事第2段（猎人开展行动）

主要提问：猎人有什么计划？

预设小结：猎人计划用网兜去捕捉小鸟。

主要提问：猎人抓到了吗？那么你们希望小鸟被抓吗？

过渡语：哎呀，三个猎人还是没抓到小鸟。

（四）出示PPT，讲述故事结局，揭晓答案

主要提问：这时候发生了一件奇妙的事情，你们发现了什么？

追问：小鸟为什么会来呢？小孩在干什么？

预设小结：看！来了1只鸟、2只鸟、3只鸟……越来越多的小鸟来到了小孩的身边，小孩给小鸟喂食，小鸟给小孩唱歌，和小鸟做朋友真是一件非常快乐的事情。

主要提问：小孩对猎人们说了一句话：嘘，我有一个计划！小孩会有什么计划呢？

刚刚小孩把计划偷偷告诉了陆老师，他想给小鸟做窝，你们觉得最舒适的鸟窝会是什么样的呢？

预设小结：你们都好厉害，舒适的鸟窝是暖暖的、软软的，是能够给小鸟们挡风遮雨的地方。

【**设计意图**：此环节在充满意趣的画面和情节中通过教师层层递进的引导，

逐步理解猎人与小孩对待小鸟的不同方式，了解和小鸟做朋友是件快乐的事。激发幼儿护鸟情感，为幼儿给小鸟造家作情感上的铺垫。】

三、同伴合作，帮助小鸟造家

教师：看，我们身后也飞来了很多小鸟，我们一起来给小鸟建造家吧！

（一）搭建要求

1. 这里有造鸟窝需要的材料，桌子上也有你们需要的辅助材料，使用材料时要小心，使用完毕后要物归原处。

2. 每张桌子上都有一只小鸟，请大家找一个好朋友，和他一起选一只小鸟，给小鸟造一个鸟窝。

3. 等会播放音乐，音乐结束请把鸟窝送上来，但音乐时间有限，抓紧时间和好朋友一起去做鸟窝吧！

（二）幼儿操作

（三）展示鸟窝

主要提问：哇，我们的小鸟都有自己的家啦，你们觉得哪个小鸟的家更舒服呢？

预设小结：我们都为小鸟们搭建了牢固温暖的鸟窝，真是有爱心的好宝宝。小鸟是我们人类的好朋友，嘘，我们有个计划：要一起保护小鸟，还要保护更多的小动物。

【**设计意图：**本环节旨在鼓励幼儿两两结伴，利用不同的材料为小鸟搭建一个牢固且温暖的鸟窝。完成任务后各自展示自己的鸟窝，通过分享交流，激发幼儿保护小鸟的情感。此环节还需关注及提醒幼儿在使用材料时要注意安全。】

专家点评

富有情趣：整个教学活动富有情趣，幼儿乐于参与活动。开放性的主要提问让幼儿有话可说。猎人、小孩与鸟之间的奇妙变化，激发了他们的观察兴趣。

具有挑战：整个活动借助优秀绘本，让孩子在观察、讲述、猜想中体验善意，感受美、发现爱、启迪智慧，这对中班幼儿来说是有一定挑战的。而幼儿和同伴合作造鸟窝的形式也是具有挑战性的。教师能及时肯定幼儿的创意，给予鼓励和赞扬，给幼儿提供了创作的空间。

建议：幼儿的创造想象力有待进一步提升，教师需关注幼儿想象力的培养，如留白的空间能充分发挥幼儿的创造力去搭建，并鼓励他们用响亮的声音表达。

大　鱼

（核心领域：语言）

吴蔡堃（上海市浦东新区天虹幼儿园）

设计思路

● **解教材**

《大鱼》是难得的优秀中国风绘本，结合主题“我们的城市”的开展，与孩子们共读这本绘本，希望通过阅读，帮助孩子们了解故事中小渔村的美好，知道一些关于中国人的传统文化，以及珍惜当下所拥有的重要性，感受朋友、家给人们带来的强烈幸福感。

● **析幼儿**

分析目前大班幼儿阅读的现状，结合本书的特质，以及儿童哲学的相关概念，设计了这一活动。本活动是以绘本为载体，以儿童哲学为背景的大班语言活动，在互相尊重和接纳他人想法的同时，享受思考的快乐。

● **说设计**

本活动安排三个主要环节，从扉页自然导入，引导幼儿细致观察入手，之后再借用绘本画面，加入的图片欣赏以及符合情节需要的号角歌声，推进幼儿对故事情节的理解，努力使幼儿全面感受到故事的起承转合以及相关的情感变化。通过几个关键性的问题，带着孩子从最初的自我感受幸福，逐渐跳脱出来，感受别人的幸福，随后，实现一个高度，就是别人的幸福也会成为我的幸福。最后，通过观察大图，发现幸福原来一直在身边，从而珍惜现在所拥有的眼前的幸福。

活动目标

1. 欣赏故事，了解男孩遇到大鱼前后心情的变化，寻找男孩当下所拥有的美好，主动交流分享阅读感受。

2. 看看说说故事里充满爱的点滴小事，体会生活充满阳光和希望的幸福。

活动准备

- **物质准备**

PPT、版画大图等。

- **经验准备**

幼儿听过“幸福”这个词汇，对这个词有自己的感受。

活动过程

一、“幸福”导入——引出渔村故事

主要提问：你们觉得怎么样算是幸福的？

预设小结：不一样的人，在不一样的时候，都有属于自己的幸福。

【**设计意图：**旨在激发幼儿对故事的兴趣，帮助幼儿回顾自己对“幸福”的理解。】

二、绘本阅读——理解故事内容

（一）讲述故事第一段，说说男孩幸福还是不幸福

主要提问：你觉得这个男孩幸福吗？

预设小结：有的人觉得他幸福，有的人觉得他不幸福，答案只有男孩自己知道了。

（二）讲述故事第二段，讨论他放走小鱼的原因

主要提问：刚才还因为捕到鱼而高兴，这会儿他为什么又愿意放掉这条鱼？

预设小结：也许是因为他的同情心，也许是因为他想到了未来，有太多的可能，但结局是一样，男孩放掉了这条小鱼。

【**设计意图：**以共同阅读故事课件的形式，通过背景铺垫、情绪体会和细节

观察等多种方式，梳理故事发展的大致内容，感受主人公情绪上的变化。】

三、图片欣赏——体会男孩幸福

（一）观察图片，找找男孩身边的幸福

主要提问：男孩看到了怎样的景色？有没有找到幸福？

预设小结：就在他看到这么多美丽景色的时候，他最想念的，依然是他的家。

（二）故事结尾，体会男孩和他家人的幸福

主要提问：这天回家，男孩什么都没有，他的家人见到他回来，心情会怎样？

这一家人今天有没有找到幸福？

预设小结：男孩的善良会让他的家人欣慰，而男孩的平安归来，一家人的团团圆圆，对他们来说，才是最大的幸福。

【**设计意图：**通过欣赏渔村的4幅图，尝试与男孩产生情感共鸣，体会身边唾手可得的幸福。】

四、活动延伸

主要提问：为什么有“休渔期”？

预设小结：渔村的人们更了解鱼了，他们知道学会保护才能获得更多的幸福。

【**设计意图：**将幸福提升到人与自然之间的和谐共处，尝试理解保护资源的重要性。】

专家点评

哲学思考：《大鱼》是以儿童哲学为背景的大班语言活动，在今天的活动中，吴老师带领孩子们围绕“幸福到底是什么”的话题进行探讨，引导孩子们从最初的自我感受幸福到学着感受别人的幸福，发现幸福原来一直在身边。

智慧互动：活动中，吴老师能鼓励幼儿积极表达自己的想法，在互相尊重和接纳他人想法的同时，享受思考的快乐。

建议：自主阅读+多元整合。活动中，我们可以让孩子们自己阅读，把自己的经验抛出来之后再进行师幼共振。同时，通过活动中的音乐元素，让幼儿体会歌声中、号子声中浓浓的幸福感。教师可以尝试整合这些元素，带动幼儿情感，体现捕鱼人的力量和快乐。

我做哥哥了

（核心领域：语言）

沈　璐（上海市浦东新区民乐幼儿园）

设计思路

● **解教材**

《我做哥哥了》是本情感细腻的绘本，全书以“我做哥哥了”为线索贯穿始终。故事中的主人公猫哥哥野田从刚开始做哥哥的不开心，到保护弟弟妹妹的勇敢，再到感受做哥哥的自豪，诠释着野田的心理变化，跌宕起伏的故事情节能深深吸引幼儿。特别是大班的幼儿似乎能在野田的身上看到自己的影子。结合当今社会很多家庭都有了二孩，而做哥哥姐姐的一些情感体验肯定有所不同。因此，选择这本绘本作为教学活动的素材点非常适合时下的大班幼儿。

● **析幼儿**

大班的幼儿，成为幼儿园的哥哥姐姐后，逐渐开始有了我已经是哥哥姐姐的情感体验。而我班的部分孩子家里也有了弟弟妹妹，孩子们有时会觉得家长不再关注自己，会有失落感。因此，绘本故事中野田的心路历程也就是孩子们的心理变化。为了让大班幼儿进一步感受做哥哥姐姐的感觉，有初步的责任感，特设计了本次教学活动。

● **说设计**

在本次活动中以主人公野田的内心活动作为线索，引导幼儿通过观察猜测画面，感受一开始有弟弟妹妹的开心惊喜；再到内心的失落，想甩掉弟弟妹妹；最后有着当哥哥的责任感保护弟弟妹妹的一系列心理变化。活动环节层层递进，凸显了做哥哥的自豪感。在最后的环节，抛出问题：“以后的野田会怎么做呢？”鼓励幼儿把之后的故事按自己的想法画成小图书，下次讲讲《我做哥哥了》第二集，从而继续让幼儿感受到做哥哥姐姐的自豪感。

活动目标

1. 仔细观察画面，猜测、想象野田不同情境下的内心变化，尝试用较连贯的语言表述故事情节。

2. 感受做哥哥的自豪感和责任感。

活动准备

- **物质准备**

PPT、绘本P10—P18页复印图片（野田带弟弟妹妹过独木桥、捉迷藏画面）。

- **经验准备**

有做哥哥姐姐的感受。

活动过程

一、谈话导入

主要提问：你们有弟弟妹妹吗？你是怎么做哥哥姐姐的？

今天的野田心情怎么样？哦？是发生了什么好事吗？

可是，快乐的日子没过几天，你们再看看野田怎么了。

预设小结：猫妈妈生了五只小猫，野田做哥哥了，它好高兴啊。可是，弟弟妹妹还小，妈妈没有时间照顾野田了，野田心里很难过。让我们一起去瞧瞧到底发生了什么事。

【**设计意图：**通过和幼儿聊聊自己当哥哥姐姐的话题，引发幼儿做哥哥姐姐的已有生活经验。并从自己迁移到感受故事主人公“野田”做哥哥后的喜悦心情，由此抛出问题为后面的转折作铺垫。】

二、观察猜测

（一）集体观察图片

1. 野田带着弟弟妹妹散步。

主要提问：弟弟妹妹渐渐长大了，有一天妈妈交给野田一个任务，带弟弟妹妹出去散步。它们是怎样散步的呀？

预设小结：野田低着头，愁眉苦脸，不情不愿地一步一步向前走。而弟弟妹妹开开心心地一个跟着一个和野田哥哥散步。

2. 野田带着弟弟妹妹爬树。

主要提问：走着走着来到了一棵大树下，野田停住了脚步，它想干吗呀？

预设小结：是呀 野田所有想做的事情都是想“甩掉”弟弟妹妹。

追问：会发生什么事情呀？野田哥哥会怎么做呢？

谁能把野田哥哥救弟弟妹妹的事情，用长长的连贯的话来说一说？

终于脱险了，弟弟妹妹最想和哥哥说什么呀？野田心里怎么想的？

预设小结：虽然好不容易甩掉了弟弟妹妹，但是看到弟弟妹妹都快摔下来时，还是回去把弟弟妹妹一个个救了下来，谁让我是哥哥呢。

过渡：它们继续往前走，野田带着弟弟妹妹去哪里散步？弟弟妹妹会发生什么危险的事情？野田哥哥是怎么做的？请你把这几张图片连起来说一说。

（二）自主观察图片

1. 交代要求：我这里有几张野田带弟弟妹妹散步的图片，说说要带着哪些问题去看这些图片呢？看明白了，去旁边换几幅去看一看，说一说。

（1）玩捉迷藏游戏

（2）过独木桥

2. 交流分享

主要提问：刚才我们都看过了野田带弟弟妹妹散步的事情，请你来说说发生了什么事情，野田是怎么做的？

预设小结：每次野田想甩掉弟弟妹妹，看到弟弟妹妹发生危险，还是毫不犹豫地去救它们，谁叫我是哥哥呢。

主要提问：现在弟弟妹妹围在哥哥周围在干什么？

预设小结：弟弟妹妹有的抱住哥哥的腿，有的趴在哥哥的头上，有的靠在哥哥的身上，实在太喜欢它们的哥哥了。

主要提问：野田把弟弟妹妹安全带回家，猫妈妈早早地等在家门口，看到它的孩子们安全回来了，可高兴了，弟弟妹妹围着妈妈最想对它说什么呀？

野田听了妈妈的表扬，心里会想什么呢？做哥哥的感觉是怎样的？

预设小结：现在的野田啊，觉得做哥哥真不错，虽然有些烦恼，但是这种烦恼还挺有趣，还可以保护弟弟妹妹。

【设计意图：本环节中教师运用了集体观察和自主观察的两种不同组织形式的阅读方式。通过观察猜测，引导幼儿对“野田”这一角色在面对自己做哥哥后出现的矛盾心理、情绪变化和一次次战胜自己不断成熟这一过程的理解，并鼓励幼儿能大胆地用完整语句表述自己的猜想，感受做哥哥的自豪感和责任感。】

三、创编故事

这个故事的名字是《我做哥哥了》。野田一天一天成为了一个出色的哥哥，它越来越觉得做哥哥是一件幸福快乐的事情啦。我们可以试着把这个故事的结尾按照你想的画下来，把它变成《我做哥哥了》第二集。

【设计意图：本环节通过鼓励幼儿结合自己的生活经验和对故事主人公“野田”当上哥哥后内心变化的理解来创编故事，从而再次感受当哥哥姐姐的自豪感、责任感。】

专家点评

关注情感体验：本次活动的环节设计由浅入深，借用《我做哥哥了》这一绘本故事，将观察与思考相结合，让幼儿猜测想象主人公“野田”当哥哥后的心理变化，从而增加对社会情感认知的体验，丰富自身经验，感受做哥哥姐姐的自豪感和责任感。

注重积极回应：在活动中教师开放性的主要提问能促使幼儿根据画面进行观察猜测，教师也能根据幼儿的回答结合主人公的心情进行及时的回应和追问，为后面的转折埋下伏笔作好铺垫。

建议：对于深度学习来说，可以鼓励幼儿根据“野田”的动作去判断它内心的变化。教师也需关注和提醒大班幼儿回答问题语句完整、声音响亮。

眼镜公主

（核心领域：语言）

三严娜（上海市浦东新区常青幼儿园）

设计思路

- **解教材**

《眼镜公主》是一个非常有趣的绘本故事。因为总是错误地使用眼睛，公主得了近视。这给公主的日常生活带来了许多麻烦。那么如何解决这些麻烦呢？该绘本抓住了孩子们容易受示范影响的心理，以形象的画面、有趣的情节，把健康观念自然地传递给孩子，让他们有意并且从主观上知道眼睛对自身的重要性及如何保护好眼睛。结合我园现在进行的《绘本教学促进幼儿绿色生活方式养成》的课题研究，基于课题下的分主题“绿色生命”，旨在培养幼儿具有自我保护的理念。本次教学活动依据《上海市中小学健康教育实施方案》《3～6岁儿童学习与发展指南》主要内容之一“眼健康与近视防控”，因此，选择了该绘本作为本次教学活动的素材。

- **析幼儿**

现如今随着生活质量的提高，孩子们爱玩的玩具不再是毛绒玩具、雪花片，而是手机、iPad、电视机等电子产品。我们越来越离不开各式各样的电子产品。这也就造成了越来越多的孩子得近视的概率变高。班中孩子出现近视的趋势也逐步增长。

根据大班年龄段“我自己”主题活动的核心目标，旨在让幼儿了解身体部位的重要性，并能够学会保护自己的身体。根据这个核心目标，选择了《眼镜公主》这个绘本，希望能够以绘本为载体，通过仔细观察、发现、思考和讨论等方法，让幼儿了解影响视力的原因，并学习一些爱护眼睛的方法。

- **说设计**

仔细分析了绘本画面和内容，结合大班幼儿的年龄特点和认知水平，我将教学重点定为：希望能够以绘本为载体，通过仔细观察、发现、思考和讨论等方法，让幼儿了解影响视力的原因，并学习一些爱护眼睛的方法。在活动环节设计中，我通过辩论的形式解决活动中的教学难点：辩论我们应不应该看电视？通过小小辩论引导幼儿正确的心态去看待和使用电子产品。并根据大班幼儿的年龄特点，鼓励幼儿充分表达自己的想法。

活动目标

1. 理解故事中影响视力的原因，学习爱护眼睛的方法。
2. 感受近视给人们生活带来的不便，养成保护眼睛的良好习惯。

活动准备

- **物质准备**

眼罩、小鼓一面、鼓棒、辩论手牌以及绘本PPT。

- **经验准备**

幼儿有蒙眼击鼓的游戏经验。

活动过程

一、游戏导入活动

教师：今天老师带来一个眼罩，你们猜我们要做个什么游戏呢？

主要提问：你们知道什么叫“蒙眼击鼓”吗？

预设小结：就是把眼睛蒙住往前走，去敲小鼓。我们一起倒数10秒钟，敲到了，就是胜利；没敲到，就输了。

主要提问：谁来试试看？（玩法：请幼儿上来敲小鼓。蒙上眼罩后转三圈，前去打鼓）是否击打到小鼓？为什么会没有敲到鼓呢？

那你们看看，我为什么能敲到呢？

预设小结：如果有眼睛的帮助，这个游戏我们能很快地完成了。看来啊，生活中我们若是缺少了眼睛的帮助的确不方便啊。

【设计意图：通过玩蒙眼击鼓的游戏，让幼儿比较有眼睛帮助和没有眼睛帮助的区别，从而感受到眼睛的重要性。**】**

二、分段理解故事

（一）欣赏故事第一部分“公主的怪事情”（PPT 1–13）

过渡：最近有位公主发生了一些怪事，到底是什么事呢？用你们亮亮的眼睛一起来看一看。（PPT 1–8）

主要提问：小朋友，你们知道怪在哪里吗？眼睛怎么会看不清的呢？

过渡：你们也觉得公主眼睛看不清楚是有问题，是不是近视呢？国王和王后也很着急，请来了医生。

教师讲述故事：皇后找来了医生……（PPT 9–13）

主要提问：你们知道公主怎么会变成近视的吗？

预设小结：公主看书的姿势不正确。看书离得太近，看书时光线不足，还躺着看书。电视看太久都不休息。就是这些坏习惯让公主变成近视了。

（二）欣赏故事第二部分“公主的烦恼”（PPT14–18）

过渡：公主变成近视后，看东西都是模模糊糊的。医生给公主配了一副粉红色的小眼镜，成了一位眼镜公主。

主要提问：你们觉得公主戴了眼镜后心情如何？

预设小结：她的心情很沮丧、很难过，因为戴了眼镜非常不方便。

（三）开展小小辩论会“我们需不需要多媒体”

主要提问：电视机、iPad等电子产品容易让我们产生近视，那生活中到底需不需要电子产品呢？

1. 幼儿分组进行辩论讨论

分为需要和不需要两个辩论方进行辩论。

2. 再一次选择立场来辩论

主要提问：听了你们的辩论，发现大家都有纠结，既想用这些电子产品，又害怕得近视，有什么折中的好办法呢？

预设小结：电子产品确实给我们生活带来便利，我们可以需要电子产品，但我们不需要长时间使用电子产品，这样我们既获得了生活上的便利，也保护了眼睛。

（四）欣赏故事第三部分“大家一起想办法”（PPT 19–25）

过渡：公主戴眼镜很苦恼，于是全皇宫的人们都来帮助公主。

主要提问：大家用了哪些好办法帮助公主恢复了视力呢？

（1）多吃蔬菜、胡萝卜

（2）看书光线要充足

（3）睡眠要足够

（4）多做户外运动、多看远的地方

预设小结：公主获得了那么多好方法，渐渐地眼镜公主的眼睛变好啦。

过渡：《眼镜公主》的故事讲完了，近视会看错车、走错路，会给我们的生活带来很多不方便。

【**设计意图：**本环节设置了四个小环节，四个环节有机联系，层层递进，使幼儿的思维与情绪跟随着眼镜公主的经历而变化。目的在于理解故事中影响视力的原因，感受近视给人们生活带来的不便，了解保护视力的好方法。】

三、一起做眼球操

教师：今天我们看了这么长时间的电视，眼镜公主也有一个保护眼睛的好方法要分享给大家，就是做眼球操。（大家一起做眼球操）

结束语：除了眼球操，还可以去户外眺望远方，看看绿色植物哦。走，我们一起去户外放松放松眼睛吧！

【**设计意图：**通过眼镜公主为幼儿介绍眼球操，并学着一起做做眼球操，让幼儿了解眼球操也是保护眼睛的好办法，并鼓励幼儿在平日生活中积累更多爱护眼睛的好方法，养成保护眼睛的良好习惯。】

专家点评

教师教学素养较好：本次语言活动中教师教态优雅，语气语调抑扬顿挫，能够引领幼儿深入故事情节，跟随故事情节的变化作积极互动。

设计契合年龄特点：活动设计能够注意动静结合，特别是通过辩论的形式解决了活动中的教学难点，这种形式既能引导大班幼儿正确的心态去看待和使用电子产品，也符合大班幼儿的年龄特点，能提供大班幼儿充分表达表述自己想法的机会。

建议：教师在活动中的位置还可以更靠后，特别是在辩论的环节，还应给更多孩子表达表现的机会。教师只需从中捕捉和提升幼儿的经验即可。

粽子的秘密

（核心领域：语言）

华　悦（上海市浦东新区博山幼儿园）

设计思路

● **解教材**

《上海市幼儿园办园质量评价指南》中提出："中国是一个多民族的大家庭，体验其他民族简单礼仪与风俗"是幼儿阶段重要的生活课程内容。结合我园多年开展的传统文化特色活动研究，我们将每一个传统节日纳入了共同学习的内容。下半学期正值端午，这个节日的风俗丰富多样，有吃有玩有故事，是幼儿十分喜欢的传统节日。因此本次活动选用了粽子这一时令食品，帮助孩子关注家乡的美食，引导幼儿实际感受祖国文化的丰富与优秀，从而激发幼儿爱家乡、爱祖国的情感。

● **析幼儿**

幼儿对于端午节最初的了解与认识来源于端午节吃粽子这一习俗活动，他们会亲切地称端午节为"粽子节"，由此可见幼儿对于端午节的喜爱源于对美食的喜爱。我国的粽子文化渊远深厚，关于粽子南北各异，各民族不同，但是幼儿只了解自己所生活的城市里的粽子。基于班级幼儿的喜好和发展需要，我们将活动的重点聚焦在端午节的粽子上，开展以"粽子"为主题的谈话活动，旨在赋予节日更直接的美好感受，拓展幼儿对节日文化的认识。

● **说设计**

《粽子的秘密》通过多种形式来让幼儿深入探究粽子的秘密，以儿童视角生动地讨论粽子的样子、味道和花样。通过幼儿看、闻、摸等多感官感知粽子，在直接经验的基础上，与同伴和老师大胆地进行关于粽子的讨论。活动中，先介绍端午节，重点讨论粽子的品类繁多，不同地区有不同特色的粽子；随后再介绍了粽子的色、香、味；最后引申出端午节的其他习俗，激发幼儿对于端午节的好奇，促进幼儿后续对端午节文化的深入学习。

活动目标

1. 愿意用清晰的语言大胆表达自己对于粽子的了解，感受节日带给我们的美好。

2. 认识不同形状的粽子，萌发对传统文化探寻的兴趣。

活动准备

- **物质准备**

课件、不同形状的各式粽子、粽叶等。

- **经验准备**

幼儿对端午节传统文化的知识储备、吃粽子的生活经验。

活动过程

一、聊聊最近吃的食物

导入：这是你们之前的早餐记录表。

主要提问：看看，有什么发现吗？

为什么最近吃粽子的小朋友们多了起来？

预设小结：在端午节这个节日里，有一个很重要的食物叫做粽子。那今天，让我们一起来聊一聊粽子，找一找关于粽子的秘密。

【**设计意图：**从日常生活中发现，从小小餐桌说起，引出了节日的话题，使活动在温馨自然的氛围中展开，充满了美好生活气息。】

二、说说你吃过的粽子（目的：知道不同类型的粽子）

（一）认识包粽子的材料

主要提问：粽子这个食物是由什么东西做出来的？

预设小结：粽子，由粽叶包裹糯米，加水煮制而成的食品，是中国传统节日食物之一。

（二）说说粽子形状

1. 让幼儿自由说说自己看见过的粽子。

主要提问：你吃过什么样的粽子？

它是什么形状的？

2. 粽子展览会：出示并介绍不同的粽子，让幼儿观看了解粽子的多种形状。

主要提问：这回你看到了怎样特别的粽子？

预设小结：不同地区的粽子形状是不一样的，有三角粽、四角粽、长粽等。

【**设计意图：**提供幼儿实物的观察，增进了幼儿直观的感受，在自然萌发幼儿对美食喜爱之情的同时，也有效加深了幼儿对这一节日的认识。】

（三）说说粽子的味道

1. 让幼儿自由说说自己吃过的粽子。

主要提问：有各种各样的粽子，那么你吃过的粽子是什么样的味道呢？

你最喜欢吃什么味道的粽子？

2. 播放视频，让幼儿了解各种各样的粽子。

主要提问：看了介绍，你知道有哪些不同口味的粽子？

你还知道哪些关于粽子的事？

预设小结：北方人喜欢吃甜粽，南方人喜欢吃咸粽。我们中国人，不论是生活在南方还是北方，不管生活在哪里，都喜欢吃粽子，都喜欢过端午节。

【**设计意图：**必要的倾听和观看是增长幼儿认识的途径，教师挑选的视频使幼儿在相对短的时间里获得了更多关于端午节粽子的信息，丰富了幼儿的认识。】

三、了解端午其他的习俗

教师：在我们的端午节里，除了吃粽子，还有许多有趣的习俗活动。

主要提问：你们还知道有什么关于粽子的习俗活动吗？

预设小结：其实关于端午节还有很多的秘密，随着你们年龄的增加，学到的知识越来越多，这一个个秘密都会被你们破解的。你们期待吗？华老师期待你们长大了之后来告诉我。

【**设计意图：**拓展话题，引发兴趣，为之后进一步开展节日活动做准备。】

专家点评

应景的活动:《粽子的秘密》是在孩子们过端午节之后开展的一节教学活动。粽子是端午节的时令食品，恰逢端午节过后，孩子们都品尝过粽子，具有直接的生活经验，以孩子们最熟悉的粽子为切入点。

聚焦的活动：在之前一段时间内，孩子们每天进行早餐的记录，通过孩子们对早餐的统计，发现了最近孩子们都在吃粽子。在活动中，由孩子们自己说出“粽子是端午节的食物”，这个体现出了儿童视角，由儿童的兴趣为出发点开展活动。在整个活动过程中，孩子们积极回应教师，有较好的师幼互动。孩子们通过看、摸、闻的方式来探索粽子的秘密。尽管只是一个很小的话题，却带给了孩子丰富的感受，更加有效地激发了幼儿对一个节日的喜爱之情

建议：基于落脚点是谈话活动，于幼儿的语言有一定的要求，幼儿应该清晰、连贯地表达自己的见闻或想法，需要教师在活动中进行指导。并且，当教师听到幼儿能够用含转折的关联词进行较复杂句式的表达时，教师应该充分地给予肯定和鼓励，让幼儿体会表达的乐趣，在后续活动中能激励幼儿更勇敢地进行表达。

纪 昌 学 箭

（核心领域：语言）

张荔华（上海市浦东新区天虹幼儿园）

设计思路

● **解教材**

《纪昌学箭》讲述了好学的纪昌在师傅飞卫的指导下，经过长年累月不懈的努力，终于成为一代射箭高手的故事。通过解读，不难发现这一故事以生动的事例告诉了孩子们，学习技能必须精益求精，任何成功都没有捷径，只有持之以恒地艰苦练习才能实现愿望。此外，我们也看到了在“核心思想”之外，还有一个值得与孩子们讨论的话题，即坚持一定要运用合理的方法，而不是盲目地坚持。

● **析幼儿**

大班幼儿正处于幼小衔接的关键阶段，专注坚持、不畏困难等亦是其进入小学迎接全新挑战所需的关键素养，《纪昌学箭》能很好地帮助幼儿通过文学作品来理解并建立起中国人的文化精神。但作为一个历史久远的传统故事，其中的情节有一些与当下幼儿的生活经验是有一定距离的。一些名词、做法对幼儿而言，可能会感到陌生、无法理解，教师需搭建一个桥梁来拉近幼儿生活经验与故事经验之间的距离。

● **说设计**

游戏是幼儿学习的重要方式，也是其获得信息、提高能力的有效途径。因此，为了充分尊重幼儿的学习需要，也为了能够更好地落实教学活动的重难点，我想到了利用“教学游戏”来丰富活动设计，解决活动难点。本次活动中的两个游戏紧扣故事情节，赋予了幼儿丰富的游戏体验，之后再从游戏情境中回到故事情境，引发“真问题”，推动“真互动”，最终有效帮助幼儿理解故事，获得体验。

活动目标

1. 观察图片，了解纪昌勤奋学箭的经历，知道掌握本领需要克服困难，坚持努力。

2. 合理猜想主要角色在不同情境下的心理感受，学着说说鼓励他人和自己的话。

活动准备

- **物质准备**

课件、自制大图、纪昌画像、不同颜色一次性杯子若干、小花贴纸人手一张。

- **经验准备**

幼儿对“坚持”有自己初步的理解和认识。

活动过程

一、导入部分：胸怀大志的纪昌

主要提问：瞧，这是什么？它有什么用处？

预设小结：这是弓箭，它不仅可以让我们得到需要的东西，在那个年代弓箭还可以用来保护自己的家人和更大的国家。

主要提问：纪昌想要成为怎样的人？

预设小结：纪昌是个好学的孩子，他立志要成为射箭高手。

【**设计意图：**交代故事起因，着重介绍“弓箭”，体会其重要性，引导幼儿进入故事情境，与纪昌产生情感共鸣。】

二、阅读理解：勤学苦练的纪昌

（一）拜师求艺

主要提问：听听飞卫的话，说说怎样的人算眼力好？

预设小结：看得准、看得远、盯得牢的人才称得上眼力好。

小游戏：考眼力

过渡：练眼力不是一件简单的事，要想成为射箭高手，一定得苦练。

（教师讲述故事第一段）

主要提问：你们觉得纪昌会愿意继续坚持练习吗？为什么？

预设小结：只要坚持不放弃，就会有源源不断的力量来支撑纪昌实现自己成为射箭高手的愿望。

（二）勤学苦练

过渡：之后的日子里，纪昌更加发奋努力起来，他牢记飞卫的话，用许多方法刻苦练习。

（教师出示自制大图，幼儿结伴自由阅读）

主要提问：你看到纪昌做了什么？猜猜他的感受是怎样的？

预设小结：纪昌一件又一件地练习着所有他觉得能帮助他成为射箭高手的事。虽然练习的时候又累又酸又疼又苦，但是他总能找到让自己充满力量的方法。

小游戏：一分钟

过渡：孩子们，你们知道了坚持其实就是有这些滋味的，这并不是一件简单的事情。

【**设计意图**：两个小游戏的设计是本环节点睛之笔。第一个小游戏为理解故事中重要概念和情节推进做服务，第二个小游戏则是帮助幼儿感受阅读当中看不见的角色心理，体会画面背后的那些滋味。】

三、评价分析：我们眼中的纪昌

主要提问：听完这个故事，你喜欢纪昌吗？说说你的理由。

预设小结：老师能够猜到你们每个人都有足够的喜欢他的理由，可能是因为他的坚持，也可能是因为他的本领。希望我们都能像纪昌一样，为心中小小的愿望不断坚持努力。

【**设计意图**：回归幼儿生活，鼓励幼儿联系已有经验大胆表达喜欢（不喜欢）纪昌的理由，知道只有坚持努力、克服困难才能实现心中的愿望。】

专家点评

设计中的巧思：教师细致解读故事，清晰梳理教育价值，目标定位明确、具体，适合大班幼儿年龄特点和主题经验发展水平。教学游戏化的设计更是发展了幼儿多方面的能力，不仅促进幼儿语言能力发展，而且激发幼儿多元思维、合作交往等。

互动中的慧心：在高质量的追问与回应中，幼儿学习兴致高、专注力强、积极参与活动，敢于质疑、提出自己的想法。看到了博学的孩子，能说出火眼金睛、百发百中；看到了团结共学的孩子，一群孩子相互启发着一起完成回答；看到了辩证善思的孩子，愿意去坚持自己独到的想法。

建议：教师应对整个教学活动的时间把控做更多预设，再次梳理教学活动的重难点，调整关键性提问，有的放矢地推进活动进程，使得教学活动紧凑有序，张弛有度。

合作会更好

（核心领域：健康）

黄　英（上海市浦东新区康桥第一幼儿园）

设计思路

● **解教材**

合作是幼儿亲社会行为中一种常见的行为，是促进幼儿社会化的一个基本途径，对幼儿的社会性、个性和品德的形成，情绪情感和社会适应能力的发展都有较大的影响。学会合作是幼儿进入社会、成为未来社会的主人应具备的基本技能。《幼儿园教育指导纲要》也指出："在生活、学习、游戏中，形成初步的合作意识。"因此，从小培养幼儿的合作意识和合作能力是十分重要的，是当前教育的一个重要目标。

● **析幼儿**

近年来诸多研究表明，在现在的家庭中，随着家庭条件的富裕，无论是一孩还是二孩都被父母视为"小皇帝"和"小公主"，幼儿以自我为中心的现象比较普遍，他们不愿意也不善于与他人合作，合作意识淡薄，合作能力也较弱。因此，培养孩子与人合作的品质就显得尤为重要了。如何培养幼儿合作的意识，使幼儿养成与他人合作的良好习惯，帮助他们建立起合作的良好品质呢？针对大班的幼儿来说，日常生活中他们已有很多机会共同完成任务，在团体活动中已萌发了合作意识并具有合作的倾向，但还缺乏科学有效的合作方法，当出现分歧时会用争吵以及向老师告状的方法解决。因此，通过游戏等体验式的活动，让幼儿体验合作的重要性，了解合作的一些基本方法是非常必要且可行的。

- **说设计**

本次活动以简单易得的报纸为活动材料，以三个合作要求逐步提升的“玩报纸”的游戏串联。2人合作——4人合作——6人合作，随着合作小组人数的增加，游戏难度的提高，对合作的要求也越来越高。让孩子们在游戏情境中体验合作，引导他们在活动中理解合作的意义，探索合作的方法，体验合作带来的乐趣，最后延伸到说说生活中需要合作的事情，进一步感受到合作的重要性。

活动目标

1. 在小组游戏中理解合作的意义，萌发合作的意识，学习与同伴友好合作的基本技巧。

2. 体验团队合作的乐趣。

活动准备

- **物质准备**

PPT、报纸、眼罩、比赛场地。

- **经验准备**

玩过踢毽子、踩高跷、抬轿子、炒黄豆、老鹰捉小鸡等游戏。

活动过程

一、经验导入，引发兴趣

（一）欣赏图片，请幼儿说说图片上的两组游戏有什么区别

教师：看，图片上的孩子们在做什么游戏呀？（拍皮球、踢毽子、踩高跷……）

教师：这几张图片上的孩子们又在玩什么游戏？（老鹰捉小鸡、抬轿子、炒黄豆……）

主要提问：这两组游戏有什么区别？

预设小结：是啊，拍皮球、踢毽子、踩高跷都是一个人单独玩的，而老鹰捉小鸡、抬轿子、炒黄豆都是需要几个小朋友一起玩，需要大家一起合作才能玩得更好。

（二）交流讨论，请幼儿说说什么是合作

主要提问：什么是合作？

预设小结：合作就是为了达到共同的目标，两个人或者更多的人一起做事情的方式。

【设计意图：帮助幼儿了解什么是合作。】

二、玩游戏

（一）游戏：连体人（2人合作）

1. 交代游戏玩法

这个游戏叫“连体人”，需要用一张报纸将两个朋友连在一起，按指定路线从起点走到终点。如果报纸破碎则停止游戏表示失败，最后以报纸不破碎为胜利。

2. 幼儿两两组合，开始游戏

3. 交流分享

主要提问：你们觉得失败以后的心情怎么样？

你们找到失败的原因了吗？

你们来说说你们成功以后心里感觉怎么样？

你们在游戏当中两个人是怎么做才能让报纸没有破碎呢？

4. 预设小结：原来两个人一起玩的时候，不能只顾自己，还要考虑一起的合作者，只有两个人一起齐心协力配合好才能胜利完成任务。

（二）游戏：造房子（4人合作）

1. 交代游戏玩法

接下来我们再用报纸玩一个游戏叫“造房子”，它更考验我们小朋友的合作力哦！这次是四个人一起玩。在旁边的每张桌子上只有一张报纸，你们可以用折、撕、拼的办法，变出一幢有墙、屋顶、门、窗的房子。

2. 幼儿四人组合，开始游戏

3. 交流分享

主要提问：四个人是怎么合作的？

4. 预设小结：原来我们在玩游戏的时候除了要合作，还要学会听取别人的意见、互相协商分工，这样才能完成得更好。

（三）游戏：地雷阵（6人合作）

1. 交代游戏玩法

自由组合，六个人为一组，全体小朋友分成两组。游戏时每个小组选出一位朋友做闯关者，蒙上眼睛在撒满“地雷”（刚才造房子游戏中撕开的报纸四散洒落在活动场地）的阵地上避开“地雷”，从起点走到终点。另一位搭档是他的发令者，闯关者需通过听清发令者的声音发出的方向指令才能前行。最后发令者说“成功”才能取下眼罩。当一组小朋友在游戏时，另外一组组员站在终点处做裁判，但不能发出任何声音干扰他们。

2. 幼儿六人组合，开始游戏

3. 交流分享

主要提问：成功的心情怎么样？你的成功是你的功劳大一点，还是你的搭档功劳大一点？

失败了你的心情怎么样？那你觉得你们为什么会失败？

没有担当闯关者和发令者的四位小朋友，你们现在的心里有什么想法？大家一起上去行吗？

4. 换组进行游戏

5. 第二小组交流分享

6. 预设小结：合作完成任务时，有时候也需要我们小组中的一部分组员能让一让、退一退，需要我们去动脑筋，讲究方法才能最终获得成功。

【**设计意图：**让幼儿体验合作的重要性和合作的方法。】

三、联系生活，进一步理解合作的意义

刚刚三个游戏中，都是我们合作得好才能更好地完成任务。那在我们生活中，有哪些事情也需要我们合作才能更好地完成呢？

【**设计意图：**迁移合作的经验和场景。】

专家点评

提供简单材料：活动没有创设复杂的场景、复杂的材料，而是采用非常简单、直接拿来就能用的报纸。用最简单的方法、材料，玩出最复杂的游戏，这是“最高级”的幼儿园活动组织样式。整个教学活动都采用了游戏的形式进行，充分挖掘游戏的特点，层层递进。简单的材料通过各种变式，设计出了多种合作游戏，使教学不断推进，挖掘出游戏的价值。

注重心理体验：黄老师是一位成熟教师，她不徐不疾的教学状态，让孩子们的心理、情绪也平稳不浮躁，整个活动符合幼儿心理健康活动的特质。过程中老师非常注重孩子在游戏中的心理体验和感受，将情感、态度、社会适应等心理品质培养的目标，不着痕迹地融合在游戏中，孩子们关注他人、协商合作等良好的心理品质得到充分的体现。

建议：整个活动节奏稍显平缓。心理健康教育活动中需要老师更富有感染力，更好地带动起幼儿的情绪。

篮球对抗赛

（核心领域：健康）

胡燕凤（上海市浦东新区龚路幼儿园）

设计思路

● **解教材**

《3～6岁儿童学习与发展指南》健康领域对幼儿的教育建议是：鼓励幼儿进行跑跳、钻爬、攀登、投掷、拍球等活动。由此可以看出篮球活动是适合幼儿的一种运动。篮球运动一方面有助于培养幼儿团结友爱的集体主义精神和严格的组织纪律性，另一方面，篮球运动有助于培养幼儿勇敢顽强的性格，而且还能培养幼儿敏锐的观察力、判断力和反应能力，提高幼儿的身体机能，增强耐力，促进幼儿协调性发展。

● **析幼儿**

大班幼儿的动作开始出现协调性和稳定性，基本掌握了主要的全身运动，会把几个运动要素统一为一个运动，并能做一些复杂运动。同时大班的孩子有了规则意识和竞争意识。据此，此次的篮球对抗赛活动除去趣味性之外，还提升了幼儿间的合作性、挑战性和竞赛性。

● **说设计**

由于幼儿年龄小，动作的协调性与精确性还未完善，这在一定的程度上限制了他们对球类的特性及其基本动作和技能的掌握。因此我简化篮球的教法，通过让孩子了解篮球比赛分为全场和半场，首先以半场比赛总结经验，再通过分析全场和半场的打法、合作方式、游戏规则、人数、结构等，尝试全场比赛。在活动中加强孩子之间的沟通与交流，让孩子在竞争的氛围中感受篮球运动带来的乐趣。

活动目标

1. 说说、玩玩、比比，了解半场、全场篮球赛的粗浅规则，尝试进行篮球对抗赛。

2. 积极参与竞赛，能够乐观面对胜负，感受篮球运动的乐趣。

活动准备

- **物质准备**

PPT互动课件、篮球场地、篮球、哨子、记分牌等。

- **经验准备**

已有半场篮球赛对抗经验。

活动过程

一、引入主题

（一）主要提问：让我们来看看，今天参加活动的朋友有什么特别之处吗？

（二）预设追问：那大一班和大二班各来了几位小朋友？

（三）预设小结：今天大一班和大二班各有6位朋友共同来参加本次活动。

（四）（出示篮球）今天我们就来玩关于篮球的活动。

【设计意图：活动导入，引起兴趣。】

二、经验回顾

（一）经验分享

主要提问：喜欢玩半场篮球对抗赛吗？说说你的理由。

比赛时，你遇到什么问题和困难？

预设小结：篮球运动有利于健康，可以使我们长得更高，身体更强壮，变得更有勇气和自信。要打好半场篮球赛，除了要确定人数、了解规则外，场上队友间的相互配合默契、球员打球技能的掌握等也都很重要，这些可以让比赛更棒、更精彩。

（二）半场篮球赛

1. 组队

要求：分成人数相等的两个队，为自己队取队名，选出一名队长。

各队穿上自己的队服。

2. 赛前热身运动

3. 三对三半场篮球对抗赛

要求：遵守比赛规则。

队员间要合作比赛。

注意自己和他人的安全。

（三）赛后交流

1. 主要提问：对于这场比赛，说说你的看法？

2. 预设追问：你有什么好的建议？

3. 预设小结：打好一场篮球对抗赛看来并不是件简单的事情，既要会控制球、断球，又要会躲避，又要投篮准，真了不起。刚才的比赛，队友间的合作能够再默契一些，比赛肯定会更精彩。

【**设计意图**：幼儿分组进行有效、有序的分工，在比赛中知晓比赛粗浅规则以及篮球技能的掌握、队友配合等重要性。】

三、提升拓展

（一）播放课件：中国队和韩国队篮球赛片段

（二）主要提问：全场的篮球赛和半场的篮球赛有哪些不同的地方？

（幼儿表达自己的观点，教师在白板上，以图表方式进行经验梳理）

（三）预设小结：全场篮球赛和半场篮球赛的人数、球场场地、进攻方式等都有所不同。

（四）全场篮球赛

1. 要求：各班选派5名队员上场，替补队员协助完成计分工作。

遵守全场篮球对抗赛的规则。

注意自己和他人的安全。

2. 全场篮球对抗赛（4分钟）

3. 赛后交流

主要提问：第一次玩全场篮球赛，感觉如何？为什么？

4. 预设小结：比赛真精彩，只要比赛都有输赢。赢，享受喜悦；输也要乐观接受，再赢回来就是了。

【**设计意图：**了解全场和半场比赛的不同，进行初次全场比赛的尝试，乐观面对胜负。】

四、活动延伸

教师：胡老师在看一场比赛的时候有一件小事情不是很明白，我们一起来看看，为什么这个球进了就跳出3分？回去再去研究研究，让我们再多多了解关于全场篮球赛的一些规则，使我们的比赛打得更好！

【**设计意图：**促进幼儿对全场篮球赛内容、规则有进一步的探究欲。】

专家点评

选材有价值：教师在教材选择与活动设计时，充分考虑教学活动对孩子发展和成长的价值。

教学有针对：教学过程中，教师运用适合孩子年龄特点和助推其自主学习的教学方法，如观察互动、自主商议、亲身体验等让幼儿探索、建立并遵守篮球对抗赛的规则。

互动有智慧：活动中，教师不断鼓励孩子去尝试、感受和体验，孩子在积极探索和合作中对篮球对抗赛产生兴趣，向自身的运动能力和团队的协调合作进行挑战，树立胜不骄败不馁的良好品质。

建议：以篮球为载体的运动需赋予孩子更多，如智慧其大脑、灵活其体质等。

相　信　我

（核心领域：健康）

张臻妍（上海市浦东新区康桥第一幼儿园）

设计思路

- **解教材**

《3～6岁儿童学习与发展指南》中指出：要把具有一定的平衡能力，动作协调、灵敏作为幼儿动作发展的目标，要利用多种活动发展身体的平衡和协调能力。4～6岁正是幼儿静态平衡能力发展的关键期。该活动引导幼儿用各种方式走过排成一排的小椅子、蒙眼走过小椅子、蒙眼走过不停变化的小椅子，对幼儿在控制好平衡的前提下，完成平移、起伏、左右转向等动作要求，动作的挑战度逐级提高。活动要求孩子注意力高度集中，有效地控制四肢及身体，协调好全身的活动。同时，激发幼儿树立信心，克服心理上的畏惧，勇于接受挑战，获得成功的体验。

- **析幼儿**

闭目行走是幼儿平衡能力发展的标志性动作。不少大班幼儿仍怕黑，不敢在黑暗中行动，除了惧怕黑暗的心理因素之外，闭目行走能力发展有限也是主要原因。本次活动，让幼儿戴上眼罩，模拟闭目移动的过程，对幼儿的身体平衡和协调能力不断提出挑战的同时，也能帮助幼儿在游戏中逐步克服怕黑的心理及遇事畏难的心理。

- **说设计**

本次活动自始至终以小椅子为活动材料，设计了一组富有变化的椅子游戏。活动环节的设置层次清晰。从导入部分站上小椅子初步体验身体控制与平衡，到活动主体部分的自主探索各种方式通过小椅子，再到蒙上眼睛互相保护通过小椅子、蒙眼通过动态变化的小椅子，动作难度不断增加，对幼儿的挑战度也逐步升级。在运动游戏中，有效而无痕地将心理健康教育的内容融合其中。如：分成男女生两组，适度地进行竞赛；幼儿两两结对互相保护，激发幼儿对同伴的信任感；在每一步挑战成功之后，激励幼儿向更难的任务发起挑战等。

活动目标

1. 尝试戴着眼罩在不同排列组合的一排小椅子上走，发展身体的平衡、协调能力。

2. 在游戏中锻炼勇敢坚持的意志品质，并体验挑战活动带来的成功感。

活动准备

每人一副眼罩、椅子若干、音乐。

活动过程

一、热身运动

（一）听信号做动作（上下左右举手、转头、下蹲站起等）

1. 老师发出指令，幼儿做相应的动作。

2. 老师发出指令，幼儿做相反的动作。

要点：在很短和有限的反应时间内，加以正确的动作表现。

（二）平衡小练习

全体幼儿站立于椅子上

教师：现在你们的脚要站稳，我要一个一个来动动你们身体的不同部位，看你们会不会掉下来。（拉拉手、推推背等）

【**设计意图**：*初步体验站在椅子上的平衡控制。*】

二、脚掌的探索

教师引导语：孩子们，今天的活动中有一些是不用眼睛看，必须依靠触觉和自己的思考和感知觉移动，同时借助小伙伴的互相帮助，来挑战完成很多不可能完成的任务。接下来我们来完成一些有趣的平衡游戏挑战。

（一）幼儿不戴眼罩，依次走过凳子

教师提示幼儿依次走过椅子，感受一下椅子的高度、宽度。

（二）两两合作，一人戴眼罩一人不戴眼罩

要求：站在椅子上后开始戴上眼罩，行走时戴上的眼罩不能掀开，请同伴在一旁保护（一手扶着肚子，一手扶着手臂），只能用脚的触觉感知凳面的延伸，依次通过直线道路。

（三）加大难度，幼儿戴眼罩单独走过椅子

主要提问：用什么方法让自己一直走在椅子上？是怎么确定已经走完了椅子？

（四）走不同的椅子道路——在有一定间隔的椅子上行走

教师引导幼儿观察椅子的数量及摆放方法。

要求：全体幼儿戴上眼罩依次行走过有间隔的凳子。在走的过程中，特别注意交错的地方，不能急躁。（教师一旁有距离地保护）

（五）再次挑战不同的道路——在整齐并靠但有弯度的椅子上行走

教师：现在让我们尝试一下“之”型的道路，全体幼儿戴上眼罩依次行走。（教师旁边保护）

（六）尝试一条最难的道路——在有变化的椅子上行走

教师：之前的路都是没有变化的，现在你们一边走的时候老师会一边变化椅子的摆法，是一条在变化的路。

要点：用脚的触觉感知凳面的变化，及时调整步态、行走方向。

预设小结：在进行平衡练习时要胆大心细，脚站稳，才能稳稳地控制住身体不掉落下来。

【**设计意图：**用各种方式通过不同排列组合的一排小椅子。】

三、放松练习

教师：小朋友，你们觉得今天的游戏好玩、刺激吗？你们都表现得很勇敢！刚刚我们一直都是处于紧张状态，现在请大家放松下来和老师一起在“黑暗中”散散步吧。请小朋友们拉下眼罩搭好“小火车”后，再戴上眼罩开起“小火车”。

【**设计意图：**蒙眼开起小火车，探索合作中的身体控制。】

专家点评

运动+心理健康的完美融合：本次活动是一节融合于运动的幼儿心理健康集体教学活动。整个活动让幼儿戴着眼罩在不同排列组合的一排小椅子上走，在发展身体的平衡、协调能力的椅子游戏中锻炼勇敢坚持、乐于接受挑战等心理、意志品质。幼儿在活动中不断接受挑战、不断克服畏难心理、不断感受成功的心理体验比较深刻。孩子可相互配合、相互信任的情感态度、人际关系等融入运动游戏之中。活动设计形式新颖，内容符合大班幼儿的身心发展水平，是幼儿心理健康教育融合于学科教学的一次很好的尝试。

女生+男生的互补学习：活动中，女生组和男生组的现场表现不一样，女生的静态平衡能力明显优于男生。有的孩子是走一步停一步，有的孩子是摸索的策略，有的是低下来弯下腰摸索，有的是用脚去试探等。男生的勇敢明显优于女生。这是一个关于性别差异的问题，是幼儿社会化过程中一个很重要的命题。在鼓励幼儿勇敢、坚韧时，也要提醒幼儿小心、谨慎。男生与女生的互补学习利于幼儿全面发展。

建议：整个活动是一节偏重心理健康教育的活动，可将第一目标与第二目标互换调整，将心理健康教育的目标设为第一目标。

消防员本领大

（核心领域：健康）

胡婷婷（上海市浦东新区杨思幼儿园）

设计思路

● **解教材**

运动游戏是幼儿非常喜爱的活动，在活动中幼儿的手、脚和全身都能得到协调发展。《幼儿园教育指导纲要》中明确提出幼儿的学习内容应是广泛的、启蒙的、综合的、整体的。而梯子正是可以用多种方法进行游戏的器械，因此本次活动我选择了常见的器械竹梯作为主体，在向消防员叔叔学习的情境中，让幼儿自由探索各种手脚爬行的方法，大胆尝试通过不同高度的竹梯。

● **析幼儿**

大班幼儿具有对一定难度和挑战性的游戏感兴趣的特点，因此以“探索”贯穿整个活动，让幼儿在探索中寻求不同高度的攀爬方法，激发幼儿积极参与活动的兴趣。此外，鉴于大班幼儿已经形成一定的合作意识，活动中在帮助幼儿积累各种竹梯运动经验的同时，引导他们探索新的活动形式，并结合消防员平时的训练形式与本次活动中小组合作的竞赛相融合，体验同伴配合的重要性。

● **说设计**

在近期角色游戏中，发现幼儿对消防员产生了浓厚的兴趣，并能借助竹梯开展游戏。结合本次的契机，设计了这节《消防员本领大》的体育活动，通过情境的转变进一步丰富其爬行的内容，以新视角、新体验让大班幼儿不仅巩固发展了其手脚爬行的动作，更提高了其与同伴共同合作爬行的兴趣与认知，为其爱运动、乐运动的运动观打下基础。

活动目标

1. 尝试用手脚爬行的方法通过不同高度的竹梯，提高身体协调性和灵活性。

2. 体验消防员执行任务时勇敢、相互合作、不怕困难的品质。

活动准备

- **物质准备**

律动音乐、竹梯若干、软垫、小动物玩偶等。

- **经验准备**

幼儿有一定的爬行经验。

活动过程

一、热身运动（运动前准备）

教师：消防员们上我们一起来练练我们的身体。（幼儿律动）

主要提问：消防员在自我锻炼的时候需要的辅助器材是什么？（竹梯）

过渡：请你们去试试，看看谁通过梯子的方法多。

【设计意图：热身活动看似简单却非常重要，不仅让孩子们在运动前做好了身体的准备，也让孩子对于整个情境有了了解，通过热身自然明确了今日运动的内容，引出了探索的主要话题。**】**

二、消防员本领大

（一）消防员过竹梯

1. 自由玩竹梯

主要提问：介绍一种你最喜欢的玩法。

预设小结：竹梯有很多玩法，可以走，可以跳，可以爬……都很有趣。

2. 尝试用爬的方法过云梯

（二）消防训练

教师：原来爬的方法也有这么多，今天胡老师带来了一种爬的新方法叫手脚爬行。

主要提问：请你们仔细观察一下什么是手脚爬行？（出示图片）

过渡：消防员在训练时就需要用到手脚爬行的方法，请你们来试一试。

（幼儿观察谈论，个别幼儿示范手脚爬行）

主要提问：说说你是怎么做到的？

预设小结：双腿踩云梯，小手抓两边，身体变拱桥，这个爬的方法叫手脚爬行。

主要提问：消防员的竹梯除了可以平着放，还能怎么放？

预设小结：消防员在救火的时候，需要自己调整梯子的位置，再迅速地爬上梯子。

教师：试试两人合作搬运云梯，看看能不能更快更省力。

（幼儿尝试两人合作探索）

预设小结：云梯竖起来后，请你们用手脚爬行的方法，爬上云梯，小手扶稳，迅速向上爬。

（三）消防演习

教师：消防员们你们都很勇敢，面对困难毫不退缩，接下来我们要进行一次正式的消防演习，请你们在保证自己安全的情况下去拯救一只迷失的小动物。

（创设情境，开展营救小动物的演习，体验消防员工作的挑战）

主要提问：说说在营救小动物过程中的感受？

有没有遇到困难，你们是怎么解决的？

【**设计意图：**在情境中鼓励幼儿探索运动的新方法是符合幼儿学习特点和需要的，而简单的一种器械竹梯让幼儿自然地聚焦在了探索玩法的多样化和运动的方法上。】

三、放松活动

教师：今天的消防演习非常的成功，是你们勇敢和不怕困难的精神拯救了所有的小动物，谢谢你们，演习结束后请大家将工具整理一下吧。

专家点评

构思巧妙，丰富有趣：本次活动选择了幼儿日常锻炼中常见的竹梯作为活动主体，并结合大班幼儿爱挑战、乐合作的年龄特点融入了小组竞赛、合作运梯的环节，很利于满足和增强幼儿的挑战意识和合作意识。

精心预设，精彩互动：活动围绕“手脚爬行”这一基本动作，通过“消防训练”“消防员本领大”“消防演习”一次次提高云梯的高度，让幼儿的爬行动作由易到难，由简单到复杂，层层递进，激发幼儿的学习兴趣。此外，教师通过语言、动作等师幼互动让活动更加的精彩。在活动最后的消防演习也将氛围推到了高潮，将情感作为主线进行了提升，让每个幼儿体会到了作为消防员的勇敢、不怕困难的精神，也感受到帮助他人的自豪感。

建议：在整个活动中，如何结合运动情境自然推进幼儿对于消防员的尊敬与喜爱之情是教师可以思考的内容，也是本次活动非常重要的部分。育人以德为先，在模仿消防员工作的过程中真正的意义一定不止于运动技能的获得，更重要的一定是优秀品质与人类精神的认识。所以教师可以仔细琢磨回应和环节小结的话语，思考如何有趣且有情。

鲸宝巡逻车

（核心领域：科学）

顾晓露（上海市浦东新区金科苑幼儿园）

设计思路

- **解教材**

幼儿编程进入幼儿园还属于比较新兴的活动。编程活动的目的不在于结果，注重的是幼儿思维的过程。他们在过程中发现问题，思考调整指令并解决问题，从而进一步优化程序。幼儿可以根据不同情况选择不同的方法，从而学会多途径解决问题。因此，没有对或错的方法，只有更合适的方法。总之，探索指令的使用方法，利用不同的指令将最后的内容展现出来，这个才是学习编程的根本目的。

- **析幼儿**

大班幼儿思维积极、活跃，喜欢富有挑战性的学习内容。随着神经系统的成熟，抽象逻辑思维初步萌芽，能够理解编程指令卡之间的联系。同时，在项目化学习过程中，幼儿掌握了分工、协作的技能，能够相互促进，互相欣赏。

- **说设计**

项目化学习作为金科苑幼儿园的特色课程，STEM教育不仅仅是提倡学习学科知识，更提倡的是一种新的教学理念：让孩子们自己动手完成他们感兴趣的、并且和他们生活相关的项目，从过程中学习各种学科以及跨学科的知识；引导幼儿从不同学科的思维角度分析事物，更注重学习的过程，而不是结果。而编程是一个比较好的载体，可以涉及的领域包括传统学科，最终发展为各学科的融会贯通。因此，我结合中班的“金科农场”与大班的“小小兵”项目化内容，设计了

“鲸宝巡逻车”的活动，旨在观察幼儿对于各指令的熟悉和掌握程度，引导幼儿有目的地完成编程任务。

活动目标

1. 合理使用任务指令卡，完成鲸宝车的巡逻、保卫功能的设计。
2. 体验与同伴共同设计、调整的乐趣。

活动准备

- **物质准备**

鲸宝巡逻车、任务指令卡、编程笔、金科农场、评价表。

- **经验准备**

幼儿认识基本的任务指令卡，并能使用。

活动过程

一、任务导入

教师：欢迎来到金科农场！今天王老师委托我招募几辆巡逻车，你们愿意帮忙吗？

【设计意图：明确任务，招募巡逻车。】

二、第一次任务设计和实施

（一）出示金科农场地形图，引出任务

1. 主要提问：每块菜地是什么形状？

要为正方形的菜地完成巡逻任务，需要哪些指令？

设计指令时需要注意什么？

2. 预设小结：正方形的菜地每条边都相等，所以运用了循环任务指令卡后，只需要设计一条边上的程序，就能让鲸宝完成巡逻任务。

（二）设计巡逻指令

1. 介绍两边的指令卡：两边的桌上有任务指令卡，选择合适的指令卡，完成巡逻任务。

2. 教师巡视，观察幼儿的设计。

（三）幼儿分享自己的设计成果

1. 主要提问：你们顺利完成巡逻任务了吗？

观察一下每一组的设计板，有什么问题吗？

你们愿意演示一下你们的设计吗？

2. 预设小结：你们真厉害！已经能运用学过的指令，设计出农场需要的巡逻车了！

【设计意图：在实践中合理运用巡逻指令。**】**

三、第二次任务设计和实施

（一）接听电话，引出任务

教师：王老师打来了求助电话，农场里出现了害虫。我们可以使用哪些任务指令卡来保卫我们的金科农场？和你的好朋友商量一下，设计出保卫农场的程序，快去试一试吧！

（二）幼儿调整任务指令卡，设计保卫指令

（三）幼儿介绍自己的指令设计

1. 主要提问：你们的设计有什么亮点？

大家认为这个设计合理吗？

对这个设计有什么建议？可以做怎样的调整？

2. 预设小结：谢谢你们的鲸宝巡逻车，不管是白天还是黑夜都能为农场提供很好的保护，把害虫都赶跑了。

【设计意图：在实践中合理运用保卫指令。**】**

四、升级鲸宝巡逻车

（一）教师：作为农场里的巡逻车，你觉得鲸宝还可以具备哪些功能？安装什么配件？我为你们准备了一些材料，请你们选择需要的材料升级你们的鲸宝巡逻车。

（二）幼儿完善鲸宝巡逻车

（三）展示交流

1. 主要提问：你们的鲸宝巡逻车有什么新的功能？

你们认为合理吗？

2. 预设小结：你们设计的鲸宝巡逻车真是太棒了，具备那么多功能，不但能够做好巡逻保卫工作，还可以为我们的农场提供那么多帮助。相信在鲸宝巡逻车的配合下，金科农场一定会大丰收。

【设计意图：创造新的指令功能。**】**

五、任务总结

（一）教师：今天你最大的收获是什么？

（二）幼儿自评：我最棒——请幼儿给自己的活动做自我评价。

（人手一张评价表，在正确解读指标的基础上，围绕合理使用指令完成设计、创造新的指令、和同伴一起合作设计、大胆发表自己建议的评价模块进行自我评价）

（三）教师评价：想不想知道老师今天要表扬你们什么呢？

（老师围绕指令的创造设计，能够接受别人的建议作调整的评价，能够与同伴共同设计，愿意接受别人建议做调整的评价。）

（四）快把你们的鲸宝巡逻车送到我们的金科农场去，去保卫我们的田园吧！

【设计意图：自我评价。**】**

专家点评

形式新颖，情境性强：专家老师对活动表示了肯定，编程活动形式新颖，情境性强，幼儿沉浸在其中，表现出了善于操作、好学好问的特点。

气氛民主，探究性强：每一组幼儿的设计都体现出他们的想法，善于表达，勇于质疑。教师在教学过程中给予幼儿充分的探索时间，体现出了眼里有儿童，心中有儿童。整个活动设计体现出了主动式学习、探究式学习、合作式学习的特点。

建议：增加肯定的力度。作为一个设计，并没有对错之分，教师在分享幼儿的成果时应予以更多的肯定，鼓励幼儿设计出更方便、更适宜的程序。

立 体 车 库

（核心领域：科学）

卞嘉辉（上海市浦东新区凌桥幼儿园）

设计思路

- **解教材**

在大班主题“我们的城市”中，“老房子新建筑”小主题中，提出内容与要求：有兴趣地观察周围不同的建筑，了解它们的特征，及与人们生活的关系以及体会城市建设的不断变化，了解各种新鲜事物，感受我们的家乡越来越美丽。结合主题的内容与要求，以及孩子们感兴趣的各式各样的车库，于是设计了本次教学活动《立体车库》。

- **析幼儿**

在大班主题“我们的城市”实施过程中，孩子们对生活中“停车难”问题产生了关注热情，从资料的自主收集到解决方法的探讨，他们经历了发现问题、解决问题的思维过程。

- **说设计**

教师把握幼儿源自主题中生成的探究热点——各式车库，设计了“做中学”活动《立体车库》。活动中将通过两次任务的提出，即“搭建稳固的圆形立体车库”及“用最少的积木搭建稳固的圆形立体车库”，为孩子们创设了具备持续性及层次性的自主解决问题的平台，给予幼儿充分合作的机会，并能通过动手探索、大胆记录、交流分享等方法进行科学探究。

活动目标

1. 尝试合作搭建圆形立体车库，感知积木支撑位置与车库稳固性的关系。
2. 在实验中发展自我调整以及解决问题的能力。

活动准备

- **物质准备**

教具：PPT、记录表、KT板。

学具：圆形透明塑料板4块、积木28块、工程车4辆，幼儿记录工具。

- **经验准备**

幼儿前期有对周边停车场的调查经验。

活动过程

一、情境再现，导出话题

1. 生活情境再现

主要提问：汽车越来越多，停车就越来越困难，怎么办？

预设小结：为了解决汽车多停车难的问题，我们需要建造更多的停车场，比如立体车库。

2. 观察并回忆立体车库

主要提问：立体车库是什么样的？有什么作用呢？

预设小结：立体车库是两层的，立体车库可以节省更多的空间。

【**设计意图：**通过图片情境再现，回忆已有关于立体车库的经验，导出学习任务。】

二、第一次操作：搭建圆形立体车库

1. 观察材料（分别出示圆形塑料板、高度相同的积木）

主要提问：今天我们将要搭建一个特别的车库——圆形立体车库。仔细观察，圆形塑料板上有什么？（塑料板上标有数字1～7）

猜测：圆形塑料板上的数字会不会对我们搭建车库有帮助呢？等会儿试试就

知道了。

2. 提出实验要求

（1）三人一组搭一个圆形立体车库。

（2）搭好了，让一辆小车停上去。最关键的是无论小车停在什么位置车库都不倒。

3. 幼儿实验操作

4. 交流分享

主要提问：你们用几根积木搭建圆形立体车库？车库稳固了吗？

预设小结：3、4、5、6、7根积木都能搭建稳固的圆形的立体车库，真有意思！

【**设计意图：**鼓励幼儿运用已有经验解决搭建稳固的圆形立体车库的问题，关注幼儿搭建过程中的合作性与解决问题的能力。】

三、第二次操作：用最少的积木搭建稳固车库

1. 再次提出任务：这一次挑战又来了，我们要用最少的积木搭建一个稳固的圆形立体车库。

主要提问：那么，积木能少到几块呢？（幼儿猜测）

预设小结：1块、2块……想法有很多，结果是什么，还是要到实验中去寻找。

2. 解读幼儿记录纸

教师：实验还有一张记录纸，你们能看明白吗？需要我们记录什么？

3. 提出要求：跟第一次一样，三人一组合作实验，完成后别忘记用停小车的方法看看车库稳不稳。

4. 幼儿实验操作

5. 交流分享

教师：我们一起来看这些记录表，说说搭建一个稳固的圆形立体车库，最少需要几块积木？

预设小结：你们的意见都是一致的。看来，搭建一个稳固的圆形立体车库，最少需要3块积木。（教师在集体记录纸上记录数字“3”）

主要提问：那么这3块积木分别放在什么位置呢？（幼儿根据记录纸阐述积木的位置，教师依次在集体记录纸上粘贴记录卡片，并进行积木对应位置的记录）

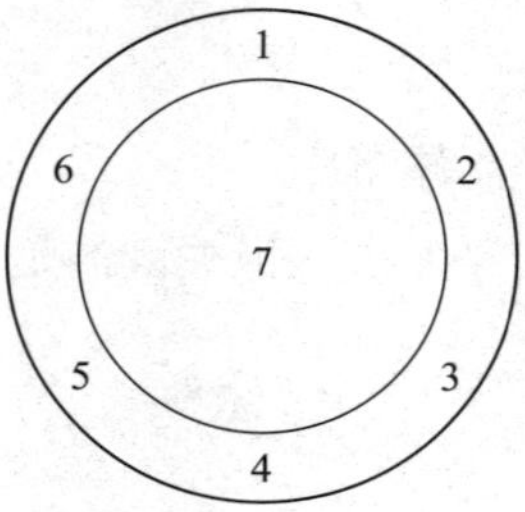

预设小结：数字虽然不同，但1、3、5和2、4、6的积木位置都是一个隔着一个，有规律地摆放。看来，当这些积木有规律地摆放时，积木与积木之间的距离变得相同，无论小车停在什么位置，车库都能承受小车的重量，稳而不倒！

【设计意图：提出挑战性问题，在尝试操作、记录中，感知积木支撑位置与车库稳固性的关系。**】**

四、经验延伸

1. 经验延伸

教师：今天，我们用最少的积木搭建了圆形立体车库。在我们的生活中，还有很多不同形状的车库，下次再来一起研究吧。

2. 欣赏高级车库视频

最后我们一起来看一段视频吧。（感受高级车库给人们带来的便利）

【设计意图：借助视频，激发幼儿继续探索生活中各种车库的兴趣。**】**

专家点评

玩中学：活动中教师在幼儿操作过程中以玩伴的角色和孩子们一起探索发现积木支撑位置与车库稳固性的关系，活动中给予幼儿自主表达、自主探索的空间，幼儿学习的主动性以及合作性都有很大的体现。

建议：最后的视频可以换成三角形结构很稳定的相关视频，视频的内容要契合目标，突出目标的关键词“稳固”。

密室逃脱声音密室

（核心领域：科学）

宋晨迪（上海市浦东新区东方幼儿园）

设计思路

- **解教材**

在大班主题“我们的城市”背景下，孩子们对于马路上的标记和标志是很常见的，其中马路上的分贝仪引发了孩子强烈的兴趣。然而仅仅有少部分的幼儿对分贝仪有一些经验基础，所以我认为关于分贝仪这种科学工具使用的内容是非常适合他们探究的，于是我们投放了若干分贝仪供孩子们进行探究。

在一段时间的观察后，我们发现孩子们在展现出非常强烈的好奇和兴趣的同时，也同样存在着一些问题：孩子们的探索方式往往只是用自己的声音，或者各种能发出声响的材料等方式来使分贝仪上的数字尽可能地变大。在整个过程中，孩子们确实都沉浸在声音的探索中，但不可忽视的是，分贝仪在生活中还有一个重要的作用：在城市中心，分贝仪告诉我们当前情况下是否存在噪声污染，以此来进行即时调整。于是，我们想通过设计一个集体教学活动让孩子们进一步探索声音的同时，也能得以完善这部分的经验认知。

- **析幼儿**

大班幼儿对于声音既有兴趣也有一定经验基础，当有一名幼儿在教室里跺脚发出声响时，所有幼儿都会跟着一起跺脚，并乐此不疲。基于这样的兴趣和经验基础，更加坚定了我们设计一节和声音有关的集体教学活动的想法。然而，设计的过程中我们也考虑过加入音调、音波等其他元素，但分贝仪能将不可见的音量变得更加直观这一特点始终深深地吸引着我们，也同样吸引着幼儿。于是，我们最终决定将幼儿的兴趣点聚焦在音量上面。

● **说设计**

整个设计过程中首先是情境上的选择，在多次商讨和尝试后，我们最终决定将这个活动作为“密室系列”的延续。一方面，幼儿对密室情境的兴趣非常高，这无疑能大大增加幼儿探究的专注度；另一方面，分贝仪等现代化工具的使用天然就能给整个活动营造一种神秘的氛围，这就能让孩子们很容易被代入到情境之中。然而最重要的一点是，在整个活动的环节过程中，都需要幼儿在保持尽可能安静的情况下来完成。而这就需要幼儿在操作过程中和同伴交流时尽可能小声、成功后表达喜悦时尽可能小声、遇到问题求助时尽可能小声。可想而知，这对于大班幼儿来说是很难的，而密室的情境恰好能帮助幼儿完成这一点。因为密室能给予幼儿一定的紧张感，增加幼儿完成挑战的渴望，所以当他们意识到自己的声音会影响结果时，他们就变得非常安静。

在第一环节中，我们先让幼儿自主地去探索一下分贝仪的秘密，让孩子们在活动的最开始就对这个活动的核心工具能够有一定的认识。然后我们通过密室挑战的引入，旨在巩固幼儿对分贝仪认知的同时，让幼儿更加仔细地去关注分贝仪的读数。特别是中间70～80分贝的挑战时，幼儿必须全程盯着读数的情况下，用声音来完成挑战。

第二环节的设计上，我们选择了两个递进的层次。一开始用棉花降低罐子撞击地面的音量，在操作过程中，让幼儿发现罐子内部螺帽撞击内壁的声音，依次过渡到第二层次。在同样棉花的情况下，首先，罐子内部的棉花怎么垫效果最好是需要幼儿尝试的，其次，往罐子内部和外部分别放多少棉花也是需要幼儿去探索的。

第三环节，为了进一步引发幼儿对活动的兴趣，我们给幼儿提供了一个更开放的环境，让幼儿自己拿着分贝仪探索钥匙的位置。幼儿在过程中始终保持专注，观察读数的变化。

大班幼儿，抽象逻辑思维开始萌发，在观察图片时，能够按照一定方向或者路线依次扫视。在环节的衔接上，我们利用了图片线索的形式，既增加了活动的神秘感，也给幼儿足够的讨论时间。

活动目标

1. 通过分贝仪上的数值作为参照，感知音量能被不同因素改变，并发现其中的关系。

2. 在密室游戏中仔细倾听，认真思考，感受逃脱的乐趣。

活动准备

- **物质准备**

教具：分贝显示器（3个）、密室逃脱情境课件（PPT）、音响（1个）、数字密码箱（1个）、密码锁（3把）、钥匙（1把）。

学具：手持分贝仪（12个）、棉花（12份）、小铁罐（12个）、螺帽（36个）、纸板箱（12个）。

- **经验准备**

幼儿对密室游戏有一定的了解。

活动过程

一、发现分贝仪的秘密

（一）PPT音频导入情境：欢迎来到声音密室，我是密室主人，想出去就要找到钥匙，加油吧。

讨论逃出去的方法

教师：我们需要线索，找到钥匙，才能逃出去。

（二）认识分贝仪

1. 讨论分贝仪的作用

教师：这就是分贝仪，上面的数字可以告诉我们现在音量的大小。

2. 分组感受分贝仪

（三）利用声音完成分贝仪任务获得密码

1. 100以上

2. 70 ～ 80

3. 55以下

4. 通过线索获得密码

预设小结：原来声音真的能控制分贝仪上的数字，声音越大，分贝显示器上的数字也会越大；声音越小，显示器上的数字也会越小。

【设计意图：本环节通过“密室”的情境导入，为整个活动的重要规则定下了基调，不仅大大提升幼儿的活动兴趣，也使幼儿更专注于倾听线索，观察分贝显示器的数字。而一开始的操作和线索背后的任务则想让幼儿通过自己的声音了解分贝显示器和音量之间的关系，初步了解玩法。】

二、寻找降低音量的方法

（一）解读任务线索

1. 出示线索图并解读

教师：金属罐子落地后，分贝仪数字在70以下，才算成功。

2. 集体讨论

主要提问：怎么样才能让分贝仪上的数字变小？

（二）使用棉花尝试挑战

1. 第一次分组操作尝试（观察重点：是否按照线索图示的手势，验证时是否关注分贝仪的读数）

2. 讨论失败的原因

主要提问：棉花有效果吗？为什么分贝仪上的数字还是很大？怎么办？

3. 第二次分组操作尝试（观察重点：是否能合理分配罐子内外的棉花量，使罐子落地的音量最小化）

（三）完成挑战获得新的线索

预设小结：生活中的许多材料都能帮助降低音量，棉花就是其中一种。

【设计意图：通过两次操作，分别减小了罐子内外发出声音的大小。通过自身的听觉和分贝显示器上的数字全面地感受棉花所带来的音量变化。与此同时，承接上一环节，声音会影响分贝仪，我们的声音会使挑战失败。利用这一点，让幼儿更加专注于操作之中。】

三、利用声音寻找钥匙

（一）解读任务线索

1. 出示线索图并解读

教师：我们要拿着手持分贝仪移动，找到一个位置，使分贝仪上的数字在65左右。如果找到了，请在原地站好并举手。

2. 介绍小型分贝仪

3. 讨论如何改变分贝仪上数字的大小

（二）拿着分贝仪寻找钥匙

1. 集体操作（观察重点：是否能够在操作过程中尽可能不发出一点声音，能否仔细地观察手持分贝仪上的数字变化）

2. 集体分享分贝出现数字65最多的区域

3. 讨论钥匙最终的位置

预设小结：看来距离声音的远近也能改变音量的大小，距离声音越远，音量就会变得越低；距离声音越近，音量就会变得越高。

【**设计意图：**通过集体游戏的形式，幼儿利用手持分贝仪，在移动的过程中发现越靠近音源，分贝仪上的数字越大；越远离音源，分贝仪上的数字越小。并最终找到数值为65左右的区域，在这个过程中，感受距离远近对音量所产生的影响。】

四、结合声音延伸兴趣

教师：密室游戏好玩吗？还想再玩更多的声音密室吗？

预设小结：什么时候用大的声音，什么时候该用小的声音，需要你们动脑筋仔细思考哦。

【**设计意图：**继续通过密室情境来进一步延续幼儿的兴趣，同时，引发幼儿在生活中该如何合理使用声音的思考。】

专家点评

关注情境：整个活动中，情境贯穿，环节之间的衔接流畅，幼儿在活动过程中始终保持着很高的兴趣和投入度。

关注递进：三个环节之间的递进非常贴合大班幼儿的特点，且环节目标都直指活动的核心经验。

关注品质：教师在活动中也比较关注幼儿学习品质的培养，多次将保持小声说话的要求以情境的形式自然地放在了环节中，帮助幼儿更加专注于听效果和看读数上。

建议：时间把握。整个活动时长上可以再调整一下，试着压缩一些非核心经验的部分。在最后一个环节的线索解读中，也可以再清晰一些，这样更加有利于幼儿操作的有效性。

停 车 场

（核心领域：科学）

夏　旖（上海市浦东新区蒲公英幼儿园）

设计思路

- **解教材**

STEM活动应密切联系幼儿的实际生活进行，利用身边的事物与现象作为探索的对象。在大班主题活动“我们的城市”实施过程中，幼儿对生活中停车难的问题产生了关注，由此，生成探究热点——各种停车场。聚焦热点的同时，链接幼儿的原有经验及年龄特点将驱动任务定为：设计并搭建一个稳固并能容纳至少40辆小车的停车场，即在考虑停车场稳定性的情况下同时设想如何提升停车场的容纳量。让幼儿在解决真实问题的过程中，高阶思维（观察、分析、反思、质疑等）和高阶情感（尊重、欣赏、理解等）得以发展。

- **析幼儿**

大班幼儿在日常生活中因为有进出停车场的经历，因此对他们来说并不陌生。从幼儿前期的表述可以发现孩子们对停车场的观察相对来说比较笼统，关注点集中在停车场的结构及车位的标识信息上，在车位的设置及规划上关注得较少。但幼儿对设计及搭建停车场是非常感兴趣的，对于挑战停车的任务也是跃跃欲试，因此在设计的过程中会就停车数量的问题有更多的思考。

- **说设计**

活动是孩子们对不同设计方案的头脑风暴以及测试调整的过程。首先各组幼儿在设计中的想法各不相同，需要在学习共同体中充分交流，以便互相启发和借鉴。其次期望通过现场测试并验证效果的过程，鼓励幼儿仔细观察，比较不同设计之间的差异，发现真实要解决的问题，从而去分析、判断、思考、改进自己的设计。因此相比较挑战是否成功，我会更多地关注幼儿亲历探究的过程，可以让幼儿的思维方式获得锻炼，获得更多的能力发展。

同时考虑到满足幼儿持续探究和深度学习的需求，我将活动中“建模”所引发的关于承重、规划、统计等问题，引向对真实停车场的进一步研究中，给孩子们带来更多整合、生动的学习机会，满足他们的需要。

活动目标

1. 在观察比较、体验改进中，分析影响停车数量的关键因素，发展初步的质疑反思能力。

2. 能有依据地表达自己的想法，有判断地听取别人的建议。

活动准备

- **物质准备**

透明亚克力板（每组三块），纸芯筒（数量不限），模型汽车（每组40辆），60厘米×60厘米方形桌。

- **经验准备**

搜集过停车场的信息，熟悉停车场的基本结构与功能。

有自己设计并搭建停车场的经验（不限材料、不限场地）。

根据现有材料及任务分组设计了停车场并完成设计图。

活动过程

一、展示设计图，引出话题

（一）回忆任务

引导语：最近我们在研究停车场，回忆一下我们挑战的任务是什么？

预设小结：用三个圆盘、一些纸芯筒设计搭建一个稳固能容纳至少40辆小车的停车场。

（二）介绍设计

主要提问：根据任务，你们设计的是怎样的停车场？它有什么特别的地方？

预设小结：为了能停更多数量的车，每组的设计都有自己的思考，比如有立体停车场的设计，有……其他组的设计会不会给我们带来一些新的想法呢？

【设计意图：分享各小组的设计，明确新的设计任务。**】**

二、搭建停车场，观察比较发现问题

（一）根据图纸搭建停车场

过渡语：把你们自己设计的停车场搭建出来吧。

主要提问：思考搭建过程中是否需要调整？为什么要调整？怎么调整？

（二）观察比较，预估停车场的停车数量

主要提问：（聚焦任务）看一看自己小组搭建的停车场，能容纳至少40辆的小车吗？说说理由。

预设小结：设计是想法，动手实践会让设计变得更加合理；在搭建的过程中就发现了停车数量的多少可能和……这些因素有关。（根据幼儿的交流小结）

【设计意图：在实践中发现搭建容纳40辆小车的停车场的关键要素。**】**

三、挑战停车任务，互相帮助解决问题

（一）停车任务大挑战

过渡语：挑战时刻到了，试一试看看你们的停车场是否真的能容纳这么多的小车。

提示：

1. 保证停车场稳固的前提下合作完成停车挑战。

2. 挑战过程中根据需要可以调整停车场，挑战过程中有新的发现记下来。

3. 统计自己的车库最终容纳了多少辆车。

（二）比较、分析促发新思考

主要提问：（交流各自停了多少辆车）哪个停车场停的车最多？

在挑战的过程中有什么新的发现？怎样可以让停车场停更多的车？

预设小结：

1. 柱子的数量与位置：在保证足够支撑的前提下，尽量减少纸芯筒的数量就能留出更多的空间来停车，这样就能停更多的车；柱子之间的距离不仅会影响停车场的稳定性，也会影响停车的数量。

2. 停车面的数量：停车场能停车的面越多，能停的车越多。

3. 停车位置的规划：车子合理停放能节约出更多的空间就能容纳更多的车。

预设总结：为了能让停车场停尽可能多的车，可能需要综合考虑这些关键因素，我们的停车场才会变得更加的完善。

活动延伸：

——停车场解决了停车数量的问题，还有没有其他的问题？

——跟真实停车场比，我们的停车场还要解决哪些问题？（停车规划、出入口的规划等）

【**设计意图：**在挑战任务中不断完善停车场设计和搭建的细节。】

专家点评

与以往看到的集体教学活动有了比较大的突破和新的增长点，从整个活动的价值定位来说，它是一场非常有意义的挑战，并且是让儿童面向未来生活的良好准备。

充分探究：好的项目化的集体教学活动为孩子提供了一个充分的讨论、探究、相互质疑的平台。整个过程中非常开放、民主。每个问题背后都指向儿童不同视角的思维品质和高阶情感的发展。

长期浸润：从活动感受到项目化学习不是一次经历，孩子呈现出来的表述、思维能力、协商合作是很长一段时间的课程经历和文化浸润，才可以引发儿童在活动中呈现出如此自信、有能力的学习者形象。

建议：聚焦一些多视角的探究。在孩子原有经验的基础上找到盲点、困点问题。

临 港 智 造

（核心领域：科学）

张　帆（上海市浦东新区冰厂田临港幼儿园）

设计思路

● **解教材**

近年来，临港发展迅速，随处可见的“智能”，都有着一个共同的“标签”——“临港智造”。《临港智造》这一活动是基于临港的地域资源，同时来源于幼儿的生活。在一次消防演习活动后，幼儿对消防员这样一个职业产生了浓厚的兴趣，通过学习活动了解了消防员工作的特点，激发了幼儿想要帮助消防员，为消防员设计智能消防车的想法。“智能”和“消防车”相结合带给幼儿不一样的体验。

● **析幼儿**

通过前期编程特色活动的开展，本班幼儿对智能设备及基本的编程程序都有了一定了解，他们喜欢搭建自己设计想象的作品，能熟练运用编程的经验完成自己预想的简单设计。同时我园大班幼儿的数的经验丰富，具有一定的观察力及逻辑思维能力。能在明确具体问题的基础上，通过一些关键数据分析出有意义的信息，为本次活动中大胆猜测影响灭火成功率多种因素奠定了经验基础，也为发现数字编程指令卡的秘密做好了准备。

● **说设计**

活动由临港无人驾驶基地导入，从幼儿熟悉的临港智能汽车出发，通过经验的回顾和梳理，引出活动主题，激发幼儿兴趣。过程中重点立足于数字编程卡和其他编程卡组合后的变化，了解数字在生活中的作用。幼儿在灭火任务中，不断探索和操作验证，发现其中变化规律。考虑到大班幼儿的年龄特点，借助点燃的蜡烛、真实的喷水创设了模拟火场的情境，提供了丰富的、可操作的材料，使他们感受科学探究的过程和方法，体验发现的乐趣。

活动目标

1. 发现“数字指令卡”和其他指令卡组合后的变化，了解数字卡的不同作用。
2. 体验用编程解决问题的乐趣，感受临港智造业的科技魅力。

活动准备

- **材料准备**

智能积木若干、蜡烛若干、水桶若干。

- **经验准备**

幼儿参观过上海临港智能网联汽车综合测试基地，了解消防员。

活动过程

一、回忆导入

（一）导入：小朋友们，你们看，这是哪里？（出示图片）

（二）主要提问：你们知道这里什么最厉害？

我们最近的编程课也一直在探索自动控制系统，之前还设计制作了一辆智能消防车，谁来介绍下你设计的消防车？

（三）预设小结：你们搭的消防车都很特别，功能很强大。

【**设计意图：**简单引出交流话题，通过唤醒之前的探索经验，为这次的活动做心理上的准备。】

二、讨论验证

过渡：今天我们要把这些消防车开到无人驾驶基地进行测试，看看是否能通过测试。

（一）回顾指令卡功能

主要提问：要让智能消防车动起来，我们需要做什么？

这里有一条指令程序，这些指令卡片你们都认识吗？

前进指令卡和数字指令卡组合在一起代表什么意思？

预设小结：原来我们的数字指令卡很有用，和前进指令卡放在一起可以控制小车前进的距离。

（二）讨论验证指令程序

过渡：消防车除了能动起来，还有一个最大的本领是灭火。

主要提问：这条指令程序能让智能消防车成功灭火吗？

第一次验证：发现水炮抬起即刻放下。

主要提问：如果想让水炮抬起后停一下，需要什么指令卡？

第二次验证：发现喷水时间过短。

主要提问：如果想让水炮喷水时间加长，需要什么指令卡片？

第三次验证：发现水炮喷水时间延长。

预设小结：数字指令卡和等候卡组合在一起可以延长水炮喷水时间。

【**设计意图**：发现数字指令卡和等候指令卡组合的意义。】

（三）幼儿操作灭火实验

主要提问：谁来说说，你成功灭火了吗？用的数字卡片是几？

预设小结：和等候卡组合在一起的数字指令卡越大，水炮喷水时间越长，灭火的成功率越大。

三、经验迁移

过渡：看来调整后的指令程序可以让消防车自动灭火了，但是又有一个问题，如果着火点在别的楼层怎么办？这条指令程序还能成功灭火吗？

主要提问：楼层比刚才高了，应该怎么办？

我们需要用到什么卡片？放在什么位置？（请个别幼儿尝试）

成功了吗？那应该怎么办？

预设小结：我们发现在电机反转后面增加数字卡片真的让水炮抬得更高了，看来数字卡片真的很有用，可以和不同的指令卡组合在一起，有不同的意义。那我们到底应该用数字几才能让水炮对准这个火焰呢？我们回到教室里再去研究一下。

【**设计意图**：发现数字指令卡可控制抬杆高度，感受编程的乐趣。】

专家点评

探索方式新：《临港智造》素材的选择源于孩子们的生活，巧妙地利用临港新开发的无人驾驶科技，利用编程运用到消防车灭火的程序中去。材料准备非常充分，具有很强的情境性，让幼儿都能够身临其境。

学习成效好：幼儿的投入能让我们感受到他们对科学、对编程强烈的好奇心和求知欲，编程活动很好地锻炼了幼儿的数学逻辑思维、推理能力和解决问题的能力。

建议：由于这是一个不断深入的探究过程，因此，建议教师在幼儿进行操作验证的时候，鼓励幼儿进行小组探讨，总结出相关经验，甚至提供一下建议记录纸，再来进行可视的分享。

红 蓝 小 人

（核心领域：科学）

唐金丹（上海市浦东新区芦潮港幼儿园）

设计思路

● **解教材**

幼儿观察能力的培养关系着孩子的成长。随着幼儿年龄的增长，他们之间观察能力的差异也逐渐显现。有的幼儿观察力很强，善于发现许多细节，记忆的准确性较强；有的幼儿善于找到一些规律来进行记忆，记得又快又准；但有些幼儿的注意力较差，观察能力较弱，往往跟不上同伴的节奏。所以作为教师在引导幼儿观察事物时，首先要帮助孩子了解观察的目的，鼓励孩子认真观察，从而达到提升幼儿的观察能力的目的。“红蓝小人”这个活动主要目的是在游戏过程中培养锻炼幼儿的观察能力，开展此类活动非常有必要。

● **析幼儿**

幼儿园以游戏为基本活动，游戏是幼儿自发、自主、自由的活动。历史上第一所幼儿园的创始人福禄贝尔强调：“儿童早期的各种游戏，是一切未来生活的胚芽。”在“红蓝小人”这个活动中，我通过一轮轮的游戏，激发孩子游戏的兴趣，让孩子主动地参与游戏，在游戏中锻炼孩子观察的方法，培养孩子的观察能力，让孩子了解观察首先要明确观察目标，其次选择观察对象，第三是找出规律。只要用对了观察方法，就能提高自己的推测能力。

● **说设计**

游戏是幼儿最喜欢的活动形式，我以游戏“红蓝小人”贯穿。导入时，老师头戴两顶帽子的诙谐装扮激发孩子参与“红蓝小人”游戏的兴趣；之后，我设计以玩“红蓝小人”的游戏贯穿整个活动，每一轮游戏的难度逐步增加，在理解游戏规则的基础上，鼓励幼儿学会观察、记忆，并进行推测判断；最后在游戏结束后，我引导孩子将今天学到的本领运用到自己平常的生活中，思考这些方法给我们的生活带来便捷，从而使本次活动的意义得到进一步的升华。

活动目标

1. 在“红蓝小人”游戏中，尝试用观察、排除的方法推测自己帽子的颜色。
2. 愿意遵守游戏规则并体验数学游戏的快乐。

活动准备

- **材料准备**

1. 红帽子、黄帽子、蓝帽子若干（总数等于幼儿数）。
2. 红、蓝、黄三种颜色的大垫子各一。

- **经验准备**

幼儿有玩过类似推理游戏的相关经验。

活动过程

一、观察教师着装，引出“红蓝小人”游戏

教师头戴两顶帽子（一顶红色、一顶蓝色）出场，引导幼儿观察教师今日与往常有何不同，从而引出“红蓝小人”游戏。

主要提问：今天的老师与往常有什么不一样？

小结语：你们观察得真仔细，今天我戴了两顶帽子，分别是一顶红色的和一顶蓝色的，所以请叫我“红蓝小人”。今天我们要玩一个游戏，就跟我戴的帽子有关，游戏的名称就叫“红蓝小人”。

【**设计意图：**用头戴两顶帽子引导幼儿观察，引起幼儿游戏的兴趣。】

二、玩游戏“红蓝小人”，尝试通过观察、排除的办法猜测自己的帽子颜色

（一）教师介绍游戏规则

1. 教师出示帽子，并随机将帽子分别戴在参与游戏幼儿的头上。

2. 参与游戏的幼儿不能偷看，也不能相互说出同伴的帽子颜色。

3. 幼儿猜自己帽子的颜色，并根据猜出的颜色判断自己是“红小人”还是“蓝小人”。

（二）开展游戏“红蓝小人”

1. 第一轮游戏：1顶红帽子，1顶蓝帽子（游戏初体验，学会观察）

主要提问：你是谁？你是怎么推测出来的？

小结语：想要推测出自己是谁，就必须记住是什么颜色的帽子参加游戏，然后通过观察同伴的帽子颜色，判断自己是谁。

2. 第二轮游戏：1顶红帽子，1顶蓝帽子，1顶黄帽子（帽子颜色增加，巩固游戏玩法，尝试用排除的办法）

主要提问：你是谁？你是怎么推测出来的？

小结语：想要准确推测出自己是谁，就必须记住是什么颜色的帽子参加游戏，然后通过观察同伴的帽子颜色，利用排除法，推测自己是谁。

3. 第三轮游戏：1顶红帽子，2顶蓝帽子，1顶黄帽子（数量增加，提升游戏难度）

主要提问：你是谁？你是怎么推测出来的？（多请几位幼儿分享猜测经验）

小结语：当帽子数量增加的时候，我们除了要记住颜色，还要记住帽子的数量，再观察同伴的帽子，最后用排除的方法算出缺了什么颜色的帽子，这样就能知道自己是谁了。

4. 第四轮游戏：2顶红帽子，3顶蓝帽子，4顶黄帽子，三种颜色的大垫子各1（再次提升游戏难度，巩固幼儿游戏经验）

补充游戏玩法：这次除了以上游戏规则之外，请参与游戏的朋友猜出自己是谁的时候，直接站到相对应颜色的垫子上。比如：如果你猜自己是红小人，就站到红色垫子上；你猜自己是蓝小人，就站到蓝色垫子上；黄小人就站到黄垫子上，游戏时间到，就不能改变结果了。

主要提问：

（1）你是谁？你是怎么推测出来的？

（2）还有谁的猜测办法是不一样的？

小结语：这次的游戏跟上次的方法一样，我们不仅要记住帽子的颜色，还要记住帽子的数量，再观察同伴头上的帽子颜色，通过排除法就能准确猜测出自己帽子的颜色，就能知道自己是谁了。

总结：孩子们，虽然我们看不见自己的帽子颜色，但是可以看到别人帽子的颜色。要知道自己帽子的颜色，就要先观察别人帽子的颜色，再数数每个颜色的帽子的数量，缺少的那个就是自己的帽子。

【**设计意图：**这一环节通过依次递增的游戏难度，锻炼幼儿观察和记忆的能力，引导幼儿学会用观察、排除的办法，来推测自己帽子的颜色，并让其体验游戏成功的快乐，从而喜欢数学游戏。】

三、活动延伸（经验迁移，找找身边还可以用排除法解决的事情）

主要提问：孩子们，想想看，除了今天我们玩的“红蓝小人”游戏之外，我们的生活中，什么时候也可以用观察、排除的方法解决问题呢?

【**设计意图：**经验迁移，知道学会观察、排除的方法，还能让我们更方便和快捷地解决身边的一些事情。】

专家点评

1. 好玩的游戏情境和适度的挑战让幼儿乐于参与

唐老师设计的“红蓝小人”活动其实是一个猜帽子游戏，培养的是孩子的观察比较推理的能力。对幼儿来说最好的学习就是在游戏中的学习，因为游戏能让幼儿主动投入。唐老师用信手拈来的游戏材料，通过反复猜的游戏情境让孩子感受到好玩与挑战，不断激发了幼儿参与的热情，教师期待的能力培养也就水到渠成地发生了。

2. 指向深度思考的活动设计让我们看到孩子真实的学习

相比较浅层的学习而言，深度学习更在乎孩子的发现问题、梳理经验、迁移运用的能力。在活动设计上我们看到了唐老师对于幼儿深度思考力的追求：在第一次游戏中让幼儿初步感知和发现了红蓝小人的秘密，第二次游戏让幼儿尝试验证自己发现的秘密，第三次游戏让幼儿巩固验证了自己的认识，第四次游戏中运用了获得的经验解决问题。一次活动中的四次游戏，逐步递进，目标明确，清晰地看到了幼儿真实学习的过程，幼儿在唐老师的引导下越来越睿智。

勇敢的解放军

（核心领域：社会）

郭颖颖（上海市浦东新区康弘幼儿园）

设计思路

● 解教材

在“我是中国人”主题下，子主题“了不起的中国人”内容与要求中写道：“了解我国许多有名的人物和他们的事迹，为自己是一个中国人而自豪。”为此，我们选择从一些优秀经典的革命人物故事展开，考虑到现在是和平年代，所以最后将核心人物定位在“解放军”。

● 析幼儿

大班幼儿的活动范围仍以家庭为中心，部分经验离他们的生活比较遥远，对于“解放军”这一话题，幼儿更多的是通过电视剧、新闻、书籍等方式收集信息，在体验、互动这一块的经验比较缺乏，所以对训练营这样一个虚拟情境容易产生兴趣。

● 说设计

结合建党100周年，围绕幼儿感兴趣的“解放军”，设计了本活动。在情境体验中，通过“入营地”“齐训练”“共演习”三个环节，层层递进，让幼儿在学做解放军的过程中感受中国人民解放军的英勇无畏，萌发爱军人、爱国家的情感。

活动目标

1. 学做解放军，和同伴合作运送物资。

2. 感受解放军勇敢顽强的精神，萌发爱的情感。

活动准备

- **物质准备**

背景音乐、任务板、麻袋、卡纸、记号笔等。

- **经验准备**

前期搜集过解放军的相关信息，有情境演绎的经验。

活动过程

一、入营地，了解解放军的日常工作

（一）导语：一二一，一二一，跑步进场，欢迎大家来到康弘训练营。

（二）主要提问：你了解解放军吗？解放军是怎么样的人？

（三）预设小结：解放军勇敢坚强，不怕困难，是令人敬佩的英雄。

【**设计意图：**结合前期调查，聊聊解放军是怎样的人，萌发对解放军的敬爱。】

二、齐训练，表现解放军的本领

（一）解放军练本领

1. 导语：今天我带来了一段解放军训练的视频，请你们仔细看一看。

2. 主要提问：视频里看到了哪些训练内容？

3. 预设小结：体能训练、技能训练和实战演习都是解放军日常会做的训练。

（二）学做解放军

1. 幼儿自主结伴讨论

2. 主要提问：他们在做什么训练？从哪里看出来？

3. 画面定格，捕捉幼儿动作表现；邀请幼儿模仿动作等。

4. 预设小结：解放军训练时，精神饱满，神采奕奕。

【**设计意图：**在情境中看看、学学、做做，自主练习解放军的各项本领，在过程中鼓励幼儿互看互学。】

三、共演习，体验解放军勇敢顽强的精神

（一）解放军接任务

1. 任务发布：前方发来消息，需要一批物资，由我们负责送往目的地。

2. 解读地形图：从两处起点出发，经过山脉、河流、树林等地。

（二）解放军送物资

1. 幼儿自主分组讨论，设计路线，搭建场景。

2. 主要提问：走了哪条路线？用了什么方法？

3. 预设小结：大家相互合作，互相信任，齐心协力，勇敢突破重重困难，顺利完成任务。

【**设计意图：**共同解读地图，分组合作运送物资，运用已有经验，创设场景，挑战任务，体会解放军智勇双全的拼搏精神。】

四、活动延伸

（一）和家人共同搜集调查解放军的其他工作内容。

（二）和同伴商量合作，尝试创编剧本进行演绎。

【**设计意图：**迁移经验，萌发并表现对解放军的敬爱。】

专家点评

有情境：本次活动贴合主题，与幼儿园特色课程相融合，以情景剧为载体，教师创设了丰富、形象的情境，将幼儿顺利带入情境，有声有色地扮演“解放军”。

有经验：教师通过看视频、分享前期调查经验，了解日常训练，让幼儿体验解放军训练常态，感受解放军训练的艰辛。丰富的经验驱动幼儿互看、互学、互评，勇于挑战、合作解决困难，最后体验成功的喜悦。

建议：多元体验。今后可进一步研究情景剧活动下的集体教学活动，深入思考，创新实践，为幼儿提供多元体验的机会，以多种方式，将活动内容巧妙又深度地融合，促进幼儿多方面发展。

有用的导览图

（核心领域：社会）

乔　丹（上海市浦东新区惠南西门幼儿园）

设计思路

- **解教材**

《3～6岁儿童学习与发展指南》中建议家庭、幼儿园和社会应共同努力，为幼儿创设温暖、关爱、平等的家庭和集体生活氛围，建立良好的亲子关系、师生关系和同伴关系，让幼儿在积极健康的人际关系中获得安全感和信任感，发展自信和自尊，在良好的社会环境及文化的熏陶中学会遵守规则，形成基本的认同感和归属感。

在我园基于幼儿自尊行为养成的“融爱蕴美”园本课程的实践与研究过程中，我们一直在思考如何培养大班幼儿的认同感和归属感。我们发现：在大带小过程中帮助弟弟妹妹的相关课程特别受我班孩子欢迎，这无疑是幼儿社会力不断提升的突破口。

- **析幼儿**

看懂导览图及标识对幼儿日常生活会提供极大的便利，有利于幼儿自信、自我认同感提升。而为弟弟妹妹自主设计幼儿园导览图，也能激发他们的自豪感，发现自己长大了，能够帮助弟弟妹妹，促进其社会性发展。

- **说设计**

在园本课程实践中，结合大班主题“有用的城市”中，交通标识内容特别受幼儿青睐，我们班的孩子对这些内容如数家珍。《有用的导览图》让幼儿在问题情境中，为即将到来的小班弟弟妹妹付出自己的一份爱，通过设计制作导览图，激发他们的自我认同和自豪感。

活动目标

1. 尝试合作完成幼儿园楼层导览图，并根据生活经验增加公共标识。
2. 感受导览图给生活带来的方便，体验帮助他人的乐趣。

活动准备

- **物质准备**

课件、禹州广场导览图展板、幼儿园导览图展板、空白标识纸若干、记号笔、蓝丁胶。

- **经验准备**

幼儿熟悉幼儿园各个楼层，知道幼儿园有哪些有用、有趣的地方。

活动过程

一、完善禹州导览图

导语：今天老师带来了一张导览图，快来看看这是哪里？（无任何标识的禹州广场览图）

（一）幼儿根据生活经验一起完善导览图

（二）感受导览图为生活带来的方便

预设小结：有了导览图，我们在陌生的地方可以很方便地找到要去的场所。

【**设计意图**：通过完善禹州广场导览图，感受标识导览图在生活中的作用。】

二、完善幼儿园导览图

（一）幼儿观看任务视频

（二）讨论幼儿园有用、有趣的地方，以及它们的楼层位置

（三）完成三个楼层导览图，为即将到来的小班朋友及家长提供方便

操作要求：

1. 分三组设计三个楼层导览图

2. 想办法用简单明了的办法标识幼儿园有用、有趣的地方

教师巡回指导，重点关注：

1. 幼儿设计哪些区域?

2. 标识的识别程度?

完成后,分组介绍导览图,幼儿共同读图。

【**设计意图:**在任务驱动下,分工合作完善幼儿园导览图。】

三、增加提醒标识

(一)教师出示禁烟标识,增加到导览图

主要提问:除了禁烟标志,你们还有没有其他标识需要增加的呢?

(二)幼儿增加提醒标识到导览图

预设小结:这下导览图不但能帮助新来惠南西门幼儿园的宝宝找到想去参观的地方,还提醒家长和孩子注意在园需要注意的地方。

【**设计意图:**根据幼儿生活经验,用增加提醒标识的方式,帮助幼儿回忆公共文明行为。】

四、情感延伸

过渡语:大班小朋友马上要离开惠南西门幼儿园了,一定有很多话想和弟弟妹妹们说。

幼儿自由发言,表达对弟弟妹妹们的情感。

【**设计意图:**通过幼儿自由表达,激发幼儿对幼儿园生活的情感。】

专家点评

活动融合幼儿园园本课程,融爱蕴美。大班幼儿即将离开生活了三年的惠南西门幼儿园,每一个“有趣”和“有用”的地方都被他们熟悉并热爱着。

巧妙融入情感:活动中的求助视频播出后,极大地激发了幼儿的“主人翁”意识,他们在活动中有明确的任务意识,巧用合作积极解决问题,从活动室标识到警示标志,孩子们在一点一滴中复原惠南西门幼儿园的每一个角角落落,每一份作品、每一句“我想对弟弟妹妹说……”都凝聚着孩子们对幼儿园、对即将到来的小班弟弟妹妹深深的爱。

巧妙融合领域:活动设计巧妙在社会领域的内核下,也有科学、艺术的影子,幼儿在活动中自主探索、分工合作,很好地完成了为弟弟妹妹创设导览图的任务。

建议:从幼儿对任务的完成度上看,教师可将任务完成方式变成更加自主的形式,如添加各种“爱”的标识,在任务驱动下进一步萌发幼儿爱园、爱同伴的情感。

朱 家 故 事

（核心领域：社会）

张天妮（上海市浦东新区红苹果幼儿园）

设计思路

- **解教材**

《朱家故事》是一本很有趣的绘本，故事里朱家太太的勤劳和其他人的懒惰形成了鲜明对比，但是没有一味赞扬朱太太的优点，而是通过朱家人变成“猪”出其不意，引人思考。书中细节也耐人寻味，在家人变成“猪”的过程中，家里的所有物品也在悄悄变成猪的样子。作者以特有的幽默方式，能轻松地引导大家深入思考如何处理家庭问题。整个故事没有一句说教，却能让孩子在成长的路上，学会尊重、学会关爱、学会分担。因此，这本绘本故事的内容几乎就是现实社会中每个家庭的缩影，非常贴近幼儿的生活经验，适合大班幼儿阅读理解。

- **析幼儿**

我园以生活为特色，秉承“从容生活，幸福成长”的理念，在幼儿的日常学习活动中穿插生活特色的课程，让幼儿关于劳动等的生活经验比较丰富。在阅读这本绘本后，幼儿对于家庭中的分工合作以及家务的分配有了初步感知。大班幼儿也有一定协商合作的经验。

- **说设计**

这节活动是在幼儿熟读绘本的基础上设计的，因为幼儿已经对“一起做家务”有了初步感知。秉持不能“只知其一，不知其二”的态度，我想通过组织集体教学活动让幼儿深入阅读理解，知道要体恤家人、照顾家人、共同分担力所能及的家务。因此，我主要以三个环节展开本次活动：回忆导入活动——发现家人的变化——制订劳动计划书。在本次活动中，我更注重通过提问引发幼儿对绘本故事的深入理解和思考，更注重大班幼儿的合作能力。

活动目标

1. 理解故事，知道体恤家人、照顾家人。
2. 尝试合作制订家务劳动计划，懂得家中事情要共同分担。

活动准备

- **物质准备**

绘本PPT、展示板、标有角色图片的记录纸、记号笔。

- **经验准备**

幼儿已熟读绘本《朱家故事》。

活动过程

一、回忆导入活动

（一）出示封面，回忆故事人物

导入：这两天我们一直在看一本书，还记得书名是什么？故事里有谁？

（二）观察封面，引发幼儿思考

主要提问：你觉得朱太太的生活快乐吗？说说理由。

预设小结：朱太太是一个很好的太太，可是她每天都生活得很累。

【**设计意图：**出示绘本封面导入活动，引发幼儿对绘本故事中主要角色的回忆。并通过观察封面，引发幼儿回忆故事内容，初步感受故事中朱太太的辛劳。】

二、发现家人的变化

（一）观察画面中不同人物的表情动作，感受朱太太的辛苦

主要提问：朱太太要做哪些家务事让她觉得这么累？

这时，朱家其他人在做什么？

看到这样的家人你会怎么想？

预设小结：每天清晨，朱妈妈在父子三人出门后，洗净所有碗盘，整理所有

床铺，清理所有地毯……然后去工作。每天傍晚，朱妈妈在父子三人用晚餐后，洗碗、洗衣服、烫衣服，再做些吃的东西……（根据幼儿回答进行梳理小结）

过渡：他们太令人生气了。终于有一天朱家发生了一件意想不到的大事，是什么？

（二）出示“朱太太的信”，理解朱太太离家的原因

主要提问：信上写了什么？这是一句好听的话吗？

为什么朱太太会对自己的家人说这句话？

预设小结：朱太太每天这么辛苦，可是朱家其他人从来不考虑她的感受。

（三）发现朱家的变化

主要提问：朱家没有了朱太太，朱家变成什么样了？

预设小结：没有了朱太太，原本干干净净的家变成了一个大猪圈。

【**设计意图**：通过三个小环节“从不同人物表情感受朱太太的辛苦、从朱太太的信理解朱太太离家原因、朱太太离家后朱家人的变化”来与幼儿共同梳理故事主要情节，理解朱家发生变化的原因，初步懂得体恤家人的重要。这个环节重在让幼儿自主发现，培养幼儿的细致观察能力，鼓励幼儿积极思考愿意表达。】

三、制定劳动计划书

（一）启发讨论，引出计划书

主要提问：什么办法能让朱家所有的人都生活得开心呢？

朱家有哪些家务需要每个人来分担着做呢？

（二）分组讨论，制订计划书

要求：4个人组成一个家庭，每个人为朱家一个角色制订一份计划书，先商量一下什么家务谁做更合适，用最简单的符号记录下来。

（三）分享交流，说说计划书

主要提问：制订的计划书是否合适、合理？

有了这份计划书，朱太太会怎样？

预设小结：有了你们的计划书，相信朱太太再也不会觉得累，看来家里的事情就是要分担着做。

【**设计意图**：通过“启发讨论”“分组讨论”“分享交流”三个小环节层层递进地在理解绘本故事的基础上鼓励幼儿合作制定计划书，懂得家中事情要共同分担的道理。本环节重在大班幼儿的小组合作，共同商议。】

四、活动延伸

主要提问：你愿意为家人分担一些事吗？你可以做什么？

教师：请你们也为自己制定一份劳动计划书，帮家人一起分担家务。

【**设计意图：**这个环节是活动的延伸，通过鼓励幼儿为自己制订一份劳动计划书，让幼儿懂得在今后生活中也要学会体恤家人、照顾家人，共同分担自己力所能及的家务。】

专家点评

凸显园本特色：本节活动充分贴合了红苹果幼儿园“从容生活，幸福成长”的办学理念。从目标中可以看出，教学内容重视幼儿对生活的感受和对他人的体恤。

契合年龄特点：在本次教学活动中，教师能够结合本班幼儿的生活经验以平等的交流方式讨论关于家务的话题。并能通过提问、追问激发大班幼儿深入思考家中事务由谁做更合适的话题。最后的环节更是凸显了大班幼儿的年龄特点，劳动计划书都是经过幼儿讨论后再制定的，充分体现了大班幼儿的合作能力。

赛 龙 舟

（核心领域：社会）

马晓静（上海市浦东新区博山幼儿园）

设计思路

- **解教材**

本次活动是大班下学期传统文化特色活动——端午节文化的组成部分，之所以选择“赛龙舟”游戏为活动内容，是因为幼儿的发展和学习产生于文化和社会环境中，并且受到周围环境的影响。当下，国家强调树立每个公民的文化自信，学前更应该为幼儿设计结合具体文化活动的教育教学，而开发利用端午节原有的节日风俗作为开展传统文化教育是对这种要求的呼应和落实。开展赛龙舟相关活动有助于加深幼儿对端午节传统习俗的印象，同时感受中国文化的深远和博大。

- **析幼儿**

幼儿虽然对于端午节划龙舟的习俗有所耳闻，但没真正体验过与同伴合作赛龙舟。根据《上海市幼儿园办园质量评价指南》科学探究领域的要求：乐于在动手动脑中，寻找问题的答案，对探索中的发现感到高兴和满足。结合大班下学期幼儿的年龄特点，“合作游戏”是幼小衔接的重要组成部分，因此设计这个活动，让幼儿用报纸与同伴一起合作赛龙舟。

- **说设计**

在活动开始阶段，通过观看赛龙舟视频，激发幼儿兴趣，了解赛龙舟的一些基本规则。在幼儿合作商量赛龙舟阶段，通过探究教学法、交流讨论法总结归纳出比较科学合理的“赛龙舟”合作技巧，并从言语和动作方面让幼儿明白游戏的基本规则和游戏的任务。最后的交流讨论则能更好地让幼儿参与对自己活动经验的总结归纳，也是教师发挥支架作用的手段之一。

活动目标

1. 与同伴商量，寻找又快又稳合作划纸船的方法，体验赛龙舟的乐趣。
2. 知道赛龙舟是中国端午节的传统习俗，感受中国人民的智慧和团结。

活动准备

- **物质准备**

赛龙舟视频、报纸、大鼓、小鼓、废纸筐。

- **经验准备**

了解端午节一些风俗习惯的知识储备。

活动过程

一、欣赏视频，激发兴趣

（一）欣赏划龙舟视频，了解划龙舟的传统

教师：前几天过端午，很多地方开展了划龙舟的活动，我们一起来看看吧！（出示图片）

主要提问：你们知道为什么端午节要划龙舟吗？

预设小结：楚国的爱国功臣屈原投江死去，许多人划船追赶去拯救他，演变而来现在每到端午就举行划龙舟比赛来纪念屈原。

（二）观察划龙舟的比赛规则（再次欣赏视频）

主要提问：龙舟上有些谁？

他们是怎么划龙舟的？

鼓手在比赛中有什么作用？

鼓手的节奏和划手的动作有什么关系？

预设小结：龙舟上有鼓手和划手，划手根据鼓手鼓声的节奏，齐心协力地往前划。

【**设计意图**：了解赛龙舟的民间风俗，知道简单的合作规则。】

二、商量分工，合作比赛

今天我们大三班也来进行一场划龙舟比赛好吗？看看冯老师手里是什么？（报纸）以前我们用报纸做过很多游戏（剪报纸、报纸搬家……）这次我们用报纸来做龙舟，分成3组，自己商量分工，哪个队伍第一个敲到终点的鼓，并且坚持到最后龙舟不断，就获得比赛的冠军。

1. 商量分工

教师观察幼儿商量比赛时的分工情况。引导幼儿4人一组，分别担任鼓手和划手。

2. 练习磨合

引导幼儿套上报纸并且连接成龙舟，模仿比赛视频里的运动员，根据鼓声齐心协力，勇往直前，走向终点。

3. 开始比赛

教师观察幼儿划龙舟的比赛情况，引导幼儿总结成功或者失败的原因。

4. 比赛升级

这次我们加大难度，分成2组，每组6人，龙舟比刚刚的更长了，看看哪组能最快到达终点，并且龙舟不断得到比赛的胜利。

【**设计意图：**体验合作比赛划龙舟的挑战和乐趣，获取多人合作的相关经验。】

三、体验成功，分享喜悦

主要提问：请获胜的队伍分享一下成功的经验，为什么成功？

预设小结：今天我们成功举行大三班报纸龙舟比赛，知道了赛龙舟是需要大家团结合作、齐心协力跟着节奏一起勇往直前。其实，比赛的输赢并不重要，重要的是跟好朋友一起做游戏，下次我们和其他好朋友再一起来进行报纸龙舟比赛吧！

【**设计意图：**分享龙舟成功的秘诀，交流各自不同的感受和思考。】

专家点评

有趣有意的幼小衔接活动：这个活动设计从大班幼儿年龄特点及幼儿最近的兴趣点出发，结合大班幼小衔接的要求，鼓励幼儿合作一起完成报纸龙舟的游戏。活动从一开始观看赛龙舟视频，引起幼儿的兴趣，再从视频中观察龙舟上都有些谁？他们分别做了些什么事情？让幼儿了解鼓手和划手之间是如何配合，以及他们如何在鼓声的节奏下一起团结合作，齐心协力，向着终点勇往直前。最后让幼儿讨论并尝试用报纸做龙舟，分小组，分别担任鼓手和划手，商量如何一起又快又不会把龙舟撕坏，走到终点并敲响鼓，就能获得龙舟比赛的胜利。

深远有益的文化传承学习：老师从端午节这个命题出发，努力结合园内长期的传统文化教育课题研究，思考儿童的深度学习。首先，博山幼儿园的教师在架构这些活动的过程中，跟孩子的亲密接触，了解了儿童的经验在哪里，巧妙利用材料的提供增加活动的挑战性，激发幼儿对问题的深入思考。比如：在划龙舟活动中，教师寻找到孩子在这个问题中的原认知是什么，孩子的潜概念是什么，通过今天的活动，他们可能会有哪些变化和启发。因此在这样一个深度学习当中，会看到师生是共同学习、互相成长的。

建议：下次活动时直接准备三张连起来的报纸，作为龙舟，让幼儿同时套在身上，这样更能考验幼儿之间团结合作的能力，也能让比赛更精彩。

生态春游计划书

（核心领域：科学）

毛莹骅（上海市浦东新区小天使幼儿园）

设计思路

- **解教材**

在大班“春夏秋冬”主题活动中，孩子们讨论着春天进行的活动。谈到春游，孩子们一下子就激动起来。疫情期间宅家的经历让孩子们对春游更加的向往，而春游计划成了他们共同感兴趣的话题。与此同时，我园区级重点课题“‘爱生态 乐生活’——幼儿园生态教育特色课程的构建与研究”到了实践论证的阶段，不断稳固下来的园本课程越来越多，其中生态春游计划书就是一项大班必须尝试开展的活动之一。我想将理念渗透到活动中，利用这样的学习活动提供幼儿亲近接触大自然、感知热爱生态环境的有效契机。

- **析幼儿**

到了大班，随着对时间的认识，幼儿初步具备了制订计划并按照计划实施的能力。不仅如此，这类活动也成了他们感兴趣且富有挑战的活动。为他们适应小学学习生活，做了必要的准备。而围绕春游这一话题开展的活动，将坚持低碳生活的理念传递给孩子们，从小树立良好的生活态度。

- **说设计**

在活动当中，幼儿首先通过统计的方法确定春游的地点。前往景点的出行方式可以是地铁、公交车或轿车，每种出行方式所花的时间和费用是不同的。通过提供数据的比较与分析，结合生态春游的绿色出行方式，幼儿最终讨论确定春游的出行方式，并共同完成初步的《春游计划书》。最后，幼儿自由选择春游所需要的物品，但所购买的物品总价不超过10元，并且符合生态生活理念，比如选择可循环利用的物品、绿色健康食品等。这一环节对幼儿来说是一个提升和挑战，最终将生态春游与“爱生态，乐生活”的理念加以落实。

活动目标

1. 尝试用统计、比较、数据分析、加减等多种数学方法制订春游计划。

2. 有初步的自我计划意识，能体现生态生活的理念。

活动准备

- **物质准备**

教具：多媒体课件、统计表、贴纸、《春游计划书》、记号笔。

学具：每人一份《春游物品清单》、物品图片、记号笔。

活动过程

一、统计确定春游地点

导入：春天到了，我们计划去春游，你们想去哪里？

统计：我罗列了几个景点可以选择，如：世纪公园、上海动物园、自然博物馆。每人一张贴纸，贴在想去的景点下面。

预设小结：共同统计每个景点选择的人数情况，哪一个景点选择人数最多就去哪一个景点。

【**设计意图：**开门见山的设计让幼儿直接进入了本次活动的主要问题讨论，既节约了时间，又明确了话题。非常好地聚焦了活动的主要任务。利用数据统计更是给了孩子们充分的自主权，真正努力将活动的自主权交给了孩子们。】

二、初步制定《春游计划书》

（一）出示《春游计划书》，并集体解读

主要提问：什么是计划书？

春游为什么要制订计划书？

《春游计划书》上有些什么内容？

（二）分析比较数据信息，确定出行方式

主要提问：每种出行方式分别需要花多少时间、多少钱？

算算排放出的尾气量如何？

会给城市带来怎样的影响？

想想，你们觉得用哪种方式去春游比较合适？说说理由。

预设小结：用节约能源、减少污染的绿色出行方式去春游比较好。

（三）结合出行方式和所花时间、费用，初步制订《春游计划书》

【**设计意图：**确定前往春游地点的出行方式以及所花的时间和费用，完成《春游计划书》的前半部分。紧扣目标中利用数据整理帮助幼儿客观分析，更好地理解数与生活的关系，从而激发幼儿对数活动的兴趣。】

三、集体完成《春游计划书》

（一）幼儿自主确定购买物品

要求：

1. 用10元钱购买春游所需要的适合的物品。

2. 购买的物品要有吃的、喝的、用的，并且健康、环保。

3. 将购买的物品贴在《春游物品清单》上，并计算总价。

（二）集体讨论春游适宜带的物品

主要提问：买了什么东西？花了多少钱？

说说选择物品的理由。

预设小结：春游带的东西要健康又环保。有营养、有利于身体健康的食物就是绿色健康的食物；可以循环再利用、减少环境污染的物品就是环保健康的物品。

【**设计意图：**购物清单计划的模拟实施，让幼儿进一步理解了计划制订的意义，初步感受了计划制订到执行、最后到检验的完整过程，也为进一步讨论关于绿色生活的相关问题提供了生动的场景和丰富的交流内容。】

专家点评

内容新颖有趣：该活动主题内容很新颖。春游主旨适宜春天季节特征，又融合于课题“爱生态，乐生活”的理念，计划书的制订也正是当下幼小衔接中所提倡的，符合大班幼儿的年龄特点。

整合自然有效：活动中的统计、数据分析、计算等数学内容贴合数学活动核心经验，对大班幼儿有挑战；活动环节环环相扣，尤其是其中的绿色出行方式的讨论和春游物品的选择充分体现出生态环保理念，紧扣活动目标，达成度也很高。

互动积极有效：整个活动中，教师为幼儿提供了一个畅所欲言的活动氛围，幼儿积极参与、主动思考，大胆交流表达自己的想法，师幼互动和生生互动也都体现得较为充分。活动效果很不错。

建议：本次活动中教师精心设计并呈现了多个数据表，来推进幼儿的理性思考。在这个过程中，我们能清晰地看到幼儿有理有据的表达，当然之后我们还可以根据今天幼儿的表现认真深入地反思，这些数据表格之间的关系，除了内容上的联系，是否也存在学习经验的链接，用怎样的方式联系这些数据表之间的阅读和解析经验，获得更多启发。

临 港 之 声

（核心领域：艺术）

王涵钰（上海市浦东新区冰厂田临港幼儿园）

设计思路

● **解教材**

我园根据学习用书“春夏秋冬”这一主题的目标，仔细解析教参内容安排的思考，结合我园的实际情况，开展了“临港的春夏”科艺融合主题活动。在此期间，我们带领孩子踏足了临港美丽的新城。充满欢乐的海昌公园，乐趣多多的滴水湖，高大的航海博物馆，绵延的东海大桥，鸟语花香的春花秋色公园……这些都让大班孩子为之动情。为了更好地推进幼儿的表达表现，我们依据学习书中的素材点，设计了以“临港之声”为题的学习活动。

● **析幼儿**

分析大班下学期幼儿艺术表现能力发展的现状，我们发现：幼儿在艺术欣赏时常常渴望探索运用更多种的方式表达表现，同时，在创作创编新的表现内容时，他们则更愿意运用自己熟悉的方式完成创作。我班幼儿在园期间经过两年的竖笛学习，对于竖笛的演奏有着丰富的经验，他们很愿意用竖笛演奏的方式表达自己内心的体验和感悟，也能大胆自信地和他人分享交流自己的创作，甚至具备了与同伴简单合作演奏的经验。因此本次活动选择了多元探索——分组创作——合作表现的方式展开，旨在满足幼儿的表现需要，推进艺术表现能力的发展。

● **说设计**

本次活动从幼儿自发组织开展的图片展作为导入，唤醒幼儿对于临港美景的共同回忆，从而激起幼儿对于自己生活土地的丰富情感；之后，我们给予幼儿充分的时间和丰富的材料进行以竖笛为主导、其他乐器合奏的小组创作，感受合作表演的快乐；最后，通过各小组分享与交流，体会不同小组表达的对于临港的丰富情感，唱响临港之声。

活动目标

1. 有目的选择不同乐器表现临港的各种美景，大胆表达自己对临港的喜爱之情。
2. 尝试合作编曲并合奏乐曲，感受小组合作的挑战和快乐。

活动准备

- **物质准备**

课件、纸和笔、谱架、竖笛、双响筒、碰铃、沙锤。

- **经验准备**

幼儿能够较熟练地掌握竖笛吹奏的方法。

幼儿共同游览过临港地标性的景点。

活动过程

一、话说临港

（一）欣赏画展获奖作品，说说临港的美

教师：前些天的画展评选结果揭晓了，客人老师为我们的作品评选出了三张最美临港图片，我们来看看都是谁的作品脱颖而出了？

主要提问：你看到了谁的作品？这幅作品记录了临港哪儿的美？

过渡：让我们来听听提供这三张画的小朋友的介绍吧。

（二）幼儿介绍最佳作品

主要提问：请为大家介绍你这幅关于临港的画。（邀请三位幼儿简单介绍）

他介绍中哪一句讲得特别好听？让你感受到了临港独特的美？

预设小结：我们生活的临港真是一个美丽的地方，不仅风景美、人文美，还具有科技美呢！

【**设计意图**：这一环节从幼儿之前的画展活动引出，唤醒了全体幼儿共同的

经验，再以获奖的画聚焦今日话题，让孩子们学着更生动地描述心中的美，为之后合作创编做好了自然的准备。】

二、谱写临港

（一）第一次尝试——为三张照片谱曲

过渡：临港真是一个好地方，我们都很喜欢这个地方。今天大家为这三张照片编曲，来赞美我们的临港。

1. 出示空白曲谱，说说作曲要求

主要提问：这是我们今天要写的空白曲谱，你们能看懂谱子吗？

问号和红圈表示什么意思？

要作几个小节的曲子呢？

你们觉得竖笛可以怎么发挥最大的本领来为这首曲子添彩吗？

预设小结：请每个小组选择一张你喜欢的照片为它作曲，拍号自定，并给自己的乐曲取一个响亮的名字。

【**设计意图：**这一环节遵循由浅入深的学习规律，从为一幅图片编曲开始，让孩子初步体验合作编曲。】

2. 幼儿自由分组，尝试创编曲谱

教师巡回观察，观察并修改幼儿编写中存在的问题，询问乐曲的名字。引导先作完曲的幼儿可以尝试边打拍子边吹奏。

（二）第二次尝试——按创编乐谱合作演奏

1. 看看合作创编记录的乐谱，说说各自的构想

主要提问：你能看懂他们的乐谱吗？哪一段让你觉得很有趣？

比比说说我们各组用竖笛的不同方法？好在哪儿？

2. 想想你们会选用哪些乐器来合奏这段曲子

主要提问：想想你们选择什么乐器演奏？为什么选这个乐器？

3. 幼儿继续尝试小组合作，试着合作演奏创编的乐曲

【**设计意图：**这一环节两次探索会带给孩子不同的合作挑战感受，教师不仅应该关注幼儿对创编曲目的理解，还应及时观察分析幼儿合作的难点，给予及时适切的支持。】

三、唱响临港

（一）吹奏乐曲

教师：谁愿意来分享创作的曲子？（邀请各组表演）

主要提问：看看他们用了哪些乐器表现这个曲子？你觉得哪个乐器选得好？

猜猜曲子的名字是什么?

（二）赞美临港

主要提问：你们觉得曲子听上去感觉怎么样?

你觉得这些乐器一起唱，好像让你看见了临港怎样的美丽?

（三）共同合唱

教师：临港音乐节马上就要开幕了，但是有一个乐队临时来不了，负责人想要求助我们大一班的演奏家们，希望我们能帮他们出一个节目，你们愿意帮忙吗？那请我们现场的客人老师来选一首曲子，并帮我们伴奏。

（尝试全班一同合奏，看着乐谱合作演奏）

预设小结：临港音乐节顺利完成，合奏成功！音乐能表达不同的情感，而在今天的音乐声中听到了你们对于临港美景的再现，听到了对于自己家乡的浓浓深情，更听出了自己生活在临港这片土地的自豪之情。之后让我们创作更多美妙的音乐，来唱响临港，让更多的人听到我们的临港之声吧！

【**设计意图：**这一环节通过分享各组的创作进一步感受合作的快乐，同时解决合作中出现的问题，推进大班幼儿合作能力的发展。在分享过程中，幼儿还能唤醒创作时的初心，回味临港的美，最终实现用艺术方式表现内心喜爱的愿望。】

专家点评

因地制宜，因材施教：临港是孩子们每天生活的地方，竖笛也是临幼的特色活动，教师巧妙地将临港的地域资源与竖笛作曲相结合，通过音乐的方式引导幼儿表达自己对于临港的热爱。

亲近贴切，润物无声：活动内容来源于幼儿的生活经验，且是这些孩子天天眼里看到的内容，因此能自然唤醒幼儿的学习兴趣，激发幼儿的创作热情，使得整个活动开展得自然顺畅，极富情感。此外，教师在本活动中是一个很好的倾听者和引导者，用自身的艺术素养带领幼儿走进音乐世界的大门。同时图片的选择和展板的提供可以更加精美，美景才能孕育出美丽的音乐，这样能更好地激发孩子们的创作热情。

建议：在整个活动设计中，教师特别考虑到了园特色竖笛的运用，这是非常好的尝试，为此教师可以多些思考整个活动中竖笛运用的意义和方式，从儿童视角看，这一乐器如何在本次活动的创编和演奏中发挥更大价值，我们该如何做如何说如何支持，从而更好地发挥园本特色和课程的有机整合。

民间游戏乐趣多

（核心领域：艺术）

王伊贝（上海市浦东新区东南幼儿园）

设计思路

● **解教材**

传统的民间游戏，具有浓厚文化气息，玩法及材料简单、趣味性强。近阶段，结合四史教育，幼儿园通过开展丰富多彩的民间游戏让幼儿从中体悟中国传统文化的美好。而本次活动选择的丰子恺爷爷的漫画作品与儿童的生活相关，简单的笔触就将民间游戏的场景及人物形象生动地刻画出来，能让人从作品中感受到儿童生活游戏的快乐。丰子恺爷爷的漫画看来较容易画，也容易引人学着画。因此，选用丰子恺爷爷的儿童漫画作品能鼓励幼儿尝试用漫画的方式去记录日常生活。

● **析幼儿**

在大班主题活动“我要上小学”的开展过程中，总能感受到临近毕业的大班幼儿对幼儿园的种种依依不舍，对同伴的留恋。而在幼儿园和同伴一起游戏的经历将成为他们童年最美好的回忆。因此，能用绘画的方式记录下在幼儿园中愉快的游戏时刻将成为大班幼儿的美好记忆。结合近阶段幼儿园开展的“四史”教育活动让我班幼儿对传统民间游戏有了更多接触和了解。孩子们在玩游戏过程中更是感受到了和同伴共同游戏的快乐。因此，通过欣赏丰子恺爷爷的漫画，在感知其独特的漫画风格基础上，鼓励幼儿尝试用漫画的方式记录快乐的游戏瞬间是有一定的经验基础的。

● **说设计**

为了便于幼儿感受玩民间游戏的乐趣，感受作品中传统民间游戏的场景、内容和材料等，本次活动选择在户外开展。活动共设计了四个环节，玩玩民间游戏——欣赏漫画游戏——记录游戏瞬间——分享漫画笔记。活动环节层层递进，重点在欣赏丰子恺爷爷的儿童漫画基础上尝试用漫画的方式记录游戏瞬间，感受传统民间游戏的乐趣。

活动目标

1. 欣赏丰子恺爷爷的漫画作品，尝试用漫画记录游戏瞬间。
2. 感受中国传统民间游戏的乐趣。

活动准备

- **物质准备**

PPT课件、画纸、画笔、丰子恺漫画等。

- **经验准备**

有玩民间游戏的游戏经验。

活动过程

一、玩玩民间游戏

主要提问：你们最喜欢哪个民间游戏？让我们一起来试一试吧！

预设小结：跳房子、丢手帕、炒黄豆等都是我们中国传统民间游戏，这些好玩的游戏因为人们喜欢而流传了下来，成为我们中国的传统文化。

【**设计意图：**生活经验是幼儿创作的源泉。因此，通过在户外和幼儿聊聊自己熟悉且最喜欢的民间游戏，并共同玩玩民间游戏，既能让幼儿重温中国传统民间游戏的玩法，又能让幼儿亲身感受到中国传统民间游戏的乐趣。此环节选用的游戏不宜过多，两到三个即可。】

二、欣赏漫画游戏

（一）分散欣赏，观察漫画中的民间游戏

主要提问：

1. 请你看看漫画中的小朋友在玩什么游戏？用了哪些工具？他们是怎么

玩的？

预设小结：这几幅画都画了小朋友们在玩民间游戏的情景，有的在玩摸瞎子，有的在玩两人三足，有的用竹竿、椅子玩着骑竹马、抬轿的游戏。小朋友们用了生活中最常见最简单的材料，却玩得非常开心。

2. 你们知道这些画是谁画的吗？

预设小结：这些都是丰子恺爷爷画的漫画，丰子恺爷爷的漫画就像小朋友们的画一样简单自然。丰子恺爷爷觉得童年的生活是最无忧无虑的，小时候玩过的民间游戏是让他最印象深刻的，因此他用画笔把他觉得最好玩的游戏都记录了下来。

【**设计意图：**本环节让幼儿分散自由地欣赏丰子恺爷爷的漫画作品，旨在感受作品中用漫画记录的传统民间游戏的名称、场景、材料和玩法。同时，也向幼儿简单介绍了作者创作漫画的意图，激发幼儿用绘画方式记录游戏瞬间的兴趣。】

（二）集体欣赏，感受丰子恺的漫画风格

主要提问：这幅漫画画的是什么民间游戏？你是怎么看出来的呢？

预设小结：丰子恺爷爷的漫画虽然笔触简单，但是把游戏中场景、人物的动作都生动地刻画出来。

【**设计意图：**本环节通过集体共同欣赏丰子恺爷爷的一幅漫画作品，引领幼儿一起发现丰子恺爷爷漫画作品独特的表现手法。通过感受、欣赏和发现，为幼儿用漫画记录游戏瞬间作铺垫。】

三、记录游戏瞬间

教师：让我们也像丰子恺爷爷一样，用画笔画下你最喜欢的民间游戏，记得要把游戏中最有趣的事情记录下来哦！

观察指导：

1. 引导幼儿用简单的笔触记录下游戏中主要的内容。

2. 及时分享幼儿漫画中有趣的内容，鼓励幼儿大胆表现。

【**设计意图：**在熟悉中国传统民间游戏、欣赏感受丰子恺爷爷漫画作品的基础上，教师提出创作要求，并在幼儿创作过程中及时分享幼儿漫画中有趣的内容，旨在拓展幼儿的生活经验和创作思路，鼓励幼儿大胆地用漫画的方式记录自己最喜欢玩的民间游戏。】

四、分享漫画笔记

主要提问：我们一起来看看小画家们画了哪些好玩的游戏？

预设小结：漫画就是这么有趣，让人看到就会不由自主露出笑容。相信等你们长大以后，再看丰子恺爷爷的漫画会有不一样的感受。

【**设计意图：**本次分享交流环节旨在通过同伴间的互动交流，鼓励幼儿将自己的创作意图、作品形象介绍给教师和同伴听。同时也学会欣赏别人的作品，能用自己的观察视角去评价同伴的作品，发现同伴作品中的趣事。在此基础上帮助幼儿梳理创作思路，提升创作经验，激发幼儿今后用漫画方式记录日常生活的兴趣。】

专家点评

贴近生活经验：本次活动贴近幼儿的生活经验，巧妙地选择了丰子恺的艺术作品中与儿童生活有关的漫画，艺术家通过简单的笔触勾画出了儿童游戏的场景、游戏的内容，幼儿能从中感悟到生活学习的快乐，大大激发了孩子运用漫画笔记记录日常生活的欲望。

富有创新意识：活动形式有创新，将集体活动组织在户外进行，空间开阔且开放，幼儿在活动中始终保持着高昂的兴趣，有充分的自主性。教师在活动中情绪饱满，带动幼儿体验民间游戏的乐趣，共同欣赏名画内容，积极地与幼儿互动。

建议：幼儿创作前体验老鹰捉小鸡的游戏，使得幼儿在记录中大多选择直接记录老鹰捉小鸡。可以让幼儿自主讨论后玩一个喜欢的游戏再去记录，活动会更自由自主。

艺术大师

（核心领域：艺术）

杨颖琼（上海市浦东新区小天使幼儿园）

设计思路

- **解教材**

在“有用的植物”这一主题开展中，我们不仅要帮助孩子进一步认识各种常见植物的特点和习性，更重要的是引导支持幼儿发现植物带给我们生活的意义。一次偶然的机会我看到了日本微观大师田中达也的微景观作品，这位大师的作品无论是选用的表现材料，还是表现的内容都与有用的植物这一主题目标完全契合，真正丰富了幼儿的感知，满足了他们奇思妙想的欲望，有利于帮助幼儿切实认识植物与我们生活的多元关系。于是便有了设计本次活动的想法。

- **析幼儿**

幼儿对于美的欣赏往往需要多感官的参与。看见、听见甚至触摸到，这样丰富的感知才能让他们更好地感受到美。本次活动虽然是以欣赏大师作品为初衷，但是考虑到孩子感知的需要，我认为动手玩玩创作将是推进他们更好读懂大师作品的重要途径。因此，设计欣赏活动的过程中，我们自然加入相关体验的环节，旨在积极有效推进幼儿对大师作品的喜爱之情。

- **说设计**

在本次设计中，我强调了两点：一是充分感知与欣赏。我设计了“集体欣赏”和“自由欣赏”两部分，在时间和途径上充分保证了每个幼儿的全面感知，也为后续的艺术表达（创作）做铺垫。二是凸显生态与环保。结合我园课程特色，我细致思考了提供给幼儿创作的素材，使活动能更好地体现尊重一花一草的理念，最大程度减少无价值的浪费。

活动目标

1. 欣赏微景观作品，理解常见蔬果的多元利用，感受艺术创作为生活带来的美和精彩。

2. 尝试利用现有材料（蔬菜、水果、小物件等）创作微景观作品，提升绿色生活的意识。

活动准备

- **物质准备**

PPT 课件、大方桌、蔬菜、摆件、工具、展示架等。

- **经验准备**

幼儿了解何为微景观艺术作品，能辨识微景观艺术作品中所用的各种材料。

活动过程

一、聊聊微景观

教师：欢迎各位小客人来到我的天使艺术工作坊，今天我们来聊聊最近比较流行的话题——微景观。

主要提问：你知道微景观吗？

什么样的作品被称为微景观？

预设小结：微景观就是利用一些植物、蔬菜、水果等材料和一些小摆件想象搭配成一个微小的、可以观赏的景观故事。

【**设计意图：**这一环节虽然只有一个问题，但却是重要且必要的，帮助幼儿知晓微景观的定义，为之后有目的地合理创作奠定了基础，并自然地提出了之后创作的基础要求。】

二、走进微景观

（一）“大师”之材料解析

教师：想做一回微景观的艺术大师吗？想要创作微景观，最重要的是要学会想象、变化和组合。一件再普通不过的东西如果能变成另一件或者更多有趣的物件，你的微景观作品就会带给大家更多惊喜。那先让我们来看看今天我们能用来创作的普通材料（出示材料图片）。

主要提问：你看到有些什么材料？

你对哪个材料比较感兴趣？

你觉得这个材料可以怎么变？

（提示——胡萝卜：同一种材料，把它切割成不同的形状，可以变出好多个东西；彩椒：除了形状之外，也可以根据材料的颜色来想象；橙皮：可以把材料进行组合拼接，放在一起就更美了）

预设小结：原来只有这些材料就能让我们产生这么多新奇的想法，太有意思了！

（二）"大师"之作品欣赏

教师：要让我们的微景观更有创意，一定要记得组合哦，让我们的微景观会说话，变成一个个美丽的景观故事。现在随着杨老师的步伐让我们一起走近大师——田中达也。

1. 集体欣赏

（1）欣赏图片一：作品《修剪树枝》

主要提问：西兰花怎么变成的大树？

你觉得这样的变化精彩吗？妙在哪儿？

预设小结：西兰花折一枝，再摆上几个小人，一下子就变大了。工人们开着挖掘机拿着工具正在给大树修剪树枝，真有意思。

（2）欣赏图片二：作品《旅途》

主要提问：哪来的那么多帆船？用什么变的？需要几个？

这样的变化和刚才的变化比，你又想到了什么？

预设小结：原来一个也能变许多个，用辣椒变成了一艘艘帆船，正穿梭在山水和岩石之间航行，还有一位男士牵着女士站在船头乘风破浪。

（3）欣赏图片三：作品《游乐园》

主要提问：看着这个微景观里的变化，你想到可用什么变出游乐园？

预设小结：只要肯动脑筋想，一定能用这些普通材料创作出许许多多的精彩。

2. 自由欣赏

教师：接下来的作品，大家可以一边欣赏一边和旁边的朋友轻声交流一下。

（幼儿自由结伴，欣赏微景观实景作品，教师应该巡回指导，紧扣目标做引导）

【**设计意图：**引导幼儿细致欣赏解析微景观作品，是为之后个体创作做必要准备，对于多种变化的方式通过交流讨论有了初步了解，为之后有目的地创作做了进一步的准备。】

（三）“大师”之作品创想

教师：欣赏了这么多好看的作品，相信你们都有自己的创意和想法。桌上准备了一些其他材料和工具，请你想一想、试一试，创作一个属于你的微景观作品。

（幼儿自主选择材料，完成独立创作，教师巡回指导，支持幼儿做大胆创作。）

（四）“大师”之分享交流

教师：各位小小艺术大师刚才都大显身手，创作了属于你自己的微景观。

主要提问：谁来介绍一下你的作品？

想想，给你的作品取一个合适响亮的名字。

预设小结：感谢你们的参与，让我们在欣赏和创作作品的过程中感受到了一种全新的绿色生活方式。

【**设计意图：**这一环节层层推进，让幼儿真正通过动脑——动心——动手走进了大师的微景观艺术创作，感受到了这类创作的千变万化和精彩有趣。】

三、生态微景观

教师：刚才我们创作微景观作品的时候，里面的一些材料是我们平时经常看到的。

主要提问：想想，哪儿能找到这些不起眼的材料？

预设小结：就像你们说的，一些厨余垃圾，如芹菜根、萝卜叶子等；也有一些半个的水果、蔬菜是从一些霉变的水果中切下来的。其实，生活中的这些不起眼的材料在我们的创作中都能够变废为宝。当然，我们也可以用一些新鲜的蔬果和一些小摆件来摆盘创作微景观，让我们对食物更有食欲，也让我们的生活更有情趣。

专家点评

理念新：整个活动呼应了人们最近推崇的生态生活，真正地体现了“爱生态、乐生活”的积极的生活方式。

做法巧：选择田中达也的微景观作品欣赏，来激发幼儿利用普通材料做艺术创作真的非常有趣，幼儿的想象力和创造力在最朴实的材料作用下更显精彩和巧妙，设计很有创意。

效果佳：从幼儿呈现的作品来看，整个活动的目标达成度是高的，幼儿的艺术创作热情被充分激发出来，表现也可圈可点。

建议：美术活动中的指导语和回应都应紧扣艺术活动的特质，强调用最简短清晰带有激情的话语推动幼儿有效思考创作的问题。这一点非常考量教师的专业思考能力，建议在设计时更细致地琢磨每一句话，加强互动的效能。

个别化学习活动设计篇

小班个别化学习活动设计

主题：苹果和橘子

➢ 核心经验：

认知：感知特征（名称、外形、颜色、味道、生长过程），感知1和许多

情感：乐于动手

子主题：土豆

内容一：手指点画土豆

➢ 材料提供：

1. 手指点画颜料

2. 土豆生长画纸

➢ 预设玩法：

用手指点画土豆

➢ 观察重点：

1. 幼儿对土豆生长环境的认知情况。

2. 幼儿是否能对土豆的多与少进行比较。

内容二：装扮土豆娃娃

➢ 材料提供：

各种表情贴纸、大小不同的土豆

彩泥、记号笔等

➢ 预设玩法：

1. 用表情贴纸给土豆贴上五官。
2. 用记号笔给土豆进行添画。
3. 用彩泥给土豆进行装饰。

➢ 观察重点：

1. 观察幼儿对土豆表皮特质的感知。
2. 观察幼儿给土豆搭配不同的表情，进行创意装饰。

内容三：土豆拓印

➢ 材料提供：

1. 各种不同大小、不同造型的土豆印章
2. 纸、颜料、湿毛巾

➢ 预设玩法：

用造型不同的土豆印章蘸取颜料，然后在纸上自由拓印。

➢ 观察重点：

1. 体验不同造型的土豆印章拓印的效果。
2. 尝试拓印图案间的组合。

内容四：土豆变身记

➢ 材料提供：

熟土豆、碾磨碗、叉子、塑料小刀、盘子、蛋黄酱、黄瓜丁、蛋白碎、糖珠

➢ 预设玩法：

将蒸熟的土豆研磨细腻，加入各种配料，制作成创意土豆泥；或用土豆切成不同形状进行摆盘。

➢ 观察重点：

1. 观察幼儿对土豆食物的了解程度。

2. 观察幼儿将蒸熟的土豆捣成泥的方法。

内容五：土豆的沉浮

➢ 材料提供：

1. 大小不一的土豆

2. 盐、清水、搅拌棒

➢ 预设玩法：

将土豆放在水里，观察它的沉浮；在加入盐后，用筷子搅拌下，再次观察它的变化。

➢ 观察重点：

1. 观察土豆在清水里和在盐水中的不同状态。

2. 感知加入盐的量对土豆沉浮结果的影响。

（上海市浦东新区祝桥东港幼儿园　连慧琳　供稿）

主题：我的幼儿园

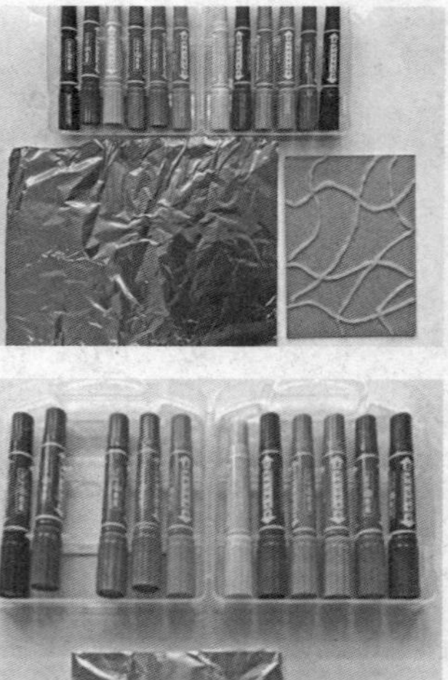

➢ 核心经验：

认知：名称、颜色、对应等

能力：适应能力（遵守简单的集体生活规则、游戏规则）

情感：体验快乐（愿意上幼儿园、愿意与大家一起玩）

内容：锡纸画

➢ 材料提供：

纸板、锡纸、彩色马克笔

➢ 预设玩法：

1. 将锡纸包住纸板，并不断按压至突出的线条。

2. 用马克笔在图形中涂上颜色装饰。

➢ 观察重点：

1. 观察幼儿在锡纸上涂色的情况。

2. 观察幼儿用色块进行拼接、装饰的方法

（上海市浦东新区东南幼儿园　常黄蕾　供稿）

主题：好朋友

➢ 核心经验：

认知：比较对应（找关联）

情感：愿意分享（玩具、食品）

内容一：舞动的精灵

➢ 材料提供：

圆形宣纸、水彩笔、扭扭棒、滴管、橡皮筋

➢ 预设玩法：

1. 幼儿利用水彩笔在宣纸上画点、线、螺旋等不同的花纹。
2. 利用滴管将水滴在宣纸的花纹上，将花纹晕染开，形成美丽的图案。

➢ 观察重点：

1. 观察幼儿使用水彩笔在宣纸上画点、线等花纹的情况。
2. 观察幼儿使用滴管的方法及花纹晕染开的情况。

内容二：莲藕花

➢ 材料提供：

1. 新鲜莲藕段、水粉颜料、墨汁、底版纸

2. 小排笔、记号笔

➢ 预设玩法：

1. 运用莲藕进行蘸色拓印和表现。

2. 绘画莲藕花的杆子以及淡墨池水，自由添画背景。

➢ 观察重点：

1. 观察幼儿拓印莲藕的情况。

2. 观察幼儿选择材料表现莲藕花的情况。

（上海市浦东新区东南幼儿园　汤佳颖　供稿）

主题：动物花花衣

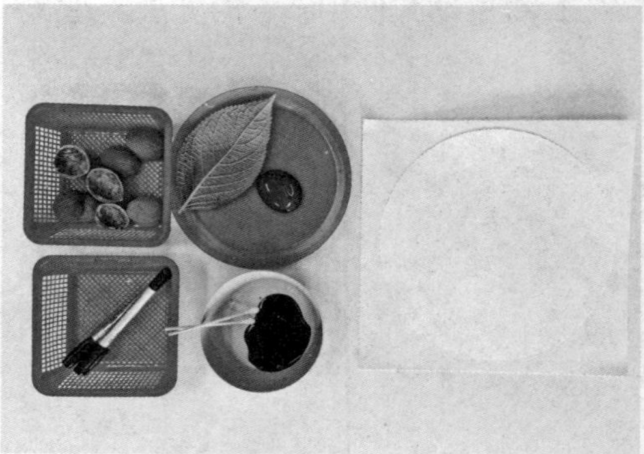

➢ 核心经验：

认知：感知比较（常见动物的明显特征）

情感：喜欢常见动物

内容一：七星瓢虫

➢ 材料提供：

叶子、颜料、记号笔、棉签、核桃皮

➢ 预设玩法：

1. 对彩色的核桃皮尝试添画，画出瓢虫。

2. 用树叶、核桃皮蘸颜料在白色卡纸上拓印，并借形添画出昆虫、小花等动植物。

➢ 观察重点：

1. 观察幼儿对树叶、核桃皮等材料的感知与选择。

2. 观察幼儿借助核桃皮的形状添画瓢虫、小花等动植物的情况。

（上海市浦东新区东南幼儿园　于真　供稿）

内容二：彩蝶翩翩

➢ 材料提供：

海绵、颜料、水彩笔、夹子、宣纸、滴管、扭扭棒、展示板

➢ 预设玩法：

1. 平面蝴蝶：选择喜欢的颜色在海绵的一侧涂画，对折按压海绵，进行印画、添画。

2. 立体蝴蝶：用滴管选择喜欢的颜色滴在宣纸上，用自己喜欢的材料，如扭扭棒、夹子做出触角，进行装饰。

➢ 观察重点：

1. 观察幼儿在创作蝴蝶的过程中，乐意尝试用涂、对折印、滴、夹、扭等方法表现的情况。

2. 观察幼儿用不同材料对蝴蝶装饰过程中的行为和情感。

（上海市浦东新区东南幼儿园　沈瑜佳　供稿）

主题：小花园

➢ 核心经验：

认知：花草树木的颜色、大小、多少

能力：花草树木的对应、配对、排序

情感：喜欢观察、爱护花草、肌肤触摸

内容：装扮小花园

➢ 材料提供：

手帕、颜料、扭扭棒、展示架

➢ 预设玩法：

1. 用橡皮筋把手帕扎起来。

2. 在手帕的不同位置蘸上颜料，根据自己喜欢的花纹上色。

3. 用扭扭棒制作蝴蝶花展示。

➢ 观察重点：

1. 观察幼儿在操作过程中尝试用扎、绑、蘸等方式表现的精细动作发展情况。

2. 观察幼儿在蘸颜料时对颜色选择与使用的有意性。

（上海市浦东新区东南幼儿园　沈瑜佳　供稿）

主题：夏天真热呀

➢ 核心经验：

认知：找凉快（乘凉、游泳、戴凉帽）

情感：喜欢洗澡

内容：夏日冰激凌

➢ 材料提供：

超轻黏土、塑料杯、吸管、毛球、彩珠、碎纸片

➢ 预设玩法：

1. 用超轻黏土揉搓成冰激凌球。

2. 根据意愿想象，在冰激凌球上装饰。

➢ 观察重点：

1. 观察幼儿双手将超轻黏土搓成冰激凌球的情况。

2. 观察幼儿大胆想象，用多种材料装饰冰激凌球的情况。

（上海市浦东新区东南幼儿园　于真　供稿）

中班个别化学习活动设计

主题：好吃的食物

➢ 核心经验：

认知与能力：感知辨别（食物种类、外观、味道、生熟变化等），参与制作（食物拼盘、蔬果玩具等），文明用餐

情感与态度：不挑食

子主题：百变蘑菇

内容一：蘑菇陀螺

➢ 材料提供：

超轻黏土、各种泡沫球、小木棒等

➢ 预设玩法：

用超轻黏土做蘑菇的菇盖，然后盖在泡沫球上进行旋转，比比谁的蘑菇陀螺转得时间长？

➢ 观察重点：

1. 观察儿童如何使蘑菇陀螺转动起来的方法。

2. 观察儿童尝试让蘑菇陀螺转得更快、时间更长的方法。

内容二：好看的蘑菇

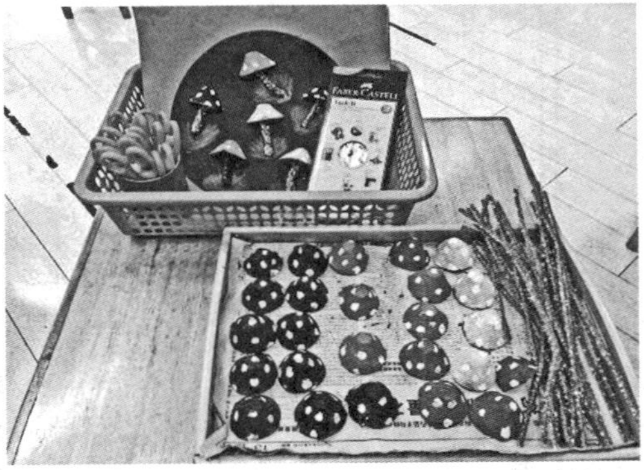

➢ 材料提供：

鸡蛋托、扭扭棒、剪刀、背景纸等

➢ 预设玩法：

把鸡蛋托一剪为二，把一半的鸡蛋托当作蘑菇的菌盖，粘贴在背景纸上，用扭扭棒当作菌柄，一个好看的蘑菇就做出来了。

➢ 观察重点：

幼儿在活动过程中是否能用剪刀把鸡蛋托一剪为二，并用做好的蘑菇进行创意摆放。

内容三：蘑菇写生

➢ 材料提供：

长出平菇的平菇包、纸、勾线笔、蜡笔等

➢ 预设玩法：

通过观察平菇包里平菇的形状和方向进行绘画。

➢ 观察重点：

观察幼儿画出平菇的大小与重叠和遮挡的情况。

内容四：蘑菇拼盘

➢ 材料提供：

1. 各种蘑菇、花束、花篮、菜叶
2. 纸、勾线笔、蜡笔

➢ 预设玩法：

幼儿根据自己的想象自由摆放各种蘑菇进行创意组合。

➢ 观察重点：

1. 观察幼儿能否比较不同品种的蘑菇，发现简单的异同点。

2. 观察幼儿用不同的蘑菇进行摆放和组合的创意。

（上海市浦东新区祝桥东港幼儿园　徐敏　供稿）

子主题：玉米Boom

内容五：玉米汁

➢ 材料提供：

1. 工具类：榨汁机、蒜槌、碗、锅、石磨、破壁机、过滤网、搅拌木棒、勺子

2. 材料类：水、玉米粒（可不同品种如黏玉米、花糯玉米等）

➢ 预设玩法：

1. 了解不同品种玉米的特点，并尝试用各种工具榨玉米汁。

2. 尝试用各种工具过滤玉米汁，使玉米汁的口感更细腻。

➢ 观察重点：

1. 观察幼儿榨玉米汁的方法，鼓励幼儿尝试使用不同工具榨汁。

2. 观察幼儿能否在榨汁和过滤过程中发现问题，并积极思考解决办法，调整策略。

内容六：玉米面

➢ 材料提供：

1. 工具类：石磨、蒜槌、木棒、过滤网、小刷子

2. 材料类：干玉米粒

➢ 预设玩法：

1. 感受玉米面研磨的变化过程，使玉米面逐渐精细。

2. 了解过滤的方法，试试能否发

现不同大小的网和过滤下来的颗粒之间的关系。

➢ 观察重点：

1. 观察幼儿研磨的过程，引导幼儿发现问题并积极调整研磨的方法。

2. 鼓励幼儿尝试用不同工具研磨，并比较不同工具的特点。

内容七：玉米馒头

➢ 材料提供：

1. 工具类：擀面杖、桌垫、盆、模具

2. 材料类：面粉、酵母粉、玉米粉、水

➢ 预设玩法：

1. 尝试会用不同工具进行擀和压，体验捏揉面团的乐趣。

2. 学习调整面团的软硬程度，并尝试记录水和面粉的比例。

➢ 观察重点：

1. 观察幼儿使用不同工具的情况，引导幼儿逐渐掌握工具的使用技巧。

2. 观察幼儿是否用积极的心态去不断调整、解决水和面粉的比例问题。

内容八：玉米布丁

➢ 材料提供：

1. 工具类：锅、布丁瓶子、碗、拖线板、搅拌木棒

2. 材料类：吉利丁片、牛奶、鸡蛋、玉米汁

➢ 预设玩法：

1. 感受布丁凝固的变化过程，尝试用不同方法使其凝固。

2. 感知用不同的搅拌方法与最终的布丁形态之间的关系。

➢ 观察重点：

1. 观察幼儿是否愿意尝试用不同方法并乐于探索创新的方法。

2. 观察幼儿在使用锅加热时的安全意识，注意插销的正确使用。

（上海市浦东新区蒲公英幼儿园　龚艳燕　崔思雨　供稿）

主题：幼儿园里朋友多

➢ 核心经验：

认知与能力：关注与了解（同伴的特征、生日及喜好等），交流与交往（与同伴、老师做朋友的方法）

情感与态度：体验共处快乐（友好交往、共庆“六一”），遵守集体规则

内容：跳舞的小人

➢ 材料提供：

铅画纸、彩色手工纸、黑色卡纸、剪刀、固体胶等

➢ 预设玩法：

1. 彩色手工纸剪出不规则形状，作为背景贴在铅画纸上。

2. 黑色卡纸剪出小人的不同动作形态，贴在铅画纸上。

➢ 观察重点：

1. 观察幼儿使用剪刀剪纸的情况。

2. 观察幼儿表现小人不同动作及形态的情况。

（上海市浦东新区东南幼儿园　常黄蕾　供稿）

主题：在动物园里

➢ 核心经验：

认知与能力：观察特征（外形、动作、声音等），比较异同（不同动物的皮毛、耳朵、尾巴、睡姿、本领等）

情感与表达：多样表现（制作、绘画、模仿表演等），喜爱动物

内容一：小动物排队

➢ 材料提供：

大小不一的动物、提示卡等

➢ 预设玩法：

1. 根据提示卡为小动物排队。

2. 自己设计任务卡进行排序。

➢ 观察重点：

1. 观察幼儿是否会看任务卡并按照规律为小动物排序。

2. 鼓励幼儿自己设计任务卡来进行排序游戏。

内容二：寻找小动物

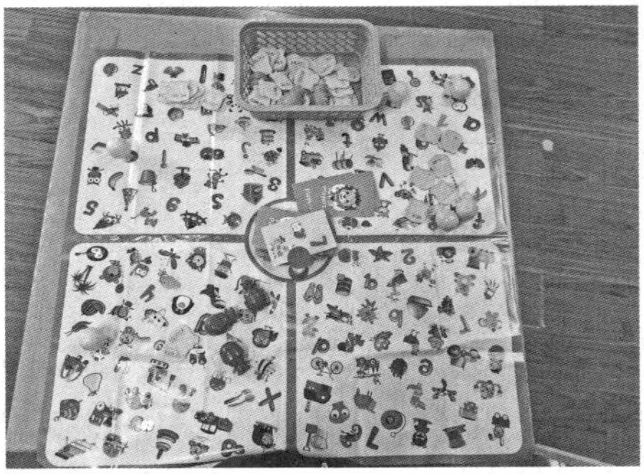

➢ 材料提供：

分数牌、沙漏、棋子、小动物图案等

➢ 预设玩法：

1. 认识各种各样的动物，能说出名字。

2. 根据任务单在规定的时间内找出小动物。

➢ 观察重点：

观察幼儿对动物的熟悉程度以及反应能力。

内容三：动物棋

➢ 材料提供：

棋谱、棋子

➢ 预设玩法：

1. 了解游戏规则。

2. 会看箭头方向和数字。

3. 遵守下棋规则。

➢ 观察重点：

观察幼儿是否遵守游戏规则，并能接受输赢结果。

内容四：猴子表演队

➢ 材料提供：

各种造型的小猴子、背景板

➢ 预设玩法：

1. 发现每个小猴子的不同特征。

2. 根据小猴子的某一特征进行排序。

➢ 观察重点：

观察幼儿根据特点为小猴子排序的情况。

内容五：动物翻翻乐

➢ 材料提供：

翻翻乐棋板、盖子

➢ 预设玩法：

1. 两人先看学会记忆。

2. 用“石头剪刀布”的方法，赢的人先开始翻，把自己记住的两个一样的动物翻出来。

3. 谁的翻牌多谁就赢。

➢ 观察重点：

观察幼儿的观察和记忆能力。

内容六：动物平衡

➢ 材料提供：

三角锥、吸管、动物模型（平面）、回形针等

➢ 预设玩法：

将小动物放在吸管或三角锥上，在小动物身上别上回形针使小动物能够保持平衡。

➢ 观察重点：

观察幼儿通过探索找到支撑点的方法。

内容七：谁的尾巴

➢ 材料提供：

动物图片、动物尾巴

➢ 预设玩法：

1. 认识各种小动物的尾巴。

2. 将小动物的尾巴与它的身体配对起来。

➢ 观察重点：

观察幼儿是否能根据动物特征找动物的尾巴并进行匹配。

内容八：可爱的小动物

➢ 材料提供：

流程图、范例、展示托盘、彩泥、泥工工具等

➢ 预设玩法：

1. 鼓励幼儿按照流程图捏出动物。

2. 尝试按照自己的设计与想象捏出不同的动物。

➢ 观察重点：

观察幼儿对泥性的熟悉，大胆表现自己想象的情况。

内容九：剪动物（对称剪）

➢ 材料提供：

手工纸、剪刀、画笔

➢ 预设玩法：

1. 根据图画剪出各种图案。

2. 为小动物画上表情。

3. 鼓励幼儿根据自己的观察和想象画出不同的造型并且剪下来。

➢ 观察重点：

观察幼儿使用剪刀时的姿势，能否安全使用。

（上海市浦东新区新苗幼儿园　吴红梅　顾雨婷　供稿）

内容十：动物数独

➢ 材料提供：

1. 底版、答案卡、笔、记录表

2. 动物卡、题卡

➢ 预设玩法：

1. 游戏之前先熟悉规则：横向、纵向不能有重复。

2. 根据闯关题卡来摆放已知卡片的位置。

3. 答完以后可以根据答案卡进行自我检查。

➢ 观察重点：

1. 观察幼儿在游戏中的思维、推理和判断。

2. 观察幼儿在活动过程中自己检查的情况。

内容十一：蜘蛛织网

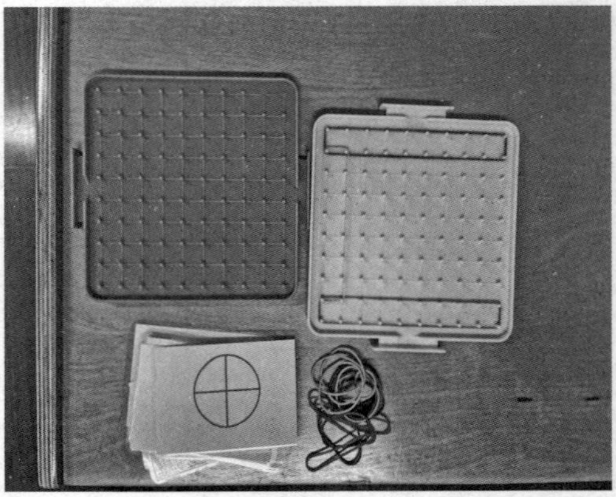

➢ 材料提供：

底版、橡皮筋、图形卡、记录卡、笔

➢ 预设玩法：

1. 幼儿根据图形卡用橡皮筋在底版上做出对应形状，并用笔在记录表上进行记录。

2. 幼儿用橡皮筋在底版上做出自

己想象的东西，并用笔进行记录。

3. 幼儿用笔在记录表上画出自己想象的东西，再尝试用橡皮筋在底版上表现出来。

➢ 观察重点：

1. 观察幼儿根据图形卡在底版上进行摆弄图形的情况。

2. 引导幼儿用橡皮筋进行创造制作。

内容十二：小鸡在哪里

➢ 材料提供：

三只小鸡、盒子、题卡、记录卡、笔等

➢ 预设玩法：

1. 幼儿根据题卡摆放三只小鸡的位置。

2. 幼儿自由摆放小鸡的位置，根据小鸡摆放的位置画题卡。

➢ 观察重点：

1. 观察幼儿以自我为中心来辨别方位并完整表达方位的情况。

2. 观察幼儿自主创造题卡的情况。

内容十三：编织新衣——动物

➢ 材料提供：

无纺布底版、编织绳

➢ 预设玩法：

1. 幼儿用编织的方法为各种小动物制作外衣，并用来装饰农场。

2. 幼儿用有规律的穿插方法为各种小动物制作外衣。

➢ 观察重点：

1. 观察幼儿手部跳格穿插精细操作的情况。

2. 观察幼儿编织时使用的规律。

内容十四：走进米罗

➢ 材料提供：

底版、剪刀、毛线、纸绳、超轻黏土等

➢ 预设玩法：

1. 幼儿根据自己的想象使用毛线和纸绳勾线，再用超轻黏土进行填色，表现想象中的世界。

2. 幼儿与同伴交流彼此的想象。

➢ 观察重点：

观察幼儿依据自己的想象创造各种图案或造型的情况，鼓励幼儿大胆想象。

内容十五：探秘蝴蝶

➢ 材料提供：

蝴蝶底版、蝴蝶翅膀部件、蝴蝶答案图片、三色笔

➢ 预设玩法：

1. 幼儿根据蝴蝶答案图片，寻找对应的蝴蝶翅膀部件，可以按顺序进行摆放。

2. 幼儿自己用笔在蝴蝶底版上画出对称的蝴蝶翅膀，来创作和摆放。

➢ 观察重点：

1. 观察幼儿观察蝴蝶以及理解蝴蝶翅膀对称的情况。

2. 观察幼儿根据蝴蝶特性进行创作的情况。

内容十六：谁的脑袋和尾巴

➢ 材料提供：

1. 底版中呈现各种动物身体局部图

2. 动物脑袋和动物尾巴图片

➢ 预设玩法：

1. 为动物身体找到对应的动物脑袋和尾巴。

2. 幼儿两两结伴共同寻找，比一比谁找得快。

➢ 观察重点：

1. 观察幼儿对动物外部特征（头和尾巴）的了解情况。

2. 幼儿共同游戏中对动物外形的讨论。

内容十七：小动物爱吃什么

➢ 材料提供：

1. 食物拼盘圆形底版

2. 小动物头像、数字

➢ 预设玩法：

1. 转动转盘，指针指向某种食物后，根据小动物的生活习性，找到对应的小动物。

2. 小动物找完后，再次转动转盘，将对应的食物数量找出来。

➢ 观察重点：

1. 幼儿对动物的生活习性的了解情况。

2. 幼儿对不同动物的喜爱程度。

内容十八：动物穿衣比赛

➢ 材料提供：

1. 骰子、底版、沙漏

2. 动物图片、动物衣服图片

➢ 预设玩法：

三名幼儿一起玩，两名幼儿是对手，一名幼儿担任裁判。由裁判先调整好沙漏计时器并翻开任务卡。另外两名幼儿同时开始在整块底版上找有这一特征的动物，找到后即用黑棋或白棋标注，对方已经放过棋子的不可再放。计时结束后，由裁判判定找得是否正确，并比一比谁找到的动物多。

➢ 观察重点：

1. 观察幼儿对动物特征的把握、熟悉程度和探索兴趣。

2. 幼儿在遵守游戏规则的前提下，初步尝试协商规则的情况。

内容十九：动物故事剧场

➢ 材料提供：

1. 动物故事背景板

2. 故事骰子、手偶

➢ 预设玩法：

1. 幼儿戴上动物手偶，根据主题内的情景进行讲故事。

2. 幼儿使用故事骰子，根据骰子上的内容进行讲故事。

➢ 观察重点：

1. 幼儿根据骰子上的图片进行叙述故事和编写故事的情况。

2. 幼儿对动物的想象与表述能力。

内容二十：你说我猜

➢ 材料提供：

盒子、卡片、记录表、笔

➢ 预设玩法：

一个幼儿抽取一个动物，然后用动作或语言来描述这个动物，另一个

A面　　B面

幼儿猜这是什么动物，然后将对应的卡片插入自己那一面的透明口袋里。游戏结束后，验证并记录结果。

➢ 观察重点：

1. 观察幼儿对动物特征及习性的了解程度。

2. 观察幼儿的语言表达和想象能力。

（上海市浦东新区新苗幼儿园　仇祯杰　黄丹雯　供稿）

主题：春天来了

➢ 核心经验：

认知与能力：寻找发现（春芽、春苗等万物生长），关注变化（动植物、自然现象等变化）

情感与表达：多样表达（大自然的美），亲近自然（体验外出踏青、游玩的乐趣）

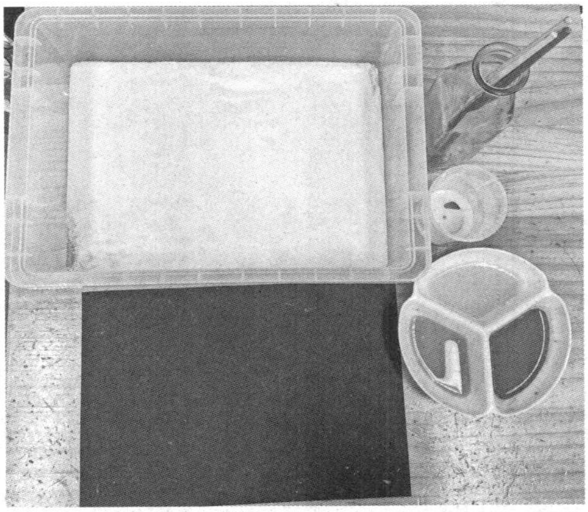

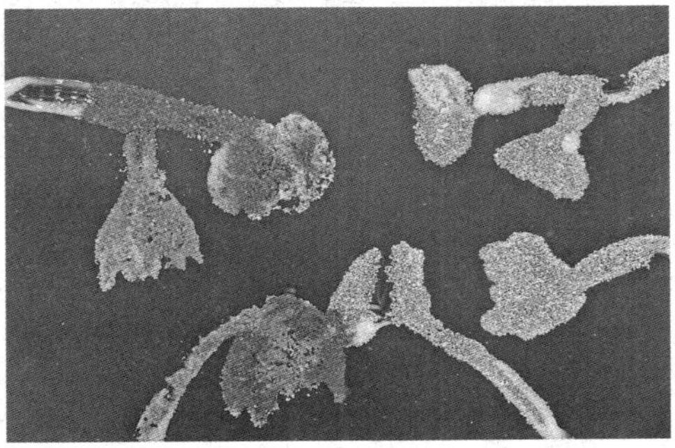

内容一：盐渍画

➢ 材料提供：

白乳胶、食用盐、粉刷笔、各色颜料

➢ 预设玩法：

1. 蘸取白乳胶，绘画作品。

2. 盐池里埋一埋，发现白乳胶与盐之间的粘贴。

3. 选择各种颜色颜料，涂一涂，涂在盐渍上，注意颜色之间的过渡和搭配。

➢ 观察重点：

1. 观察幼儿对盐渍画技巧掌握的情况，大胆对春天景象进行绘画的情况。

2. 观察幼儿上色过程中，颜色的选择和颜色间过渡的情况。

（上海市浦东新区东南幼儿园　王怡婷　供稿）

子主题：蒲蒲公园

内容二：搭建帐篷

➢ 材料提供：

彩笔、画纸、PVC管、小木棍、竹竿、麻绳、老虎钳、封箱带、硅胶枪、适宜的布料等

➢ 预设玩法：

1. 幼儿能在已有经验的基础上对帐篷进行再设计，并依据自己的设计图纸搭建帐篷。

2. 幼儿能正确使用各种工具，与同伴协商，选择合适的辅助材料使帐篷结构牢固。

➢ 观察重点：

1. 观察幼儿是否根据图纸搭建帐篷。

2. 观察幼儿如何积极探索、互相使帐篷固定不坍塌，结构稳固。

内容三：美化帐篷

➢ 材料提供：

自制帐篷、彩笔、剪刀、玻璃胶、水粉颜料、羽毛、亮片等装饰材料若干

➢ 预设玩法：

1. 幼儿根据自己设计的图纸给帐篷确定开窗开门的位置，并进行裁剪改进。

2. 幼儿能使用各种材料，进一步美化帐篷，使帐篷实用又美观。

➢ 观察重点：

1. 观察幼儿是否能根据实际生活经验给帐篷确定开窗开门，探索门窗的位置是否符合幼儿自己的活动需要。

2. 观察幼儿是否能根据自己的设计图纸进行美化帐篷。

3. 观察幼儿如何解决帐篷防晒、防风、防潮、防蚊的问题。

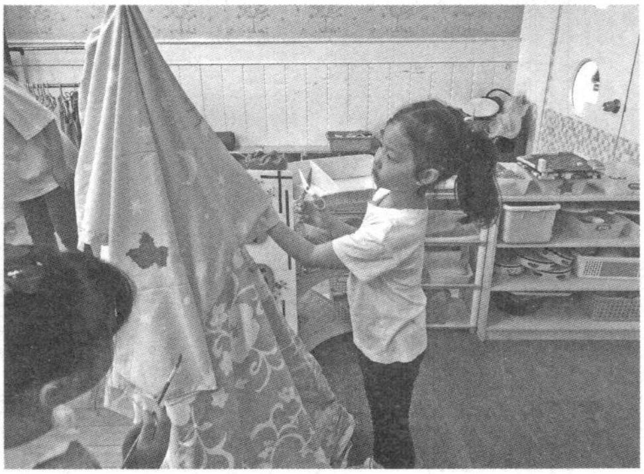

内容四：捞捞乐

➢ 材料提供：

网兜、竹竿、PVC管、塑料袋、漏勺、剪刀、封箱带、麻绳、扭扭棒、铅画纸、彩笔等

➢ 预设玩法：

1. 幼儿尝试用各种材料制作捞鱼工具。

2. 幼儿用制作完成的捞鱼工具尝试捞鱼，了解不同捞鱼工具的使用感受。（如：工具的稳定性、一次捞鱼的数量、捞鱼的距离等）

3. 幼儿能根据实验结果，选择合适的材料改进捞鱼工具。

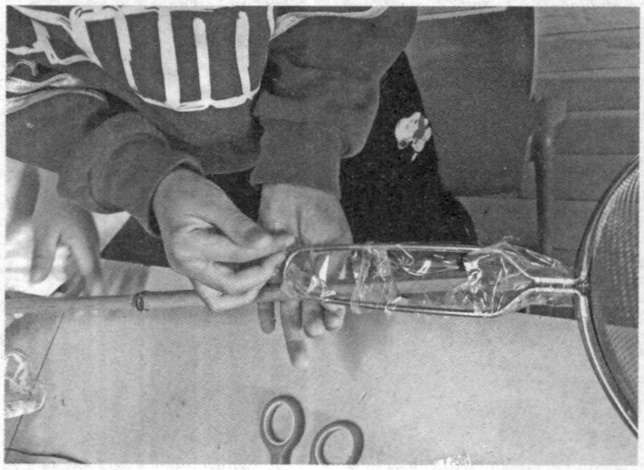

➢ 观察重点：

1. 观察幼儿是否能用各种材料自制捞鱼工具。

2. 观察幼儿是否能发现捞鱼工具使用过程中的问题。

3. 观察幼儿是否能根据操作后发现的问题，根据问题探索如何来改进捞鱼工具。

内容五：泡泡王国

➢ 材料提供：

泡泡问题板、各种泡泡器、洗手液、洗洁精、剪刀、封箱带、麻绳、扭扭棒、树枝、吸管、一次性纸杯纸盘等

➢ 预设玩法：

1. 幼儿能尝试自己调制泡泡水。

2. 幼儿能根据自己的想法，设计并制作各种泡泡器（比如大泡泡器，能一次吹出很多泡泡的泡泡器等）。

➢ 观察重点：

1. 观察幼儿如何调制出泡泡水并吹出泡泡。

2. 观察幼儿是否能根据设计想法制作泡泡器，不怕失败，探索、验证并改进。

内容六：百变赛道

➢ 材料提供：

彩笔、画纸、各种低结构材料（奶粉罐、纸盒、各种瓶子等）、泡沫砖、垫子、管子、木棍、车类（扭扭车、滑板车、自行车等）、轮胎、指示标志牌等

➢ 预设玩法：

1. 幼儿合作商量，设计骑行赛道并画在记录纸上。

2. 幼儿能根据设计图创设骑行赛道。

3. 幼儿通过骑行比赛体验感受并改进赛道（比如赛道的宽窄、转弯是否方便等）。

➢ 观察重点：

1. 观察幼儿是否能根据商量的图纸进行赛道设计。

2. 观察幼儿能否进行合作，商定改进骑行赛道。

（上海市浦东新区蒲公英幼儿园　夏晓芳　倪丽霞　供稿）

子主题：鸟来了

内容七：白头鹎·鸟巢设计

➢ 材料提供：

低结构材料（纸盘、树枝、稻草、淤泥等）、辅助材料（羽毛、扭扭棒、绳子等）、美工工具（剪刀、固体胶、双面胶、封箱带等）

➢ 预设玩法：

1. 根据已知信息和设计图方案，选择合适的材料，模拟搭建白头鹎鸟巢。

2. 用模型小鸟、鸟蛋等材料检验鸟巢的合理性，并及时调整鸟巢造型。

➢ 观察重点：

1. 观察幼儿如何探索材料之间的比例（如泥和水、泥和树枝等之间的比例等）。

2. 观察幼儿如何探索鸟巢的安全稳固性。

内容八：鸽子屋设计

➢ 材料提供：

1. 低结构材料（不同大小的空桶、纸箱、奶粉罐等）

2. 辅助材料（扭扭棒、绳子、绸带、扎带、夹子等）

3. 美工工具（封箱带、双面胶、剪刀等）

➢ 预设玩法：

1. 选择合适的材料设计并制作鸽子屋。

2. 根据了解鸽子的外貌特征、生活习性来完善鸽子屋（如门窗的大小、房屋的防水性等）。

3. 探索固定鸽子屋的材料和方法。

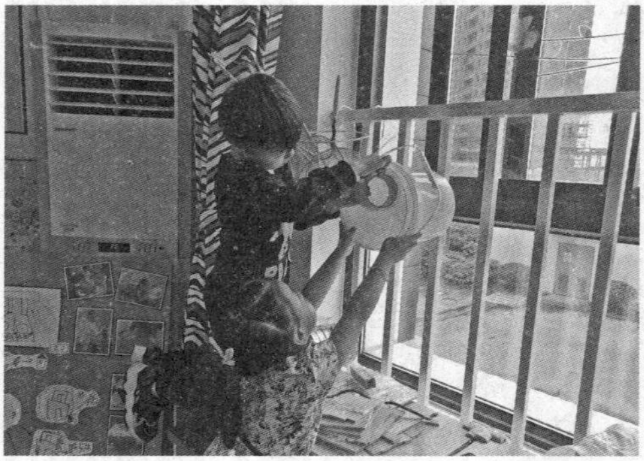

➢ 观察重点：

1. 观察幼儿如何探索各类材料的特点、鸽子的生活习性，如何用自己喜欢的方法设计制作完成鸽子屋的搭建。

2. 观察幼儿如何探究实施“鸽子屋”的防水性。

3. 观察幼儿如何解决安装、巩固“鸽子屋”的方法。

内容九：白鹭·淤泥防水

➢ 材料提供：

防水性材料（桌布、塑料膜、铁盒等）、挖掘工具（铲子、耙子、铁锹等）、防护装备（雨衣或反穿衣、雨鞋、帽子、手套等）

➢ 预设玩法：

1. 根据白鹭的生活习性、生活环境，使用合适的工具挖掘泥坑沼泽。

2. 探究泥坑的渗水问题，选择合适的材料进行调整、观察、改进、测试。

2. 探究模拟沼泽环境的创设。

➢ 观察重点：

1. 观察幼儿如何解决泥坑渗水问题。

2. 观察幼儿如何创设适合白鹭的生态环境。

内容十：花园设计组

➢ 材料提供：

铺路材料（石砖、木板等）、种植材料（草籽、草、花苗等）、种植工具（铲子、铁锹、水壶等）、防护工具（雨衣、雨鞋、手套、帽子等）、美工工具（刷子、丙烯颜料、水粉颜料、水桶等）

➢ 预设玩法：

1. 选择使用合适的工具材料进行铺路。

2. 为铺好的小路上色。

3. 为花园进行种植，丰富美化花园。

➢ 观察重点：

1. 观察幼儿如何解决铺路中发现的问题。

2. 观察幼儿如何使用工具。

（上海市浦东新区蒲公英幼儿园　王琼　黄敏　供稿）

主题：周围的人

➢ 核心经验：

认知与能力：了解关系（常见职业的服装和用具，职业与人们生活的关系），模仿体验（不同职业的行为特征及交往合作）

情感与态度：关心尊重（劳动者、劳动成果）

内容一：变废为宝

➢ 材料提供：

矿泉水瓶、硬纸板、超轻彩泥、毛笔、颜料

➢ 预设玩法：

1. 用超轻彩泥把矿泉水瓶变成房子的样子。

2. 幼儿根据自己的兴趣大胆想象，并且装饰房子。

➢ 观察重点：

1. 观察幼儿用超轻彩泥制作房子的情况。

2. 观察幼儿大胆想象装饰房子的情况。

内容二：极光小镇

➢ 材料提供：

卡纸、色粉笔、油画棒

➢ 预设玩法：

1. 用色粉笔画在卡纸上画出波浪的极光，并尝试用手指抹出极光的光芒。

2. 发挥想象用油画棒画出大小高低各不同的房子。

➢ 观察重点：

1. 观察幼儿用色粉笔表现出波浪极光色彩的情况。

2. 观察幼儿大胆想象用油画棒画出形状各异房子的情况。

（上海市浦东新区东南幼儿园　周璐杰　供稿）

主题：常见的用具

➢ 核心经验：

认知与能力：认识用具（生活用具、家用电器、学习用品、劳动工具等），了解用途（给生活带来的方便）

动作与技能：操作使用（穿线、剪贴、拆装、修补等），探索尝试（乐于尝试多种常见工具）

内容：室外“陶”源

➢ 材料提供：

丙烯颜料、美纹纸、剪刀、排笔数支、各种陶罐等

➢ 预设玩法：

1. 在陶罐上用美纹纸贴出各种大小的格子。

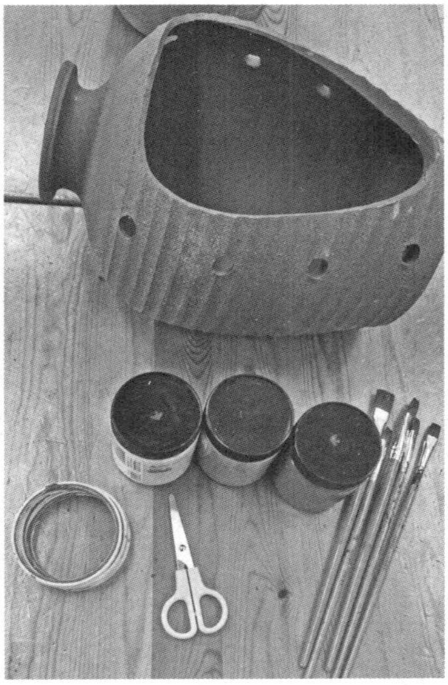

2. 观察蒙德里安代表画的线条和色块，在格子上刷上三原色。

➢ 观察重点：

1. 观察幼儿利用格子画的特点装饰各种瓦罐的情况。

2. 观察幼儿感知线条和色块的特点及表现格子画的美的情况。

（上海市浦东新区东南幼儿园　徐晓惠　供稿）

主题：交通工具

➢ 核心经验：

认知与能力：观察比较（不同交通工具的特征、功用），交流了解（乘坐不同交通工具的常识、规则及便利）

情感与态度：体验乘坐乐趣，遵守乘坐规则

内容：立交桥上的小汽车

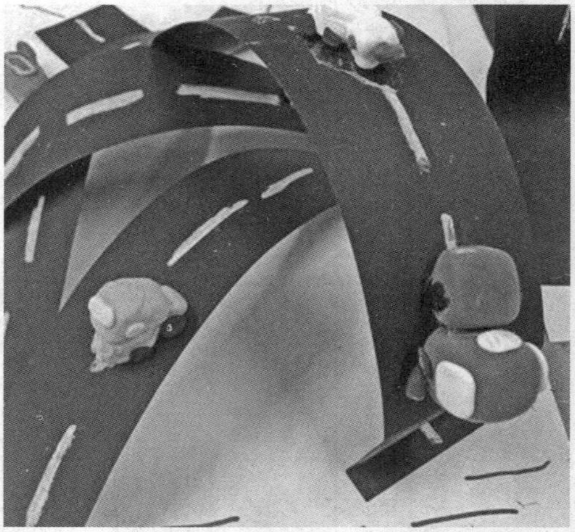

➢ 材料提供：

1. 黑色卡纸纸条、超轻黏土、白色油画棒

2. 马路底版、固体胶、双面胶

➢ 预设玩法：

1. 制作立交桥：用白色油画棒绘制桥面上的马路线，用固体胶或双面胶进行固定，制作交错的立交桥。

2. 制作小汽车：用超轻黏土表现小汽车，将小汽车开到桥面上。

➢ 观察重点：

1. 观察幼儿在活动中手部精细动作的发展，如揉、搓、压、撕等方法的运用情况。

2. 观察幼儿在制作小汽车时对汽车造型的大胆表现方式，如：汽车的色彩、造型等。

（上海市浦东新区东南幼儿园　叶宜婷　供稿）

主题：火辣辣的夏天

➢ 核心经验：

认知与能力：观察现象（雷电、彩虹等天气现象及动植物的变化），了解方法（防暑降温的方法）

情感与态度：适应环境（调整活动方式），体验乐趣（嬉水、捉蜻蜓等）

内容一：铜钱草

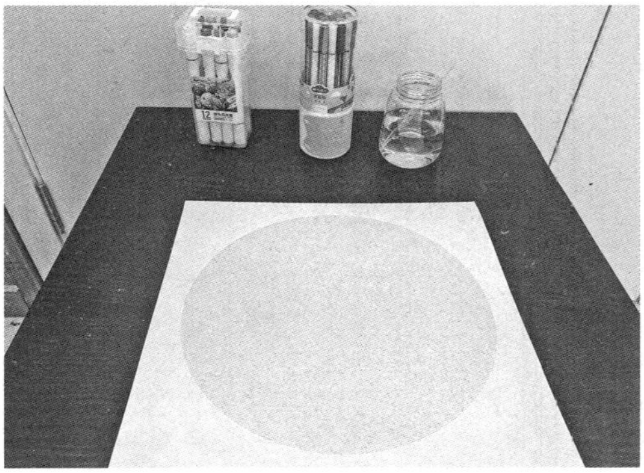

➢ 材料提供：

水彩笔、滴管、装有水的容器、宣纸

➢ 预设玩法：

1. 尝试运用水彩笔画出同心圆并进行晕染。

2. 能进行添画，并与同伴分享自己的作品。

➢ 观察重点：

1. 观察幼儿用水彩晕染铜钱草的情况。

2. 观察幼儿大胆想象添画表现夏日景象的情况。

（上海市浦东新区东南幼儿园　王昱　供稿）

内容二：夏与荷

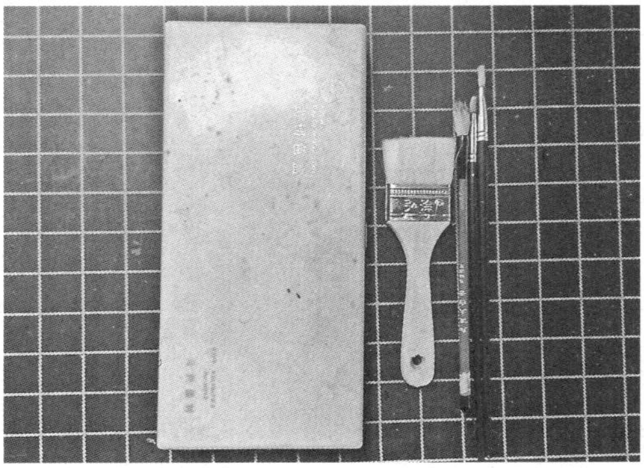

➢ 材料提供：

丙烯颜料、毛笔、勾线笔等

➢ 预设玩法：

1. 尝试用画笔在玻璃上表现不同形态的荷花和莲雾等植物。

2. 尝试在荷花池中添画自己喜欢的景物。

➢ 观察重点：

1. 观察幼儿对多种刷画工具的运用。

2. 观察幼儿使用接染法表现荷花花瓣的情况。

（上海市浦东新区东南幼儿园　倪湘绮　供稿）

大班个别化学习活动设计

主题：我是中国人

➢ 核心经验：

认知与能力：标志（国旗、国歌、国徽等），城市（上海、北京等），民族（汉族、维吾尔族等），民俗（春节、元宵节、中秋节等传统节日）

动作与技能：民间艺术（剪纸、捏泥人、画京剧脸谱等），民间游戏（舞蹈、体育等）

情感与态度：爱祖国爱家乡、中国人的自豪

内容一：中国武警防弹衣制作

➢ 材料提供：

不同软硬材质的物品，如纸板、铁板、模板、剪刀、保鲜膜、透明材质的膜等

➢ 预设玩法：

1. 了解中国武警防弹衣的特点，选用不同的材料制作防弹衣。

2. 设计不同的方法来测试衣服的“防弹”性能。

➢ 观察重点：

1. 观察幼儿对中国武警防弹衣的相关知识的了解程度。

2. 观察幼儿制作和测试防弹衣的方法。

内容二：戏曲服装

➢ 材料提供：

不同质地的面料、尺、粉笔、扭扭棒、各种线、玻璃胶、双面胶、儿童用针线

➢ 预设玩法：

1. 了解戏服的相关信息，设计戏服。
2. 根据设计图制作戏服，并调整改进。
3. 尝试根据戏服制作相应的配饰。

➢ 观察重点：

1. 观察幼儿制作戏服的情况，鼓励幼儿结合调查的信息来设计和制作。
2. 观察幼儿配饰制作的情况，帮助幼儿丰富关于配饰的信息。

内容三：旗袍

➢ 材料提供：

不同质地的面料、尺、粉笔、扭扭棒、各种线、玻璃胶、双面胶等、儿童用针线

➢ 预设玩法：

1. 了解旗袍的相关信息，设计、制作、改进旗袍。

2. 根据客人定制来设计和制作旗袍，并尝试改进。

➢ 观察重点：

1. 观察幼儿在设计、制作旗袍过程中发现和遇到的问题，鼓励幼儿大胆表达。

2. 观察幼儿在定制旗袍的过程中解决问题能力的表现，鼓励幼儿积极思考解决办法。

（上海市浦东新区蒲公英幼儿园　黄靓华　张羽虹　供稿）

内容四：军车装潢部

➢ 材料提供：

军用武器图片和玩具实物、废旧材料（纸杯、纸筒、纸盘、报纸、冷饮木棍、纸筒芯）、透明胶、剪刀等

➢ 预设玩法：

1. 幼儿通过观察图片和体验玩玩具，了解军用武器的基本构造。

2. 幼儿用废旧材料自制军用武器。

➢ 观察重点：

1. 观察幼儿是否能自主选择废旧材料自制喜欢的军用武器。

2. 观察幼儿对不同武器的构造和用途的了解程度。

内容五：军装裁缝师

➢ 材料提供：

迷彩布料、剪刀、夹子、量尺、粉笔等

➢ 预设玩法：

1. 幼儿根据服装模特，利用迷彩布料设计并制作军装。

2. 对做好的服装进行简单的装饰。

➢ 观察重点：

1. 观察幼儿对模特量身裁剪的情况。

2. 观察幼儿完成基本制作方法以后，是否会发挥想象按需要逐渐添加装饰。

内容六：董存瑞的故事

➢ 材料提供：

1. 自制传声筒

2.《董存瑞》绘本、笔、记录本等

➢ 预设玩法：

1. 观察绘本，把故事内容通过传声筒传递给同伴，同伴根据聆听的内容在记录纸上简单记录。

2. 体会董存瑞在战争中的不同情绪变化，熟悉英雄故事。

➢ 观察重点：

1. 观察幼儿对传声筒的制作和使用情况。

2. 观察幼儿对故事进行图加文记录的情况。

内容七：解密鸡毛信

➢ 材料提供：

1. 信箱、密码锁
2. 鸡毛信若干

➢ 预设玩法：

1. 幼儿根据鸡毛信里的内容，通过十以内的加减得出密码。
2. 根据鸡毛信里的密码打开密码锁。

➢ 观察重点：

1. 观察幼儿运用加减方法推算密码的情况。
2. 观察幼儿在规定时间内的解码情况。

内容八：红军文艺团

➢ 材料提供：

1. 红军服装若干
2. 战场场景、背景音乐、乐器等

➢ 预设玩法：

1. 幼儿分配角色，把创编的故事内容根据背景音乐通过演绎的方式表现出来。
2. 幼儿通过表演游戏，体验战场中紧张、惊险、艰辛的情绪。

➢ 观察重点：

1. 观察幼儿根据音乐创编故事的情况。

2. 观察幼儿对音乐的感受，能否将自身的感受表现出来。

内容九：砌堡垒

➢ 材料提供：

胶水、“砖块”、垫板、刷子等

➢ 预设玩法：

1. 通过观察堡垒图片，感知堡垒的基本结构，运用“水泥”将“砖块” 拼接。

2. 幼儿可通过不同的平铺方法，搭建造型各异的堡垒。

➢ 观察重点：

1. 观察幼儿是否能运用平铺、垒高、架空、组合方式砌堡垒。

2. 观察幼儿运用空间立体搭建的情况。

（上海市浦东新区康弘幼儿园　陆雨程　郭丽娜　供稿）

主题：有用的植物

➢ 核心经验：

认知与能力：特征（植物的种类、植物的特性），关系（蔬菜有营养、植物能保健）

动作与技能：种植（照料植物角、养护种植园）

情感与态度：兴趣（探索植物、兴趣种植），环保（爱护绿化、体验植树）

内容一：树皮印画

➢ 材料提供：

1. 滚筒、刷子、油画棒、颜料
2. 牛皮纸、宣纸、油画布

➢ 预设玩法：

1. 将三种纸围住树干一圈，并用夹子固定，使纸不易滑落。
2. 选择油画棒或者颜料在纸上画或者刷上不同的颜色，拓印出树皮的不同纹路。
3. 画面上可以不同方向拓印和个性创作，并能展示自己的作品。

➢ 观察重点：

1. 观察幼儿拓印树皮的制作方法。
2. 观察幼儿能否将纸紧贴树干，在纸上涂或者刷颜料时掌握好轻重。

（上海市浦东新区东南幼儿园　周莉娜　供稿）

内容二：你好，自然

➢ 材料提供：

1. 环境材料：画架、作品展示

2. 绘画材料：油画布、写生本、广告颜料、固体水彩颜料、颜料盒、画笔

➢ 预设玩法：

1. 自选一个角度观察周围的绿植景色。

2. 对局部植物画面进行简单的构图写生。

3. 根据实际的景色用油画颜料或者固体水彩进行颜色丰富。

➢ 观察重点：

1. 观察幼儿在作品中对局部绿植景物的布局情况。

2. 观察幼儿对油画颜料以及固体水彩的使用情况。

（上海市浦东新区东南幼儿园　闵雪雯　供稿）

内容三：植物拓印

➢ 材料提供：

1. 植物、白布、锤子

2. 辅助材料：剪刀、透明胶、水

➢ 预设玩法：

1. 寻找不同的植物，将其拓印在白布上，感受不同植物的特性。

2. 将不同的植物进行创意组合，拓印出一幅完整的作品。

➢ 观察重点：

1. 观察幼儿能否将植物完整地拓印在白布上。

2. 观察幼儿能够根据植物的形状、颜色等特征进行拓印的创意。

内容四：植物取色

➢ 材料提供：

1. 植物：不同颜色的鲜花、水果、蔬菜、中药、茶叶

2. 取色工具：电磁炉、锅、榨汁机、石臼

3. 辅助工具：色卡、纱布滤网、瓶子、过滤盆、筷子

➢ 预设玩法：

1. 尝试用不同的方法提取植物中的颜色，并制作色卡。

2. 通过实验操作，发现哪些植物适用于染色。

➢ 观察重点：

1. 观察幼儿能否尝试用不同的方法、工具进行取色。

2. 观察幼儿在操作的过程中对影响颜色深浅的因素的发现（植物的数量、水量、浸泡时间）。

内容五：植物染色

➢ 材料提供：

1. 植物提取出的染料、不同材质的白布（纱布、棉布、无尘布、丝巾、涤纶布）

2. 扎染工具：橡皮筋、弹珠、海洋球、夹子、夹板、雪糕棒

3. 辅助工具：筐、滴管、手套

➢ 预设玩法：

1. 设计图案，尝试用不同的工具染出相应的图案。

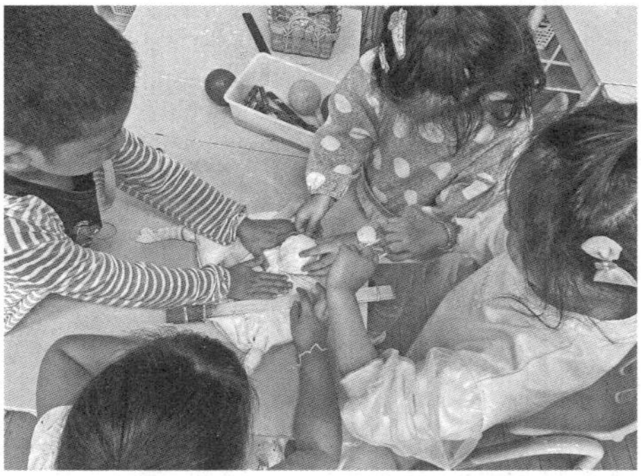

2. 根据不同植物提取的颜色，按图案进行染色。

➢ 观察重点：

1. 观察幼儿是否能够用不同的工具染色，创作出不同图案的作品。

2. 观察幼儿是否能够使用同色、撞色等方法进行颜色的搭配，扎染出美丽的作品。

（上海市浦东新区蒲公英幼儿园　凌钰婷　周瑞浠　供稿）

子主题：花样萝卜

内容六：腌萝卜

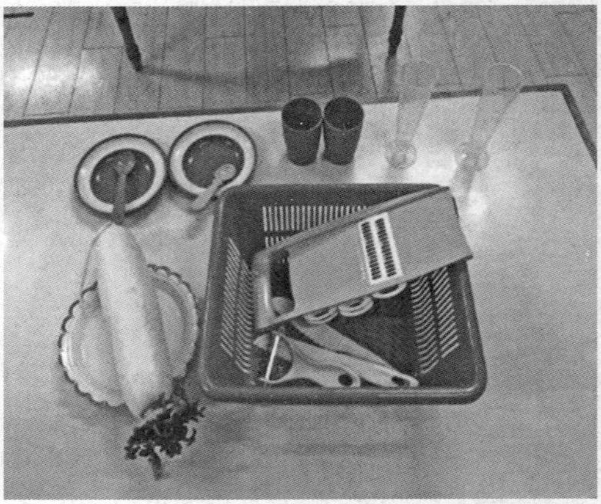

➢ 材料提供：

1. 各种刨、安全刀等工具

2. 调味品、盘子、一次性手套等

➢ 预设玩法：

1. 使用各种工具刨萝卜皮、萝卜丝。

2. 尝试用调味品来腌制萝卜丝。

➢ 观察重点：

1. 观察幼儿能否正确使用各种工具进行制作。

2. 观察幼儿使用调味品调制的比例。

内容七：萝卜拼盘

➢ 材料提供：

1. 各种颜色的萝卜切成的薄片

2. 泥工、塑料模具、各种装饰材料、一次性纸盘等

➢ 预设玩法：

1. 在一次性纸盘上用萝卜片进行创意拼贴，拼出好看的图案。

2. 用泥工、各种装饰材料等进行装饰，使萝卜拼贴画更有创意。

➢ 观察重点：

1. 观察幼儿能否发挥想象，利用材料进行创意拼贴。

2. 观察幼儿对材料的兴趣及使用情况。

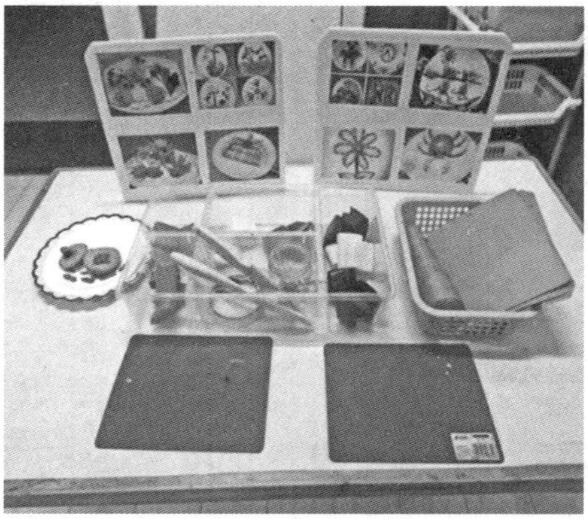

内容八：萝卜写生

➢ 材料提供：

1. 各种形状、各种颜色、不同品种的萝卜

2. 铅画纸、水彩笔、记号笔、画板等

➢ 预设玩法：

1. 用各种颜色和形状的萝卜摆出好看的造型，进行写生画。

2. 画出萝卜的形态特征，并注意重叠关系。

➢ 观察重点：

1. 观察幼儿能否画出各种萝卜的形态特征。

2. 观察幼儿能否画出萝卜的遮挡、重叠关系。

内容九：萝卜发电

➢ 材料提供：

1. 安全刀、托盘、操作说明、发电装置等

2. 各个品种的萝卜若干

➢ 预设玩法：

根据说明组装发电装置，把发电装置与萝卜正确连接，使小电珠发亮或电子表正常运作。

➢ 观察重点：

1. 观察幼儿能否读懂操作说明并按步骤进行操作。

2. 观察幼儿正确连接电路的做法。

内容十：萝卜印章

➢ 材料提供：

1. 萝卜、安全刻刀、垫板

2. 铅画纸、颜料、抹布等

➢ 预设玩法：

1. 在萝卜切面上刻上自己的名字或者各种图案，制作成萝卜印章。

2. 用刻好的印章在纸上进行拓印，并进行添画。

➢ 观察重点：

1. 观察幼儿使用刻刀制作印章的做法和步骤。

2. 观察幼儿能否比较萝卜的品种，发现制作印章的不同效果。

内容十一：萝卜比较

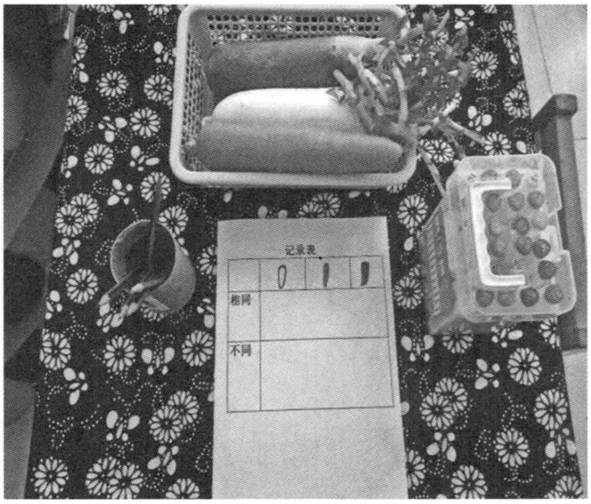

➢ 材料提供：

1. 不同品种的萝卜若干

2. 记录纸、笔等

➢ 预设玩法：

1. 幼儿通过看一看、摸一摸、尝一尝来观察比较不同萝卜的特征。

2. 用自己的方式在记录纸上记录不同萝卜的异同点。

➢ 观察重点：

1. 观察幼儿能否运用不同感官寻找和发现不同萝卜的异同点。

2. 观察幼儿的记录方式。

内容十二：榨萝卜汁

➢ 材料提供：

1. 不同品种的萝卜若干

2. 榨汁机、案板、安全刀、研钵、量杯、一次性杯子、抹布等

➢ 预设玩法：

1. 学习使用榨汁机和研钵榨出萝卜汁。

2. 观察、品尝萝卜汁，比较每种萝卜汁的不同。

➢ 观察重点：

1. 观察幼儿能否正确操作榨汁机和使用研钵榨萝卜汁。

2. 观察幼儿对萝卜汁口感等的描述。

（上海市浦东新区祝桥东港幼儿园　倪春英　供稿）

子主题：趣味黄瓜

内容十三：糖渍黄瓜、盐腌黄瓜

➢ 材料提供：

1. 各种刨等工具

2. 调味品、盘子、一次性手套等

➢ 预设玩法：

1. 用刨刨黄瓜（需有成人陪伴下使用）。

2. 选择调味品腌制黄瓜。

➢ 观察重点：

1. 观察幼儿能否发现黄瓜用盐或者糖腌制以后发生的变化。

2. 观察幼儿使用工具的情况。

内容十四：黄瓜创意画

➢ 材料提供：

颜料、泡沫纸、双面胶、剪刀

➢ 预设玩法：

把泡沫纸剪成黄瓜状，涂上颜色，用手工纸剪出黄瓜叶。

➢ 观察重点：

1. 观察幼儿是否能用提供的材料进行创意绘画。

2. 观察幼儿对颜料的使用情况。

内容十五：黄瓜垒高

➢ 材料提供：

1. 不同形状的黄瓜块和黄瓜丁

2. 牙签若干

➢ 预设玩法：

通过牙签和黄瓜进行垒高游戏。

➢ 观察重点：

观察幼儿探索使用黄瓜垒高的方法。

（上海市浦东新区祝桥东港幼儿园　顾婷　供稿）

主题：动物大世界

➢ 核心经验：

认知与能力：动物习性（特征与环境、生长与变化等），奇特现象（动物趣事、奇特动物、特殊本领等），依存关系（动物与动物、动物与人的关系）

表达与表现：动物制作与模仿等

情感与态度：爱护动物、喜爱探究

内容一：冰川世界

➢ 材料提供：

蓝丁胶、黑白手工纸、11厘米 ×11厘米正方形彩色纸、冰川展板

➢ 预设玩法：

1. 学看步骤折纸图，按照步骤图折叠出企鹅造型。

2. 将折好的动物造型，在展示板中呈现。

➢ 观察重点：

1. 观察幼儿是否能自主探索折纸的方法，完成动物造型。

2. 观察幼儿是否能有创意地完成冰川情景。

（上海市浦东新区东南幼儿园　陶辛琪　供稿）

内容二：动物乐园

➢ 材料提供：

轮胎、铲子、塑料袋、仿真树叶、围栏、仿真动物

➢ 预设玩法：

1. 运用生活经验，用涂画笔记的方式设计动物园场景图。
2. 按照设计图挖出水渠，并在各个区域内合作造出不同的动物园场景。
3. 根据玩沙过程中遇到的问题，重新修改并设计场景图。

➢ 观察重点：

1. 观察幼儿的设计能力以及玩沙过程中的合作意识。
2. 观察幼儿利用各种工具搭建场景的能力。

（上海市浦东新区东南幼儿园　王卿　供稿）

主题：我要上小学

➢ 核心经验：

认知与能力：了解小学（发现差异、积累经验），适应能力（交往合作、主动学习），时间观念（珍惜时间、合理安排）

行为与习惯：生活习惯（生活独立、自我计划），学习习惯（好学专注、遵守规则）

情感与态度：激发愿望（向往小学、感受快乐），懂得感恩（感谢师长、留恋同伴），品质养成（任务意识、克服困难）

内容一：梦想中的小学

➢ 材料提供：

室外场地、防腐木积木

➢ 预设玩法：

1. 尝试运用不同的积木组合搭建不同造型的楼房。

2. 设计心目中的小学，根据设计图搭建小学。

3. 根据实际搭建情况，修改设计图纸。

4. 多人合作，共同搭建小学。

➢ 观察重点：

1. 观察幼儿运用涂画笔记设计图纸的能力。

2. 观察幼儿对不同建构方法的掌握程度。

3. 观察幼儿之间的合作。

（上海市浦东新区东南幼儿园　连娜　供稿）

内容二：小学课程表

➢ 材料提供：

各种颜色的手工纸、铅画纸、双面胶、画笔、剪刀等

➢ 预设玩法：

1. 调查收集课程表的信息。

2. 动手设计一张课程表。

➢ 观察重点：

1. 观察幼儿是否能够运用图符的方式表示各门课程。

2. 观察幼儿课程排列的合理性、课时数的均衡性。

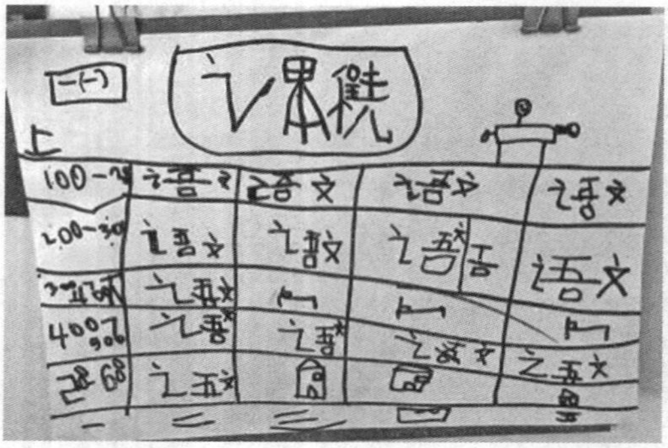

内容三：饮水机

➢ 材料提供：

纸盒、管子玩具、即时贴、玻璃胶、双面胶、剪刀等美工材料和工具

➢ 预设玩法：

1. 根据收集的小学饮水机的信息制作饮水机。

2. 交流分享，调整制作的饮水机。

➢ 观察重点：

1. 观察幼儿能否根据设计图制作饮水机，并不断调整改进。

2. 观察幼儿是否能运用图符的方式表示冷、热水。

内容四：升旗台

➢ 材料提供：

1. 竹竿、纸盒、纸棍、绳子、积木、手工纸、大型建构积木

2. 玻璃胶、双面胶、剪刀等美工材料和工具

➢ 预设玩法：

1. 根据收集的信息搭建升旗台。

2. 思考制作旗杆、旗帜和系绳把手的材料和方法。

3. 讨论和解决旗帜自由升降的方法。

➢ 观察重点：

1. 观察幼儿采用哪些方法让国旗能够上下升降。

2. 观察幼儿解决问题的情况。

内容五：操场

➢ 材料提供：

1. 各种材质颜色的布、地毯布、绿草皮、纸箱、手工纸、颜料、粉笔、白色即时贴

2. 玻璃胶、双面胶、剪刀、长尺等美工材料和工具

➢ 预设玩法：

1. 了解小学操场的组成及功能，设计和制作小学的操场。

2. 交流小学操场制作过程中遇到的问题，讨论解决方法。

➢ 观察重点：

1. 观察在设计和制作操场的过程中，幼儿的合作情况。

2. 观察幼儿使用材料的情况。

（上海市浦东新区蒲公英幼儿园　张秀玲　供稿）

内容六：快上一年级

➢ 材料提供：

音乐、小乐器、图谱

➢ 预设玩法：

1. 跟着音乐唱歌。

2. 根据图谱提示来唱歌。

3. 边唱边用小乐器和同伴合作演奏并歌唱。

➢ 观察重点：

1. 观察幼儿对乐曲节奏掌握的情况。

2. 观察幼儿使用、选择小乐器的情况。

内容七：整理书包

➢ 材料提供：

书包、书本、铅笔盒、文具

➢ 预设玩法：

1. 按照物品大小及种类等进行整理。

2. 根据课程表内容将所需物品整齐摆放进书包内。

➢ 观察重点：

观察幼儿对学习用品的分类依据及摆放方法。

内容八：污水过滤

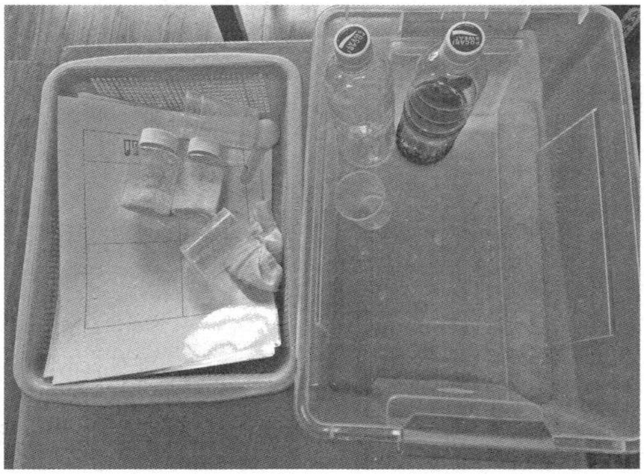

➢ 材料提供：

两个塑料杯、量杯、明矾、洗衣粉、纱布、浑浊的水、计时器、记录纸

➢ 预设玩法：

1. 把浑浊的水倒入量杯中，约100毫升水。

2. 在两个空塑料杯的杯口蒙上一层纱布，倒入污水，进行第一次过滤。

3. 一杯浑浊的水中加入一勺明矾，另一杯浑浊的水中加入洗衣粉，并进行搅拌溶解。

4. 计时器上调好时间，等待5分钟。

5. 用纱布进行第二次水过滤，并用记录纸记录水的状态。

➢ 观察重点：

1. 观察幼儿使用材料的情况。

2. 观察幼儿操作实验的顺序。

内容九：未来设计师

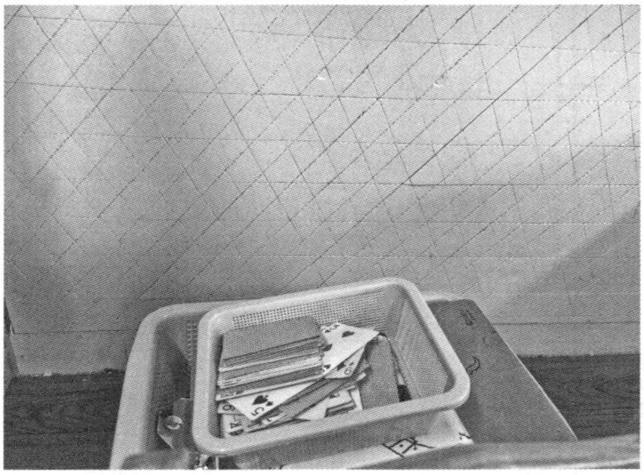

➢ 材料提供：

纸牌、KT板、记录纸

➢ 预设玩法：

1. 用纸牌在墙面上拼搭出未来学校的造型，并用记录纸进行绘画记录。

2. 在记录纸上设计出未来学校的造型，然后再根据图纸用纸牌建构。

➢ 观察重点：

1. 观察幼儿的建构造型与设计图的相似度。

2. 观察幼儿建构作品的造型。

内容十：设计小书包

➢ 材料提供：

大小手工纸、水彩笔、固体胶、双面胶、剪刀、马赛克拼贴材料

➢ 预设玩法：

1. 用辅助材料制作出书包上的翻盖、口袋等细节部分。

2. 用各种拼贴材料装饰书包。

➢ 观察重点：

1. 观察幼儿设计书包的能力。

2. 观察幼儿用各种材料装饰书包的情况。

内容十一：我的朋友

➢ 材料提供：

卷纸芯、彩色手工纸、胶水、记号笔、剪刀

➢ 预设玩法：

1. 用卷纸芯组合、粘贴的方式制作出人形。

2. 通过人物特征来制作具有明显外貌特征的人物。

➢ 观察重点：

1. 观察幼儿用拼贴材料表现人物外貌特征的情况。

2. 观察幼儿的作品是否能反映伙伴的特征。

内容十二：装饰笔筒

➢ 材料提供：

废旧薯片罐、超轻黏土、马赛克贴纸、彩色纸绳、剪刀、笔、胶水

➢ 预设玩法：

1. 尝试用拼贴材料装饰笔筒。

2. 尝试自己设计花纹并用不同材料组合使用装饰笔筒。

➢ 观察重点：

观察幼儿使用多种材料拼贴装饰笔筒的情况。

内容十三：学习用品找朋友

➢ 材料提供：

各类学习用品图、操作板、橡皮筋

➢ 预设玩法：

1. 按照文具用途，找出相匹配的文具进行橡皮筋连线。

2. 连线游戏完成后，用记录纸进行绘画记录。

➢ 观察重点：

观察幼儿对文具的了解和搭配情况。

内容十四：上学棋

➢ 材料提供：

棋盘、棋子、骰子

➢ 预设玩法：

1. 根据骰子上显示的数字走棋。

2. 走到图片处，按照要求做出进和退的动作。

➢ 观察重点：

观察幼儿游戏中对游戏规则的理

解和遵守情况。

内容十五：站位大考验

➢ 材料提供：

全班合影、幼儿大头照、座位板、记录表

➢ 预设玩法：

1. 根据全班合影，找到相应的幼儿位置进行摆放。

2. 根据学号排位置并进行记录。

3. 根据提示卡要求来安排幼儿位置。

➢ 观察重点：

1. 观察幼儿找位置的不同方法以及记录方法的能力。

2. 观察幼儿是否能通过不同提示卡做出不同排法。

内容十六：翻翻乐

➢ 材料提供：

图片底版、盖子

➢ 预设玩法：

1. 使用简单底版，寻找出相同的学习用品。

2. 使用高阶底版，寻找出相同的学习用品。

3. 两名幼儿比赛，依次游戏，比赛谁找出的图案多。

➢ 观察重点：

观察幼儿能根据游戏规则依次寻找相同的物品的情况。

（上海市浦东新区新苗幼儿园　顾凯军　乔芳芝　供稿）

内容十七：破译电话号码

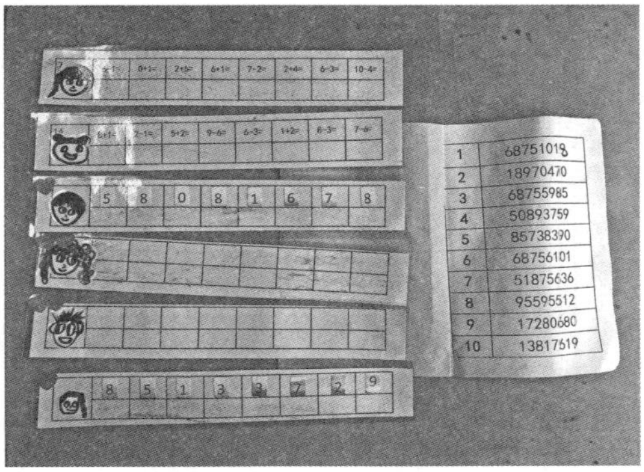

➢ 材料提供：

1. 提供几种破译电话号码的记录纸、记号笔、夹子

2. 提供电话本，收集幼儿熟悉的电话号码卡片

➢ 预设玩法：

1. 破译电话号码，幼儿自主选择电话号码卡，开展破译活动——加减法破译密码，破译中要做好记录，破译后鼓励幼儿对照电话本验证结果。

2. 开展破译活动——密码破译加减法，并做好记录。

3. 自编密码互相破译，根据家庭电话号码，幼儿自编密码，两名幼儿互相交换密码进行破译。

➢ 观察重点：

1. 观察幼儿10以内加减运算的发展。

2. 观察幼儿自我验证、自我记录及与同伴合作游戏的情况。

内容十八：认识时钟

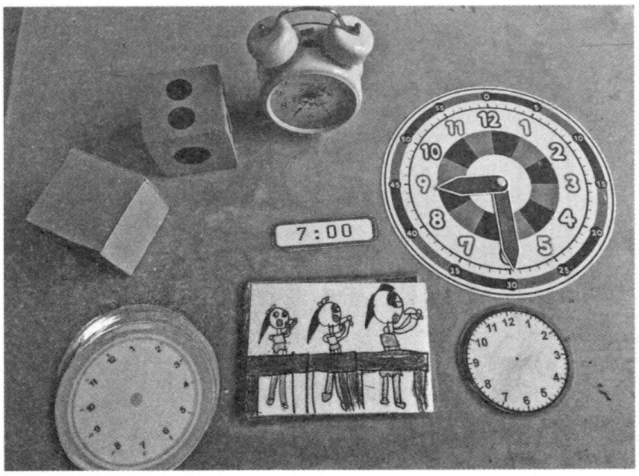

➢ 材料提供：

1. 模拟钟面、5～60数字卡

2. 自制各类卡片（时钟卡、电子钟卡、小学一日活动卡）

3. 操作底版及记录纸和笔

➢ 预设玩法：

1. 根据提示在模拟时钟上拨出时针、分针的位置，并记录下来。

2. 整点与半点游戏，两名幼儿轮流掷骰子开展游戏，按骰子的颜色取卡片，并按提示卡片拨时钟，正确的可以得到一片花片，以花片多者为胜。

3. 连一连，观察事件发生与时间之间的关系，并尝试将生活中的事件与数字时间、模拟时钟配对。

➢ 观察重点：

1. 观察幼儿时间概念的掌握情况（认知钟面、整点与半点、拨钟、正确报时等）。

2. 观察幼儿能否将时间与事件联系起来。

内容十九：文具超市

➢ 材料提供：

铅笔、尺、橡皮、铅笔盒、书包等各种文具的照片

➢ 预设玩法：

1. 用10元钱购物，正好用完，并用加减法列出算式题进行运算记录。

2. 再试试10元钱最多可以买几样，并列式记录。

➢ 观察重点：

观察幼儿10以内加减运算的记录方法。

内容二十：小学生守则棋

➢ 材料提供：

自制棋盘、2个棋子、1个骰子

➢ 预设玩法：

轮流掷骰子，根据掷骰子结果走到对应的格子，根据格子中的提示进行相应的前进或者后退，最后先到达终点为胜。

➢ 观察重点：

1. 观察幼儿合作下棋的情况。

2. 观察幼儿对小学生守则的理解程度。

内容二十一：我心中的小学

➢ 材料提供：

1. 白色纸板房子、白胚木头人、白色纸板花

2. 马赛克贴纸、吸管、麻绳、纸绳、剪刀等

3. 彩泥、小工具、小花盆等

➢ 预设玩法：

1. 幼儿尝试用多种材料有机组合来进行装饰建筑和制作花卉。

2. 幼儿尝试用泥塑的方法来表现植物。

➢ 观察重点：

观察幼儿装饰和制作的情况，能否用贴画、泥塑的方法美化小学的建筑和环境。

（上海市浦东新区新苗幼儿园　俞颖　郭蓓　供稿）

图书在版编目（CIP）数据

教，然后知反：幼儿园一线新课程探索与实践．教学实践卷／诸君主编．—上海：文汇出版社，2022.3
ISBN 978－7－5496－3739－3

Ⅰ．①教…　Ⅱ．①诸…　Ⅲ．①学前教育－教育活动－课程设计　Ⅳ．①G612

中国版本图书馆CIP数据核字（2022）第031502号

教，然后知反

——幼儿园一线新课程探索与实践（教学实践卷）

主　　编／诸　君
责任编辑／张　涛
封面装帧／梁业礼

出 版 人／周伯军
出版发行／文匯出版社
上海市威海路755号　（邮政编码：200041）
经　　销／全国新华书店
排　　版／南京展望文化发展有限公司
印刷装订／启东市人民印刷有限公司

版　　次／2022年3月第1版
印　　次／2022年3月第1次印刷
开　　本／787×1092　1/16
字　　数／860千字
印　　张／49.5

ISBN 978－7－5496－3739－3
定　　价／162.00元（全2册）

教，然后知反

Jiao Ranhou Zhifan

诸君 主编

幼儿园一线新课程探索与实践

优秀论文卷

文匯出版社

本书编委会

（以姓氏笔画为序）

主　编： 诸　君

副主编： 王　燕　竺　清

编　委： 王　艳　吕　萍　刘　岚　陈灵君

杜　玥　沈　婷　沈　静　沈祎冰

陆　益　李　洁　周葱葱　祝晓隽

殷　凤　唐金丹　蒋慧群　傅敏敏

主编的话

上海市浦东新区学前教育（托育服务）指导中心主任　诸　君

《教，然后知反——幼儿园一线新课程探索与实践》丛书，是上海市浦东新区学前教育（托育服务）指导中心成立以来正式出版的第一套丛书。这套书，从主题策划、内容确定、文稿征集到修改校对，前前后后经历了一年多时间。此刻，沉甸甸的书稿即将杀青付梓成书，作为主编，我深刻地感受到在丛书编辑过程中，编委会学到了许多新知识，积累了不少经验，也汲取了一些教训。这些都将鼓励我们把这项利于区域学前教育发展的好事坚持做下去，争取今后每年都出版一些书籍，为基层幼儿园和一线教师提供更多发表论文和交流研究成果的机会，为教师搭建更多成长成才的平台。

作为浦东新区教育局领导的学前教育（托育服务）指导中心，我们始终坚持全面贯彻党和国家的学前教育方针政策，贯彻落实上海市和浦东新区学前教育发展规划和三年行动计划，办人民满意的学前教育。通过加快实施新课程，培育能够适应区域教育改革与发展的优质师资队伍，推进区域幼儿园均衡优质发展，是办人民满意的学前教育的重要基础和前提。因此，中心成立以来，我们始终坚持以“幼有善育”为工作的一个重要目标，确立并坚持基于儿童立场及儿童优先发展的理念，不断激励各层面幼儿园特色、多元、创新发展，在这一过程中积极加快教师专业发展。这套丛书，在一定程度上反映了我们的工作实绩。本书的作者都是基层幼儿园的一线管理者和教师，收录的所有文章都是她们在实际工作中的实践和探究，这些文章比较生动地展现了浦东新区幼儿园科学保教的新实践、新经验，展现了新时代浦东学前教育深化改革规范发展的新面貌，展现了我们的教师兢兢业业潜心实践和探索的点滴经验与收获。

全书分上、下两卷，上卷是优秀论文卷。浦东新区学前教育（托育服务）指导中心于2021年6月组织了首届优秀教育论文评选活动，旨在激发广大教师开展教育教学研究的积极性，积极推广教师优秀的教育教学经验，提升教师实践研究和撰写论文的能力，为一线教师展示教科研成果搭建平台。论文征集通知下发之后，广大教师积极参与，中心共收到参评论文376篇。为了提高论文评选的权威性和公正性，中心决定初评和终评全部采用盲评的形式。首先由部分经验丰富的退休园长进行初评，选出入围论文150多篇；再组织学科专家和资深编辑进行终评，评出一、二、三等奖。其中一等奖30篇，就是上卷收录的全部论文。这些论文从不同角度反映了浦东新区各基层幼儿园教师认真探究推进新课程、促进教育教学改革与发展的实践研究成果，以及在科学育儿指导服务、教师专业成长与发展、办园质量评价改革、幼儿园装备及专用活动室建设、幼儿园信息化建设与应用、幼小衔接、家园共育、幼儿卫生保健、关爱特殊幼儿等方面工作的先进经验。这些论文都是行动研究的成果，具有很强的可操作性，因此具有较强的推广和借鉴价值。

下卷为教学实践卷，展示的是2021年浦东新区幼儿园特色活动展示周的实践成果。我们中心每年组织的幼儿园特色活动展示周，已经成为展示各幼儿园办园特色的一个重要品牌，成为展示一线教师教育教学才华和实践研究能力与成果的舞台，成为提高幼儿园保教研究质量、助推浦东学前教育优质均衡发展的重要抓手。本届展示周共有41场主题活动，本书精选其中43篇经验交流文章、45篇教学课例（小班13篇、中班9篇、大班23篇）、104份个别化学习活动设计（小班6个主题、12份活动设计，中班8个主题、45份活动设计，大班4个主题、47份活动设计）。这些文章从不同层面呈现了区域各基层幼儿园基于儿童视角的课程实践，从助力幼儿健康成长的不同维度、从一日活动的不同环节等，展示、分享其特色课程和校园文化，描绘了新课程实施过程中，浦东各幼儿园一线教师对《幼儿园教育指导纲要》和《3～6岁儿童学习与发展指南》的理解和诠释，展现了一幅幅浦东学前教育改革与发展精彩纷呈的温馨画面。

在中心首套丛书即将出版之际，我首先要感谢浦东新区教育局和托幼处领导对我们这项工作的积极支持。我还要感谢资深编辑周春梅老师和文汇出版社资深编辑张涛老师，他们以严谨的专业精神指导编委会工作，给我们留下深刻印象，使我们学到了编辑、出版专业的许多知识与技能，为今后的工作奠定了良好的基础。

值得一提的是，在编辑这套丛书的过程中，浦东学前教育领域涌现了一支很有战斗力、专业能力很强的志愿者队伍，他们有的是幼儿园园长，有的是一线优秀教师，有的是区域教育研发机构的专家和资深编辑。这支队伍召之即来，来之能战，战之能胜。他们利用节假日，不计报酬加班加点，认真地进行论文评选（指出每一篇论文的优缺点）、文章修改校对（统一文章的格式，联系作者帮助修改文稿）等一系列琐碎繁杂的工作。我想，这套丛书能够顺利出版，离不开他们的共同努力。今后，我们还将依靠他们，并争取更多志愿者参加，把我们每年要出版的专业书籍编得更好。在此，我谨向丁秀娟、王艳、吕萍、刘岚、杜玥、沈婷、沈静、沈祎冰、陆益、李洁、周葱葱、祝晓隽、殷凤、唐金丹、顾惠芬、傅敏敏等老师表示真诚的感谢。《浦东教育》原编辑室主任陈家昌老师是最年长的志愿者，他从头至尾参加了本书的全部编校工作，并且承担指导专业志愿者的任务，为本书的顺利出版做了许多有效的工作，在此说声谢谢！

"万事开头难。"新书的出版，标志着中心在教科研领域取得了一定的成果，值得庆贺。但同时，我也不讳言，由于这是一项全新的工作，或者说我们对这方面完全无经验可言，一切都在摸索过程中，因此，本书的错漏之处，在所难免，敬请读者批评指正。同时，我还希望读者对我们今后论文征集以及教育展示周活动，提出意见和建议，以督促我们把这项工作做得更好，做得更加持久、更加有效。

2021年8月

目录

“以学定教”理念下幼儿园集体教学活动设计与评析

宋雪华（上海市浦东新区六灶幼儿园）

一、问题提出

“幼儿主体”即给予孩子亲身参与和体验的机会，教师观察倾听、支持协助。如此“学”“导”结合，教学内容、方法与过程依据学情而定，便是“以学定教”的精髓。但是纵观幼儿园教学现状，不少教师对于“遵循幼儿的兴趣、需求、现有水平”等教学理念能记于心、诵于口，却无法转换为教学行为。没有与教学理念相对应的教学行为，理念就成为一种宣誓与口号，缺少实践意义。究其原因，教师们缺少与教学理念相对应的可视化、可操作的指标，引领自身的教学实践。

“以学定教”理念下集体教学活动：教师依据年龄段培养目标、主题核心经验与素材所蕴含的价值确定领域，历经活动设计与规划、组织与实施、反思与改进一系列推进过程，是通过教师的导将教育假设、教学设计与幼儿的学之间建立连接，让每位孩子都有自己的思考，彼此之间形成交流，在别人的观点中发展自己的认识。

二、研究方法

行动研究法：以园本教研为教学研究的加油站，依据教材选择素材，设计集体教学活动并观摩评析活动，观察分析孩子的兴趣与需求、获得与感受、投入与激情，从孩子的经验、体验评价课的品质，再调整教学活动设计、情境创设、材料提供等，通过集体活动循环改进，提升教师组织“以学定教”的集体教学活动的能力。

三、研究内容

（一）幼儿园集体教学活动设计与评析的现状分析

1. 集体教学活动设计现状分析

幼儿园集体教学活动方案（简称教案）通常由活动目标、活动准备、活动重难点、活动流程与活动过程五个环节组成，教师会从活动目标的制定、活动过程的设计、活动中的回应三方面思考并撰写教案。组织教学活动时“以案定教”（教师心中只有教案，教学是为教案服务，不顾及学生的基础、情感和生命发展）、“以教定教”（教师心中只有自己，忙着灌输知识，忙着传授方法，全然不考虑学生喜欢不喜欢、接受不接受）现象时有发生。

2. 集体教学活动评析现状分析

传统课堂的评价，老师们会从教师“教什么”“怎样教”切入，习惯性认为教师讲得越多、越细、越深、越透，学生就学得越快、越好，达成教学目标就表示教学效果好；教师的教学手段和教学策略是主要评判要素，却没有顾及学生“学什么”“怎样学”，忽略了学生的主体性，甚至没有把学生当成一个独立的个体或者是独立的人看待。

3. 集体教学活动设计与评析的总体概述

综上所述，教师的活动设计与评析还未将教育假设、教学设计、教师教的行为、学生学的行为、学生学的效果之间建立联系，缺少对活动的组织形式、教学方法、环境材料以及细节（辅助提问、教具呈现、座位的排放等）的思考。集体教学活动应该是教师与学生围绕同一个问题成为“学习共同体”，体现“教师主导、幼儿主体”谐融共生的过程。

（二）“以学定教”理念下幼儿园集体教学活动设计的实施

1.“以学定教”理念解读

学习内容、学习方法、学习过程都必须考虑学生的身心发展特点和学科特点，注重学生的个体差异和不同的学习需求，教师以幼儿在活动中的学习机会和真实表现、体验来判断课程或活动的品质。通过创设适宜的学习环境（心理环境、物质环境），采用先学后教的方法，让每位孩子都有自己的思考，彼此形成交流。

2.“以学定教”理念下教学活动设计的构想

（1）教学目标制定的思考

目标的制定需考虑三大要素：教材的分析、幼儿的了解、目标价值的体现。再将三大要素细化至可操作化细则，精心地设计基于幼儿兴趣、给予其基本经验的教学活动，详见表1。

表1：集体教学活动目标的制定

实例	一级指标	二级指标		分析
活动名称： 一颗超级顽固的牙齿 **年龄段：** 大班 **主题：** 我自己 **活动素材：** 绘本《一颗超级顽固的牙齿》	目标制定	教材的分析	1. 素材本身蕴含的价值点	了解牙齿从松动到掉落的过程（科学知识），逐步树立保护牙齿的意识（情感与态度的体验）。用积极的态度面对乳牙的掉落（排解情绪），愿意将想法告诉别人（社会）
			2. 主题的核心经验	1. 了解身体各个部位都会活动 2. 会欣赏和保护自己的身体，懂得活动能使我们的身体更灵活
			3. 领域倾向	语言
		幼儿的了解	1. 本年龄段的领域核心经验	1. 在集体中能注意听老师或其他人讲话 2. 愿意与他人讨论问题，敢在众人面前说话 3. 能根据图书画面的线索猜想故事情节的发展
			2. 幼儿可获取的其他相关经验、联动价值	科学知识、生活经验、认知经验、情感与态度的体验……
			3. 幼儿最近发展区	根据幼儿已有的换牙经验，尝试想象丫丫创意拔牙的情节并大胆表述，最后鼓励幼儿能以轻松心情面对换牙
		目标价值的体现	价值定位思考	通过幼儿感兴趣的绘本，使幼儿对保护牙齿及牙齿的替换产生更浓厚的兴趣
			挑战点的设定	根据图片线索能够大胆猜测拔牙的各种方法并乐于在集体面前用完整句表达

（续表）

实　例	一级指标	二 级 指 标	分　　析
思考	基于大班孩子换牙的经验和语言领域特质（想象与创造）制定目标1：运用自身换牙经验，想象丫丫创意拔牙的情节并大胆表述 基于孩子因换牙而引发不安情绪，从孩子长期发展的角度考虑，缓解情绪是必须具备的能力，制定目标2：了解牙齿保健的常识，能以轻松心情面对		

从表中可以看出：教材的分析是定位活动目标的前提，了解幼儿是制定目标的依据，而目标价值的定位是统整教材与幼儿两要素的整体思考，需要洞察素材多层次、多领域的信息，综合孩子的已有经验或者认知缺失，分析发展的可能性，锁定对应内容借此推动孩子的发展，挑战其经验、思维或能力。也就是说，目标的制定更应倾向于借助知识技能这一载体来推进幼儿的整体发展，关注能力、淡化知识技能，关注过程、淡化结果。

（2）以学定教理念下集体教学活动目标的制定

关注能力、淡化知识技能。如语言活动《一颗超级顽固的牙齿》目标：① 运用自身换牙经验，想象丫丫创意拔牙的情节并大胆表述。② 了解牙齿保健的常识，能以轻松心情面对。分析：① 关注幼儿已有经验的运用，在运用中提升幼儿的阅读能力。② 以“牙齿保健常识”为载体，感知缓解情绪的好处。

关注过程、淡化结果。如音乐活动《泉水叮咚》目标：鼓励孩子运用自制的节奏乐器为歌曲伴奏，尝试合作表现，体验共同表演的快乐。分析：关注的是孩子在过程中的体验与能力的提升，注重活动的过程，是一个过程性的目标。

（3）过程设计

过程设计需兼顾教学活动会涉及的几个方面：主要环节的架构、组织形式的巧思、方法的选用、关键提问的巧设、环境材料的支持、细节设计的斟酌等。环节架构详略得当重点突出，分目标与目标的统整，针对重难点的细化，体现“备幼儿”；环节衔接自然流畅，各要素之间富有逻辑性；教学方法有趣生动，适宜有效。

（4）设问与回应

设问与回应的关键：了解孩子的想法，思考其背后的经验支撑是什么，在孩子的已有经验与新经验之间建立连接助其知识纳新；理解孩子的行为，分析是孩子的个体经验还是共同经验，是否需要提升？如何提升？

设问：指向素材与基本经验结合处的提问；指向环境、材料的提问；指向玩法、创造的提问，且要富有预见性，准备“百种预设问题”与“百种生成回应”，留有余地。

回应：采用言语回应（追问、补充、提升、肯定、表扬、否定、要求等）与非语言回应（肢体动作、表情、借助材料环境等）；内容可指向情感态度（鼓励幼儿的自信激发兴趣）、指向知识经验（丰富幼儿知识积累经验）、指向能力培养（引发幼儿思考探究发现）、指向习惯培养（培养幼儿习惯遵守规则）。

显而易见，教学活动设计其实就是谋划的过程，其意义在于：从实施角度而言，提供清晰的脉络，为教学活动的有效实施提供保证；从评价角度而言，执教者便于活动后的自我反思与自我调整；观摩者能从整体以及全局角度，泾渭分明地进行评析以及提出更合理化的操作建议，将教学设计、活动观摩与课后评析统整，从而引领教师的教学行为。依此我们以《一颗超级顽固的牙齿》为例综述实践研究的过程，首先是量表的设计与应用（见表2）。

3.“以学定教”理念下教学活动设计的相关要素

综上分析，解读教材、解读幼儿、过程设计是集体教学活动设计大格局。解读教材、解读幼儿关系着活动的可行性与价值性，是过程设计的方向标、活动有效性的评测标准，是教学活动的灵魂所在。

解读教材、解读幼儿落实至教案中呈现在：目标是否富有实践性、挑战性，活动准备是否透视着知识储备、资源保障，活动过程时间段的把控是否得当，对孩子表现的百种预见与回应（情境创设、材料提供等细节的关注）是否充分。

解读教材、解读幼儿落实在教学中表现于：信任——教师对孩子的信任（相信孩子有能力自己解决问题），对自己的信任（做好知识与资源储备工作，等待关键节点处信息的交汇，将知识、情境及孩子间的观点编制串联协助解决问题）。快乐——孩子能大胆说出所见所想所经历的事，能自主选择自己喜欢的活动形式、内容或玩伴，谈自己的感受、体会与想法；教师能欣赏回应孩子，协助其梳理提炼已有经验，从孩子的视角引发讨论与思考，深化理解。

表2：集体教学活动的设计与评析

活动设计						幼儿表现			
			回应			幼儿的学习方式（语言、动作）			幼儿情绪态度
	分目标	关键设问	语言	非语言					
				情境	材料	信息意识	操作体验	交流分享	学习品质
环节一	谈话导入（回顾掉牙经历，关注拔牙情绪）	你们知道我们从出生到长大，牙齿会有哪些变化？	回忆式提问2个	幼儿交流分享换牙的趣事	换牙趣事	已有经验表述/倾听同伴的信息	1人闲聊	说出自己经历的事情	积极主动/专注认真
						回顾“做了什么”，无“可以怎么做”思考			
环节二	欣赏故事《一颗超级顽固的牙齿》（合理想象并大胆表述换牙的方法，知道牙是慢慢松动掉落的，缓解情绪）	1.“顽固”是什么意思？“一颗超级顽固的牙”会是一颗怎样的牙？ 2. 丫丫想了什么有趣的办法？一共用了几种有趣的方法？ 3. 你觉得哪个办法可能会让这颗超级顽固的牙掉下来？说说你的理由。 4. 最后丫丫的牙到底是怎么掉下来的？	回忆理解式提问10 分析式提问2	幼儿听教师讲述绘本	PPT	翻看图书/说画面的意义/回答老师的提问	按指令分组看图/一人主导式翻阅/举手摇头点图等肢体动作/不关注同伴/无疑问	说画面的主要内容/说到绑、拔、舔拔牙方法/复述同化同伴信息	自主选择小组/积极参与/随同阅读/认同同伴
						知道了“可以怎么做”，未激发“我要做”，主动意识，自身感受、体会与情绪抒发不够/自主观察比较辨识拔牙方法与完整表达偏弱/无小组式交流讨论			

（续表）

<table>
<tr><th colspan="6">活　动　设　计</th><th colspan="4">幼　儿　表　现</th></tr>
<tr><td rowspan="2">环节三</td><td rowspan="2">游戏：翻翻乐（了解护牙的方法）</td><td rowspan="2">你们有保护牙齿的方法吗？</td><td rowspan="2">应用式提问1
回忆式提问5</td><td rowspan="2">规则游戏</td><td rowspan="2">自制教具</td><td>看图表述</td><td>倾听回应/3人游离</td><td>重复答案</td><td>无质疑</td></tr>
<tr><td colspan="4">专注度降低、有游离现象/未出现“我要正确地做”想法</td></tr>
<tr><td rowspan="3">活动评析</td><td colspan="9">1. 幼儿有思考？
幼儿以回忆（拔牙、护牙）已有经验和理解观赏故事画面为主，缺少对“乳牙、恒牙转换”“拔牙常识”“情绪缓解”的深入思考。</td></tr>
<tr><td colspan="9">2. 幼儿获取什么经验？
巩固已有拔牙、护牙的知识与感受绘本趣味拔牙的艺术表现。</td></tr>
<tr><td colspan="9">3. 目标达成度？
目标1：运用已有经验创意表达绘本拔牙的情节，孩子缺少自身情绪情感的融合与抒发，缺少有序连贯完整的表述。
目标2：了解护牙常识的同时未能感悟以轻松心情面对换牙的心理调适方法。</td></tr>
<tr><td>调整策略</td><td colspan="9">1. 故事情节的架构。害怕（已有经验）——仙子许诺像金子一样闪闪发光的漂亮牙齿（内驱力）——跳舞运动排解不安、创意拔牙、感悟牙齿慢慢松动（行动策略）——牙齿掉了又长出一颗闪闪发光的新牙。
2. 增加设问、应用、分析类问题，引发深度思考。如：环节一，同伴互看牙齿，设问：“有什么发现？”追问：“牙会松动？会掉？”环节二，从讨论“顽固”切入渗透乳牙掉落的过程：“你的牙是怎么掉下来的？”“借助工具？”创意表述则以语气语调“哎哟、吼哈”模式统整；环节三护牙的意义，恒牙掉了就再也长不出来了。</td></tr>
</table>

注：表格由设计与评析两部分组成，加了底纹的部分是活动设计环节需要思考与填写的内容（语言则以记录教学过程中教师的语言为主，可在反思环节填入），幼儿表现是基于孩子学习实况基础上的分析，是对观察记录资料的聚焦与提炼（详见第三部分集体教学活动评析的实施），再综合两部分的内容评定教学活动的品质，提炼经验或发现问题、谋划调整策略。

（三）“以学定教”理念下幼儿园集体教学活动评析的实施

教学活动的评析从行动研究角度思考其意义应在于认证活动设计要素是否可行、有价值，基于此从教学现场收集与活动设计要素相对应的素材尤为重要。怎么观课？怎么采集数据？是教师实践中的难题。观察的架构是关键，对应教学设计的课堂观察、记录与课后评析需要可操作、有价值的观测量表，承接（表2）集体教学活动的设计与评析，我们从孩子的表现（语言、动作、情感）细化生成观察记录表，开展行动研究。仍以《一颗超级顽固的牙齿》为例阐述。

1. 观察前准备

（1）执教者的讲解。由执教者就活动设计解读素材（听课者熟悉教学内容与教学目标）、解读孩子（孩子的经验积淀，曾在生活、运动、游戏或者个别化等活动中获取的信息），详见表1及教案的阐述（表2），即执教者围绕阴影部分说课。

（2）熟悉观察表。从语言、动作、情感态度三个领域，均衡观察人员并作分工，每人有自己的小组、自己的观察表，明确任务：个体记录——语言、动作小组着重于原生态的记录，情感态度以观察统计人数、计算为主；小组记录——个人数据的交汇，着重于理解孩子的想法，了解孩子的行为，分析孩子的兴趣、需求与现有水平。

2. 分组观察记录

（1）个体观察记录

各观察小组运用语言、动作、情感态度做相应的记录表，实施观课活动。

（2）小组汇总资料（见表3、表4、表5）

基于个体观察记录的基础上，各组交流记录信息，综合孩子真实的表现对孩子的行为做客观的分析，具体如下。

3. 集体评析

“以学定教”理念下教学活动评析从关注“教师的教”转型至“教师的教”与“幼儿的学”对应交织，关注的是教育假设、教学设计下的孩子的学习方式与学习品质，以此洞察孩子的兴趣与需求、获得与感受、投入与激情来评定教学成效，完成表2——幼儿表现部分。

表3：集体教学活动中孩子的表现（语言）

小组记录

活动名称：《一颗超级顽固的牙齿》

预设目标：

内容 环节	观察与记录 要点提示：（同个体记录表）	思考与分析 要点提示：（同个体记录表——思考）	教师回应 效果分析
环节一	幼：松动/会掉/会长出新牙的/等我们老了，可以换假牙	能说出松动、掉了会再长（换牙）、老了只能装假牙（常识）的基础知识	师：换牙的时候会流血，你害怕吗？ 对基础知识的小结并对接换牙流血进行情感疏导
环节二	**问题1** 很牢固、特别紧/她想把牙齿弄下来/不会放弃、再试一下/用绳子可以把牙齿拿掉/让爸爸妈妈带到医院去，不用找牙齿 **问题2、3** 我哥哥就是这样拔牙的/我们看到的是她想用尖尖的刺弄牙齿/她是找了一根线、绑在牙齿上和乌龟身上/想在蹦床上/用绳子绑着 **问题4** 绑门上/乌龟比较重	幼儿的回应能追随老师的提问，说自己经历过的事情 幼儿能细致观察画面，说画面的主要内容	侧重记忆理解 还有吗？/她会用什么方法？/她想用尖尖的仙人掌拔牙，这是什么植物？它叫捕蝇草/把牙齿弹掉/第一种？有几种方法/用了什么工具 侧重分析 她会放弃吗/觉得哪个方法最有可能让牙齿掉下来
环节三	刷牙会让我们的牙齿变干净/早上和晚上/不能吃太多东西/不能吃太多甜的东西/会有细菌的/看牙医/漱口/牙刷/核桃、坚硬的外壳	幼儿看图表述保护牙齿的方法	师：你们什么时候刷牙/漱口有什么用、嘴里的残渣/勤换牙刷，多久换一次？牙科医生建议每隔三个月换一次 护牙知识的普及（刷牙、漱口、换牙刷、看牙医）
思　考	**分析孩子回应背后经验的来源** 幼儿拔牙经验来自自身的体验，而护牙经验来自家长、教师的日常知识传递，能依靠经验与知识的积淀回答提问，但是缺少自身情感的抒发与观点的阐述，对换牙的理解未见深化 应用、评价、创造类问题较少，基于孩子已有经验基础上的思考缺少		

表4：集体教学活动中孩子的表现（动作）

小组记录

活动名称：《一颗超级顽固的牙齿》

预设目标：

内容 环节	观察与记录	思考与分析	教师回应 效果分析
	要点提示：（同个体记录表）	要点提示：（同个体记录表——思考）	
环节一	1. 2个举手 2. 6个举手 3. 幼儿摇头回应教师	举手、摇头直觉反应	师：及时小结 换牙流血的情感渲染不够
环节二	**问题1** 幼儿认真听故事/摇头回应教师/一名幼儿将手放嘴里 **问题2、3** 3人一组，一名幼儿挤在3人里变4人/幼儿表述时站起来/告知老师自己的嘴巴怎么了 **问题4** 上前指黑板	1. 能按指令分组看图，但缺少一起看的意识 2. 一人主导式翻阅，缺少同伴间的交流 3. 语言表达不够流畅，需要动作协助（手点图片）	师：教师提醒他去别组 老师上前安抚 协助解决常规问题（分组） 个别交流（与主导人物一起看图讲述）
环节三	6人举手 坐在位置上举手回答问题	1. 能根据教师翻出的图卡表达 2. 复述同伴的回答，表示肯定	重复孩子的回答、缺少提升
思　考	**孩子的学习方法解读** 愿意观察图片，说图片的意思；能回忆图片内容，回答老师的提问；能倾听同伴的答案，补充说明；分组阅读以随同翻书者（1人控书）看图为主 缺少基于看图理解基础上想象及分析与侧向思维的质疑和提问		

表5：集体教学活动中孩子的表现（情感态度）

小组记录

活动名称：一颗超级顽固的牙齿

预设目标：

内容 / 环节	观察与记录要点：不同表现人数统计与百分比计算							
	积极主动	%	专注认真	%	被动犹豫	%	尝试合作	%
环节一	有序举手 急于表达	58 17	倾听同伴 看着同伴	33 83	找同伴闲聊	8	无	0
环节二	积极回应寻求答案 分组迅速主动	66 50	倾听为主 没有意见 看图讲图意	17 33	吃手指看后面 随同翻书者看图	17 75	无 将看到的说给同伴听	0 25
环节三	参与游戏	33	认真倾听同伴的话	42	3名幼儿站着不说话	25	相互之间没有交流互动	0
思考	1. 孩子的兴趣与需求 喜欢听故事、看图片，需要排解拔牙流血、长牙不齐的焦虑；随着活动的推进，孩子参与的积极性逐渐降低 2. 教师回应效果分析 教师说得比较多，孩子缺少谈自己感受想法的体会；教师小结提升中情感（以轻松心情面对换牙）渗透不够							

（四）多元教研，为“以学定教”集体教学活动设计与评析提供保障

1. 观察记录收集积累研讨素材

（1）团队互助式积累

日常教学过程中以团队互助的形式观课记录，这种观察的最大特点就是立足于教师的课堂，基于班级本源的问题发现。看同一活动在不同班级、不同老师演绎下的孩子实际状态，可以让老师们看到孩子的共性需求，对教师的震撼远比理论学习深刻得多。

（2）个体反思式积累

教师成为观察自己的主人。这种发现模式是借助录像来实行的。针对如何提高课堂教学有效性这一问题，我们开展了个体反思式观课，通过观摩自己的活动录像，让老师进行自我反思，并找到相关理论进行实践，从而逐步找到解决该问

题或提高课堂教学效率的有效方法。

2. 教学叙事验证更新教学理念

（1）故事分享式

分享各自的教学故事，解析教学案例。聚焦基础课程，以学习小组为单位开展“讲故事”活动，旨在说出各自的教学实况，谈自己的过程性问题，当求同存异的共识浮现之时，即是教师对孩子的表现进入深层次思考的过程。

如：大班艺术活动“恐龙化石”是基于孩子对恐龙特性与考古活动的好奇设计的一个集体教学活动，旨在借助对恐龙结构特征的已有认知尝试用超轻黏土大胆表现恐龙骨架。活动后，老师们说：“孩子不太明白考古挖、扫的技术。”“骨架的组合顺序比较随意。”“能发现粗细不同的骨头，但是具体部位不清晰。”“骨架的结构不完整。”若干问题指向于“骨架结构”。如何让孩子在观察骨头的形状、粗细的过程中感知骨架的结构？如何在剖析骨架的过程中融合考古技术？这些都是由故事聚焦而成的问题。

问题提升行动的目的感，在释疑的内驱下，老师们可以有针对性地开展查阅资料、重组教学环节、设计提问与思考回应策略，以求化解教学中的问题。

（2）问题探讨式

问题探讨式就是将教学实践中的问题经分析聚焦至核心经验，确立研讨主题开展教研活动，是一个知识储备、解决问题的过程。其一，指向理论的研讨。教师们不太熟悉的，或者在短时间内难以解决的新理念、新内容、新要求、新方法的认识与实践，通常采用自学与组议的方法。一般流程为：聚焦核心经验→教师自学→网上推送研讨主题→锁定实践目标。其二，指向实践的研讨。一般流程为：活动设计→观摩活动→教研解惑→调整设计。这是继理论交流之后的实践探究活动，是学习与应用理论的过程。

（3）反思跟进式

以撰写教学反思的方式推进，即针对某一集体教学活动撰写教学反思，从备孩子、预见孩子的行为到课后反思、分析孩子的行为两个维度着手，提升教师教学设计与评析的能力。首先，原汁原味记录孩子活动中的表现：设问下孩子的回应、操作中孩子的行为、交流中孩子的表情。其次，分析活动的设计与成效。以活动中孩子的表现为依据，从孩子的获得与感受论目标制定的科学性；从投入与激情论活动组织的有效性；从兴趣与需求论内容选择的适切性。其三，经验推广。指导教师撰写教学反思，提炼优质案例园级交流分享。其四，聚焦问题。围绕优质教学反思反省自己的教学行为，认同处以事例呼应、疑惑处以问题呈现，可以在教案上标注，也可以“便条”载入“解忧小站”，组成个性化研习小组寻求答案，达到资源共享的效果。

3. 多元教研提升教研成效

教育理念真正转化为日常的教学行为难度很大，实践过程中会碰到许多的困惑。尤其是有效的教研组织形式，在教研中“研什么”“为什么研”“怎么研”形式为内容所服务，将理念转化为行为的方法和策略，从而有效解决问题与困难，我们开展了如下探究：

其一，聚焦课堂之教学型教研。提炼教学实践中共性问题，以案例研究为落脚点，组织开展教研活动，促课程的不断规范与优化。

课例分析式教研活动是借助必要的媒体手段，运用一定观察与诊断技术，就“以学定教”理念下设计的课进行深入的剖析和反思。可以是围绕某一个专题进行，也可以是对整个课堂全方位、多角度的观察与诊断，做出较科学的评价，寻求更有效对策的一种教研活动形式。

其二，聚焦理论之学习型教研。专题切入式相约教研。根据教研内容，选择适宜的、灵活多样的教研形式，更符合教师富有活力的特点，更好地提高教师参与教研的主动性与积极性。如“教研直播室”，借鉴电视访谈、辩论类节目，在辩论中阐述观点、理清教学思路、更新教学理念。自由发言式“解忧小站”，教师间自由结对交流或由提问的教师邀约有这方面专长与经验的老师共同研讨。建立“学习共同体”组织机构，引领教师成立共同价值观的“同盟”，以共同的需求作为研讨动机，激发“我应该做、我要正确地做”价值判断思维方式，支持教师们开展个性化教研。

其三，聚焦问题之个性化教研。个性化教研以建立“学习共同体”为活动载体，引领教师成立共同价值观的“同盟”，以共同的需求作为研讨动机，激发“我应该做、我要正确地做”价值判断思维方式，促共同发展。课程实施过程中，会遇见各种各样的问题。以“孩子兴趣、需求”为例：如何识别孩子的兴趣？孩子需求满足的分析？基于孩子兴趣的活动设计？如何观察与分析孩子？这些是同一主题下生成的若干子问题，其理论体系存有深度、广度之差异，正好适合不同层面教师的差异性需求。定期与教师沟通、提炼汇总实践问题，综合分析确立教研主题，支持教师们开展个性化研讨，并邀约在这方面有特长或者经验的老师参与教研，可谓“各尽所能、各得其所”。

四、研究结论与讨论

（一）研究的成效

提炼了集体教学活动设计的相关要素，此可视为教学假设阶段。理论与实践连接，无数次的研读教材，分析孩子的兴趣、需求与现有水平，商榷集体教学活动目标制定、过程设计与设问回应的策略等，意识到：教学素材必须为孩子的发展服务，就得遵循主题核心经验和领域培养目标，洞察素材中的联动价值与关注孩子的全面发展，创设学习情境（材料提供、设问回应等），并采用能让孩子亲身参与、体验的活动形式是有效教学不可或缺的要素，与此同时教师学习应用理论的能力有所提高。

设计了集体教学活动评价表，此谓行动阶段。立足于课题，采用自然观察法真实记录孩子活动中的表现，再辅以集体教学活动评价表作量的分析，借此验证集体教学活动设计要素的合理性及评价表的可操作性，并积累第一手资料为教研提供保障。

汇总了园本教研的方法与策略，此谓反思阶段。通过园本教研搭建起经验流转的平台，在讲故事、研故事、写故事中亮事例、剖问题、磨理论，不断提炼总结经验、锤炼思维方式，提升教师教学的执行力以获取教学成就感。唯有自我意识的引领，行为改变才有望成为可能。

（二）收获

幼儿学习方式的改变，能运用已有经验回应教师的提问，同时能同化顺应同伴的信息质疑提问扩充知识，从主动学习转向合作学习，自我意识、社会性得以提升。教师学会了等待，不急于提问、急于小结，能巧用情境、材料与肢体语言在知识、情境、幼儿与幼儿之间不断地串联与编织，引发讨论、深化理解，给予孩子思考与自我认证的空间。

（三）思考

孩子自主学习需要学习环境的支撑，创设有助于孩子学习的心理环境与物质环境还有待继续探究；基于孩子行为的分析判断如何体现及时性、适切性需时间与智慧的积淀，因此日常观察记录应持之以恒（如将备幼儿、活动实况记录、课后反思融入教案之中等），终有日积月累厚积薄发的一刻，实现在自己的课堂中显现如应彩云等特级教师般收放自如、趣味横生、和谐融洽的教学氛围之夙愿。

以自然角为载体，培养幼儿科学探究素养的研究报告

潘佳燕（上海市浦东新区东方城市幼儿园）

自然角里的动植物具有生命力，它们生长发展的过程，具备特定的科学探究功能，孩子们在种植、喂养等体验活动中，观察动植物、照顾动植物，能在很大程度上激发幼儿的好奇心和求知欲，培养幼儿对周围事物、现象的兴趣以及动手动脑、探究问题、观察事物等方面的能力，萌发幼儿爱护动植物、亲近自然的情感。

现实中，教师往往每学期都要完成布置自然角的任务。老师总是忙着向家长征集各色动植物，而随着时间的推移，植物慢慢枯萎，小动物也无人问津，随手可得的教育资源似乎变得多余。

可见，幼儿园自然角的创建存在以下几个误区：一、教师对自然角的认识观念不到位，重摆设，轻教育；二、教师对自然角的指导不到位，重一时，轻长效；三、教师自身经验的获得不到位，科学性缺失。创设和管理上的无序、无层次的状态使“看上去很美”的自然角最后往往成为一个无人问津的“死角”，更谈不上激发幼儿的探究兴趣了。

因此，我园于2017年立项了区级课题“以自然角为载体，培养幼儿科学探究素养的研究”，旨在通过不间断的自然角的创设，让幼儿在情境中观察、操作、发现问题、收集信息、获得答案并在交流、检验的过程中，逐步形成获得相关科学知识和习得研究方法的能力。我们相信这样的研究对幼儿发展而言具有很大的实践意义。

一、选题的意义

自然角作为幼儿园的环境之一，是幼儿身边触手可及的教育资源。

幼儿年龄虽小，但求知欲强，对周围事物充满好奇心，天生对世间万物充满好奇，尤其对于周围经常看到的事物，百看不厌，百问不倦，这不是教师强加给幼儿的结果，而是合适的环境、新鲜的刺激潜移默化的结果。

1. 以自然角为载体的活动符合幼儿身心健康发展的需要

我国教育家陶行知先生早在1944年就提出："我们要解放孩子的空间，让他们去接触大自然的花草、树木、青山、绿水、日月、星辰……自由地对宇宙发问，与万物为友。"研究发现，自然教育可以促进孩子的身心更健康地发展，跟大自然接触时间比较长的孩子的心态会更平和，更容易与人相处，且经常在大自然里玩耍的孩子肥胖率会比较低。

2. 以自然角为载体的活动能培养幼儿的科学探究素养

《幼儿园教育指导纲要》里指出："幼儿园的科学教育是以幼儿身边的事物和现象作为幼儿科学探索活动的对象，让幼儿体验发现的乐趣，培养他们对科学的兴趣。"

自然角里的动植物具有生命力，孩子们在种植、喂养等体验活动中，观察动植物、照顾动植物，能培养幼儿对周围事物、现象的兴趣以及动手动脑、探究问题、观察事物等方面的能力，萌发幼儿爱护动植物、亲近自然的情感。这与《3～6岁儿童学习与发展指南》中幼儿科学探究的目标不谋而合。因此，以自然角为载体的活动能培养幼儿的科学探究素养。

二、研究的设计

（一）概念界定

自然角：是指在幼儿园的教室内、走廊或活动室开辟一角，作为饲养小动物、栽培植物、陈列实验品的一个区域，是幼儿认识自然界的一个窗口。

幼儿科学探究素养：幼儿了解科学知识、学习科学研究的过程和方法，体会科学技术对人们生活所产生的影响的综合能力。

（二）研究目标

通过课题研究实践活动，创设符合幼儿年龄特点的、具有科学探究作用的自然角环境，组织开展以自然角为载体的活动，提高教师对科学活动的设计与组织能力，培养幼儿的科学探究素养。

（三）研究内容

1. 以自然角为载体，培养幼儿科学探究素养的目标研究。

2. 自然角环境创设的研究。

3. 以自然角为载体，培养幼儿科学探究素养的策略。

三、研究结果

（一）各年龄段幼儿科学探究素养的目标

自然角作为幼儿园区域活动一种重要呈现形式，能够有效为幼儿提供科学启蒙，还有助于幼儿全面发展。我们尝试深入研读《纲要》与《指南》中关于幼儿科学素养培养的关键，梳理出对我们自然角创设有引领作用的目标，具体如下：

表1：科学探究素养目标（以自然角为载体）

总目标	小班	中班	大班
1. 亲近大自然，喜欢动手动脑探索物体和材料，爱动脑、爱思考。 2. 具有初步的观察、发现、比较、猜测、验证、记录的能力。 3. 认识和了解常见动植物的生长，初步了解自然现象、季节、现代科技对动植物的影响，尊重生命，爱护自然。	1. **喜欢**接触自然角中的动植物，对其**感兴趣**。 2. 经常问各种问题，或好奇地**摆弄**自然角中培养动植物的各种**工具**。 3. 对自然角中感兴趣的动植物能仔细观察，发现其**明显特征**。 4. 能用**多种感官或动作**去探索自然角中的动植物，关注动作所产生的结果。	1. 喜欢接触自然角中**新出现**的动植物，经常**问一些与新鲜事物有关**的问题。 2. 常常动手动脑，**初步探索**自然角中的**工具使用**，并乐在其中。 3. 能对自然角中动植物的生长现象进行**观察和比较**，发现其相同与不同。 4. 能根据观察结果**提出问题**，并大胆**猜测答案**。	1. 对自然角中自己感兴趣的问题会**刨根问底**。 2. 能经常动手动脑寻找问题的答案。 3. 探索中有所发现时感到**兴奋和满足**。 4. 能通过观察、比较与**分析**，发现并描述动植物前后的变化。 5. 能用**数字、图画、图表或其他符号记录**。 6. 探究中能与他人**合作与交流**。

（续表）

总目标	小班	中班	大班
	5. 认识自然角中的动植物，能注意并**发现周围的动植物是多种多样**的。 6. **初步**了解和体会动植物和人们生活的**关系**。	5. 能通过简单的调查收集动植物的相关信息。 6. 能用**图画**或其他符号**记录**自然角中动植物的变化。 7. 能感知和发现动植物的生长**变化及其基本条件**。 8. 体验季节对动植物和人的影响。 9. 初步感知常用科技在自然角活动中的作用。	7. 能察觉到动植物的**外形特征、习性与生存环境的适应关系**。 8. 初步了解人们的生活与自然环境的密切关系，知道**尊重和珍惜**生命，保护环境。

不难发现，我们使用粗体字圈出了各年龄段发展中目标的递进与提升。这些关键词需要内化在教师心中，既用于解读幼儿，又必须成为创设自然角的“指路明灯”。

（二）自然角科探环境的创设

理论要落脚于实践，依旧需要通过反复的实施、研讨和反思来加以推进。结合几个学期几轮自然角创设的实践研究，课题组继续将创设内容做深入界定。我们总结出每个班级的自然角创设可以由4～5个区域组成，其中包括观赏区、种植区、饲养区、实验区和其他。我们在每个年龄段的创设内容前标注了该年龄段孩子的主要探究方式，一是便于老师理解各个区域创设内容产生的缘由，二是始终记得把方式和内容紧紧联系在一起，便有了基于孩子发展水平的对内容的科学诠释。

在此表中，我们将内容列举得较为具体，举了一些典型的例子，可以帮助新任教师直接“拿来主义”式地尝试，也可以让有经验的老师通过解读典型案例，为自己自主地寻找创设内容提供参照。

表格里“其他”的内容是对自然角这一载体的延伸，即并不把自然角创设集中聚焦在一个狭小空间里，它是有延伸的。教师在创设中如果有需要，完全可以自由移动自然角木架或是将植物或动物移到幼儿园的草地或水池里等。

表2：自然角创设内容举例

年龄段	主要探究方式	内容				
		观赏区	种植区	饲养区	实验区	其他
小班	摸、看、闻、尝、说、尝试记录	摆放教师、幼儿和家长共同收集的自然物，如水果、蔬菜、贝壳类等，分类、有序陈列，供幼儿观赏；也可让幼儿带来新物品，由他向班级幼儿介绍。幼儿带来的水果未坏前，将其切成小丁，设品尝会，让幼儿自由品尝。	摆放短期内有变化的植物，如葱、蒜。幼儿在成人的指导下自己管理自己种植的植物，随时报告新发现。	幼儿看老师照顾、喂食小动物（如乌龟、金鱼、鲫鱼等），幼儿协助管理。		带幼儿在园内散步，观察自然现象和季节变化，玩石头、风车、落叶、泥土。
中班	综合运用多种感官，对比观察、交流、学习记录	摆放教师、幼儿和家长共同收集的品种多样的动植物，以及幼儿感兴趣的自然物品，如树叶标本、蝴蝶标本、鸟类图片等。	进行易于观察比较的种植活动，如观察比较植物的土生、水生的速度；葱、蒜的外形对比观察；同品种的植物对比观察等。幼儿学习照顾植物。	尝试饲养易于饲养的动物，如小乌龟、小金鱼、小蝌蚪、泥鳅等。幼儿学习照顾小动物，观察小动物的习性。	进行易于操作、实验结果明显的活动，如三颗豆子，一颗豆子完全浸泡于水底，一颗豆子能吸到水，一颗豆子完全没有水，幼儿观察发芽情况；芹菜切去根，放入色素，观察植物茎吸水的情况。	散步中观察了解春夏秋冬的明显特征；打水仗、玩枯树枝。
大班	观察、实验、交流、记录	摆放幼儿收集的各种自然物等，供幼儿观赏、学习。如，将各种农用品、农产品艺术摆放，创设出一种丰收的氛围；收集昆虫图片、标本或玩具模型；种子展览。	幼儿根据植物的特性照顾植物，在教师的引导下，自主管理植物。幼儿观察、测量、记录植物的生长过程。	跟踪观察幼儿感兴趣的小动物的生存和变化，并进行记录。如，蚕或其他昆虫的成长、变化过程，随时报告新发现；蚯蚓日记；孵蛋。	跟踪观察、了解植物的生长与环境的关系，如植物的追光实验、暖棚实验等。	家园合作：种子拼图；气象日记：记录天气情况，发现天气与动植物的关系。

在课题开展的第二阶段，我们期望自然角活动能作为主题学习的延伸和拓展，因此鼓励教师结合《学习》书中的主题进行创设。

我们尝试从《学习》主题中的素材点出发，梳理罗列出一些可用于自然角活动的科学性的素材点。通过课题组的研讨，我们做了筛选和备注，确立了三个年龄段中比较适宜结合主题创设的内容和具体实施意见。

表3：各年龄段主题背景下的自然角创设建议

小班主题	素材点	内容与措施
小兔乖乖	喂小兔	可在自然角动物饲养区投放小兔子，让小朋友观察、帮忙照顾小兔子，认识小兔子的外形特征，了解小兔子的生活习性。
学本领	乌龟翻筋斗	可在自然角饲养小乌龟，让小朋友观察小乌龟的日常行动，帮忙喂养、照顾乌龟，了解小乌龟的日常活动。
白天和黑夜	阳光下	可在自然角投放喜阴的植物和喜欢晒太阳的植物，请幼儿帮忙把植物放在它们喜欢的环境里，体验植物的不同习性。
小花园	花儿朵朵开	可在自然角投放种类丰富的花，让幼儿观察不同种类花的外形，了解植物的多样性。
雨天	花儿要喝水	可在下雨的时候把自然角的花儿搬到雨中，给花儿喝水，了解植物需要水的特性。
中班主题	**素材点**	**内容与措施**
在秋天里	1. 果子熟了 2. 树叶图画	可在自然角投放亲子作品：水果娃娃、秋叶创意画，感知秋天丰收的蔬果和逐渐变黄的秋叶。
好吃的食物	好吃的食物	可在自然角投放会发芽的蔬菜，分别种在水里和泥土里，幼儿观察和比较植物不同的生长过程。
水真有用	水的用处	可在自然角饲养小金鱼、投放多个喷水壶，让幼儿在观察、照顾动植物的过程中了解动植物的生活都需要水。
春天来了	1. 蝴蝶、蜜蜂和蝌蚪 2. 一颗想长大的种子	可在自然角饲养小蝌蚪、蝴蝶，引导幼儿观察小蝌蚪和蝴蝶的生长过程，并进行记录。在自然角播种一些蔬菜的种子，让幼儿帮忙使种子发芽，为种子发芽提供必要的条件。

（续表）

大班主题	素材点	内容与措施
有用的植物	1. 美丽的街心花园 2. 常绿树和落叶树 3. 绿色菜篮子 4. 能保健和治病的植物	可在自然角和幼儿一起布置一个街心花园，让幼儿了解植物可以美化环境，让人们的生活更美好；在自然角收集常绿树和落叶树，分类做成一本册子，让幼儿了解常绿树和落叶树的概念；收集一些蔬菜的种子，进行播种，幼儿自己种菜；收集常见的中草药。
我是中国人	1. 中国的五谷杂粮 2. 豆类大家庭	可在自然角设置一个五谷杂粮展示台，收集多种豆类，放在不同的环境里，观察生长情况；认识各类豆制品，尝试做豆浆。
春夏秋冬	1. 梧桐树 2. 花儿花儿几时开	可提供梧桐树的4张照片，将照片以季节顺序依次排列，并进行交流；收集常见花的图片，按开花的季节分类。

自然角环境结合《小兔乖乖》的主题

（三）以自然角为载体，培养幼儿科学探究素养活动的策略

通过几轮的自然角创设和活动组织，我们发现要借助自然角来培养幼儿的科学探究素养，必须要关注三个问题：自然角的环境创设、过程管理和多方支持。具体内容如下。

1. 重环境创设，支持幼儿探究行为

自然角存在的价值不仅仅是美化环境，而是一种环境资源。我们认识到自然角对幼儿进行科探活动的价值，因此，在环境创设时，我们做到以下几点：

① 关注目标，有的放矢地创设环境

自然角的环境创设需要有目标。根据前期的研究结果，先设定一个科探的目标，然后才能有的放矢地征集动物、植物、探究工具，设计实验等。比如中班幼儿的探究目标关键词是观察与比较，那么教师就可以征集相同的植物，放在不同的环境里种植，让幼儿观察其生长的相同与不同；比如大班幼儿要探究动植物生长与环境的关系，那么教师便可以设计植物向阳生长的实验。探究的内容要与动植物的特性、和环境的关系相关，难度上也要符合年龄特点。小班幼儿注重对动植物的情感，认识动植物；中班注重观察与比较，参与照料；大班注重自主照料、思考、分析、探究关系。因此，探究的内容要与动植物本身相关，也要与幼儿年龄匹配。

中班：比较不同豆类发芽的速度和形态

小班：亲亲泥土

② 材料投放要丰富：同一区域材料丰富

环境与材料的丰富性毋庸置疑。丰富的动植物能让幼儿认识物种多样性的特点，种类繁多的动植物在生长过程中会出现不同的状态，也是幼儿观察、比较、思考的好机会。充足的探究工具，比如喷壶、放大镜、镊子等，是吸引幼儿照料自然角的法宝。此外，相关的图片、书籍、标本等实物也可以进一步拓展幼儿的认知，更能支持幼儿的探究行为。

③ 特别关注环境与幼儿的互动

自然角摆放的各类物品不能“只看不玩”，幼儿缺乏亲身体验，探究的兴趣就会大大降低。因此，教师要给予幼儿充分参与的机会。如小班幼儿喜欢摸摸叶子，教师可以投放含羞草、碰碰香之类的植物；幼儿喜欢浇灌，教师可以制作植物喝水提示牌，引导幼儿根据植物的需要量去浇灌；大班幼儿的参与性更强，可以制定自然角公约，轮流为植物修剪枯叶、饲养蚕宝宝、为乌龟换水等。幼儿的参与性越高，探究的兴趣就越高，越能提出问题，主动思考。

④ 美观的自然角更容易吸引幼儿的注意

自然角投放的所有物品要合理布局，注意色彩搭配、与周围环境和谐。

2. 重过程管理，激发幼儿持续探究

环境创设是基础，是教师对科学活动的预设。环境创设是否有效，主要是看接下来的过程管理。

① 保证幼儿探究的时间与机会

我们发现，幼儿自由自主地在自然角里进行观察能更好地激发幼儿思考。在与幼儿约定好观察、照顾自然角过程中的小任务、必要的规则后，幼儿便能在自由活动时间去自然角里自由活动。我们约定的时间有早上的来园活动、幼儿自由活动时间。在自由的时间里观察、照料，能很好地避免幼儿蜂拥而至的情况。

此外，幼儿被允许使用自然角里投放的工具和材料，比如喷壶、放大镜，使用剪刀修剪枯叶、使用渔网捞鱼、用喷壶和布清洁树叶、使用测量工具、使用记录工具等，强烈的参与感保证幼儿参与自然角活动的机会。

唯有保证幼儿参与的时间和机会，幼儿才能在参与自然角活动的过程中，有所发现，有所发问，探究活动才能开始，才能持续。

② 探究的形式多样

面对同样的环境，由于幼儿已有经验的自身发展程度不一样，因此对自然角表现出的关注度和兴趣点也是不同的。有些幼儿受家庭的影响，对照顾植物、动物有一定经验，他们会对自然角表现出更高的关注和兴趣；有些幼儿之前从未接触过养护植物、饲养动物，他们对动植物的特点、变化不了解，那么这类幼儿的探究起步就要慢、就要晚。教师在充分认识到幼儿的个体差异后，要允许幼儿有不同的探究形式，主要有幼儿自由探究、小组探究和集体探究。相对来说，小班幼儿对动植物的了解少，探究行为刚起步，以集体探究为主，也允许他们自由探究。中、大班幼儿的探究更有目的性，有一定的探究能力，以自由探究和小组探究为主。

③ 自然角环境的动态调整

自然角人气最旺的就是刚刚环境创设好的那段时间。但随着花朵的枯萎、鱼儿龟儿的水发臭、发芽的豆子发霉发臭，架子上还有散落的枯叶和干掉的泥巴，生机勃勃的自然角慢慢地暗淡下来，变得无人问津，幼儿的探究行为何谈持续。

因此，要激发幼儿持续探究，必须动态调整自然角环境，保持自然角环境的常变常新。我园的做法是邀请保育员共同参与管理自然角，保证自然角的干净整洁，幼儿可大胆地摆弄、操作，不怕弄脏和“捣蛋”。另外，教师对自然角要“除旧迎新”：对已经探究完成的植物要及时处理，比如发臭的豆子，枯萎已久的植物，教师可与幼儿商议后及时处理，这个做法是“除旧”;“迎新”顾名思义就是增添新的品种，教师可以根据季节或幼儿的日常活动增加自然物，比如应季的花和果蔬、螃蟹的壳、海边捡来的贝壳、竹制用品等。

幼儿探究的热情和兴趣会随着时间自然降低，但若有新品种的加入，又能把幼儿的视线和兴趣再拉回来，重新点燃探究的热情。

④ 探究的范围不局限

各班的自然角区域再丰富，也只是幼儿认识自然、接触自然的一个窗口。在条件允许的情况下，同年级其他班级的自然角区域、幼儿园小菜园、幼儿园户外绿化区域、幼儿居住小区的绿化区域、春秋游所在的公园等，都是幼儿认识自然、探索自然的有利场所。

3. 重多方参与，助力幼儿深入探究

① 教师参与，及时抓住幼儿的探究兴趣点

面对一个新环境，大部分幼儿都会很有兴趣地“看”，但要上升到“观察”“发现”“发问”等探究行为，教师有着举足轻重的作用。教师陪伴幼儿、倾听他们的想法、观察幼儿的探究行为非常重要。教师参与的过程中，可以记录幼儿的兴趣和问题，一旦发现有价值的问题，可以当场和幼儿互动，或可以组织集体分享交流，让一个幼儿的观察与发现成为集体的经验，让一个幼儿提出的问题引发集体的思考，逐步推动幼儿深入探究。

② 家长参与，让幼儿的探究更深入

在每一次自然角的创设中，家长给了我们很大的帮助和支持。除了带各种植物来作为我们创设的原材料之外，更多的是陪伴着孩子一起学着亲近、观察、照顾、探究动植物的生长，帮助自然角培养幼儿科学素养的价值得以在家庭中蔓延。

比如嘉嘉发现薄荷的枝条没有发芽，她回家问了外婆，说放在水里才会生根。又比如鲜花盆栽没多久就枯萎了，丁丁说妈妈会做“永生花”，于是一次制作干花的父母老师活动开展了起来。还比如小朋友们在饲养蚕宝宝，蚕宝宝破茧而出后，原以为探究的活动就到此为止了，没想到依依妈妈说蚕蛹可以抽丝，孩子们又进行了抽丝活动。祖辈的参与也为幼儿的探究活动锦上添花，小班幼儿种葱，种出来的葱，周周爷爷为小朋友烹制香喷喷的葱油饼；皓皓奶奶为小朋友现场研磨豆浆，爷爷奶奶的加入让孩子们的探究活动更贴近生活，更加生动有趣。

四、研究成效

在结合课题开展实践活动的过程中，无论是幼儿还是教师，都是实践活动的学习者和受益者。每次活动，我们都会形成一个“自然角主题包”，让幼儿的所学对老师可见，让教师的所做对家长可见，让老师的所想为课题组所见。

1. 自然角主题包——让幼儿的所学对老师可见

从孩子的角度看待自然角的功用，以此影响我们后续的创设行为，是自然角主题包编制的初衷。在已经形成的36本主题包中，我们看到了很多孩子们的“学”：

(1)学会观察并了解动植物的习性

孩子们在与自然角环境的互动中，发现花开花落、生根发芽、植物离不开水、树的生长等一般现象，也学到了植物向阳性、动物会冬眠等动植物的特性。

发现植物的向阳性

发现乌龟冬眠了，还有哪些动物也冬眠呢？

（2）学会记录现象和过程

当孩子与自然角互动时，他们会发现一些有趣的现象和过程，他们很乐意用标记或者笔来记录。当发现豆子的发芽情况，他们学会了用尺测量豆芽的高度并记录；当孩子发现叶子上有洞时，得知是被虫子吃的，原来毛毛虫吃了叶子长大后才能变成蝴蝶，孩子把自己的观察记录下来。孩子们还会用标记、图文结合的方法记录花开的过程、树叶枯萎的过程、小蝌蚪变青蛙的过程等。

（3）学会思考和行动

积累了一定经验的孩子学会了思考，也是自然角环境的再造者。植物如何摆放，孩子们会考虑植物的特性，比如喜阴的植物放在晒不到太阳的地方，喜光的植物放在太阳照射的地方；最近得到什么宝贝，放在自然角里供其他小朋友观摩；鲜花总是枯萎，有什么办法让美丽的花一直陪伴我们；蚕宝宝的桑叶不够了，在校园和小区里寻找桑树；刚孵出来的小鸡为什么死了，小朋友问了自己外婆，原来小鸡刚孵出来怕冷，要在暖箱里才能活，于是找来了暖箱，小鸡一天天成长起来等。孩子们不仅有了思考的能力，也有行动力，全情参与的孩子看到这些小生命因为自己的行动而变化生长，是莫大的欢喜，也是他们自信的源泉。

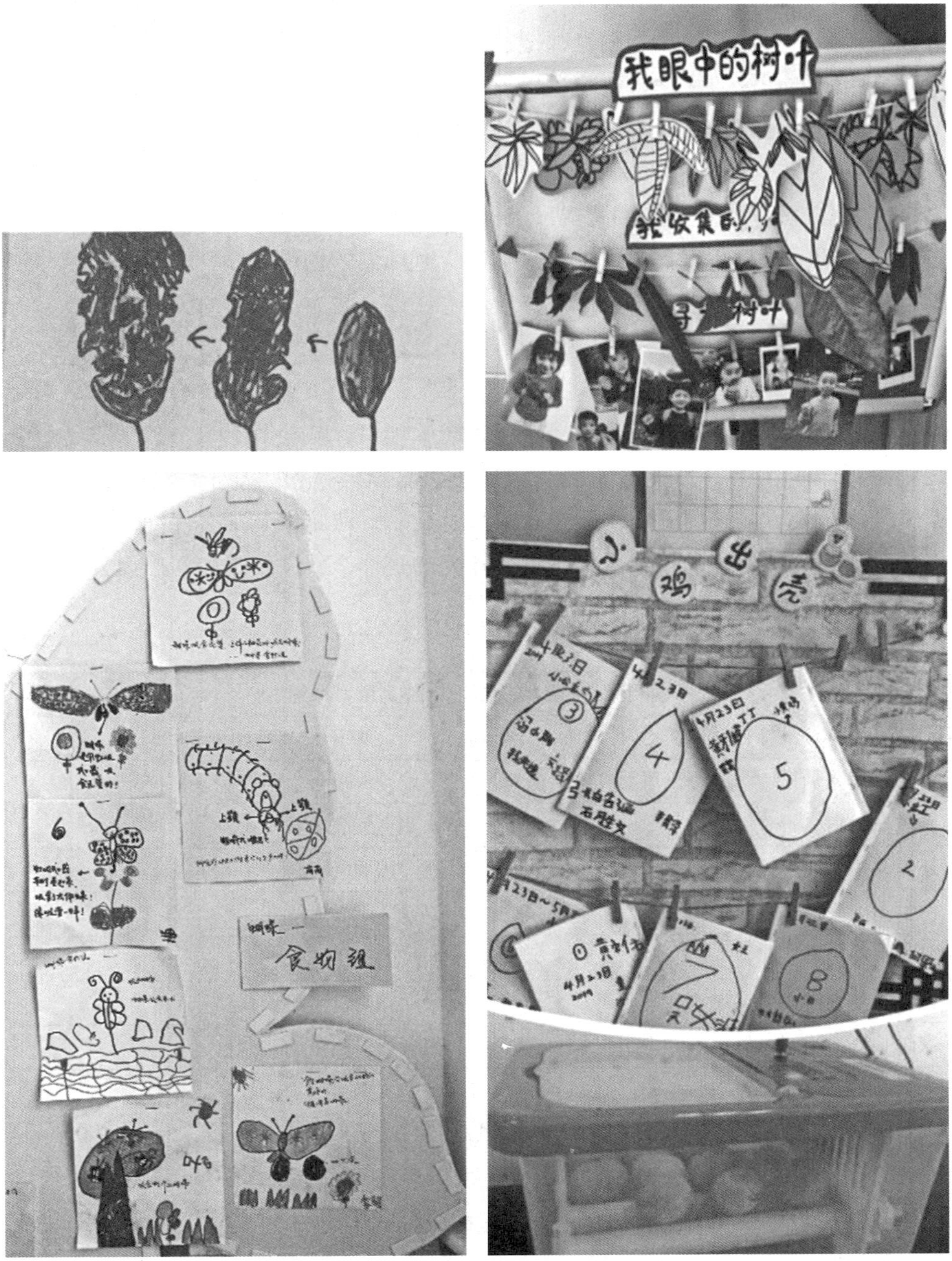

孩子们的记录

在撰写自然角主题包的过程中，老师其实是把孩子们的“学的动态”通过文字和图片做了再现，这也帮助老师把孩子们的学可视化了，对他们后续继续推进优化自然角的创设、优化自然角行程中的完善，给予了很多启示和感悟。

2. 家长参评自然角创设——让老师的所做对家长可见

在每一次自然角的创设中，家长给了我们很大的帮助和支持。于是，借助园级家委会“学习组”活动的契机，我们每学期在“全园深入现场共议自然角创设”的活动中，邀约家长走进来，仔细听听老师们的创设意图，听听基于这些创设，孩子们未来能与之互动些什么，收获些什么，并为自然角的创设打分。

3. 自然角课题专题文章——让老师的所想为课题组可见

自课题组成立之日起的每一个学期，每个班级两位老师中须有一人撰写围绕自然角创设的专题小结。这是一个全园参与的项目，截至2019年6月共收到小结42篇。老师们的撰写方向基本围绕“基于如何创设”和“基于幼儿科学素养的养成”两个大方向来展开。这些文章每次上交后，课题组老师会仔细研读，从中小结老师们已经领悟的是什么，仍需要探究的是什么，课题组如何出力，以优化全园课题研究的成效。

幼儿园优秀自然角创设专题文章（举例）	
基于如何创设	**基于幼儿科学素养的养成**
为小班幼儿创设一个“可玩可看”的自然角	种子发芽趣事中，萌发探索精神
走进植物角	植物宝宝到底还长不长？
还幼儿一个属于他们自己的自然角	探索“植物的奥秘”
植物角大改造	小“视”野，大学问
躲在走廊的小花园	小问号的诞生
让自然角不再成为摆设	我看幼儿与自然角的互动
家园共育，唤醒自然角中的生命快乐	如何看待自然角的“颜色”

我园“以自然角为载体，培养幼儿科学探究素养的研究”的课题目标是创设利于幼儿科学探究的自然角环境，组织开展自然角活动，培养幼儿的科学素养。经过近三年的课题研究，从上述老师们的个人专题小结的呈现中不难发现，老师们已经能创设适合幼儿探究的自然角环境，对以自然角为载体的幼儿科学探究活动如何组织有了一些方略，他们开始有意识地最大限度地挖掘自然角

活动的价值，针对小、中、大班不同年龄阶段的自然角活动该如何开展也有了收获。

自然角是幼儿园提高课程有效性的重要途径，也是科学育儿活动的有效补充和延伸。幼儿园经过积极的研究和实践，将其纳入幼儿日常活动中，通过丰富自然角的内容，激发幼儿的学习兴趣，使幼儿通过与“自然”的对话，从中获得发展。自然角区域已经不再是个摆设，它为幼儿提供了一个有启发的、支持性的微环境。热爱自然、探索自然，在求知中享受童年的快乐，在玩中培养幼儿的科学素养，为他们的终身发展奠基。

五、问题与思考

未来，如何最大程度挖掘自然角活动的价值？幼儿生成的活动如何组织开展？如何继续借由自然角优化家园共育，给予家长一些幼教意识？如何将自然角的创设理念延伸到幼儿园更大范围的自然情境创设课程中去？等等，都是我园要继续研究的内容。

父亲参与家园活动的实践研究

秦燕红（上海市浦东新区好儿童幼儿园）

《幼儿园教育指导纲要》指出："家庭是幼儿园重要的合作伙伴。应本着尊重、平等、合作的原则，争取家长的理解、支持和主动参与，并积极支持、帮助家长提高教育能力。"这里的家长参与包括父亲的共同参与。研究父亲参与家园活动，旨在鼓励更多的父亲走进幼儿园，增加父亲在幼儿园活动中的参与度和有效性，给父亲创造更多亲子陪伴的契机，同时激发父亲参与活动的主动性，给予父亲家庭教育指导方法，更好地实现家园共育。

一、研究背景

（一）概念界定

父亲参与家园活动是指父亲作为幼儿家长，以促进幼儿身心健康发展为目的，参加幼儿园组织的活动，包括幼儿园组织的各种亲子活动、父母老师活动、教育研究活动、志愿者活动和节日专题活动等。

（二）研究现状分析

从20世纪五六十年代开始，父亲在幼儿教育中的作用已成为西方学术界主要的研究课题。西方学术界对于父亲在幼儿教育中地位的研究已经十分成熟，有的国家还通过立法的途径来督促父亲参与幼儿早期教育。如瑞典在1995年通过《父亲法》，法案中明确规定了在幼儿早期教育和抚养过程中父亲所承担的责任和义务。国内学界近几年，也慢慢重视并研究起父亲在幼儿教育中的地位。大致包括以下几个方面的研究：

1. 父亲参与家园活动重要性的研究

华东师范大学学前教育系陈丹从性别心理学视角阐述了幼儿园活动中父亲参与的不可或缺。她指出父亲的参与能够平衡幼儿园女性气质过盛的状态，父亲角色的参与能丰富幼儿园的教育资源。她认为，鼓励父亲参与幼儿园活动，并非出于急功近利的心态，而是因为这是一种有益于幼儿发展的行为。

2. 父亲参与家园合作现状和问题的研究

山东师范大学学前教育专家李睿彤写的硕士论文中，通过调查问卷总结到现代社会大多数父亲已能认识到参与家园合作的重要性，经常参加的占最大比重，但是父亲喜爱的家园合作形式仍停留在接送时交流、电话或短信联系。其次专门的父亲教育讲座也受到广大父亲的欢迎，传统的家长会、家长开放日这几种形式不再被大多数父亲喜欢。

3. 提高父亲家园活动参与度的对策研究

对于提高父亲家园活动参与度的对策研究总体不够深入、系统，多以具体的活动经验总结为主，如昆山市红峰路幼儿园陈丽婷老师提到了运用网络平台、利用节日契机、成立爸爸助教团等形式开展活动。在李睿彤和陈丹的研究中都提到了幼儿园活动要挖掘父亲角色的优势，为其提供展现男性气质的舞台，以此来提高父亲参与家园活动的参与度。

目前虽然有不少幼儿园已开始重视和研究父职教育，但是针对父亲参与家园活动的内容以及途径的研究尚不够深入和系统。本研究希望在已有的幼儿园各项活动基础上进行系统梳理，同时也能在探索实践中开拓新的思路。

二、研究概况

（一）研究目标

通过研究，以父亲参与家园活动的现实状况和实际需求为依据，探索父亲参与家园活动的内容，提高父亲家园活动的参与度和有效性，增进父亲家庭教育指导能力，帮助促进幼儿身心健康发展和形成健全的人格，实现家园共育。

（二）研究内容

1. 本园父亲参与家园活动的情况调查。

2. 父亲参与家园活动的设计原则。

3. 父亲参与家园活动目标与内容的研究。

（三）研究方法

1. 调查法：在课题研究的起始阶段，根据课题的研究目标和内容，设计父亲参与家园活动的情况调查表，了解父亲家园活动的参与情况以及对于活动的想法，并进行对策分析。

2. 文献资料法：在课题研究过程中，通过了解相关学者的研究，并在其他幼儿园具体做法的基础上，进一步梳理和明确实施研究内容。

3. 经验总结法：在研究过程中，根据目标和计划，设计适合父亲参与的家园活动，并推出一批有推广价值的实施方案和经验。

三、研究实施

（一）调查分析父亲参与家园活动的情况

在参阅了以往研究的基础上，拟出了《父亲参与家园活动情况问卷调查表》，对我园小班、中班、大班共296位爸爸进行问卷调查，其中有效问卷296份。

1. 大部分孩子在家主要由母亲和祖辈家长陪伴

选　项	小　计	比　例
父亲	30	10.14%
母亲	194	65.54%
祖父母（外祖父母）	57	19.26%
其他	15	5.07%
本题有效填写人次	296	

表1

分析：问题“目前孩子在家主要由谁陪伴”的数据（见表1）告诉我们，幼儿在家的时间，母亲陪伴占65.54%的比例，祖辈家长陪伴占了19.26%，除了其他人以外，最低的比例是父亲的陪伴10.14%，父亲陪伴幼儿的比例要远远低于母亲甚至是祖辈家长。我们研究目的首先要解决的是父亲的“缺位”问题。

2. 父亲陪伴幼儿参与家园活动的次数较少

分析：这是问题“从孩子入园算起，您参与的家园活动的次数”的交叉数

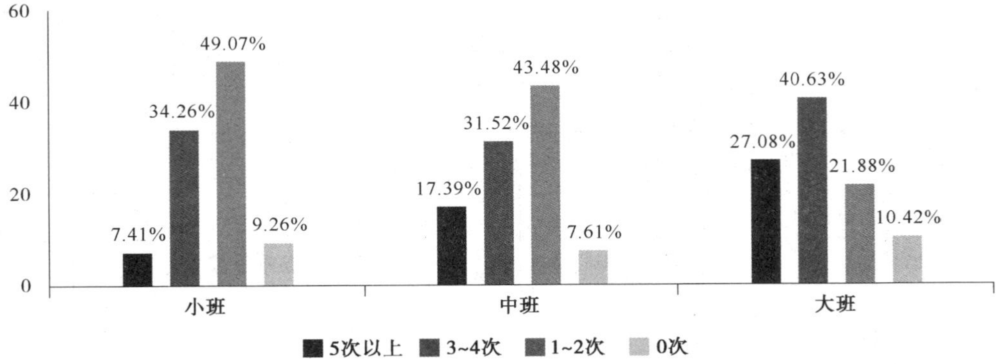

图1

据（见图1）。我园每学期开展各种形式的家园活动次数至少5次以上（包括家长开放日、家长会、各类亲子活动、父母老师活动和志愿者活动等）。以大班为例，父亲从幼儿小班入园开始到幼儿大班，参与过的家园活动总数不满5次的比例将近73%，平均每学期一次家园活动不到，甚至还有10.42%的父亲从幼儿小班到大班要毕业，一次活动都没有参与过。从数据可以看到，父亲参与家园活动的次数较少。我们需要通过研究让父亲认识到陪伴幼儿参与家园活动的意义，提高父亲家园活动的参与度。

3. 大多数父亲认同参与家园活动对于孩子成长的重要性

选　项	小　计	比　例
重要	251	84.8%
一般	36	12.16%
不重要	1	0.34%
说不清楚	8	2.7%
本题有效填写人次	296	

表2

分析：问题“您认为父亲参加家园活动对孩子的影响重要吗”？数据（见表2）表明，有84.8%的父亲非常认同参与家园活动的重要性，12.5%的少部分父亲认为一般或者不重要，还有2.7%的父亲不太清楚参与家园活动对于孩子的影响。大部分父亲还是在观念上认同家园活动对于孩子成长的重要性，这也为我们今后开展活动打下了很好的基础。

4. 父亲大多想以参与者的方式参加家园活动，实现亲子陪伴

选　项	小　计	比　例
活动的设计者	63	21.28%
活动的参与者	267	90.2%
活动的组织者	69	23.31%
活动的评价者	93	31.42%
本题有效填写人次	296	

表3

分析：问题“您希望以什么形式参与到家园活动中”数据（见表3）表明，有90.2%的父亲想做活动的参与者，后面依次是做活动的评价者31.42%，做活动的组织者23.31%，做活动的设计者21.28%，父亲参与活动的积极性还是很高。但是直接鼓励父亲参与活动课程的设计或组织还存在一定的难度，所以在制定家园活动目标时需要考虑大多数父亲的想法，循序渐进。

5. 工作忙是造成大多数父亲无法参与家园活动的重要原因

选　项	小　计	比　例
忙于工作，没时间和精力	242	81.76%
家园活动形式比较单一	15	5.07%
自身心理有些排斥	4	1.35%
其他（如长期不在家或者其他特殊情况）	75	25.34%
本题有效填写人次	296	

表4

分析：问题“您无法参与家园活动的原因主要有”数据（见表4）表明，81.76%的父亲都是因为忙于工作，其空闲时间与幼儿园开展活动的时间无法匹配，导致无法抽身请假来园参与活动，这就要求我们多组织一些相对时间灵活度

高的活动，让父亲有更多的时间选择来参与活动。同时，我们也不能忽视“其他”25.34%父亲的选项，及时关注到这些幼儿，并给予一定的家庭教育指导。

6. 父亲们对幼儿园开展的各项家园活动比较感兴趣并愿意参加

选　项	小　计	比　例
很期待	128	43.24%
有点期待	123	41.55%
无所谓	18	6.08%
说不清楚	27	9.12%
本题有效填写人次	296	

表5

分析：问题“幼儿园开展父亲参与的家园活动，您的态度是”数据（见表5）显示，“很期待”“有点期待”的比例分别为43.24%和41.55%，总共加起来是84.79%，大多数父亲对于幼儿园开展的家园活动还是很期待的，并愿意参加。我们需要给父亲提供多种参与形式的平台，并提高活动的丰富性，激发父亲们参与活动的积极性和主动性。

7. 家长建议幼儿园开展能体现父亲角色优势的家园活动

分析：问卷最后一题“您希望幼儿园设计哪些针对父亲参与的家园活动”是开放题。我们希望了解父亲对哪些内容的家园活动比较感兴趣，以此激发父亲参与家园活动的积极性。父亲们给了我们很多建议，我们大致归纳了一下，基本可以分为以下几大类：运动竞技类、手工制作类、科学益智类、学习交流类、郊游拓展类和安全健康类。其中大部分都是能体现父亲角色优势的活动内容，这对于我们后续研究提供了很重要的参考。

（二）父亲参与家园活动的设计原则

1. 活动操作性强，便于父亲参与

问卷调查数据显示，大部分父亲不能参与家园活动的原因在于“忙于工作，没时间和精力”，使得我们家园活动的组织开展程序不能太烦琐，活动参与便捷，活动要求清晰明了，操作性强，更有助于提高父亲家园活动的参与率。所以在开展家园活动过程中，我们不能以过高的标准去要求父亲们。如让大多数父亲更多作为活动的参与者，而非活动组织者或活动设计者，使父亲们能够“轻装上阵”参与活动。

2. 活动有吸引力，抓住父亲兴趣

有相关研究表明，如果家园活动与父亲们的兴趣爱好相契合，父亲参与家园活动的热情会有很大程度的提升。所以我们在设计活动时，可以多关注父亲们的兴趣点，以此吸引父亲参与家园活动。

活动形式方面，在问卷调查第13题“您更倾向参与哪种形式的家园活动”（多选题）中，选择“亲子活动（如春秋游、运动会、游园会等）”的父亲最多，为79.39%；选择“一起完成教师布置的家庭任务（亲子制作）”的父亲是54.05%，位列第二。由此，在开展家园活动时，幼儿园可以考虑多组织相关形式的家园活动。此外，我们可以结合当下热门的电影、电视剧等进行影评交流活动，也可以从父亲比较熟悉的电子设备入手就“幼儿能玩电子产品吗”为话题进行一场辩论会等。结合时事热点，形式内容的多样性等也能一定程度上增加活动的吸引力。

3. 活动内容有针对性，体现父亲优势

父亲参与家园活动，参与对象是父亲，所以组织活动时，如能体现父亲角色的优势，更有助于促进幼儿身心健康发展和形成健全的人格。

在问卷最后开放题中，我们归纳了父亲们喜欢的几种类型的活动，包括运动竞技类、手工制作类、科学益智类、学习交流类、郊游拓展类和安全健康类。我们可以从这几方面内容着手，去设计和组织开展相关的家园活动。能发挥父亲角色优势的活动内容对于提高父亲的活动参与率有积极的意义。

（三）父亲参与家园活动目标和内容的实践研究

1. 亲子活动

亲子活动是指由幼儿园创设一定的条件，针对3～6岁儿童的，以亲缘关系为基础的，以教师为主导、教师组织家长和幼儿共同参与的活动。在亲子活动当中，父亲作为家长角色以参与者的方式参与到活动中，以增进亲子之间的情感。亲子活动可以分运动竞技类、手工制作类、科学益智类、郊游拓展类和安全健康类等内容。

通过组织开展丰富多彩的亲子活动，可以先让父亲对孩子有一个基本的陪伴，帮助解决家庭中父亲陪伴的缺位问题。以下是我园开展的鼓励父亲参与的亲子活动。

活动类别	活动名称	活动目标	活动说明	活动对象
手工制作类	亲子环保制作活动	帮助解决父亲陪伴的缺位问题，增进亲子情感	根据主题活动或节日活动（元宵节、中秋节等）开展	小、中、大班所有爸爸
科学益智类	亲子科技节活动		可结合六一儿童节开展	小、中、大班所有爸爸
运动竞技类	亲子运动会 亲子徒步		可根据幼儿年龄特点开展挑战度不同的活动	小、中、大班所有爸爸
郊游拓展类	亲子春秋游活动		大班可以增加拓展类的亲子游戏	小、中、大班所有爸爸
安全健康类	防疫知识亲子擂台赛、护眼知识擂台赛等		可结合热点时事开展	中、大班爸爸
其他类	亲子朗诵比赛		可结合推普周等开展	中、大班爸爸

开展过程中，这些亲子活动最好能凸显父亲角色的优势，可以是能彰显爸爸力量和速度的活动，可以是能发挥爸爸创新思维的活动，可以是展现爸爸动手能力的活动，也可以是能体现爸爸勇敢气概的活动。除了以上活动外，我园还会结合市区级的活动，有选择地在幼儿园先行开展，鼓励爸爸们参与，如活动项目“多功能环保服装秀亲子擂台赛”“亲子朗诵比赛”等，为亲子陪伴提供更多选择的平台。

2. *教育研究活动*

教育研究活动是指研究如何引导幼儿身心健康发展的各种教育研讨活动。在教育研究活动中，父亲主要以参与者或组织者的身份到活动中来，旨在提高父亲育儿的意识，丰富父亲们的育儿知识，优化父亲们的育儿行为并激发父亲学习家庭教育的主动性。教育研究活动主要以探讨育儿困惑、交流育儿经验等为内容。

通过多样的教育研究活动，改善父亲对于陪伴幼儿成长的重视度问题，帮助父亲们逐步了解陪伴幼儿成长的意义。以下是我园组织父亲参与的教育研究活动。

活动类别	活动名称	活动目标	活动形式	活动对象
学习交流类	爸爸论坛	增进父亲对于陪伴幼儿成长的重视度，激发父亲参与家庭教育的主动性	育儿故事分享交流会、主题探讨活动、辩论会等	小、中、大班部分爸爸
	爸爸聊天室活动		由爸爸自行主持并确定聊天室讨论主题	小、中、大班部分爸爸
	菜单式家长讲座活动（其中一场为爸爸专场讲座）		开展家长讲座内容的问卷调查，根据家长需求形成多个家长讲座主题内容，安排不同的讲座时间，提供多种选择	小、中、大班所有爸爸
	家园云课堂		幼儿园公众号开设线上家长学校“家园云课堂”，定期发布爸爸专题相关的育儿知识	小、中、大班所有爸爸

教育研究活动在开展的过程中，需要注重父亲参与形式的多样性，如可以是父亲来幼儿园参与的，也可以是在网络线上的；可以是父亲作为参与者，同时也可以发挥“骨干爸爸”的榜样作用，让他们作为组织者开展活动，给爸爸们更多的自主权，更容易激发爸爸们对于教育研究活动的兴趣。除了以上活动外，我园还创建了“好爸最好”的父亲育儿交流微信群，我们在线上结合一些热门电影如《摔跤吧，爸爸》等开展影评活动，组织《我的爸爸叫焦尼》绘本交流活动等，在宽松愉快的氛围中与爸爸们一起探讨育儿经验。

3. 爸爸老师活动

爸爸老师活动指的是幼儿园鼓励爸爸运用自身的资源，如职业专长、兴趣爱好等协助幼儿园给孩子们开展各领域的学习活动，以实现更全面地促进幼儿的发展，让他们在学习活动中获得充分的支持，体验学习活动的乐趣。

爸爸老师活动中，父亲主要以组织者的身份参与进来。因为组织者的角色对爸爸的要求比较高，所以爸爸老师需要发挥班级骨干爸爸的优势，以点带面，起到榜样爸爸的作用。幼儿园男性资源缺乏，通过邀请有特色专长或职业优势资源的幼儿爸爸走进幼儿园，增加幼儿园阳刚的活力，并有助于丰富幼儿园的课程内容。以下是我园部分爸爸老师活动。

在招募爸爸老师的过程中，各班老师可以先对班级爸爸职业及兴趣爱好做个调查，对班级爸爸资源有个整体的了解，鼓励这些有特长、有意愿的爸爸参与到幼儿园课程建设中来。同时也可以在成立园级、班级家委会时，在爸爸们有兴趣

适合幼儿年龄段	活动目标	部分活动名称
小班	进一步丰富幼儿园教育资源和课程内容，推进幼儿园课程建设	“快乐拍球”“保护牙齿”“有趣的工程车”“我是理发师”“趣味迷宫”“小小医生”“小小咖啡师”
中班		“擀饺子皮”“汤姆走丢了”“记忆大考验”“水平仪的作用”“有用的工具”“足球小知识”
大班		“列队训练”“篮球高手”“电脑的秘密”“跳长绳”“拼装玩具”“自制降落伞”“有趣的船模”

的前提下，有意识地推荐这些爸爸们加入，在爸爸老师中可以先发挥家委会爸爸们的示范引领作用。

4. 爸爸志愿者活动

爸爸志愿者活动指爸爸作为家长自愿参加幼儿园相关活动，在自身条件许可的情况下，合理运用自己的资源，帮助幼儿园开展力所能及、切合实际的各项活动。此项活动开展需要具备一定的专业性、技能性、长期性。

志愿者活动中，爸爸可以是参与者的身份，也可以是评价者的身份。爸爸们通过参与志愿者活动，能够增进对幼儿园的了解，有助于爸爸与幼儿园更好地合作育儿，同时进一步丰富幼儿园课程内容。

志愿活动主要类别	活动目标	志愿活动内容	活动对象
爸爸讲师团	加深父亲对幼儿园的了解，有助于爸爸与幼儿园更好地合作育儿	爸爸以主讲人或主持人角色参与幼儿园亲职教育讲座或者沙龙活动	小、中、大班部分爸爸
爸爸护卫队		幼儿进园时，在幼儿园门口、走廊、楼梯拐角处，需要爸爸们来引导和提醒	小、中、大班所有爸爸
爸爸大力士		寒暑假前后，协助老师帮忙搬运比较重的设施设备和环境材料	小、中、大班所有爸爸
爸爸助教（男女生俱乐部）		擅长桌球、足球或木工的爸爸可以协助教师在俱乐部中一起组织相应的幼儿活动	中、大班部分爸爸

在开展任何志愿者活动前，需要将各类志愿活动的具体时间汇总列表，并提前给爸爸志愿者们选择和确认。同时，也需要将志愿者活动的内容明确清晰地告诉爸爸们，以保证志愿者活动的顺利开展。对于活动出勤率比较高的志愿者爸爸，可以在家长会中作为榜样爸爸，予以“好爸爸”称号的表彰，以激励更多的

爸爸们做志愿者，成为幼儿园很好的合作伙伴。

5. 父亲节专题活动

著名心理学家格尔迪说："父亲是一种独特的存在，对培养孩子有一种特别的力量。"父亲节这天，人们大多都会以各种形式表达对父亲的爱和敬意。我们正可以利用父亲节契机，在引导幼儿表达对父亲感恩的同时，唤起父亲更多的教养责任，成为名副其实的"好爸爸"，这也能帮助幼儿营造温馨和谐的家庭氛围。以下是我园开展的父亲节系列活动。

活动名称	活动目标	活 动 要 求	幼儿年龄段
父亲节倡议	唤起父亲更多的教养责任，激发爸爸参与幼儿成长的主动性，努力成为"好爸爸"	每天给孩子讲一个故事 每周与孩子进行一次体育锻炼 每月带孩子进行一次外出亲子活动 每学期参加一次家园活动	小、中、大班
夸夸我的好爸爸		请幼儿说说爸爸的工作，爸爸最擅长的事情，最喜欢和爸爸一起做的事情，表达对爸爸的感谢，并上传视频	中、大班
创意亲子照大比拼		各年龄征集孩子和爸爸有趣的亲子照（欢乐搞笑的、活泼俏皮的、温馨有爱的或无限创意的等皆可）	小、中、大班
好爸爸育儿小妙招征集活动		鼓励班级亲子互动比较好的爸爸撰写育儿微故事或育儿体会	小、中、大班

在"陪伴是最好的教育"父亲节系列活动中，孩子们纷纷通过各种方式表达对父亲的爱意，父亲则在与孩子的互动中，逐渐感受到了陪伴的乐趣与意义。我们发现，其实有些爸爸已经开始有意识地陪伴幼儿，因为育儿的小妙招当中呈现了很多爸爸们育儿实践后的一些理念，通过幼儿园公众号"家园云课堂"，我们进行了分享，以此让更多的爸爸得到学习与启发。总之，父亲节活动的开展，起到了唤起爸爸们承担父亲教养责任意识的作用，成为"好爸爸"已经变成了更多爸爸们的努力方向。

四、研究成效

（一）初步形成父亲参与家园活动的内容框架，丰富了幼儿园家教特色工作

通过研究，我园将父亲参与家园活动主要分为了五大块内容，包括亲子活

动、教育研究活动、爸爸老师活动、爸爸志愿者活动和节日专题活动，其中我们对于父亲最喜欢的活动形式——亲子活动进行了细化和分类。我园目前每学期至少开展一次全园爸爸都能参与的大活动，以及一次部分爸爸参与的论坛或沙龙活动，每学期每个班级会根据班级爸爸的职业特长或业余兴趣开展一次爸爸老师活动，幼儿园的男女生俱乐部也定期有爸爸助教志愿者参与等。值得一提的是，新冠肺炎疫情发生以来，我们利用钉钉群、家园云课堂等线上平台持续开展这些爸爸参与的活动，活动的开展也为幼儿园课程建设添砖加瓦，锦上添花。

（二）帮助父亲收获了家庭教育知识，激发父亲参与幼儿成长的主动性

亲子活动能够帮助解决父亲陪伴的缺位问题，增进亲子情感；教育研究活动增进了父亲对于陪伴幼儿成长的重视度，让父亲们收获了更多的育儿知识，提高了父亲参与家庭教育的积极性；爸爸志愿者活动加深了父亲对幼儿园的了解，有助于爸爸与幼儿园更好地合作育儿；父亲节专题活动唤起了父亲更多的教养责任，让更多的爸爸开始努力实践成为名副其实的“好爸爸”。以下是父亲节活动中，部分“好爸爸”分享的育儿体会。

不带情绪地教育孩子

中三班　扶默辰爸爸

对于孩子来说，最重要的是跟其以一种朋友的关系相处，同时又是能给予其安全感的坚强后盾。遇到事情，首先不能对其发火吼叫，这点非常重要，否则会让孩子内心很害怕。当然大部分的家长都有这样的经历，我也不例外。对于这点，一直做着改正，目前逐步摆脱了这一缺点。小朋友做错了事情，首先我会跟他说哪里错了，应该如何做才是正确的，语气可以严肃，但是绝不能失控。例如：小朋友特别喜欢在床上蹦蹦跳跳，难免会碰到大人，有时候挺疼的，这时候我就会严肃地跟他说：“蹦蹦跳跳地玩可以，但是要注意环境，如果把别人弄疼了这样就很不好，反过来如果别人蹦蹦跳跳把你自己弄疼了，你会不会哭呢？同时如果一不小心摔倒碰疼了你会不会难受呢？”这样反复地“以理服人”，我觉得比打骂教育效果要好得多。爸爸平时相比较妈妈可能会缺少耐心，在引导孩子时控制自己的情绪非常重要。

教育孩子要因材施教

中四班　王逸兴爸爸

每个孩子的个性有其特点，也有其弱点。强制让一个内向型人格的孩子按照父母的意愿变得很外向，是错误的；放任一个孩子个性中的弱点不加引导，同样不可取。

我是两个男孩的父亲，两个孩子的性格差异比较大，王逸兴喜静，王遄飞好动。如果不加干预，王逸兴会坐在书桌前看一下午书，而王遄飞会说个不停，动来动去。对于好静的孩子，我们可以去引导他到户外去探寻他在书本里学到的知识，去与别人分享自己的收获。对于好动的孩子，引导他的好奇心，然后带领他学会安静地搜集知识。

我就是我，不一样的烟火。社会有其评价体系，每个人也是一个独立的个体，所以我认为教育需要根据每个孩子的特点去引导与教育，这点很重要。

爸爸的育儿经——玩中学

大二班　匡萱怡爸爸

我一直觉得孩子应该在轻松的环境中成长，享受他无忧无虑的快乐的童年。玩是孩子最喜欢的活动方式，也是我认为最佳的教育方式，在玩的过程中不仅可以让她获得乐趣，还可以学到一些知识。

比如有一年过年在家聚会，孩子看到我们在玩大富翁这个桌游，产生了好奇且有种想要加入的意愿。但是对于一个只会20以内加减法的孩子来说，这个游戏的难度有点大，毕竟这是有着成百上千的加减运算的一个游戏。女儿既担忧又想玩的小心思被我看到了，于是我主动邀请她加入这个游戏。同时我默默地帮她准备了一本小本子和一支笔，在她需要买卖“地皮”的时候，我教她什么是个位数、什么是十位数、什么是百位数，教她什么是竖式、怎么做竖式。很快她学会了怎么加/减个位，怎么借位。就这样她靠着一本本子、一支笔玩起了大富翁这个游戏。

虽然玩的进度很慢，但是在玩游戏的过程中她逐渐学到了不少知识，玩中学让孩子学得轻松，也学得有效果。

坚定而温柔的育儿观

大四班　牟岚瑄爸爸

作为爸爸，没有十月怀胎、一朝分娩之痛，当小生命降临之时，感受到的也只是生命之神奇。伴随孩子慢慢长大，越来越对孩子有了感情，并且这种感情在不断地膨胀加深。让我深深意识到要当一个好父亲的重要性，更让我理解到要当好一个父亲的不易。在平时生活中，自认为一直做得很好的算是自己对待孩子的态度，基本一直保持着温文尔雅，即使孩子耍无赖、乱发脾气。在爱人看来，有时是一种宠溺，但当我通过心平气和的方式最终安抚住孩子时，无疑这是一种成功。虽然打骂可以平息一时风波，但是不能根治，可能还会让孩子有逆反心理，甚至会有不好的表率作用。值得庆幸的是孩子从以前对我可有可无的态度到现在慢慢喜欢、依赖我，当然这也离不开我平时的陪伴。因为工作的调整，使得我和孩子在一起的时间变多，和女儿一起玩耍、一起看书学习、认识世界，让我们收获颇丰，我们父女的感情也变得越来越好。前世的情人，今生的宝贝，希望我的女儿在我和爱人的陪伴下，健康快乐地成长。

总之，通过这些活动，让父亲收获育儿知识的同时，父亲们开始主动思考孩子成长过程中的问题，并有所反思和实践。爸爸们开始由不重视陪伴到重视陪伴，由被动地参与活动到主动地实践思考，爸爸们和孩子们在一起学习与成长。

（三）帮助促进幼儿身心健康发展和形成健全的人格，实现了家园共育

在幼儿成长过程中，作为父亲，扮演着母亲所无法取代的角色。父亲通过参加家园活动给予幼儿陪伴，这是孩子成长的力量。在活动中，父亲所展现出的坚韧、智慧、勇气等都是孩子成长的榜样。在亲子活动“大力士”爸爸拔河比赛中，当爸爸们被授予“大力士”称号的时候，最兴奋的无疑是现场的孩子。虽然是一场简单的颁奖典礼，但是从孩子们使劲鼓掌和大声的欢呼声中，我们能够感受到孩子对父亲的自豪感；在父亲节系列活动“创意亲子照大比拼”中，无论是搞怪、活泼还是温馨的照片，我们都能从孩子的表情中，感受到孩子那一刻的幸福。浓浓的亲情之爱是孩子内心强大的力量来源，父亲和母亲同样用心的陪伴促进了幼儿身心健康的发展，更有利于形成幼儿健全的人格。

（四）优化了家长学校资源库，为后期青年教师实践家教指导提供更多参考

我园通过开展一系列的爸爸家园活动，积累了丰富的爸爸学习资料，初步形成了父职教育资源库。关于“增进父亲陪伴意识”的内容如《我的爸爸妈妈被手机抓走了》《父亲对于幼儿个性品质的影响》《父亲对于女儿的影响》《再忙的父亲也能成为好父亲》《奥巴马：我这辈子最骄傲的职业是当一名好父亲》等；关于“指导父亲如何陪伴幼儿”的内容如《如何正确地表达父爱》《如何控制自己的情绪》《从父亲的角色看高质量的陪伴》《家庭教育才是关键的关键》《一个好父亲是怎样炼成的》《奥巴马教育孩子的八大原则》等。

此外，我们还为父亲们推荐了相关的家庭教育书单，鼓励爸爸们利用闲暇之余进行阅读和学习，如《正面管教》《20个父亲的教育智慧》《爸爸学校》《与打骂和溺爱说拜拜》《长大不容易》《如何说，孩子才会听；怎样听，孩子才会说》《捕捉儿童敏感期》《爱和自由》等；同时我园也在幼儿园教工之家增设了此类家庭教育书籍，供老师们借阅学习，更好地对父亲进行家庭教育指导。

五、研究反思

（一）除了鼓励父亲作为家长资源参与活动，更要让父亲能够在家庭教育指导方面有收获

在组织父亲参与家园活动的过程中，我们常常会更多地考虑父亲参与率的问题，而忽视父亲在此次家园活动中能够收获到什么。所以我们在组织活动时，要对活动开展的目标细细斟酌，从父亲能收获到什么样的家庭教育指导内容出发去设计活动环节，保证活动质量，这样才能更好地达到活动效果，真正实现家园共育的目的。

这也提醒我们作为教育工作者，需要不断地拓宽自己的教育视野，提高家庭教育理论知识，有意识地在生活和工作中挖掘丰富的教育活动内容，才能帮助到爸爸们，共同为孩子成长奠定基础。

（二）在注重父亲参与家园活动数量的同时，更应关注其参与的质量

事实上，导致父亲参与程度低的因素错综复杂，如果罔顾现实，执着于让父亲风雨无阻地参与到幼儿园的每一项活动之中，则可能事与愿违。家园活动参与

度的高低与投入时间多少没有必然的联系，关键在于参与的质量。也就是说，并非父亲在幼儿园里待的时间越长，参与度就越高，而是他与孩子的互动过程与效果才更值得关注。此外，对父亲参与不能刚开始就提出过高的要求，否则，如果父亲难以或无法达到，那么反而会使其产生一种挫败感，从而影响其参与的自信心。

（三）活动的教育效果绝非在朝夕之间便可实现

在现实生活中，男性扮演父亲的角色本来已属不易，而使其成功地参与到幼儿园活动之中则更加困难。因此，我们应该鼓励父亲积极参与家园活动，但并不苛求所有的父亲立刻达到这一标准，我们应当给予父亲以充分的准备时间，并以积极和宽容的心态来处理父亲在参与家园活动中所出现的各种问题。

总之，我们的研究还在路上。虽然我们在组织父亲参与家园活动的过程中获得了一定的经验和心得，但是在研究中也遇到了一些新的问题，值得我们进一步思考和探索实践。

1. 引导父亲由不重视到重视陪伴的作用，由基本的陪伴到高质量的陪伴，是需要一个长期的教育实践过程。我们的研究是建立在已有的实践活动梳理和总结之上的，先帮助解决父亲的缺位问题；更高层次的研究如“如何提高父亲的陪伴质量”等问题，是需要一个长期坚持的家庭教育工作，需要幼儿园和所有教师通力合作，把家庭教育活动做足做细，深思熟虑，营造良好的家庭教育的研讨氛围和环境。

2. 继续深化研究，对于父亲参与家园活动的效果制定相关的评价标准和评价办法，针对新形势下产生的新问题，不断创新家教工作模式，切实提高家教工作的效率，实现家庭教育共育效果。

我想，父职教育的研究在未来很长一段时间仍有重要的现实意义。我们将继续探索实践，前赴后继，与家长携手努力，一起帮助幼儿健康快乐地成长，也为构建和谐社会出一份力。

参考文献：

[1] 陈丹.幼儿园活动中的父亲参与不可或缺——基于性别心理学的思考[J].教育探索，2011（9）.

[2] 李睿同.家园合作中父亲参与的现状、问题及对策研究[D].济南：山东师范大学，2015.

[3] 陈丽婷.让父亲走进幼儿园教育[J].科学大众·科学教育，2009（4）.
[4] 王赛.幼儿园亲子活动的研究[D].上海：华东师范大学，2013.
[5] 施莹.完善幼儿园家长助教活动的策略研究[D].宁波：宁波大学，2013.
[6] 毛小奇.幼儿爸爸助教的形式与组织[J].教育实践与研究，2015（13）.

基于儿童视角的建构游戏支持策略探究

陈灵君（上海市浦东新区学前教育指导中心）

建构游戏是幼儿利用各种操作材料进行模拟、塑造和再现的活动，是一种融艺术与想象、操作与创造为一体的活动。美国著名教育心理学家加德纳的多元智能理论认为，建构游戏能有效促进幼儿语言、数理、逻辑、空间运动等各方面发展。幼儿的建构游戏需要教师有效的支持与引导。然而在实践过程中我们发现，教师往往以成人视角看待孩子的建构游戏，没有深入理解孩子的意图和想法，看不见、看不懂孩子游戏行为背后发展的可能；或者将儿童视为“小人”，不相信他们有能力解决游戏中的问题；或者缺少对儿童在游戏中实际需求的关注，习惯从成人视角创设环境、提供材料等，使儿童未能充分获得游戏的自主权，也使建构游戏应有的教育价值未能得到充分发挥。以上这些现象，究其实质都与教师未能站位于儿童视角，基于儿童实际需求给予支持有关。

基于儿童视角，是指站在孩子的角度看问题，用儿童的眼睛去观察，用儿童的耳朵去倾听，用儿童的大脑去思考，用儿童的兴趣去探寻，用儿童的感情去感受，用儿童的心理去理解。儿童视角下的建构游戏更强调把游戏的自主权还给儿童，教师要做的是在建构游戏的过程中充分观察儿童的行为、倾听儿童的声音、了解幼儿的需求、追随儿童的兴趣，从而适时、适宜地为儿童提供“鹰架”，支持儿童自主、充分地探索、建构、想象与创作，真实表达自己对事物的认知和体验，让儿童真正成为建构游戏的主人。这就要求教师“放下身段”，尊重、理解、感知儿童，看到游戏中儿童的学习和能力，以适当的支持激发他们以自己的方式进行建构、探索与表达，从而促进其综合发展。

鉴于此，我们开展了基于儿童视角的建构游戏支持策略研究，以大班建构游戏为例，提炼出一些具体、有效的儿童视角下建构游戏的支持策略，期望在发展幼儿的同时以点带面，优化教师的儿童观、教育观和游戏观，提高教师观察、识别、回应和支持的能力。

一、观察倾听，了解儿童

儿童视角下的建构游戏，首要任务是要了解儿童。观察与倾听是了解儿童的重要途径，通过整体观察或重点观察看幼儿在搭建过程中的行为表现，了解幼儿游戏背后的兴趣与需求，在观察的基础上分析幼儿的发展水平，理解幼儿的行为，再判断是否介入以及如何介入支持更有效等问题。

（一）扫描观察，把握儿童的整体情况

扫描观察，即对游戏中的全体儿童平均分配时间，在相同时间里对每个儿童轮流进行扫描观察，了解全体儿童的游戏情况。如建构游戏的主要区域、每个区域的人数、儿童使用的材料、儿童建构的内容等。教师对儿童现场的游戏情况进行整体、逐步的了解，发现幼儿游戏中可能会出现的场面，从而明确下一步的观察重点及支持策略。例如，在国庆爱国主义教育活动中，大班孩子们去参观空军部队后引发了“搭建空军部队”的主题活动。孩子们有的要建构武器库，有的要建构空军战斗机、坦克等。通过整体观察发现，建构游戏仅开始10分钟，孩子们就陆续集中到了乐高区。清点一下人数，乐高区有22人，清水积木区和竹节棍区仅有9人。因此，在分享环节教师倾听了孩子们的想法：乐高搭出来的枪旁边可以转动，航母只有乐高才能搭出来，乐高搭的枪能拿在手里玩……听了孩子们的话，教师意识到：孩子们对于乐高材料中可以产生活动的材料很感兴趣，有利于他们创造出可活动的作品。在第二次的活动中，教师在竹节棍的区域增加了一些可活动的零件，孩子们在反复探索尝试下，搭建出了各种会动的武器，满足了孩子们喜欢建构会动的作品的需求。

（二）重点观察，追随儿童的具体进展

扫描观察儿童的建构游戏，对儿童的了解相对全面但比较粗浅。儿童视角下的建构游戏，更需要对儿童进行重点观察，倾听儿童真实的声音，与儿童进行对话，从而给予儿童更为优质的支持。重点观察可以是定点观察或是追踪观察。定点观察，是指固定在游戏中某一地点进行观察，对儿童进行精细观察。追踪观察，是锁定1～2名儿童进行观察，儿童走到哪教师就追随到哪。在观察中，要把握三个关键点：

1. 自然客观真实，不影响孩子游戏，不带有任何评价性语言。

2. 对发生的行为进行记录，儿童做了什么、说了什么、表情如何。

3. 站稳“十分钟”，在观察中要控制住主观臆断，不轻易干涉孩子游戏，放下教师心中的刻板印象，看见游戏中真实的孩子。

例如，教师在观察大班孩子用户外的螺母材料搭建秋千时发现，一个孩子把秋千架子搭好后，想用一块木板做秋千凳子并试图用绳子把凳子挂在秋千架子上，但因为不会给绳子打结，多次尝试都失败了。看到孩子的不成功，教师觉得“打结”对孩子挑战太大，很想上去帮助孩子，但还是控制了自己的行为，继续观察。后续的故事发生了转机：这个孩子两次打结不成功，就去问周边的两个女孩：“你们会打结吗？”其中有一个说：“我会的。”“请你帮我这里打个结吧。”于是，在女孩的帮助下，三个孩子一起把秋千上的结打好了，孩子们开心地荡起了秋千。在此过程中，教师进行了重点观察，通过观察孩子的行为、倾听孩子的对话，同时克制住自己在游戏中的主观臆断，持续观察孩子的游戏进展，看到了孩子的真实模样。教师看到了孩子并不是大人认为的样子，遇到困难就是说明难度太高，需要教师支持，而是看到孩子遇到问题自己多次尝试后再寻求同伴帮助，最后与同伴一起合作把问题解决了，这就是儿童视角。儿童遇到问题有自己的解决方法，他们有能力、有力量解决问题，也看到了孩子在游戏中的各种学习：探索、求助、合作、解决问题等。

整体观察与重点观察的有机结合，既能让教师了解全体儿童在游戏中的整体情况，又能让教师真正从儿童视角看见孩子，看见孩子在游戏中的行为，看见行为背后孩子的发展，从而更了解孩子、理解孩子，也能放下主观臆断，会观察倾听孩子。

二、看见需求，满足儿童

传统的建构游戏，教师对建构游戏的时长、提供的材料等有较为明确具体的规划和预设。基于儿童视角，教师应在观察倾听的基础上，不断关注儿童在游戏中对材料、时间的不同需求，打破成人既定的时间和材料限制。

（一）弹性时间，满足儿童游戏的时间需求

传统的单次建构游戏时间为一小时。基于儿童视角，教师尝试放手让孩子尽情游戏，发现对于大班儿童而言，一小时的时间并不能满足孩子充分地建构游戏。

如在一次一小时的建构游戏结束后，教师说："游戏时间到了。"有的孩子还在继续专注地建构中，有的孩子流露出无奈与依依不舍之情，有的孩子虽已围到教师身边，但还会不时地看着自己未完成的作品。孩子们的种种行为，透露着他们心中的"不满"。教师就与孩子对话："有什么建议吗？"孩子们便提出来："游戏时间太短了，来不及搭。""我的作品搭到一半，放在这里会被别人收走。""户外搭建的作品还没完成，等下弟弟妹妹要来运动了怎么办？"……

孩子们在游戏中原来有着种种担忧。倾听了孩子们的想法，教师了解到儿童对一小时的游戏时间并不满足，需要有更多的时间进行建构游戏，于是产生了"1小时+"的弹性时间。"1小时+"的弹性时间是灵活的、可拓展的，是可以根据孩子需求随机调整的。例如，当大班孩子在户外进行建构游戏时，需要前期对建构作品有个规划。建构中材料比较大，挑战难度高，一小时游戏时间并不能满足幼儿。再加上户外场地由于第二天要作为运动场地使用，作品难以保留。一小时的搭建只能完成一半作品，材料匆匆收掉，即便过几天再建构，孩子已经忘记原来作品的模样，更重要的是孩子未能完成项目，无法达成他的目标。因此，在"1小时+"的基础上，我们基于儿童需求，推出了"建构日"，就是允许儿童一天活动均为建构（除了必要的生活环节外）。这样能把儿童一天分段的、零散的时间整合在一起，儿童可以尽情地建构，持续深度地完成他想完成的作品，更有利于儿童充分探索、建构、想象和创作，有利于帮助孩子获得成功的体验。

（二）自主选材，满足儿童游戏的材料需求

一般而言，教师会根据儿童年龄段的不同提供不同的建构游戏材料，对不同年龄段儿童的材料使用有着既定的区分。儿童视角下教师发现，儿童在游戏中的材料需求并不是成人以为的那样，儿童的材料使用往往会突破成人的想法。

1. 对话儿童，适当增"材"

在儿童视角下的建构游戏中，关于材料的提供，并不是教师单向的准备，而是将儿童作为游戏的主人，时常聆听儿童的想法。除了教师在游戏中观察到儿童对材料的需求外，还需要教师经常留有时间与儿童对话，了解儿童的需求，根据儿童需求提供材料，供儿童在游戏中自主选择，突破教师材料提供的边界。

如在大班户外建构游戏中，孩子们产生了搭建"游乐场"的想法。孩子们利用提供的碳化积木，搭建了各种"游乐设施"，有"木马""秋千""摇椅"，看似一片热闹、丰富的场面。随后，教师与孩子进行对话："你们的游乐场有各种好玩的，搭建得真好，你们还有什么想法吗？"孩子们立刻表态："要是有长长的板就好了，我可以搭建一个高空滑坡。""我好像要两根绳子，这样就能把荡椅摇起来了。"游戏中的"对话会"，让教师了解到了孩子们心里的需求，教师及时根据儿童的需求，增加了孩子需要的材料，使孩子能够充分搭建自己想要搭建的作品。

2. 开放空间，自主选"材"

从儿童视角看儿童的建构游戏，教师发现预设的"主材料"常常会限制儿童的想象或问题解决。在游戏中除了对话儿童，适当增"材"可以满足儿童的需求，同时还可开放室内、室外的儿童游戏空间，空间中的材料、物品均供儿童自主选择。

如教室内的建构游戏中，两个孩子用雪花片搭建一辆车，搭完后他们自豪地向教师介绍自己的作品。教师观察到车子设计新颖，拼插工整精致，问："在拼这辆车的时候遇到什么困难吗？""我们想让车子动起来，但是动不起来。"教师接着问："什么动了车子才会开动起来呢？""轮子动了车就会动了。对的，我们先得让轮子动起来。"教师顺势提醒："你们也可以用其他的材料帮助车轮动起来，教室里的所有材料都可用。"于是，孩子们不再局限在建构区域，开始在教室里寻找各种材料进行尝试。先用个别化材料里的筷子穿在"车轮"的雪花片的洞洞里，可是由于洞洞太小，没法穿过去；又尝试用麦管穿在车轮的洞洞里，不大不小，车轮可以动起来了，汽车"快速"开起来了。正当孩子们欢呼时，车轮不小心"飞"出去了。孩子们又开始研究，发现车轮很容易从麦管顶端脱落，他们分别尝试用纸、双面胶、彩泥在麦管顶端将车轮固定，多次尝试发现用彩泥的方法最"靠谱"。雪花片搭建的"汽车"，居然在孩子们多次尝试的"实验"下真的开动起来了。这些孩子的这一创新激发了其他孩子的想法，随后的游戏中又产生了雪花片搭建的其他会动的作品：电风扇、转椅等，那些原本静态的作品居然都动起来了。

开放了游戏空间，也就开放了空间中的材料，儿童可以根据自己的需求自主选择辅助材料，完成他想要做的事情，充分满足想象和创作。教室、户外可以是孩子们眼中的"材料库"，室内"材料库"中的各类材料：纸、彩泥、笔、麦管、桌子、椅子等，户外"材料库"中的各类材料：梯子、轮胎、垫子、皮球等，在孩子们眼中这些均可作为建构游戏的材料。这些材料在孩子们眼中、手中不仅是原有的功能，经过他们的巧思巧建，创造性地衍生出多功能用法，充分满足了儿童的创意需求。

三、追随巧“架”，发展儿童

建构游戏是自主自发的游戏，也是儿童积极主动、真实自然的学习活动，儿童在游戏中探索、发现、计划、思考，积极主动建构自己的经验。儿童视角下建构游戏的“神秘之处”在于教师无法预设，也难以预估孩子可能出现的行为或可能出现的“哇”时刻，这需要教师放手孩子，静心观察，不断追随儿童，从儿童视角看儿童游戏，看懂儿童行为，看见儿童行为背后的“最近发展区”。除了给予时间、材料等不同支持外，可在追随儿童游戏中适时地给予“支架”，顺势而为，充分发挥建构游戏的价值，从而发展儿童。

（一）适时等待型支架

儿童视角下的建构游戏要求观察在先，了解儿童。教师常常担任观察者的同时又是陪伴者，在观察中等待，在等待中观察，适时的等待对儿童游戏而言也是一种支架。通过实践教师发现，往往越是等待游戏中的孩子，越是发现孩子是有能力解决问题的。

在上述大班孩子搭建秋千的游戏案例中，我们不难发现，当孩子遇到打结困难的问题，教师没有及时地伸出援助之手，而是在一旁观察与等待。正是教师的这份等待，才有机会让孩子体验尝试打结、寻求帮助、同伴合作、共同分享等经验和经历。在这份等待中，儿童动手能力、解决问题能力、同伴合作能力等有机会得到锻炼。正是在这份等待中，让教师看到了孩子的潜能，更了解儿童，对儿童的“最近发展区”有了识别，积累了了解儿童能力的经验。儿童在此过程中获得的打结方法或许没有成人教授得快，但是这种适宜的等待是值得的，是孩子学习力的生长。教师需学会等待，不急于用自己的观点、想法和标准去要求儿童，不要代替儿童的思考、探索和创造。

（二）关键语言型支架

另一方面来看，儿童视角下的建构游戏要求教师不要一味地等待。等待往往是必要的，但过度地等待意味着错失良机。因此，教师可以在等待中抓住时机，顺势而为，因势利导，激发儿童的思考。教师在不断观察、等待、理解儿童游戏行为的同时，可根据不同的游戏情况和儿童需求，运用关键语言激发并支持儿童积极主动地探索和解决问题，而不是“越俎代庖”，代替儿童的独立思考和探索。

如，依然是上述用雪花片搭建会动车子的游戏故事中，当孩子们谈及想要让车子动起来但是想不出办法时，教师提示的一个关键问题："什么动了车子才会开动起来呢?”触发了孩子的思考，想到了让车轮动起来就能让车动起来了。一通则百通，也就有了后期孩子用雪花片创新各种会动“玩具”的“盛世”，开创了将雪花片搭建静态物体变成动态物体的先例。在这个故事中，教师看到了孩子们想要让传统的雪花片搭建的物体动起来的念头，这对于大班孩子而言是一个“最近发展区”。由于搭建技能的发展，立体的搭建物体已经不再有难度，孩子们想挑战新的玩法，但是苦于找不到解决问题的办法。教师的关键性问题引发了孩子的思考，打开了孩子的思路，用不同的辅助物材料作为“滚轴”，让更多的“作品”动起来。

看到儿童的“最近发展区”，关键的、适宜的语言支架能起到“画龙点睛”之效，使处于困境或有新创意的儿童有“豁然开朗”的感觉，在启发、思考、尝试、探索中寻找新的突破，从而实现自己的想法，达成目标。

（三）同伴启迪型支架

大班的儿童自我意识增强，有自己的主见和想法，能对自己及同伴的作品进行评价，并能解决一定的问题。在建构游戏中，教师可以根据幼儿的实际游戏情况，将一些难以解决的问题抛给孩子，让孩子通过相互间的智慧碰撞互动启迪，尝试解决问题。

如在游戏分享环节，桐桐向大家介绍几个幼儿一起搭建的作品："我们先建了自然博物馆，它是木质结构的建筑，一共五层楼高，全透明的落地窗，从外面能看到里面的恐龙。然后我们就拿着恐龙在这里玩起来了。”教师问："这个自然博物馆你们觉得搭建得怎样？说说理由。”孩子们从不同的角度说了这个作品很多特别的地方，有一些还是作品主人没有想到的。其中，一个孩子说："博物馆有好多层，但是我发现有些倾斜，我怕它会倒。”教师问："那有什么办法呢?”参与搭建的孩子们分享说："我们是用圆柱积木架空搭建的。”“我们在搭恐龙馆的时候失败了好几次，总是会倒下来。”“我们还想往上搭，可是我们个子矮，搭不上去了。”“是啊，恐龙个头又大又高，怎么能把这个架空搭建得更稳呢?”教师又把“球”及时地抛给了孩子们，孩子们都积极地参与到解决问题的讨论探究之中："我用柱子搭建过高楼，这些柱子最好要对整齐，木板围着柱子搭就会很稳。”“是的，我可以帮他们修一修。”“我觉得给每个柱子连接的地方多加一块方形积木，柱子就更稳了。”……

由此可见，儿童的智慧是无限的，他们能在螺旋式的思考及问题解决的过程中不断收获新的发现。同伴启迪型的支持，一方面可以帮助孩子拓宽思路，学会在聆听、理解和学习的基础上推动游戏情节的发展；另一方面则可以在共享快乐、共享收获、共享智慧的过程中，帮助孩子们提炼有益的游戏经验。

儿童视角下建构游戏的支持，具有灵活性和情境性。上述的策略在运用的时候并非是独立的、单一的，很有可能在一个游戏情境中采用多种支持策略，可以是相互交融的。这些支持策略也没有“好”与“坏”之分，关键在于运用得是否得当。教师需要根据实际情况，在充分观察孩子的基础上，分析识别孩子的行为，了解其需求和最近发展区，灵活、综合地运用这些支持策略。当然，支持策略不仅限于这些，可根据儿童的实际情况再挖掘、再拓展、再创新。

四、后续研究的思考

不同背景下建构游戏中幼儿的行为表现是各不相同的，我们之所以强调儿童视角，是因为建构游戏要取得良好成效，离不开对于活动主体——儿童本身的关注。为此，在建构游戏支持策略的实践探究过程中，我们还需要根据儿童的个性特点和个体差异做更为深入的研究，从而促进每个儿童的发展。

本文主要梳理的是以大班建构游戏为例的儿童视角下建构游戏的支持策略，每个年龄段幼儿建构游戏的发展都有其共性与个性的不同特点，这些支持策略有些可以运用于各个年龄段儿童，有些需要调整，关键在于根据儿童的实际情况而定；可以以点带面、抛砖引玉，进一步研究不同年龄段儿童建构游戏的支持策略。

“问题墙”让科学“好玩”看得见

——幼儿科学启蒙教育中“问题墙”的研究

谢震珍（上海市浦东新区张江经典幼儿园）

在幼儿园的科学探索活动中，无论是教师组织的集体性学习活动，还是幼儿的自主性活动，问题都会让幼儿变得更热衷于探究。这种探究正是释放幼儿天性的过程。《幼儿园教育指导纲要》明确指出：环境是重要的教育资源，应通过环境的创设和利用，有效地促进幼儿的发展。我们开始接受和尝试“墙面会说话”，于是，我们结合幼儿园科学教育活动，把“问题”和“墙”联系起来，开展“问题墙”的研究。

科学“问题墙”，是指幼儿和教师将自己对科学的疑问和争议用图文并茂的形式呈现出来，在幼儿之间、师幼之间引起探究、相互启发，使之成为开展科学教育活动，提升幼儿科学素质的平台和媒介。经过几年的实验和探索，我们积累了一定的经验。下面从问题的来源、问题的破解、问题组织的注意点做些分析和介绍，与大家共享。

一、科学启蒙教育中的“问题墙”：问题的来源

要创设“问题墙”，必须有问题资源。我们“问题墙”创设的资源主要来源于以下几个方面。

（一）源于幼儿日常生活的问题

1. 生活现象中的问题

生活现象，就是日常生活中幼儿能够看到、听到、闻到、触摸到的一切情况。幼儿对于与自己实际生活息息相关的事物或现象都会比较感兴趣，我们从生

活现象入手，以幼儿的实际生活体验为依托，筛选幼儿感兴趣的问题，作为“问题墙”的内容。

在一个秋高气爽的午后，教师带着幼儿去后花园散步。遍地的落叶一下子吸引了幼儿的眼球，他们捡起树叶，进行观察、比较，似乎发现了“秘密”，于是生发出了一系列的问题："叶子为什么会变黄?”“为什么每片叶子不一样?”“这是什么树的叶子呢?”……幼儿提出的这些问题，就是他们生活中的关注点，也自然成为了“问题墙”上鲜活的内容。

2. 周围事物中的问题

幼儿对周围的世界有着强烈的好奇心，他们在与周围的事物接触中，就会产生诸多的疑问。这些带有浓厚“孩子气”的问题，往往就是“问题墙”内容的宝贵资源。因此，我们常常紧跟幼儿的“行踪”，沿着幼儿的思维轨迹，捕捉幼儿的问题亮点，为科学“问题墙”的设计服务。

在一次整理“材料库”的时候，幼儿发现纸箱内有一堆随意摆放的纸，教师就此引导幼儿根据纸的种类进行归类摆放。在整理过程中，幼儿发现有手工纸、报纸、铝锡纸、刮蜡纸等各种各样的纸，于是他们对纸产生了浓厚的兴趣，并提出了许多问题："在生活中还有哪些纸?”“纸是怎么生产的?”“纸的发展是怎样的?”……这些由整理活动引发出的问题，生动形象，富有探究的价值。我们把这些问题布置在墙面上，吸引了幼儿持续深入的关注和探究。

（二）源于幼儿游戏的问题

游戏是一种基于0～6岁幼儿内在需要的自发自主性活动，在幼儿园课程中占有十分重要的地位。在游戏中，幼儿可以最大程度支配自己的行为，也经常会发现和提出很多问题。这些问题往往来自幼儿的已有经验和实际体验，非常值得幼儿进行更深程度的探究。教师就将这些内容呈现在“问题墙”上，引导幼儿通过各种途径去寻找答案。

1. 自主性游戏中的问题

幼儿在自由选择游戏形式和材料的过程中，很容易通过探究发现问题，并提出问题。

一次来园活动时，几个男孩子围在一起玩自己带来的陀螺玩具。玩着玩着，他们就开始讨论起来，提出了各种各样的问题："为什么我的陀螺转得慢，你的陀螺转得快呢?”“顺着拧陀螺转得快还是反着拧陀螺转得快?”……这些问题都是来源于幼儿自主游戏中的亲身体验，问题的提出给了教师很多的惊喜。当幼儿看到自己提出的问题被教师列在墙面上，他们的成就感油然而生，提问的积极性也大大增强了。

2. 规则性游戏中的问题

如果说自主性游戏中问题创设只是以某个或者某几个幼儿的发现为契机，那么规则性游戏则会使更多的幼儿在共同参与的活动中发现并分析同一个问题，这会使幼儿对问题的印象更加深刻。

在一次“老鹰抓小鸡”的户外游戏中，全班幼儿扮演小鸡，两位教师分别扮演老鹰和鸡妈妈。幼儿在“鸡妈妈”的保护下，来回跑动，但是总有一两只小鸡在队伍的最后暴露出来，被“老鹰”抓住。末尾的幼儿说：“为什么我跑得很快了，还是很容易被老鹰抓到？”其他幼儿也提出各种各样的问题：“老鹰过来抓我们的时候，我在后面跑，为什么很容易摔倒呢？”

活动后，我们透过幼儿的思维，提炼出“惯性知多少”的核心问题，使之成为“问题墙”内容的精彩点。

（三）源于幼儿学习活动的问题

学习活动是教师有目的、有计划地引导幼儿学习探究的过程，主要指讨论、阅读、听赏、制作、表演、实地参观、收集信息等活动。在学习活动中蕴含着很多有价值的问题，有些问题是教师在开展学习活动前根据活动目标、幼儿的兴趣以及已有经验预设的。还有些问题是在学习进行时，在环境和幼儿、材料和幼儿、教师和幼儿的互动中生成的。这些问题都能成为科学启蒙教育中“问题墙”上研究的问题。

如科学活动“吹泡泡”，幼儿体验用不同形状的泡泡棒吹泡泡，教师问：“看看你吹出来的泡泡是怎样的？”这是一个开放式的问题，旨在激发幼儿探究的欲望。“为什么我用三角形的泡泡棒也能吹出来圆形的泡泡呢？”“使用哪些工具可以制造出圆圆泡泡？”……教师一下子惊住了，想不到幼儿在眨眼之间提出这么多的问题。

又如科学活动“小小水管工”，幼儿在活动中积极探索，灵活运用直管、弯管、三通管等不同管子，帮助小动物家通水。活动即将结束，幼儿争相提出了好几个问题：“老师，怎么样使用最少的管子安装水管？”“漏水了怎么办呢？”……

说实在的，有些问题教师并没有预设到，心中也还没有解决的“谱儿”。

以上学习活动中幼儿提出的种种问题，无论对教师来说是“有谱儿”的问题，还是“没谱儿”的问题，都成为“问题墙”的重要内容和“财富”。

二、科学启蒙教育中的“问题墙”：问题破解的形式

“问题墙”上的问题有了，那么怎样发挥“问题墙”的作用？怎么引导幼儿破解“问题墙”上的问题？在实践中，我们组织幼儿破解问题的形式有讲授式、交流式、实验式、观摩式、辩论式五种。

（一）讲授式

讲授式是指教师通过口头语言直接向幼儿系统、连贯地传授知识的方法。对于教师来说，这是一种传授型的教学手段；对于幼儿来说，这是一种接受型的学习方式。

讲授法具有通俗化和直接性的优点，教师的讲授能使深奥、抽象的知识变成具体形象、浅显通俗的东西，直接向幼儿传递知识，避免了认识过程中许多不必要的曲折和困难。

如小班科学活动“有趣的静电”，教师向幼儿介绍：“在生活中，各类物体都可能由于移动或摩擦而产生静电。梳头的时候，头发会飞起来；冬天脱毛衣的时候，会听到‘噼啪’的声音……这些都是因为摩擦产生的静电。”幼儿听了之后讨论起来：“我也发现过静电，上次开我们家铁门的时候被电了一下。”教师点点头说：“大家觉得静电会让我们触电吗？让我们一起听听科学小博士是怎么说的。”

教师按了下鼠标，屏幕上出现了“科学小博士”：“静电和触电不同，静电是人在活动时身上穿的衣服和衣服互相摩擦产生的。静电对我们的身体有一定的危害……”

这是一个科学知识的讲授活动。在活动中，教师通过“自己讲授”和“小博士介绍”两种形式，让幼儿在听听、看看、说说、想想中了解有关静电的一些知识，从而解决了“问题墙”上关于“静电产生的电是否安全”的问题。

（二）交流式

交流式是幼儿与幼儿、幼儿与教师间将彼此拥有的知识提供给对方，进行信息互换的过程。在破解问题墙上“问题”的时候，交流讨论的形式可以充分发挥幼儿的积极性、能动性和创造性，是解决“问题墙”问题的重要形式。

1. 个别交流

个别交流，是指在某次活动中运用个别讨论的形式解决“问题墙”上的“某

个”或“某几个”问题的交流形式。个别交流，给了更多幼儿表达表现的机会，教师可以充分利用个别交流的时间，鼓励幼儿充分地表达自己的观点，也能根据幼儿的不同情况进行经验提升。

如中班科学活动“桑树知多少”，在观察桑叶过程中，有三四个幼儿发现发芽的桑树上长出许多毛茸茸的东西，马上跑过来把这个发现告诉了教师。教师问：“你们觉得毛茸茸的东西可能是什么呢?”幼儿开始你一句我一句议论起来：“我觉得是花，因为我见过长成这样的花。”“我觉得可能是树毛，因为鸟的毛就是这样毛茸茸的，树也许也会长毛。”“我认为是果子，因为桑树的果子也是这样一串串的。”……回到教室后，幼儿的交流继续进行：“我等会回家和爸爸一起上网查一查，看看到底是什么东西。”“这是个好办法，我觉得我们可以过几天再去看看桑树，如果已经开花了，说明这些毛茸茸的东西就是花骨朵呀。”

两周后再带幼儿观察这些毛茸茸的东西，他们欣喜地发现：“它们是花，因为它们开始结果了。”随后迫不及待地将发现记录到墙面上。

个别交流中，幼儿针对自己的兴趣和关注点，通过相互交流和思维碰撞，最后获得了科学的答案，也顺利解决了问题墙上关于“桑树知多少”的问题。个别交流，满足了不同个体的发展需要和“最近发展区”，促进了幼儿的自主建构与自主发展。

2. 集体交流

集体交流就是在某次活动中运用集体讨论的形式解决“问题墙”上的“某个”或“某几个”问题的交流形式。其内容可以是幼儿的共性问题，也可以是能够引起幼儿进一步探究的、比较有价值的问题。

如大班科学活动“水变干净了”，活动开始，教师先播放了一段录像：“……一条很脏的小河里，像墨一样的黑水在流淌……”幼儿目不转睛地看着。“我们的小河被污染了，大家想想怎么样保护环境呢?”教师继续提问，“今天老师带来了几瓶从小河里取来的污水，要求大家一起来解决问题墙上的一个问题，怎么使脏水变干净?”教师的问题引起了幼儿的热烈讨论：“我觉得可以选用餐巾纸和纱布，上面的小孔可以过滤污水。”“我觉得可以使用活性炭，活性炭有过滤的作用，能够把脏东西过滤掉。”……

在集体交流的过程中，幼儿纷纷表达自己的发现。一个幼儿说：“我尝试了棉花这种材料，但是棉花会吸水，它喝饱了水就不动了。”另外一个幼儿说：“是不是棉花要放得少一些，水才会流下来呢？”“这个我们可以再试试看。”“我发现我们用的活性炭颗粒很小，会随着水流运动。这个问题怎么解决呢？”还有幼儿说：“可不可以在活性炭的下面放一小团棉花，固定住它的位置呢？”在大家你一言我一语的讨论中，幼儿渐渐接触到问题的本质——环境保护。随着集体讨论的持续深入，一个个问题得以解决，幼儿的环保意识也得以强化。

这些个别交流和集体交流的活动形式，让幼儿在想想、说说、辨辨中学到了科学知识，从而有效地解决了“问题墙”上的问题。

（三）实验式

实验式是在人为控制的条件下，教师或幼儿利用一些材料、仪器或设备，通过简单演示或操作，对周围常见的科学现象加以验证的一种方法。

如大班科学活动“自制浇花器”中，教师在重点环节共安排了两次对比实验。

第一次实验，教师问：“通过我们的调查，发现棉线很适合做自动浇花器的水桥，那不同粗细的干棉线吸水速度是否相同？”幼儿纷纷议论起来：“我觉得粗的吸水快，因为它表面积比较大。”“我觉得细的比较快。”教师赞许地点点头，说：“接下来我们就一起去做实验，比较验证一下。”幼儿开始两人一组，摆弄桌子上的材料。他们将粗细不同的干棉线同时放到装有相同水量的瓶子里，慢慢等待着结果的出现。“我看到了，细棉线吸水快。”“我们也有结果了，细棉线上的水爬得高。”得到结果的幼儿马上兴奋地把发现告诉大家，并把结果记录在纸上。

第二次实验，教师再次抛出问题：“不同粗细的湿棉线吸水的速度有什么不同呢？”有了前一次的经验，这次幼儿的猜测更为谨慎。这次实验，幼儿同时将不同粗细的湿棉线，分别放入水杯中做成“水桥”，“水桥”的一头放空杯子，制成简易自动浇花器。分享交流的过程中，一个幼儿说：“在吸满水的情况下，粗棉线的吸水速度快。”两次对比实验后，教师给幼儿设疑：“同样两根不同粗细的棉线，为什么两次实验的结果是不一样的？”引导幼儿比较前后两次实验，从中发现两次实验用水量、材料的干湿、观察的时间都是不同的，条件的不同会影响实验的结果。

教师运用“实验式”组织了科学活动“自动浇花器”，让幼儿在玩玩、做做、记记、说说过程中，体验了科学探究的过程，激发了科学兴趣，理解了一些简单的科学现象和知识，直接获得了科学经验，较好地破解了问题墙上的“问题”。

（四）观摩式

观摩式是不把答案直接告诉幼儿，而是通过观看视频或多媒体、科学实践基地活动、社会实践活动等形式带领幼儿寻找答案，破解问题的形式。

观摩式主要以“走出去”“请进来”的形式，充分利用科学实践基地独特的教育资源，拓展幼儿活动的空间，丰富幼儿科学认知经验。

如小班科学活动“有趣的机器人”，教师带领幼儿来到科学实践基地——张江展讯，并介绍：“今天我们来看一看展讯有哪些机器人，这些机器人有什么本领呢？”幼儿开始议论起来：“好多机器人呀！那个机器人好像会烧饭。”“那是送餐机器人。”……接着由展讯工作人员带领幼儿参观展讯内机器人展馆，幼儿认真倾听了工作人员的介绍，又好奇地看看这个，小心地摸摸那个。

随后，工作人员请出来一个巨型的“机器人”：“这是我们展讯中心的一个机器人，它的名字叫维拉。现在是维拉和小朋友的互动时间，大家可以说出你想让维拉完成的动作哦。”“维拉，跳舞跳舞。”“维拉，往前走。”“维拉，给我们讲故事吧。”……在教师和工作人员的指导下，每个幼儿亲身体验操作机器人的乐趣，一起领略科技的魅力。

通过“走出去”“请进来”的观摩方式，给幼儿带来更多视觉和听觉的冲击，更直观、形象地解决了“问题墙”上关于“机器人知多少”的问题。

（五）辩论式

辩论式是以幼儿为主体，以反向思维和发散性思维为特征，由小组或全班成员围绕特定的论题辩驳问难，各抒己见，互相学习。

幼儿是一个个天才“小辩手”，他们很有主见，也勇于发表自己对某个现象或问题的观点，并随时随地展开讨论和辩论，从中获取知识，破解问题。

如大班科学活动“扫地好帮手”，教师出示三种不同的扫地工具（扫把、吸尘器和扫地机），请幼儿自由选择扫地工具清扫地面上的垃圾。教师问：“你觉得哪种工具最方便呢？”幼儿出现了三种不同的观点，于是自然分成了三个组——扫把组、吸尘器组、扫地机组，进行辩论。

扫把组幼儿首先发言：“扫把不需要用电，如果停电也没关系，比较环保。”吸尘器组幼儿提出不一样的意见：“使用扫把比较累，要一下下反复扫，使用吸尘器就比较轻松。”扫把组幼儿马上反驳：“你们是比较轻松，但是吸尘器声音比较大，我们用扫把没有噪声。”扫地机组幼儿按捺不住了，说：“我觉得扫地机是最方便的，只要按好开关，不需要帮忙，扫地机就可以把我们家打扫干净。”扫把组幼儿又提出质疑："我刚刚试过扫地机，它吸不进大垃圾。"……

幼儿的辩论意犹未尽，教师作了言简意赅的总结："每种工具都有自己的特点，不同情况下我们可以选择不同的扫地工具。"

这是一个关于"哪个扫地工具最方便"问题的辩论活动。在活动中，教师给幼儿创造了适当的辩论空间，促使幼儿敢于对问题提出质疑，敢于用自己的思维去分析事物，从而解决了"问题墙"上关于"扫地工具"的问题。"辩论"的形式能够充分发挥幼儿的主动性，提高幼儿的探究兴趣，还能开拓幼儿的视野，培养幼儿的思维能力。

问题破解的形式没有固定的模式，我们应该把它当成幼儿学习科学、探究科学的"方法"，根据不同的问题，灵活、多样地选择合适的破解形式。

三、科学启蒙教育中的"问题墙"：问题呈现的策略

（一）"问题墙"的创设要有明确的目标

目标是"问题墙"创设的导向，明确的目标有助于教师在活动中运用科学合理的方法和手段。

1. 目标设定要符合幼儿年龄特征

从年龄特征而言，小班幼儿对于比较直观的现象感兴趣，在思考问题时倾向于"是什么"，因此在目标设计时需要以激发兴趣、培养其观察表面现象的能力为主；到了中班，幼儿的思考由"是什么"过渡到"为什么"，这时设定的目标应该重在引导幼儿探究事物表面现象背后的原因；大班幼儿又有了发展，其思维特征为"是什么——为什么——怎么办"，幼儿不仅仅要求探索，还要求实践与体验，因此设定目标时需要关注"促成幼儿实践能力的发展"。

2. 目标设定要契合活动主题

科学活动涉及比较宽泛的内容，主题也各有不同，这些活动对于幼儿能力的培养也是有侧重点的，因此目标的设定要与科学活动的主题内容契合，使教师在活动中有重点地去培养幼儿的能力。

（二）"问题墙"的组织要有合理的序列

"问题墙"的组织和设计不能是孤立、随意的。每一次"问题墙"的设计都需要做到与之前的设计以及下一次的设计甚至是一个学期的设计有合理的序列。

1. 问题的组织要相互关联

要使幼儿通过这一次的活动联想到之前的活动，要引导幼儿学会用发散的思维将自己已有的经验串联起来，并促成新经验的形成。

例如我们在设计“季节”这个主题活动后，紧跟着设计“时间”的主题活动。季节是随着时间的流逝而变换的，而时间让不同的季节间有了交替更迭，两个主题相辅相成，既加深了幼儿的印象，又强化了幼儿的综合能力。

2. 问题的组织要富有层次

在“问题墙”的设计中，“问题”是核心的内容，也是引导幼儿促成能力发展的关键要素，因此“问题”的设计要富有层次性和递进性。如在设计“爱护我们的环境”主题活动之一“生命之源——水”的活动时，采取了层层递进式的方式，由“你所知道的水——我们身边的水——生活用水与污水——如何净化污水”这一组问题，使幼儿由浅入深地探索水对于人类的重要性以及污水对自然环境的污染，再通过净化污水的小实验让幼儿感受到水资源的宝贵，形成节约用水的意识。

（三）“问题墙”的实施要有扎实的措施

在幼儿寻找答案的过程中，即从提出问题（确定问题墙内容）——猜想假设——观察并寻找答案——实验验证（得出答案）的过程中，教师应注重支持幼儿成为“小小科学家”。

1. 假设在前行动在后

“问题墙”要探究的问题确定之后，教师应积极调动幼儿的原有经验，鼓励他们运用自己的原有经验进行充分的猜想和假设，提出自己对观察和实验的想法和做法。经过教师与幼儿之间、幼儿与同伴之间的讨论，得出自己或小组有依据的预测，并尽可能用不同的方式记录下来。幼儿猜测之后，教师需要引导幼儿通过操作材料、观察比较、交流分享、比较验证等一系列过程去找“答案”。

2. 实践在前记录在后

在实验和观测时，教师要尽可能让幼儿直接接触实际的客观世界，运用多种感官去感受客观世界；鼓励幼儿使用简单的测量工具。在指导时，教师不要干涉过多，但要给予必要的帮助。教师要记录重要的信息，如幼儿遇到的主要问题、主要的观点、所有的发现；还要通过提问、建议等方式引导幼儿深入探究。

随着实验和观察的进行，教师要鼓励和指导幼儿把握好记录的时机和内容，用适宜的方式记录活动信息。同时注意不要让记录成为幼儿的负担，记录是为了支持幼儿的探究和发现。

3. 分享在前反思在后

幼儿分享自己的探索过程和发现是必不可少的。幼儿要组织自己的想法，并设法向别人说明，或是设法说服别人，这是一种重要的思维过程。教师要让每个幼儿都表达自己的观点，尤其要引导幼儿把最后的结论和自己最初的想法作对比，从而改进原有的想法。

幼儿科学启蒙教育中“问题墙”的研究，让科学有趣、好玩、看得见，由此激发了幼儿的探究热情，提升了幼儿的探究能力。同时，研究中还有一些问题，如问题墙设置的形式和方法等，有待在后续研究中加以解决。

参考文献：

[1] 刘丽萍.浅谈幼儿园活动室的环境创设[J].幼教博览，2016（1）：33.

[2] 杜海红.小议幼儿科学教育启迪与智慧（教育）[J].幼儿教育，2012.

[3] 史植然.浅谈幼儿园科学启蒙教育考试（教研版）[J].幼教博览，2012.

[4] 江敏.让幼儿成为快乐的探究者[J].好家长，2014.

[5] 何德能.幼儿园环境设计[M].长春：东北师范大学出版社，2013.

[6] 汝茵佳.幼儿园环境与创设[M].北京：高等教育出版社，2016.

[7] 管倚.幼儿园墙面环境创设及其教育功能的研究[D].上海：华东师范大学，2015.

利用环境资源指导家长开展幼儿家庭运动的实践研究

陆燕莉（上海市浦东新区海洲幼儿园）

一、问题的提出

我国城市中不少家长对孩子的保护和照顾有些过度，幼儿的运动机会有时会在一定程度上被减少。此外，随着人们生活水平的不断提高以及城市公共设施的不断完善，幼儿出门就乘车、上楼就乘电梯等现象也越来越多，这无形之中便使幼儿减少了身体运动的机会。《3～6岁儿童学习与发展指南》中指出幼儿每天在园的体育活动时间不少于1小时。但是仅靠幼儿园的运动时间是不够的，为了达到幼儿应达到的运动量，幼儿在幼儿园之外的时间，家长有义务让幼儿参与运动。

其次，作为3～6岁幼儿的家长，缺乏对幼儿身体运动价值的足够认识，因而较少关注幼儿的身体运动和动作能力的发展。他们不一定拥有专业的运动技能、指导幼儿运动的能力，特别是利用环境资源开展幼儿家庭运动的能力。

因此，本课题以幼儿家庭运动为载体，指导家长如何挖掘身边的环境资源，开展幼儿家庭运动，为幼儿创造良好的运动环境，陪伴幼儿一起运动，提高幼儿运动兴趣，养成积极参与运动的习惯。

（一）核心概念界定

1. 环境：是指幼儿家庭环境。人类生存的空间及其中可以直接或间接影响人类生活和发展的各种自然因素称为环境。

2. 环境资源：指幼儿家庭环境中直接或间接影响幼儿生活和发展的各种条件，比如家中温馨的环境布置、安全卫生的家具，比如周围环境中的社区健身设施、绿化带和新鲜的空气等。

3. 家庭运动：一人或多人在家庭生活中安排的或自愿以家庭名义参与的，以身体练习为基本手段，以获得运动知识技能、满足兴趣爱好、丰富家庭生活、达到休闲娱乐、实现强身健体和促进家庭稳定为主要目的的教育过程和文化活动。

（二）研究价值

1. 理论价值

3～6岁幼儿的日常生活主要在家、园、社三地。在幼儿园教育活动中，体育活动一直被放在重要地位，因为它是受教育者全面发展的重要因素。《3～6岁儿童学习与发展指南》中指出幼儿每天的户外活动时间一般不少于2小时，其中体育活动时间不少于1小时，季节交替时要坚持。开展丰富多样、适合于幼儿的体育活动是增强幼儿体质、增进幼儿健康的积极手段和重要途径。幼儿体育活动兴趣的激发、基本动作的发展以及身体素质的提高，都是在身体运动的过程中逐渐获得的。也就是说，要实现幼儿体育活动的价值，增强幼儿的体质，其关键就是要为幼儿提供尽可能多的身体运动的机会，吸引幼儿参与其中，鼓励和支持幼儿主动练习与体验，并在此过程中给予幼儿适当的指导和帮助。

但是仅靠幼儿园的运动时间是不够的。为了达到幼儿应达到的运动量，幼儿在幼儿园之外的时间，家长有义务让幼儿参与运动。新《纲要》指出："幼儿园教育应与家庭、社区相结合。""幼儿园教育的内容要源于生活，在幼儿熟悉的生活中促进幼儿发展。"突出强调了家庭、社区是幼儿的主要生活空间，教育应与家庭、社区相结合，才能取得良好的教育效果。所以，本课题的研究是符合《指南》《纲要》对于幼儿健康、家园社共育的要求的。

2. 实践意义

《3～6岁儿童学习与发展指南》在健康领域中提出："开展丰富多样、适合于幼儿的体育活动。"要实现幼儿体育活动的价值，增强幼儿的体质，其关键就是要为幼儿提供尽可能多的身体运动的机会，吸引幼儿参与其中，鼓励和支持幼儿主动练习与体验，并在此过程中给予幼儿适当的指导和帮助。本课题正是围绕《指南》中健康领域的目标展开，挖掘和利用环境资源来指导家长组织适合幼儿参与的家庭运动。

（1）提高家长对幼儿家庭运动的重视度。近几年的我国国民体质检测报告显示，我国青少年的体质状况不容乐观，尤其是中小学生的肥胖率增高，耐力素质及力量素质均在下降。大部分家长没意识到运动对孩子的成长和学习的重要性，可以挤得出时间去参加补习班，但就是没有时间去运动。因此，我们通过开设家长学校讲座、家长沙龙，家访和组织家长运动志愿者活动等形式，使得家长了解幼儿家庭运动对幼儿各方面发展的重要性，让家长逐渐对幼儿家庭运动重视起来，激发家长组织幼儿家庭运动的兴趣。这对于当前家长缺乏幼儿家庭运动意识来说，本课题最为具有实践意义所在。

（2）增强家长组织幼儿家庭运动的能力。有部分家长有运动意识，能够认识到运动对整个家庭的益处。但是，他们对如何开展幼儿家庭运动缺乏经验，特别是离开了健身器械、幼儿运动器材，家长们感觉手足无措。作为指导者，我们站在家长的角度，从家长的视角去挖掘环境资源，通过手把手指导、跟踪记录、案例分享和运动后成效的分析等形式，鼓励家长坚持组织运动活动，指导家长如何挖掘环境资源、利用好资源，从而提高家长组织适合幼儿参与的家庭运动的能力。

（3）共享运动资源及方法，形成家园社共育。家、园、社是幼儿熟悉的生活环境，很多资源都有共通性，如社区内的大型玩具与幼儿园的大型玩具、家庭中的桌椅和幼儿园的桌椅、社区内的草地与家庭中的地毯。通过组织各类分享和交流活动，使得家园社相互借鉴好的活动内容、学习好的指导方法。

二、研究概况

（一）研究目标

本研究通过教师对家长进行指导，使得家长了解家庭运动对幼儿成长的重要性，帮助家长挖掘家中及周边环境的资源及材料，组织开展适合幼儿的家庭运动。

（二）研究内容

1. 对我园家长利用环境资源开展幼儿家庭运动现状的调查研究。

2. 我园家长开展幼儿家庭运动的环境资源的研究。

3. 利用环境资源指导家长开展幼儿家庭运动的内容研究。

4. 利用环境资源指导家长开展幼儿家庭运动的策略研究。

（三）研究方法

1. 文献研究法：资料检索，对关键概念如“环境资源”“家庭运动”等做出界定。通过收集国内外相关研究资料，对其进行整理归纳，为实践研究提供理论依据。

2. 调查法：通过编制问卷、座谈互动等方式，了解我园幼儿家庭利用环境资源开展幼儿家庭运动的现状，梳理问题，确定完善后续的研究方案。

3. 行动研究法：通过边学习、边研究、边实践、边反思，对指导我园家长利用环境资源开展幼儿家庭运动的途径与策略进行不断修改和实践。

4. 案例分析法：在研究过程中，积累幼儿家庭个案，采用案例分析的方法，结合观察实录，进行分析和反思。

5. 经验总结法：在实施过程中，不断积累资料，反思总结、调整、再实践，逐步完善课程内容。

（四）实施步骤

第一阶段：准备阶段

1. 成立课题组，明确分工。

2. 查阅国内外相关文献，进行资料分析。

3. 设计研究方案，邀请专家进行具体指导，提出修改意见，不断完善。

4. 撰写课题研究情报综述。

5. 撰写课题开题报告。

第二阶段：方案实施阶段

1. 调查研究

（1）设计调查问卷，分析形成我园家长利用环境资源开展幼儿家庭运动现状的成因。

（2）统计调查数据，撰写调查报告，揭示研究现状。

2. 行动研究

（1）细化课题的具体实施内容，不断完善课题实施方案。

（2）定期开展课题组研讨，把握课题研究方向，解决实际问题。

（3）结合案例，开展研讨分析，跟进课题研究。

第三阶段：总结整理阶段

1. 整理相关课题实施档案资料，对其进行归类。

2. 收集课题实施过程中的经验总结与活动案例。

3. 撰写课题结题报告。

三、研究成果

（一）对我园家长利用环境资源开展幼儿家庭运动现状的调查研究

1. 对“环境资源”与“幼儿家庭运动”的内涵、价值与两者之间的内在联系等的文献研究

通过对关键词“环境资源”和“家庭运动”的检索，发现国内外相关研究并

不是很多，更多的是一些适合家庭开展的亲子运动游戏。陈鹤琴先生曾说："不要忽视家庭对孩子潜移默化的作用。"家庭体育活动是联系家庭中各位成员感情的纽带，使其身心愉快、家庭气氛和谐、消除压抑感和紧张情绪，又使父母与孩子的肌体得到锻炼。德国在报告《给儿童更多安全》中指出，在德国，每年有180万儿童出现事故，但是发生事故的是那些不经常运动的儿童。因为经常不运动的儿童，往往缺少力量、经验、技巧和判断能力，而这些能力是可以从运动中获得的；在美国，家长参与孩子的运动是父母的日常，父母甚至会推掉工作陪伴孩子运动。崇明区西门幼儿园的课题"绿色教育活动中幼儿运动的实践研究"旨在探索利用得天独厚的自然教育资源，探索适合幼儿、促进幼儿发展的一系列体育运动，让幼儿在自己所熟悉、喜闻乐见的自然环境的交互活动中，提高动作的协调性、灵敏性和耐心……对于农村转为城镇化的生活环境，有大量的环境资源可供我们利用，如富有野趣的乡间小道、空旷的水泥地、草坪和民间游戏文化。经研究发现，目前以"环境资源"指导家长开展"幼儿家庭运动"的相关课题较少，所以，我们的研究具有领先和独特的价值。

2. 家长利用环境资源开展幼儿家庭运动的现状调查研究

2018年9月—2018年11月，对我园小、中、大三个年龄段的家长随机发放问卷200份，实际收到有效问卷为120份，问卷填写以父母为主，其中专科及以下学历为58%，本科学历为37 %，硕士及以上学历为5%。核心家庭（父母与子女）占35%，主干家庭（祖父母、父母与子女）占65%。

通过问卷调查发现，我园只有5%的家庭了解什么是利用环境资源开展幼儿家庭运动（图1），绝大部分家长对家庭运动和环境资源这两个概念不了解、不熟悉。平时家长都是自顾自地参与运动，不组织以家庭为单位的运动，对于组织幼儿家庭运动缺乏主动性，大部分家长不清楚可以利用哪些环境资源开展幼儿家庭运动。

通过图2及统计结果可以看出，部分家长有组织过幼儿家庭运动的经历，但是不多；家长工作忙和不知如何与幼儿开展运动是影响家长开展运动的最大因素；家长所利用的环境因素也比较单一，更多的是小区公共环境内的公共设施，如儿童滑滑梯和公共健身器械。利用家具、将废旧材料制作成运动器械的几乎没有。

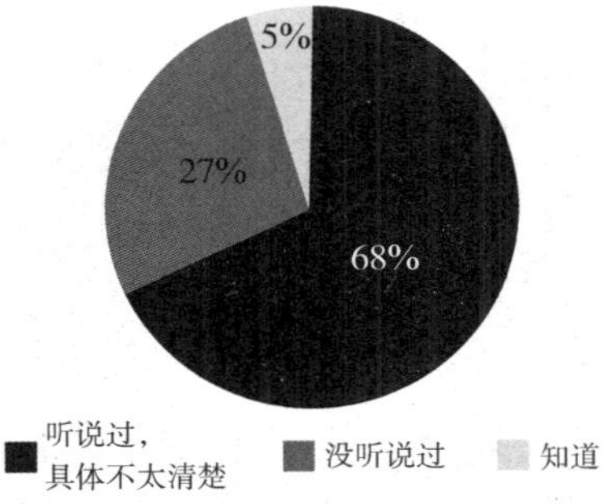

图1：家长对利用环境资源开展幼儿家庭运动的知晓情况

问题一：您组织过幼儿家庭运动吗？（　　）	
A.从来不 C.有，不多	B.有，很少 D.有，经常
问题二：您觉得影响你开展幼儿家庭运动的最大因素是什么？（　　）	
A.工作忙，没时间 C.没有兴趣	B.家里空间有限 D.不知如何与孩子一起运动
问题三：您最常利用以下哪种环境资源来开展幼儿家庭运动？（　　）	
A.家里现有的运动器材	B.家里的家具、各种物件、废旧材料
C.家里的阳台和走廊等空间	D.小区公共环境、健身器械

图2：家长利用环境资源开展幼儿家庭运动的开展情况

统计结果如下：

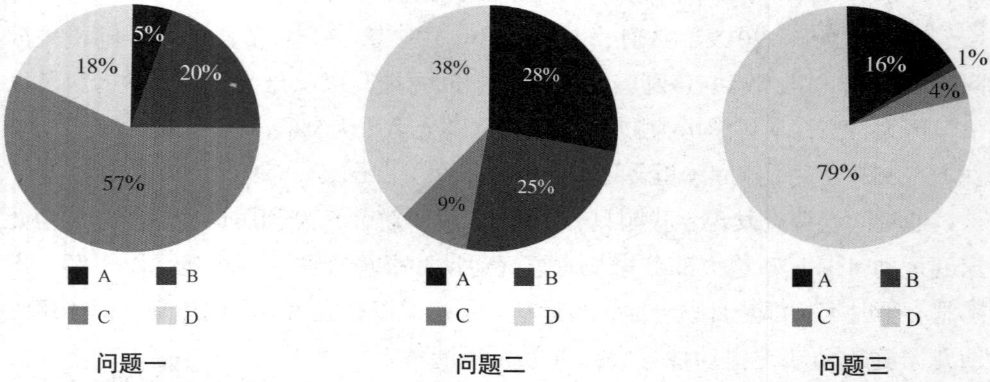

（二）我园家长开展幼儿家庭运动的环境资源的研究

在家长的观念中，认为桌子是用来吃饭的，可在矮小的幼儿视角里桌子可能像一个小房子、一座桥。在挖掘家中的环境资源时，家长需要和幼儿一起通过观察、分析，进行进一步的想象和创造，把家中的家具、用具作为运动的器械和材料。通过不同的组合方式，打破常规，实现以物代物、一物多玩。

通过研究，我们总结出幼儿家庭运动的开展可利用的环境资源有两大块：家中的环境资源和家周围的环境资源。以下为整理和分类的内容（见表1、表2）。

表1：家中环境资源的利用

内容	具体材料	选择理由	用途
大件家具	矮衣柜、茶几、饭桌、靠背椅、写字台等	大件家具有一定的高度、宽度，柜子就像一座大山坡，几个柜子连接起来，就是连绵不断的山丘；饭桌就像一个山洞，床和沙发就像蹦床。这些大件家具就像大型运动器械，也可以想象成户外的一些自然物。	1. 在矮衣柜、饭桌、写字台、靠背椅和茶几上进行一定高度的爬行。 2. 饭桌下、靠背椅下可进行钻爬。 3. 饭桌可作为乒乓台。
小件家用	小板凳、垃圾桶、靠垫、枕头、毛巾和床单等	小件家用比较小巧，取放方便，用途也多，有一物多用的好处。小板凳等物件体积小，可作为障碍物。垃圾桶有储物的功能，靠垫、枕头和毛巾等质地柔软，就像运动器械中的软垫。	1. 小板凳可作为在平地上进行走跑跳时，路线中的障碍物。也可用几个小板凳随意摆放后，作为梅花桩踩在板凳上行走。 2. 枕头用来作为抛接物、负重物，幼儿背着枕头进行跑步、爬行和弹跳。 3. 垃圾桶可以作为投掷筐。 4. 毛巾可以踩在脚下，在地板上进行扭动前进。 5. 床单可以进行多人抛接运动等。
废旧材料	旧被子、易拉罐、毛绒玩具、纸箱、塑料瓶、报纸等	这些材料家中随处可见，利用起来不仅环保且能够提高幼儿的想象力和创造力。可以将这些材料制作成各种运动器材。	1. 旧被子可以铺在地上进行翻滚，或者作为垫子确保运动中的安全。 2. 易拉罐和毛绒玩具可以作为增强小班幼儿兴趣的器械。易拉罐的声响能够刺激幼儿的听觉，毛绒玩具可以刺激幼儿的视觉，激起幼儿的运动兴趣。 3. 毛绒玩具也可以作为投掷物。
现有空间和运动器械	阳台、客厅等空地，跑步机、瑜伽垫、跳绳、皮球	阳台和客厅是家中比较空旷的地方，可以用来做一些运动游戏，也可以直接进行跳绳和拍球运动。跑步机和瑜伽垫也是比较容易操作的运动器材。	1. 在阳台上可以跳绳。 2. 跑步机上进行跑步。 3. 瑜伽垫上进行爬行和其他肢体上的操节运动。

表2：家周围环境资源的利用

内容	具体材料	选择理由	用途
大型器械	儿童娱乐设施、沙池、游泳池、健身器材等	这类大型器械在比较规范的小区中都能见到，而且物业会有专人进行维护和保洁。	大型器械的第一种玩法是不对其进行任何其他操作，直接进行运动。第二种玩法是借助一些辅助材料，如在滑梯上绑一根绳子垂下来，作为攀爬绳，进行从下至上的攀爬；在沙池中插入圆柱形的瓶子作为梅花桩。
自然、公共环境	树木、草坪、水泥地、台阶、楼梯、石子路和泥地等	这类环境资源更具挑战性，更具野趣性。	攀爬树木，在草坪上蹦跑、翻滚，在水泥地上和石子路上骑车，感受不同路面。对于靠近农村的家庭，可以在田间、小溪边开展富有野趣的运动游戏和体育活动。

通过有效地挖掘和利用家庭周边的环境资源，开展符合幼儿身心发展的幼儿家庭运动，不仅能够培养幼儿参加运动活动的兴趣，而且能够在运动中培养幼儿与自然和谐相处、尊重和爱惜自然的能力，促进其全面和谐发展。

（三）利用环境资源指导家长开展幼儿家庭运动的内容研究

当家长有意识地去挖掘家中和家周边的环境资源后，能够进一步地对现有的环境资源进行运动内容的设计，如一些现有的大件家具、小件家具、器械器材的运动，可以拿来就用，比较便捷；利用废旧材料制作成运动器材；针对小班幼儿的年龄特点，在运动中创设情境，使得运动内容更生动、有趣；作为祖辈家长在组织幼儿家庭运动时，可发挥自身的优势，组织一些民间游戏、弄堂游戏。具体内容展开如下：

1. 现有器械、器材运动：巧妙利用，让平凡变得不平凡

对于现有的器械和器材运动，家长可以打破常规，巧妙利用这些环境资源，在玩法上做些文章，可以大大提高幼儿的运动兴趣。通过对家长的指导，一些家长能够将一些枯燥的运动器械加以美化，从而使得运动更具挑战性。

大班幼儿皓皓的妈妈发现他们家小区内的滑梯更适合小中班，对于已经念大班的皓皓来说没有挑战性。同时滑梯仅限于幼儿玩，如果只是皓皓一个人玩滑梯，那么就不是幼儿家庭运动了。皓皓妈妈和皓皓一起观察了滑梯的结构和造型，发现滑梯就像一个山坡，它有一定的高度和斜度，光从上往下滑只是锻炼了幼儿的平衡感。如果从下往上是否会更具挑战性呢？于是，皓皓和妈妈一起动脑

筋设计了一种从下往上的运动玩法。他们在滑梯下滑的起点处绑一根粗绳，鼓励皓皓拉着绳子，从滑梯的下面从下往上进行斜坡攀爬。当皓皓对攀爬有了一定的兴趣和经验后，皓皓爸爸用一根粗棍架靠在社区内的大树树干旁，和皓皓一起进行有一定高度和坡度的、富有挑战性的攀爬运动。为了保证安全性，他们全家不断地进行改造和调整，使得皓皓对攀爬游戏更有兴趣、对社区内的环境资源更有探究兴趣。小区内的居民经常会看见皓皓一家在社区内找到属于他们家庭的运动场地，这简直就是一个移动的“快乐运动场”。

2. 自制器材运动：废旧材料再利用，创造力大爆发

过去可能你会说家里没有球怎么玩球类运动，家里没有篮筐怎么投篮？现在这些都不再是问题。因为自制器材更有趣、更有个性。家长们会利用旧报纸做成球，把垃圾桶作为篮筐，进行投掷运动；用旧床单自制成拔河绳，进行拔河运动等。

虽然此类运动需要提前做好准备工作，但是在准备的过程中开发了幼儿的观察力、想象力、收集材料的能力和动手制作的能力等，幼儿使用自创的运动器材能够激发其运动兴趣。

中班幼儿小毛豆是一个爱好运动的小男孩，特别喜欢尝试一些新型的运动内容。有一次，毛豆在电视上看到了高尔夫球这项运动，于是，他就和爸爸说也要买高尔夫球杆。当时，爸爸就直接反对了，对毛豆说：“爸爸不会打高尔夫球，而且我们这儿也没有高尔夫球场。”毛豆一听很难过，想要尝试打高尔夫球的欲望越发强烈。老师知道了这件事后，与毛豆和毛豆爸爸一起进行沟通，建议家长可以和幼儿一起自制高尔夫球杆，将高尔夫球场先搬进家里。毛豆一听可高兴了，马上就和家里人行动起来。他们看着高尔夫球杆和球的照片，开始DIY了，找到了许多合适的材料，有扫把、拖把和晾衣服的杆子等，这些都可以拿来做球杆。球杆下方部分，则用了一个矿泉水瓶，将晾衣服的杆子和矿泉水瓶组合在了一起。球则用了乒乓球，球洞不是在地下，而是各种固定在地面上的一次性纸杯。父子俩进行了PK赛，比一比谁的球进洞多。玩了几次后，他们还用超轻黏土搓成球，用海洋球和各种不同的球，更多地尝试和DIY，使得毛豆对运动更感兴趣，而且还培养了他的动手能力和思考能力，他会去研究用不同的材料球进行运动时会有不同的发现。

3. 情境运动：丰富的情境，使得运动更生动有趣

成人的运动目的是运动能够强身健体，而幼儿的运动目的性不强，他们认为

在运动中收获快乐最重要。在指导家长利用环境资源开展幼儿家庭运动中，对于家长来说，情境运动是最难把握的一个内容。其实，有时候家长的一句话就能够使得运动变得有情境性。

如简单地在桌子底下进行钻爬，家长在运动开始前和幼儿说这是一个“秘密隧道”，那么就使得钻爬运动变得更加生动有趣了。同时，再利用其他资源创设更多的情境，比如把枕头当作“荷叶”，几个枕头放在地上就变成了荷叶池。除了场景的布置，家长和幼儿也会扮演一些角色，将角色融入情境会提高幼儿的运动兴趣。如家长和幼儿扮演成青蛙。青蛙妈妈和宝宝在荷叶上进行蛙跳。还可以增加一些任务，如背上一个小背篓，将背篓里的食物带回家，丰富情境内容。

4. 运动游戏：有趣的游戏，增强互动和合作性

运动游戏更符合幼儿的年龄特点，带有游戏性，需要利用的环境资源比较简单。家庭成员以个人为单位，或者两人一组，或者邀请更多的邻居伙伴在室外大的空间，进行运动游戏。家庭成员少的运动游戏有炒黄豆、斗鸡，家庭成员多的运动游戏有接力赛、丢手绢。

5. 自然界运动：亲近自然，享受自然

在春暖花开、秋高气爽这两大适宜运动的季节，家长可以带着幼儿去远足，根据幼儿的年龄特点及个人能力，进行徒步运动（3～4岁幼儿能走1公里左右，4～5岁幼儿能连续行走1.5公里左右，5～6岁幼儿能连续行走1.5公里以上）。表3是在不同季节，比较适宜幼儿利用的自然界中的资源所开展的运动内容。

表3：在不同季节里利用自然界资源组织的运动汇总

季节	自然界中的资源	运　动　内　容	备　　注
春	桃花园、油菜花地、大草坪	徒步赏花、放风筝	穿插写生、摄影活动
夏	树荫下、山涧、河	亲子瑜伽、登山、赛龙舟	注意防暑降温
秋	落叶、果树	踩踏落叶、抱一抱摇一摇果树	戴好安全帽
冬	雪地	滑雪、打雪仗、滚雪球	注意保暖

（四）利用环境资源指导家长开展幼儿家庭运动的策略研究

绝大多数的家长没有幼儿园老师的专业技能，对如何指导幼儿参与运动活动、在运动中应该怎么说、怎么做，对于运动中的技能指导、生活保育及安全保

障知晓甚少。针对这一情况，作为专业的教师，要为家长提供科学的指导，不断提高家长的组织和指导能力。我园对于家长在组织幼儿家庭运动活动中提出的困惑，采取了以下有针对性的措施：

1. 理论学习，唤醒家长利用环境资源开展幼儿家庭运动的意识

通过家长学校、家长沙龙和家长会等途径，提高家长对幼儿家庭运动的认识。邀请专家和有经验的老师为家长们开展家长学校培训活动，如“运动中的观察与指导”“大班幼儿在运动中的品质培养”。针对家长对幼儿家庭运动的困惑开展家长沙龙讨论活动，家长之间互相学习、分享心得，如“如何提高幼儿在运动中的安全意识”“挖掘富有野趣的环境资源的方法”。利用家长会，围绕《3～6岁儿童学习与发展指南》与每学期班级幼儿的运动发展目标，向家长进行详细的解读与举例分析，引起家长的重视，提高家长对幼儿家庭运动的认识，激发家长积极主动地参与到组织幼儿家庭运动中去。

2. 互动体验，激发家长利用环境资源开展幼儿家庭运动的兴趣

对于家长提出的缺乏实际组织幼儿家庭运动的操作能力，特别是指导幼儿运动的能力，可以进行个别幼儿家庭指导工作，有网络指导、上门家访指导和家长来园指导等形式。便捷式的网络指导可以对家长在组织过程中遇到的问题给予及时的指导；上门指导的优势在于可以进行实地考察，现场进行更有效和直接的指导；家长来园指导可以借用幼儿园现有的资源来具体、形象地进行指导。另外，还可以借用老师在一日生活中组织幼儿运动的环节，邀请全体家长参与家长半日活动，观摩老师如何组织幼儿运动，也可邀请家长担任家长志愿者加入幼儿园运动活动的组织中，进行实地操作演练。

3. 搭建平台，推广家长利用环境资源开展幼儿家庭运动的经验

当家长利用环境资源开展幼儿家庭运动有了一定的规模及经验，作为幼儿园可以组织展示分享活动，使得优质的经验与好的理念让更多的家庭习得。家长可将自己开展过程中幼儿的成长、家庭的收获让更多的家庭感受到，从而激发更多的家长参与这项活动。可以组织评比活动，如开展家庭自制运动器械评比、幼儿家庭运动精彩片段评比，将创新、探索等更多的运动精神发扬光大。

以下是家长利用环境资源开展幼儿家庭运动后所分享的指导经验。

（1）积极投入，家长要身临其境参与其中

不能为了要发展幼儿的运动技能，家长变成了一位指导者和旁观者，而是要和幼儿一起参与到运动中，成为幼儿的运动伙伴。

（2）鼓励为主，多用幼儿易懂的言语指导

家长不用说一些专业的运动专业术语，而是说一些幼儿能够理解的话语，如当幼儿不理解什么是“侧身走”时，家长可以剪一个脚的形状侧着放；当幼儿不理解“立定跳远”时，家长可以说“站在起点处跳”。

（3）科学指导，遵循幼儿年龄特点来指导

家长应学习一些科学的理论知识，针对幼儿自身的能力与兴趣来组织运动，千万不可拔苗助长。当发现幼儿对运动内容不感兴趣了，要去思考是否内容过于浅显，还是难度高了。

（4）循序渐进，从易到难、从小到大地运动

在组织运动时，要考虑每一次运动内容的从易到难，和阶段性运动内容的从小到大。

四、研究成效

1. 家长开展家庭运动的主动性进一步提高，将运动精神向社区辐射

通过家长开展幼儿家庭运动，提高了家长对幼儿运动及家庭运动的重视度，使得原先的手机一族、老年疾病和肥胖儿童等各种社会问题逐一减弱，从一个家庭的运动推广到几个家庭，甚至是一个社区，逐渐实现全民运动大目标，增强居民身体体质，促进了家庭精神健康，提高生活质量和幸福感，促进家庭、社会和谐。

2. 家长利用环境资源开展家庭运动的能力提高，逐步达成家、园、社和谐教育

指导家长利用环境资源开展幼儿家庭运动，不仅更好、更大化地利用了现有的环境资源，使得幼儿的运动环境更大化、更优化，同时真正体现了家庭活动是幼儿园活动的延伸。在对家长进行指导，以及相互学习、讨论的过程中，双方将好的方法与经验进行共享，增进了幼儿与家长、幼儿与老师、家长与老师的关系，体现了家、园、社和谐教育的作用。

3. 教师的家教指导能力逐步提升，在实践中提高课题研究能力

在课题的研究过程中，教师作为指导者，组织开展了形式丰富的活动，讲座、沙龙和家访等，在这些活动中考验的是老师的知识理论功底、表达和沟通能力；在问卷调查和案例分析中，老师通过观察、研究、分析和总结，提高了自身

的探究能力。当老师们看到家长们发来的幼儿参与家庭运动的照片，听到家长对老师的指导与建议表示认可与称赞，他们对自己的工作更有信心，对课题研究更有兴趣。

五、问题和反思

课题研究虽然取得了一系列成果，但是也存在着一些需要后续思考的问题，并做进一步的探索。

1. 在挖掘与利用环境资源作为运动内容时，我们对环境资源的保护问题缺乏周全的考虑，如攀爬树是不文明的行为。如何在有效利用环境资源的问题上要进一步地思考与研究。

2. 在指导家长组织幼儿家庭运动的过程中，我们发现对于特殊儿童家庭的运动缺乏针对性的指导，如体弱儿、肥胖儿和语言发展迟缓幼儿的家庭。对于这些家庭，老师需要考虑幼儿的个体情况，更多地关注幼儿的体能检测和运动中的指导。

参考文献：

[1] 李季湄，冯晓霞.《3～6岁儿童学习与发展指南》解读[M].北京：人民教育出版社，2012：54–74.

[2] 叶立群.家庭教育学[M].福州：福建教育出版社，2000.

[3] 上海市中小学课程改革委员会.上海二期课改教材学前教育教师参考用书（试用本）运动（3～6岁）[M].上海：上海教育出版社，2009.

[4] 吴海云.享受运动健康成长[M].福州：福建教育出版社，2015.

[5] 顾琼花.绿色教育活动中幼儿运动的实践研究[M]//施易.耕耘生态教育的乐园.上海：上海教育出版社，2018：17–24.

培养幼儿解决问题能力的个别化数学活动设计

夏　敏（上海市浦东新区童瑶幼儿园）

《幼儿教育指导纲要》中提出“幼儿教育应为幼儿的近期和终身发展奠定良好的素质基础”。随着知识经济、数字化信息时代的到来，越来越多的幼教工作者和幼儿家长认识到生活是在不断解决问题的过程中展开的，解决问题是一种高级形式的学习，人类掌握知识的目的就在于能够随时解决可能面临的各种问题，因此解决问题能力对于幼儿的终身发展都具有重要价值。

数学是自然科学的基础，计算是人生必备的三大能力之一。《3～6岁儿童学习与发展指南》将“运用数学知识解决问题”列为数认知培养中的一项重要目标。同时指出，要引导幼儿通过观察、比较、操作、实验等方法，学习发现问题、分析问题和解决问题。由此可见幼儿园数学教育必须要注重幼儿问题解决能力的培养。

一、数学个别化学习活动设计存在问题

就开展培养幼儿解决问题能力的数学个别化学习活动设计情况来看，目前主要的问题有以下几点。

1. 对数学“核心概念”的学习和理解片面

在研究幼儿数学学习行为的过程中我们发现，影响幼儿解决数学问题的关键在于对数学核心经验基础理解上。如孩子能够熟练唱数从1数到100，但是却数不清楚面前糖果的数量……幼儿对于数学核心经验的认识比较片面，孩子不知“所以然”，因此在运用数学知识解决问题的过程中遇到了很多的阻碍。在梳理后我们发现，孩子们对数学核心经验（如数量关系经验）的缺失主要有：

表1：各年龄段数认知（数量关系）缺失经验

内容		小 班	中 班	大 班
数量关系	数量的“大小”与“多少”比较	用一一对应的方法比较5以内数量的多少	用计数的方法比较10以内数量的多少	比较不相邻的2个数或3个数的大小关系
	数序	在感知的基础上将数量为5以内的集合按多少排序	1. 在数量比较的基础上将数量为7以内的集合按多少排序 2. 认识10以内数序，感知10以内相邻数的等差关系	理解10以内数与数之间的数差关系的可逆性、传递性
	估数			1. 理解估数的意义，对物体数量有初步的数感 2. 根据已知线索，推断未知物群的数量

究其原因，主要在于教师对于幼儿数学核心经验的理解和认识还存在缺失，对幼儿数学认知能力的评价只是流于表面，在设计和指导个别化学习过程中教师更多的是在孩子会的基础上“添砖加瓦”，没有意识到没有掌握的数学经验。正因为如此影响了教师分析幼儿行为的准确性，对幼儿的指导也不够适宜。

2. 数学个别化学习操作过于机械化

在研究中我们发现，影响幼儿解决数学问题的另一个关键在于操作机械化。主要表现在三方面：

（1）新材料操作方法的了解

在一个新的个别化数学材料投放的时候，很多时候老师采用的是传统的教授，幼儿只要按照方法操作就可以。这样一来孩子遇到问题的可能性减少，发展解决问题的能力的机会也随之减少。

（2）操作方法设计

在个别化学习中，操作内容设计上比较单一。很多时候虽然问题设置的难度有变化（如5以内变化成10以内），但是操作方法是不可变的，这样局限了孩子的思维，影响了孩子解决问题能力的发展。

（3）问题指导策略

幼儿在操作中遇到问题，会求助于老师，老师多会用教师认为好的方式帮助幼儿解决。长此以往孩子养成了机械的“有问题找老师解决”的意识，而不是自已尝试用已有的数学知识经验来解决问题。

这些问题如何解决，需要我们实践和研究。

二、数学个别化学习设计策略

根据个别化学习教师观察重点关注的不同指向，可以将个别化设计策略围绕“预测性”和“学习性”两个指向开展设计。

预测性个别化学习活动是以了解幼儿现有水平、经验为目的的个别化数学学习活动。

针对性学习个别化学习活动是以针对幼儿某一核心经验认知为目标，培养幼儿数学经验，解决数学问题为目的的个别化数学学习活动。

根据目前幼儿园数学个别化设计中的突出问题和不同关注指向，可以关注以下设计策略和注意事项。

（一）问题设计策略

1. 预测性问题设置开放性

指向在了解幼儿经验水平为目的，问题设置可以开放性强一些，这样往往更容易发现幼儿存在的经验缺失和问题。

如，在预测孩子平面图形特点的个别化学习中，教师就设置了一个问题：“你能用这些材料（4根皮筋、4个蘑菇钉、蘑菇钉板）圈出一个正方形（三角形）吗?”于是在孩子的操作中主要出现了以下几种情况。

表2：小班图形经验观察与水平分析

	表现行为简述	经验水平
1	近80%的孩子用1根皮筋圈3个钉，围成一个三角形	对三角形特点认识，但是对问题理解准确性不足
2	近20%的孩子用3根皮筋圈3个钉，围成一个三角形	对三角形特点认识，对问题理解准确
3	近90%的孩子用1根皮筋圈4个钉，围成一个不规则的四边形	对正方形特点认识不全面（知道4个角，对4条边的特点认识不够）；对问题理解准确性不足
4	近6%的孩子用4根皮筋圈4个钉，围成一个不规则的四边形	对正方形特点认识不全面（知道4个角，对四条边的特点认识不够）；对问题理解准确
5	只有1名幼儿用4根皮筋圈4个钉，围成一个正方形	对正方形特点认识较为全面；对问题理解准确

从孩子的表现来看，开放性的问题设置让我们看到了孩子更多的操作表现，这样更有利于教师对孩子现有的经验、能力水平进行了解和梳理，从而为往后的个别化学习设计提供支持。

2. 针对性学习性问题设置针对性

在了解了孩子的现有认知情况，了解孩子需要学习了解的主要数学经验后，我们设置的问题就可以更具有针对性。

还是以上述“平面图形特点”学习的个别化学习为例，在了解了孩子对于正方形特点认识经验不足后，设置了几个针对性的问题。

问题1——出示不规则四边形（4个钉、4根皮筋围成，其中两个钉是固定不动的），请把它变成正方形。

问题2——请用4根皮筋、4个蘑菇钉、蘑菇钉板圈出一个正方形。

问题3——请用5根皮筋、4个蘑菇钉、蘑菇钉板圈出两个三角形。

……后续幼儿自行设置很多问题，让其他小朋友操作解答，如：请用5根皮筋、6个蘑菇钉、蘑菇钉板圈出两个长方形和一个正方形；请用4根皮筋、4个蘑菇钉、蘑菇钉板圈出两个和三个三角形……

通过这些问题的设置，孩子们在解决问题的过程中，逐渐了解到正方形有4个一样大小的角，对边平行，正方形可以分割成两个三角形，等等。

由此可见，数学个别化学习问题设置的针对性，使孩子的操作目的更为明确，问题解决更有方向，相对也更容易获得成功感。成功感让孩子更有兴趣去解决新问题，提出新问题，发现新问题。

（二）材料投放设计策略

1. 预测性材料投放粗放化

个别化学习是幼儿同材料互动的学习过程，指向在测试孩子现有水平的数学个别化学习材料的投放，投放的材料可以是粗放型的。

如：在预测孩子分类认知情况时，教师投放了大小10辆车（颜色、大中小、用途不同）和4个停车库，让孩子自由操作分类。孩子操作表现以下几种情况。

表3：中班分类经验观察与水平分析

	表现行为简述	经验水平
分2个车库	近85%的孩子按车的大小分大的车和不是大的车，将车分在2个车库（理由是大的车放一个车库很满了，放不下其他车子了）	观察到车的大小，但是不会用数学性语言表述
	近90%的孩子按车的颜色分，将车分在2个车库	颜色是孩子最为容易区分的
	有2名孩子按用途分（公交车、不是公交车），将车分在2个车库（理由是喜欢公交车）	关注到了用途，关注到的是自己最喜欢的车，其他车关注度少
	有1名幼儿按车的层数分（双层巴士一个车库，不是双层巴士的一个车库）	关注到了车的高低关系
分3个车库	近90%的孩子按车的大、中、小分，将车分在3个车库	观察到车的大小，会比较大、中、小
	近40%的孩子按车的用途分（公交车、轿车、警车，其他车不分），将车分在3个车库	关注到了用途，但是受到车库数量的局限，不能细化
分4个车库	近40%的孩子按车的用途分（公交车、轿车、警车，救护车和其他车不分），将车分在4个车库	对车的用途认识局限，尤其是对工程车的用途认识不够

从上述孩子的操作行为中我们不难看出，粗放化的材料投放，更有利于幼儿表现自己不同的想法，更有利于教师了解和分析他们的现有经验，为幼儿下一阶段有针对性的问题学习“铺路”。

2. 针对性学习性材料投放精细化

在提供有针对性学习材料的时候，我们要做到精细化。这里的精细化是指以下几个方面。

首先是材料投放玩法（目标指向）精细化。因为是为了满足不同经验水平孩子发展的需要，因此在提供材料的操作目标指向上我们一定要设计精细，让玩法可以满足不同孩子的能力发展的需要，让孩子都能够在自己的水平基础上解决数学问题，理解数学核心经验。

还以“停车库”为例。教师在了解到孩子对车辆用途不够了解后，对玩法进行针对性的细化设计——在车库门上悬挂用途图片（建筑工地、医院等），孩子根据场所用途需要将相应的车辆停入停车库。

其次是材料投放分层精细化。数学是一门逻辑性学科，在材料投放的过程中一定要分层精细化投放，这样才能更好地帮助孩子解决问题，提升能力。

以“停车库”为例。分2～5个不同数量的车库，教师对汽车材料的投放进行了细化处理。

表4：中班“停车库”材料设计

	投放材料（第一阶段）	投放材料（第一阶段）
分2个车库	两种颜色、大小、层数、用途的车	三种颜色、两种大小、三种用途的车
分3个车库	三种大小、三种用途的车	三种颜色、大小、用途的车
分4个车库	四种大小、用途车	
分5个车库	五种用途车	

精细化的材料投放设计，有助于孩子由简到难的操作和教师个别化的观察及指导的同时，对教师材料的调整也是具有一定作用的。

还以“停车库”为例。幼儿在进行“专用停车库”这一玩法操作中，遇到了搞不清楚车辆用途的问题，于是老师调整增加了专门的“车辆图书库”，让孩子不知道车辆用途的时候可以通过图书寻找答案，解决问题。

精细化材料的投放，促进了针对性问题的解决，对个别化幼儿能力发展提供了有力支持。

（三）观察要点设计策略

预测性、针对性因为它们目的指向不同，因此在设计活动的“观察要点”时设计侧重点各有不同。

1. 预测性学习观察要点设计重“面”

预测性学习个别化数学活动的观察目的是为了了解幼儿整体的对某一特定数学核心经验的认知水平，因此设计“观察要点”时针对核心经验的全面观察。

如：我们对中班图形分解和组合经验的预测性个别化学习活动“废物箱”的观察要点设计和观察统计：

表5：中班“废物箱”观察要点设计和观察

	观　察　要　点	掌握情况统计
数数	手口一致点数排列整齐图形的情况	100%
	手口一致点数封闭式排列图形的情况	78%
	能不受干扰（颜色、大小、排列顺序）点数总数在10个以内图形情况	80%
	能不受干扰（颜色、大小、排列顺序）点数总数在20个以内图形情况	颜色94%、大小96%、排列57%
	手口一致点数的不同方法	1个数、2个数
图形特征	区分平面图形（正方形、长方形、三角形、梯形、圆形等）情况	100%
	对不同三角形态、梯形等平面图形的认知情况	100%
图形分解和组合	对2种图形组合图形辨认情况	100%
	对3种图形组合图形辨认情况	91%
	对4种图形组合图形辨认情况	83%
	对1种图形套嵌组合图形辨认情况	34%
	对2种图形套嵌组合图形辨认情况	21%
	对3种图形套嵌组合图形辨认情况	12%

全面的观察有利于更准确地了解孩子对数学核心经验的认知情况，分析哪些经验是孩子们都已经掌握，可以先放下或者提升挑战难度的；哪些是共性问题需要通过集体教学活动加以学习铺垫的；哪些经验是可以在个别化学习中加以探索……这样才能更好地设计后续针对性的个别化学习活动，帮助幼儿提升能力。

2. 针对性学习性观察要点设计重“点”

针对性学习个别化数学活动的观察目的是为了了解幼儿对某一个缺失经验点的探索情况，因此我们在观察设计时更多地关注“问题点”。

还是以上述案例为例。针对了解到的孩子对图形分解和组合经验认知情况，教师调整了个别化学习活动“废物箱”的材料，侧重针对“数数”和“套嵌组合图形辨认”这两个经验的学习探索。为此我们针对这两个问题设计了观察要点。

表6：中班“废物箱”观察要点设计调整

数数	数封闭式物体数量的主要方法、存在问题（需要哪些辅助）
	数分散物体数量的主要方法和存在问题
图形分解和组合	套嵌组合图形辨认的困难点（需要哪些辅助）

针对到“点”的观察要点设计，更有利于教师开展有目的性的观察，了解不同孩子的学习问题和“症结”，为开展针对性、个性化的辅导指明方向，为孩子能够探索数学性问题的解决方法提供了保障，为孩子能力发展提供了可能。

三、注意事项

（一）轻方法

由于数学学科特点和幼儿认知（数学核心经验）发展特点，在设计数学个别化学习过程中我们要更多思考，如何促进幼儿多方面、多方法的实践操作，因为只有多方法的操作孩子们才能感知、比较、实践、思考问题解决，能力才能得以发展。如在小班《有趣的图形》个别化学习中，教师围绕“图形特征”设计了不同的三种操作探究方法。

表7：小班“有趣的图形”操作方法设计与目的指向

方　法	目　的
在盲盒中摸出一个图形，用皮筋在蘑菇钉板上围成该图形。	巩固认知图形，了解材料的基本操作方法
用橡皮筋（一条边一根皮筋）绕过蘑菇钉组成图形的“角”，形成不同的图形。	探究图形的特点（如：有4个角、4条边等）
根据两个骰子同时掷出的图形在蘑菇钉板上围成图形，两个图形需在同一个围合里（需要有共用蘑菇钉）。	图形的组合与重叠

通过不同的操作方法，孩子们获得更多的探究经验的同时，还可以使更多有关图形的核心经验得以丰富和发展，更多的数学问题获得解决。

（二）重层次

个别化学习是为了满足不同孩子的学习认知需要的，孩子认知能力、解决问题能力各有不同，单一的学习内容、材料投放、问题设置不可能满足不同孩子的需要。因此在设置数学个别化学习活动的时候，尤其是在设计针对性学习时，需要有不同的层次设置，以满足不同孩子解决数学问题、发展数学核心经验的需要。

如：中班“废物箱”个别化学习活动，就单围绕“数数方法”这个经验。教师设置了14个层次。

表8：中班“废物箱”数数学习层次设计

1	数排列整齐的1种图形（颜色、大小一样）
2	数排列整齐的1种图形（颜色、大小不一样）
3	数排列整齐的混合2种图形（颜色、大小一样）
4	数排列整齐的混合2种图形（颜色、大小不一样）
5	数排列分散的1种图形（颜色、大小一样）
6	数排列分散的2种混合图形（颜色、大小一样）
7	数排列分散的3种混合图形（颜色、大小一样）
8	数排列分散的2种混合图形（颜色不一样，大小一样）
9	数排列分散的3种混合图形（颜色不一样，大小一样）
10	数排列分散的2种混合图形（颜色、大小不一样）
11	数排列分散的3种混合图形（颜色、大小不一样）
12	数封闭式排列同一图形（颜色、大小相同）
13	数封闭式排列同一图形（颜色不同、大小相同）
14	数封闭式排列同一图形（颜色、大小不同）

多层次性的设计能帮助幼儿从简到难逐步地实践学习，循序渐进地了解探究解决问题方法，迁移前面获得经验来解决更难的后面的问题……从而获得更多的解决数学问题的经验。

（三）添图示

要让孩子学得更自主，更好地观察、了解问题，我们首先就是要让孩子摆脱个别化学习由老师教玩法的圈子，我们可以添置“以问题设置为主的探究图示”。

让孩子在观察图示的过程中了解操作方法和需要解决的问题。

如：在指向了解图形特征的圈图形的个别化中，教师设计的图示：

3（数字可变动）（皮筋）？（图形可变动）

4（数字可变动）（皮筋）？（图形可变动）

通过图示的添置，让幼儿自主观察探索，探索了解操作方法，这样的过程本身也是在培养幼儿观察、分析和解决问题的能力。

（四）留空间

虽然教师在设计针对性数学个别化学习的问题设置是建立在了解幼儿经验能力基础上的，但是在幼儿探索解决问题的过程中，总会遇到很多新问题，因此在设计时要为“未知的问题”留有空间。

首先是材料变化留空间。投放和运用可活动、可变化的材料更方便遇到新问题时的处理。如：在圈图形时，原本蘑菇钉过于自由（没有固定的点），对于操作目的性不强的孩子而言，比较容易被干扰。为此教师调整的材料，固定了几个蘑菇钉，孩子操作效果提升了。

其次是问题设置留空间。面对随时可能出现的新问题，教师在设计为这些未知问题留下空间，问题设计权利可以更多地“交给孩子”，让孩子将自己发现的问题讲出来、画出来，大家共同探究问题解决的方法。

总之，培养幼儿解决问题能力的个别化数学活动设计要从孩子的经验水平出发，创设自主探究的环境，让孩子在循序渐进的过程中发现问题、认识问题、解决问题，从而获得能力的发展。

集体运动游戏中学龄前智障幼儿社会交往能力培养的实践研究

张　燕（上海市浦东新区爱心幼儿园）

游戏是幼儿自发、自主地与空间、材料、玩伴相互作用的情境性活动。集体运动游戏是以幼儿群体为参与对象，通过游戏活动形式，按照一定的规则，练习身体动作和技能，达成促进身心全面发展目的的特殊运动。本研究中集体运动游戏，涵盖模仿性、躲闪性、情境性等集体运动游戏。

智力障碍又称智力残疾、弱智、智力落后、精神发育迟滞等。2002年美国智力落后协会对智力落后的定义为："智力落后是一种障碍，以智力功能和包括认知、社会和日常生活适应技能的适应性行为受到严重限制为特征。"本研究中的智力障碍儿童是指在园内被诊断为智力落后的3～6岁幼儿，他们的缺陷主要包括智力和社会适应能力的缺陷。

社会性是指个人进行社会交往，建立人际关系，理解、掌握和遵守社会行为准则，以及控制自身行为的心理特性。幼儿社会性是指幼儿受社会文化与教育等因素的影响，使个体随着年龄增长而能改变对待自己与对待别人的行为。幼儿社会性中重要的组成部分是——社会能力，其构成有三个维度：社会交往能力、亲社会行为能力和社会适应能力。社会交往能力是幼儿发起、维持和调整社会交往的基本能力，是适应社会的前提和条件。在《上海市学前特殊教育课程指南》发展性课程的环境适应内容中，要求特殊幼儿应能听从指令，能主动、积极地参与集体活动，遵守简单的规则，与同伴友好地相处；在交往技能中对于倾听和互动方面要求特殊幼儿能在他人与自己说话时注意倾听，在集体活动中注意听老师或同伴的讲话，互动的时候能学会轮流、等待，能与同伴分工合作，学会与他人分享，发生冲突时能听从成人的劝解。

一、问题的提出

根据调查研究资料显示，社会交往问题被列为困扰学龄前智障儿童所有问题的首要。目前，我国智障幼儿普遍表现为不会交朋友，不知道如何开始与人互动，不能恰当使用社交语言，不善于处理社交及人际关系，情绪表达直接，服从规则、规范的能力较弱，缺乏社会常识等。提高和发展社会交往能力，是智障幼儿以后面对社会、适应生活、学会生存的需要，也是特殊教育学校对智障幼儿开展教育的重要任务之一。如何帮助智障幼儿适应环境，学习社会规律与法则，提升自我管理、自我服务、适应社会的能力，是每一位特教教育工作者一直思考的重要课题。

二、研究目标

本课题的研究目标为以下两点：一是观察与分析集体运动游戏中学龄前智障幼儿社会交往行为的表现；二是结合观察分析，通过实践，对已有的园本集体运动游戏进行调整和改进，逐步达成智障幼儿在集体运动游戏中社会交往能力得到发展的目的。在此过程中梳理教师有效指导的策略与方法。

三、研究对象

我们选择的研究对象是园内3名智障幼儿，基本情况如下：

姓名	出生年月	性别	障碍类型	医学诊断结果	行为量表测（社会交往）结果
儿童A 寒寒	20170409	男	自闭症	Gesell测试：动作73，言语35，应物71，应人43。诊断：孤独症谱系障碍，精神发育迟缓。	社交退缩分值13
儿童B 小嘉	20161009	男	发育迟缓	Gesell测试：动作83，言语19，应人37。诊断：发育迟缓，自闭边缘。	社交退缩分值18
儿童C 航航	20161207	男	发育迟缓	上海市特殊幼儿入学评估：语言IQ＜45，操作IQ＜45，总IQ＜40。诊断：发育迟缓，3pter-p25缺失症候群。	社交退缩分值17

四、研究方法

本研究主要采用观察与实践相结合的方法，前期通过对本园智障幼儿的社交行为和社交能力进行观察与评估，制定出适合本园智障幼儿的社交行为观察记录表，引导智障幼儿开展集体运动游戏，在实践中观察与梳理智障幼儿社会交往行为的具体表现与进步。观察时间为期一学期，每周观察四次，每次的观察时间为10分钟。

五、研究实施

（一）制定园内智障幼儿社会交往行为观察记录表

我们依据智障幼儿社会交往行为及能力评估的实际情况，结合《上海市学前特教课程指南》中“情绪与社会课程内容及要求”中的相关要点，制定了《智障幼儿集体运动游戏中社会交往行为观察记录表》（见表1）。

表1：智障幼儿集体运动游戏中社会交往行为观察记录表

观察时间		观察对象	
观察游戏	具体开展的集体运动游戏名称		
观察记录	结合《上海市学前特教课程指南》中关于社会性课程发展的相关要求，教师可以在引导智障幼儿开展集体运动游戏过程中，对以下行为进行观察与记录： 1. 游戏过程中幼儿对于环境的适应能力，如：听从指令、遵守游戏规则、与同伴友好相处等方面。 2. 游戏过程中交往技能的具体表现，如：倾听（是否能注意听老师和同伴讲话）、礼仪（是否能与老师和同伴问好及打招呼）、互动（在游戏过程中是否有轮流、合作、分享、听从劝解等相关行为）。		

（二）智障幼儿在集体运动游戏中社会交往表现的观察与分析

研究初期，我们通过观察记录，了解智障幼儿在集体运动游戏中社会交往行为的具体表现。

案例1——观察记录一：不愿游戏的航航

观察时间	2020.10.20	观察对象	儿童C（航航）
观察游戏	集体运动游戏“吹泡泡”（第二次玩此游戏）		
观察记录	运动时间，孩子们在老师的引导下，在场地上玩好了分散游戏，要进行集体运动游戏了。老师说：宝宝们，今天我们要来玩“吹泡泡的游戏”，大家先围起来，拉个圆圈做泡泡。其他孩子在老师手把手地指导下，站到了圆圈上。航航却不愿站到圆圈上，头偏向一边，就是不愿听老师的指令。当老师走近他，拉其小手，让他与其他小朋友拉手时，他看到有这么多人在一起，哭了起来。		

行为分析：航航之前从未上过幼儿园，对幼儿园的一切集体生活还未完全适应。游戏中，对于老师的指令，他一下子还不理解，再加上让他参与其他小朋友一同玩游戏，他一下子接受不了，有一定的恐惧与抗拒心理。

案例2——观察记录二：自己做火车头

观察时间	2020.10.28	观察对象	儿童B（小嘉）
观察游戏	集体运动游戏“开火车”（第一次玩此游戏）		
观察记录	跟着《小火车》的音乐，老师拿着呼啦圈做火车头，让其他小朋友一个接着一个，拉着老师的衣服，在场地上跑了起来。当邀请小嘉也来乘小火车时，小嘉不愿拉其他小朋友的衣服，却要拿老师的呼啦圈。老师连忙将呼啦圈给他，并鼓励他：小嘉真棒，会做火车头啦！我们一起开小火车了。小嘉继续拿着呼啦圈，听着音乐开着小火车，但却不愿意任何人跟在他后面，拉他衣服。		

行为分析：第一次玩开火车游戏，小嘉只对游戏材料感兴趣，他对“火车”无认知经验，只看到过爸爸开车的场面。为此，拿着呼啦圈在场地上跑了起来，忽视了其他的一切。

案例3——观察记录三：害怕玩躲猫猫

观察时间	2020.11.24	观察对象	儿童A（寒寒）
观察游戏	集体运动游戏“躲猫猫”（第一次玩此游戏）		
观察记录	操场上，寒寒跟着老师，和同伴一起玩“躲猫猫”的游戏。当游戏开始时，老师带着寒寒准备一起去躲，寒寒极力挣脱，要跑进教室。在老师的安抚之后，寒寒勉强愿意牵着老师的手，和老师一起躲在一棵小树后面。他紧紧地握住老师的手，不愿意撒开，并且没过一会儿就要站起来，想逃走，不愿意去躲。		

行为分析：躲猫猫游戏包含“躲”和“找”两种角色，同时游戏的规则也有一定的难度，对于认知能力较弱的智障幼儿，不能理解游戏的玩法。另外游戏场地的范围较大，容易让胆小的幼儿缺乏安全感，总是会往自己熟悉的教室跑。

反思：由以上三个案例可以看出，对于原有模式下传统的集体运动游戏，智障幼儿在教师的引导与帮助下，虽能参与其中，但要真正获得社会交往能力更好的发展，需要教师结合其自身的认知经验、评估结果及个性特点，在集体运动游戏内容的调整、组织实施、指导策略等方面作进一步思考，沿着这个路径，我们开展了相关的实践研究。

（三）依据智障幼儿在集体运动游戏中社会交往的表现，调整完善游戏

结合智障幼儿在集体运动游戏中社会交往的表现，我们依据《上海市学前特教课程指南》发展性课程——情绪与社会领域中涉及社会交往方面的相关内容与要求，考虑到智障幼儿认知经验的局限性，一学期中，我们相继对三个集体游戏进行了相关的调整完善，具体如下：

序号	游戏名称	调整项目	具体说明
1	吹泡泡	1. 调整游戏环境 2. 创设游戏情境	准备吹泡泡的真实玩具及材料，玩吹泡泡游戏，吸引幼儿注意力。
		1. 调整游戏内容 2. 改编儿歌	将幼儿拉手组成一个泡泡，听指令吹出大小泡泡作为游戏的内容。辅助儿歌：拉拉手，吹泡泡，拉拉手，吹泡泡，吹出一个大（小）泡泡。而后，再依据实际情况，增加难度（飞高、飞低等）。
2	开火车	1. 调整游戏材料 2. 增加熟悉的玩具	增加孩子喜欢的叮当猫玩具，用玩具引开其焦虑点，逐渐接纳同伴。
		1. 调整游戏环境 2. 引入熟悉的场景	在教室、康训室开展游戏，鼓励幼儿在安全熟悉的情境中参与简单的互动与交往。
3	躲猫猫	1. 调整游戏环境 2. 熟悉的场景，熟悉的玩伴	与自己熟悉的老师、同伴，在熟悉的教室中开展游戏，减少对游戏活动的抗拒。
		1. 调整指导策略 2. 明确游戏角色身份	根据幼儿的实际情况，调整在游戏中“寻找”和“躲藏”的角色，逐步提升对游戏的认识度，慢慢适应游戏规则。

在陆续调整的过程中，我们继续观察跟踪A、B、C三名儿童，记录与分析

他们在集体运动游戏中的社会交往行为表现的变化。

1. 游戏——吹泡泡

案例4——观察记录四：被动抓泡泡

观察时间	2020.10.27	观察对象	儿童C（航航）
观察游戏	集体运动游戏“吹泡泡”（第三次玩此游戏）		
观察记录	老师迅速拿起已经准备好的“吹泡泡”游戏材料（一个塑料瓶里装满肥皂水，一个吹泡泡的带柄圆形小圈），用带柄小圈蘸了肥皂水，说道：吹泡泡啦！接着就“呼呼呼”用力吹了起来，五颜六色、大大小小的泡泡顿时在操场上飘了起来。孩子们见状，兴奋起来了，有的跟着泡泡跑，有的看着泡泡，有的伸手抓泡泡……航航继续在原地看着其他小朋友与泡泡玩耍，还是不哭不闹。过了一会儿，一串泡泡飞了过来，他想躲可没躲开，顺便用手抓了一下泡泡，脸上微微露出一阵小窃喜。老师见状，顺势鼓励他：航航真棒，会抓泡泡啦！瞧，泡泡又飞来了，赶紧抓泡泡啦。航航见状，又抓了一下泡泡……		

行为分析：吹泡泡真实、直观、有趣的游戏情境，吸引了航航，让他从一名抗拒与同伴一同游戏的旁观者，慢慢在情境的融合下，渐渐被动参与了游戏之中。老师对他的肯定与表扬，使他慢慢适应游戏环境。

案例5——观察记录五：拉手吹泡泡

<table>
<tr><td>观察时间</td><td>2020.10.30</td><td>观察对象</td><td>儿童A、B、C</td></tr>
<tr><td>观察游戏</td><td colspan="3">集体运动游戏“吹泡泡”（第五次玩此游戏）</td></tr>
<tr><td rowspan="2">观察记录</td><td colspan="3">当老师带领大家来到圆圈上后说道：我们要玩吹泡泡游戏了。随后又说了两遍——拉拉手，吹泡泡，拉拉手，吹泡泡。边说边在圆圈内走动，又补充了一下：赶紧把小手拉好了，泡泡就不会碎掉了。</td></tr>
<tr><td>儿童A（寒寒）：在几次游戏适应之后，寒寒能够基本掌握游戏的规则，当大家围成一个圈时，他很自然地牵起身边人的手，从一开始自己熟悉的老师，到慢慢愿意牵着同伴的双手，并且能够跟着老师的指令，完成游戏相应的动作要求。</td><td>儿童B（小嘉）：游戏继续进行着，小嘉看着其他小朋友拉手，还是不动，老师拉起小嘉的手，说道：小嘉也来，拉拉手，吹泡泡。小嘉拉着老师的手，和其他小朋友一起吹起了泡泡。</td><td>儿童C（航航）：当航航和老师一起拉手玩了一会儿吹泡泡游戏后，老师趁其不注意，顺手将他和旁边的同伴拉起了手，航航没有反对，继续游戏。</td></tr>
</table>

行为分析：“和同伴交往过程中出现明显退缩性”是智障儿童社交障碍的特点。游戏中，老师通过“简易儿歌来作为指令、反复游戏来熟悉环境、师幼参与来提升互动”等多种形式，帮助幼儿增加与同伴交往的机会，使其在逐渐融入集体运动游戏的同时，了解简单的游戏规则。

案例6——观察记录六：一起来吹泡泡

观察时间	2020.11.24	观察对象	儿童A、B、C
观察游戏	集体运动游戏“吹泡泡”（第七次玩此游戏）		
观察记录	操场上，几位老师正在吹泡泡。孩子们看到漫天的泡泡非常兴奋，有的用手去抓，有的用嘴去吹，有的用脚去踩。快乐的气氛也感染了寒寒、小嘉和航航，小嘉追着泡泡跑，露出开心的笑容。航航在泡泡中主动去拉小伙伴的手，寒寒也在老师的提示下，伸手去抓泡泡。在一旁，老师边念泡泡儿歌，边和孩子们一起玩。 和泡泡做完游戏以后，老师带领孩子们一起扮演泡泡，大家围成一个圈，一起做一个大泡泡。这时候发现航航主动去拉两边伙伴的手，小嘉在游戏中跑得更欢乐了，寒寒的注意力开始慢慢落在了同伴们的身上……		

行为分析：随着孩子们对游戏玩法的进一步熟悉，直观游戏情境的直接导入，不仅激发了孩子们对游戏的兴趣，更拉近了与其他孩子之间的距离，为其进行更好的交往互动进行了铺垫。

2. 游戏——开火车

案例7——观察记录七：带着叮当猫开火车

观察时间	2020.11.6	观察对象	儿童C（航航）
观察游戏	集体运动游戏“开火车”（第三次玩此游戏）		
观察记录	老师手拿叮当猫，对航航说：看，今天让叮当猫带着老师跟着你的小火车一起去玩哦。说完，老师把叮当猫系在航航的身上，航航看着叮当猫，跟着《小火车》的音乐跑了起来，老师拉着他的衣服跟着跑了起来……过了一会儿，让其他同伴拉着航航的衣服，继续游戏……		

行为分析：用航航喜欢的玩具分散其注意力，引开其焦虑点，让其在游戏过程中逐渐接纳同伴，理解游戏规则。

案例8——观察记录八：开火车去公园

观察时间	2020.11.25	观察对象	儿童C（航航）
观察游戏	集体运动游戏“开火车”（第十次玩此游戏）		
观察记录	《小火车》的音乐响起来了，航航带着叮当猫，又玩起了开火车的游戏。正好在室内游戏，老师指着公园说：航航，带叮当猫到公园去玩吧。不会说话的航航似乎理解了老师的意图，跑到了公园，对着小花做了一下闻一闻的动作……老师又指着娃娃家说：小火车开到娃娃家去吧。航航直接进入了娃娃家，将一碗“小圆子”直接端给了叮当猫吃……老师赶紧引导说：航航，我也要吃小圆子，给我吃。航航把小圆子又给了老师……		

行为分析：增加了室内游戏场景，为航航社会交往能力的训练提供了锻炼的机会。航航闻小花的动作说明了他对环境的关注，给叮当猫和老师吃“小圆子”，又恰恰反映出同伴意识、分享意识的萌芽。

3. 游戏：躲猫猫

案例9——观察记录九：我和同伴躲猫猫

观察时间	2020.11.20	观察对象	儿童A（寒寒）
观察游戏	集体运动游戏“躲猫猫”（第四次玩此游戏）		
观察记录	教室里，A老师利用区角，创设了几处安全的躲藏环境。B老师带着两位认知能力较好的幼儿进行躲藏。A老师则带着寒寒扮演“寻找”的角色。A老师和寒寒一起背对着大家，进行“1～10”数数，紧接着开始去寻找小伙伴们。当A老师和寒寒在寻找的过程中，老师通过夸张的语言和肢体动作吸引寒寒的注意力。A老师首先让寒寒找到了自己熟悉的B老师，当B老师从橱后面出现在寒寒视线中时，寒寒和B老师对视了5秒钟左右，嘴角微微上扬……接下去的寻找过程，他配合得很好，没有抗拒，也愿意听从A老师的指令，俯身、弯腰等，做出寻找的动作。		

行为分析：环境的调整，人员范围的缩小，让原本极其缺乏安全感的寒寒慢慢适应下来，注意力也开始逐渐转移到游戏中来，从“躲”到“找”，角色的调整，更吸引了寒寒的游戏兴趣。加上老师指令语言、肢体动作的辅助，将寒寒的有效注意力时间一步一步提升，从之前的抗拒游戏，到被动参与游戏中去。

六、研究结果及其分析

（一）智障幼儿在集体运动游戏中社会交往能力发展的具体表现

1. 社会认知能力得到发展

社会认知是促进智障幼儿社会化进程的保底要求。通过吹泡泡、开火车、躲猫猫集体运动游戏的开展，智障幼儿在认识自己的基础上，逐渐发展到认识幼儿园、认识老师、认识同伴，看到熟悉的老师和同伴时会有反应——情绪有变化（愉快或者不开心）、行为有表现（吹泡泡游戏——抓、拍、拉手等；开火车游戏——开火车跑等；躲猫猫游戏——躲、找等），有助于帮助智障幼儿了解自己与他人的社会角色，为其建立积极的社会关系进行铺垫。

2. 环境适应能力逐渐增强

环境适应是智障幼儿适应社会最先决的基础。从三个集体运动游戏中，可以观察到三名智障幼儿均从最初的排斥、逃避、不愿参与游戏环境的状态，通过游戏场景的变换、游戏材料的丰富、老师与同伴的引导与互动交往，使其慢慢熟悉、逐渐适应、不同程度地表现出愉快，积极地融入游戏环境。如：吹泡泡游戏中，幼儿追着泡泡跑、主动拉同伴的手、伸手抓泡泡等；开火车游戏中，带着叮当猫开着火车来到了公园；躲猫猫游戏中，幼儿不再逃走，而是进行1～10的数数，等等。这些都是智障幼儿适应环境的过程，也是他们融入社会，提升社会交往能力的基础和前提条件。只是鉴于智障幼儿本来的障碍因素、家庭原因以及个性差异等，他们对环境适应的周期不完全相同，有的较快适应，也有的要经过很长时间才能适应。

3. 交往技能不断提升

交往技能的发展是培育智障幼儿社会性的重要内容。在三个集体运动游戏中，不同类型的游戏内容、多样的游戏方式，不仅促进了幼儿运动技能的提升与发展，更为其交往能力的发展架构了平台。智障幼儿通过不断尝试、多次重复参与各类集体运动游戏，促进了规则意识、同伴交往意识的形成，交往能力得到发展。如在吹泡泡游戏中，创设真实的吹泡泡情境，孩子们在追泡泡玩泡泡的过程中与同伴互动。另外，儿歌内容的调整，促成了规则意识的形成。在开火车游戏中，航航带着叮当猫开着火车来到了公园，闻了小花，来到娃娃家给老师吃小圆子，看到了同伴意识、分享意识的萌芽。在躲猫猫游戏中，躲和找本身的规则也促成了幼儿之间的注意与交往。

（二）智障幼儿在集体运动游戏中社会交往能力培养的策略与方法

1. 创设多元环境，形成安全感和依赖感

蒙台梭利认为，环境是教育的一个重要因素，儿童需要从环境中学习，在环境中发展。《上海市学前特教课程指南》在对发展性课程内容与要求中明确指出：要创设安全的生活环境，营造温暖轻松的心理环境，让智障幼儿形成安全感和信赖感。通过环境的创设，能够促进智障幼儿社会化的转变。

物质环境的创设。在组织开展智障幼儿集体运动游戏活动中，首先，我们真正落实了幼儿生活及运动游戏环境场景的安全性、幼儿游戏材料的充分性。如：每次游戏场地均选择园内大操场、班级活动室等，游戏前全面检查场地内是否有安全隐患，游戏材料是否充分、适宜等，避免发生因游戏材料不足而产生的争抢；其次，结合集体运动游戏的特质及智障幼儿认知特点，我们关注集体运动游戏环境创设的生活性、情境性、趣味性、功能性，确保幼儿在间接与材料、环境的互动中，激发交往的动机。

心理环境的营造。我们更注重营造宽松、愉快的心理环境。坚持尊重幼儿对游戏的需求，在与幼儿架构同伴、朋友式的平等、友好关系基础上，用表扬、鼓励等正面教育手段，如言语激励：你是最棒的，你真行；动作激励：点头、微笑、一个拉手、一个大拇指等，积极引导、激励智障幼儿在游戏中学习合作、交往，与教师、幼儿建立联动关系，促进其交往能力的提升。

2. 实施多元手段，增进互动与交往

互动与交往能力是幼儿社会交往能力培养的重要内容，集体运动游戏开展过程中，教师可采用多种方法与手段，引导智障幼儿在游戏中增进互动与交往，提升社会交往能力。

不断丰富角色体验。角色体验是幼儿获得社会角色认知最为直接的学习方式。在引导智障幼儿参与集体运动游戏过程中，简单的角色会伴随其中，智障幼儿借助游戏情境、现场体验以及已有的生活经验，在尝试模拟、模仿角色的过程中逐步建立角色萌芽，以此为切入点，逐渐建立最初的交往意识。

积极开展同伴交往。同伴交往对于智障幼儿来讲是非常困难，但也是锻炼其社会交往能力的有效途径。在集体运动游戏进行过程中，依据游戏内容、情节，已经为智障幼儿预设、建构了一个与同伴交往互动的最佳形态。智障幼儿在特定的交往互动情境之下，通过老师的适时介入与引导、游戏内容的诱导，不断尝试与同伴间的交往，慢慢促成了与同伴间被动与主动交往的状态，随着游戏次数的增加，游戏玩法的熟练，游戏同伴的熟悉，同伴交往能力也随之不断增强。

全面推进融合活动。融合是特殊幼儿回归主流社会的最好培育模式之一。在组织智障幼儿开展集体运动游戏过程中，我们积极创建各种融合平台，为其互动与交往提供支持。如：园内融合——打乱原有班级游戏的模式，将园内幼儿按照评估结果分层分组，开展集体运动游戏；园外融合——来到普教幼儿园，在正常孩子的带动下，一起参与集体运动游戏；或者由普教幼儿或小学一年级学生来到我们特教幼儿园，共同开展集体运动游戏。除此之外，融合活动的对象也进行了拓展，从同龄人拓展到为我园奉献爱心的志愿者们——一年级小学生、成年人等，在参与不同对象、不同形式的融合活动之中，敦促智障幼儿不断突破自我，在互动交往中提升社会交往能力。

3. 关注个体差异，推进指导的有效性及针对性

个体差异是智障幼儿最明显的特征之一。幼儿园工作规程中指出："幼儿园应当充分尊重幼儿的个体差异，根据幼儿不同的心理发展水平，研究有效的活动形式和方法，注重培养幼儿良好的个性心理品质。"智障幼儿不仅具备正常幼儿年龄特点、性格等方面影响下与同龄人发展均衡的不确定性，而且还有很多方面，如智力原因、障碍情况等，显现出极不一样的差异性。为此，在集体运动游戏开展过程中，教师要尊重幼儿的差异性，细心观察每一位智障幼儿在集体运动游戏中社会交往方面的不同表现，不断分析原因，重视将生活中的社交元素带入集体运动游戏，推进对幼儿社会交往能力指导的有效性和针对性。比如吹泡泡游戏中，对A、B、C三位幼儿个体不同的差异，分别实施不同的指导策略：幼儿A——鼓励其在情境中自主学习交往；幼儿B——老师直接指导其拉手，到逐渐让其自主拉手；幼儿C——言语鼓励指导，拉手对象的改变等。通过这些个性化的指导，推进了智障幼儿在游戏之中交往能力锻炼的力度，有效地提升了社会交往能力。

七、后续研究的建议

1. 由于研究时间较为短促，涉及集体运动游戏的案例研究数量也相对有限，针对同一游戏，在引导幼儿开展的不同阶段——在实施起始阶段（第一次到第三次）、实施中期阶段（第四次到第六次）、实施巩固阶段（第七次到第十次），游

戏的玩法等内容均有不同的积累，但未能进行全面梳理，在后续研究中可进行全面梳理。

2. 通过研究，可进一步持续探究集体运动游戏与智障幼儿社会交往能力发展的关系，尝试积累有利于智障幼儿社会交往能力发展的集体运动游戏的课程内容。

参考文献：

[1] 李倩.角色游戏对智力障碍儿童社会技能干预效果研究[D].大连：辽宁师范大学，2019.

[2] 李生兰.学前教育学[M].上海：华东师范大学出版社，2006.

[3] 陈帼眉，姜勇.幼儿教育心理学[M].北京：北京师范大学出版社，2007.

[4] 杨华旭.体育游戏对轻度智力障碍儿童问题行为的影响研究[D].南京：南京体育学院，2020.

[5] 王雁，朱楠，王姣艳.智力障碍儿童社会技能训练[M].北京：北京师范大学出版社，2014（12）.

[6] 刘春玲，江琴娣.特殊教育概论（第二版）[M].上海：华东师范大学出版社，2016.

[7] 王爱军，钦一敏.上海市学前特殊教育课程指南（征求意见稿）[M].上海：上海教育出版社，2019.

[8] 王爱军，马骏.学前教育教师参考用书（试用本）运动（3～6岁）[M].上海：上海教育出版社，2009.

[9] 陈美.体育游戏促进5～6岁幼儿社会化发展的观察研究[D].长沙：湖南大学，2019.

[10] 王建平，郭亚新.蒙台梭利环境教育思想与儿童发展关系的理论建构[J].比较教育研究，2016（11）.

在户外运动中提高中班幼儿跳跃能力的实践研究

谢天慧（上海市浦东新区龚路幼儿园）

一、问题的提出

《幼儿园教育指导纲要》指出：幼儿园必须把保护幼儿的生命和促进幼儿的健康放在工作的首位。这一理念的提出，阐明了健康对于幼儿的身心全面发展起着至关重要的作用，同时也要求幼儿园开展丰富多彩的户外游戏和体育运动，培养幼儿参加体育运动的兴趣和习惯，增强体质，提高对环境的适应能力。

笔者所在幼儿园是一所体育特色幼儿园，多年来始终坚持走运动研究路线，同时园所户外运动场地宽敞，更有种类丰富、数量充足的运动器械。基于《纲要》中的发展要求，幼儿园应充分利用户外运动发展幼儿各项动作技能，其中包括幼儿跳跃能力。但现阶段在户外运动跳跃活动中存在以下几个问题：

首先，教师出于对幼儿安全的考虑，会避免幼儿做出具有挑战的跳跃动作。例如当幼儿在大型攀爬架上想要往下跳跃时，大部分教师会出言阻止，引导幼儿根据攀爬架的使用特点一步一步往下爬，直至落地。另外由于情绪、材料等多方面的影响，部分幼儿未能达到这一能力水平，尽管教师在运动跳跃区多次强调动作要领，但幼儿多以“走”“边跑边跳”的形式完成运动中的“跳跃”要求。

其次，《幼儿园教育指导纲要》指出：“用幼儿感兴趣的方式发展基本动作，提高动作的协调性、灵活性。”幼儿园户外运动的主要目标是在尊重幼儿生长发育规律的原则下，开展丰富多彩的户外运动，培养幼儿对体育活动的兴趣，同时在自身原有跳跃能力的基础上有一定提高，如尝试转身跳等技能。如今幼儿园户外运动的材料丰富、种类繁多，但是观察发现幼儿对于不同材料的感兴趣程度不一，有些材料看似有趣，但是幼儿在使用几次后就失去了兴趣。

最后，3～6岁的孩子处于幼儿期，在跳跃活动中跌倒或落地不稳等现象时有发生。针对这一现象，家长尤为担心、忧虑。为了防止这一情况的发生，家长往往对幼儿过度保护，在幼儿萌发跳跃兴趣或者当幼儿想要从较高的地方跳下时立马阻止，忽略了幼儿对于“跳跃”的兴趣。

二、研究概况

（一）研究目标

通过观察中班幼儿在户外运动中的跳跃表现，撰写关于中班幼儿跳跃能力的现状报告，分析中班幼儿不同跳跃能力的成因，并研究出提高中班幼儿跳跃能力的教师及家长指导策略，完善幼儿园户外运动材料的投放，进一步促进中班幼儿在原有跳跃能力水平上的提高，同时激发中班幼儿在户外运动中对跳跃的兴趣。

（二）研究内容

1. 当前中班幼儿跳跃能力现状调查研究。选取幼儿园28名中班幼儿，观察中班幼儿在户外运动中跳跃技能的表现情况。

2. 分析影响中班幼儿跳跃能力的因素。利用访谈法，了解影响中班幼儿跳跃能力的因素，教师指导、家庭培养等，寻找有效的幼儿园户外运动指导策略。

3. 具体分析不同能力水平的幼儿在跳跃活动时对哪些器材感兴趣，采用何种方法提高幼儿跳跃兴趣，并对这些方法进行总结和归纳，探索出适合不同能力幼儿的运动器械组合形式。

4. 探索提升中班幼儿跳跃能力的途径和方法，通过实践找到促进中班幼儿不同跳跃动作成功完成的途径，包括教师在动作技能方面的指导方法以及合理投放跳跃材料。

三、研究实施

（一）了解中班幼儿在户外运动中跳跃活动的现状

作为体育特色幼儿园，我园在户外运动中投入了大量的精力与时间进行实践研究。中班作为3～6岁学龄前承上启下的阶段，如何运用正确的适应中班幼儿年龄特点的教学手段和方法以及家庭教育方法激发中班幼儿对于跳跃动作的兴趣，让他们轻松愉快、自主地参与到户外运动中来，需要我们去调查、探寻和研究。通过对中班5名教师、中三班28名幼儿及家长进行调查，利用文献资料法、访谈法、收集分析法，可以发现：

1. 中班户外运动的特点

（1）户外运动中跳跃类材料种类丰富，可替代性强，适宜中班幼儿发展跳跃能力

在户外运动中以技能划分场地，跳跃区的材料丰富，种类繁多，并且具有清晰的年龄特点区分。中班幼儿常用的材料有栏架、轮胎、呼啦圈、布袋；自制类的材料有牛奶盒等。在进行跳跃活动时，幼儿以及教师可以调整材料，如中班幼儿可以根据自己的跳跃能力选择不同高度的栏架、调整牛奶盒的距离位置等，教师可以运用多种材料组合创设跳跃闯关路线，提高中班幼儿的参与度。

（2）跳跃区体现中班幼儿较强的互动性与配合度

以班级为单位开展户外运动，中班幼儿的跳跃能力在一个班级内也各有差异。中班幼儿在运动时自由结队或独自运动，能力强的幼儿会向其他幼儿传授跳跃的动作经验。在中班第一学期刚刚开始使用“跳山羊”的器材时，大部分幼儿由于没有接触过，所以不知道如何利用这个器材进行跳跃。有的幼儿会在助跑后选择绕开；有的幼儿会直接爬上踩过去；而个别幼儿在家中以及社区接触过这类器材，已经获得了一些经验，他们就会主动排在队伍的前面，为其他幼儿进行动作示范。同时幼儿之间互相配合，在连续跳跃的区域有序跟进，不争抢，遵守基本的户外运动规则。

2. 中班户外运动的基本组织形式

（1）分散运动

分散运动是在二期课改以后，幼儿对于活动的主体性和主动性高度强调的前提下，作为一种最接近于游戏本质的运动形态而慢慢出现的。在分散运动中，中班幼儿能充分地体现出“自主意识”——自主、自发、自由。在这类户外运动组织形式中，运动是尽可能以低结构的组织形态出现的，幼儿可以自由选择玩伴、材料、区域、方式、持续时间，也可以随意更换或终止，十分受中班幼儿的喜爱，同时也更能带动运动技能的发展，在跳跃区也是如此。

在跳跃区以爬行垫、呼啦圈、栏架、轮胎、羊角球、弹跳鞋、跳山羊等材料作为区分，有清晰的路线与区域划分，中班幼儿可以在户外运动中自由分散选择区域进行跳跃活动。为了鼓励幼儿坚持运动，教师会在运动前提醒幼儿，尽量不

要在每条“道路”的中途停止运动，有始有终完成后，再进行另外一条“道路”的挑战。

（2）分层运动

中班幼儿在跳跃能力发展的过程中存在不同的生理、心理及个体差异。根据中班幼儿不同层次水平的跳跃能力，教师在规划区域、创设运动情境、投放材料、组织方法上应符合中班幼儿实践的可能性，分层组织、分层指导、分层评价，使每一个幼儿都能在原有的基础上得到完善与提高。

以栏架为例。栏架的高度有所不同，当教师巡回指导中发现能力较弱的幼儿面对栏架不敢尝试或者连续失败时，教师会适时介入，调整栏架的顺序，将较低的栏架放在前面，根据幼儿实际情况将较高的栏架放在后面或去除较高的栏架，鼓励幼儿进行挑战，并在完成跳跃后给予幼儿信心。以跳山羊为例，中班幼儿对支撑跳跃的形式十分感兴趣，不同跳跃能力幼儿的参与度都较高。教师在过程中会根据幼儿能力进行不同的指导以及材料调整。力量较大、助跑跳跃能力较高的幼儿，教师会以动作要领、安全问题为指导重点；能力较弱的幼儿，教师会以篮球置于轮胎上作为跳山羊的材料替代，降低了难度，但是满足了中班幼儿对这一跳跃动作的兴趣。

3. 中班户外运动中的跳跃活动的指导方法

（1）以语言传递信息为主的指导方法

在户外运动开始前，教师利用集体谈话的方式向幼儿进行跳跃区材料摆放的提示，讲清动作要领以及安全事项，以指导幼儿学习和掌握跳跃技能的一种方法。这个过程有5～8分钟，教师针对班级整体跳跃能力表现进行的指导，不会针对某一幼儿的情况进行指导讲解。

（2）以情境为主的跳跃指导方法

在幼儿园户外运动中，教师应该综合地利用各种要素来创设情境，开展丰富多样、生动有趣、适合中班幼儿年龄特点的跳跃活动，使体育教育活动融入情境，从而具体化、形象化，充分调动起中班幼儿跳跃的兴趣。

教师在户外运动中每一个区域创设情境，如多个爬行垫垒高跳跃叫“翻山越岭”；呼啦圈、轮胎以及栏架作为障碍物，同时以小背篓、蔬菜水果作为辅助，创设小动物运水果/蔬菜的情境；利用跳袋进行跳跃活动时，会引导幼儿进入袋鼠跳、青蛙跳的情境中，等等，赋予中班幼儿角色，模仿袋鼠、青蛙等动物形象的标志性动作，在角色的情境下完成跳跃基本动作的练习。教师需要注意的是，要时刻引导幼儿保持角色意识，坚持角色行为。只有规范幼儿的角色动作，才能很好地完成预定的技能目标，让中班幼儿通过生动并且充满童趣的户外运动提高跳跃能力以及参与兴趣。

（3）教师有效的观察提高中班幼儿的跳跃能力

著名教育家陶行知先生说："教育为本，观察先行。"如果教师在没有仔细、连续观察基础上对幼儿的跳跃技能进行指导，指导的有效性就会大打折扣。部分教师觉得户外运动，只要幼儿玩得开心，能够运动起来，并且注意安全就行。其实不然，教师作为观察者、指导者，观察的不仅仅是中班幼儿跳跃动作的表面现象，更重要的在于研究、总结中班幼儿行为出现的原因，随后采取适宜的教育措施，为他们的跳跃能力发展铺路搭桥。

在户外运动中，教师不仅要为幼儿提供各种跳跃的机会与条件，让中班幼儿运用自己的经验参加跳跃活动，参加锻炼，而且要注意在过程中，中班幼儿对自身能力的估计、自己的实际经验、对危险的预判会有偏差，在任何时候，都需要教师去关注他们。

（二）影响中班幼儿户外运动中跳跃能力的因素

1. 教师在户外运动中过度强调安全，抑制中班幼儿的跳跃兴趣

案例1

教师在户外运动中十分关注中班幼儿自主摆放、调整材料进行活动。昊昊利用多个轮胎组合进行跳跃活动，大部分中班幼儿可以从一个轮胎或两个轮胎叠放的高度跳跃到平地，昊昊与他的同伴在重复多次从轮胎上跳跃的活动后，开始对材料摆放进行创新、探索，他们想要将三个轮胎叠放，然后从三个轮胎的高度跳跃而下。昊昊尝试了一次成功后想要吸引更多的同伴进行跳跃，教师发现并进行干预，告诉昊昊三个轮胎叠放不稳固，从这个高度跳下会有危险，不可以这样摆放材料了。

对于教师而言，站在保护幼儿的角度考虑，安全是重中之重。目前教师队伍中仍缺乏正确的体育指导方法。另外，幼儿园班级人数较多，教师在户外运动的过程中就采取保守的状态，忽视中班幼儿的好奇心与好动的天性，让幼儿少参与、不参与运动强度大或"危险"的跳跃活动。幼儿在这种保守的环境中，很少

有机会挑战自我，长此以往，幼儿的自信心、成就感就没有被激发出来。

2. 幼儿园户外运动区域区分明显，限制了中班幼儿动作技能的适时发展

案例2

在攀爬区运动时，中班幼儿对于攀爬网的兴趣较高，很多幼儿喜欢爬到网的最高处，然后再爬下来。当中班幼儿爬到网的中下部分时，因为跳跃能力有所发展，幼儿喜欢直接跳到平地上。这时候在攀爬网处观察的教师就会告诉幼儿要一步一步爬下来，跳下来太危险了，一是容易受伤，二是会撞到其他幼儿，而没有考虑到从攀爬网的较低处跳下是中班幼儿“力所能及”的事情。

幼儿园运动分区也是比较均衡的，有跳跃区、攀爬区、平衡区、玩球区等，每个区域都体现了较为明显的动作技能要求。教师在户外运动指导的过程中也有一定的侧重点，当幼儿在平衡区、攀爬区运动时，教师会在过程中无意识地限制中班幼儿其他动作的发展。

3. 材料对于中班幼儿的吸引力不够，导致使用率不高

案例3

通过连续三次在跳跃区观察发现，中班幼儿对于材料的使用情况出乎教师的意料与预设，呼啦圈与轮胎等的组合看似一高一低，具有跳跃挑战也比较有趣，但是中班幼儿在户外运动中选择此区域进行跳跃活动的次数只有1～2次，只有在教师的多次引导下才会再次尝试。聚集幼儿较多的是“翻山越岭”与羊角球的区域，“翻山越岭”是由8～9块爬行垫垒高，幼儿从一侧助跑攀爬到顶部，然后由高处跳跃到较低的爬行垫上。另外，中班幼儿在户外运动中会5～6名幼儿结伴一起玩羊角球，大家比赛谁跳得高，能力强的幼儿会用羊角球进行身体碰撞的比赛，看谁先从羊角球上掉落。

教师在投放材料时会忽视幼儿的感受，同时也不善于根据中班幼儿的临场表现变换材料的投放形式。通常在一次户外运动中材料的摆放是一成不变的或调整较少，不利于激发中班幼儿对户外体育的参与热情，同时也会出现案例中幼儿人数分布不均的情况。

4. 家长育儿观念的差异导致中班幼儿跳跃能力发展不同

通过访谈发现，父母双方均为双职工的幼儿占绝大多数，平时接送都由祖辈家长负责。出于对幼儿的保护和安全性方面的考虑，父母尤其是祖辈家长会在幼儿出现一些有安全隐患或者危险动作时第一时间阻止，如在楼梯上蹦跳、在台阶处上下跳跃等。如果幼儿因此受伤，那么家长通常都会说“叫你不要这样跳来跳去了，这下你看，受伤了吧，下次还跳吗”等负面的话语。这样一来，无形中打击了中班幼儿好动的天性，也抑制了他们跳跃的兴趣。

另外，也有“放手式”教育的家长，在平时户外活动中，鼓励幼儿尝试，忽略了中班幼儿在跳跃时的接受能力。当幼儿处在明显较高的地方或者距离很大的障碍前也引导幼儿挑战跳跃。当幼儿在完成动作产生不适后，如过高的高度跳跃而下会让双脚感觉不适以及跨跳距离过大障碍失败后，落地摔跤的剧烈疼痛，等等，也会打击中班幼儿在跳跃方面的兴趣。

（三）户外运动中提高中班幼儿跳跃能力的方法

1. 完善中班户外运动中跳跃活动的组织形式

重视户外运动跳跃活动前的热身：热身运动从字面看就是能使幼儿身体热起来的运动。热身运动是一切体育运动之前必备的环节，是某些全身活动的组合。在主要身体活动之前，以较轻的活动量，先行活动肢体，为随后更为强烈的身体活动做准备，目的在于提高随后剧烈运动的效率与安全性，同时满足中班幼儿在生理和心理上的需要。然而，部分教师在组织户外运动时，比较忽视这一环节。

在具体的户外运动中，幼儿哪个部位的关节使用频率较高、较强，在运动开始之前就应增加这一部位的热身程度。以跳跃活动为例，教师引导中班幼儿在运动前进行小幅度的跳跃，可以单脚跳、双脚蹦跳或者小范围的跨跳。过程中教师可以用语言指导幼儿在之后的运动中的安全问题，以及个别动作的技能要求。

教师在户外运动的作用：在户外运动中，幼儿由于剧烈运动造成的磕磕碰碰在所难免。在跳跃活动中，如果幼儿由于意外因素导致身体碰擦，轻微受伤，从而情绪低落不想尝试的情况出现后，教师应该对幼儿进行个别调查，及时找到问题所在，是幼儿自身问题还是材料摆放不适应等，及时排难释疑，重新调整跳跃材料摆放，帮助幼儿建立信心，激发兴趣，重新融入运动中。

在户外运动中，通常都是两名教师与一名保育员“三位一体”兼顾幼儿在运动中的情况。跳跃区的运动量总体较大，中班幼儿在运动一段时间后就已经满头大汗，保育员在此时适时介入，提醒幼儿擦汗、喝水并休息，以便在接下去的时间内能够更好地参与跳跃活动，避免造成身体不适、运动量过大的情况；两名教师互相配合，一名教师兼顾全班，观察班级整体的跳跃能力是否达成，另外一名教师则对个别幼儿进行指导，通过分层指导使每个幼儿都能在自己原有的水平上有所收获。

2. 根据中班幼儿跳跃兴趣，及时在户外运动中进行针对性指导

中班幼儿在跳跃活动中兴致正浓，并且积极探索材料的不同跳跃玩法时，给予幼儿充分的跳跃时间后，可以适时介入进行技能的传授。必须以中班幼儿年龄及心理特点为基础，切忌“一刀切”否定中班幼儿的跳跃动作如高处跃下、在平衡板上原地跳跃，等等。教师应在保证幼儿安全的前提下，尊重幼儿的兴趣点。中班幼儿喜欢从高处跳跃，询问几名幼儿得知他们觉得这样很刺激，教师可以适时告诉幼儿落地时膝盖微微弯曲能够起到缓冲的作用等，并且利用爬行垫作为辅助材料，保证跳跃时的安全性。又如案例1昊昊想要从三个轮胎的高度往下跳，并且第一次挑战成功了，说明昊昊的这一技能已经达到了这个水平，那么教师可以在介入时让幼儿了解如何在高处跳跃而下保证自身安全，同时在下一次运动前可以将三个轮胎事先叠放并固定好，作为运动的材料，以便跳跃能力较高的幼儿选用并进行挑战。对中班幼儿，教师还可以根据户外运动幼儿表现出来的典型问题，大胆放手，引导幼儿思考应该如何跳跃、能不能在这个情况下跳跃，如何预判危险等，并在户外运动中认真执行，互相监督，以有效增强中班幼儿的自主性。

3. 基于探索，投放适宜中班幼儿跳跃的材料

（1）跳跃活动中的一物多玩

在户外运动中，为中班幼儿提供多功能的材料，能调动幼儿的主动性、积极性和创造性。充实和丰富游戏化的户外运动，为幼儿身体的全面锻炼提供了条件。由于幼儿的发展水平有所差异，让幼儿能够根据自己的能力选择相应的玩法，让每一个幼儿都能够体验到成功的喜悦。

例如“跳布袋”跳跃活动中，教师通过创设“冒险岛”情境，引导中班幼儿利用布袋进行一物多玩的跳跃活动。

活动中有用身体各部位玩玩布袋——利用布袋原地跳跃——布袋作为障碍进行跨跳——钻进布袋跳过障碍几部分。在实践中发现：第一，活动目标应该紧紧围绕动作技能的要求，要有针对性，其中“锻炼上、下肢的协调”与跳跃不符；第二，活动想要体现的是布袋的不同玩法，幼儿参与度较高，但是布袋作为荷叶在活动中不太适宜作为障碍物，与科学常识不符，同时与活动重难点中的“高度与宽度”不匹配，可以利用小青蛙跳荷叶这一形式展开；第三，活动第二环节中的“玩玩布袋”与本次体育活动不符，没有起到“跳跃”动作的铺垫作用，此环节建议可以从运动量由低到高考虑，一开始，可以让幼儿在荷叶上进行小幅度的跳跃，例如单脚跳；第四，本次活动的游戏内容过多，幼儿在进行了较多游戏后，运动量达到了，也很累，但是对于跳跃没有收获一定的技能经验，通过本次活动是否达成了目标，在本次活动中是没有体现的。教师将活动的内容调整为小青蛙跳跳跳（自由跳跃）——原地向上跳——跨跳障碍——连续跨跳，布袋既作为幼儿原地跳跃的道具，又做了连续跨跳中不同难度的障碍。

（2）根据中班幼儿的兴趣制作和改进户外运动的跳跃材料

有趣的户外运动材料会引发幼儿跳跃的积极性，当然，这也需要教师的细心观察及时发现。如案例3中，教师发现中班幼儿对于呼啦圈与轮胎的兴趣较低，大部分幼儿都十分喜欢羊角球。针对这一现象，教师与幼儿在运动后的集体讨论中商量对策，中班幼儿在过程中积极思考，提出了许多好办法，如：将轮胎、呼啦圈作为障碍，幼儿可以一边玩羊角球一边绕障碍；还可以将呼啦圈、羊角球、轮胎变成闯关的一条道路，只有完成“跳房子”（呼啦圈）的挑战才可以玩羊角球，羊角球前进到底就是轮胎的挑战。在实践的过程中，教师根据现有场地的分布情况，将呼啦圈与轮胎围成圆形，羊角球放在圆形场地中间，引导幼儿由外至内进行跳跃活动。当中间的幼儿玩羊角球的时候，外圈的幼儿也十分乐意进行跳房子等游戏，幼儿之间的互动也增加了。

中班幼儿在创设池塘情境后，知道小青蛙喜欢跳荷叶，教师进行提问：“什么材料可以作为荷叶呢?”幼儿的回答各不相同，有纸张画荷叶放在地上、购买仿真荷叶以及用布裁制，等等。根据户外运动塑胶场地的现状，考虑跳跃材料需要一定的防滑性，教师与幼儿利用无纺布共同制作了“荷叶”，用绿色、深绿色的无纺布剪裁成荷叶的形状，再由幼儿画上荷叶的茎，操作简单适合中班幼儿，投放在户外运动中，将自制荷叶间隔摆放，幼儿进行跨跳活动，幼儿的参与度也较高。

4. 家园合作开展亲子跳跃运动

运动锻炼对于幼儿成长的意义大部分家长是清楚的，越来越多的家长也会在幼儿中班时期就报跆拳道、空手道、篮球班。但是，这不是督促孩子运动锻炼的好方法。因此，教师经常呼吁家长们，一定要正视孩子的运动锻炼，并好好把握住每个黄金期。除了幼儿园通过户外运动提高中班幼儿的跳跃能力之外，家庭、社区也有较多可以利用的户外资源，帮助幼儿提高跳跃能力，不同的是指导者由教师变成了家长。只有当家长掌握科学的育儿方法，才能在家中与幼儿开展有趣、有效的亲子跳跃运动。

通过家园沟通，家长会、个别交谈等方式，让家长知晓本班幼儿或个别孩子在跳跃方面的弱势。以中三班为例，教师会通过家长会，以图片、视频等形式告诉家长本班幼儿在跳跃能力方面有所欠缺：班级大部分幼儿单脚连续向前跳一段距离的跳跃能力有待提高，具体表现在大部分幼儿面对栏架、呼啦圈、轮胎等材料时，往往会忽略了跳跃的动作要求，会以“边走边跳”“双脚交替，边跑边跳”代替“单脚连续向前跳”的要求，导致单脚连续向前跳以及双脚并拢跳一定高度的能力有所欠缺，在本学期针对这一情况，有意识地继续培养幼儿的跳跃能力。

首先针对这一弱势，教师会先向家长反馈在幼儿园会做哪些调整，如在“跳跃区”提供了较为丰富的材料，牛奶盒、栏架、弹跳鞋、布袋等，激发幼儿的跳跃兴趣，鼓励幼儿大胆尝试；也会在运动中有意识、有针对性地对幼儿进行指导（可以利用牛奶纸盒横放、竖放、叠放适应不同能力的幼儿）。

其次，教师向家长明确中班幼儿要能单脚连续跳5米左右，还要能连续跨跳一定距离、高度的物体，建议家长可以利用自制材料或者废旧材料进行亲子跳跃运动。

（1）跳圈圈：家长可以利用社区或者空旷的场地，在地上画出各种颜色的圆圈，让幼儿按指令跳进红色或绿色圈子里；还可以连续向前跳。过程中，家长可以参与其中。

（2）勇敢的小兔子：爸爸或者妈妈当大灰狼，蹲在一旁，孩子扮演小兔子自由自在地跳来跳去。当“大灰狼”出现时，“小兔子”要跳过连续的障碍物回家。家长们也可以像幼儿园一样，利用牛奶盒、呼啦圈这类材料，作为障碍物或者“安全阵地”，提供给幼儿一个适宜跳跃的环境。

（3）小袋鼠找妈妈：爸爸/妈妈扮作袋鼠爸爸/妈妈，孩子扮作袋鼠宝宝，配合轻松的音乐。音乐响起，袋鼠爸爸/妈妈和小袋鼠可以在空旷的地方跳一跳，当音乐停，袋鼠爸爸/妈妈喊“袋鼠宝宝回家啦”，小袋鼠跳回到爸爸妈妈的身边。

美国的罗恩·伊克医学博士指出：“让孩子参加运动锻炼本身是不能够告诉、教育孩子运动锻炼是非常重要的。”只有当家长尤其是爸爸通过本身的运动锻炼行为和对待运动锻炼的态度来树立良好的榜样，并且陪伴孩子一起进行身体锻炼时，孩子们对于运动锻炼的认知才会受到真正的影响，才会真正明白他们进行运动锻炼的目的，以及他们应该要在运动锻炼上达到的目标。指导家长进行亲子跳跃运动也是如此。

四、研究成效

（一）通过实践研究，能够对一些户外运动跳跃材料进行有效的组合、调整

随着课题的开展，教师在户外运动中对于已有材料的把控有了一定的思考，能够在观察中班幼儿跳跃行为之后进行调整。如果是较多材料进行组合调整，教师也会指导幼儿共同完成，改变了以往在户外运动时间内材料摆放完成后基本不变的状态，尽可能做到所有材料都“物尽其用”，全方面发展中班幼儿的跳跃能力。

教师在材料投放的过程中，还需要进一步学习。通过教研、理论学习等形式投放以及自制更多中班幼儿感兴趣的户外运动跳跃材料，进一步激发中班幼儿的跳跃兴趣，为大班的跳跃难度提升做好准备。

（二）教师在户外运动中针对中班幼儿跳跃活动的观念有所转变

在开展户外运动中，教师逐步形成了以幼儿为主体的教育观，努力建立平等的师幼互动关系，用关怀、接纳和尊重的态度对幼儿的跳跃行为表现和情感反应做出及时的反馈。比如对幼儿高难度的跳跃动作以及不断尝试后的成功表现做出赞扬：“你成功地挑战了这么远距离的跨跳，真棒！”“你不仅仅能够连续跳跃，还能保持身体平衡，真厉害！”这种积极的反馈对中班幼儿来说是一种正强化。在具有支持性的户外运动氛围里开展和组织跳跃活动，更有利于中班幼儿跳跃能力的提高。同时，教师还能用恰当的肢体语言接纳幼儿的错误并耐心地指导，如当幼儿遇到困难或不小心磕碰到了，教师会用一个轻轻的拥抱、轻抚幼儿的肩膀或背部、摸摸幼儿的额头，及时给予幼儿鼓励，给幼儿继续跳跃挑战的勇气。

（三）围绕中班幼儿运动技能的家长育儿观有所转变

家长方面，通过教师与家长的多次沟通，从家长反馈中了解到，多数家长愿意抽出时间与幼儿进行跳跃小游戏，准备的材料也都不复杂，规则简单，家长们表示中班幼儿表现出的跳跃能力与他们预期的不同。部分家长也会主动查找专业运动指导方法与教师交流，积极在家里开展科学的幼儿跳跃技能指导。个别能力强的幼儿已经可以和家长配合开展亲子跳绳活动，爸爸或妈妈拿绳子与幼儿面对面，家长说“跳”的时候幼儿立即向上跳跃，配合完成跳绳。

幼儿户外运动对中班年龄段幼儿的身心健康发展以及跳跃技能的提升有着十分重要的作用，故教师在有限的户外运动时间内，要不断思考拓展指导思路，以《3～6岁儿童学习与发展指南》为目标，持续不间断地提升中班幼儿的跳跃能力，为中班幼儿的终生发展奠定基础。

参考文献：

[1] 李江.幼儿园户外区角运动环境设计与运动[D].荆州：长江大学，2005.

[2] 许卓娅.学前儿童体育[M].南京：南京师范大学出版社，2003.

[3] 谌铜平.幼儿园体育特色课程实施的个案研究——以杭州市X区J幼儿园为例[D].金华：浙江师范大学，2013.

[4] 聂莲.户外体育活动区的环境创设[J].教师博览：科研版，2016.

[5] 马丽阳.3～6岁幼儿运动核心经验发展现状研究——以“跳”的运动学习为例[J].成都：成都师范学院学报，2017.

[6] 孟祥芝，谢利苹.幼儿动作发展与动作抑制研究[J].心理发展与教育，2004.

[7] 谢晨燕.北京市朝阳区幼儿园体育器材现状及发展建议研究[D].北京：首都体育学院，2010.

[8] 张晔.上海市幼儿园体育特色的调查与研究[D].上海：华东师范大学，2005.

[9] 李海涛.幼儿园体育活动内容的研究[D].金华：浙江师范大学，2012.

[10] 陈月文.幼儿园户外活动质量与儿童动作发展的关系[J].学前教育研究，2013.

易被忽视型幼儿的早期表现及教育策略

倪佳燕（上海市浦东新区六团幼儿园）

在日常的教学活动中我们通常会感受到性格内向、遇事退缩、沉默寡言的幼儿更容易被教师和同伴忽视。观察这类幼儿的行为，使教师和家长准确了解被忽视幼儿的早期表现。分析该类幼儿的行为特征，对其教育提出对策，适如其分地供给他们有利于心理健康成长的养分，促进幼儿的身心健康发展。

一、多层面分析，寻找易被忽视型幼儿行为成因

通过前期问卷调查，发现每个班级都存在易被忽视型幼儿，且这一群体的人数占班内总人数的比例在29%左右。

对教师的访谈及易被忽视型幼儿家长的抽样访谈进行数据分析后，我们寻找到了易被忽视型幼儿的成因。

（一）自身因素——幼儿本身性格的影响

部分易被忽视型幼儿性格内向，不爱表现自己，在集体面前隐蔽自己的存在，有天性的关系，也有遗传因素的影响。这部分幼儿因天性导致自己易被忽视状态是由于自身因素的影响。

（二）外界因素——他人态度关注的影响

部分幼儿是由父母在家庭中的教养方式为前因，上幼儿园后因为教师和同伴对其的态度影响，又缺少教师及时的干预，使情况恶化，最终形成被成人及同伴忽视的状态。

1. 家庭教育的氛围及教养方式

家庭中父母的性格气质、教养方式和家庭氛围对幼儿的性格、行为和社会交往能力有一定程度的影响。通过家长访谈分析，发现父母的行为和创造的家庭氛围是诸多影响幼儿被忽视状态的潜在因素。

如果父母性格属于黏液质或抑郁质，他们平时对生活缺乏兴趣，这种心境自然会弥漫到幼儿心中，从而使幼儿缺乏对身边事物的好奇感，变得沉默寡言。

如果父母比较偏执，对幼儿的话语表现出不信任，猜忌孩子的善意，过于约束和限制孩子的行为，家庭氛围就会紧张和敌对，造成孩子遇事总是有所顾忌，缩手缩脚，幼儿渐渐变为怯懦，做事小心谨慎，缺乏自信。

如果缺乏父母陪伴，幼儿从小被家长独自关在家里，鲜少与人接触，幼儿的社会交往能力也会因得不到锻炼而惧怕与人交往。

2. 教师给予的关注及重视不够

通过访谈发现，教师会将大部分注意力集中在受欢迎型、被拒绝型幼儿身上，少部分注意力放在矛盾型幼儿身上，极少关注易被忽视型幼儿。生性好动、活泼开朗的孩子在与教师的社交活动中，自然会引起教师更多的注意，教师在集体教学活动中就更愿意把发言的机会给爱说、愿意说的幼儿。对于易被忽视型幼儿，由于他们平时表现安静沉稳，在各项活动中很少发出自己的声音，是教师不用为之“操心”的幼儿，因此，教师极少把注意力放到这些幼儿身上，给他们表达自己见解的机会少之又少。在恶性循环之中，易被忽视型幼儿交往的主动性降低，消极情绪增加。

3. 同伴交往的缺乏及被动过多

同伴关系也是影响易被忽视型幼儿形成的关键之一。如独生子女在上幼儿园前期极少接触同龄人，比如被关在家中教养或者家周围没有适龄的同伴一起玩耍，那么孩子就缺少和同伴交往的机会。在进入幼儿园后因不知如何与同伴交往而处于被动交往状态。被动交往是易被忽视型幼儿的表现之一，如果大多数同伴对这名幼儿持忽视态度，不与之交往或游戏，他就会越来越感觉到自己处于整个班级的边缘状态，在群体交往和双向交往中变得更加笨拙和过分敏感，不愿意与同伴交往。

以上即是我们通过对家长和教师两方面的访谈结果汇总分析后，所寻找到的易被忽视型幼儿形成的因素。

二、多方面观察，了解易被忽视型幼儿早期表现

运用观察法从生活、运动、学习、游戏四方面观察易被忽视型幼儿在一日活动中的行为特征，以此来寻找易被忽视型幼儿的共性行为，总结出该类型幼儿的早期表现。

（一）生活中乖巧安静——多自理少冲突

此类幼儿在生活中表现为乖巧、沉稳、能动手做力所能及的事；在交往中不会主动，面对他人的交往会表现出拒绝退缩；从不寻求老师或同伴的帮助。因而他们在生活中存在感较弱，不易引起教师和同伴的注意。

此类幼儿不擅长与他人交往，他们平时很安静，常常独处或独自活动。如在自由活动中总是独自一个人摆弄自己的玩具，从不与他人主动交往，他们会拒绝其他幼儿与之交换玩具，对于同伴的邀请充耳不闻。在交往中经常表现出退缩或畏缩，也从不会出现攻击性行为，因此在他们的身上极少发现同伴冲突。就算发生同伴冲突，此类幼儿也会表现出默默承受、不反抗不求助的状态。

（二）运动中特立独行——多独行少挑战

易被忽视型幼儿的运动量通常都不大，喜欢拿着运动器械独自摆弄，他们极少参与具有挑战性的运动器具，甚至很多孩子经常性坐在一边只是看着，不参与运动中去。

例如尚尚，每当运动活动开始，当其他幼儿都在操场上使用运动器械分散运动时，唯有他还是坐在一边，不说话也不参与到运动中。又如琪琪每次运动时并不和伙伴们一起，而是喜欢拿着运动器械独自蹲在一边，有时是拿着绳子反复地绑住某一物体，有时候是将沙包或其他小型材料堆叠在一起。

相比较其他幼儿三五成群地一起运动，这类幼儿更多地表现为独自摆弄运动材料或者干脆呆呆地坐在一旁。对于坐在一边并不参与运动的幼儿，每当老师说：“我们一起去玩，好不好？”或者将布球抛给他们“接住”时，他们往往“无动于衷”地坐在一边不愿站起身。这些孩子的“独”和其他爱玩爱跑的孩子形成了明显的对比。

（三）学习中畏惧表现——多守纪少发言

易被忽视型幼儿在被老师请到回答时，通常表现为站起来的速度较慢，表情痛苦，目光呆滞，回答问题的音量很小，语言组织磕磕绊绊，表现得非常不自

信，更有甚者只是低头站着，丝毫不愿开口说话。虽然这类孩子害怕在集体面前表现自己，但是他们在课堂上的倾听习惯相当的好，不会出现与别人打闹或者坐不住椅子的现象。

幼儿园集体教学活动都是由幼儿自由选择座位，通过观察发现易被忽视型幼儿更倾向于选择靠近两侧且偏后排的位置。在与同伴发生座位矛盾时，易被忽视型幼儿会主动谦让，这部分幼儿非常遵守课堂秩序，但他们对于老师的提问往往不爱举手发言，不会像其他类型的幼儿那样，一边高举手一边喊着“我、我、我”，更不会在不经教师允许下直接大声回答某个问题。

如小班的烁烁，每次听到老师叫自己的名字都会紧张得发抖，更不用说是回答问题了。集体教学时间并不长，因此老师能够给孩子等待的时间也有限，往往会留给孩子一句：“还没想好是吗？坐下再想想！”久而久之，教师会更容易下意识地忽略这种类型的幼儿，减少对易被忽视型幼儿提问的次数甚至不提问，形成一个恶性循环。

又如琪琪，她在集体教学活动中举手是较为积极的，几乎每一次老师的提问都会把手举得很高，但是无一例外每一次琪琪都是沉默以对。面对琪琪的沉默如没有立刻让琪琪坐下，琪琪就会哭起来。琪琪是想回答问题的，但是她不敢在集体面前回答问题。当琪琪站起来的那一刻，当老师和同伴们的目光集中到琪琪身上时，琪琪开始退缩了，失去了举手时的勇气。琪琪害怕在集体面前表现就是琪琪用哭来面对的原因。

（四）游戏中缺乏兴趣——多被动少交往

易被忽视型幼儿通常不会积极主动参加游戏，这类型的幼儿往往会独自坐在椅子上，不参与到角色游戏中。在教师多次鼓励的情况下往往选择一些普通角色甚至背景角色，即不需要过多的与同伴进行语言的沟通交流，在整个活动期间处于被动地位，并且不容易被教师和同伴注意到。相对于互动游戏，易被忽视幼儿更愿意选择独自平行游戏。例如在玩沙、结构室等游戏时表现为独自在角落里摆弄材料。在游戏中易被忽视型幼儿通常会选择某个安静的角落独自玩耍，或者看同伴游戏。当有其他小朋友向他发出共同游戏的邀请时，他们会出现片刻的欣喜，希望引起同伴的注意，但也会表现得紧张不安、躲躲闪闪。

易被忽视型幼儿经常表现为胆小孤僻，对交往性的游戏活动缺乏兴趣。他们不仅在角色游戏中缺乏交往，更有甚者不参与到角色游戏中。即使参与到游戏中，在他们身上表现出的交往行为也极少。

三、多方位行动，制定有效的教育策略

首先制定并实施教育策略，其次运用个案研究法、行动研究法收集有效的教育策略。

（一）亲近关怀，走近幼儿

易被忽视型的孩子由于长时间不和同伴交往，他会慢慢地封闭自己，不愿和任何人打交道。因此，我们要经常性地给孩子一个吻或是拥抱。例如，在孩子们离园前的整理衣服阶段，给每一个孩子一个拥抱并且轻轻地在孩子耳边说："老师最喜欢你了！"或者亲亲孩子的脸颊，轻轻地说："老师最爱你了！"长此以往，易被忽视型的孩子在平时偶尔会突然抱住老师或亲吻老师，可见这样的方式能让孩子们感觉到老师喜欢我，老师很重视我，从而打开心扉，开始学着向老师表达自己的喜爱之情。

除了肢体动作，还可以用语言来拉近老师与易被忽视型幼儿之间的距离。例如晨晨就是一个这样的小朋友，利用放学后等待的时间，我们采用寻找晨晨感兴趣的话题和晨晨聊天来让晨晨愿意和老师交流。话题就从孩子最熟悉的家人开始，渐渐地孩子不再是一问一答的方式回答我的问题，而是在我的引导下开始主动表达，并且越说越开心，有一次我们聊了半个小时左右，直到孩子的妈妈来接才结束话题。就是从那一次聊天之后，孩子开始愿意和老师沟通了，上课的时候也开始愿意回答老师的问题了。渐渐地晨晨从一个易被老师、同伴忽视的幼儿转变为积极举手的孩子，在班内开始崭露头角。

（二）鼓励赞美，树立自信

易被忽视型幼儿通常缺乏自信，因此，我们需要通过鼓励和赞美，帮助此类幼儿树立自信。幼儿会通过成人的评价以及自己的行为、能力与别人的行为、能力作比较来给自己定位。当他们的情感、认识在群体中得不到响应或认可，尤其是得不到教师、同伴的重视，他们就会甘当群体的被忽视分子。每一个孩子都希望得到别人的关注，易被忽视型的幼儿也是如此。受欢迎型幼儿会主动问："老师你看我画的画漂亮吗？""老师你看我刚买的新衣服好看吗？"而易被忽视型的幼儿则只能静静地看着，静静地听着。其实在他们内心里也特别希望老师来和他交谈，特别希望老师的目光能在自己的身上多停留一会。因此，我们在赞美幼儿时千万不能遗忘那些易被忽视的孩子。另外，由于易被忽视幼儿的优缺点不突出，

如果教师以模糊性的语言进行评价如“还可以”“一般”，就容易使幼儿误会。因此评价要正确而有针对性，“你能行，老师相信你能做好的”！也是较好的激励方法。

即使孩子表现不突出，也可以创造出表扬孩子的条件，鼓励幼儿回答显而易见最为简单的问题，赞美幼儿。长时间在集体面前鼓励和赞美易被忽视型幼儿能帮助幼儿建立自信心，使之从沉默的状态转变为愿意在集体面前发言，愿意参与班级内的各项活动。

除了表扬和赞美，我们还会设计教学活动帮助幼儿意识到每个人都有长处，帮助幼儿正确看待自己的弱势。

（三）挖掘兴趣，引其表现

兴趣是探索的动机，是发展创造性的促进剂，是一切活动的基础。教师要细心观察易被忽视型幼儿所表现出的兴趣，并有意识地引导和控制。当发现易被忽视幼儿有某一方面的天赋，可鼓励他们积极参加相应的活动比赛，让易被忽视型幼儿体验成功和与众不同感。

例如，我发现平时总是独自玩耍、有些孤僻的小智对画画很感兴趣，虽然小智的画看上去是由凌乱的线条和一团团颜色块构成的，但是很有抽象画的风格。在介绍作品时，当其他的孩子说小智的画乱七八糟不好看时，可以看到小智的失落。因此，我给孩子们看了毕加索的抽象画，并且告诉所有的孩子小智的画属于抽象画。这下小智似乎找到了自己的信念，用一个精彩的故事向同伴们介绍了自己的画。小朋友们也开始赞美小智的抽象画。自那之后，虽然小智的画作依旧属于抽象派风格，但是他每次画完后都会积极地向同伴介绍自己的画。他的介绍就是一个个非常有趣的小故事，吸引住了同伴。孩子们越来越喜欢小智了，每次小智一个人玩的时候，总有几个孩子过去拉着他一起玩。在同伴的带动下原先看上去有些孤僻的小智变得愿意与同伴、老师交往了。

又如在发现琪琪喜欢绘画后，我们在教室内创立了展示台，让幼儿的作品能展示在台上。这样缓和的展示，远比让琪琪接受众人的目光要好得多，也更容易被琪琪接纳。每当展示台上有琪琪的作品时，先是夸奖琪琪的作品，再让琪琪为大家介绍自己的作品。刚开始琪琪的声音是轻轻的，低着头介绍。慢慢的琪琪的声音开始响亮起来，现如今琪琪能在介绍作品时抬头看着面前的同伴。从琪琪能接受的程度开始慢慢的增加琪琪在同伴面前表现的机会，让琪琪觉得介绍作品没有自己想象中的那么困难，琪琪也就能够自然地在集体面前表现自己了。

（四）放大优势，引起重视

要让易被忽视型幼儿受到同伴的重视，就需要增强此类幼儿的存在感。最快的方式就是放大这类孩子的闪光点，引起同伴的崇拜，自然此类幼儿在同伴眼中的存在感就会加强了。

芰芰擅长拼搭雪花片，挖掘到芰芰的长处后，我经常在芰芰拼搭雪花片时在集体面前大力夸奖芰芰，吸引同伴的注意力。果然，孩子们忍不住崇拜芰芰，经常围绕在芰芰身边，看芰芰拼搭雪花片。

（五）同伴协助，建立交往

易被忽视型幼儿在班内缺乏与同伴之间的交往。该类幼儿自己不能跨出交往的这一步，那么就可以让同伴来协助他们，利用同伴关系帮助此类幼儿建立交往。选择帮助这类幼儿的同伴需要具备活泼、热情、人缘佳等特点。

如在活泼开朗的妮妮带领下，原先孤僻的琪琪也有了许多好朋友，琪琪开始融入了女孩子们的圈子，不再独自一个人摆弄器具了。有了好朋友，琪琪也愿意和同伴分享玩具了，而分享玩具正是同伴交往的起步。

（六）亲子活动，增强勇气

易被忽视型幼儿表现怯弱、退缩，说明他们缺乏勇气。因此，适当地为幼儿增加勇气也是有效的策略之一。根据部分家长反映幼儿在园和家中表现不一致，在园沉默内向、在家小霸王的状态，得出此类幼儿虽然在外人面前表现敏感，但是他们在家人面前是放松信任的。由此可见，邀请家长来园参加亲子活动可以适当地增加幼儿的勇气，改变幼儿怯弱退缩的行为。

例如，针对易被忽视型幼儿在集体面前不敢讲故事而非不会讲故事的现象，特组织了一次“亲子阅读故事赛”。组织班内那些不敢讲故事的易被忽视型幼儿家长来园参与活动，让幼儿在家长的陪伴下，和家长共同进行故事表演。带着家长给予的勇气，此类孩子能勇敢站出来讲故事、表演故事。来看比赛的是全园所有的孩子，用数量较多的看客来锻炼幼儿的勇气。比赛的最后遵循人人有奖的原则颁发奖品和奖状，进一步增强幼儿的勇气。

（七）疫情居家，情感交流

2020年新型冠状病毒疫情打乱了对易被忽视型幼儿实施教育的策略。延迟开学，幼儿长期居家使我们前期制定的教育策略无法顺利地开展。为此，我们特地联系家长为幼儿设计了“我和我的好朋友”居家活动。

幼儿在家长的引导和陪伴下利用电子设备通过微信视频和老师、同伴进行语言的交流，以绘画的方式给同伴写信寄信。幼儿在活动的开展下与同伴进行特殊的交流，增进了此类幼儿与老师、同伴间的情感交流。即使因为疫情居家，也能帮助幼儿建立交往，提高该类幼儿的同伴交往频率。

（八）携手家长，家园合作

从之前的分析中可以看到，部分易被忽视型幼儿的形成受父母行为处事和家庭教育的影响，因此，与家长沟通指导家长的家庭教育势在必行。利用早晚接送孩子的间隙、微信、上门家访、开展分层指导等方式向家长传达以下几点家庭教育策略：

1. 积极的心理暗示，避免幼儿消极心态的出现

引导家长在家庭中应创造一种平等和谐的交往氛围，让孩子敢说话、爱说话。家庭是孩子生活时间最长的场所，父母的言传身教对孩子交往能力的培养有着重要的影响。提醒家长不要当着孩子的面说孩子的缺点，而是要经常给予鼓励和赞扬。很多家长会在接送孩子的时候将对孩子的担忧告诉老师。

例如晨晨妈妈担心孩子性格内向、不爱说话、不与同伴交往等，向我询问孩子在幼儿园是否交到了朋友。晨晨这个时候就在妈妈身旁，我会赞扬晨晨的优点。之后，再通过微信和家长深入地沟通情况并提出建议，尤其是向家长强调不要在孩子面前谈论孩子的内向和不擅交往等负面消极的状态。

2. 自由的交往条件，建立幼儿与人交往的环境

提醒家长要避免将孩子独自关在家里，而是要花时间带着孩子在家周围有小朋友聚集的地方去玩，让孩子多和同龄人一起，自己学着交往。交往能力的培养是一个长时间的连续过程，家长和教师只有一致要求，共同培养，才能取得较好的效果。我在家园地中定期向家长介绍幼儿社会交往的重要性和方法，向家长介绍幼儿近期发展情况，指导家长在家或平时社会交往时注意培养幼儿的交往能力，为孩子创造和提供更多的机会，让孩子体验到交往的乐趣，允许孩子到小伙伴中去，并给予正确的引导，努力做到家庭和幼儿园对幼儿进行同步培养。

例如琪琪就是因为从小关在家里独自玩耍而不会与同伴交往，老师借助上门家访的机会，提议让琪琪妈妈平时带孩子出门去小区内的花园或者公园里，带幼儿寻找同龄人聚集地，为幼儿的同伴交往创设条件。

3. 见识的培养增长，创造幼儿开阔眼界的机会

提醒家长在假期中带孩子外出，增长见识的同时可以增强幼儿的自信。如下象棋、弹钢琴、认字、学算术、旅游等。家长可以让幼儿根据自己的兴趣来选择，

尊重孩子的兴趣，尊重孩子的选择，这会给孩子自豪感，培养孩子的自信心。

通过访谈教师和家长，我们从内因和外因两个方面找到了导致被忽视型幼儿行为特征的原因。通过观察易被忽视型幼儿各方面的行为特征，我们寻找到了该类型幼儿当前的需求，从而制定了干预目标。在幼儿园中，教师应该更加关注易被忽视型幼儿，适当地给予他们更多的表扬和鼓励，发挥每个幼儿的优势，增强他们的自信心，避免因为教师的忽视而导致同伴对他们的忽视；在家庭教育中，家长更应该注重幼儿的社会交往能力的培养，尽量为他们提供与同伴交往的机会，鼓励他们交往，及时给予帮助和提出建议，提高幼儿的自我意识和自信心。只有家园共育，才能恰如其分地供给他们有利于心理健康成长的养分，促进幼儿的身心健康发展。

四、多角度调查，分析早期干预的成效

（一）有效干预，幼儿行为表现逐步改变

通过教师及家长的问卷调查，我们发现在实施教育策略后，大部分易被忽视型幼儿的现状有了或大或小的变化，也有个别幼儿可能还未有明显的变化。

易被忽视型幼儿变化的概率：

调查内容	调查结果
在实施教育策略前后幼儿的状态是否有所改善	“否”1人约占8%，“是”11人约占92%
班内易被忽视型幼儿有所改善的概率	“20%以内”无人选择，“20%～50%”1人，“50%～80%”4人，“80%～100%”6人，1人不用填此题
易被忽视型幼儿有所改善程度	“微微”3人，“一般”5人，“显著”3人，1人不用填此题

1. 精神面貌的改变

此类幼儿的精神面貌从原先的沉默寡言、消极退缩变得更为积极、阳光。原先面对老师总是低垂头，不敢看老师，面对同伴时也是如此。现今的变化是此类幼儿能够直视老师、同伴的视线而不再躲避。这是源于孩子的自信心建立，才能在精神面貌上有较大的变化。相信坚持长期的有效教育策略，幼儿会更为活泼有朝气。

易被忽视型幼儿精神面貌变化的概率：

调查内容	调查结果
如今班内变化最大的易被忽视型幼儿神情表现	“神气自信”1人约占8%，“精神饱满”2人约占17%，“能直视他人”6人占50%，“胆怯退缩”3人约占25%
调查结果分析： 1. 在教师采取教育手段后能有50%以上的概率改变幼儿怯弱退缩、不敢直视人眼的神情。 2. 想要改变易被忽视型幼儿的神态，使其变得神气自信是有可能实现的。	

2. 表达表现的改变

此类幼儿由原先的不敢在集体面前表达表现变为愿意发言、表演。更意想不到的是发言成功后孩子愿意主动举手了，甚至孩子在集体教学活动中频繁举手。

易被忽视型幼儿在表达表现方面变化的概率：

调查内容	调查结果
如今幼儿在集体面前表现的态度	“非常愿意”2人约占17%，“愿意”5人约占42%，“不愿意”5人约占42%
如今幼儿在集体面前发言的表现	“经常举手”3人约占25%，“偶尔举手”5人约占42%，“被动发言”2人约占17%，“不愿意发言”2人约占17%
如今幼儿在集体面前说话时的声音	“响亮”1人约占8%，“一般”3人约占25%，“声音较轻”4人约占33%，“轻不可闻”2人约占17%，“不发言”2人约占17%
调查结果分析： 1. 大部分幼儿愿意表达表现了，相应的表达表现较为抗拒的幼儿减少了。 2. 个别幼儿甚至能表现得主动积极，超过了教师的预期目标。	

3. 社交地位的改变

此类幼儿由原先的孤僻变为能融入同伴之中。虽然研究至今由于时间的关系只有少数幼儿主动交往，大部分还处在被动交往中，但是此类幼儿能从原先的“独”玩转变为和同伴一起玩，初步改善了幼儿交往状态。最重要的是引起了班内同伴主动去交往易被忽视型幼儿，使后者能被前者拉入游戏中。如挖掘易被忽视型幼儿的兴趣和闪光点后，引来了同伴对其“崇拜”，使同伴主动去交往易被忽视型幼儿，从而改善后者被同伴忽视的状态。

易被忽视型幼儿在交往方面变化的概率：

调查内容	调查结果
如今班内变化最大的易被忽视型幼儿参与幼儿园各项活动态度	“积极主动”8人约占67%，“等待被动”4人约占33%，“消极不参与”无人选择
如今班内变化最大的易被忽视型幼儿与人交往的状态	“主动与人交往”3人约占25%，“被动与人交往”8人约占67%，“不愿意与人交往”1人约占8%
如今班内变化最大的易被忽视型幼儿与同伴合作游戏的状态	“主动”2人约占17%，“被动”8人约占67%，“不愿意”2人约占17%
调查结果分析： 1. 在实施教育策略后，易被忽视型幼儿参与幼儿园活动的状况有了明显的变化，大部分幼儿都能主动参与到幼儿园的活动中，小部分幼儿是被动参与，需要教师或同伴的引领。基本上没有幼儿会明确地拒绝参与活动。 2. 在与人交往方面，实施教育策略后可以看到被动交往依旧处在最大的概率上，与实施教育前不同的是主动交往的幼儿出现了，不愿意交往的幼儿明显有减少。 3. 在与人合作游戏的问题上，依旧是被动幼儿较多，不愿意与人合作的人数较实施教育策略前有所减少。	

（二）家教指导，家长教育方式逐步改变

在教育策略施行后改变的不仅仅是孩子，还有家长。除了解决部分易被忽视型幼儿的家长所担心的孩子过于内向、不合群等问题外，家长自身作为孩子榜样开始注意起自己的言行举止，而且对正确的家庭教育方式有了认知。

1. 行为处事的改变

当家长了解到自己的性格、观念、行为都会影响到幼儿后，我们通过几次家访可看到家长的变化。例如原先不善言辞的家长能够落落大方地和老师说话，看待幼儿的问题不再焦急无措，不再消极对待，而是能积极地寻找解决方法。

2. 家庭教育的改变

在经过分层指导活动、上门家访指导、专题讲座等活动后，家长在家庭教育方式上有了明显的改变，对家庭教育有了科学的认识，这能进一步改善幼儿易被忽视的状态。

家长在家庭教育中的指导方式：

调查内容	调查结果
家长是否会在幼儿面前将幼儿与其他表现更好的孩子进行比较	“经常”5人约占21%，“偶尔”16人约占67%，“从不”3人约占12%
家长在家表扬孩子的频率	“非常多”2人约占8%，“较多”15人约占62%，“一般”5人约占21%，“极少”2人约占8%
调查结果分析： 1. 从调查结果来看，大部分家长都接受了教师的建议，表扬孩子的频率还是较为可观的，大部分都会较多地对孩子进行表扬和鼓励。 2. 同时选择了“从不”和“极少”的家长数量很少，没能配合教师的家庭教育指导，在家对孩子的关注度也不够，既不关心孩子的表现和能力的发展，也不会对孩子的进步与否关心。因此，同时选择了这两项的家长，相对的幼儿还是处于“不愿意”表达表现的状态。	

（三）观察研究，教师教育策略逐步完善

通过此次的研究，引起了教师关注班内易被忽视型幼儿这一群体，并且在一次次实践研究中，教师掌握了一些有效的教育策略去改善幼儿易被忽视的状态。

以前教师的精力总是集中在备受瞩目的受欢迎型和被拒绝型幼儿身上，一度忽视了那些乖巧听话又沉默寡言的孩子。在此次研究后，教师们会更关注幼儿的心理健康，将关注度更为平均地分配给班级内的幼儿。在面对易被忽视型幼儿时，教师能及时采取多种途径有效地实施教育策略去改善此类幼儿在班级中的状态，使易被忽视型幼儿能得到教师的干预。

教师在实施教育策略时的情况：

调查内容	调查结果
已经实施了教育策略的易被忽视型幼儿人数	“1～2个”7人约占58%，“3～4个”4人约占33%，“5～6个”1人约占8%。选择“7个以上”的无
对易被忽视型幼儿实施教育策略的困难程度	“很困难”2人约占17%，“较为困难”1人约占8%，“一般困难”5人约占42%，“不困难”4人约占33%
对班内易被忽视型幼儿实施教育策略持续的时间	“1个月”无人选择，“2～6个月”4人约占33%，“6个月～1年”5人约占42%，“1年以上”3人约占25%
总之，从幼儿的早期表现可判断是否属于易被忽视型幼儿。面对这类幼儿，教师和家长可以通过学前阶段的早期干预改善幼儿的社交地位，满足幼儿的情感需求，促进幼儿的自信成长。	

社会性发展滞后幼儿的教育介入研究

——基于中班幼儿的个案研究

屈慧欣（上海市浦东新区冰厂田临港幼儿园）

一、研究背景

人的社会性指人从出生后，在社会生活过程中，由于群体生活，与别人交往而形成的那些社会性的特性，包括社会认知、社会技能、自我概念、自我控制力、道德品质等。《3～6岁儿童学习与发展指南》中，强调对幼儿进行社会性的发展引导，注重幼儿的社交行为培养，为幼儿创造交往的机会，让幼儿体会交往的乐趣。

《指南》社会领域中开篇指出："人际交往和社会适应是幼儿社会学习的主要内容，也是其社会性发展的基本途径。"对幼儿来说，形成积极的交往态度，发展基本的交往能力，与周围的人建立亲密和谐的人际关系，既是当前生存与发展的需要，更是一生发展的重要基础。所以，《指南》将人际交往作为幼儿社会领域学习与发展的一个重要方面。在《指南》中，其将人际交往子领域分为四个目标：愿意与人交往、能和同伴友好相处、有自尊自信自主的表现及关心尊重他人。这四个目标分别反映交往态度、交往能力以及在交往中形成并表现出来的对己对人的认识、态度和相应的行为表现。

一个社会性发展良好的人，可以很好地与人相处，适应他所生活的社会环境，包括家庭、幼儿园、学校和工作单位。这样的人善于帮助别人，也容易取得别人的同情和支持。反之，一个人即使智力天赋很好，但如果社会性发育不良，与别人很难相处，意志薄弱，在困难面前畏缩不前，不能遵守社会规则和道德规则，他将在社会生活中遇到很大的困难。由此可见，幼儿的社会性发展关乎其现在及一生的发展。

二、研究对象

本研究的研究对象为中班幼儿——同同，男童。研究者从上学期进入中班后，发现本班幼儿同同经常受到同伴的排斥，其游戏行为和社交行为也常常“特立独行”。经过对同同一日生活的细致观察，我发现同同有很多现象及行为属于社会性发展滞后的表现，具体如下：

1. 与人对话，无眼神对视，视线飘散，不看对方的脸，且对话的表情较为刻板单一。

2. 情绪表达单一。无论是喜悦或生气，遇到排斥或得到表扬，同同的眼神和语言会表现出相似的激动或惊讶，常常是瞪大眼睛，说不出具体的个体感受。

3. 与同伴交往时，常常答非所问，沉浸在自己的小世界，不能正面回应同伴，以至于经常给人以不愿意合作的感觉。

4. 对礼仪礼貌缺乏正确的认知。当认为自己需要某一事物，会不顾他人需求，去突然抢东西，但并不是凶猛或恶意的。只是在他的世界里，他认为自己需要，很难再去考虑其他的因素。

5. 游戏兴趣和游戏行为较单一。只对科幻、益智、文字记忆类的项目感兴趣，对灵活的开放性角色游戏则无所适从，常常无法融入。

6. 怪异行为的出现。同同有时会做一些让同伴觉得很奇怪的行为，比如：中班后，同同依然将小便经常尿在外面，喝水的时候突然将剩下的水对着自己泼过来，并且喃喃自语说：“我在打印。”这种其他幼儿眼中的“奇怪行为”，常常成为群体告状的缘由。

三、研究目的

本研究的目的在于提高个案幼儿的社会性发展，增强其社会交往能力，并且能够在集体的环境中逐渐融入，获得集体中的积极自我评价。同时，通过家园合作，提高其父母对同同社会性的关注，帮助父母寻找适合同同的社交教育策略，并通过在集体环境中的一些教育措施，以及制定符合同同的个别教育计划，帮助其提高社会交往的积极态度和实际技能。

同时本研究旨在提升教师对幼儿的社会性发展的指导及对个别特殊幼儿的教育干预能力。通过对个案幼儿制定IEP（个别化教育计划），提升教师制定个别化教育方案的能力、统筹整合教育资源的能力、教师家园共育的能力。

四、研究方法及过程

（一）研究方法

1. 观察法

通过日常对同同的观察和记录，将有关他的社交场景进行记录分析，提炼该场景下的社交语言、技能及交往策略，尽量通过观察，能够将同同的社交需求具体化。

2. 访谈法

通过定期的有计划的访谈和日常随机的访谈，了解同同对于各类社交事件的看法，了解其社会认知的发展程度，并与家长进行定期访谈，制定家园同步的教育策略。同时老师会以社交记录的形式对同同的在园社交事件进行反馈。

3. 量表法

通过CBCL儿童心理发展量表，运用家长版问卷量表，对同同进行社交技能及社会性发展的评估，从儿童社会性发展的九个维度，进行前测和后测。

（二）研究过程

（1）运用儿童心理量表对同同进行前测，分析前测结果是否与日常生活中对同同的质性描述吻合。

（2）与家庭共同制定教育介入策略，通过访谈、策略支持和教育建议输出，帮助其家长改变教育理念，重视社会性引导，并掌握更多的社会性教育技能。

（3）制定该幼儿的IEP（个别化教育计划），从班级整体氛围的塑造到同伴小组游戏的设定，到同同个体的社会认知及社会技能的培养，制定出具体的教育策略并在中班学年度逐步实施。

（4）在中班学年度期末进行心理量表后测，评估同同九大维度的量表值，对同同的行为表现进行质性和量化的双重评估。

（5）梳理研究结论，进行阶段性总结和研究反思。

五、研究内容

（一）对个案的前期问题行为测评和问题行为评价

在研究背景中，我们罗列出同同的各项行为表现，但是仅仅有质性的描述，并不足以作为研究成果的衡量标志。因此，笔者涉猎了各类儿童行为量表，最终选定CBCL儿童行为量表，对同同进行前测和后测，以期干预后，同同不但在行为表现的质性描述方面有明显变化，更能通过量表的心理测验来验证教育介入干预的有效性。本次主要采用CBCL量表中的“行为问题”第三部分量表，来进行比对。

在CBCL量表中，评价的计分标准是依据固定公式来计算的，根据统计处理，可以把113条行为问题归纳为8～9个因子，最后将实际得分与正常范围相比较。正常范围数值如下表1。

表1：CBCL量表中6～11岁男孩行为问题因子分正常范围

因子名称	分裂样	抑郁	交往不良	强迫性	体诉	社交退缩	多动	攻击性	违纪
98百分位平均分	4～5	12～18	5～8	9	4	6	10～14	0～20	5～8

笔者对同同进行了CBCL量表测量，通过测量统计工具得出结果如下表2。

表2：同同的初始测量结果

因子名称	分裂样	抑郁	交往不良	强迫性	体诉	社交退缩	多动	攻击性	违纪
98百分位平均分	4～5	12～18	5～8	0～9	4～6	6～10	10～14	0～20	5～8
同同得分	2	12	14	5	4	12	11	18	16

在上表中，社交退缩、交往不良、违纪等项目，同同的得分高于区间正常值，说明其社交行为问题比较明显。但其在分裂样、抑郁、攻击性等维度处于正常区间，说明同同的情感情绪能力发展正常。这个测评也和我们的平时观察描述非常相近。

（二）同同的教育介入策略探究

1. 明确孩子的社会性发展问题，制订个别教育计划

所谓个别化教育计划（Individualized Education Programs，简称IEP），是指一份由学校与家长共同制定的针对学生个别需要的书面教育协定，它记载学生的评定结果，该年度需提供的教育安置、相关服务及教学目标等。个别化教育计划是落实个别化教育、提升特殊教育质量的重要保障。

首先，我们对同同进行了若干次心理探究，通过关键社交事件（同同与同伴发生矛盾）的谈话，探究同同的心理状态，主要探究以下两点：

① 了解同同被同伴排斥的原因。

② 了解他对不受欢迎的现象的感受。

通过心理探究我们了解到，同同内心是渴望与同伴玩耍的。每次同同与同伴发生矛盾，其动机都是无心的，甚至有时候是善意的参与，只是他的行为在当下的情境中不匹配。

从同同的社交行为上可以看出来，他很想靠近同伴，想要融入某个正在游戏的团体，但每次都因为行为上的不恰当，或者因为同伴对其的固有印象而遭到拒绝。

同同自己也会说："他们不喜欢我。""我没有朋友。"而且在每次发生矛盾的时候都表现出委屈、自责、苦恼等情绪。

这种情况下，我们需要从同同个体出发，并调整班级氛围，利用团体活动的优势和集体教育中的积极反馈，结合家园共育，帮助同同开启他的社交"破冰之旅"。于是我们制定了多种适合同同的教育介入策略。教育介入策略分为四大部分：社交技能训练、社会认知训练、情绪发展策略和发散思维策略。我们将同同的个别教育计划梳理成网，如下图1。

以上四种支持策略，分别从不同理论和实践角度为同同的教育介入提供了教育理论和方法论的支持。结合同同的自身情况、家庭情况、学校情况、班级情况进行观察，最终产生具体可实施的教育干预策略。四大干预策略的具体实施情况如下。

（1）社会技能训练

同同之所以交往不当是因为缺乏恰当的社会交往技能，而社交技能是与社交认识需要同步建立、相辅相成的。研究者建议和同同妈妈共同为同同设立社交课程学习，主要包括社会技能系统性示范、社会问题解决训练、情绪管理策略训练

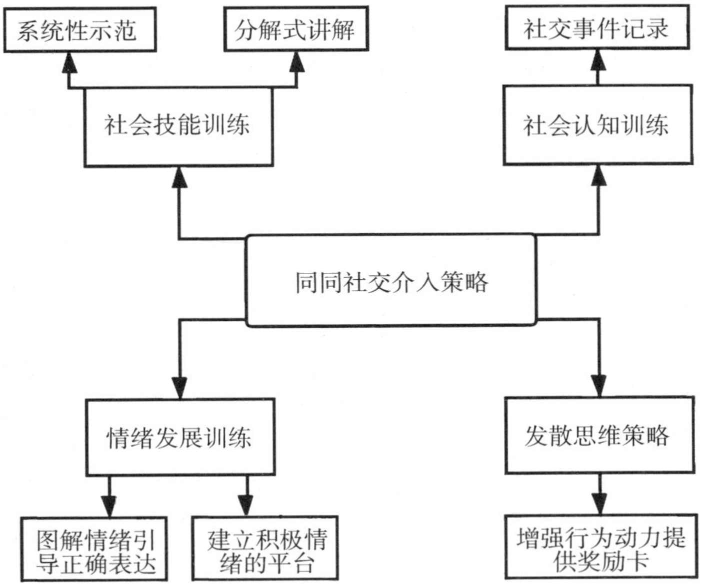

图1：同同的个别教育计划图解

和放松技巧训练四部分。因为幼儿园中的1对1 的教学时间有限，因此需要家庭的同步合作，对同同社交技能的短板进行“补偿教育”。社交技能的分解主要在以下两个方面：

① 系统性示范与分解式讲解：通过场景的回顾，示范给同同正确的社交回应。在家与同同进行社交场景的回顾与分解，并能够用分格图或步骤图引导同同理解，帮助同同回忆与幼儿园相似的社交场景的语言、动作、态度上的要求或正确的社交回应。

需要注意的是，系统性示范通常指的是还原社交情境的系统性，给予同同一个完整的社交场景的回顾，并示范这个场景中正确的社交回应。分解式讲解，是将社交回应中的某个具体的语言或行为向幼儿阐述清楚。

② 社会问题解决训练：幼儿园可为同同的社交困境提供问题解决契机。同同本身在一日生活中的自我约束和规则意识较差，可依据不同场景，逐步有梯度地让幼儿接受教育干预。比如，同同的午睡规则比较差，我们就“看午睡”这一社会场景，进行多个角度的引导，让他从不爱睡觉的“小捣蛋”成为看护弟弟妹妹睡觉的“小管家”。通过让同同去看护弟弟妹妹睡觉，一方面建立睡觉应有的规则意识，另一方面梳理对养成睡觉好习惯的责任意识和荣誉感。

同同社交事件记录（10月28日）

上次我们让他去哄弟弟妹妹睡觉，他很激动地去了，然而去了也只是呆坐着，并不知道自己该干什么。后来我们教了他一些动作和方法，又让他去哄了一次，他就表现得好多了，知道要一直轻轻拍弟弟妹妹睡觉。今天是第一组值日生，同同主动去选择了午睡值日生。在午睡前，我先和同同讲了怎么做午睡值日生。告诉他有三件事是他要做的：① 督促孩子们快点脱衣服躺下；② 如果有小朋友聊天，请走过去告诉他安静，并可以轻拍他入睡；③ 如果有小朋友表现得特别好，可以表扬。同同点了点头。他在班级里来回巡视，我说："同同，你看豆豆在讲话，你帮我提醒她，拍她睡觉。"同同走过去，并没有讲话，他只是坐在豆豆床边，拍拍她。豆豆一开始会说："哎呀，你别坐我床上呀。"我说："他在提醒你好好睡觉，我让他过去的。"豆豆便作罢。同同拍了会儿豆豆，继续在卧室来回走，来回巡视。我说："今天同同做值日生做得很认真。"小小马上说："我觉得他做得不好。"我说："我觉得同同一定能做好，而且同同今天睡觉也会很棒，同同，是不是？"同同很用力地点头，说："是的。"我让同同选出三个午睡好的小朋友，进行表扬，我有奖励。然后问同同："你知道什么样子是午睡好吗？"同同很清晰地回答："要安静地躺着，不能说话，眼睛闭起来，如果觉得热，手和脚可以露出来。"同同的表达很让我惊喜，规则清晰准确。时间差不多了，我和同同说："长针到四，你就要去睡觉啦。"同同乖乖上床，整个午睡，他都没有自言自语和翻来覆去，比平时乖很多。

从哄弟弟妹妹睡觉到当午睡值日生，我想围绕一个主题让同同增强在相似情境中的规则理解、行为变通的能力。孩子的主观参与意愿一直很强，只是缺乏在各类社会场景中的技能和灵活的沟通技巧及语言表达。因此，让他围绕某个主题，递进式、多角度地去理解自己的角色和行为，对他的社交技能会有帮助。

（2）社会认知训练

社会认知训练主要为同同提供特定的规则理解。社会认知通常是和社交技能同步进行的，但是有时也会就某一个问题进行随时随地的谈话。比如，同同不能理解为什么做事情要遵守规则，他说："我不喜欢规则。"我说："你最爱做的数学题有规则吗？如果乱写答案你喜欢吗？""我喜欢按规则做数学题。"同同笑着回答我。我趁机解释："我们的生活有时候就像数学题的规则一样。"让同同通过自己感兴趣的数学规则来接受"规则"这一概念，他就再也没说过"我讨厌规则"。用各种方式消除同同对适应不良的认知，给予其积极的认知体验，是有利于同同的社交发展的。

同时，对同同在幼儿园的社交事件进行解读，形成社交事件记录，与家庭同步分享，帮助家长了解幼儿在社交中的认知困境，并进行针对性地疏导。社交事件记录主要是为了真实详细地还原幼儿的社交情境、社交行为以及内心活动的检测和验证，同时有利于家园共育的有效实施。现摘取部分社交事件记录如下：

同同的社交事件记录（9月25日）

今天同同带来星球玩具，仍然有很多人围着他，要看看摸摸。显然，今天他没有昨天那么紧张。孩子们的交流很少，只是说了几句："你可以给我玩玩吗？这个真好看，同同我可以玩儿吗？"我看见小宝也带来了一本关于宇宙的书，在同同旁边，两个人各看各的书。于是我问了问他们："你们可以说说这两本书有什么不一样的吗？比如都是讲地球，画面有什么不同呢？"两个孩子没有理我，我识趣地走开。

过了一会儿，小小走过来说："我以前不喜欢和同同做朋友，现在我想和他做好朋友了。"我说："为什么现在喜欢了呢？"他说："因为我喜欢他的玩具。"我马上请小小把这番话告诉同同，同同听了美滋滋的。同同的心里一直觉得同伴排斥他，我希望让他多听到来自同伴的积极评价。

同同的"小心思"

今天我发现他的星球玩具少了很多，我就问他其他的到哪里去了，他有点说不清楚，就说给别人了，眼神飘来飘去的。我不确定他的玩具是被人拿走了还是他主动送人的，我就问他："你是送给别人了还是借给别人了呀？"他说："我送的。"但是马上又改口说，"我是借的。"我为了帮他搞清楚，以免后续再发生和同伴之间的不愉快，就把得到他玩具的小朋友都叫来，经过短暂地询问，结果同同确实是送的，为了感谢昨天帮他保护玩具的孩子。但是今天看着自己的星星少了，听到我“借”的启发，于是又想说自己的玩具是借的，想要要回来。不过好在同同也就说一下，并没有强烈地执着于要玩具这件事。我告诉他，下次不想送的东西可以借，送的东西送就送掉了，就别要回来啦。他也没有很执着，接着去玩儿了。

（3）情绪发展训练

情绪发展训练用于改善社会退缩幼儿在社交情境中体验到强烈的害羞、焦虑和恐惧等负性情绪。暴露疗法是常用方法之一，暴露疗法是指让幼儿在可能退缩的社交场景中，通过以强带弱来进行。在该场景我们应用情绪图片让同同去理解各类情绪的表达，并想办法通过增加其展示自我优势的机会来树立他在集体中的荣誉感和融入感。我们发现“爱表演故事”正是同同的“强项”。

同同虽然有很多社交不适合的行为，但是他很擅长讲故事。因为同同擅长记忆，所以讲故事的时候既连贯又流畅，他还会记住音频中故事的预期，模仿能力很强。因此我们多次为同同开放“故事会”的平台，让他在班级讲故事，借此树立他的自信和在人群面前的适应能力。同同通过一系列的自我展示，对自己的评价提升了很多，更加积极地认可自己，对集体的喜爱度也增加了。

（4）发散思维策略

发散思维策略是一个多层次多维度的干预程序，其中包含社会认知的教学模块。是一种基于情感——行为——认知——动力的发展模型。我们借鉴了发散思维策略中的“积极行为强化反馈”，为同同的积极行为进行记录和奖励。

我们在同同每次出现积极的社交行为后，都有及时的反馈，并设置了“专属奖励卡”这一项目，希望通过及时的激励来帮助同同更好地巩固和强化社交技能。

2. 多元家园沟通，促进园外活动中的社会性发展

自从发现同同的社会性问题，我们多次和家长进行家访与学校访谈，确定家长的教育导向和教育意愿。除此之外我们还关注幼儿在幼儿园之外的活动，主要体现在以下几个方面：

①引导家长理解幼儿在园外社交活动的“社交困境”，并给出教育建议。

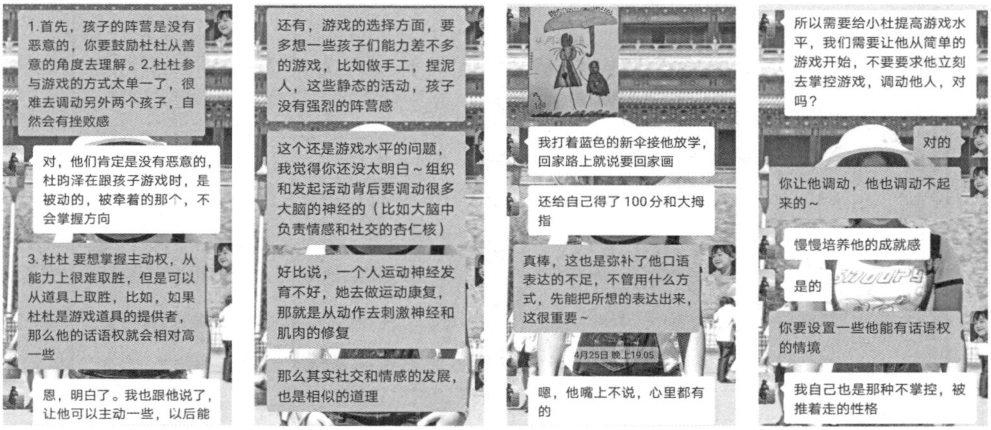

图2：部分家园沟通关于教育建议的截图

②关注幼儿在班级内的优势领域和弱势领域，家庭配合进行“专项练习”，让幼儿在家庭教育中的活动可以配合解决其社会性发展的问题。

图3：关于幼儿“语言表达专项练习”的部分截图

③将幼儿在园表现反馈给家长，积极行为和不良行为都用图片或视频的方式记录下来，促进家长回家帮助幼儿复盘和反思“当下情境中我的行为如何”。

六、研究结论

通过这一学期对同同的教育介入，同同在社会性发展的各个方面都有了显著的进步，各项社交技能和不同社会场景的对应，都更有规范也更加适应。同同有了自己可以游戏和交往的小圈子，并且对在群体中的社会行为有了更深刻和正向的理解。同同的自我认知也得到了积极的提升，对集体的融入感也有所提升。研究者对同同进行了一次CBCL儿童行为量表的后测，通过心理测评的后测，支持和验证以上教育介入策略的有效性，如下表3。

表3：同同教育介入后的量表测量值

因子名称	分裂样	抑郁	交往不良	强迫性	体诉	社交退缩	多动	攻击性	违纪
98百分位平均分	4—5	12—18	5—8	0—9	4—6	6—10	10—14	0—20	5—8
同同得分	2	12	7	4	4	8	9	15	5

上表中可以清晰地看到同同在多个社会性发展领域都有显著提升。之前出现非正常值的几个领域，现在都进入正常区间值。我们所截取的CBCL量表主要是孩子的问题行为领域，同同在社会性发展显著提升后，其问题行为自然减少。其中，交往不良行为减少，社交退缩状态得到改善，违纪行为更是在区间内的低值。另外，同同之前在集体学习中的多动行为也得到缓解，从之前的12降低到9。虽然同同目前主动发起的游戏仍然相对较少，但是我们并不是要将孩子完全翻转，而是在顺应孩子天性的基础上，让孩子的社会性发展趋于平衡。从同同的个体纵向指标来看，同同社会性发展的多个领域都有了很明显的提升和进步。

从质性的描述上看，同同在介入前所体现出的一系列社交问题行为都得到了有效的缓解和改变。笔者根据他的行为表现，将其前后的行为描述进行了对比，进行了描述性的总结，具体如下表4所述。

表4：同同教育介入前后的行为描述对比

教育介入前	教育介入后
1. 与人对话无对视，对话表情单一，一边说话，一边眼神涣散漂移。	同同在故事会后，与人对话有眼神交流，可以对着一个人或一个群体说好几句话，且都是在一个稳定的神态里，对话中涣散漂移的现象减少。
2. 情绪表达单一，语言表达较为模糊，常常答非所问。	经过情绪图片认知和社交事件的锻炼，能够表达更多的情绪，同同会说自己为什么不开心，想要什么。
3. 对游戏规则或社交规则理解较为刻板，不能理解群体性游戏指令。	经过社会技能训练和社交规则的反复分解示范，同同可以接受更多的规则性游戏，并在大多数时候，对老师的单一指令可以完全做出正确反应。
4. 礼仪礼貌等社交常规或习俗缺乏正确认知，会直接抢别人的东西。	同同抢玩具的行为经过干预已经基本消失，并且会带一些可爱的小东西来，分享给其他人。
5. 游戏兴趣单一，只玩科幻益智类。	在老师的引导下，同同可以尝试及进行更多的角色游戏，比如扮演喜欢的警察，并在老师引导下，可以执行角色下的任务。
6. 怪异行为较多，引起同伴的好奇和不认同。	怪异行为减少。出现过的怪异行为，都经过老师的行为消退和及时的调节，让同同能够按照一日生活的正常的生活场景去理解并行动。

七、研究不足与展望

本研究围绕个案幼儿进行了翔实清晰的行为分析，制定了具体可实施的有效教育策略，并结合家园共育制订了个别教育计划。在集体环境中教育策略的执行卓有成效。在整个介入周期中，幼儿因为生病请假，有一个月没有来幼儿园，集体环境的脱离容易让幼儿的社交干预成效降低，或造成社交规则的短暂遗忘。在幼儿请假期间，研究者在家园合作上应该做更多的规划，引导幼儿在家的社交活动，与家长做好同步的沟通，线上的教育介入策略可以继续实施，引导幼儿在幼儿园外参与更多的社会交往活动。但是由于平时工作繁忙，略微疏忽了这一个月的家园共育指导。笔者认为，幼儿目前在主动发起角色游戏等方面还是缺乏经验，虽然个人的社会性行为和认知得到了提升，在追随他人和集体的过程中基本没有问题，但是后续幼儿可以有更多的社交活动尝试，扩宽社交对象的范围和领域。因此，在后续的研究中，笔者要从更宏观更广阔的角度来把握幼儿的教育策略，在家园合作上继续深入，并仔细把握整个教育介入周期中的每一个时间节点。

整体上来说，这次的教育介入是卓有成效的，幼儿的社会性发展无论从量化的评价角度还是从教师质性的观察中，都有显著提高。未来，这些社会性教育介入策略可以推向班级集体教育之中，让更多的幼儿得到社交行为和认知的提升。

研究中所使用的四种社会性教育介入策略：社会技能训练、社会认知训练、情绪发展训练、发散思维训练，对于有社会性发展需求的幼儿都是适用的，只是依照个体的发展水平和行为问题不同，我们所选择策略的侧重点及使用的IEP（个别教育计划）会有所偏好。比如：内向型幼儿或角色游戏水平较低的幼儿都可以使用上述的部分教育策略来进行辅助和引导，这将为笔者在日后的教育教学中，在学前教育的社会领域的教育研究中提供更多的可以开拓和尝试的空间。

参考文献：

[1] 叶平枝.幼儿社会退缩游戏干预的个案研究[J].学前教育研究，2006（04）.

[2] 傅王倩，王勉，肖非.美国融合教育中个别化教育计划的发展演变、实践模式与经验启示[J].外国教育研究，2018（06）.

[3] 石茂林.普通班教师参与个别化教育计划的困境与出路——以美国《障碍者教育法修正案》实施状况为例[J].现代特殊教育，2013（04）.

[4] 李学会，陈丽斌，张凤琼.普通中小学教师对融合教育的态度及影响因素研究——基于深圳市罗湖区632名中小学教师的调查[J].现代特殊教育，2019（16）.

[5] 肖非.关于个别化教育计划几个问题的思考[J].中国特殊教育，2005（02）.

[6] 曹海侠.生态系统理论视角下促进幼儿社会性发展的生活化教育策略[J].长江丛刊，2020（23）：125-126.

[7] 王芳.融合教育背景下幼儿社会性发展的实践研究[J].天津教育，2021（10）：28-29.

[8] 郭晓慧，邓铸，顾本柏.大班幼儿情绪能力和社会性发展调查研究[J].陕西学前师范学院学报，2020，36（11）：69-74.

在自然角环境中培养幼儿科学素养的实践与研究

吕若梅（上海市浦东新区明珠幼儿园）

一、概念界定

科学素养：国际上普遍认为，基本科学素养的主要内涵包括三个方面：① 对科学知识（科学术语和科学基本观点）达到基本的了解程度；② 对科学方法达到基本的了解程度；③ 对科学技术对社会和个人所产生的影响达到基本的了解程度。幼儿的科学学习是在探究具体事务和解决实际问题中，尝试发现事物的探究来解决实际生活问题。

自然角：是指在幼儿园的室内、廊沿或活动室的一角，供饲养小动物、栽培植物、陈列幼儿各类园艺作品所用的场所。

二、幼儿园自然角环境创设是培养幼儿科学素养的首要条件

自然角的创设

一般的幼儿园都有种植园、班级自然角这些常规的环境创设。我们在研究过程中认为，幼儿园的自然角环境创设不只是种植植物本身，还包括创设让幼儿“获得经验”“科学探究”的环境和条件。自然角的创设主要凸显以下特征。

1. 创设“亲近自然”的环境——小角落大自然

在幼儿园的整体环境布局中，我们的宗旨是凸显“绿色、自然、科学”。我们利用窗台、栏杆、各种高低柜子、屋顶、台阶、走道、楼梯转角等空间角落创设丰富有趣的自然环境，种植了许多适宜幼儿观赏和感受的室内植物，让幼儿在

每天来园的时候、活动的时候、闲暇的时候，可以近距离地亲近大自然。我们精心地对幼儿园每个小角落进行创意绿色自然环境布置。比如窗台上一年四季的不同植物、图书室里绿色盎然的幸福大树、走廊管道里的麦草发芽、活动室门口的绿萝墙、门厅的老人须垂吊……每个转角、每处回头都有老师和幼儿一起精心布置的自然环境，孩子在这里可以和绿色互动，达到了和自然和谐相处的美好体验。

2. 创设“科学探究”的环境——班级阳台

我园校舍建筑风格像城堡一样，它有着独特的优势，那就是每个班级的阳台很大，每个阳台空间有6.8平方米，得天独厚的优势让班级的自然角创设成为幼儿认识自然界的一个小平台。我们的自然种植饲养角在教师的科学引导下、幼儿精心种植饲养中，变得绿意盎然。

自然角的环境创设充分运用阳台的优势来种植自然角。在种植器皿的选择上百花齐放，有大型的木框、塑料方框种植，有小小的鸡蛋壳里种植，有一排排套鞋里的种植，有一间间小房子里的种植。我们创导适合科学实验的自然角创设，来满足幼儿科学探究的需要，比如中四班的一平方米种植，把一大框泥土盆分割，让每个小朋友承包一块种植园地，从播种到收割每个孩子经历了一次种植带来的快乐。在工具的提供上，我们也在常规自然角工具中进行筛选，提供更多适合不同年龄幼儿的种植工具。比如小班幼儿喜欢浇水，我们就在阳台上提供一系列浇水工具，让他们尝试各种浇水壶的用法，了解出水量的多少等。在植物分类上，除了常规的盆栽植物，我们种植更多的是幼儿生活中比较少见的爬藤类的植物，比如黄瓜、丝瓜、番茄……孩子们亲手搭棚、插竹竿等，他们有了长期观察植物生长的机会。

3. 创设“回归自然”的环境——幼儿园种植园

每所幼儿园都有宽阔的户外活动场地和绿化环境。但幼儿园虽有大量的户外场地，真正的绿化种植面积并没有做到合理规划，这样的户外环境似乎少了些浓郁的自然气息。所以我认为环境设计要充分考虑幼儿身心发展的需要，要利用一切户外空间，在树木、花园、草地间开辟“种植园地”。

种植园是调动幼儿各种感官进行体验、探究的场所，充分利用种植园的教育功能，为幼儿创造了观察与发现、劳动与收获的体验空间。除了常规的种植园地里的萝卜、红薯、玉米、花菜、地瓜、卷心菜等绿植资源，我们注重创设别样的生态环境。在种植园地里我们栽种了一大片竹子，小朋友可以自由地在竹林里穿梭，春天看竹笋，夏天看竹笋长高成竹子……一年四季在竹林里自由玩耍。我们还在小班部的花坛里种上麦穗、棉花；在攀爬架的旁边栽上扁豆，让扁豆藤爬上攀爬架长叶、开花、结果，郁郁葱葱。

三、幼儿园自然角环境中的种植活动是激发幼儿科学素养的关键

（一）幼儿自主种植活动

在自然角环境下教师带领幼儿开展各种各样的种植活动，有教师发起的，有幼儿发起的，有家长参与的。在这些种植活动的开展中，教师首要思考的是种植活动的意义与价值。一般教师考虑以下四个方面：

1. 种植什么

对自然角里种植活动设计包括了针对年龄特点进行的植物种类的选择、种植时节的安排、种植方式的设计、种植工具的准备、场地的规划。这些因素的组合就构成了真正的种植活动，在这个过程中，幼儿能获得相应的经验。例如，比较不同的种子，观察它们的形状、颜色、大小，称称它们的重量，猜猜它们是什么种子，想象一下它们长出来后的模样，等等；认识各种工具，知道它们的名称和用途；查找或观察以前使用的或现在还在使用的各种农具。种植活动里面有很多非常具体而生动的经验。

种植是幼儿内在的需要，我们必须把种植过程交给幼儿，不包办代替。我们积极鼓励幼儿自己运用工具动手种植。种植的核心是让幼儿在种植过程中激发兴趣，获得新的经验。因此在自然角的种植种类中，我们选择多样化，干果、蔬菜、瓜果、花草等都是幼儿种植的对象。

（1）植物类：选择常见的、易于生长的、好照顾的植物，如文竹、绿萝、玉树、海棠、多肉植物等。

（2）蔬菜类：萝卜、芋艿、土豆、山芋、葱姜、大蒜、芹菜等。

（3）水果类：苹果、梨、香蕉、橘子、龙眼等。

（4）干果类：大枣、花生、银杏、瓜子、扁豆等。

（5）动物类：选择无危害、便于喂养、幼儿感兴趣和可以触摸的形体较小的动物，如小兔、金鱼、鲫鱼、蝌蚪、蚕、鸟类以及各种昆虫。

2. 如何种植

种植过程包括准备场地、确定种植种类、具体播种、浇水等活动。在自然角

中提供一些能够支持幼儿自主探究和自由发现的材料及工具，支持幼儿种植。自然角中主要提供的种植材料及工具：种植工具（小铲、花盆、浇花喷壶、洒水壶、树枝、矿泉水瓶、塑料碗、各种材料搭建的房子、箩筐、渔网兜等），观察工具（记录板、纸笔、卷尺、直尺、放大镜等）。种植时，幼儿需要把握植物疏密，需要测量种植间距，需要小心翼翼地保护种子或种苗，需要情感的投入。幼儿在这个过程中可以获得很多经验。

3. 如何管理

幼儿对自己种植的自然角里的植物会高度关注，甚至会每天去观察植物的变化，记录每一种植物的生长发展过程，比较不同植物的根、茎、叶、花、果。幼儿会发现叶子的枯萎、虫子对植物的侵蚀、花朵的凋零、植物生长的差异，幼儿也有可能猜测各种原因，并进行浇水、施肥、捉虫、拔草等活动。

让幼儿参与自然角的管理，使幼儿始终感到自然角是自己的园地，树立主人翁意识。同时在管理自然角的劳动中，激发幼儿观察、学习的兴趣，在劳动中获得知识，养成良好的劳动习惯。幼儿以值日生的方式参与自然角管理和照顾，每天给植物浇水松土、给金鱼换水喂食、整理自然角，认真观察，并做记录。自然角的管理与照顾能激发幼儿对大自然、对小生命的热爱，同时也增强幼儿的责任感、任务意识。

4. 收获什么

不同植物的收获期和收获的内容是不同的，孩子们经过对自然角中植物的种植、照顾和管理，就会有收获。他们到田里拔萝卜、摘青菜、挖山芋等，每到这个时候他们会无比兴奋和自豪。通常成人会把这些成果给他们做成菜，让他们品尝，比如煮红薯、青菜汤、小葱炒鸡蛋等，在品尝自己的劳动成果时他们小心翼翼、回味无穷。因为幼儿付出很多劳动，用半个月甚至几个月等待结果，这些食物给他们带来满足和快乐。

（二）集体种植教学活动

幼儿园开展的集体种植教学活动，主要围绕关键词是“自然角”“科学素养”“幼儿科学探索”。教师把自然角环境搬进课堂，把自然科学与幼儿学习进行有机结合，设计演绎了一堂堂生动、有趣的科学探究活动。这些集体教学在课堂上让幼儿了解自然植物的生长秘密、植物的种植方法、植物的种类比较、小动物的生活习性等。生动有效的集体教学推进幼儿对自然角中动植物的关注和兴趣，培养了科学探究的方法，掌握了自然科学的相关知识与经验。

案例 1

黄瓜与丝瓜（小班）

种植园地里黄瓜和丝瓜成熟了，顾老师带领幼儿摘黄瓜和丝瓜，然后选择比较“黄瓜”和“丝瓜”。这个点非常适合小班学期末的孩子进行教学活动。在活动中我们可以看到他们会用各种感官去了解这两者间的各个不同，也乐意用自己的语言加以描述。其次，从价值上作了肯定——在整个活动中，可以发现孩子观察时的细致和认真，以及呈现出的意犹未尽。

案例 2

会爬藤的植物（中班）

在外出散步时，孩子们发现了爬在墙上的爬山虎，觉得会爬墙的爬山虎太神奇了，对植物攀爬产生了一丝兴趣。为了让孩子们对爬藤植物有更多的关注和更深入的了解，中班朱老师设计了一个集体教学活动——会爬藤的植物。朱老师先讲述了《小鸟和牵牛花》的故事。故事中的牵牛花会爬藤，它靠自己爬藤的本领去看望生病的小鸟。故事内容生动形象，易于幼儿理解，并且能激发幼儿对植物爬藤现象的关注和思考。这个活动中老师从故事入手，然后利用图片组织幼儿交流，来认识常见的爬藤植物。为了帮助幼儿记忆和理解，激发幼儿的活动兴趣，第二环节还设计了按照菜园、果园的分类方法以及不同爬藤方法的植物排排队的环节，让幼儿在交流中认识，在游戏中积累相关科学经验。

案例 3

豆和芽（大班）

对于豆类发芽的实验，在自然角里并不少见。老师通常都会用不同的豆、不同的生长条件来引发幼儿的对比、观察与思考。但是对豆类本身的结构，为什么会发芽，豆的内部有什么却没有更多的了解。基于大班幼儿的年龄特点及认知能力，戚莹莹老师设计和组织了一节集体教学活动“豆和芽”。第一环节老师通过巧克力豆和绿豆来引导幼儿思考为什么绿豆能发芽，从而深入思考豆里面有什么？第二环节老师提供了（干豆、湿豆；湿豆、发芽豆）两种观察标本让幼儿观察，通过幼儿的两次观察记录，呈阶段性地逐步了解豆发芽的过程中内部结构的变化，从而了解豆的结构与功能。幼儿在活动中的观察顺序是从整体——局部，外形——结构，结构——功能，层层深入、推进。在师幼互动中，教师以幼儿的观察发现为主，充分体现大班幼儿的自主学习能力，让幼儿在观察、记录、表达中自我建构认知经验。

（三）亲子种植活动

对家长而言参与和陪伴孩子一起种植是重要的，幼儿的种植活动也是成人收获教育理念和能力的源泉。我们幼儿园经常组织“亲子种植活动”“亲子探究活动”“亲子观察实验活动”，目的是利用家长资源培养孩子的科学探究意识和能力。

让幼儿和家长亲身感受和体验种植的乐趣，体验大自然的奥秘和神奇。通过接触、亲近自然，使孩子们感受生命的活力，懂得保护自然，爱惜生命。孩子们在与泥土、种子、劳动工具的亲密接触中感受着劳动带给他们的无限快乐。我们经常组织亲子种植活动，既激发孩子探索、求知的欲望，发展动手操作能力，同时又培养了热爱自然、热爱劳动的良好品德。除了栽种本身，由此延伸出来的乐趣还有很多。

案例 4

小班一份亲子种植方案

小一班亲子种植活动方案

时间：11月27日、11月28日上午8：15～9：00

地点：小一班阳台

一、活动目的

1. 带领幼儿参与种植活动，让孩子喜欢接触大自然。

2. 在家长指导下培养幼儿持续观察从种子到发芽到开花、结果的植物生长过程。

二、活动准备

1. 人员安排：11月27日妹妹朋友和家长，11月28日弟弟朋友和家长

2. 容器，可以是花盆或可乐瓶之类自制的容器和种植工具，贴上个性标签（家长准备）

3. 种子：能种在土里的都可以，如大蒜、洋葱、青菜等（家长准备）

4. 泥土：老师统一准备

三、活动过程

1. 小朋友分成两组（每天一组活动）。

2. 老师统一介绍本次活动主题。

3. 请每个小朋友和家长带着种子讲一下自己种植的是什么，期待它会长成什么结果。

4. 小朋友和家长一起进行种植，包括铲土、埋种子、浇水……放到指定地点。

5. 老师总结，分享成果。

四、后续活动

1. 每日观察种子是否发芽及生长情况。

2. 组织小朋友互相讨论自己和别人的植物的共同点和不同点。

3. 若收获可食用的植物可以给厨房烧到菜里，增加成就感。

四、幼儿园自然角环境中的观察实验是培养幼儿科学素养的灵魂

（一）让幼儿学会“观察”

“观察”是我们在课题研究中最直接最常用的科学方法。幼儿通过有目的地运用感官，观察自然角中的植物，从而了解它的外形、特征、属性、习性等，幼儿通过观察，有意识地进行观察记录，获得观察结果。

1. 个别物体观察

我们在自然角环境创设中，每个班级的自然角中都有10～20种自然物。为了满足幼儿对个别物体的观察要求，通常幼儿对某一对象作观察是最常态的表现。在个别物体观察过程中，我们有意识地引导幼儿观察植物的形状、颜色、大小；观察个别物体的外部结构和功能；观察个别物体的生长状态。这样的观察具体、有针对性，孩子们在观察中会发现很多植物的秘密。

2. 比较观察

为了培养幼儿的科学素养，我们在自然角环境创设中通常会有意识地种植适合幼儿进行比较观察的植物或蔬菜，有绿豆和黄豆、葱和大蒜、黄瓜和丝瓜等，这些东西外形上长得差不同，它们之间高度相近、容易混淆。通过对这些物体比较观察让幼儿发现相同点、不同点。比如芹菜和香菜是两种根茎叶较相似的植物，幼儿在种植、管理这两种蔬菜的过程中，通过比较观察的方法观察自然物的相似处和不同处，中班的孩子会发现芹菜长得高，香菜长得矮；芹菜茎粗，香菜茎细；芹菜叶片大花纹明显，香菜叶片小。这些认知上的习得是幼儿通过比较观察得出的。

蒜头和蒜瓣也是孩子们经常在自然角中看到的，我们在自然角中有意识创设一些局部和整体的植物让幼儿比较观察。比较观察自然物的部分和整体也是培养幼儿科学观察的有效方法，让幼儿把一个蒜头剥开成一瓣一瓣蒜，比较观察一个蒜头和一瓣蒜，发现它们的外形不同、大小不同、结构不同，但是功能相同、味道相同，这也是幼儿比较观察得出的结果。

自然角中孩子们种出了红红的尖辣椒，他们很兴奋："老师，辣椒红红的尖尖的；老师，辣椒掰开很辣、刺鼻；老师，辣椒从尾部到头慢慢变尖。"当孩子们滔滔不绝讲述他们对尖辣椒的认知后，这时老师在环境创设中适时添置绿绿的灯笼辣椒让幼儿比较观察两者，这样的环境创设老师经常精心设计，目的是让幼儿比较观察认识过的物体和新的物体。这样的比较观察会让幼儿去探究同样名字叫辣椒的蔬菜，它们种类不同，各种辣椒之间外形不同、辣的程度不同、颜色不同……这样的比较观察很有意思，在新与旧的比较中孩子们要辩证地看到一类蔬菜却各有差异，又有相同，以及它们之间的关系，对幼儿形成科学求真的态度很有帮助。

3. 长期系统观察

因为植物是有生长规律的，所以在班级自然角环境创设中我们种植的大部分植物、蔬菜都是便于幼儿长期系统观察的。比如中班幼儿“快乐的小菜农”活动，老师让孩子自己养护植物、种植蔬菜，看它们“发芽——长叶——开花——结果”，记录植物生长的全过程。这些都是我们经常引导幼儿长期观察的活动，长期观察的训练会让幼儿习得物体变化的过程，掌握物体变化的规律。孩子们在较长一段时间内，有计划地观察某一自然物体和现象的发展变化，从而对其发展过程有较为完整的认识。

总之，在自然角中，教师通过有意识的环境创设，训练幼儿对个别物体观察、比较观察、长期观察，能调动幼儿的多种感官参与观察，引导幼儿多角度地观察事物，对两种或两种以上的物体或现象进行观察比较，找出它们之间的不同点和相同点。在这些观察方法运用过程中，通过比较分析、判断思考，让幼儿比较精确、细致、完整地认识事物，帮助幼儿较快地发现事物的特征，有利于幼儿的分类能力发展和概念的形成，并为幼儿抽象思维能力、形成概念提供丰富的感性经验。以上三种方法是密不可分的，它慢慢地、渗透地进行着幼儿科学素养的培养。

（二）让幼儿动手“实验”

我们在自然角中的各种饲养和种植物，通过实验的方法让幼儿尝试和发现。为了便于幼儿实验操作，通常我们在自然角中采用比较实验的方法，如比较实验、向光性实验（用不透明箱罩着的植物）、向地性实验（花盆侧放和正放）三种主要实验的方式。

1. 比较实验

这种实验过程较容易、简单，带有游戏性质的实验方式，也是我们最多指导幼儿使用的实验方法。我们通常运用“不同水的比较、不同土壤的比较、阳光的比较”等方式让幼儿种植和观察植物的生长情况，比如以下几种：

（1）我爱喝哪种水：瓶子里是矿泉水、颜料水、自来水等不同的水，把植物种在不同的水里，观察哪种水里的植物生长得快。

（2）不一样的土壤：分别是黄沙、营养土以及普通的土壤，比比哪种植物生长最快。

（3）比谁长得快：三间不一样的房子——透气的房子、暖暖的房子以及黑黑的房子，比较植物的生长速度。

（4）土培区和水培区，观察发现土培和水培的不同生长结果，探究种子分别在纯净水与泥土中的生长情况。比如：孩子们用了绿豆和黄豆种子浸入纯净水中和埋在泥土中进行发芽对比实验。在记录表中，孩子们分别对种子进行观察，将种子生长的过程通过绘画的方式记录下来。在孩子们的观察中发现，相同时间种下去的种子，在纯净水中的绿豆和黄豆发芽最快，实验的第二天就开始长出嫩芽，在第四天芽就冒尖了。在泥土中的豆子要到第五天才有嫩芽冒出绿苗苗。

经过一段时间的研究观察与记录，孩子们得出了以下结论：

✧ 同一时间浸泡在水里和种在土里的种子，浸泡在水里的种子发芽的时间较早。
✧ 黄豆和绿豆的种子在发芽几天后会相继长出叶子，两种叶子的形状有不同。
✧ 同一时间播种，绿豆要比黄豆发芽的时间快，叶子的长势好。

2. 追光性实验

这种实验过程较有趣，带有比较性质的实验方式。比如：春天取两组豆子，把一组豆子用不透明箱（纸盒等）罩着，另一组放在有阳光的地方。幼儿在实验过程中，每天动手给两组浇相同的水量，每天记录豆子的生长情况。经过实验比较，两个星期后他们发现在阳光下的豆子长得明显好，没有阳光的豆子渐渐腐烂，证明了植物的生长需要充足的阳光的道理。

3. 向水性实验

幼儿经常会问：植物是怎样喝水的？他们知道植物的根会吸收水分，但是怎样吸收呢？我们也经常引导孩子们做“向水性实验”。比如：两盆同样的植物A和B，A只在一侧浇水，B根部四周均匀浇水。一周后打破花盆，A根浇水处较背水侧茂盛，B四周均匀生长，即证明向水性。

种种实验证明，幼儿在科学实验的过程中，不断探索，不断观察，不断记录，不断总结，充分发挥了：

✧ 幼儿主动性和积极性，培养幼儿科学探索的兴趣。
✧ 有利于理解科学现象。
✧ 幼儿在亲自操作过程中，既学习了简单的操作技能，又培养了动手能力，发展了观察分析能力。

✧ 幼儿在操作过程中，易于发现问题，进一步探索和设法解决问题，有益于幼儿的思考，发展细致的观察力、思维力和培养兴趣。

五、幼儿园自然角环境中的科学探索是提高幼儿科学素养的宗旨

（一）培养了幼儿的综合能力

1. 发现问题、解决问题能力的提高

探究意识是一种愿意发现问题，积极探索事物发展变化规律的心理取向。通过研究幼儿的探究意识被不同程度地激活，表现为好奇好问，乐于观察，摆脱了依赖心理，求知欲增强，探究积极性提高。

在研究中，我们发现幼儿探索兴趣明显增强。在好奇和探索中，他们对周围事物有了较为直接的感觉，他们会发现生活的周围有很多有趣的现象，会发现问题、提出问题，并逐步尝试解决问题，寻找问题的答案。每天他们都会有很多问题发现，比如："为什么含羞草的叶子一碰就会闭起来？""萝卜怎么也会开花？""冬天小乌龟不动就是死了吗？"等等，又如：大班孩子种植"麦冬"，他们把种子放在棉花中，然后小心地浇上水，他们会提问："为什么要把种子放在棉花堆里？这样也会发芽吗？"然后自己小心地栽培，看它发芽、看它长高、看它慢慢变茂盛这样一个过程，这不仅丰富了幼儿的科学知识经验，而且激发了幼儿探索的兴趣。

2. 认知能力的逐步提高

在自然角探究性学习活动中，幼儿善于动手操作，充分运用多种感官去感知、认识事物。他们敢于表现，自主合作，思维敏捷，想象丰富，创造力强，学会了观察、分析、描述、思考，掌握了一定的探究方法和技能。他们会对积累的经验进行组合，并运用已有的经验对所遇到的问题或产生的疑问进行解释、猜想、推理和判断，促使幼儿不断调整自己原有的认识，作出新的解释，再去与现实相互作用，从而不断演进，主动构建新经验。

3. 运用科学方法能力的提高

探究方法包括观察与记录、实验与操作、比较与分类、交流与分析等。通过研究，幼儿基本掌握了各种探究方法，能够利用感知、观察、采访、调查、查阅资料等多种途径收集自己所需要的信息；能回忆已有生活经验提出假设；能考虑研究问题中的具体情况设计实验方案；能与同伴合作进行实验，验证一些规律，

发现新的问题；能自主观察实验结果，调整实验方案，设计和填写表格，并作出比较科学的解释，发现事物的本质特征和事物间的内在联系。

4. 知识经验的不断丰富

幼儿通过探究性学习活动，获取了广泛的经验信息。根据幼儿在家表现，家长们普遍反映：孩子的视野开阔了，知识经验也越来越丰富了。

（二）促进了幼儿社会性的发展

《纲要》在社会领域中有这样的目标："有初步的责任感"，"学习互助、合作和分享"。在自然角，幼儿在小组轮流照料中逐步树立主人翁的意识和责任感。小组中分工明确，有的负责给植物浇水，有的负责给小动物换水，也有的负责清理其中的杂物……小组间共同解决照料中遇到的难题，并分享照料经验，也常有孩子将喜欢的植物带到幼儿园来和大家分享……这些都体现了互助、合作、分享和责任意识。在这样的每日照顾中，幼儿自然而然就对自然界产生了深厚的感情。当小鱼离开他们时，他们会流下不舍的眼泪，还会为小鱼举行小小的葬礼。

自然角中的种植活动激发了幼儿爱劳动的激情，他们经常会有意识地去照顾自然角中的动植物，除草、浇水、喂食、清理杂物，很多孩子都做得有模有样，而且他们会使用不同的工具，比如用小铲子铲土、用小木棍扎篱笆、用塑料纸搭棚。通过长期的培养，孩子养成了良好的劳动习惯，他们劳动的积极性很高，常常几个孩子抢着去照顾自然角中的动植物，每天呵护着他们的劳动成果。他们会观察寻找出不同花儿浇水的规律和喜好。比如：9月份的一天大班的萱萱带来了一盆石榴，放在阳台的阳光下。第二天上学，萱萱和博云就发现石榴的叶子都枯萎了，萱萱急得快哭了。于是他们马上浇了一大盆水，然后把花盆移到了太阳照不到的地方。接连几天他们都来看这盆石榴，看看土是否干，叶子重新张开了吗？当他们成功救活快干死的石榴后，他们也掌握了养护石榴的方法：两天浇一小碗水，不能放在太阳下直射等。

（三）对幼儿终身发展的影响

孩子长期进行种植活动、探究活动、科学活动，让孩子感受生命生长的规律、过程、变化，感受生命的勃勃生机，也看到了生命的枯萎和凋谢，逐渐让幼儿明白了人与自然的关系。他们非常懂得要尊重植物、小动物的生命，爱护它们、保护它们，逐步理解保护环境的重要性。比如：大班的集体活动"战胜沙尘暴"，老师就是和孩子一起讨论如何通过植树造林抵抗沙尘暴，保护我们的地球和家园。这种根植于心的教育，对幼儿的终身发展都有着积极的意义。

幼儿是成长变化的，大自然也是成长变化的，人类是与大自然共同成长的，彼此之间有很多相连与共性，有太多的互帮互助。一名幼儿如果能够热爱大自然，其一生将是幸福的一生、快乐的一生。这正是我们研究此课题的真正意义所在。

利用社区资源开展大班幼儿艺术审美活动的实践研究

——以展馆之妙趣打开审美活动新视角

杨　洋（上海市浦东新区锦绣幼儿园）

引文

艺术是所有美的集合，会使孩子的心灵得到彻底的净化，还会给孩子带来快乐和自信。我园除了在园内开展艺术教育之外，会组织孩子去参观艺术展馆，利用社区艺术资源，邀请园外专业人士，以社会实践小组活动的方式组织参观展馆，拓展孩子们的艺术审美视野，让孩子在亲临艺术殿堂中感受艺术的美妙和乐趣。

自2017年区级重点课题开始至今，我园共有5次参观展馆的经历：2017年6月参观朵云轩艺术展馆展出的博洛尼亚插画展，2018年11月参观上海当代艺术博物馆举办的双年展“禹步”，2019年4月参观陆家嘴吴昌硕纪念馆，2019年12月参观外滩一号艺术展馆展出的“齐白石精品画展”，2020年11月参观金桥碧云艺术展馆的“吴昌硕金桥金石书画特展”。

一、问题：大班审美艺术活动形式的研究现状

（一）大班幼儿艺术审美活动的研究价值

以往，在幼儿园美术教育活动时，教师所依赖的资源和素材主要以美术课程和幼儿园资源为主。但是，在《3～6岁儿童学习与发展指南》中，对艺术审美

活动提出了新的要求，幼儿教师需要侧重于活动资源的开发。艺术展馆作为一项规模较大的活动平台，所包含的美术资源十分丰富，在艺术展馆中陈列了很多的美术作品。如果将其作为活动素材，应用于幼儿美术活动领域，将促使美术活动呈现出十分显著的教育效果，不仅能够丰富幼儿在美术学科领域的知识储备，还能够增长见识，让幼儿在艺术展馆资源支撑下，对美术学科建立起正确的思想认知，从而端正美术互动参与态度。

审美活动的内容是对幼儿进行美术欣赏教育，提升审美能力的物质媒介，对幼儿综合艺术素养的提高具有关键性作用。通过文献梳理发现，幼儿审美活动教育的内容包括幼儿审美活动欣赏资源、基本美术知识与技能两大方面。审美活动资源具体又包括自然与社会生活中的美术资源、专门的美术作品。除此，图画书、绘本、中华传统文化及少数民族的特色文化艺术资源等也被纳入幼儿美术欣赏的范围之中。边霞、林琳与朱家雄（2009）等对幼儿美术欣赏的内容持有大致相同的态度，即都认为幼儿园美术欣赏包括各种类型的美术作品（绘画、雕塑、建筑艺术、工艺美术、民间美术、儿童作品）与基本的美术欣赏知识及能力（冷暖色知识、口头语言表达、粘贴撕纸等技能）等。董伟（2011）扩大了美术欣赏的范围，将自然与生活中的美术欣赏资源、绘画读物以及玩教具中的艺术品都纳入欣赏的范围。李明伟（2013）认为符合幼儿审美特点的各国名作、具有民族特征的艺术作品、贴近幼儿生活经验的自然景物及日常生活中的景物都可以作为幼儿美术欣赏的内容。除了大自然、大社会与日常生活中的美术欣赏作品之外，有学者推崇名画教学，也有不少学者主张将绘本、图画书、中华文化以及少数民族特色资源纳入幼儿美术欣赏的范围。例如，林琳（2004）认为幼儿应更多接触大师的名画作品，使幼儿与大师的作品进行直接对话，拉近幼儿与大师的距离，从而对幼儿进行艺术熏陶。李会玲（2012）基于中华文化视野，对绘画、雕塑、工艺美术、建筑等四类幼儿美术欣赏资源进行具体阐述。幼儿美术欣赏作品内容繁杂，类目较多，非常有必要对其进行归类与整理。在实际教学中，为方便幼儿审美活动的开展，边霞将幼儿的美术欣赏作品（绘画）划分为三类，即抽象作品、具象作品以及介于抽象与具象之间的作品。张念芸（2004）在学前儿童美术教育中认为美术作品是幼儿美术欣赏的主要内容，并将美术作品分为一般性美术作品、专门为幼儿创作的美术作品以及出自幼儿之手的美术作品三类。

综上所述，只要是符合幼儿审美特点的、有利于提高幼儿审美水平，促进幼儿艺术素养提高的艺术作品，无论是大自然、大社会、生活中的审美资源，还是专门领域的美术作品都可以作为幼儿美术欣赏教育的内容。除此，幼儿教师要有一双发现美、辨别美的眼睛，鉴别适合幼儿发展的美术作品；也要学会将纷繁复杂的美术欣赏资源进行归类，有计划、有条理地为幼儿选择美术欣赏作品。

（二）展馆内开展艺术审美活动的误区

幼儿与艺术的共鸣更多来源于直观的视觉体验，想要理解一位艺术家就应该去艺术展馆看看他的作品，在艺术展馆可以感受到他作品中的意义，还有他眼中的城市、风景和人。很多老师都会担心孩子年龄小对于艺术展馆里的作品无法真正理解。那么怎样在展馆内开展名画欣赏活动才是正确的打开方式呢？在实践过程中，我们教师普遍存在以下几个问题：

第一，重地毯搜索式观展，轻作品底蕴品位。比如，我们往往会集中在这类问题："你从作品中看到了什么？"第二，重全程陪同式观展，轻分散式自由探索。比如，我们非常希望孩子通过展览能得到全面的新知识和想法，提升对艺术的认知，但却忽视了每个孩子都是独立的个体，他们有着自己对于艺术的感知力，能自主地思考和感悟才会不断内化成自己的审美观，他会慢慢知道自己喜欢什么画，怎么读懂一幅画，从而逐渐建立属于自己的审美观。第三，重活动结果，轻活动延伸。比如，通常在结束一次展馆的参观活动后，似乎就意味着一次欣赏活动的尾声，没有给孩子有一个回忆思考的后续过程。

二、实践：大班幼儿利用社区资源开展艺术审美活动的实践研究

（一）社区资源中审美元素（包括自然、展馆、文化）的选择

孙玲芬在《艺术教育活动中社区资源的开发和利用》中写道：大自然千姿百态，蕴藏着巨大的教育财富，是一部具体、形象、生动的百科全书。大自然对幼儿教育的意义主要体现在知识价值、道德价值和审美价值等几个方面。走进大自然可以帮助幼儿认识自然、适应自然、热爱自然、融入自然。让幼儿走入大自然、走入社区、走入人们的生活，让幼儿在活的环境中积极地参与、体验、创作。田野、树林、灌丛、草地、池塘、河流等，都是幼儿学习的自然资源。小区里五颜六色的花草、形状各异的石头、潺潺而流的小溪、互相交叉的小路……这些处处流露着生机的自然景物都是生动的教材。

谢先良《美术馆资源在幼儿美术教育中的开发和利用》中说，幼儿教师需要侧重于活动资源的开发。美术馆作为一项规模性较大的活动平台，所包含的美术

资源十分丰富。在美术馆中陈列了很多的美术作品，如果将其作为活动素材，应用于幼儿美术活动领域，将促使美术活动呈现出十分显著的教育效果。不仅能够丰富幼儿在美术学科领域的知识储备，还能够增长见识，让幼儿在美术馆资源支撑下，对艺术领域建立起正确的思想认知，从而端正美术互动参与态度。

李凤莲《利用社区资源拓展幼儿艺术教育》文中提道：艺术教育作为一种文化现象，具有鲜明的文化特点。中国文化博大精深，中国的幼儿园艺术教育也应散发出丰富的文化内涵。以“文化资源”为线索的艺术审美活动，让幼儿接触到多种艺术形式和作品，能够丰富幼儿对艺术的感受和体验。教师也应懂得无论是传统艺术，还是现代艺术，都是我们的教育资源。利用社区中的文化资源，开展丰富的艺术教育活动，能更好地促进幼儿园、家长和社会的合作，实现促进幼儿良好审美素养的共同目标。

（二）以展馆为线索开展大班幼儿艺术审美活动的策略研究

社区资源是指能够满足社区居民生活需求的一切自然物质资源和人为的社会文化制度，是一个社区内一切可运用的资源、各方面的力量。博物馆打开了艺术、科学、地理、动物等的大门，社区能提供各种场地和设施等。Swick（2004）认为“社区是一个使儿童社会化的机构，因为儿童在社区中学会了角色期待——对成人的和对自己的。正是在社区中，儿童学会去观察，去模仿，并对成人的行为暗自佩服和赞赏。正是在社区中，儿童开始尝试着去发挥自己。从心理上来讲，人们都需要同伴关系——情感的安全感，来自于在群体中的归属感，在共同的组织全体中，成员享有同样的想法和行为模式。实际上来看，人们需要和他人合作并获取生活必需品——食物、住所、安全”。藤守尧认为：“幼儿园资源、家庭资源、社区资源等都是学前儿童艺术课程资源，它具有多面性。”印小青认为：“能不能开发社区内各种可供利用的教育资源，增进幼儿园与社会的联系，使社会和幼儿园协调配合搞好教育工作，是艺术课程能否顺利实施的关键之一。”社会艺术教育资源的开发与利用要求关注社会艺术生活，多向学生宣传介绍艺术生活的大事。对于社会上的各种艺术学习活动，如青年宫、少年宫、文化馆站以及各种团体组织的各种学习竞赛活动，只要这些活动有益于学生的身心健康发展和审美能力的提高，都应给予支持和配合。学前教育艺术领域的目标之一是“能初步感受并喜爱环境，生活和艺术中的美”。其内容与要求中提到“引导幼儿接触周围环境以及生活中美好的人、事、物，丰富他们的感性经验和审美情趣，激发他们表现美、创造美的情趣”。

龚晓燕在《盘活社区资源，挖掘幼儿艺术潜质》中认为，社区是幼儿园存在的环境，社区丰富的艺术资源可促进幼儿教学的发展。幼儿对艺术的表现形式是多方位多角度的，所以有必要对如何利用社区中的人文资源、自然资源和家庭资源，丰富幼儿的艺术表现形式，挖掘幼儿的艺术潜质进行专题研究。别林斯基认为："在活生生的现实里有很多美的事物，或者更确切地说，一切美的事物只能包括在活生生的现实里。"社区自然资源极其丰富，并且很具有审美性。

《指南》中，重点明确了环境对幼儿学习和成长的重要性。因此，幼儿园在组织美术教育活动时，需要重点加强美术活动环境创新。艺术展馆作为社会美术领域重要的服务机构，所具有的环境条件十分合理。如果幼儿园能够充分利用艺术展馆环境条件，构建幼儿美术活动体系，那么不仅能够优化活动氛围，同时也能够丰富活动资源，让幼儿接触到更多、更加经典的美术作品，从而丰富幼儿美术文化底蕴。同时，合适的活动环境，能够让幼儿对美术活动产生强烈的学习和参与兴趣；还能让幼儿在艺术审美活动期间表现得更加积极和主动。在幼儿艺术活动教育领域，幼儿园充分利用展馆资源，让幼儿对本土艺术文化加深理解和认知。幼儿园可以带领幼儿参观具有民族和民间特色的艺术展馆，让幼儿在参观的过程中，对我国的民族、民间传统美术形式加以了解，从而对民族文化传承产生正确的思想意识。

下面，我就以其中一次参观画展活动为例，那就是和孩子们一起观赏"世世太平——齐白石精品大展"，谈一谈怎样在展馆内开展艺术审美活动。这次画展是新中国成立以来国内最珍贵、最具规模的齐白石艺术盛宴，探齐白石大师精品画展，赏花鸟鱼虫美不胜收。我们邀请了童画家机构的专业老师S与F老师将科普、人文、历史、地理等知识巧妙地融入艺术欣赏之中，让欣赏艺术大师作品成为一次奇妙的探索之旅。

1. 让孩子成为"欣赏家"，发现美、感受美

——欣赏"花"之系列作品

让我们一起听听孩子和老师的对话吧。

师：你从作品中看到了什么？

幼：有石头、有花、有悬崖，好像水从很高的地方流下来。

师：你知道这朵红色的花叫什么名字吗？

幼：为什么画面中有花，又有石头呢？

师： 这朵花叫牡丹花，它的寓意是富贵、吉祥。

幼： 这是什么石头呢？

师： 这是长寿石，表示长寿、高寿的意思。牡丹花和长寿石在一起，是一幅非常吉祥的画哦！

从孩子和老师的对话中，我们发现观展可不仅仅是欣赏作品哦，它让孩子们了解中国艺术家的绘画精神、作画寓意，也感受到中国画的意境美，拓展了解与中国画有关的书法、篆刻、诗词艺术。

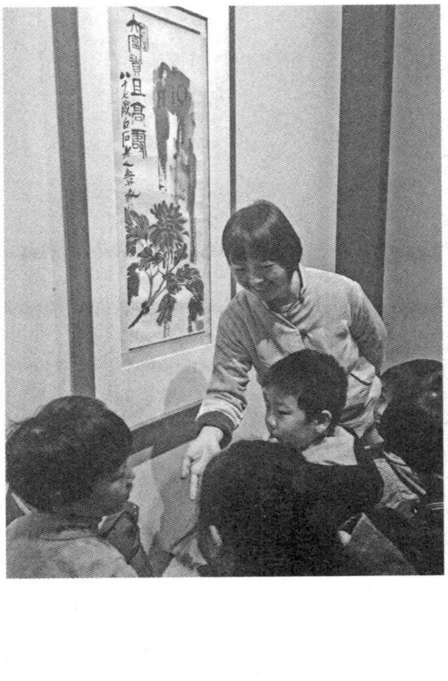

——欣赏“鸟”之系列作品

让我们再来听听这组对话。

师：你从这幅作品中看到了什么？

幼：我看到了一只鸟在飞，还有奶酪棒和马卡龙，是甜甜的味道。

师：装在篮子里的是柿子和苹果，还有一只鸽子。黄色和绿色的柿子是还没有成熟的柿子哦。这样的组合又有什么特别的含义呢？

幼：老师，鸽子是和平的象征，我妈妈说过的。

幼：柿子，我以前看吴昌硕画展知道是事事如意。

师：对，齐白石爷爷的这幅作品叫《世世太平》。它的含义：柿子与“世”字谐音，苹果与“平”字谐音，鸽子象征和平，画面诙谐有趣，表达了老人在经历了旧中国苦难之后对新中国和平盛世的喜悦及祝福之情。

说到这里，老师还补充了齐白石爷爷画鸽子时的有趣小故事。为了画好鸽子，齐白石爷爷亲自饲养鸽子，观察鸽子的形貌体态，细心揣摩，所以画出了精神气韵。听到此，小朋友都纷纷拍起手来。

带孩子看画展，真的不仅仅是画作本身，作品背后的艺术家故事也是激发幼儿感受与欣赏的优秀素材。虽然孩子们无法真正理解其中深刻的道理，但是艺术审美，感受画面背后的美，能启迪孩子的心灵，帮助幼儿陶冶美的情操，日积月累滋养孩子的心灵，萌发对周围生活和祖国妈妈的爱。

——欣赏“鱼、虾、蟹”之系列作品

参观展览，我们老师也会精心设计来帮助孩子更好地感受与欣赏。在欣赏作品《虾》之前，老师事先准备了《小蝌蚪找妈妈》中小蝌蚪遇见虾公公的动画片段，来引起孩子欣赏的愿望。在一旁的爸爸妈妈特别激动，这可是他们小时候看过的动画片，孩子们也特别好奇。在老师的引导下，有趣的师生对话又开始了。

师：仔细观察这幅《虾》，你觉得这些虾在干什么？

幼：我觉得它们在找食物，也有可能在找它们的妈妈。

师：仔细看看虾的每个部位哦。齐白石爷爷画虾可是画坛一绝，灵动活泼，栩栩如生。这些虾是怎么画出来的呢？

幼：用墨汁蘸水画，我也画过，爷爷画得更像。

师：对，齐白石爷爷用淡墨来画虾的身体，晶莹剔透。用笔尖蘸浓墨添上虾的眼睛。别小看这对眼睛，它显示了画家高妙的书法功力。

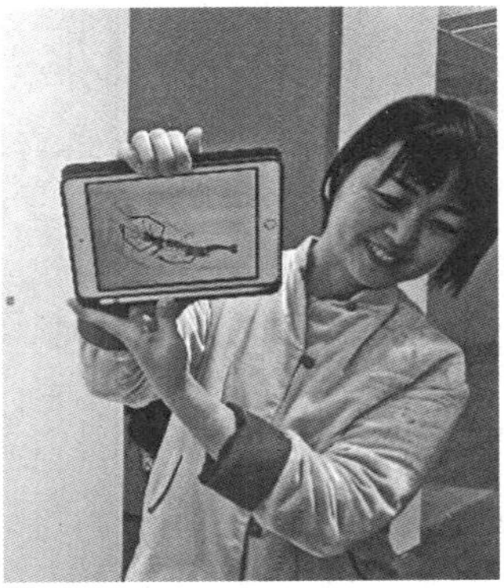

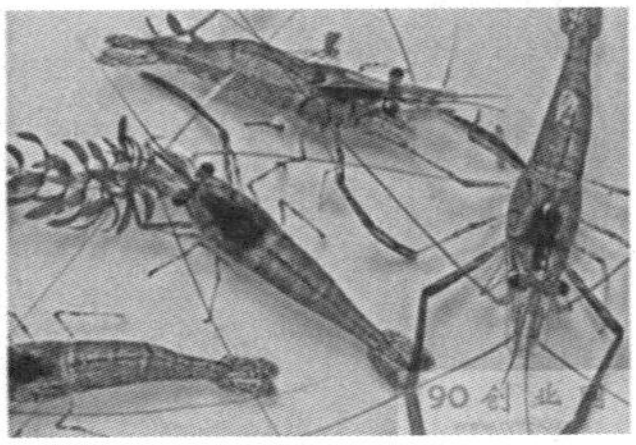

童画家老师用中国经典动画片《小蝌蚪找妈妈》给孩子们拓展了水墨画的经验，也让孩子多了一次接触优秀传统水墨作品的机会。与生活经验相联系、与绘本故事相整合、与幼儿创作相链接，老师根据孩子的特点，将观展变成拓展和丰富孩子视野的手段，让孩子感受到艺术作品的有趣、生动，真正读懂作品。

2. 让孩子成为“侦探家”，认识美、表达美

在《指南》中，针对幼儿艺术审美活动，重点提出了幼儿审美和创新能力培养目标。艺术展馆平台不仅资源丰富，环境合理，同时也在一定程度上符合幼儿

美术学习兴趣需求。所以，幼儿教师在组织美术教育活动时，合理引进艺术展馆资源，能够激发幼儿潜在的审美以及创新意识，让幼儿在美术鉴赏活动当中，拥有较强的美术鉴赏和审美思维意识。同时，合理开发和利用艺术展馆资源，能够让幼儿对民族的、民间的美术资源加深认知与理解，让幼儿深入理解家乡文化，并且提高民族文化传承的责任感。由此可见，在幼儿美术教育领域，合理开发和利用艺术展馆资源，所呈现的意义十分显著。因此，幼儿教师对此需要加强思想重视。幼儿园在组织艺术审美活动时，需要充分利用艺术展馆资源，借助于艺术展馆平台，组织幼儿美术教育活动，从而拓展幼儿艺术审美活动渠道和发展空间，让幼儿拥有丰富的艺术学习机会和活动空间，在艺术展馆活动中对艺术领域建立起深入的学习意识，全面提高幼儿艺术审美素养与创造水平。

对于孩子们来说，游戏就是他们的生活方式，只有游戏，孩子们才会更活跃。

于是，我们让孩子们学做“小侦探”，他们拿着自己手中的“任务书”在展馆中分散寻找“任务书”上所对应的水墨作品，完成任务后大家集中在一起说说自己的发现和喜欢它们的理由。

师：你找到的作品里画的是什么？齐白石爷爷是如何画出这些作品的？

幼：我找到了齐白石爷爷画的叶子，他用淡墨来画叶子，用深墨画了叶子的叶脉。

幼：我看到白石爷爷画的鸽子，它的羽毛有的地方是用粗粗的线条，有的地方是用细细的线条。

幼：我看到小鸟的羽毛有时候用的颜色看起来是干干的。

幼：我发现每一幅画的右下角都有一个方方的印章。我长大了也要用我的名字刻一个章！

当孩子找到一点线索拉着我过去看的时候，让我觉得非常有趣。和孩子一起观展，如果循规蹈矩地依次讲解，对孩子来说就太枯燥了，更愉悦的体验是让孩子自主地、有意识地观看和寻找，再一起分享彼此的视觉感受。其实答案的正确与否并不重要，有些答案也并非唯一。关键在于，通过互动游戏能够引发孩子的兴趣，让孩子学会观察，理解作品每一笔表现的艺术美，能用语言来表达自己内心的感受，给孩子充分表达的机会，加深孩子对美的认识与理解，这对从小培养孩子审美意识和审美情趣是多么有意义。

3. 让孩子成为“艺术家”，表现美、创作美

幼儿园在与艺术展馆合作的过程中，不仅要注重将艺术展馆内部的资源引出来，还要将幼儿优秀的美术作品引进去，从而实现园馆之间美术资源与美术文化的传递与共享。同时也能够让幼儿产生荣誉感和自信心，从而对美术创作提高自信和动力。幼儿园在组织美术活动时，可以从幼儿作品中选择比较具有艺术内涵和创作水平的作品，展示到艺术展馆平台当中，让更多的人观赏幼儿的美术作品。同时也可以由艺术展馆发起民主评价，对幼儿美术创作作品进行投票，选择最具创新性的美术作品，充分发挥幼儿美术创作的主体地位。幼儿教师可以在艺术展馆中组织幼儿美术作品鉴赏活动，引导幼儿对不同幼儿园、不同幼儿美术作品进行鉴赏和赏析，从而实现幼儿审美意识合理开发。还能够让幼儿在鉴赏过程中对美术创作灵感和技巧加以掌握。此外，幼儿园可以积极利用艺术展馆平台组织亲子活动。利用艺术展馆环境载体，邀请幼儿家长参与到亲子活动当中，与幼儿一起协调配合，完成相关美术创作活动，如色彩搭配、手工制作等。让幼儿在良好的艺术展馆氛围下，通过幼儿家长的指导与帮助，顺利完成艺术创造活动，从而丰富幼儿美术活动方式，增进幼儿与家长之间的情感关系。

画展的结尾，我们在互动区提供孩子特别的礼物，一叠折叠着的信笺，让孩子们在折叠信笺上，用铅笔简单地勾线记录自己感兴趣的花、鸟、鱼、虫、人。回到幼儿园后，孩子们继续用教室里提供的各类画具进行创作。老师也在大屏幕上滚动播放孩子们参观展馆的画面。孩子们纷纷打开自己的手账本，细细品味自己的记录，用水彩笔进行再创作，继续感受水与墨带来的美妙体验。在艺术的熏陶感染下，抓住灵感，创作出一幅属于自己的作品。幼儿园老师也会将观展做成公微，留下锦绣童年美好的记忆。

展馆作品欣赏活动的意义并不是解读，而是通过观察、感受、思辨、表达去扩大孩子对世界的认识，去探究无边的可能性，孩子们不是通过艺术看到艺术本身，而是看到自己和一个更广阔的世界。每一个人看到的、感受到的都是不一样的，不存在正确的答案，只有孩子、我们和艺术作品之间的连接。

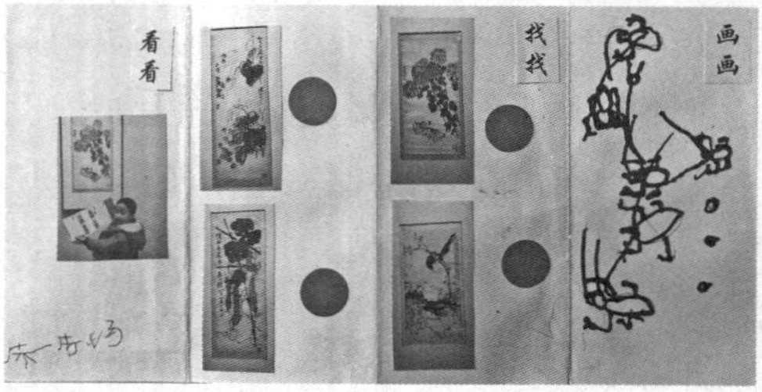

三、成效：大班幼儿利用展馆资源开展艺术审美活动实践研究的收获

每学期一次的参观展馆，让我们形成了课程运作的一些经验。

1. 建立一支家园社区共建的专业小分队

我园聘请童画家S和F老师担任参观画展的园外指导老师，他们负责课程策划、带领孩子观展。我们鼓励有特色兴趣的教师轮流担任画展项目负责人，负责与工作人员联系，到展馆踩点、制定参观方案。我们招募有兴趣的家长义工共同配合教师完成参观展馆，增进家园课程合作的机会。

2. 采用集中观赏和自选作品相结合的观展方式

每次画展，指导老师都会在参观前精心挑选适宜孩子欣赏的作品，做足“功课”，还会给孩子小组自由时间来参观和欣赏。孩子们会用画板、照相机来记录自己喜欢的作品，守住美好的心情。

3. 制作参观画展微信公众号分享给更多的家长

每次参观展馆，我们一定会将孩子和老师的对话记录在公微中，让家长能基于儿童视角来观察理解尊重孩子，也提供家长参观展馆的攻略和友情提示，鼓励更多的家长利用休息时间，跟着导读去观展。

结语

综上所述，亲近美、崇尚美是孩子的天性，试着把艺术当成一种视觉语言，作为表达思想和分享信息的一种媒介，去帮助我们传达未必完全理解或知道如何表达的东西。在展馆内开展名画欣赏活动不仅可以丰富孩子的视觉经验，对于孩子的认知发展，建立多元化的思维方式，帮助孩子理解历史和人文，培养同理心、好奇心、想象力和创造力等各个方面都有着积极的意义。

和孩子一起去参观艺术展馆吧！我们应该充分发掘孩子的天性，带孩子走进艺术的殿堂，让孩子亲身感受艺术的美好，培养孩子的艺术鉴赏力和领悟能力。

参考文献：

[1] 吴军芳.幼儿园幼儿文学教学策略研究[D].苏州：苏州大学，2010.

[2] 王俊英.儿童审美心理的形成与发展[M].台北：聪美出版社，1994.

[3] 孔起英.儿童审美心理研究[M].南京：江苏教育出版社，2005.

[4] 林琳，朱家雄.学前儿童美术教育（修订版）[M].上海：华东师范大学出版社，2006.

[5] 边霞.园外幼儿教育资源的开发与利用[J].幼儿教育，2004（09）.

[6] 蔡东霞.幼儿园对社区教育资源的开发与利用.学前教育研究，2008.11

[7] 顾克.幼儿园利用社区教育资源组织教育活动之思考.学前教育研究，2004.Z1.

[8] 滕守尧.回归生态的艺术教育[J].社会科学战线，2009（01）.

[9] 屠美如.向瑞吉欧学什么——《儿童一百种语言》解读[M].北京：教育科学出版社，2002：65-135.

[10] 李生兰.幼儿园与家庭、社区合作共育的研究[M].上海：华东师范大学出版社，2003.

[11] 龚晓燕.盘活社区资源，挖掘幼儿艺术潜质[J].学周刊，2017（35）：169-170.

[12] 李凤莲.利用社区资源拓展幼儿艺术教育[J].学前教育，2015（12）：34-37.

[13] 谢先良.美术馆资源在幼儿美术教育中的开发和利用[J].艺术品鉴，2019（02）：360-361.

幼儿小器械操的创编与实践

徐晓勤（上海市浦东新区高东幼儿园）

幼儿小器械操是幼儿手持器械在音乐伴奏下或者口令指挥下，在各种队形中让颈、四肢、躯干等部位做出各种举、屈伸、绕环、摆、踢、跳跃等一系列动作所组成的操节练习活动，是幼儿园基本操节练习中的一种形式。相比徒手操，小器械操能够加大动作幅度和运动强度，加强幼儿肌肉用力的准确性、控制能力，有效发展幼儿动作的协调性和节奏感。而且，小器械操色彩艳丽，丰富了体操动作的内容，增添了操节的动感和美感。所以，很多幼儿园都把它作为常规操节练习锻炼幼儿。因为有了器械的运用，原本平淡的操节变得灵动、活泼、有趣，大大提高了幼儿做操的兴趣。

多年来，我园深入开展小器械操的实践活动，积累了一些有效的经验。

一、小器械操的创编

实践中我们发现，不少小器械操的编排没有体现器械特点，器械只是个道具，可有可无；有的器械操用其他任何器械都可以取而代之，缺乏个性；还有的在编排上不够科学合理，不能较好促进各年龄段幼儿动作的发展……针对发现的问题，我们在开展幼儿小器械操创编的时候进行了以下思考和探索。

（一）挖掘器械本身的特点

各种小器械都有其自身的特点，在操节中发挥的锻炼作用也是不尽相同的。我们在选择和创编之前首先要对器械进行分析和思考，这样才能更好发挥器械本身的特点。在开始时，我们将小器械根据质地、击响或无响、使用力度大小等进行分类，得出一些经验：小班幼儿更适合选择质地柔软、有击响的器械创编操节，如软包、花环、响环等；大班幼儿倾向于那些动作力度大、对技能有要求和节奏感更强的器械，如篮球、足球、棍棒、哑铃、筷子等；中班幼儿则介于两者之间，击响的、动作技能要求不太高的、柔软的都可以选用，但是在编排的时候要注意年龄阶段，如瓶豆、塑料哑铃、小呼啦圈等。选择合适的器械后我们还可以根据器械自身的特点设计操节动作，如棍棒操中棍棒可以举棍、滑棍、握棍，筷子操中筷子按照节奏敲打身体各部位，瓶豆操中敲击、抖动，旗操中举旗、甩旗等，将每个器械的本身特点渗透到每一节操节中，大大增加了幼儿做操的兴趣。在实践中教师还可以抓住一种器械的多种特点进行操节编排，让器械更好服务于操节。

（二）遵循幼儿身心发展的特点

幼儿模仿性强，肌肉、骨骼发育不成熟不完善，神经系统的调节功能还不及成人。特别是不同年龄段幼儿在体力、动作发展以及心理水平上都不相同。所以，教师在编排器械操时要考虑不同年龄段幼儿的特点及实际接受水平，选编那些简单易学又能锻炼身体的形象性动作。小班幼儿主要以模仿为主，所以在创编器械操的时候动作应简单易学，富有情境性、趣味性，难度低、重复多。如响环操，可以编排那些让幼儿围在老师身边敲一敲、摇一摇、跳一跳的动作，只要幼儿愿意跟随老师开心动起来即可，一套操节不超过六节，每节操两个八拍。中班幼儿已经具备一定的运动能力和自我控制能力，教师可把重点放在队列队形概念和动作练习上，编排中减少一些模仿动作，创编一些动作简单、生动有趣、手脚协调运动的动作，如瓶豆操、呼啦圈（小）操、软棍操等，一套操节七到八节，每节操四个八拍，也可以是两个八拍。大班幼儿运动能力和控制能力相比小中班幼儿都提高不少，所以，在创编的时候要以发展幼儿大动作技能为主，既要考虑动作变化，又要有方向变化，要求力度、速度等，如棍棒操、哑铃操、筷子操等，一套操八节，一节四个八拍。

（三）体现科学性与合理性

在编排小器械操动作时，一定要体现合理性和科学性，遵循全面发展的原则。整套操节动作应包括上肢运动、下肢运动和躯干运动，使身体各部位都得到活动，动作幅度和运动量由小到大，动作性质先柔和后有力，将最基本动作，如臂前平举、上举、侧平举、上体左右侧屈、前后屈、腿屈膝半蹲等动作融合到操节中，还要注意动作的上下、左右、前后有规则的交替、对称等。这样能使幼儿各器官和系统都得到全面锻炼和均衡发展。如大班筷子操：先是上肢胸前敲击左右摆臂和上举，配合抬腿动作；随后是侧弓步敲击大腿后扩胸；接下来是转体左右手持筷同时敲击前胸和后背；然后是腹背弯腰双手击筷；最后是双手持筷于肩部，双脚侧步走两步并步后侧弓步双手持筷前后敲击胸和背；最后是跳跃和整理运动……整个筷子操节奏的编排既融合了筷子的敲击节奏，又体现了编排操节的科学顺序，同时还兼顾了动作从慢到快再到慢，活动强度和活动量由小到大、再由大到小的过程。我们还配备了节奏鲜明的伴奏音乐，每节操的动作强度、节拍特点等都与音乐在时间上保持一致。

（四）增强互动性

小器械操简单易学，且具有色彩、声响和动作的多变性等多种特点，所以能激发幼儿学习的兴趣，达到一定的锻炼效果。如果在器械操设计编排时再考虑一些队形变化、幼儿之间的互动、呼喊声等，这样更能让幼儿在器械操锻炼中体验到良好的情感，促使幼儿愉快、活泼、开朗积极和充满信心的个性心理品质的发展，更促使幼儿在锻炼中身心和谐发展。如大班筷子操，有两排幼儿面对面站立敲击筷子，有侧步走成一排队伍，有分别面向四个方向敲击筷子等不同的队形变化；大班篮球操中有幼儿边拍球边数数，边做投篮动作边呼声："投、投"；在创编中班足球操中，为了激发幼儿的兴趣以及对足球简单动作的把握，我们设计了双脚交替踩球后绕足球跑一圈的动作，为了方便幼儿动作和记忆，配上了呼喊声"碰，碰，跑跑跑跑绕一圈"；其中一节操节中有手持足球碰膝盖的动作，加入呼喊声"嗨、嗨"，这样一来，幼儿在做操的时候劲道更足了。利用这些器械互动和交流，不仅可以提高操节的趣味性，增强幼儿的合作意识，还能培养幼儿认真、专注的品质。

二、小器械操的实践

小器械操是早操活动中的一项内容。为让幼儿保持做操的积极性和主动性，让器械操最大程度发挥其健身作用，我们针对不同年龄段的幼儿采取不同的学习指导方式。

（一）激趣模仿

小班幼儿动作模仿性强，情趣化、游戏化的指导更能引起他们学习模仿的兴趣，所以教师在指导幼儿做器械操的时候要用夸张的动作、生动的表情、有趣的故事情境激发他们跟随教师动起来。如小班响环操，本身摇动响环发出的声音吸引幼儿，幼儿一拿到响环就情不自禁摇动起来。为了让幼儿随音乐做一些上举、下蹲、体侧等动作，我们老师创编了故事情境，“小猪小猪真可爱，噜噜噜，噜噜噜”。老师边说边引导幼儿双手握环在胸前摇动，同时身体左右摆动学做小猪的大鼻子；“大耳朵呀动一动，噜噜噜，噜噜噜。”引导孩子双手握环在耳朵两边摇动响环同时屈膝两下；“小尾巴呀摇一摇，噜噜噜。”引导孩子双手握环同时放在身后学做小猪的尾巴扭动起来；“跑到河边洗个澡，噜噜噜，噜噜噜。”引导孩子双手握环在体侧晃动同时向前弯腰低头摇头……这些有趣可爱的动作给幼儿带来了无穷的乐趣，同时教师的引导语也深深吸引了小班刚入园的孩子跟着大家一起模仿。随着时间的推移，教师可以更换角色，将情境中的“小猪”换成“小兔”，改变一下“情境”，变成“小兔练本领”，增加一些跳的动作，这样新的情境也会吸引幼儿。为了让小班孩子体验快乐，在带领“软包操”的时候，老师将软包四散撒在地上，并说：“宝宝们，快去找一个小包包跟你一起玩喽！”操节结束后允许孩子把自己手中的软包往空中抛起来。这样，孩子的兴致就更高了。在引导和带领小班孩子做器械操的时候，教师还要对那些开心动起来、模仿认真的孩子及时鼓励：“这小猪真聪明，让猪妈妈抱一抱；这小猪洗澡真干净，大家都喜欢和你一起玩。”那些容易受到干扰、有意注意时间短的孩子，教师可以让他们跟在自己的身边随时引导，还可以用故事情境中的角色提醒孩子。

（二）示范跟学

中班幼儿有意注重逐步发展，非常喜欢模仿，模仿出色，也基本能积极参与做操。操节所选用的大多是他们在户外活动中经常玩的器械，所以他们对该器械的一些简单玩法有一定的了解。还有的器械是根据徒手操动作再结合器械特点编排的，幼儿也有一定的基础。所以在指导做操的时候主要采用“示范跟学”的方式。如在“足球操”学习过程中，老师首先录制了操节示范视频，在平时不断播放。由于编排的大多数是幼儿在平时足球游戏中练习过的“踩踏球、拨球、触球”等动作，他们并不陌生，所以非常乐意跟着视频学做动作。有了基础，再集中组织幼儿一起学习就比较容易了。在指导过程中，教师主要帮助幼儿纠正动作姿势，使身体动作协调，吃准音乐节拍和口令。对幼儿难以把握的动作进行分解示范、细致讲解，并反复练习，帮助幼儿找窍门学习。还可以将幼儿做的操节动作进行录像，休息的时候播放给大家看，这是一种相当好的学习方式。幼儿通过观看，马上会发现“谁做得不对了，谁的手没有伸直，谁的动作比别人慢……”

这样的方式不光能让孩子发现自己的问题及时改进，同时对队列、团队动作的整齐度提高也有很大的帮助和促进作用。在组织中班幼儿学习器械操过程中，教师要在幼儿容易做错或者动作变化大的时候给予一定的语言提示，如塑料哑铃操中扩胸的时候“拉一拉”，踢腿的时候“踢起来”，提示幼儿动作到位、跟上节拍。中班幼儿的表扬鼓励除了老师赞赏、肯定、奖励之外，还可以让他们在集体面前示范或者展示，同伴的表扬和掌声更能让幼儿获得成功的喜悦。

（三）互动创编

大班幼儿动作发展更灵活，并且有强烈的求知欲望。所以在指导他们开展器械操活动的时候老师更多采用“把孩子推在前面”的策略，把更多的机会让给幼儿，让幼儿参与一起创编。但是这些经验也是需要幼儿在学操编操过程中慢慢积累的。首先是让幼儿学着创编队形，随着做操经验的积累再进行器械操节的创编。如开始的时候，我们组织幼儿学做《运动》教材上的旗操，同样是先组织幼儿学习教师示范视频，随后讨论旗操中哪些动作不容易做好，并进行多次练习和改进。当幼儿学会后，鼓励他们创编队形。旗操第二节，幼儿们创编出了一、三排先上举头顶交叉，二、四排先下蹲双手向下交叉的队形动作；后面的踢腿运动，踢腿的时候加入呼喊声“嘿”；体侧运动的时候，两排幼儿转身面对面举旗；跳跃运动的最后八拍，前四拍两排幼儿横向跳动并成一排，后四拍回到原位。这样增加了队形之后的旗操更生动有活力了。当老师播放幼儿做的旗操视频的时候，他们都高兴万分。当幼儿一旦有了编排经验之后再组织他们创编其他器械操节动作，如筷子操。首先让幼儿收集各种筷子操的视频动作，自己借鉴学做，随后组织大家一起创编操节。师生一起讨论出上肢、扩胸、体侧等不同的操节名称，随后鼓励幼儿分组合作负责某一节操的编排，这个时候最能体现出幼儿的主观能动性，他们都会把自己的聪明才智发挥出来。当然最后教师还要在他们创编的基础上改进，使动作更完善更合理。在对大班幼儿器械操的学习指导中，教师也应关注幼儿动作是否有力度、是否到位，关注幼儿做操时的精气神。作为团体操节，还要在团队的整齐度和队形上加以引导，激发幼儿团体合作意识。

三、开展小器械操的建议

（一）确保安全性

在选择器械时，可以从平时运动器械中挑选一部分进行创编，也可以开发和制作一些设计创编，但前提是这些所选用的材料必须性能好、安全可靠、卫生美观又实用；其次，可以对器械本身进行加工或改造，尽量把不安全隐患缩小到最低程度；第三，在创编动作时要确保动作既符合幼儿动作发展的特点，又要尽量避免幼儿在与器械和幼儿之间互动时出现的不安全因素，在实践中及时发现及时改进；第四，对幼儿在做操过程中进行安全教育，让幼儿了解不做危险动作伤害别人，同时也学着自我保护，增强安全意识。

（二）突出季节性

小器械操能提高幼儿身体对气候变化的适应能力，但是在不同季节操节的活动量可以是不同的。所以可根据季节不同实施不同的小器械操。可以从活动力度、密度的大小，动作、活动量等方面考虑。冬季可以选择密度大、动作反复性强、增强活动量和耐力的操节；天气转暖后可以创编动作柔和舒缓、轻松愉快的动作，让幼儿在愉快的氛围中锻炼。

小器械操是增强幼儿体质的一种有效手段，它能活动幼儿的肌肉、关节和韧带，促使幼儿力量、柔韧性、灵敏性和协调能力等身体素质的协调发展，培养幼儿正确的身体姿势和一定的节奏感，发展幼儿的空间知觉和时间知觉等。通过小器械操活动，更能培养幼儿愉快、活泼的情绪，使幼儿轻松愉快地活动起来，并能从愉快的活动中得到一种成功后的喜悦。所以，作为教师科学地选编一些类型不同、节数不同的小器械操，对身心迅速发展的幼儿来说，具有长远的意义。

利用“食育”绘本阅读培养小班幼儿健康饮食习惯的研究

瞿旎卉（上海市浦东新区恒宇幼儿园）

一、研究概况

（一）研究现状

美国和日本开始食育教育的时间比较早，日本在2005年颁布了《食育基本法》，规定家庭、保育所、学校和地方等要多方合力推进儿童的食育。我国开展食育研究相对较晚，21世纪初期国内有研究者倡导推行食育。一些幼儿园创立了“儿童食育工坊”，帮助幼儿认识食物、体验种植等。但利用食育绘本为载体开展幼儿食育教育的相关研究并不多。因此，本课题将通过食育绘本阅读，梳理小班幼儿能够阅读的绘本书单，帮助小班幼儿从情感上对食物建立联系，萌发幼儿对食物的喜爱之情、对食物的珍惜之情、对制作食物者的感恩之情，最终逐渐养成健康的饮食习惯，帮助幼儿建立择食与优食的能力。

（二）研究意义

1. 以“食育”绘本为载体，帮助幼儿获得食物的认知，理解与自己的关系。

2. 利用“食育”绘本的多样化内容，了解食物的来源，萌发亲近自然的情感。

3. 通过“食育”绘本中的多样化食育活动，促进幼儿良好健康饮食习惯的养成。

4. 家园合作共读“食育”绘本，可以有效地推进家长对于家园共育的能力。

（三）研究目标

选择适合小班的食育绘本，指导家长共读绘本，在亲子合读中帮助幼儿理解食物与自己的关系，激发幼儿对食物的探索，养成良好的饮食习惯，懂得珍惜和感恩食物带来的美好。

二、研究实施

（一）小班幼儿家庭中饮食情况调查

教师利用调查问卷对幼儿在家饮食情况进行了追踪，以小四班为单位发放问卷。本次调查问卷共发放30份，回收28份，回收率在94%。其中，调查问卷中有一道题目是“您认为您的孩子在家不能自主进餐的原因是什么”？其中有43%的家长选择了A选项，家中祖辈比较偏爱，怕吃凉了得感冒。在问题6中，可以看出家长自身的饮食偏好也会影响幼儿自身的良好饮食习惯的养成。

从问卷上不难看出，做调查问卷的大多数是父母家长。其实孩子在家由祖辈家长照料比较多，父母上班比较忙，对孩子的饮食习惯了解没有祖辈家长了解得多，多由此调查问卷更是从父母的角度反映问题。因此可以通过开设祖辈家长讲“食育”绘本活动沙龙或者是生活小妙招、个别家长谈话等方式，了解幼儿在家情况，慢慢转变观念，使他们成为健康饮食习惯养成的“助攻”。

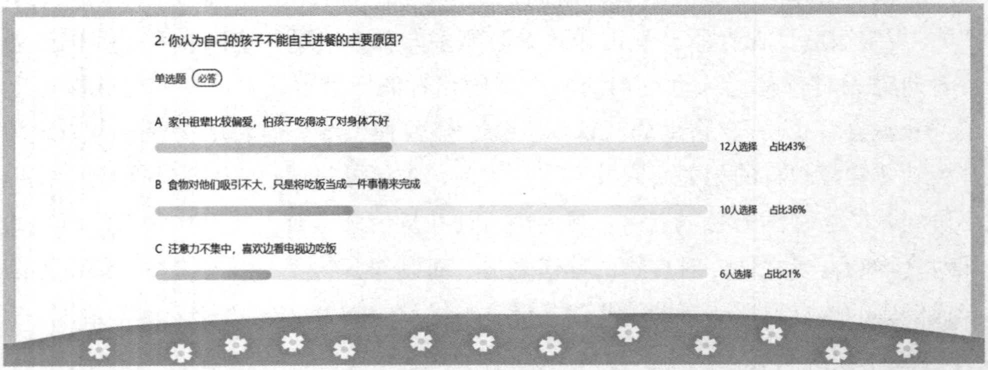

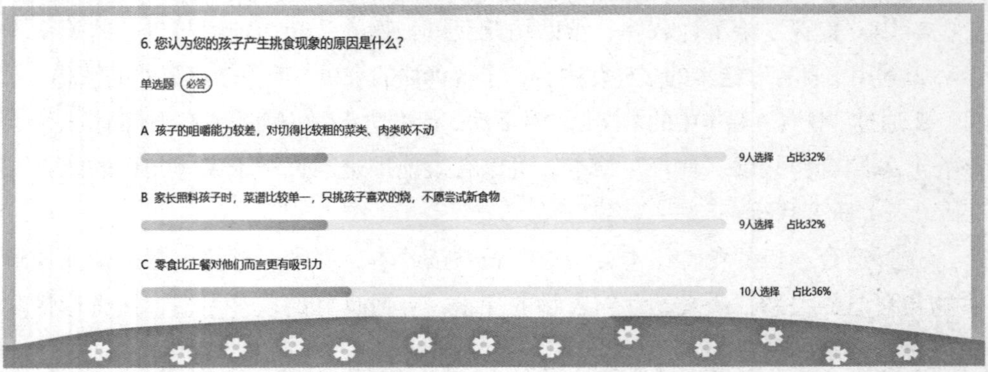

（二）选择食育绘本应注意问题

1. 以儿童的视角思考绘本的价值，“预设”与“生成”相结合投放绘本，更能提高幼儿阅读的兴趣

① 选择幼儿感兴趣的绘本。

② 选择适宜幼儿当前发展的绘本。

2. 考虑幼儿的年龄特点以及同年龄段幼儿不同层次的阅读能力水平

① 对于内容、故事情节比较简单的绘本，幼儿可以自主阅读。

② 对于画面与情节比较复杂的绘本，可以采取师幼共读、亲子阅读的方式来阅读。

③ 不要急功近利，急于一次把一本绘本全部读完，可以作为系列活动进行阅读。

（三）通过对绘本材料的梳理，整理合适小班食育的绘本材料

1.“食物生长”绘本：使幼儿感知食物从农田到餐桌经历的漫长过程

食物从种子到生长成果实经历了漫长的过程，幼儿从绘本上能更直观了解食物生长的过程，使幼儿体会食物从农田到餐桌上的不容易。如《我爱蔬菜系列》书中《卷啊卷 卷心菜》《油亮亮的茄子》《圆鼓鼓的土豆》《胖墩墩的南瓜》除了记录了蔬菜生长的过程，更是介绍了四种蔬菜的不同外形特征，增添了孩子对食物的兴趣。

2.“食物制作”绘本：使幼儿感知食物制作的不易，萌发珍惜食物之情

现在大多数家庭都是“六对一”或者“六对二”模式，对家中的孩子都是宠爱有加。其实在照顾的过程中，让孩子简单地参与力所能及的事情，孩子更能在过程中体会到制作食物的艰辛。如《蔬菜蔬菜切一切》绘本，介绍了做饭的步骤，蔬菜洗一洗、切一切，一步一步加入蔬菜调味料放进锅里煮一煮，最后咖喱饭就做好了，这不就是“幼儿版”的菜谱嘛。用绘本的形式呈现让孩子非常感兴趣，也很想亲自动手尝试一下。倡导节约资源不浪费，光盘行动正是当下的热点。不浪费为主题的绘本，与食物制作相融合，在食物制作的过程中告诉幼儿不要准备太多食物，要根据需求准备食物，更能起到事半功倍的效果。

3.“饮食均衡”绘本：使幼儿了解食物的营养及增加对食物的喜爱

通常用食物金字塔来理解饮食均衡搭配，但是对小班幼儿来说比较抽象难懂。因此香喷喷的食育绘本系列，如《食育王国的色彩精灵》，将抽象的饮食均衡观念转变成了具体形象的食物精灵，通过红黄绿白四种食物精灵代表的食物，

告诉孩子健康的身体要摄取四种食物精灵。

4.“进餐礼仪”绘本：使幼儿萌发对进餐环境美的感受和体验

小班阶段是学习正确的用餐方法、让幼儿初步养成良好进餐习惯的阶段。但大多数这类书内容比较多，一般阅读的小班幼儿还是比较有难度的，更适合作为教师的工具书，与幼儿一起在师幼共读活动中来介绍。如《餐桌上的礼节》中提到进餐时保持安静，介绍了如何在进餐中使用碗筷碟等方法。

5.“传统美食”绘本：使幼儿了解家乡特色饮食，激发爱家乡、爱祖国情感

小班年龄段幼儿对传统美食了解得比较少。纵观传统节日美食的多样性，如粽子、月饼、春卷等，传统美食往往拥有自己的传奇色彩，历经岁月的洗礼，依然受到普通百姓的喜爱。向幼儿与家长介绍传统节日美食绘本，不仅增加了对每个传统节日的仪式感，更萌发了幼儿对家乡、对祖国的热爱之情。

6. 自创内容绘本

在年末幼儿园一起搞了迎新活动，孩子们在园中第一次吃了自助餐。在活动开展前的谈话活动中我观察到，孩子们在自助餐的过程中，非常享受自主拿取的过程，还能讲究秩序，排队拿取。但是有的孩子还是有浪费现象，荤素搭配也不够合理。

在过程中，老师也搜索了关于内容为“自助餐”的绘本，非常少。通过自我阅读来探寻吃自助餐的规则，比通过与老师之间的谈话更直观，记忆也更持久。

因此当现有绘本因内容有限，呈现方式有限时，想通过幼儿易懂的故事情节来向幼儿阐述规则或者道理，自制绘本是最好的表现形式。

（四）家园合作共读“食育”绘本，可以有效地推进家长对于家园共育的能力

1. 指导家长开展亲子共读“食育”绘本的形式

（1）教师利用晓黑板、公众号等平台向家长宣传开展食育绘本阅读的优势

我清晰地记得，我在图书角以及晓黑板中，都投放过一本绘本《早起的一天》。我发现班中的孩子很喜欢这本绘本，连着好几天的自由活动时间，都去翻阅了这本绘本。

这天，辰辰翻阅到买菜画面的时候，非常激动地拿到我面前，于是就有了一段下面的对话。辰辰兴高采烈地说：“老师，你知道吗？我也陪奶奶去买菜了。”

“和故事里的小猪一样吗？也是非常早就起床了？”“嗯，奶奶说现在有疫

情要少出去吃饭，所以要去买菜回来烧。”“老师，你知道吗？我还帮奶奶拿菜了。”“那你觉得辛苦吗？”“一点都不累。”“那你觉得奶奶辛苦吗？”“嗯，我们出门的时候，爸爸妈妈和哥哥还在睡觉，就像小猪一样。”

我和辰辰妈妈沟通后，了解到原来那天家里有客人来，奶奶辛苦地做了许多菜，辰辰那天的表现特别棒，还帮奶奶洗了菜，做了家务，摆放了筷子。奶奶那天虽然很辛苦，但是当孙女要帮忙时，她没有像上次一样拒绝，而是让孩子参与进来了。在后续思考中，我发现辰辰的妈妈每次在班中食育绘本共读中，都是很积极与孩子打卡活动的，我还会把每次绘本后面打卡的情况向孩子们介绍。久而久之，孩子们与家长阅读的兴趣也与日俱增。

（2）观摩教师的亲子阅读指导活动，提升食育绘本阅读技巧

家长通过观摩教师亲子活动，了解到值得注意的几点要素：进行绘本选择时，要遵从孩子对绘本的选择，同时家长也要注重阅读环境与氛围的营造，孩子近期的阅读状态也是考虑的要素之一。

同时，教师推荐给家长看的亲子阅读书籍，提升了家长对于亲子阅读的指导能力。

（3）通过家长讲故事活动了解幼儿在家中由绘本引发的食育故事

有一次，在看完《吃掉你的豌豆》后，由是否吃鸡蛋的故事，引发了家长之间的一次大讨论。

小石榴妈妈：我们小石榴不爱吃鸡蛋，为了让他吃鸡蛋，我们尝试了各种烹饪方法，但收效都甚微。

瞳瞳妈妈：小孩偏食，尤其是拒食某种大人认为很有营养的食物，的确是让许多父母头疼的事情。为了让孩子乖乖地把盘子里的食物吃掉，会使用各种威逼利诱的手段，但结果常常是：小孩执拗不肯就范，逼得无计可施的大人只好动怒强迫，双方僵持不下，原本应该愉悦的用餐气氛也被破坏掉。

小石榴妈妈：小石榴刚进幼儿园的某一天，我也和老师交流过这个问题，老师的一句话让我茅塞顿开。老师说：其实我也不爱吃鸡蛋，每个人都有自己不喜欢吃的食物，我们顺其自然就好。所以当我阅读这本绘本时有了深刻的体会。

悠悠妈妈：对啊，我们每个人都有自己的喜好，都有自己爱吃的东西和不喜欢吃的东西。那我们为什么一定要让孩子吃下我们认为有营养的食物呢？另外，用各种条件和代价让孩子吃饭或者做任何你想要他做的事，最后妈妈总会难以收

场。所以，从一开始，就不要用各种条件来威逼利诱孩子吃饭。

2. 提高家长指导能力的方法

（1）理解“为什么读”食育绘本的原因

阅读带给孩子许多不同的感受，更让孩子从阅读中获得丰富的认知能力。读食育绘本让孩子在自主阅读与亲子阅读中认知食物，了解自己与食物之间的关系。

（2）选择“读什么”食育绘本的方法

紧跟家园互动，可以选择教师推荐绘本，同时也可以与孩子一起选择感兴趣的绘本。读的过程，对孩子的成长有着很重要的意义，也解决了家长不知道如何引导的困境，而且过程既科学又有趣。

（3）建立“哪里读”食育绘本的阅读环境

在家建造唾手可得的阅读环境，尤其是你想让孩子阅读的，你可以偷偷地放在孩子的床头，放在客厅桌子上，或者走廊里的椅子上。与孩子一起商量讨论如何来布置阅读的环境。轻松自由的阅读环境，更有利于增添幼儿阅读的兴趣，不让幼儿觉得阅读是一种负担。

（4）阅读是一种享受而不是识字的机械学习

在指导家长进行亲子阅读时，一定要清晰概念：识字并不等于阅读。识字是手段不是目的。亲子阅读的早期阅读不是为了让孩子识字，而是培养想象力。能识字不等于会阅读。

（五）“食育”绘本在一日活动中的多元开拓性运用

1. 通过做中学、玩中学的过程加深幼儿对食物的认知

（1）集体教学活动：筛选与主题相关的绘本，或者作为主题延伸型绘本，进行教学活动设计，从而加深幼儿对健康饮食的生活理念的理解。但要注意的是不是每一本绘本都适合原封不动地放入集体教学活动的内容中。

（2）个别化学习活动：根据绘本活动，设计益智类、美工类个别化学习活动，加深幼儿对食物外观、食物名称的印象。

（3）与主题相关的大活动：传统节日食物，如端午节、元宵节、中秋节、春节等，根据绘本内容，介绍吃传统食物的故事。

2. 通过基于儿童视角的主题环境创设推动幼儿与食物间的关系

（1）主题墙面：投放与主题相关的“食育”绘本，作为主题延伸，来丰富幼儿的主题经验的同时，将优食理念融入日常一日活动中。梳理与主题、课题相关

的绘本，如在《苹果和橘子》中投放《好饿的小蛇》，通过绘本内容认识更多的水果，同时萌发幼儿吃水果对身体好的理念。同时设立班级文化墙，凸显与食育相关的内容。比如在保护眼睛方面，列举了保护眼睛的方法同时，知晓吃哪些食物能保护孩子的视力。

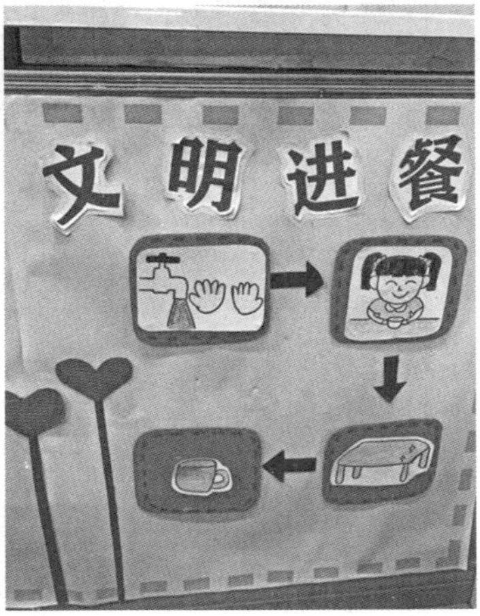

（2）植物角：投放了与植物生长相关的绘本，如《土豆》《蔬菜的肚子》等绘本，在每天照顾植物的同时，潜移默化中简单知道植物生长的特点，同时感受种植食物的艰辛，懂得要珍惜每一样食物。

（3）游戏环境

角色游戏：根据食物制作的绘本内容，开设美食店、娃娃家制作食物，促使幼儿在模拟生活情境中，获得食物制作的生活经验，感知制作食物的不易。

运动游戏：利用绘本为载体，设计以绘本内容为情境性的游戏，从而使幼儿在游戏中提升运动技能，促进身体素质的发展。

建构游戏：用雪花片、低结构材料来搭建水果或蔬菜。

（4）有特色的阅读区环境

对于小班幼儿来说，阅读区不宜出现过多的文字，可以多用一点布艺装饰来凸显环境的温馨。同时，利用蔬菜、水果等食物图片，来作为幼儿整理的标记，让幼儿在阅读中学会整理，也能调动阅读的趣味性。

同时，开设专门的“食育”绘本推荐专区，教师好书推荐、家长好书推荐、幼儿好书评选专区。

（5）大活动中的环境

如元宵节、新年等环境创设中，利用自制绘本向幼儿介绍大活动的意义，和吃粽子、吃汤圆、吃饺子的意义。例如，有一次在新年大活动时，幼儿园为小班的孩子们第一次准备了自助餐来迎接新年的到来。教师发现孩子们在吃自助餐的过程中，非常享受自主拿取的过程，还能讲究秩序，排队拿取。但是有的孩子还是有浪费现象，荤素搭配也不够合理。

在这过程中，老师搜索了关于内容为“自助餐”的绘本，非常少。因此萌生了邀请家长一起参与到自制绘本的活动中，在画与做中，感受吃自助餐的规则以及快乐。

（六）利用多主体评价，收集幼儿在良好饮食习惯养成中的有效性，并总结有效实施经验

食育绘本阅读培养后幼儿发展评价表

幼儿姓名____________　　　　　　　　　　　　　班级________

领域	评价指标	教师评价			家长评价		
		好	一般	需努力	好	一般	需努力
食物认知	1．知道常见菜的名称						
	2．愿意照顾植物，知道常见食物的生长过程，感受生命的美和神奇						
饮食均衡	1．愿意品尝各种不同食物						
	2．知道哪些食物是垃圾食品						
食物制作	1．愿意参与简单食物的制作过程，如塑料刀切水果、摘菜等						
	2．在简单的食物烹煮活动中，注意安全						
	3．珍惜食物，知道制作食物不易						
进餐礼仪	1．从不同摆盘中，感受食物的美						
	2．在提醒下，文明进餐，端正姿势，不敲打餐具						
	3．能一口饭一口菜一口汤搭配进餐，同时能充分咀嚼						
	4．吃完知道要漱口，保持口腔清洁						

恒宇幼儿园　小四班

2021-06

本课题以我园绿色生活方式养成教育课程为大方向，着重以“幼儿绿色生活方式养成的发展状况评价”为参考依据，发动家长、教师和幼儿共同参与评价，制定以家长为主题的评价量表，作为最终本课题在实施过程中的有效性依据。

三、研究结果与分析

1. 良好的进餐习惯逐渐养成

通过课题研究，孩子从原先看着食物发呆，嘴里含着饭要老师、保育员、家长喂饭的情况，转变成自己动手吃饭、自己整理桌面、整理碗筷的好宝宝。有时，听听他们和小伙伴们之间的对话还会发现："蔬菜和水果都要吃，鸡蛋里的蛋黄也要吃，这都是营养。""对，不好好吃饭就会生病。"

2. 挑食现象逐步改善

孩子们对每日应该摄入均衡的饮食有一个初步的认"食"能力。在园在家都能珍惜粮食，尽量做到不浪费食物，有"食"之心。对食物比之前保有更多的积极情绪，更愿意参与制作食物了。同时，也增进了亲子之间的关系，增加了幼儿自主阅读的兴趣。

3. 懂得珍惜和感恩食物带来的美好

在与家长沟通、评价表最终得到的结果中，幼儿逐渐养成健康的饮食习惯，择食、优食的能力在逐渐形成，知道食物对获取健康的体魄有着重要的作用，有利于幼儿逐步建立健康的生活方式。这种绿色生活方式对幼儿将来建立正确的人生观和价值观都起到了重要的作用。

丰富主题经验提高大班幼儿表征能力的实践研究

张慈杲（上海市浦东新区高南幼儿园）

5～6岁幼儿在语言方面，已能有序、连贯、清楚地讲述一件事，知道文字表示一定的意义，能用数字、图画、图标或其他符号记录，并能用记录表、统计图等表示简单的数量关系；探究中能与他人合作交流。

皮亚杰认为：肢体动作是幼儿本能，而记录自己的认识、制作自己所表现事物的能力需要教育的培养和挖掘其潜能，才能促进幼儿大胆地表达。

但目前发现较多大班幼儿表征方式单一、内容浅显。究其根源，是教师在主题开展过程中比较注重结果而忽视探究过程。如何拓展主题活动资源，如何追随幼儿激发幼儿情感深化主题内容，如何提高教师对儿童多样化表征方式内涵理解，教师如何支持、提高幼儿表征能力，促进幼儿全面发展的研究尚处在初浅阶段或尚没有具体指导实践的操作指引。

为此学前教育要基于幼儿生活经验，寻找到丰富的有价值的教育资源，让“主题活动”真正贴切、丰富幼儿生活，满足幼儿表现的欲望，鼓励幼儿大胆表达表现，着力培养幼儿分析、解读、研究能力，提高表征思想和感情等表征能力，促进幼儿整体及可持续发展。因此，基于上述背景，我们开展丰富主题经验提高大班幼儿表征能力的实践研究。主要从以下方面具体落实。

一、深化主题，开拓表征内容

（一）基于兴趣，由驱动问题引发深度学习

主题活动优化实施，可以是教师发起的，也可以是幼儿发起的，但关键是幼

儿感兴趣的。教师在主题开展中要注重幼儿对项目的话语权与选择权，鼓励幼儿基于主题背景下的经验与兴趣去提出问题，然后教师对问题进行梳理、分类、筛选。关注哪些是认知性问题，哪些是能引发幼儿主动学习的问题。最终体现为选定问题、探究问题、解决问题的这样一个过程。

比如大班开展的绘本教学《城里最漂亮的巨人》，教师提问：“你最喜欢故事的什么地方？看了故事你有什么问题？”然后让孩子们把自己的想法画下来。从孩子们的绘画中看到了一个个精灵古怪的问题：“小老鼠家为什么会着火？”“巨人一开始为什么那么邋遢？”“狐狸的睡袋掉了，为什么头也不回？”“狐狸把巨人的袜子当成睡袋不臭吗？”从这些孩子感兴趣的话题深挖，孩子们充分理解了作者所表达的巨人乔治豁达、友善、乐于助人的本质。

孩子们的一幅幅问题表征，也让老师深入知晓了孩子的兴趣点、所思所感与所疑。于是一场“什么是漂亮，什么是不漂亮”的辩论赛由此产生，最终孩子们达成共识，懂得漂亮的内涵。

（二）注重体验，增强主题探究内驱力

在主题“我要上小学”中，对“关于下课十分钟你有什么问题”，小朋友一下热闹开了：怎么认识时间？十分钟可以做些什么事？为什么要下课十分钟？下课哪些事必须做好，哪些事可不做？怎么样节约时间？然后教师用思维导图方式呈现出来，给予孩子思维的路径。根据这些信息孩子们积极探索，教师也利用学校走廊创设了课间十分钟长廊，提供了钟、幼儿园作息时间，孩子们带来了休憩时的书籍、棋类、跳绳、抬轿子游戏玩法等。

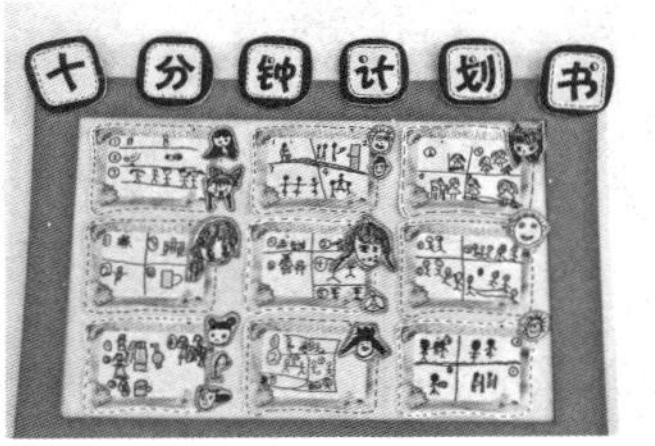

通过这些环境的创设与体验，孩子们理解了十分钟时间是很有限的，必须做好下节课的准备工作和必要的休息，生成了“十分钟计划书”，“我的课间十分钟做了什么事”记录图表、记录册等。老师指导幼儿尝试合理安排课间十分钟，既使课间十分钟过得有意义，也消除幼儿对入小学的恐惧、紧张心理。

（三）跟随孩子，反思我的课程

基于儿童兴趣为基础的教育理念，教师的教学模式也发生了改变。比如绘本《不是方的不是圆的》，教师通过孩子们记录下的问题，投票产生最感兴趣的问题，尝试梳理、共情，达成共识、共性问题再讨论。从而引发从儿童的视角去提出问题、解决问题，最终深化了主题。

追随儿童也体现生生互动、师幼互动。比如在“我自己”主题中，孩子提出：“肚子里有些什么器官？”“人吃的饭去了哪里？”“人为什么要拉臭臭？”教师在全班做了统计，发现臭臭这个问题是孩子关心的，结合主题经验“通过我自己怎么和健康的生活方式建立联系”便开始研究臭臭的秘密。在项目活动中孩子们通过统计发现大多数孩子都存在臭臭的烦恼，这件看起来简单的事却存在那么多的学问，孩子们知道了怎么吃得健康、多吃蔬菜究竟有什么好处等。

随着主题深入，孩子衍生出更多的话题：古代人是怎么上厕所的？古代也有抽水马桶吗？如何节约用水？等等。这些话题既引发了幼儿的持续性探究行为，幼儿表征内容、形式也相应丰富起来。

二、解读幼儿，注重过程性解读与支持

表征是幼儿思维体现的一种方式。读懂幼儿表征直接影响着教师和家长能否读懂幼儿的行为。幼儿园大班由具体形象思维，逐渐转变为抽象逻辑思维。这时期幼儿的创造能力也非常强。

（一）追随儿童，在已有经验上有效推进

随着主题深入如何追随儿童？基础重点在于观察与倾听、解读。我们发起了“每天要和每个孩子说话”的活动，使每个孩子都有表达的机会，享受话语权并及时了解幼儿。

在“我要上小学”主题下，贝贝新开了一家“证件照”。刚开始的时候贝贝在招牌上画了一个相机，表征单一。于是老师和家长联系，给孩子看看爸爸妈妈的毕业照、学生证，知晓究竟什么是毕业照，为什么毕业照看起来都很端正。集体活动我们设计了美术活动“大班毕业照”，学习人物重叠构图法等。在一系列毕业照欣赏中，指导孩子说说看到什么？怎么想的？于是摄影社的招牌也变幻起来，出现了图文、数学的模式、美术的远近景变换、“蒙娜丽莎”大师作品证件照、我的广告秀等，多元而立体。

在研究中也发现孩子们会出现表征与想法不一致的现象。比如“我自己”主题，“量量影子有多长？”出现表征结果不同的现象。于是老师让孩子梳理问题，提出新问题：“究竟怎样记录才是正确的？”最终发现有的孩子测量方法不正确，有的测量单位不统一，还有测量记录错误等现象，最终懂得如何提高表征正确性。

（二）丰富资源，将素材转化为活教材

过去我们开展主题活动都注重材料投放，现在更多引入“丰富资源”这一理念。所谓资源是指物力、财力、人力等各种物质的总称。大自然、图书、网络、幼儿园内环境、幼儿本身、家庭、社区文化，等等，都是幼儿主体活动课程资源。在主题活动中，教师注重整合各种可利用的、有价值的资源开展主题，增强活动内容与现实生活的联系。

比如大班主题“有用的植物”，孩子们对八宝茶产生浓厚的兴趣。正好班级里有位家长是位茶艺师，于是我们把这位家长请来。家长穿上茶艺服，配上古筝音乐，为孩子们表演了一次茶道，并请孩子们喝一喝盖碗茶，闻闻茶香，还提供菊花、枸杞、红枣等实物，孩子们可以看看、闻闻、研磨、观察、比较等探究。

在“我是中国人”主题中，孩子们对我们居住地的“古镇高桥”这个名称产生了兴趣：高桥有高的桥吗？什么叫古镇？于是在家长们带领下孩子们沿着清溪河走了一遍。发现原来古代的桥并不高，但是中间拱起来的，下面有个桥洞，可以渡船。孩子们还参观了高桥古建筑、高桥历史文化馆、绒绣馆，发现丝线还能作画，品尝了高桥松饼，乘坐了地铁六号线，感悟古建筑的特别韵味。小朋友们用线描画的方式设计出了古镇高桥、我心中的高桥、未来的高桥等。从探索中丰富知识，在表征中呈现了孩子眼中的高桥与文化。

（三）跟踪记录，解析幼儿与材料互动情况

在教室的一角我们创设了低结构材料库，分为自然物质类、纸质类、金属类、塑料类、木质类等，孩子们可以装饰、构建、美术创造、游戏替代、角色拓展等。这些材料的使用不仅体现了孩子们表征技能的提高，也有效提升了游戏水平的进步。

在主题“我们的城市”，孩子们对房屋建筑产生兴趣，在建构区出现了金字塔的构造。我们对孩子做了一个月的跟踪，并进行七次案例描述。通过对金字塔游戏的持续性、有目的的关注，既看到孩子们的游戏构想，也看到孩子们的游戏水平，并积极提供机会和材料。

第一天，孩子用围合方式搭建围墙，但他们始终对外围的炮台和木乃伊感兴趣。于是活动后教师与幼儿开展集体活动，共同收集相关图片、视频，并用乐高小积木来模拟小金字塔，提高幼儿的建构技能，主要解决金字塔如何一层一层往上搭的问题。到第四天孩子们终于呈现了立体的金字塔，但出现建筑对称问题。教师再次引导幼儿讨论，哪些图像对称？如何做到对称？通过有目的的专题讨论，帮助幼儿解决实际问题。第九天孩子们用竹梯作中心支撑搭建金字塔，但老师发现孩子们又出现了希望房屋中间是镂空的、有门等构想，于是孩子们的建构技能有了进一步的提高，出现了填充、侧面叠加的方式。这种想法一直支撑着孩子们的建构，第十一天虽然金字塔很完美，但孩子们直接提出金字塔是可以进去的，于是构造又一次在知识架构过程中不断完善。从三个孩子的个体行为到团队行为，教师用记录、分析与解读、支持这种有目的的持续性的观察、深化主题，不断拓展表征内容和形式。

三、搭建平台，支持多样化成果展示

（一）深挖表征内涵，发展创造能力

幼儿表征方式有图示表征、作品表征、语言表征、动作表征等。在心理方面表现为观察、记忆、想法、假设等。我们试图让幼儿把想法、记忆、设想、感受等转化为具体表现方式，使孩子们明白原来这样的过程是可以交流的。也鼓励孩子用喜欢的方式来表达，于是孩子们的交流分享出现了宣传画、视频、小组交流、辩论赛、“画语故事”等。

记得第一次让孩子们画“画语故事”:“你有什么发现？你有什么问题？”大多数孩子选用了描述法，比较直观地呈现自己最后的作品。也有孩子东张西望不知道该如何表达，更有孩子说:“老师我不会画，我就说吧。”但在进行了几次“画语故事”以后，他们呈现的画面丰富起来，有用“云”来表达自己的思索，用切割法表达“一样、不一样”，能力强的孩子开始尝试多幅作品表达法。

前面关于“臭臭的秘密”这个主题活动后期，孩子们制作了很多如何健康生活的标识，但他们不满足于此，衍生出了“怎样让更多人知道健康的生活方式”？于是孩子们想出了告诉爸爸妈妈，制作宣传板，写明信片、制作流动红旗，到地铁站宣传等多种方法。延伸出很多符号、道具、旁白、背景、构图、展览、交流等表征方式。

（二）尝试统计，引发幼儿发现共性

当幼儿尝试多种表征方式后，老师鼓励孩子，你知道有几个孩子和你想法一样吗？其他人还有些什么想法呢？于是孩子们开始尝试做小记者，最后用图表法来呈现班级整体的想法。于是多种图表出现在各个角落：晨检牌处张贴了“一周准时上学统计图”，午餐生活区出现“光盘行动”，纪念袁隆平爷爷的新闻出现水稻产量的变化，气象角出现“一周天气统计”，自然角出现“土培与水培土豆的生长图”。一个个投票活动此起彼落，“你最喜欢的宠物的名字”“我的猜想与验证”，活动室各个角落充满生机。

（三）制订计划，提高有序做事能力

大班幼儿虽然有初步做事能力，但是做事存在盲目性。计划书可以帮助幼儿明确做事目的、积累做事经验、了解做事步骤 、提高做事效率，养成自主学习的目的。

我们从生活出发，由浅入深帮助幼儿掌握和提高设计的能力。比如“我的饮水计划”“我的游戏计划”“我的种植计划”等，引发幼儿用图示来梳理做事流程，并明确期望实现的目标、需要做的准备等，形成初步规划能力。

四、成效与思考

通过幼儿表征能力的提高的研究，我们发现教师转变了教学理念，更多追随儿童、基于儿童本位，用心观察、解读幼儿的表征，支持鼓励幼儿个性化表征方式，不断调整表征指导策略，并深化主题。孩子的语言表达更丰富，提高了表达表现能力，各项综合能力比如创造性思维、解决问题的能力和有意注意能力均得到提高，为幼儿终身发展奠定良好基础，实现了教师与幼儿的共同成长。

当然在研究过程中，我们也发现如何科学观察幼儿表征行为水平尚没有科学配套的工具表，如何帮助更多教师掌握幼儿表征行为的指导策略，在主题活动推进过程中驱动型问题的梳理和转换，都有待进一步研究。

读懂儿童，从欣赏其记录开始

——在自然角活动中支持中班幼儿的记录行为

王　颖（上海市浦东新区合庆幼儿园）

一、种植记录行为对中班幼儿发展的意义

幼儿的记录是指其将所见、所闻、所思、所想等通过一定的手段保留下来，并作为信息传递开去，是其将所见内化输出的过程。中班幼儿已经具备了相应的记录与表达能力。《上海市幼儿园办园质量评价指南》中科学探究领域指出儿童“能用图画或其他符号记录自己的探究过程或结果”以及《3～6岁儿童学习与发展指南》中指出，4～5岁的幼儿能对事物或现象进行观察比较，发现其相同与不同并能用图画或者其他符号进行记录。

如何依托中班幼儿的年龄特征，让幼儿发展于记录、受益于记录呢？我们结合自然角活动赋予的“亲自然”契机，让幼儿在参与动植物成长的过程中发现与记录，符合幼儿的发展特点、迎合幼儿的参与兴趣。对植物的生长过程进行记录，首先在无形中对幼儿观察产生了频率上的要求，能发展幼儿持续、系统观察的习惯与能力。其次，能促使幼儿在记录中拓宽表达思路，形成多样化表达的习惯。另外，对成人来说，阅读幼儿的记录能够帮助其了解幼儿发展现状，实现“因材施教”。

二、观察幼儿种植记录行为，提供有效的支持策略

在一年的实践研究中，我们跟踪幼儿的记录行为，分析幼儿记录需求，调整自身教育策略，形成了如下经验与启示。

（一）创设多样的自然角环境，提供自主的记录氛围

记录是枯燥的行为。自然角记录对中班孩子的专注力、任务意识、持续性等都有着较高的要求。宽松愉悦的自然环境、开放可玩的自然角氛围能够激发幼儿的参与性。幼儿自主的活动环境来源于丰富的观察内容、植物的选择上，我们结合季节特征，选择生长周期短的植物（小葱、青菜等）、爬藤植物（黄瓜、番茄等）、发芽实验（黄豆、绿豆等）等。多样的素材为幼儿提供更多自主选择的空间。介质的选择上，我们选用泥土、水、沙、棉花、陶粒等，帮助幼儿在记录中观察比较，丰富幼儿的记录内容。（图1）

图1

自主的记录氛围能养成幼儿记录的主动性。我们的自主氛围体现在记录时间的自主——自由活动中的任意时间段，记录与探究材料的开放（活动室内任意选择材料），记录内容的自由（任意选择记录的内容——预设或生成的自由）。

镜头：

孩子们喜欢水养植物，在护理过程中会通过手触植物直观感知水的浮力。为了量化浮力与接触面的关系，秋秋将串珠的“小动物”带到自然角。把“小动物”放置在浮萍上观察浮萍能够承载几只“小动物”，并记录放置的数量，得出大浮萍承载多，小浮萍承载少的结论。（图2）

图2

感悟：

这一个自主生成的实验让我看到了孩子们探索的轨迹，也让我在欣赏孩子探索能力的同时，感慨于放手和肯定的意义。因为物品自由——孩子才“能”大胆将玩具置于水中；因为记录自由——孩子才敢于不断试错；因为时间自由——孩子才能有更多的机会去探索与发现。

（二）关注幼儿记录瓶颈，增加记录辅助材料

中班幼儿处于具象思维到抽象思维的过渡期，幼儿在种植活动中的观察能够满足其具象化的思维特点。但要将具象化的观察转化成抽象化的表达需要教师通过辅助材料的提供帮助其逐步过渡。

1. 花盆暗示——让记录概念在幼儿心中萌芽

中班初期，幼儿对记录一知半解，他们能观察植物，也愿意用语言和肢体表达植物的状态，但将其“记录”在纸上，并要持续地记录，对中班初期的孩子来说较困难。在实践中，教师通常会为自然角的植物创设了多本记录本，用了较漂亮的封面。但打开封面后，里面是一张张白纸，这对没有书面记录经验的中班幼儿来说难度较高。为此我们以形象的“花盆”作为记录载体，构建起幼儿观察与记录之间的桥梁，帮助幼儿更“具象”地理解记录。（图3）没有了教师“唠叨”式的要求，在具象的材料暗示中孩子们的记录行为更真实、记录兴趣更浓厚，记录意义得以内化。

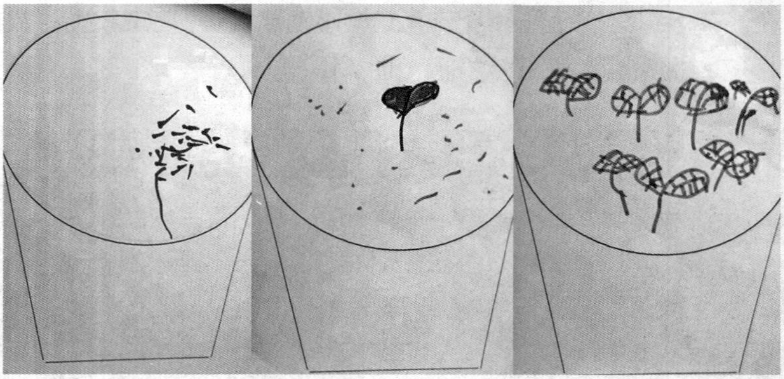

图3

2. 记日标记——让时间成为幼儿记录的脉络

记录是持续性的行为，中班幼儿对时间概念模糊，从而在顺序记录中有记录

混乱、记录中断等现象。另外，植物生长有其阶段性，中班幼儿任务意识薄弱，观察目的性不强，容易因为植物变化缓慢而放弃记录。为了量化时间概念，我们结合中班幼儿的思维特征，以记日小圆点的方式帮助其在点数中形成“天数”的概念。

镜头：

我们预设了松果吸水的实验，孩子们将干松果放入水中，观察到松果会将松皮合拢。做完实验后，秋秋产生了困惑：松果浸在水里后“关门”了，什么时候才能“开门”呢？昕昕的办法：取浸湿的松果置于架子上，用花生“记日”。

昕昕的结论：记录得出4天后松果“开门”。（图4）

之后，乐乐、博博也相继生成实验“花生发芽”“苹果变质”，以记日法方式记录花生发芽和绿豆发芽的时间。

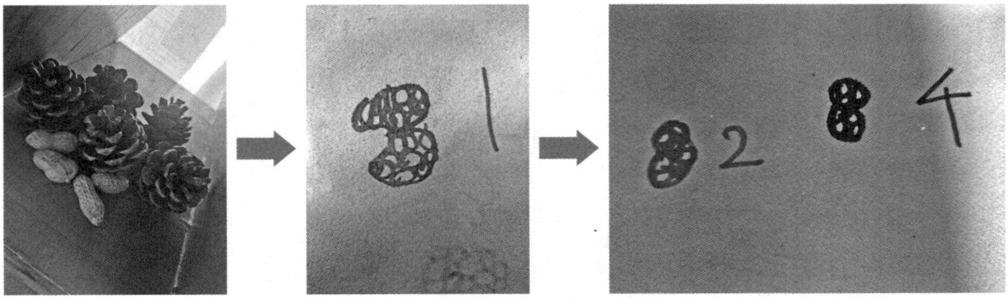

图4

感悟：秋秋在自然角护理过程中内化的记日的概念，并迁移到其生成的实验中，就地取材选择花生做记日工具。秋秋的实验能得到其他孩子的认可及模仿，也是孩子们共同经验形成的结果。可见，“记日”成为了支点，推动着孩子不断地主动探索与思考。

3. 测量工具——让数概念激励幼儿持续记录

在中班幼儿和植物互动的过程中，我们发现其对植物记录的兴趣会随着植物生长状态的不明显而停滞。如何让幼儿发现植物细微的变化并记录是中班幼儿种植记录中的难点。我们将即时贴裁剪后置于记录工具包中。孩子们的观察又有了新的目标，他们乐于用即时贴去测量植物的高度，并将其贴在记录本上记录。（图5）

镜头：

当孩子们因为小葱的成长状态趋于稳定而失去兴趣时，测量贴的应用让测量观察流行起来。在记录分享会上，轩轩分享了自己的记录内容：借助班级实体柜（低、中、高）贴上小葱标志记录小葱的成长阶段（图6）；诺诺则在记录本上画上了线段，用数字标上了小葱的成长阶段（图7）；雯雯选择了丝带测量小葱，比对后用画笔记录；启儿把手张开，用手指丈量小葱的长度……

图5

图6

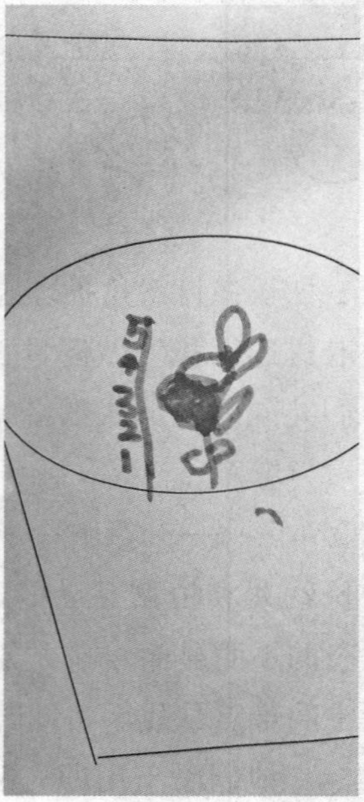

图7

感悟：

经过几天即时贴比对后，孩子们对植物的观察不再局限于植物外观的明显变化上。他们得出了一个高度变化的概念，并通过记录将这个抽象的数概念以自己的方式记录下来。

4. 现代化记录工具——满足差异化需求

新技术的应用总能给生活多一缕色彩。随着影音资料的普及，录音录像设备对孩子们来说已经不再陌生。中班幼儿正在由独立探索迈向合作探索的过程中，那么影音设备的应用就能让过渡期的孩子用直观的方式让自己的记录看得懂，降低了合作记录的难度，从而让中班幼儿较难达成的合作记录变为可能。如点读笔式的录音记录、拍立得式的相片记录、图片式的配对记录等。

镜头：

大蒜种下去好多天了，萱萱每天都会去大蒜地里看一看。但是翻阅萱萱的记录本，却是一片空白，什么也没有。

教师：萱萱，大蒜发芽啦，快把嫩嫩的绿芽记录下来吧。

萱萱看了看我，并没有要拿记录本的意思。

仔细回想，萱萱对画画似乎兴趣不大，她又是一个好面子的姑娘。于是……

教师：萱萱，那么漂亮的大蒜，拍张照记录一下吧。

我把手机递给萱萱。萱萱拿着手机，有意识地调整了拍摄的角度，照片拍好了。我随即打印出来，萱萱心满意足地贴在自己的记录本上。第二天，萱萱找到我：“老师，手机能不能借我用一下？”

感悟：

孩子为什么不喜欢记录，为什么再三强调都无法让孩子有主动记录的习惯？现在看来，有的孩子的能力还够不着，因此会本能回避。这时需要教师层次性记录材料的提供来支持孩子的记录，满足差异化的记录需求，让孩子得到成功的满足感，从而养成观察记录的习惯。

（三）丰富评价策略，让孩子在自评互评中获得记录自信

幼儿的记录的主要功能便是过程性的表达，教师的支持策略除了环境上的支持与暗示外，语言、行为上的支持也是幼儿记录能力发展的助推器。中班幼儿处于合作能力迅速发展的时期，幼儿间的合作记录、合作护理都离不开其记录经验的输出与共识达成。这个时期的幼儿乐意分享自己的经验，但观察评价能力较弱，对同伴记录的观察更会源于“不认同”的眼光。在实践过程中，我们会通过

“记录分享会”的形式将孩子的个体经验推向集体。通过成人榜样的方式让孩子愿意读懂同伴、欣赏同伴。

镜头：

大蒜成长实验后，我把孩子们的记录本放在一起，鼓励孩子们互相翻阅或借阅。但是，孩子们对分享并不感兴趣。因此，我让孩子把自己的记录带回家，并在家长群中为家长们布置了一个任务：用具体的语言夸夸自己孩子的记录。

过了一个星期，自由活动时，孩子们议论纷纷：“你这个发芽，看都看不懂。你看，我画了一个绿色的嫩芽，一看就知道要发芽了。”“你是贴在上面的，我还画了泥土里的大蒜呢。”“我爸爸说我观察得很仔细，可以看得出嫩芽一点点长大的样子。”于是，我让孩子们把好朋友的记录带回家，并再次给家长们布置了一个任务：夸夸别人家孩子的记录。果然，孩子们得到了鼓励和赞扬，记录和分享的兴趣更浓厚了。

感悟：

孩子互相翻阅的过程便是将自己的经验推向集体的过程，但中班幼儿互评能力较弱，因此不愿意分享并不“漂亮”的记录。成人的评价会对孩子产生长远的影响。在成人具体的正面评价下，孩子们有了记录自信、分享自信，从而在活动中愿意主动输出和评价。

三、孩子在记录中成长，成人在参与中走进童心

当我们静下心来阅读幼儿记录时，我们发现孩子们的小世界是如此缤纷而精彩。在此给我们一个更好的启发——孩子的记录是其观察、内化、输出的结果，每个孩子的思维加工模式不同，记录的形式和内容也会千变万化。在给予幼儿自由的基础上，我看到了孩子们参与的热情——高涨的主动性与探究观察的持久性。我也看到了孩子们进阶式的思维发展——自主实验的生成、多样化探究、测量方法的应用等。对于教师自身，在参与幼儿记录中，我养成了一双儿童化的眼睛，将满足感落在孩子们过程性的体验上，将自豪感落于孩子们在输出中的成长上。对于家长，在家园评价过程中收获了孩子的信任，学会了解读孩子的记录。我已将关注点从幼儿记录内容上的形似转移到记录习惯与观察的契合性上。孩子记录内容的本身都是其思考的成果，试着用欣赏的眼光来阅读孩子的成果、感受一颗童心的精彩。

幼儿园教研活动的现状分析及优化教研机制的调查研究

——以上海市浦东新区巨野幼儿园教研组为例

张　嫣（上海市浦东新区巨野幼儿园）

一、问题的提出

教研是教师之间交流教学经验、切磋教学艺术，相互学习、共同提高的有效形式。它在加速教师专业成长过程中具有其他学习形式不可替代的作用。每学期，我园都会组织各类教学研讨活动，以达到提高教师教学能力和整体教学质量的目的。

幼儿园的教研组是整个幼儿园行政管理中的一个组织机构，它是我们幼儿园教师集体研修的一个最基础、最常见的组织，应该说教研组是教师进行专业研究的一个团队，它为教师专业发展提供了一个舞台，通过教研组建设可以不断地提高幼儿园的保教质量。所以要助推教师的专业发展必须抓教研组建设，而且必须抓规范的教研组建设，引发调查研究的动力梳理并不断优化我园教研机制。

1. 教师对幼儿园的教研组的认识及理解

教研组长和教研团队进行有效教研是我们现在幼儿园非常关注的一个话题，从规范教研组建设这个角度出发来思考这个问题，通过规范教研组建设，然后助推教师的专业成长。

2. 思考通过教研组优化哪些教研机制的研究，助推教师专业发展

我们规范教研要抓教研机制、教研的内容、教研的方法、教研的过程、教研

的成果以及教研组建设带来的教师队伍的发展。

3. 助推教师专业发展，实现教研的优化，思考从何抓起

建立并优化教研机制，注重发挥机制的激励作用。机制是什么？机制的建立体现了建制者的价值判断，他力求以规范影响建制内的，就是组织内的一些人的行为。所以教研管理的规范性也是离不开机制作为保障的。

4. 教研机制对于教师的专业发展作用

我园教研机制的建立，不仅仅为了通过教研机制约束、规定、监管教师的教育行为，而是更多地期望通过机制来规范教研，激发教师教研兴趣、培育教师教研自主意识、自觉行为，从而提升教师研究能力，体现机制的激励作用。

二、调查方法

（一）调查目标

每学期通过问卷调查进行前测和后测，了解当前我园教师教研活动的各种现状及存在的问题，通过比较、分析与提出有针对性的教研机制和策略，来提升和优化教师的专业化成长。

（二）调查方法

1. 问卷法

一学期的教研工作告一段落，教师们通过实践思考有了新的困惑。本学期进行了2020学年第二学期大教研调查问卷前测，收集结果并对具体情况进行分析。

2. 问题分析

问题1：你敢于在大小教研活动中发表观点吗？

选　项	小　计	比　例
组织集体并发表观点	10	43.48%
经常有独到见解	9	34.78%
有想法，但没机会表达	0	0%
只是安静聆听	6	21.74%

从这个问题看出，我园25位参与问卷的教师，一半不到的老师可以组织集体并发表观点；也存在“只是安静聆听”现象。

问题2：你认为在大教研研讨过程中，有效的教研形式是哪种？（两个学期相同问题的比较分析）

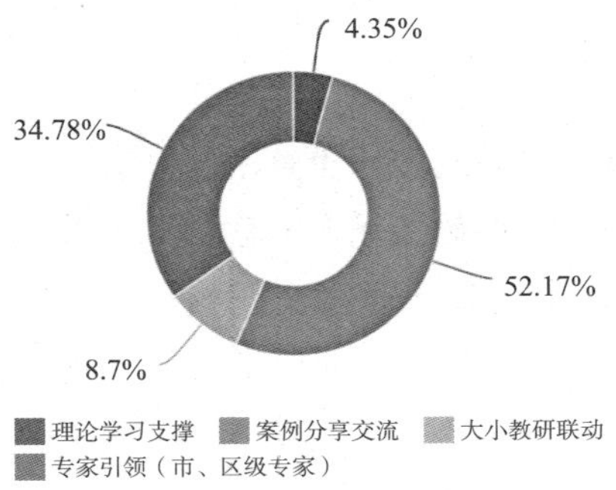

2020学年第一学期问卷

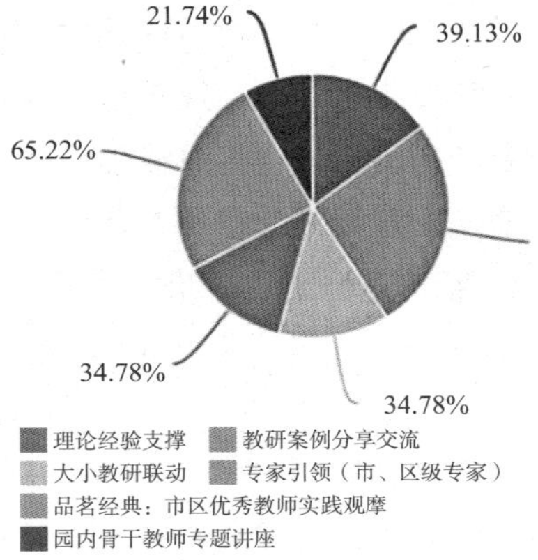

2020学年第二学期问卷

从这两组数据看出，有一半以上的教师希望通过案例分享交流来提升自己的教研专业能力，观摩市区优秀教师实践也是教师们普遍期待的，还有大部分教师希望提升自身的理论学习，需要在教研活动中引起关注和重视。

问题3：通过教研我们了解不同年龄段相关主题核心经验，这学期我们会继续研究主题核心，同时对于领域核心经验你想学习的内容是什么？（通过问卷调查确定新学期教研目标）

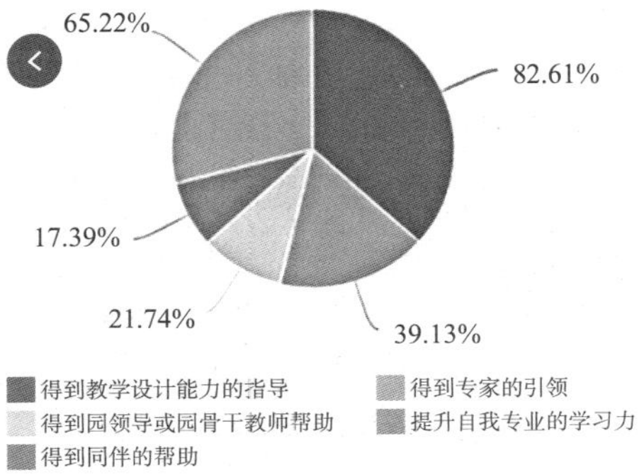

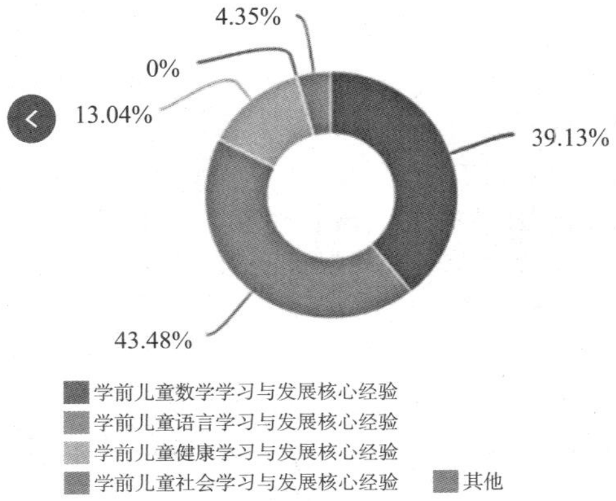

通过对各个层面老师的观察与问卷调查，统计汇总调查问卷并发现：

（1）82.61%教师希望得到教学设计能力的指导。

（2）65.22%教师希望提升自我专业的学习力。

（3）其中43.48%教师需求学前儿童语言学习与发展核心经验；39.13%教师需求学前儿童数学学习与发展核心经验。

（4）发现80%以上的教师希望能够在梳理主题核心经验基础上去掌握并学习其他学科学前儿童学习与发展核心经验。

针对老师的困惑进行汇总梳理并进一步思考本学期教研重点：

（1）如何提升教师的自我专业成长，借助对《评价指南》的学习和解读？

（2）如何理解小班、中班、大班各主题核心经验，通过主题核心经验来设计集体教学活动，以及主题核心经验与集体教学活动和个别化学习活动之间的关系？

（3）如何解读主题核心经验，选择匹配的教学活动，并关注领域均衡，促进教师教学设计能力的提高？在教研目标制定前一定要倾听教师的需求符合教师“最近发展区”，才能解决实际问题。

2020学年第二学期大教研目标：

（1）学习并解读《评价指南》，让评价成为教师自主发展的催化剂，提升我园教师专业发展。

（2）把握主题核心经验，继续梳理与各主题核心经验匹配的教学活动内容，关注领域均衡性，提升教师集体教学活动组织与实施的能力。

三个教研组结合大教研目标匹配并制定小教研目标

小班教研目标	中班教研目标	大班教研目标
1. 继续围绕大教研重点，解读、梳理各主题的核心经验，形成教学方案。 2. 根据小班主题核心经验，开展“基于儿童”的班级环境创设的研究。	1. 继续围绕大教研重点，开展与之相匹配的集体活动和个别化活动的专题实践与研究。 2. 以中班主题背景下集体学习活动的实践研讨为载体，提高教师有效回应的能力。	1. 继续围绕大教研重点，解读、梳理大班各主题的核心经验，选择开展与之相匹配的集体教学活动的专题实践与研究。 2. 如何指导家长在家中为孩子做好疫情防控期间幼小衔接准备工作。

三、策略与实施

（一）建立、完善、落实各类教研机制

传统的教研机制建立比较多的是由上至下，也就是来自行政的命令，园长、行政规定了教研组里边有哪些机制。结合教师们的问卷调查，我们采取了由下至上，起到一个保障质量、满足需求、激励教研的作用，所以机制的建立和贯彻落实，注重内容的与时俱进，重要的是这个机制可以演变成教师的一种自觉行为。在这个机制的执行过程中，我们相应的老师的专业得到了发展。教研机制化就是指在机制的建立、完善、落实的过程当中，逐渐地孕育教师的一种研究的自觉性、主动性、能动性。当然这个过程当中也会形成幼儿园的一个良好的教研氛围乃至于校园文化，使机制成为我们教师行为的指南。

教研机制是起到保障质量、满足需求、激励研究等作用。教研机制的贯彻落实，重在机制内容的“与时俱进”，而非出台多少机制文本；重在形成“教研机制化”，通过教研机制逐渐孕育教师研究的自觉性（主动性、能动性），孕育良好的教研氛围、校园文化，使机制成为教师心中“指南针”。强调的机制建设就不仅仅为了通过教研机制来约束、规定、监管教师的教育行为，更多的是期望通过这样的教研机制来规范教研，最终激发教师的一种教研的兴趣，培育教师教研的自主意识、自觉行为，提升教师的教研能力，从而体现机制的激励作用。所以关于机制的激励作用，是我们以前没有考虑过或者没有想到过的一个问题。应该说教研机制包括对教研中的人、事、物各方面的一种管理，所以机制的内容涉及可以是人，可以是事，也可以是物的。幼儿园的教研机制有很多种，本学期首先有教研的活动机制。教研的活动机制就是规定了教研活动开展的任务是什么，内容、时间、地点、学习、发言等规范要求，它可以保障教研活动在规定的时间里有序地规范地进行。其次有实践机制。实践机制包含了我们教研活动当中的一些实践活动，包括了集体备课机制、听课评课机制、专题研究机制，等等。再次是资料管理机制，跟我们教研当中的所有的资料的积累、保存、使用都是有关的；包括我们教研机制里面也可以有教研组长的岗位职责、教师的分层机制。根据教师不同的发展水平，一般来讲我们很多幼儿园分成新教师、发展型教师、成熟型教师，规定了不同的发展阶段，他们不同的职责、任务要求以及发展的方向等等，激励教师向着更高的专业层次发展。我们还有评选骨干机制，分层带教机制，进修培训机制，幼儿园里面还可以有优秀教研组的评选机制等。

（二）创新教研机制，建立纵向和横向多维度教研团队

我园根据自己的实际情况，不同的发展阶段，创新形成了一些教研机制。

1. 走班教研机制：教师除了参加自己本年级组的教研，还可以到别的年级组去参与教研，在教研当中发挥自己的所长，贡献自己的智慧和同伴共同成长。走班机制不仅体现在园所内，本学期我们还与小学结对进行走班制教研活动，教研骨干团队走入小学，大班组教研团队与小学教研组进行教研互动。

大班组教研团队走进小学

与小学老师现场教研

2. 网络教研机制：随着信息技术的发达，特别是2020学年疫情防控期间“停课不停研”，我园教研团队采取了线上线下多种教研形式。疫情防控期间带领教师团队掌握信息技术，使用钉钉、晓黑板等做好疫情防控期间的教研工作；务实专业带领教师团队探讨疫情下如何进行“亲子居家室内运动”，并利用“问卷星”“小打卡”收集幼儿健康情况、线上教研案例研讨（我园疫情防控期间大教研分享经验被“上海浦东教育”报道，见下页截图）；教研组长引领并捕捉当下教师团队专业迫切需求，将新理念新想法与教师教研团队分享并进行迁移。

3. 课程的研发机制：在新课程这样的大背景下，我园开发自己的特色课程，所以课程研发机制就对教师参与园本课程内容的开发作出一些规定要求，积累特色课程素材。例如积累各级组主题核心经验并进行案例分享。

疫情防控期间大教研分享的经验被“上海浦东教育”转发

4. *优秀活动的案例分享机制*：如主题活动的顺利开展得益于教师在活动前的精心准备，因此本学期在大教研的引领下，每个级组对本学期的每个主题进行解读和梳理，熟悉素材点，寻找相关经验，筛选素材点，做到“眼中有幼儿、心中有目标”。我们建立优秀教育资源库：环境创设、主题包、各类计划、专题小结、优质教育活动、角色游戏、个别化学习、非正式数学活动、运动、课题、教研成果等。

（三）建立分层分级的教研组组织机制

1. *分层教研机制*：结合调查问卷思考如何优化组合教师的群体资源，通过不同的教研团队来解决不同层面教师课程中的困惑和问题。教研组建制包含着横向和纵向两个层面。纵向就是大教研组，下面就有大班、中班、小班年级组；横向就是打破年龄段，可以是按照教研的专题、幼儿园项目等形成专题组、项目组，由不同年段的老师一起来参与。幼儿园的教研组的组织在建立的过程当中，第一明确各种教研模式的主要功能，第二以园为本，按照需求分层建立教研组。其中年级组的功能我们要引起重视，主要的任务就是解读年龄，解读本年龄段幼儿的发展目标，然后在解读年龄段的发展水平的过程当中提高教师把握年龄的能力。通过年级组一起来解读年龄，把握年龄特点，解读它的发展水平，一是温故知新，年级组要解读教材，作为老师肯定要实施课程，课程就是有教材，年级组大家围绕教材一起来解读，这个主题它的重难点是什么，我们在研究当中提高老师的一种课程的设计能力。在研读教材的过程当中，不可避免地就要研究教材教法，提高教师研究课程和实施课程的能力。所以我园年级组主要是研究本年龄段的孩子的年龄特点，课程实施当中存在的问题。年级组我们要以年段的研究为主体，幼儿园有大教研组，所以我们也可以根据大的教研组来确立小专题的研究，根据实际需要来开展相关的有针对性的研究。

2. 研训合一：培训跟教研又有不一样的地方，培训是通过多种形式对全体教师进行全员性的继续教育的培训，它具有时代性和全体性。教研更加注重的是实践，我们要实打实地来开展研究，不是光听和光说为主，要来做，这还是有区别的。大教研和小教研之间的关系，其实一个幼儿园确立的一个大的教研组可能是整个幼儿园共同存在的问题，那小教研可以跟着大教研一起研究，也可以自己确立相关的专题研究，然后来开展有针对性的小研究，比如在集体教学有效性的研究当中，我们有两种做法，第一种就是各个年级组可以围绕同一个主题、同一个内容，采用同课异构的方式进行集体教学研究，然后来落实大教研组的教研目标，把握年龄发展水平，体现教学目标内容的实效性，也就是说整个幼儿园要研究怎么样使你的教学目标内容体现出它的实效性、针对性，所以我们可以围绕一个主题，比如说动物的主题，小班、中班、大班来设计相关的教学活动，然后来看看这三个活动是不是符合年龄特点，体现出教学目标内容的时效性和针对性。当然这个肯定是跟集体教学有效性有关的，这是一种做法，大小教研围绕着同一个内容点来开展，要有不同的类别的教研组的组别形成。

3. 头脑风暴式教研：目前我园比较倡导的教研形式，根据教师在课程实施当中的一些问题，这些问题每个人都有自己不同的见解，然后教研组长可以根据大家存在的共性问题出一个题目，让组员根据这个话题去选择收集这方面的话题，分组进行头脑风暴，各抒己见。一般来讲在头脑风暴的教研活动里边，我们可以采用一种游戏的方式来参与进去，像游戏式可以跟头脑风暴式结合起来，比如说我们可以每个小组里边有一个临时召集人，有一个中心发言人，有一个记录员，等到小组头脑风暴完了以后，接下来大家来发表意见，比如可以对区域活动到底是个别学习还是游戏这种困惑展开头脑风暴，大家谈了以后写好张贴出来，互相观看，然后请每个小组的中心发言人来代表大家发言，把每个小组头脑风暴以后的观点拿出来亮一亮。当然在这个过程当中，肯定会通过头脑风暴的整个活动的主持人达成一个共识，共识并不一定完全观点一致，也可以存在着分歧，大家在争论争鸣当中对某些问题有一个更加深入的思考，所以头脑风暴式的教研不追求一定要统一答案，它更多地注重培养老师的一种辩证的思维、开放的思维，使我们对一些问题的看法逐步地向深处推进。

如：“眼睛”这个素材教师先思考什么年龄段的孩子，已有经验相关认知，一步步思考幼儿从活动中可以获得哪些经验挑战点，然后再思考可以进行什么领域的教学活动。

我园教研团队追求的是教研的过程，也追求教研的实践性，不是空谈或口号。我园关注一线教师的实践活动，通过实例来解剖问题，鼓励教师借助教研这个大舞台，让老师在同伴互助当中进行共同学习、对话分享，在教研当中进行自我反思，让老师产生行为的一种自省和行为的调整，在专业引领当中老师获得专业的提升，获得自己最近的发展区，最近的发展，最佳的发展。通过教研这个大

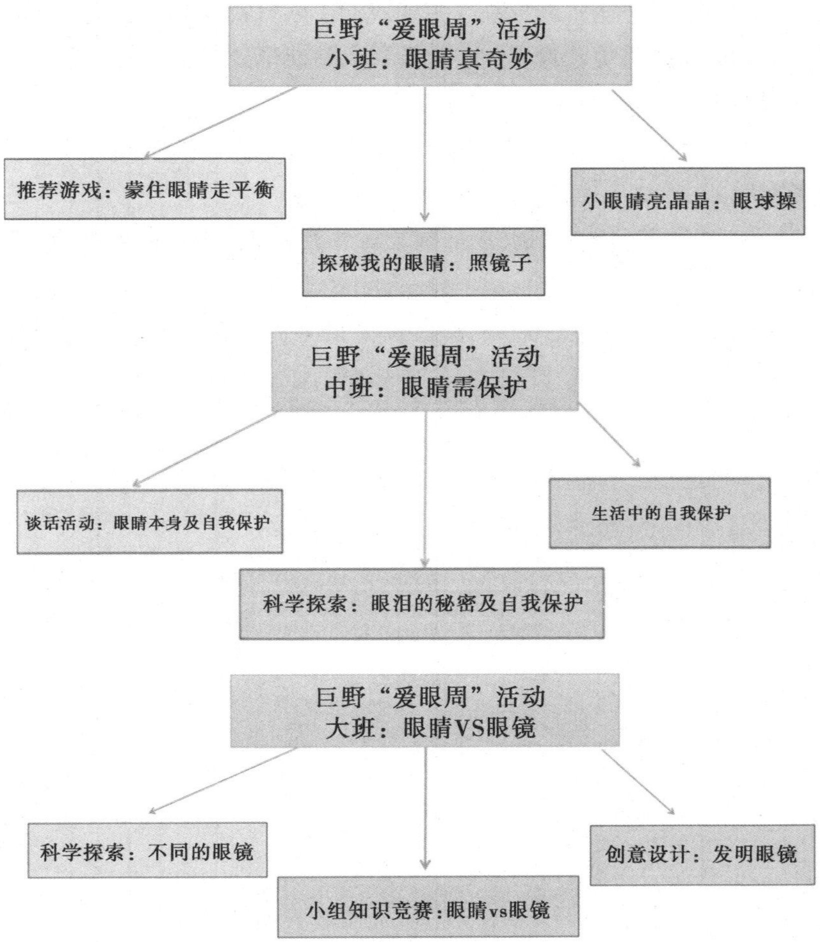

各教研组的教师们一起进行“头脑风暴”

舞台，促使我园每位教师对幼儿园产生一种认同感和归属感，在教研当中真正地做到你要我教研，到我要参加教研，教研时间到了老师们有参加教研的愿望，因为教研可以让老师解决困惑，提升专业水平。我园实施我的教研我做主，教研的内容可以是老师们提出来的，是老师们想要研究的内容。创设积极的氛围，内容来自老师，制度有保障，又有专业引领，教研的形式又丰富多样，这样我园教研就真正地能够促进教师的发展，实现我们所追求的真正的有效教研。

教研机制最终目的不是为了管制，而是可以促使老师自觉地根据这些机制里边的要求去执行、去行动，这样的话，教研机制才有一定的推动和激励作用。随着幼儿园教研文化的不断深化，我们大家对如何创建更“主动、合作、共赢”理念的教研文化的认识将会不断提高。只要我们不断自我进取、自主创新、共同发展，相信我们的教研将更趋自主化、优秀化。教研形式多重奏将演变成一曲更优美动听的协奏乐。

参考文献：

[1] 李平.深化教科研机制改革　推进区域教育发展[J].基础教育参考，2019（16）.

[2] 肖燕萍.真爱教研——肖燕萍教研文集[M].上海：上海教育出版社，2017.

幼儿“百草园”主题活动中家园共育之思考

谈军妹（上海市浦东新区宣桥幼儿园）

家园共育的意思就是指家庭与幼儿园之间相互配合，使得家庭、幼儿园、幼儿三者能够更紧密地联系在一起。在开展主题活动时，应该多从实际生活出发，先确定一个主要枝干，再由主干引出相应小枝干。想要家园共育达到最佳的效果，那么幼儿园和家庭一定要紧密地结合在一起。只有两者密切结合了，才有可能把家园互动最大的力量挖掘出来，才可以共同培养幼儿更良好的行为习惯。

2001年7月颁布的《幼儿园教育指导纲要》第一部分总则第三条明确指出：“幼儿园应与家庭、与社区密切合作，与小学相互衔接，综合利用各种教育资源，共同为幼儿的发展创造良好的条件。”所以说，幼儿园教育不是幼儿园单方面的教育。家庭所蕴含的教育资源是极其丰富而多元的，在幼儿园的课程实施过程中，如果能够充分而有效地开发和利用这些资源，最大程度地发挥其作用，形成教育合力，必将对幼儿园课程的建设和实施起到极大的推动作用。

宣桥幼儿园地处城乡接合部，具有一园三部的办园规模，地理位置处于城乡接合部，校园周边农作物春播、夏种、秋收四季活动丰富，瓜果良田、种植基地和竹林桃园成片，区域自然资源优势明显。

基于“回归本真、健康发展”的办园理念，幼儿园利用自然资源开展“百草园”主题活动的研究。让幼儿在亲近自然的过程中学习与发展，在亲身体验、直接感知、观察探索中获得有益于身心发展的经验，从而获得尊重自然的积极情感，为幼儿的全面和谐发展奠定坚实的素质基础，有效落实基于儿童视角，在适宜的环境中培养爱运动、会探究、有情趣的现代儿童。

“百草园”主题活动是指利用周边自然资源，在教师的参与和引导下，儿童在多个领域或在现实生活的真实情境中，通过自己的亲身体会发现问题，探索问题，讨论问题，最后总结提升反馈等探究性活动，最终掌握活动相关经验的学习方法和过程。下面以大班“稻米飘香”主题活动为例，来分享我们家园共育中的所思所得，真正让孩子的学习看得见。

一、幼儿“百草园”主题活动的含义

幼儿“百草园”主题活动是沿用鲁迅先生关于“百草园”的概念，是指在主题的选定过程中侧重于选择带有家乡所在地的特色的主题，依托本地特有的历史文化资源或风土民情，使主题活动打上本地的烙印，并以某一个主题为线索而展开的一系列活动。如“稻米飘香”“萝卜”“小瓢虫探究记”等主题项目活动。

宣桥幼儿园拥有得天独厚的社区自然人文等资源优势，一座动物园、两大农田（稻田）、三大基地、四大园地、五大传统节日，从中汲取可用、有用、值得用的资源，通过远足、参观、现场教学、体验、游戏、绘本故事等形式，为孩子们提供走进社会、亲近自然、感受快乐的机会，从而形成一系列专属于幼儿的“百草园”体验活动，逐渐梳理、精选，形成主题活动。

根据这些资源，通过园内的课程审议和邀请专家指导，基本形成了各个年龄段每学期既定的“百草园”主题活动的文本框架。如小中班“春天来了”主题中，教师注重课程内涵的挖掘与延伸，鼓励幼儿走进自然参观桃园、竹园，参与玉米种植等活动，有效融入于主题中。大班“有用的植物”主题中，家园收集幼儿在园外的自然资源如稻田、基地大棚的资料，同时结合主题挖掘自然资源，组织孩子到现场教学，让他们体验自然的美丽和民俗的美妙。

二、传递幼儿“百草园”主题情愫，家园共育环环相扣

为提高家长对幼儿教育的科学认识，达成指导共识，形成教育合力，幼儿园创办了百草园家长社团，从新生家长会开始建立相互信任基础。班级家长活动共建、家长委员会民主产生和主题式亲子活动，始终向家长传递着“以人为本，乐行百草园，成长你我他”的幼儿“百草园”主题及家园合作发展理念。

1. 新生家长会全面呈现主题推进整体架构

新生家长会是家园正式建立起互信连接的良好开端，幼儿园领导和家教组成委员会不失时机向家长分享幼儿“百草园”主题活动的理念和发展方向，介绍幼儿“百草园”主题活动的目标体系，明确一日活动中课程实施的渠道和课程活动安排等，让家长对幼儿百草园主题活动实施的主要内容和活动形式有初步的了解和整体的认识。如开学初教师就针对班级的实际和孩子的兴趣，拟定了初步的“稻米飘香”主题推进计划，让家长了解其活动内容、推进的途径和方法及家园合作的相关内容，为主题的顺利推进做了前期的铺垫。

2. 班级家园共建活动传达主题计划心声

学期初家园近距离沟通，让原本有距离的家园，开启了目标一致、要求通畅、亲切友好的合作开端。同时对于班级家长共建活动，幼儿“百草园”主题活动内容作重点宣传和介绍，让家长真正了解了幼儿“百草园”主题活动，究竟做些什么，以什么形式开展，家长应如何自主有效参与家园亲子合作，给予明确而有方向、注重方法的指导。如“稻米飘香”主题活动开展来自开学自然角里育秧苗中孩子一场小小的讨论，引发了孩子对水稻的诸多问题：水稻的生长过程、大米哪里来、米的品种、米制品。

图1：这是孩子们自己关于水稻的问题记录

对于孩子诸多的问题，我们老师心中初步形成了水稻的主题网络。新学期家长会上，老师就介绍了这一“稻米飘香”主题活动计划的框架，并要求家长积极参与。第一站：亲子参观活动（自主参观稻田9～10月底）；第二站：小组活动

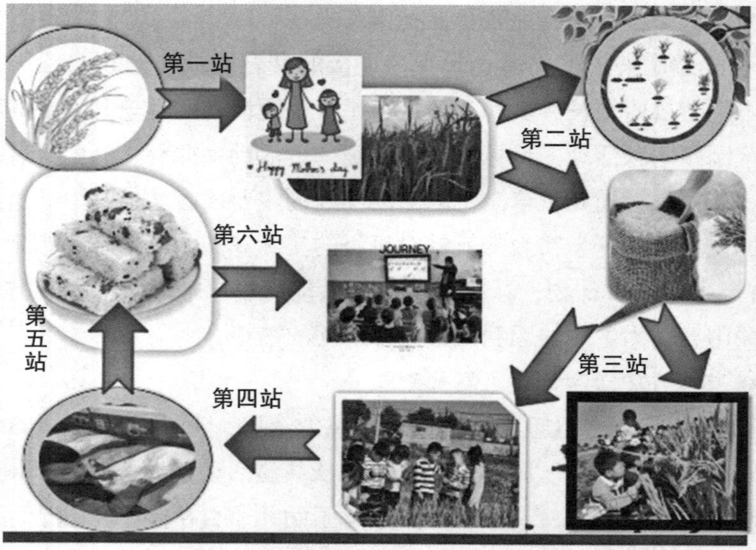

图2："稻米飘香"主题活动计划的框架

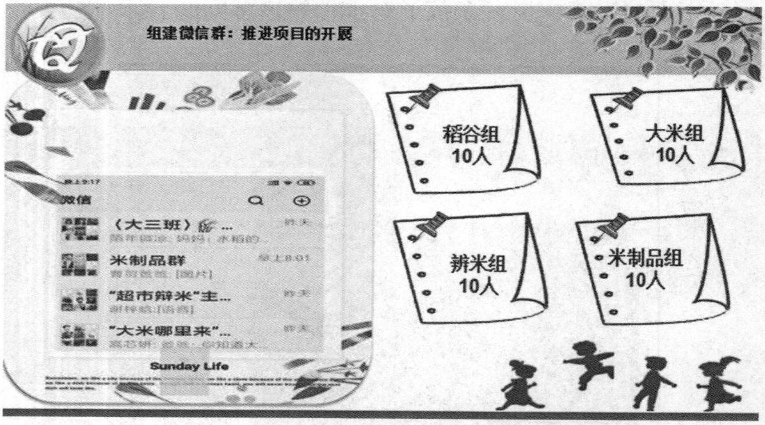

图3：组建微信群：推进项目的开展

探究过程，分两组，一组探究水稻的生长过程，一组探究大米从哪里来；第三站：集体活动体验丰收，亲子参观稻田和拾稻穗活动及现场集体活动认识水稻；第四站是小组活动超市辨米；第五站：小组活动寻找米制品。这样一个主题推进计划都是基于孩子的兴趣和需要。我们告知家长，小组活动都是孩子自主报名参与的，每组报名为10人，第一个报名的任调查组组长，于是就成立了4个调查小组。家长会后我们又召集担任组长的家长召开了这次主题的推进计划会，让每组的家长和孩子一起组建微信群，一起开展小组调查活动。

第一站从9月开始到10月结束期间，就陆陆续续地有照片和孩子的分享带过来，为稻米飘香主题活动开启了新的旅程，也激发了孩子和家长的共同参与热情。

三、家园共育，开展多种多样的幼儿“百草园”主题活动

（一）开展形式多样的亲子活动，丰富“百草园”内容

幼儿园的活动中，有时候教师会开展半日或者一日的亲子活动，因为亲子活动是幼儿教育中一个重要的部分。亲子活动的有趣性可以给孩子和家长建立一个舒适的环境，这样就拉近了孩子、家长、教师之间的距离，这样的活动会对家长们起到良好的作用，使他们进一步了解孩子在幼儿园各方面的情况，以便更好地在家园沟通中发挥良好的作用，实现家园共育，加深家长与孩子之间的感情交流。

在“稻米飘香”主题开展中，我们开展了亲子调查、参观和实践活动。

第一站——找寻水稻（亲子活动） 时间：9月7日～10月30日

图4、图5：孩子们自主参观稻田

家长会后孩子们带着对水稻探究的热情，跟爸爸妈妈一起去周边找水稻，很快就收到了孩子们和水稻的合影。在家长会任务布置的那一天后，微信不断提醒有消息。看到孩子参观的照片，听到孩子有关水稻的认识，每天只要有孩子去参观了，一到幼儿园，孩子们就迫不及待地告诉我们："老师，我在小区外面发现了稻子。""我在路上也看见了稻子。""妈妈带我去了一个乡下稻田，那里有好多的稻子。""我还看到了农民在拔草，我看到了水稻开花了，妈妈说那是抽穗……"孩子们和水稻来了一次亲密接触，都沉浸在找到水稻的喜悦中。

整个找寻水稻的过程经历了两个月的时间，水稻从大秧苗到抽穗开花再到逐渐成熟的整个过程，虽然每个孩子没有每个时节都去亲历体验，但是由于每次的分享和交流，孩子们对这一过程是了解的、熟悉的，特别是有我们家长的参与，更加丰富了有关水稻知识的认识。但是我们也知道，每个孩子在过程中的感知和体验是零星的、不全面的，也是不一样的。

（二）建好"家园特色栏"，多途径多侧面了解主题开展轨迹

家园共育栏是幼儿园必不可少的环境创设部分之一，它是教师和家长沟通的桥梁。为了促进教师与家长的及时沟通，让家长更清楚地了解幼儿在园情况及幼儿园活动开展情况，在"家园特色栏"中我们创设了"稻米飘香"特色主题专栏，及时传递主题推进每一步的轨迹，让孩子和家长及时了解主题发展的动态，也吸引家长参与到主题开展中，更好地实现共同教育幼儿的目的。

在"稻米飘香"主题活动中，我们创设了家园立交桥特色栏的主题环境。动态地呈现了主题推进中的每一步实施轨迹，既有亲子的、集体的、小组的，也有个体的。相关的四个小组的10位孩子在家长的帮助下一起完成了海报，展示在经验分享专栏，使个体的经验转化为集体的经验。同时每组微信经验共享，交流调查探究的过程。

（三）组织家长开放活动，融入参与"百草园"主题活动

家长开放活动是家长与幼儿及家长和老师进行一种面对面的相互交流的活动，这种互动交流可以让父母对孩子们的一日活动更加了解，清楚地知道幼儿园教师的教授能力，同时也让幼儿园清楚地呈现在家长面前。家长开放活动这种形式，能够清晰地显现出儿童和幼儿老师活动和能力，同时能够让幼儿的监护人更多地关注幼儿园。开放活动以多种形式进行，与生活贴近，这样让家长更亲近自如地参与到活动中来。

如在幼儿百草园主题活动的中期，我们会邀请家长一起参与到集体活动中，

第二站（1）：水稻的生长过程
时间：2019.10.24——11.1
水稻的生长过程
（大三班）...过程组(12)
稻米的生长过程经历了春夏秋 他们现在大多数只看到了成熟的稻米 估计也没机会看到耕田播种插秧 希望通过这个调查 能让他们知道 粒粒皆辛苦啊

图6

第三站：体验收获时间：2019.10.31
秋天稻谷飘香，正是水稻收获的黄金季节。10月31日上午，宜桥幼儿园大三班孩子们和家长一同走进稻田，开展了一次“走进金色田野，邂逅多彩稻田”的实践活动，意在让孩子用各种感官去探索、感受稻谷的秘密，并体验拾稻穗的乐趣和田间奔跑的快乐。

图7

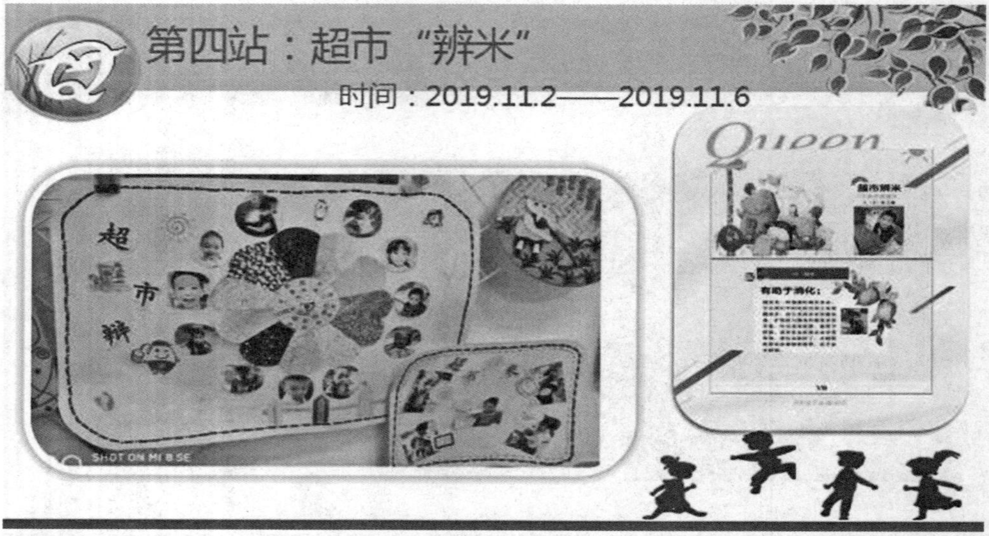
第四站：超市“辨米”
时间：2019.11.2——2019.11.6
超
市
辨
SHOT ON MI 8 SE
超市辨米
有助于消化：

图8

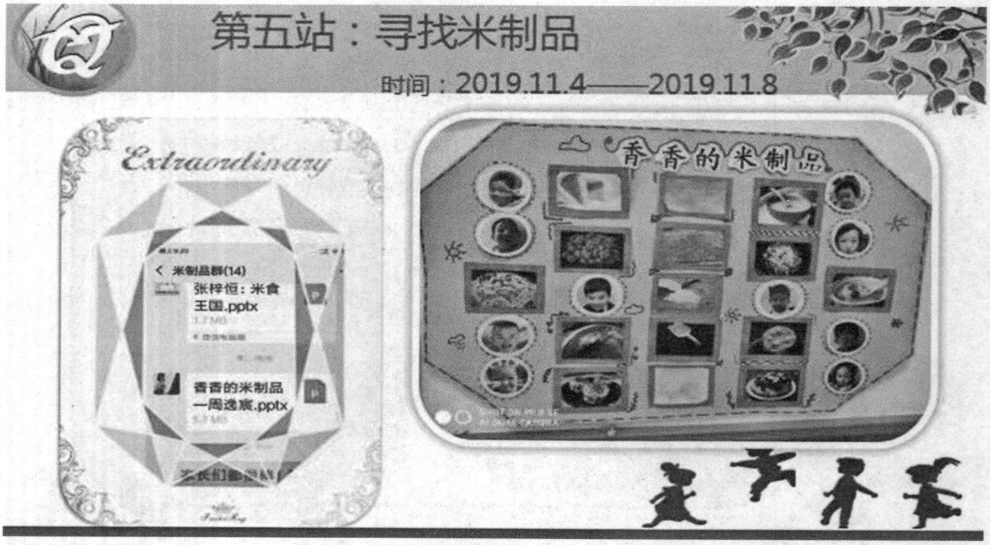
第五站：寻找米制品
时间：2019.11.4——2019.11.8
Extraordinary
米制品群(14)
张梓恒：米食王国.pptx
香香的米制品一周选宸.pptx
香香的米制品

图9

图10

图11

了解孩子，了解老师，更是了解幼儿“百草园”主题活动开展的情况。

在“稻米飘香”主题中，我们老师在稻田现场展示了科学集体活动“认识水稻”，通过孩子观察、解剖、区分水稻的根、茎、叶、果实，进一步梳理植物特点。通过解剖水稻茎，知道茎是空的→吹一下像吸管→捏上去软软的→主要作用是输送营养，也从水稻的功用中感知农作物的概念，知道要爱惜粮食。昊昊家长说：这样的活动真的挺好的，让我们也生动地上了自然的一课，同时也知道如何指导孩子进一步地探究水稻的活动，这样的活动很有意思。大班泽泽妈妈说：“通过家长活动学习观摩，我对幼儿园开设的幼儿‘百草园’主题活动兴趣盎然，每次活动都好像给自己补了一堂自然课!”借助幼儿“百草园”主题系列活动，我们家长从理解、接纳到积极参与的角色主动转身，真正从旁观者转变为主动参与者、孩子“小主人”的忠实守护人。

（四）进行沙龙研讨，共建幼儿“百草园”主题活动

吸引家长参与幼儿“百草园”主题活动实施是家长最感兴趣并迫切希望幼儿园解决的共性问题，欢迎家长来园观摩参与幼儿“百草园”主题活动，并与家庭教育达到共赢。家长并非幼儿园课程建设的旁观者，而是参与者。引发家长参与课程评价，感受活动中收获的乐趣，感受幼儿在“百草园”中的成长，形成的良好的参与习惯，从而更准确地把握幼儿的学习特点，享有课程评价的权利。家长能在此过程中向幼儿园提供对各环节的评价，家长可以深层次参与，重在观摩“百草园”主题活动并提出改进建议。

如我们开展了家园联动幼儿“百草园”主题活动沙龙和研讨活动。在百草园课程检测方面我们注重理论学习和实践的操作。我们组织开展有关评价的主题学习，学习《上海市幼儿园办园质量评价指南》，根据共同性课程评价样表，修改完善百草园课程的评价表，并邀请教科研专家吕萍老师专门为教师组织有关课程评价的专题学习。课题组成员发挥课题的引领作用，梳理相关评价的要素和指标，并带头进行实践。进行家长参与的家园联动沙龙活动，在“稻米飘香”主题活动中，我们设计了家长志愿者评价单及家园互动单。以家园联动教研的形式开展幼儿百草园“稻米飘香”的评价活动，评价“稻米飘香”主题活动的方案设计、实施方式和实施效果。活动中我们分别从教研组老师、课题组成员、家长三个不同层次的代表对于百草园课程设计、实施进行的评价中，检测百草园主题活动实施的情况。

下面是家长朋友参与现场评价活动的感受：今天的沙龙活动给人的一个印象就是非常接地气，较好地体现了宣幼百草园特色。水稻是农村常见的自然农作物，然而由于小城镇城市化的推进，现在的孩子几乎都远离了它，但是幼儿园通过特色课程弥补了孩子对自然方面认识的不足，也引导我们家长关注自然，这种教育非常好。而且“稻米飘香”主题感觉是一个非常立体的、非常完整的设想。首先这个主题的思路是非常清晰的，提出了一个主题的设计，然后根据主题脉络推进开展活动。最后一个是主题的成果展示，就对应了这个课程，是相当的完整。从孩子的认知角度来说，孩子参与其中获得的智能是多元的，有语言、有探究、有表达、有思考。研讨沙龙家长组现场评价的反馈是：活动很好，主题活动设计很全面，促进孩子多方面发展，孩子动手能力、智力、探究能力、语言表达能力、想象力、创新能力有所提升，参与活动过程密切了亲子关系。同时，通过观察、调查水稻植物生长过程，让孩子意识到农民伯伯种植的辛苦，懂得粮食的珍贵，不浪费粮食，光盘行动从小做起。

（五）邀请现场指导：丰富幼儿“百草园”主题知识经验

幼儿园所处的地区有种植大棚蔬菜的经验，幼儿祖辈是种植经验丰富的行家里手。我们充分挖掘这一人力资源，邀请他们担任幼儿园小菜园的技术指导，进行菜园施肥，各类蔬菜的播种、浇灌、喷药、收割等工作。在这一过程中，幼儿参与了各类植物的观察、照料和收获，教师习得了来自家长的技术和经验，家长在指导中提升了成就感，形成了本园独具特色的小田园种植活动。幼儿是在家庭、社会、幼儿园的共同影响下成长和发展起来的。在重视开发园内资源的同时，家长的参与也成为课程实施和建构不可或缺的力量。

在开展“稻米飘香”主题活动中，孩子们对稻米的育秧苗情有独钟。于是我们邀请一位小朋友的爷爷，他是新安村基地的一位农业技术人员，帮孩子们现场介绍如何育苗的一个过程，并保留在自然角供孩子们观察记录，很好地丰富了孩子们对稻谷的相关经验。并且来自家长的讲解更受孩子的喜爱，因为孩子知道他们才是这方面的能手。

四、体验与收获

在我们的“稻米飘香”课程实施过程中，得到了园领导的支持和参与，领导给予我们弹性的时间与空间，根据主题发展的需要可以自己安排课程。可以说我们的课程开展历时三个月的时间，集体活动时间一周，这样的一次活动，来源于幼儿的兴趣，来源于幼儿的生活，来源于我们幼儿“百草园”主题活动内容，所以孩子对这个活动投入了极大的兴趣和热情，同时也得到了我们的合作伙伴家长的大力支持，及我们周围的社区资源、新安大米基地的大力支持。对于这样的一次课程实施，我们有如下的体验与收获：

（一）促进了家园互动和孩子人际关系的发展

整个“稻米飘香”主题活动更好地促进了家园互动和孩子人际关系的发展。

与老师的交往：在确定一个主题的时候，老师和幼儿之间会有简单的“对话”，这种对话是师生双方出于共同的兴趣而进行的交流。通过老师和幼儿之间进行的对话来决定活动的主题，让幼儿在活动之前就了解活动，在活动过程中有亲切感，这样的话，当老师和幼儿互动的时候，自然就会有很多的共同语言。

与父母的交往：为配合主题顺利地开展活动，在参观调查搜集材料的过程中，幼儿回家后必须与父母进行交往，告诉家长我们需要做什么，把意思表达清楚，说服家长帮助自己完成教师交给的任务。“稻米飘香”主题中每个孩子知道自己的任务，并与父母沟通，很好地为幼儿和家长创造亲子之间交往的机会和环境，在参观调查活动中增进幼儿和家长的感情，促进幼儿和家长的交往。

与同伴的交往：在准备活动的时候孩子们会把收集到的材料、图片带到幼儿园。孩子的好奇心是很强的，看到不一样的东西都会勾起他们的求知欲，孩子与孩子之间就会相互问答，这样孩子与孩子之间的交往也就自然而然开始了。如“稻米飘香”主题中孩子们带来了不同的米的品种，他们会很高兴地给别的小伙伴介绍自己的收集过程，说说自己的大米有什么不同的地方，有什么功效。在活动推进中，老师设计各种各样的问题，启发幼儿与同伴友好地合作，如合作绘画、合作表演、合作制作等。

与其他人的交往：在与其他人交往的技巧中，作为幼儿老师的我们，在保证幼儿安全的情况下，我们带领幼儿走出幼儿园，试着与幼儿园之外的、各种不同工作的人展开交往，这样既可以锻炼幼儿的临场能力，也可以发挥出幼儿的最大潜能。如我们请育苗技术人员讲解育苗，访问插秧员了解插秧方法，观察收割机变出稻谷、大米的过程，并与收割人员对话，了解机器变大米的过程。

（二）活动的开展，呈现了以下方面的变化

幼儿“百草园”主题活动，其实是这样一个多领域融合发现的课程，它很好地把我们现在学前教育提倡的课程的发展趋势整合和融合，充分体现了这一思想。我们看到它不再是单独的美术课、单独的科学活动、单独的语言活动。“稻米飘香”活动不再是单独的一种学科性质。这样一个系列化的多领域融合的课堂课程学习方式，给我们带来了如下的变化。

1. 孩子学习方式的转变。“稻米飘香”主题活动冲破了传统教材和教室的局限，向着多元化和多样性的方向努力，活动的内容是多元的，形式也是多元的。孩子们走进自然，走进了田野，有亲子活动、小组探究活动、集体参观活动、幼儿个体探索活动。现在，幼儿们探索的天地扩大了，探索的内容丰富了，探索的方式也多种多样，网上信息查询、收集查询、询问大人、书上寻找，在教室里、在田野里，借助农民伯伯的知识经验……给幼儿带来了除了知识以外的更多的经验。

2. 学习场域发生变化。我们让孩子走出了教室，走出幼儿园的范围，在家、在田野里，到自然里去学习，孩子的学习场域在发生重大的变化。孩子在田野里看到各种活的东西，有生命的，很多东西就是生命教育的东西，就是存在了场域的变化，就会影响幼儿很多能力方面的发展和他的一些关键经验的发展。但实际上我们现在的家长都参与幼儿园的课程实施，整个推进实施没有落下一位家长。比如第一站亲子参观水稻活动，我们就有40个孩子不同时期参观的照片。第二、第三、第四、第五站是分组探究，每一组都有承担负责人，在引导孩子探究的同时也一起完成了海报的设计和制作，展示了整体小组探究的收获。最后的亲子米粒贴画稻草物品的制作都有我们家长的一份巧思和指导在里面。学习场域的变化推进了家庭、学校教育，共同来支撑促进孩子的发展。

3. 孩子的学习支持的力量是多元的。在“稻米飘香”主题开展中，除了幼儿园，家长和社区其实都在发挥重大作用。学习的资源多元了，给孩子的这种场域更多了（田野、超市、社区、幼儿园），孩子的经验获得更多，孩子获得的知识经验越来越多，这也是时代发展的一个变化，是家园共育最好的见证。

4. 促进了学习型家庭的形成。对于“稻米飘香”主题活动的实施，真正需要全家总动员。从案例中家长的参与性看，学习型家庭真的在慢慢地形成，状态很好。活动中老师给予的任务，几乎每个家庭都是全家总动员，爷爷奶奶也参与其中，然后全家集中做这件事，这时候发现家里特别和睦，家庭氛围很好。另外家长跟孩子一起学习的方式，其实给孩子做出一种示范，身教重于言教，潜移默化地影响着孩子。在这样一个共同学习的氛围中，家长在潜移默化教孩子如何做事，如何去学习，如何去表达。比如做的调查表，家长和孩子一起查，家长为孩子树立一个榜样。

5. 促进了教师观念的转变。教师开始转变教学观念，学习在教育经验逐步形成的过程中建构教育经验，而不仅在教育经验之前做各项忽视儿童需求的单向准备。教师观察、分析判断能力逐步提升。准确判断捕捉幼儿学习行为中重要的、有意义的事件，运用各种方式有效介入。教师在建构环境时逐步适应双重角色——既是幼儿共同学习的好伙伴，又是整个主题行进的促进者。活动来源于幼儿，活动的拓展尊重幼儿，活动的过程相信幼儿，活动的结果鼓励幼儿，在这样的教育环境中，教师重新认识儿童。

总之，基于幼儿百草园实践活动，我园创设多种渠道和形式，让孩子与家长共同参与到百草园课程实践中，形成家园共育的新模式。同时在百草园课程实践中，我们的家长也发挥自身职业优势，走进校园做老师助教，使家长真正成为幼儿“百草园”主题活动同盟，共同开创了家园共育新篇章。

如何让家长在幼儿“百草园”走得更远、更好，我们在不断思考。对于我们的教师，如何激发他们的积极性，带领家长、孩子一同探究、一同实施主题，共同成长，达成共识，这也是我们在今后工作中需要进一步思考与探索的方面。

借助故事表演，激发幼儿活力
——大班幼儿故事表演活动开展的实践与思考

沈艳薇（上海市浦东新区康桥第三幼儿园）

我园在幼儿故事表演方面开展了一系列的实践。过去我一直觉得这是项烦琐的工作，毕竟在以往的故事表演中，为了追求表演效果，我需要对故事进行筛选，为幼儿安排角色、提供逼真的服装道具，帮助幼儿熟悉台词、对白，甚至亲身示范，教孩子如何表演。

虽然我付出了诸多的努力，可效果总达不到预期。当我声情并茂地教孩子们表演时，他们的表情还是那么木讷；我手舞足蹈地教他们运用肢体动作配合表演时，他们的动作却显得僵硬不协调；我绘声绘色地教孩子们说台词，他们的台词虽然熟练，但听起来总是缺乏生气……

每次故事表演活动，我都身心俱疲，“小演员们”任务量大，怏怏不乐，“小观众们”无所事事。

如何打破这种瓶颈，成为了萦绕在我心头的困惑。直到有一次孩子们在故事《月亮船》中的表演，让我转变了想法。

故事表演时我提议排练《三只蝴蝶》，可不少幼儿对主题活动中的故事《月亮船》青睐有加。我联想到故事中的道具难以准备，故事情节“月亮船上的兔子将尾巴不断延长到地上，让蒲公英抓着兔子尾巴上月亮船”不知如何表现……我把我的担忧告诉了孩子们：“这个喜马拉雅山、长城怎么做道具啊？”“月亮船在天上移动，没办法表演啊！”希望能给孩子们形成心理暗示，打消孩子表演《月亮船》的念头。

谁知道孩子们很快就回答我。

幼1："长城、喜马拉雅山、太平洋可以画在纸上，让小朋友举着，我们就知道谁是长城、谁是喜马拉雅山了。"

师："我觉得还是很难，还有月亮船、兔尾巴呢？"

幼2："我们可以把椅子当成月亮船。"

幼3："桌子也可以。"

师："那你们就试试吧！"

我略显敷衍地答道。

活动开始啦，雨欣和昕昕画了仙女和蒲公英，让我帮助他们将图画制作成头饰。但我内心依然不看好这个故事能够展开表演，将关注的重点放在了《三只蝴蝶》上。

当我像以往那样忙碌地帮着孩子们排练，转头却发现了惊喜的一幕：

头戴仙女头饰的雨欣和小袁坐在两张桌子上，头戴蒲公英头饰的昕昕蹲在地上。本来盘腿坐在桌上的小袁向桌子外伸出一条腿，蹲在地上的昕昕抓着这条腿，慢慢地起身，又撑着桌沿，爬到了桌子上坐了下来。

表演还在继续……

当看到这一幕时，给我的冲击是巨大的，回想起平时排练时孩子们毫无生气地念词、帮他们纠正动作时的低效、上台演出时的紧张与现在的生动活泼的表情有着鲜明的对比。

那一刻我觉得自己费尽心思考虑场景怎样布置、情节如何表现的想法有些"可笑"。对于故事表演，我们教师首先想到的是保证表演效果，会绞尽脑汁设计场景，思考需要哪些道具，道具如何制作得逼真、精美，却忽略了故事表演是孩子们的表演，更是孩子们的游戏，应该以幼儿为主，重在他们参与、体验的过程。幼儿不像成人般思考的复杂，不必考虑"逼真"，反而能打破局限，用自己的理解与想象，将故事呈现得自然、灵动，让我看到了专属于幼儿的童真与活力。

一、释放幼儿潜力，激活故事表演

见证了那一刻的惊喜，我暗自打定主意，在故事表演活动中不再做“事事操心”的老师，要做一位“旁观者”，放手让孩子们自己决定“演什么”“谁来演”“怎么演”。

（一）幼儿自主选择故事，表演兴趣提高了

故事表演的前提是选择合适的故事内容。为了支持孩子们能够挑选出喜欢的内容，我决定不再挑选故事，请孩子们推荐自己喜欢的故事，再进行投票，选出得票高的故事进行表演。

在第一次的征集中，孩子们只想到了三个故事《小壁虎找尾巴》《小蝌蚪找妈妈》《小红帽》，前两个故事还是以前我帮他们排练过的。看来不少孩子似乎不太理解“推荐故事”的含义，未能大胆表达想法，举荐故事。

为了方便孩子们投票，我鼓励幼儿把自己推荐的故事用图画的形式表现出来，让全班孩子清晰了解投票内容。

投票即将开始啦。

手握星星的孩子们有的充满了期待，与同伴交流着自己想选择的内容，还鼓动着同伴做和自己同样的选择；有的则是一副一知半解的表情……黑板前，有的孩子迅速贴好星星，有的孩子举起的手左摇右摆，犹豫不决。

当天来了29名幼儿，故事《小红帽》获得了20颗星星。当结果宣布后，诺敏再次向我确认：“我们真的可以表演小红帽吗？”得到肯定的答复后，孩子们一阵欢呼。几名男孩子在那里唉声叹气，小杰轻声问道：“那《小壁虎找尾巴》就不能表演了吗？”“你们想表演的话，也可以。”这几名孩子听了我的话，也露出了笑容。

孩子们的表现让我反思到应该早点把选择权还给孩子们。我选择的故事不代表是孩子们喜爱的，选择“演什么”是孩子们的权利，我为什么不让孩子自主选择呢？而且孩子们感兴趣的点也各有不同，几名男孩的反应也让我一改初衷：“周周演一次就只能表演一个故事吗？那么多的孩子想参与，同时表演几个故事就让孩子们说了算吧。”

在之后故事表演中，我多次尝试了让幼儿“推荐——投票”的方式，幼儿们逐渐熟悉了这一形式，大胆推荐故事。从集体活动中的《三只蝴蝶》《月亮船》《狼和小羊》到源于幼儿生活的《葫芦娃》《西游记》《塞翁失马》等，故事表演的题材更加丰富，幼儿参与率也大大提高。

幼儿投票选择故事内容

（二）幼儿自主选择角色，表演意愿增强了

故事表演的内容由孩子们决定，这是迈向自主表演的第一步。我又放手让孩子们自己选择想表演的角色，孩子们兴致高昂地选着自己想演的角色。但是离开了我的分配与安排，又面临了一个新的问题：角色如何分配？幼儿们自主选择自己喜欢的角色，一些形象正面、美好、聪慧的角色总是大受欢迎，“仙女”“小羊”“蝴蝶”这些角色大家抢着演；那些形象不那么美好的角色却无人问津。

想要表演《狼和小羊》的幼儿们聚集着商量着自己的角色。

“我要演小羊。”“我要演大象。”“我也想演大象。”“那我们石头剪刀布吧。”……孩子们的对话回响在我耳边，他们选到了各自想演的角色，即使有小争执，也用猜拳和谦让的方式很快解决。

“可是没有狼啊。”萱萱发现了自己小组的问题。还没有选择角色的源源听了连忙摆手，说道：“我可不想演狼。”杨瑞也立马说：“我也不想演。”

几个孩子面面相觑，故事表演还没正式开始，就陷入僵局。

我按捺住自己想要上前为他们安排的冲动，选择了观察。

场面沉默了10秒后，缪缪突然说道："我知道了，他们一定是害怕自己演了狼，被我们踢。"孩子们听了纷纷大笑。诺敏说："我们假假地踢就可以了。"萱萱双手搭在杨瑞肩膀上，一脸认真地说："杨瑞，你是不是害怕被我们踢疼啊，放心，我们会假装踢，你不要害怕。"杨瑞一脸迟疑，缪缪和诺敏在旁边附和道："对对，我们是假装踢的。""那好吧。"杨瑞终于答应了。

看着小伙伴们都有了自己的角色，源源着急地说道："我还没有角色呢！"孩子们相互看了几眼，似乎在确认彼此的角色，萱萱说："我们还没有旁白，你做旁白吧。"源源点了点头，接受了同伴的建议。

原来没有老师的"掺和"，孩子们也能在选择自己心仪角色的同时，用自己的方法化解同伴的困扰，解决角色分配中遇到的问题。

这一组在分配完角色后，萱萱还问我要了一张纸，想要记下各自的角色。我不解地问道："为什么要记下来？""这样我们就不会搞错了。"

我再一次惊讶于孩子们的想法，看来在故事表演这条路上他们比老师走得更远。

在活动后的分享环节中，我请萱萱将这一经验进行分享。在之后的活动中，其他小组也借鉴了这一经验，会在选择角色时把自己想表演的角色记录下来。孩子们会围在一起商量、记录，时常能听到他们的对话："这个角色×××选了。""还有××角色没有人演。""我要去另外一组了。"……

孩子们总能选到自己心仪的角色，参与表演的兴趣更高了。图画形式呈现的角色记录让幼儿对自己和同伴的角色印象深刻，避免了表演中搞混、忘记角色的情况出现，故事表演也变得更加高效。

（三）幼儿自主准备道具，表演积极性提高了

在我以往的认知中，故事表演需要场景来衬托，需要道具来辅助，需要合适的服装来装饰，表演才会更加逼真、生动。既然打定主意想要“放手”，那我就不帮孩子们准备了吧。我心怀不安地告诉孩子们故事表演的道具需要他们自己寻找材料、自己制作时，孩子们并未像我担心的那样流露出不悦与犯难的表情，反而在下面叽叽喳喳地讨论起来：“小红帽的外婆要拿一根拐杖。”“小舞台就有。”“小舞台还有蝴蝶的翅膀呢。”……孩子们一副跃跃欲试的样子。

“观众们怎样知道你们演的是什么角色啊？”我不放心地问了句。“戴个头饰就好了。”大部分孩子想到的都是以头饰区分角色。应孩子们的要求，我提供了像素纸、白色卡纸等材料，孩子们会利用自由活动的时间，进行绘画、裁剪，还会向我寻求帮助，用订书机订起来，一个个头饰完成啦！

自制头饰虽然没有从前我为他们准备的道具逼真，但自己亲手制作的头饰孩子们格外爱惜。在一次周周演结束后，小宇询问我：“可不可以把一个故事的道具都放在一起，和其他故事分开来放，小朋友拿时就不会挤在一起，弄坏头饰了。”我请小宇把自己的想法告诉其他小朋友，源源还提出可以像整理玩具一样，放在玩具筐内，再给每个筐做一个标记。于是孩子们又一阵忙活，我们班特有的“道具盒”产生啦！

随着故事表演活动的不断推进，幼儿在准备道具方面越来越驾轻就熟，我也一次次地感受着他们带来的惊喜。

除了头饰，孩子们会准备一些符合故事内容、角色特点的装扮、道具。《小红帽》故事中，幼儿认为头饰不明显，可以用小朋友穿的红色羽绒服上的帽子；《葫芦娃》故事中，小演员们一致认为葫芦娃不仅要戴头饰，还要穿一条“叶子裙”，才更逼真。

师：“你们打算怎么做叶子裙啊？”

维尼：“用很大的纸做，要玫红色和绿色。”

元欣："纸很容易碎掉的。"
沛琦："那我们用老师做环境的那个软软的布做吧。"
又又："不过好像很久没看到老师用那个做环境了。"
维尼："老师，你可以给我们吗？"

看来孩子们对于道具有了更多的思考，对于道具主动产生了需求，虽然最后他们制作的"叶子裙"不甚精美，但自己动手制作的道具无疑对他们更有吸引力，更能激发他们表演的兴趣。制作道具过程本身就是一个可以给幼儿带来快乐、蕴含着丰富的探索机会的一种活动，他们在主动思考、关注着周边的人和环境。看来从前的我为追求"表演结果"而忽略了这个颇具价值的环节，或许在将来的某一天，孩子们不仅关注到教室里的材料，自然界可利用的物品都可能成为孩子们心中的"不可替代"的表演道具。

（四）幼儿自主进行排练，表演过程生动了

一切准备就绪，孩子们就要开始排练了，这是我从前花费最多精力的地方。"孩子们会排练得怎么样呢？"这成了我最担心又最期待的事。担心没有老师"教"台词，没法把故事中的情节、语言转化为台词。且有的故事源于他们看的图书或动画片，他们会怎么选择情节串联表演呢？但《月亮船》的经验，我又期待他们能带给我新的惊喜。

活动开始啦，葫芦娃们看着角色记录表，相互重申着彼此的角色。
六娃："我想表演那个葫芦娃们站在'七彩莲花'上变成了一座山。"
二娃："我想演葫芦出生的那集。"
三娃："我也想演'七彩莲花'那一集。"
四娃："那我们就演那一集吧。"
七娃："好的，好的，我同意。我也喜欢那一集。"

哦，原来孩子们通过动画片不同的分集快速决定了表演的主要情节。孩子们开始商量起了细节。

三娃："老爷爷被蛇精、蝎子精抓走了。我们要去救老爷爷。"
大娃："他们还要站在七彩莲花上。"

二娃："他们是站在七彩莲花上变身的。"

七娃："不对，不对，每个葫芦娃出场都是站在七彩莲花上的。"

四娃："他们还最后一起站在七彩莲花上变成一座山，把蛇精压在山下。"

孩子们发表着各自的意见，一个情节还没有讨论结束，就会有孩子谈到下一个情节，迟迟没有讨论出结果。旁观的我，忍不住提了个建议：

师："你们要不要像选角色那样，把想表演的剧情记录下来呢？"

三娃："这个叫创编。"

扮演四娃的圆圆拿起笔在纸的正中央画了朵莲花，莲花画完后，几名孩子手拿着笔，你看看我，我看看你，却无人下笔。

师："这是你们的第一个情节吗？接下来你们想表演什么？"

二娃："他们和蛇精、蝎子精大战。"

七娃："因为他们要救老爷爷。"

三娃："他们打不过蝎子精，最后合体变成了一座大山。"

二娃："他们是站在七彩莲花上变身的。"

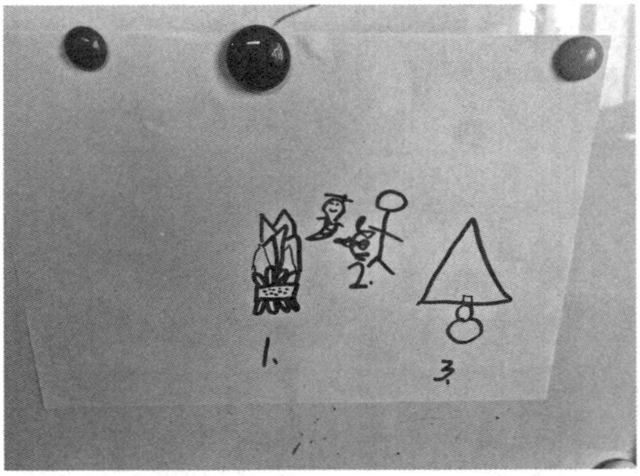

担任旁白的天天马上拿起笔在纸上画了一个火柴人和"蝎子""蛇"的图形。

六娃："我都分不清哪个先表演，哪个后表演。"

蝎子精轩轩："那我们可以写数字，七彩莲花是1，大战蝎子精写2。"

五娃："后面就是葫芦娃变身，变成山了，把蝎子精打下山。可我不会画。"

六娃："你画个山，下面画个莲花就行了，还是我来吧。"

说完六娃开始在纸上画了起来，画完后还不忘在图画边上写了个数字3。

孩子们的表演开始了……

旁白："大娃出生。"大娃元欣听到后迟疑了好几秒。同伴们纷纷提醒道："元欣，元欣，到你啦。""你是大娃，到你出场啦。"在同伴的提醒下，元欣慢慢地走了出去。

旁白："二娃出生。"二娃小翼走了出来，右手向上高举，站在了表演区中间停顿了几秒。

旁白："三娃出生。"三娃诺敏走了出来，站定的同时，双手用力向下一伸，轻轻说了句："三娃出生。"

旁白："四娃出生。"四娃张弛也走了出来，一手叉腰，一手高举，对着山洞轻轻地说了句："四娃出生。"

旁白："五娃出生。"五娃宋芸听到后大声说了句："五娃出生。"边说边双手叉腰站定。

旁白："六娃出生。"听到旁白的召唤，原本蹲在地上的六娃从地上蹦了起来，双手握拳朝后摆，口中大喊："六娃出生。"说完还张大嘴巴，发出了"哈哈哈"的声音。亮相完成后，回到葫芦娃队伍中对同伴解释道："我在喷火。"

旁白："七娃出生。"七娃雨欣也从地上蹦了起来，双腿分开站定，双手叉腰，大喊："七娃出生。"

看来没有教师的提醒，幼儿也在仔细观察着同伴的表演，借鉴同伴的表演技巧，调整自己念台词的语音语调，增加肢体动作，为自己的表演增色不少。

蝎子精轩轩自己从桌子底下钻了出来，葫芦娃们见状，赶紧冲上前，伸出拳头，你来我往做"打架状"，葫芦娃们与蝎子精"打成一团"。

圆圆和雨欣绕到桌子另一边，大喊："爷爷，我们来救你了。"老爷爷连忙从桌子底下爬起来，爬出来后不忘拄着拐杖走到葫芦娃的身边。

六娃："我们要变身了，快点。"

七娃："可是没有七彩莲花啊。"

蝎子精："假装地上有七彩莲花，先变成座山。"

我当时心中满怀疑惑，不知"山"如何表现？还想着是不是需要搬动桌椅。

只见葫芦娃们没有商量，非常有

默契地摆好了动作，六娃单膝跪地，手臂伸直、握拳垂于地上，有的半蹲，有的站在最后。

蝎子精轩轩靠近这座“山”，又迅速后退，在地上滚了几下。

一遍表演结束了，孩子们脸上都洋溢着笑容，纷纷表示想再表演一次。

其他组都是比较熟悉的故事，所以排练的进度较快，完成了自己的排练后，都围了过来，观看葫芦娃组的表演。当蝎子精“滚下山”的动作完成后，教室中响起了一阵笑声，小观众们不由自主地为葫芦娃们鼓掌叫好。

一次周周演结束了，孩子们再次惊艳到了我。孩子们不仅可以自己排练，还能简单地创编情节，虽然台词有些简单，表演的动作离“登台”有些距离，情节不够连贯，可孩子们却在协商、相互提醒中串起了一场表演。他们在摸索、实践中完成了故事表演，这是一种成长，也真正感受到了表演游戏的快乐。小演员们主动要求进行一次又一次的排练就是最好的证明，小观众们的掌声是他们发自内心的赞美与肯定。这不正是我想看到的充满生气与活力的故事表演吗？

我深切地感受到过去的故事表演活动是孩子们对我的服从和模仿，当“放手”后，才真正激发了幼儿对于故事表演的热情，让我看到了他们的无限潜力。

二、借助故事表演，释放幼儿活力

幼儿用自己的潜力赋予了故事表演活动崭新的面貌，除了充满生气的表演，故事表演还带动了幼儿身心各方面的发展，让我看到了幼儿身上的无限活力。

（一）解决问题方式多样了

在故事表演活动中，幼儿时常会出现一些突发状况，具体表现为几名幼儿为争演同一个角色而发生冲突，对表演方式有所争议等，这些都会阻碍表演游戏的顺利开展。孩子们最初会进行内部协商，但往往用石头剪刀布来解决问题，当内部无法达成一致时会找老师解决。可随着故事表演活动的开展，孩子们解决问题的能力愈发成熟，能立足角色、表演内容等方面来说服同伴。

<table>
<tr><th>常出现的状况</th><th colspan="2">幼儿解决方法</th></tr>
<tr><td></td><td>第一学期</td><td>第二学期</td></tr>
<tr><td>争抢角色</td><td>决定角色：石头剪刀布</td><td>决定角色：
1. 同伴的外形、服装特点：
如："她衣服上有个红帽子，可以演'小红帽'。""他个子高，可以演猎人。""她头发扎了两个发鬏，特别像哪吒。"
2. 表演经验：
如："你上次表演的台词都不熟，小壁虎有很多台词，××更合适。""你上次演过小羊了，就让××演，你可以换个角色。"
3. 主动谦让：
如："你那么想演孙悟空，就让给你吧，我演东海龙王吧。"
4. 共情能力：
如："你放心演蛇精吧，葫芦娃们不会真的打你的。"</td></tr>
<tr><td>表演方式的争议</td><td>抱怨同伴："××表演得一点都不好。"表演停滞，陷入争吵。</td><td>共同商议动作：
如：《狼和小羊》中共同商议动物出场动作，"大象是这样走路的。""对对，大象的鼻子还要甩一甩。"……孩子们相互学习、模仿。
"大树是笔直的，你不能东倒西歪。"演大树的小演员接受建议。</td></tr>
</table>

在协商的过程中，他们开始站在他人的角度考虑问题，尝试去理解他人的想法，接受他人的想法，并且将他人的建议融入自己原有经验当中，小组成员间相互理解并平衡不同意见，既培养了幼儿解决问题的能力，在沟通、协调的过程中，又发展了幼儿的社会性。

孩子们也将这些经验迁移到了其他活动中。

片段一：大桥倒了

自由活动中，小宇、悦悦和果果打算用雪花片搭建大桥，小宇和悦悦各自搭建一根柱子，果果搭一排桥面将大桥连接起来。很快两根单薄的柱子和桥面都完成了，他们小心地将柱子安在了桥面下面，可是大桥并没有像想象中那样稳稳地站起来。孩子们双手扶着柱子，大桥能勉强站起来，可他们双手脱离大桥时，大桥一次又一次地倒下来。

面对不成功的搭建经历，三名孩子没有灰心，也没有出现我想象中互相抱怨的场面，而是平静地交流着自己的想法，想找到问题的原因。

片段二：我们成功了

“可能是我们的雪花片没插紧吧？”“也许是造的桥太重了吧？”“我觉得是你们搭的柱子太高了，要不我们缩短一点吧！”

他们仔细地检查了所有的连接处，没发现什么问题。“肯定是大桥太重了，我们拆掉一点。”小宇建议道。可果果却不愿拆掉自己搭建的大桥。“那我们试试果果的办法，把柱子缩短吧！”小宇又提出了建议。于是大家又忙着将原先的几根柱子拆掉了几层，大桥在大家的期盼下，坚持了几秒，再一次倒下了。悦悦说：“看，还是桥太重了吧！”果果见状，同意了拆掉一段桥面的建议。

孩子们再次开始尝试，依然没有成功。

旁边来回经过多次的源源也围了过来，插话道：“你们的柱子好细啊，桥要把柱子压塌了。”小宇听了，回应道：“那我们让柱子变粗一点吧。”源源听到自己的建议被采纳，高兴地说：“桥下面应该有很多根柱子，我帮你们一起搭吧。”

四名孩子把柱子一一加粗，还多搭了两根柱子。当他们慢慢移开双手，看到“大桥”终于稳稳地架起来时，激动得跳了起来，急切地拉我过来欣赏他们的大作。

在此过程中，孩子们遇到问题时，不再像以往互相抱怨、指责，会寻找自身的原因，也能“客观”地指出他人身上的问题。即使有不接受同伴建议的情况，大家都能调整自己的行为，一一进行尝试；坚持己见的幼儿在事实面前也愿意改变初衷，接纳别人意见，最终获得了成功。协商、妥协、调整自我……没有老师的介入，孩子们依然很好地解决了问题。

（二）不同性格幼儿主动性明显了

在以往的故事表演活动中，为了保证表演效果，我们往往会选择一些能力强的幼儿。如今，周周演中幼儿根据自己意愿选择故事，为喜欢的故事投票，对于故事表演活动的主动性明显提高。从以往对故事表演、排练不闻不问的态度，到现在愿意主动报名，选择自己喜欢的角色；面对角色争执，愿意大胆表达自己合适的理由，争取角色；会和同伴一起商量如何制作道具，寻找合适的材料，共同制作，部分幼儿还会主动与家长商量，利用家中的材料进行制作。

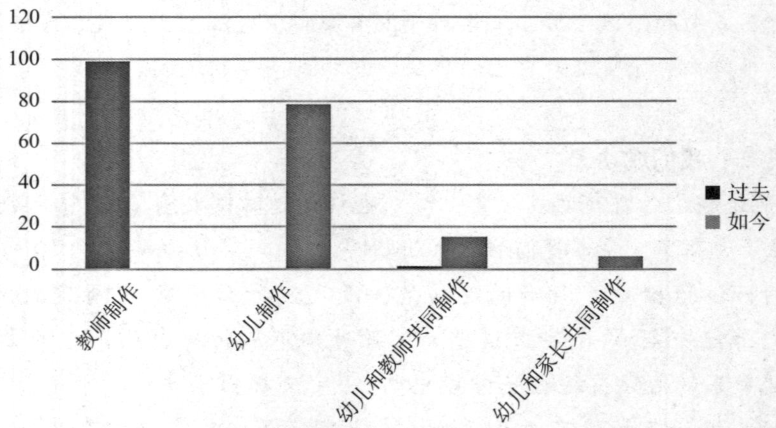

故事表演道具制作情况对比

班中大部分幼儿都能主动参与到故事表演中，很多平常内向的幼儿往往处于教师忽略的灰色地带，但他们仍有表现的欲望。在自主表演中，他们有了更多选择、表现的机会，呈现了一种相当积极的状态。为了参加故事表演，孩子们会在故事中添加花花草草、大树、小妖、乡亲等角色，故事表演的主动参与率大大提高。

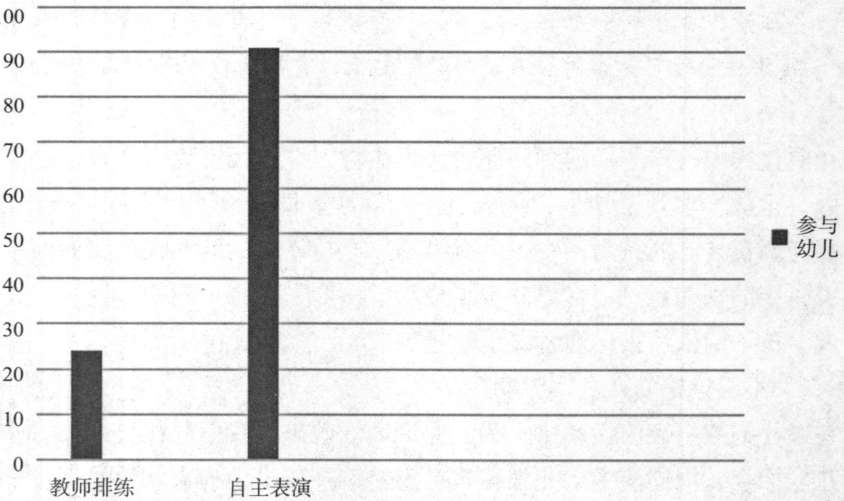

教师转变做法前后，故事表演活动中幼儿参与率对比

（三）创造性思维萌芽了

幼儿在故事表演活动中对道具的制作、场景的选择、情节的替代都展开了大胆的想象，在不断思考的过程中发展了创造性思维。面对孩子们选择的故事，很多情节一时之间我都不知道如何展现，我的孩子们一次又一次用他们的想象力与创造力，给了我答案。

《小红帽》中的狼被猎人剪开了肚子，原来只要拉开“狼”衣服的拉链即可。

《塞翁失马》中的马，一把扫帚就解决了问题。

《西游记》中，哪吒找了两个圆形的玩具，在表演时踩在脚下，行走于教室中，哦，原来这是风火轮。

……

在故事内容方面，孩子们会推荐阅读经验丰富的同伴来担任旁白，并要求老师提供故事文本，旁白照读。

孩子们逐渐摆脱文本，借助于动画片、绘本中的故事，展开了想象，创造性地运用语言、动作、表情表达出故事中角色的外形、性格特点，并且恰当地增减情节、替换台词，尝试创编故事，“石猴出世”“大闹天宫”“妖迷心窍”，孩子们呈现了一幕幕精彩的表演。

（四）计划意识发展了

在故事排练、表演的过程中，幼儿会不记得自己的台词、出场顺序，需要教师或同伴反复提醒，故事表演的活动时间在不断的提醒、嬉闹中消逝，有效的故事表演活动时间减少。

幼儿在《狼和小羊》故事角色分配完成后，想到了用记录的方式帮助大家明确自己角色。孩子们的方法启发了我，故事的情节也可以提前商量并制订计划。通过一目了然的计划，帮助幼儿明确故事内容，同时起到同伴相互提醒、监督的作用，促进本班故事表演的有效开展。

幼儿起初不理解计划的意义，计划仅用简单的图画表示，显得杂乱。随着故事表演活动的不断深入，幼儿的计划能力也在逐步提高，会在角色旁边写上学号、名字，甚至用表格的方式记录自己的计划，清晰简洁。

幼儿针对角色分配制定的计划

在幼儿针对表演内容制订计划时，我并未干预。经过对幼儿的排练、表演的过程进行观察后，我请幼儿对表演内容进行自评和互评。通过一些提问，引导幼儿思考，发现自己计划实施过程中有哪些需要调整、改进的地方，再对计划进行补充、完善。经过多次实践，幼儿制订的表演计划越来越具体、详细，排练过程中减少了很多对情节与表演方式的争执，促进了故事表演活动的有效开展。

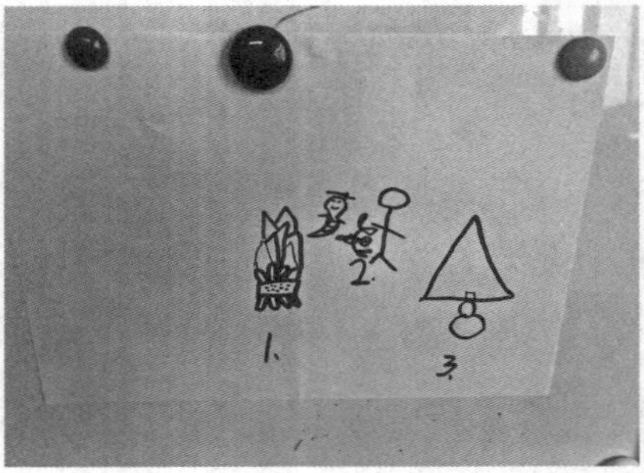

初次尝试制订“表演计划”

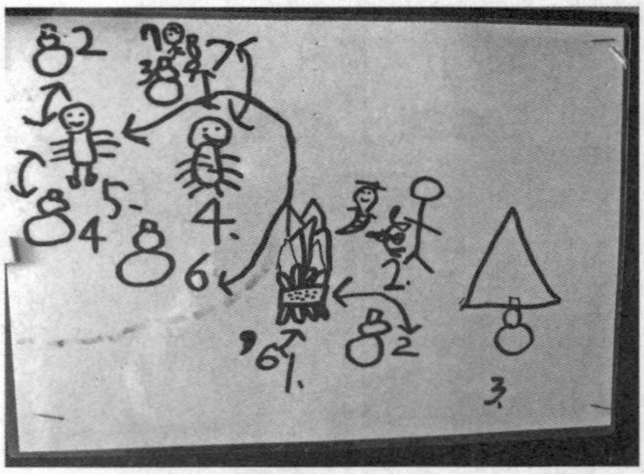

排练后调整表演计划

多次实践后，详细有序的计划

幼儿计划不仅存在于故事表演中，他们的计划意识在一日活动的方方面面都有所体现，幼儿在其他环节的活动中开始自我计划，逐渐摆脱对教师的依赖。生活活动中，幼儿能在运动前有序做好喝水、如厕、脱衣等事，无需教师耳提面命般地提醒；自由活动中，幼儿会主动关注时间，做好收玩具的准备，利用自由活动时间解决生活需要，不影响后续的活动……

幼儿日渐提高的计划能力，为他们即将到来的小学生活奠定了基础，相信他们能很快适应小学生活。

（五）反思能力出现了

在故事表演开展与实践中，我还惊喜地发现了幼儿“反思与解释”能力的提高。孩子们在故事排练、表演后，我时常会与他们进行随机的交流，询问孩子们“觉得自己表演得怎么样”？孩子们起初会简答地回答：“我觉得自己表演得很好。”“××表演得不好。”经过追问，孩子们表达的意愿更强烈，评价的内容更具体，也会向同伴解释自己的表演动作，会说：“台词不够熟练。”“××学小马走路学得很像。”“塞翁的儿子腿瘸了，就是应该这样一拐一拐走路的。”……

于是，每次的故事表演活动后都会进行“小组评价”环节，采取提问的方式，唤起幼儿对活动过程的回忆、梳理、反思和表达。起初，评价环节的主持人由我担任，进行提问，梳理幼儿的回答。幼儿熟悉这一环节后，主持人、主导者的角色又交还给了幼儿。

小组讨论，由小主持人提问，自评、互评。幼儿对活动过程进行回忆，促使思维高速运转。（下左图）

幼儿聚集在一起，反思自己的表演，并对评价内容做好记录。如：蓝蝴蝶

台词说得太慢了，像“蜗牛”；演小花的小朋友声音太小；演大树的小朋友东倒西歪……（上页右图）

“蝎子精山洞”空间太小，不便于表演，“√”则代表幼儿在讨论过程中已解决该问题；表演中发现缺少“如意”“葫芦”等道具；举“七彩莲花”的人太多，位置拥挤……（左图）

从幼儿的评价内容就可以看出幼儿的反思能力出现了，且不断提高，在其他活动中也有所反映。在学习活动中，幼儿回答问题时，由支支吾吾、吞吞吐吐变得表达清晰、有理有据。如集体教学活动“小学好还是幼儿园好”的辩论赛环节中，幼儿在各自陈述观点后，能针对对方的观点进行反驳；面对他人的反驳，幼儿能坚持己见，说出更多理由，以赢得对方的赞同……幼儿的“反思与解释”能力在你来我往的辩论赛中体现得淋漓尽致。

借助故事表演，我看到了幼儿的潜力、魅力、活力。我眼里的孩子们由他、他、他，变成了他们。我眼中不再只有他、他、他等个别孩子，而是有了班级中每一位孩子，他们都是与众不同的，是发光的，是闪耀的。

以自然角观察记录推进大班幼儿前书写经验的实践研究

陈琳玲（上海市浦东新区高南幼儿园）

前书写是学龄前儿童以笔墨纸张以及其他书写替代物为工具，通过画图和涂写，运用图画、图形、文字及其符号，表达信息、传递信息，与周围的同伴和成人分享、交流其思想、情感和经验的游戏和学习活动。

在自然角种植了莴苣，引发幼儿用“日记”的形式进行观察记录，幼儿经历了从涂鸦、符号、像字非字的前书写经验，通过自己的经验再现、收集符号、分享模仿和趣味游戏，感受关于“莴苣日记”的书写表达。本文从日记内容的记录——前书写经验解读——教师策略跟进——凸显前书写表达入手，呈现这一过程中幼儿的前书写经验不断提升，教师对读懂幼儿前书写表达有了新的思考。

一、缘起——遇见生长，莴苣日记的由来

（一）莴苣的生长引发幼儿记日记

实录：

午餐后，萱萱像往常一样来到自然角看看莴苣的变化。她低头细细地看，尽管莴苣芽很小很小。她拿来记录本和水彩笔，坐在自己的莴苣苗边上，开始画了。小小的两片芽椭圆形的，芽的下面是细细短短的白白的叶柄，萱萱用一根短线来表示。密密麻麻的小芽，萱萱画了6棵，大小相近。萱萱画完了，从头开始欣赏自己的莴苣记录，从第一页开始边看边说：“这是第一天的莴苣种子，这是第五天的，这是……”记录的次数太多了，萱萱都记不清楚是什么时候的莴苣了。尽管萱萱用数字做了标注，但还是记不太清楚具体的时间。

通过观察幼儿的记录过程，了解幼儿的观察能力提高了，能较细致地发现自然角莴苣芽的形态，用图画的形式表现出来，还有数量的记录。幼儿在记录完当天的情况就会反复看看之前的记录，就会出现“不知道是哪天的莴苣，自己的记录忘记了”这些问题，通过教师的参与，幼儿发现了“日期”的作用，能帮助她解决自己的问题。无意中的日期记录，让萱萱对日期感兴趣了，想自己来记当天的日期。

（二）大班幼儿年龄特点引发前书写萌芽

自然角种着各种各样的植物，其中最大的盆中种植了莴苣。在观察中我们发现，孩子们会用自己的方式去记录所看到的，在看一看、摸一摸、玩一玩、记一记中探究自然角的发现。

进入大班以后，我们发现幼儿在记录莴苣的生长变化时将观察到的细微变化都画出来了，少数幼儿还出现了各种符号和像字非字的汉字，运用的线条、图形更复杂。幼儿的记录中除了图画为主，还出现符号和简单的文字，这说明幼儿前书写萌芽了，日常记录的符号开始了。

二、前书写经验的实践研究——遇见生长，凸显前书写表达

随着莴苣的生长，幼儿对书写“莴苣日记”的内容丰富了，从芽的变化、苗的长大、对莴苣的爱都可以记录下来。从看幼儿的日记表达到解读幼儿前书写的经验，再有效策略跟进，最后凸显前书写能力的表现。层层递进，让幼儿自然而然地在画画写写中提升前书写水平。

（一）初出茅庐：封面暗示，发现汉字

案例1

遇见生长——芽芽

清晨发现土里有一点点白白的芽，杰杰兴奋地说：“原来是白白的。土豆的芽是绿的呀！”杰杰把这个发现告诉了萱萱，两人一起开始记录。一会儿，教师轻轻地走到萱萱身边问：“你在记什么呢？”“我在写莴苣日记呢。”老师：“今天是9月21日吧，我看出来了。”她很认真地边说边继续写着，杰杰看着萱萱也照着画了起来。

1. 观察记录

发现密密麻麻的莴苣种子发芽了，它们是小小的、圆圆的叶子。当天是9月21日，幼儿照着封面上的“莴苣日记”四个汉字画下来，发现汉字和其代表的意义。

2. 经验解读

建立书写行为习惯的经验：幼儿处于前书写的初始阶段，用符号来代替汉字“月”，“日”就自动省去了，天气“雨”还是用图来表示，“莴苣日记”四个字是临摹封面完成的，像字非字的字形。

感知理解汉字结构的经验：幼儿处于初始阶段，发现“莴苣日记”的结构和形式，但仅仅还处于视觉上的，自动将有些笔画省去。

学习创意书写表达：幼儿处于初始阶段，开始喜欢用图和所谓的字来写日记了，表达自己在自然角中的发现。

3. 策略跟进

自然角观察时间是自由的，记录的方式是自主的，观察的目的就是让幼儿在自己种的莴苣成长过程中学会探究。在整个过程中，孩子在前，教师在后，当孩子们出现问题了，教师就参与，不需要教师参与时教师就不介入，成为观察者。

《蚯蚓日记》一直放在图书角，幼儿发现了这里有很多的日期，就像老师帮助她记录的那样。学会内容之间的联系，那些数字和重复的汉字吸引了萱萱的兴趣，从阅读中萌发自己要写日记的愿望，这样既能照着书上的样子写莴苣的日记，还能解决自己的问题。根据幼儿的需求，教师就提供了有封面的“莴苣日记”观察记录本。

4. 凸显表征方式

一位幼儿的前书写行为感染了同伴的前书写兴趣，通过“日记”的形式记录自然角的莴苣，既可以满足当下幼儿的特点以“图”为主的记录，又能满足那些想前书写的幼儿。通过第一阶段教师对于幼儿的前书写水平的呈现分析，幼儿已经有意识地将书写与画画分开，他们会一本正经地告诉成人：“我在写字。”这阶段的幼儿通过观察和简单的模仿，逐步地对一些特定的汉字字形产生熟悉感，并能够在前书写中模仿“口”字形等，慢慢地学会这些字形的正确写法。

（二）奇思妙想：符号代字，初写日记

案例2

遇见生长——发现符号

萱萱在植物角的记录引起了杰杰的关注，杰杰说：“我不会的字太多了，可我又很想写字。你看我用‘♫’代表唱歌。”萱萱说：“那我右边不会写，我可以用→表示的，你记住了吗？”

1. 观察记录

从孩子们的交谈中收集了很多来自幼儿的具有意义的符号，一些符号能引起幼儿的重视，如√、×、□、↓、◎。

另外，杰杰在自然角的观察是持续的，当发现、观察到莴苣有变化了就会记录下来。莴苣苗长大了，旁边的杰杰人就变小了，幼儿从内心深处感知事物的大

小，说明在记录的时候，莴苣对于杰杰来说更为重要。

2. 经验解读

在幼儿的记录中出现了许多符号，说明大班的幼儿书写表征由具象图画表征向抽象的符号表征过渡中。从记录中可以发现具象图画表征虽然占比很大，但是部分表征已经趋于抽象化。

3. 策略跟进

这个阶段的莴苣日记的书写，不论从内容还是前书写水平都有了提升，让幼儿在与同伴的交流、模仿中不断进步。

“杰杰，你的莴苣日记我怎么看不懂呢?”“那是因为我用符号来代替了我要说的话，你听我说吧。”孩子们把记录好的莴苣日记相互传阅时，出现了看不懂的日记，需要记录者进行解读。幼儿开始两两结伴分享交流，边看边说，边说边解读。还共同解读了符号的意义，了解了记录者表达的特殊内容。

自然角还有其他的植物，通过设计植物名片、图文结合展示种植植物的过程、实验区的实验操作步骤都是提升幼儿学习前书写经验的资源。教师适当进行汉字补充，这些图夹字的记录、标注都给了幼儿关于前书写的暗示，进入自然角就能感受到前书写。

4. 凸显表征方式

这个阶段的孩子表征能力越发丰富，能运用各种符号来进行表征，体现了表征的抽象化。还有一些孩子能通过数字表征日期、时间、高度、刻度、数量、重量等。这些都源于幼儿对于符号和数字的日益熟练以及生活经验的丰富。

（三）得心应手：图文并茂，表格辅助

案例3

遇见生长——有用的表格

这天萱萱在自然角做记录时，边上放着科学区域记录表，她照着记录表的样子画了一个表格，在表格的竖列写上数字，横排画上了水壶、问号等记号。我问她在记录什么，她说："我要画一个表格，如果有小朋友浇过水就在水壶下面打个钩。"我鼓励她这个想法很好，并请她把好办法介绍给其他小朋友。

1. 观察记录

在萱萱介绍过程中，孩子们都了解了萱萱表格中其他符号的含义。如表格中的数字表示了星期几，问号对应的格子下面是要写上今天浇水的次数，这样在照顾莴苣的时候就不会多浇水，也不会漏浇水了。

2. 经验解读

萱萱之所以能想到用表格来记录照顾莴苣的情况是源于科学区的记录表，能够模仿表格的记录方式，表现出了学习经验的迁移。

3. 策略跟进

每当有新的表征方式的出现，老师要做的就是认真解读，尊重支持。教师作为观察者，观察幼儿的行为并倾听幼儿对自己记录的语言表达，幼儿能根据自己的想法主动且完整地在集体面前表达自己是如何记录的，从而将个体经验转换为集体经验。

将幼儿经常使用的符号、自创字、规范的字制作成卡片，两两进行游戏，一人教（出示卡片），一人在纸上照着画，看谁画得多。交换角色再次游戏。这是放学前的一个游戏，用短短的时间，进行同伴之间的你教我学。积累更多的符号、图形、汉字，运用到更多的前书写记录中。

4. 凸显表征方式

在前期符号、数字的表征基础上，这个阶段幼儿又有了新的表征方式，即使用表格图画、符号、文字等多种表征方式相结合的形式。幼儿对于表格的运用，预示着他们已经可以较为熟练地掌握线条的使用。

三、收获与反思：和莴苣一起成长

从一名幼儿引发的写日记到全班幼儿都对前书写有兴趣，经过阶段性的推进，幼儿的前书写核心经验自然而然提升了，生活中的语言核心经验在不断启发中幼儿和教师都有所成长。

（一）幼儿前书写经验的提升

幼儿时刻关注着莴苣的成长过程，每天都会去观察莴苣，记一记莴苣日记，用属于自己的图画、符号、汉字、表格记录表达对莴苣的爱。这些莴苣在孩子们的照顾下长得郁郁葱葱，也像小伙伴一样陪着他们。

1. 在生活中了解：一切是如此的自然，利用观察自然角的莴苣，自行了解了种植方法、照顾形式、莴苣的生长特点。幼儿发现了另一种记录表达的方法——前书写，让幼儿有机会接触前书写，尝试通过书写来表达对莴苣的情感。

2. 与同伴共学习：同伴之间的学习是一种主动学习，是幼儿通过自我反思，及时需要的一种学习，在学习过程中，心情是愉悦的、没有压力的。从模仿同伴的前书写图形、符号、表格、简单的汉字，运用到自己的活动中，就是一种选择性学习，学自己需要的。

3. 与经验相链接：在掌握了一些前书写方法后，孩子们对书写特别感兴趣。他们开始“疯狂”地书写。在作画后题词和注明，在科学区实验记录表上较清晰地前书写实验结果；在图书区自制图书，封面是自己写的，内容是图文并茂的。他们不再说“不会写”，到处想着用别人能看懂的方法记录表达。

（二）教师分析和反思能力的提升

1. 学会分析：通过自然角的前书写经验的研究，学习观察幼儿、分析幼儿的作品。幼儿对事物的感受和理解不同于成人，幼儿独特的笔触、动作和语言往往蕴含着丰富的想象和情感。幼儿表现出来的前书写经验是一致的。当幼儿在日记中会自如运用前书写经验，那么他在其他形式的记录中自然而然地将前书写能力表现出来。

2. 善用策略：生活中培养幼儿的前书写经验，幼儿占主体位置，教师是观察者，出现问题及时跟进，用隐性的方式解决问题。给予前书写支持，结合《语言核心经验》对幼儿前书写发展状况充分了解，对幼儿兴趣的有效指引，结合幼儿的生活经验，给予幼儿适当的鹰架。针对个别幼儿的行为展开个体、小组跟进式的指导，在轻松愉悦的环境下学习。

3. 经验延伸：在幼儿园的一日生活中，教师发现并帮助个人到小组的前书写经验提升，由于幼儿经验的不断丰富，我们涉及的内容可以延伸到游戏与教学活动中，三者相辅相成，共同提升幼儿的语言水平。

基于特色课程建设提升教师课程领导力的实践研究

陆天星（上海市浦东新区昌里幼儿园）

一、问题的提出

（一）概念界定

1. 特色课程

特色课程是指由幼儿园依据自己的办园理念和目标，根据自己的教育经验和课程能力，由本园教师共同参与，不断研究实践，并逐步形成的一套能够凸显本园特色又具有一定特征和影响力的园本课程。

2. 课程领导

教师的课程领导是指教师在课程开发、实践与改革活动中通过互相影响来实现课程发展目标、促进专业成长、提升学生学习品质的过程。

3. 教师课程领导力

教师的课程领导力是指教师个体或群体在课程开发、决策、实施与评价等具体事务中表现出的规划和实施课程的能力。

（二）研究依据

1. 理论依据

我国基础教育课程改革进入攻坚期和深水区。新课程改革要取得成功，就需要教师参与课程，成为课程的研究者、设计者、开发者、决策者、评价者、创造性的执行者，即教师要成为课程领导者，具有课程领导力。《上海市提升中小学（幼儿园）课程领导力三年行动计划（2010～2012年）》中明确指出："把提升中小学（幼儿园）课程领导力作为课程改革向纵深推进的重点。"

目前国内对课程领导力的研究大多关注在校长和园长管理层面，针对教师课程领导力的研究还很少。此外，现有研究多为理论思辨型文章，实践研究较少，缺乏本土化实践案例。因此，本研究将从一线实践角度出发，梳理教师课程领导力的内涵与要素，丰富教师课程领导力相关理论研究。

2. 实践意义

教师的课程领导力决定了学校的课程领导力，提升教师课程领导力对保障幼儿园课程实施效果具有显著的意义。因此，本研究将积累相关经验，摸索教师课程领导力培养的策略与方法，促进教师专业发展，提升幼儿园课程实施质量，推动幼儿园课程改革。

（三）研究现状

1. 国外研究现状

课程领导是在课程管理中萌发的，从管理走向领导是一种趋势，是课程改革的重要保障。在西方，课程领导经过长期的积淀与发展，已经形成比较成熟的理论。自1952年哈里·帕素首次提出“课程领导”概念至今，西方课程领导研究已走过半个多世纪的探究历程。格拉索恩根据美国的实际，确定了州、学区、学校和教师四个领导层次，规定了各个层次的课程领导，提出了“分享式课程领导”；布鲁贝克提出教师的创造性课程领导角色，来促进教师课程领导力的提升，他还把课程分为内在课程和外在课程，提出创造性课程领导者的素质问题，提出了“创造性课程领导观”；亨德逊和霍索恩批判传统工业化课程管理方式，追求效率的管理，提出“转型的课程领导观”；于利迈基在西方现代自由主义思潮衰落、新保守主义迅速蔓延的背景下，为应对文化政治转向所带来的一系列课程领导问题，提出了“批判型课程领导”。随着课程领导理论的不断深入，课程实践领域也得到发展，最主要的代表模式是美国的CLI（Curriculum Leadership Institute）模式、澳大利亚的促进有效教学的课程领导模式、英国的学科课程领导模式和加拿大的DIME（Development, Implementation, Maintenance, Evaluation）模式。

综上所述，国外有关课程领导的研究具有两个明显的特点：一是理论研究与实践研究并重。研究者的目光始终关注着教育实践的需求，随着实践情境的变化而改变关注的重点。正是如此，才形成不同的课程领导理论和模式。二是课程领导取得了一定的成就，但是课程领导理论和实践中仍然有很多问题值得关注。目前对校长课程领导关注较多，课程领导的其他层面如教师等还需要去研究。

2. 国内研究现状

随着第八次课程改革不断推进，课程领导成为当前教育领域的前沿和热点问题。我国课程领导研究起步较晚，但在短短几年时间里已经有了初步积累，并形成以下比较集中的研究问题。

早在2004 年，台湾学者欧用生出版了相关的专著《课程与领导：议题与展望》，香港学者黄显华出版了专著《课程领导与校本课程发展》。于泽元的《课程变革与学校课程领导》是中国内地出版的第一部专著，杨明全的《试论中小学校长的课程领导》和吕国光的《校长如何提高课程领导能力》是中国内地首次出现的以“课程领导”为篇名的专业研究论文，汪菊的《课程领导研究：一种综合的观点》是第一篇专业硕士论文，余进利的《五向度课程领导框架的构建》是第一篇专业博士论文。

纵观国内的研究，主要表现在理论研究和实证研究两方面。理论研究主要集中在以下四个方面：（1）教师课程领导的内涵分析。郑东辉认为教师的课程领导内涵包括班级和学校两个方面，香港学者黄显华、朱嘉颖也认同此观点；而李定仁认为最密切的课程领导表现在教师对课程的决策。（2）教师课程领导的必要性分析。王钦、郑友训认为，提升教师课程领导力是课程变革策略转向与分布式领导的必然要求，教师成为课程开发的主体之一，为教师课程领导提供了一定的政策空间。张治平、谢翌认为，教师课程领导是课程改革的应有内涵。（3）教师课程领导的角色分析。郑东辉认为教师成为课程领导者扮演五种角色，而熊鑫从社会学的视角分析，认为教师扮演八种角色。不同的学者认为教师课程领导的角色不同，但是有一点共识是教师在课程领导中扮演着很重要的角色，并且是学习共同体的营造者。（4）教师课程领导的策略分析。针对课程领导的局限，不同的学者提出了不同的策略。徐占权认为应建立不同学校课程领导机制，王利通过对722名中小学校长和教师进行调查，认为要创建学习共同愿景。实证研究有常宝宁、李录琴在甘肃等五省的调查，结果显示教师参与学校课程领导力程度普遍较低。此外，还有周敏、吴岩对317位小学教师的调查等。

综上所述，就我国课程领导力的已有研究来看，存在以下不足：一是课程领导主体不明确。有的学者认为课程领导主体是校长，有的学者则认为课程领导主体是教师，在价值多元化的今天，传统的英雄式领导已过去，课程领导由校长转向教师。二是对一线教师课程领导的关注较少，无论是一般期刊论文还是硕博论文，以校长课程领导为主体的远远超过教师。三是实践研究不够，未形成一定的实践模式。

因此，本研究将聚焦教师课程领导力这一主题，以我园特色课程建设为载体，探索教师课程领导力培养的有效策略，从而弥补目前国内教师课程领导力实践研究方面的空缺。

二、研究概况

（一）研究目标

通过对教师课程领导力内涵与要素的研究与解读，在分析园所教师课程领导力现状与问题的基础上，摸索教师课程领导力培养的策略与方法，提升教师在课程思考、设计、实施、评价等方面的综合意识与能力，从而提升教师课程领导力。

（二）研究内容

1. 教师课程领导力内涵与要素的研究

（1）教师课程领导力的内涵界定

（2）教师课程领导力的情境

（3）教师课程领导力的主体

（4）教师课程领导力的要素

2. 教师课程领导力现状的研究

（1）采用教师课程领导力测评问卷，开展访谈，对教师开展课程领导力现状进行调研。

（2）基于调研结果，分析园内教师课程领导力的优势与不足。

3. 基于特色课程建设提升教师课程领导力的策略研究

（1）“权利共享，机制保障”策略

① 下放课程权利，为教师赋权

② 设立教师行使课程权利保障机制

（2）“能力进阶，动力引领”策略

① 明确特色课程的愿景、内涵与定位，提升教师的课程思考力

② 梳理特色课程结构与内容，提升教师的课程设计力

（3）“文化培育，生态支撑”策略

① 打造课程研修共同体

② 营造教育生态圈

（三）研究方法

1. 行动研究法：基于园所教师课程领导力的现状调研与分析，依托特色课程建设探索提升教师课程领导力的策略与方法，进行阶段性反思总结并在后续研究中持续改进，提升园长与教师对课程领导力的理解与重视，从而优化教师的课程领导力。

2. 文献法：查阅、收集、学习相关文献资料，了解目前幼儿园教师在课程领导力方面的内涵与要素、培养策略与方法等。

3. 调查法：通过问卷、访谈等形式，调查两园教师在课程领导力方面的基础与现状。

（四）研究过程

1. 准备阶段

（1）成立课题组，明确分工，落实研究任务。

（2）设计研究方案，理清思路，明确研究目标、内容、方法以及研究成果。

（3）成立情报组，收集资料，梳理教师课程领导力的内涵与要素、现有培养策略等研究资料。

（4）现状调研，了解园内教师课程领导力现状，分析优势与不足。

2. 实施阶段

（1）组织教师参与特色课程目标、内涵、定位的讨论，明确特色课程愿景。

（2）以年级组为单位，邀请教师参与分年龄段特色课程内容的设计，汇总至园级课程开发小组，编制特色课程实施方案1.0版本。

（3）以课程实施方案为指导，开展特色课程实践，定期总结经验，积累特色课程活动方案。

（4）梳理特色课程的实施要点，编制课程操作指南。

（5）设计特色课程评价指标，开展特色课程中的幼儿评价、教师评价。

（6）建立特色课程相关制度，如课程资源开发与利用制度、环境创设制度等，保障教师在特色课程建设中行使参与权与决策权。

（7）基于特色课程设计与研讨，打造课程研修共同体。

（8）教师积极整合利用教师与社区资源，营造教育生态圈。

3. 总结阶段

整理相关研究资料，梳理基于特色课程建设的教师领导力培养策略与方法，撰写课题研究总结报告。

三、研究实施

（一）基于特色课程建设提升教师课程领导力的现状研究

根据课题研究的目标和内容，我们开展了“基于特色课程建设提升教师课程领导力”的前期调查。

1. 选择调查方法

（1）问卷法：在参考市教研室《幼儿园课程领导力评价指标》的基础上，结合幼儿园园情，自编了课程领导力调查问卷，内容涵盖对教师课程领导力现状的评价以及对本园已有生态创意特色活动认识的评价，题型为单项选择题。

（2）访谈法：教师访谈内容主要涉及对特色活动、课程、课程领导力及班本实践特色活动的思考、困惑及挑战。

2. 设计调查内容（略）

3. 分析调查结果

通过对教师问卷和访谈开展现状调查，梳理出教师在课程领导力方面的基础与现状。其中，比较凸显的共性不足表现为以下几方面：

（1）缺乏特色课程实施方案。特色活动呈个别化、零星化局面，尚未形成体系。没有从课程要素出发架构编制实施方案，活动设计与实施缺乏专业性与操作性。

（2）课程自主设计实施能力薄弱。在课程开发与实施过程中，教师的被动实施多于主动创造。教师缺乏对幼儿的观察评析能力，不能基于幼儿的发展去反思改进教学。

（3）对如何整合利用园内外课程资源缺乏思考。教师眼中的课程资源仍然局限于园所或班级内，“打通围墙、引入活水”的大教育观尚未形成。

（二）教师课程领导力内涵与要素的研究

1. 教师课程领导力的内涵界定

教师的课程领导力是指教师个体或群体在课程开发、决策、实施与评价等具体事务中表现出的规划和实施课程的能力。幼儿园通过赋权予教师，激励教师自觉地创造性地投入到课程实施的活动之中，这就是“课程领导力”在教师身上得到彰显的过程。

教师课程领导力的主体为教师，大家相互之间互相作用、互相影响。其价值取向是科学发展，促进教师的发展、课程的发展。

2. 教师课程领导力的情境

包括两个层面，第一个层面是幼儿园的宏观环境，因为无论是管理层还是教师对幼儿园的整体课程愿景、课程规划都有参与讨论和决策的义务与权利，且对幼儿园其他教师同伴都可能产生影响；第二个层面是班级的微观层面，因为教师与幼儿的互动主要在班级的时空情境下发生。

3. 教师课程领导力的主体

传统观点认为只有资深教师、骨干教师才具备课程领导力，因为骨干教师较多参与幼儿园整体课程愿景及规划的决策。但我们认为，在介入幼儿园课程事务的权利与义务上，任何教师都是平等的，都可以对其他教师存在影响力。同时在班级层面，教师与幼儿的互动也体现着课程领导力。因此，我们认为，所有教师都是课程领导力的主体，但不同教师的能力存在差异。

4. 教师课程领导力的要素

参考市教研室课程领导力评价指标，并结合我们自身的思考，我们认为幼儿园课程领导力包含以下部分以及要素：

（1）课程思想力：儿童主体与权利意识、课程意识、对课程愿景的理解与认同、大教育观。

（2）课程设计力：课程开发意识与能力、创造性设计与调整能力。

（3）课程执行力：幼儿意识与理解能力、目标意识与达成能力、资源意识与利用能力。

（4）课程评价力：评价意识、评价能力、基于评价的改进能力。

（三）基于特色课程建设提升教师课程领导力的策略研究

1.“权利共享，机制保障”策略

在以往的幼儿园课程建设中，教师往往担任执行者的角色，较少参与课程事务的讨论与决策。因此，提升教师课程领导力的第一步，需要在幼儿园课程实践中保障多元声音的表达渠道，设立教师行使课程权利的保障机制，将课程权利下放，为教师赋权，让教师在权利共享中实现能力提升。

（1）下放课程权利，为教师赋权

为了更高效地实施课程，幼儿园对组织架构进行了调整。一方面，园长组建了包括课程专家、中层骨干、教师代表、家长代表等的课程领导小组，共同讨论制定适合幼儿园本土情况的课程发展目标。另一方面，将原本的各工作条线归并统筹为三大部门——课程开发部、课程实施部、课程保障部，管理结构更为扁平化，决策更为高效。

由骨干教师牵头成为课程开发部负责人，带领教师开展特色活动的设计；由保教主任担任课程实施部负责人，以全园卷入、专项考核、特色展示等方式推进教师实践研究；后勤主管作为课程保障部负责人，为全园特色活动的开展提供多元支持。通过多元形式推进，鼓励园内每位教师参与课程设计，并通过研讨、交流提升活动设计能力，提升课程开发意识。

案例1

可爱的毛毛虫——特色展示

在生态创意制作活动研究的过程中，园内涌现了一批原创活动，如“可爱的毛毛虫”“多彩的面具”“美丽的白桦林”等。活动中老师们能够围绕特色活动的价值点（环保）进行设计与开展，但活动的组织形式略显老套，活动过程呈现材料单一、幼儿被动的情况，教师对特色活动体现的价值也比较模糊。如何发挥教师的主动性，帮助教师建立课程意识，成为首要的任务。于是，幼儿园开展由保教主任牵头的打磨小组，和老师们开展新一轮的活动打磨并在区级层面进行展示，鼓励教师在活动中主动思考、积极探究，不断摸索活动设计的价值与意义。活动设计紧扣“生态环保理念”，以发挥废旧材料作用、孩子与材料有效互动等为主要价值导向鼓励教师对目标重新梳理，并围绕目标做环节中关键性提问的设计。通过赋权，发现老师们对材料、提问、互动形式等进行了突破与创新，如放弃原有单一材料（仅仅是光盘和毛球），为幼儿提供了百宝箱（内有盘子、盒子、纸卷、光盘、夹子等多元材料）；又如改变了原有固定桌面操作的场景，调整至运用地垫，幼儿自主选择材料进行毛毛虫制作的环境。环境的变化、材料的自选都为幼儿积极主动探究提供了可能。

（2）设立教师行使课程权利保障机制

在这一年里，为保障教师行使课程的权利，特拟定《课程资源开发与利用制度》《生态环保环境创设与利用制度》来推动活动开展。

《课程资源开发与利用制度》及《生态环保环境创设与利用制度》，突出儿童立场，鼓励教师主动开发、设计生态的环境及环保主题活动，并建立激励机制，共享教师创意，通过课程组、年级组研讨等方式平等对话每一位教师，给予专业支持和推动。

案例 2

生态创意环境——《生态环保环境创设与利用制度》

幼儿园制定《生态环保环境创设与利用制度》，鼓励教师主动开发、设计生态环保环境，并建立激励机制，共享教师创意，通过大小教研组研讨等方式平等对话每一位教师，给予专业支持和推动。通过交流与分享，教师大胆创想，基于生态环保理念设计了主题墙、家园之窗、生态自然角及创意角等，幼儿园环境组也围绕生态环保打造了运动墙、互动墙等园所大环境。

图 1：主题墙

图2：家园之窗

图3：生态自然角

图4：生态创意角

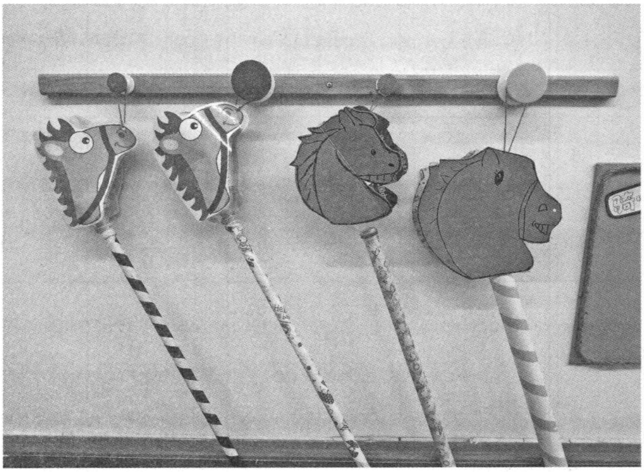

图5：园所环境

2.“能力进阶，动力引领”策略

（1）明确特色课程的愿景、内涵与定位，提升教师的课程思考力

问题：教师对园所理念和文化有认识，但对儿童权利意识下活动设计、课程愿景理解各不相同，缺少认同。

对策：面对这样的问题，需要通过自上而下、自下而上的讨论来形成共识。

成效：在前期研究的过程中，教师对生态创意制作活动积累了相关经验。在这一年里，我们通过座谈、小组互动等形式广泛听取教师对生态理念的认识，了解大家对幼儿园后续建立特色课程的设想。通过座谈我们了解到很多老师的想法，也不断巩固教师对生态环保理念的认识，为未来特色课程的定位提供帮助。

（2）梳理特色课程结构与内容，提升教师的课程设计力

问题：在研究中，教师们已经积累了一些生态创意活动开展的经验，但大多为零星经验，活动多且散，缺少整体的架构。

对策：面对这样的情形，亟须顶层设计的支持。

成效：逐步明晰顶层对特色课程结构与内容的梳理，为教师课程设计力的提升提供指引和帮助。为此，在零星活动梳理的基础上不断摸索，设计了小、中、大各年龄段3大板块9个子主题共27个环保主题活动内容。该内容年龄段特征凸显，紧扣“生态环保”理念，活动之间有延续、有进阶。

环保主题活动板块	各板块分类	小班活动	中班活动	大班活动
自然环境保护	节粮节能节电	米饭营养好	空气的秘密	校园节能日
	污水处理	水去哪里了	水变干净了	有趣的水循环（水是宝）
	自然资源保护	绿色出行	低碳生活	我心中的绿色家园
生活环境保护	清洁家园	劳动最光荣	手——环境的小卫士	勤劳的值日生
	循环利用	可爱的毛毛虫	变废为宝	垃圾箱里的“宝物”
	垃圾分类	分类小能手	生活中的垃圾	环保宣传员
地球生物保护	植物的养护	认领小树苗	种植活动	被砍伐的树木
	动物的保护	可爱的小乌龟	饲养小动物	海洋里的动物
	人与动物的和谐	动物乐园	我的动物朋友	保护地球妈妈

图6　环保主题活动内容

3.“文化培育，生态支撑”策略

（1）打造课程研修共同体

研修共同体，分为班级、年级与园级三个层面，参与对象包括园长管理层、项目核心组、教师等。在活动的前期方案撰写与筹备阶段，我们鼓励班级内两位老师打开思路，自主设计活动方案，并在年级组层面交流探讨，共同完善活动方案；在活动实践环节，我们组成由园长、保教主任、教师代表等参加的评析团，对每组教师的实践活动进行现场观摩；观摩活动结束后，我们组织专题讨论，针对教师实践活动中的亮点、问题与疑惑进行互动研讨评析。在研讨活动中，没有一言堂，不仅课程实践老师要陈述课程设计思路与自我反思，每一位观摩的老师也要发表自己的观点。

研修共同体的尝试，打破班级之间的界限与壁垒，以全园卷入的方式开展生态创意制作活动设计与实践，鼓励年级组之间互相学习、取长补短，鼓励骨干教师带头点评、分享经验，鼓励每一位教师主动参与活动设计与全园开展学习观摩。园内教师不再害怕设计与实施特色活动，而是把每一次课程设计与实施当作自我提升的机会。

（2）营造教育生态圈

幼儿园主张生态环保，倡导多元、民主的办园文化，渗透开放、多元的大教育观。我们认为，教师课程领导力的辐射范围，不限于幼儿园内部，还应该扩散到园外。在与家长、社区的互动中，教师的课程领导力得以锻炼、优化与提升。

因此，幼儿园一方面进行家园互动活动的设计，鼓励教师与家长在课程活动设计中相互活动。比如通过家庭才艺秀的方式，搜集亲子生态创意作品，分享育儿经验。另一方面，鼓励家长开展社会实践活动，参观自然博物馆、中华艺术宫、远足等，亲近自然，渗透生态环保理念。

四、研究成效

（一）顶层设计、搭建支架，提升课程意识

通过特色课程建设中对制度、内容、模式的顶层设计与制定，助推教师课程实施的有效性。通过一年的研究，老师们有了如下收获。

首先，教师活动设计与实践能力得到了锻炼。园内每位教师都参与幼儿生态创意制作的活动设计与实践研讨。在近一年的时间里，对幼儿园公共环境、教室环境、活动室环境进行全面改造，丰富课程内容，对生态创作制作活动重新设计，不断突显园本特色。其次，教师的环保意识与创新意识在提升。在课题研究初期，教师的实践更多是被动式接受，主动创新的意识还缺乏。研究中我们鼓励教师大胆实践，通过实践前——发现问题，主动思考；实践中——分析问题，积极思索；实践后——及时反思，形成策略。鼓励教师在研究中大胆创新，敢于质疑，教师在整个研究过程中化被动为主动，创新意识有了很大的提高。

（二）自上而下、自下而上，实现“课程领导”

在开展研究之前，管理层往往是自上而下推进课程的，老师们大多是课程执行者的角色。但会发现只有自上而下的课程推进往往无法激励教师主动思维，更无法提升教师的课程领导力。为此，我们转换思路，从自上而下走向自下而上、自上而下，从“课程管理”走向“课程领导”。

我们发现研究的主体不单单只是课程组负责人，更多的是教师。为此，我们通过自上而下、自下而上的模式开展研究。由课题组提出课程调整方案——教研组进行审议并完善——教师结合班级情况调整并实施——课题组征集反馈意见与建议，调整改进课程方案——教研组进行再审议再完善——班级进行再审议及再实践；自下而上的模式：课题组成员实施课程，以观察记录、案例分析、活动反思等形式进行班内建设——在年级组、教研组或课题组内交流与分享，开展课程建设，整理提升经验，研讨困惑问题——大教研组组织骨干力量或全园教师集中审议、学习，探析经验的有效性与解决问题的策略。研究中，我们立足班级，多方参与，在整体研究的过程中，丰富内容提升经验，教师主动参与学校课程建设，并发挥着重要作用。

一年的研究很快进入尾声。对我们幼儿园来说，在课程建设上我们只积累了些许做法，未来对课程理念和内容还需要不断完善，对课程评价还需要补充。当然，在这一年里，通过互动交流，我们幼儿园的老师在课程实施中化被动为主动，也有了课程意识，这为后续特色课程的建构提供了条件与基础。

参考文献：

[1] 周洪飞.上海学前课改进行时[M].上海：上海教育出版社，2014.

[2] 上海市教育委员会教学研究室.基于问题解决——提升课程领导力的行动.[M].上海：华东师范大学出版社，2014.

[3] 高敬，周洪飞，陈雪.上海市幼儿园课程领导力的现状与思考[J].上海教育科研，2014（11）.

[4] 郑楚楚.中国幼儿园教师赋权的现状、问题及发展对策研究[D].上海：华东师范大学，2017.

[5] 何永红.学校“特色课程”的定位及其发展策略[J].教育科学研究，2011（11）.

[6] 郑东辉.教师课程领导的角色与任务探析[J].课程·教材·教法，2007（4）.

[7] 黄显华，朱嘉颖.课程领导：挑战、行动、反思与专业成长[M].香港：香港中文大学出版社，2003：4–5.

[8] 李定仁，段兆兵.试论课程领导与课程发展[J].课程·教材·教法，2004（2）：3–7.

[9] 王钦，郑友训.新课程背景下的教师课程领导力探析[J].教学与管理，2013（7）：3–5.

[10] 张治平，谢翌.觉醒课程理论：教师课程领导的当务之急[J].教育理论与实践，2012（26）：50–52.

[11] 熊鑫，康涛霞，钟兴泉.教师课程领导的角色：冲突与调适——基于社会学视角的分析[J].教育导刊，2011（2）：72–76.

[12] 许占权.论教师的课程领导[J].中小学教师培训，2006（11）：3–5.

[13] 王利.学校课程改革中的教师课程领导：调查与分析[J].内蒙古师范大学学报（教育科学版），2008（12）：69–72.

[14] 常宝宁，李录琴.中小学课程领导的问题与对策[J].教育导刊，2007（7）：16–17.

[15] 吴岩，周敏.我国小学教师课程领导现状和影响因素分析[J].新课程研究（基础教育），2006（11）：9–11.

[16] 欧用生.课程与领导：议题与展望[M].北京：高等教育出版社，2004.

数领域个别化学习活动中有效观察的研究

李小超（上海市浦东新区雪野幼儿园）

上海市教委教研室的王菁教授提出：“我们教师要养成主动观察的习惯，培养细致观察的能力。”《上海市学前教育三年行动计划（2019—2021年）》中也明确指出：要加强学前教育实践指导，强调以观察和解读幼儿为重点，进行积极有效的师幼互动。可见，观察力是幼儿园教师必须具备的专业能力，也是推进幼儿深入学习、提升保教质量的重要途径。观察力是一种综合能力，而“细致观察”则对教师提出更高的要求。目前，教师在观察幼儿的活动时存在观察目标不明确、观察内容不清晰、观察中对幼儿干预过多、观察流于形式等问题，这些问题导致教师不能进行客观的分析，从而缺少有效的指导，也就无法推进幼儿的深入学习。《3～6岁儿童学习与发展指南》及《上海市幼儿园办园质量评价指南》让教师的观察更有准备、让教师的分析更有依据、让教师的指导更有方向。

数领域个别化活动是一种学习性活动，教师通过在数学区为幼儿提供大量具体的、可操作的数学材料，把抽象知识具体化，让幼儿获得对数学的直观认识，培养学习数学的兴趣，积累数经验。这个过程中需要教师通过“细致观察”，发现幼儿存在的问题，在分析幼儿学习水平的基础上调整材料和进行有效指导，从而推进幼儿的深入学习，逐步提高数学能力。因此，我尝试在数活动区中以《指南》为指引，对幼儿的活动进行有效观察，以提高自身的观察能力。

一、胸中有意识——明确观察的目的

《上海市幼儿园办园质量评价指南》中明确指出：所列出的幼儿表现行为，

不完全对应幼儿的3～4岁、4～5岁、5～6岁年龄段，而只是列出了幼儿发展阶段的典型表现行为。幼儿园和教师要认识并尊重幼儿各方面发展存在的不均衡性和差异。所以，观察是为了更好地解读幼儿的发展情况，具体分析幼儿个体的发展水平，从而提供适宜的活动，引导幼儿向后一阶段发展，而不是为了给幼儿贴上“发展水平高或低”和“能力强或弱”的标签。

冯晓霞教授指出：幼儿在区域中学习，环境和材料很重要，但是“看孩子的活动”更重要。看他在活动区里做什么，怎么使用这些材料，他的行为是什么。因为真正影响孩子学习的是他的活动，是他在做什么、怎么做。不难看出，教师在活动中的观察尤为重要，在观察的基础上再进行指导、调整材料，从而引发幼儿更加有意义、有深度、有效的学习。意大利著名幼儿教育家蒙台梭利说过：“唯有通过观察和分析，才能真正了解孩子的内在需要和个别差异，以决定如何协调环境，并采取应有的态度来配合幼儿成长的需要。”

二、眼中有孩子——确定观察的内容

《上海市幼儿园办园质量评价指南》中第二部分“3～6岁儿童发展行为观察指引”为教师的观察提供了依据。《3～6岁儿童学习与发展指南》中明确指出了数学领域的三大目标：初步感知生活中数学的有用和有趣，感知和理解数、量及数量关系，感知形状与空间关系。幼儿数学学习是通过实物理解抽象的数字及其数学含义，主要包括数概念的形成、对加减的理解和运算能力的发展、形状和空间概念的形成以及对模式的认知。结合幼儿的发展目标，我对数领域个别化学习活动中要观察的内容进行了梳理，让自己清楚在数活动区要观察什么。在观察幼儿与材料的互动情况时，可以从幼儿和材料两大方面进行全面或有针对性的细致观察，以减少漫无目的的盲目观察，从而提高观察的目的性和有效性。

数活动区的观察内容

活动材料	材料摆放是否便于幼儿取放
	材料是否方便幼儿操作使用
	材料能满足几名幼儿同时操作
	哪种形式的数学活动材料最能引发幼儿学习兴趣
	新材料是否吸引幼儿

（续表）

活动材料	幼儿是否能读懂材料	
	材料是否符合幼儿的数学学习的特点	
	材料推进幼儿哪些数经验的学习	
幼儿活动	学习品质	主动性：情绪愉悦，不依靠外部力量推动，能够自主积极地参与到个别化活动中
		坚持性：面对挫折或困难时，不放弃或终止活动，愿意反复尝试
		独立性：不依赖同伴或教师，有自己的想法，凭借自身经验和能力完成个别化活动
		专注性：不会被外界无关刺激所影响，注意力持续保持在活动上
		创造性：借助活动材料，在已有玩法基础上产生新的玩法
		挑战性：愿意尝试新材料或有难度的数学活动材料
		反思性：对自身的学习活动进行回顾，总结自己的收获，提出问题
	学习习惯	整理物品的习惯：如分类摆放、物归原处等
		安静投入或吵闹
		提问意识：活动中遇到问题时能主动提出
		观察习惯：能仔细观察活动材料及要求，如操作步骤
		书写习惯：书写或记录数学活动结果、坐姿等
	学习能力	发现当前问题情境中隐含的数学信息
		在新旧数学知识之间建立联系
		尝试同伴分工合作，解决数学问题
		在与他人的交流中，使用数学语言描述或解释自己的数学思维
		采用多种方式（如图画、图符或数符号）对问题情境中的数学信息进行表征
		运用已有的数学经验解决当前问题
		从已知前提进行数学推理
		通过操作或语言说明对数学假设进行验证
	数领域核心经验	数概念：数数的方法、理解基数和序数、按数取物等
		对加减的理解和运算能力：数字的分解与组合、数量变化、均分等
		形状和空间概念：方位、图形变换等
		集合与模式：发现模式与规律，进行填空、复制、创造
		比较与测量：根据物品特性排序、运用测量工具等

三、心中有《指南》——积累观察的方法

《上海市幼儿园办园质量评价指南》中的“3～6岁儿童发展行为指引”通过“表现行为”来呈现幼儿不同阶段的发展状态，这就要求我们在活动中更加要注重对个别幼儿的观察，不能用整体的发展水平来笼统地进行描述与评价。因此，在个别化学习活动中，就需要更加关注幼儿在活动过程中的个体表现，可以用观察量表进行记录，提高记录的效率。

大班幼儿数领域个别化学习观察评定表

幼儿数学学习品质

班级________ 幼儿姓名________ 观察时间________ 观察者姓名________

观察指标	行为表现	很少	有时	经常
兴趣	乐意选择或参与数学相关活动			
	有明显的观看数学活动或摆弄数学材料的行为			
	结合数学活动或材料有提问行为			
	结合数学活动或材料有探索行为			
	伴随愉悦的情感表现，对活动过程很享受			
专注	大部分时间能保持注意力			
	遇到干扰时，不需要提醒就能回到当前的活动状态			
坚持性	遇到困难时，能够坚持不放弃			
	不需要教师的鼓励就能坚持			
反思	在活动中有思考和分析活动过程的言语表现，或有调整行为的表现			
	活动结束后有回顾和分析活动的言语表现			

注：根据对幼儿近一个月在与数学相关的活动中学习品质的表现进行观察评定（如数学活动区、数学游戏、数学教育活动等）。

另外，由于数学领域的特殊性，长久以来成人都较为关注幼儿是否在数学活动中得出“正确答案”。在数学习活动中，教师普遍存在过度关注活动结果，而忽略活动过程的现象。我们在数活动区中经常会听到老师问“你做对了吗？你成

功了吗”？而关于活动过程中幼儿的活动情况关注偏少。聚焦幼儿个别化学习的过程，而非只关注“正确答案”，有助于教师更深入地发现幼儿联系、表征、推理的能力，并进一步甄别每个幼儿的已有经验，从而在个别化活动中促成高质量的师幼互动，有效地支持幼儿的学习和发展。观察就是强调对幼儿活动过程的关注，在幼儿与活动材料的互动过程中，对幼儿的学习能力、学习习惯等给予指导。

1. 倾听幼儿在数活动中的语言交流

教师在倾听幼儿在数领域个别化活动中的语言表达时，重点应倾听同伴间交流的细节，交谈的内容是同伴间的“闲聊”，还是针对活动内容的讨论，还要倾听幼儿使用数学语言表达的情况。这些内容都能帮助我们教师去分析评价幼儿在活动中的学习态度、学习习惯以及学习能力等。例如在大班“插彩旗”这个活动中，隽隽和彦彦一起按照规律来插彩旗。隽隽说：“我们一起来插彩旗吧，我来说，你来帮我拿。”这说明他有同伴合作的意识，而且在活动中比较专注，没有跟同伴聊与活动无关的内容。按照已有的提示插好彩旗以后，隽隽还跟彦彦商量：“我们自己设计一个规律吧，我们设计大小大、大小大的规律吧？”通过隽隽的表述，不难看出他对活动的要求是很清楚的，而且能用清晰的数学语言来表达自己的想法。

2. 观察幼儿在数活动中的动作行为

幼儿的数学思维是十分具象的，他们对数学概念的理解需要通过对材料的操作外显出来，因此，在数领域的个别化活动中，更加需要注重幼儿的行为表现，特别是一些动作细节。只有观察幼儿的行为，才能更好地了解其数学学习的水平。例如，在中班“抓糖果”的活动中，幼儿抓取一把糖果之后要数一数有几颗，有的幼儿眼睛看一会儿就知道有几颗糖，有的幼儿会不自觉地把手指拿出来进行点数，有的幼儿会把糖果两个两个分开来数。从幼儿的动作行为中，可以发现他们数数的能力以及运用的方法是不同的，目测数群的幼儿的数数能力高于手指点数的幼儿。有了这些分析，教师就能够开展有针对性的指导，推进幼儿的学习。

3. 重视幼儿在数活动中的表情变化

表情能够体现幼儿在活动中的情绪和心理变化。在观察幼儿的表情时，教师要观察他们的眼神是否专注、表情是严肃还是开心以及活动中的表情变化。如果幼儿的眼神专注，说明他在活动中是很投入的。此外，教师还要留意幼儿各种表情出现的节点。例如：在大班的“加10赛”活动中，幼儿发现桌上的牌加起来等于10就要马上敲铃，就可以把牌赢走。熙熙和丁当在出牌时，眼睛都“死死地”盯着桌上所有的牌，随时准备敲铃。丁当敲铃的时候眼睛一下子瞪得格外大，把牌赢走以后，脸上表情马上放松下来笑了起来，而熙熙则叹了口气。从两人在活动中的微表情分析，他们都是非常专注的，并体验到了竞赛活动中的喜悦和失落。

4. 发现幼儿在数活动中的认知冲突

皮亚杰认为儿童学习新知识的过程不是随意发生的，而是必须受到认知冲突的激发，产生同化或顺应，最终达到平衡。幼儿早期的学习常常是建立在个体对外部的认识和已有经验的基础上。在学习抽象的数学知识时，幼儿常常会出现数学概念和个体经验产生冲突的情况。这些产生冲突和碰撞的时刻，需要教师在观察中及时捕捉，才能够有效识别并把握其中的教育契机，从而及时为幼儿澄清概念。如在小班“三只熊的早餐”这一个别化学习活动中，幼儿要根据物体的大中小跟三只熊进行匹配。乐乐拿起一根比较小的玉米放在了小熊的嘴巴里，多多拿起一根玉米说：“这个才是最小的，你那个要给大熊。”乐乐比较了一下，接受了多多的建议。可是乐乐发现还有一根更大的玉米，但大熊已经有玉米了，他不知道该怎么办了。因为乐乐的思维中还没有关于“中”的概念，教师发现之后及时引导乐乐对三根玉米进行了比较，帮助他积累对于“大中小”以及物体大小具有相对性的数学经验。

5. 尊重幼儿在数活动中的个体差异

由于数学学习体现在生活中的方方面面，幼儿的家庭教育环境不同、对数学学习的机会不同、幼儿自身的学习能力不同等，导致他们在数学方面具有差异性，这就要求教师在数领域的个别化学习活动中要关注幼儿的个体差异，尊重每个幼儿在数学方面的不同表现。如中班幼儿玩“糖果小火车”排序的活动，有的幼儿会按照提示接着排下去，有的幼儿会模仿提示中的模式，有的幼儿会创造新的规律。根据《指南》中的表现行为描述，我们要具体分析幼儿的发展处于哪一种水平，而不是简单认为中班幼儿就应该表现出“水平3”的行为。

教师在数领域个别化中的观察力，要在明确需观察内容的基础上，采用合适的观察方法，并在活动中不断地进行实践，才能切实得到提高。教师观察力的提高是一个长期的、循序渐进的过程，需要在实践中不断磨炼。

参考文献：

[1] 邱文兰.个别化学习活动中教师的有效观察与指导[J].上海教育，2016（01）.

[2] 黄素丽.幼儿园开展个别化学习的现状及思考[J].广西教育，2018（13）.

[3] 潘丹凤.个别化学习活动的开展、观察及分享[J].新教育，2014（12）.

[4] 田方.周冰雪.基于核心经验的数学活动观察与分析[J].福建教育，2018（42）.

[5] 朱丹娜.学用《指南》推进美工区域中的观察与评价[J].早期教育·美术教育，2018（07-08）.

用“柔软”的方式成就“坚固”的品德

——巧用绘本在幼儿园开展德育教育的新思路

张雪燕（上海市浦东新区竹园幼儿园）

引言

新时代赋予我们教育工作者新的责任和要求，十九大明确提出落实立德树人根本任务。同时《中国教育现代化2035》提出了推进教育现代化的八大基本理念，其中提到“更加注重以德为先”，明确了推进教育现代化的基本原则。幼儿期是塑造品格重要的时期，良好的德育对幼儿个体以及社会的发展和安定起到了一定的作用。

以往我们学前德育教育工作大多流于表面或是渗透性不强，德育活动设计相对比较单一、枯燥，教育工作者也没有一定的评价标准判断幼儿是否通过阶段性德育教育后形成了良好的品德。幼儿作为特殊的受教育对象，由于年龄、生理、心理以及社会能力、经验等条件限制，因此教育工作者就必须找到合适的教育方式、教育手段、教育途径才能更好地进行德育的熏陶和人格的完善。

绘本以其特有的方式将品德教育寓意于故事中，同时有着幼儿感兴趣的图画，虽然没有一句说教，但是通过老师借助某些道具、方式娓娓道来，故事中的良好德行、高尚品质、崇高精神却能对孩子产生深远而扎实的影响。

本文通过实践挖掘以“绘本”这一柔性的载体开展德育的优势，以及对如何开展德育教育的一系列过程和开展活动的方法策略等做了介绍。

一、幼儿园开展德育教育的背景

（一）新时代下出现的矛盾

1. 问题一："二孩"政策的喜忧参半

2016年1月1日开始国家开放了二孩政策后，笔者班级也有一些家庭响应了号召。看着怀着二孩的妈妈来接大宝，难免聊天的时候也会聊上二孩的事。原以为这些都是愉快的带着期许的轻松话题，可是在几次的沟通中，从二孩妈妈的话中，笔者听到的似乎更多的是担心、焦虑和无奈。

有一次天天（化名）妈妈很苦恼地反映大宝（天天）很抗拒妈妈肚子里的小弟弟，只要家里人一说关于小弟弟的打算就暴跳如雷，如果买了小弟弟的东西，他甚至会狠狠地扔掉。

通过与班级里的二孩妈妈沟通，发现这类现象似乎还挺普遍。于是笔者查了一些资料，果然有很多讯息、报道写到家中"老大"对二孩的看法都不太友好。网上看到的几张采访照片中，妈妈抱着弟弟坐在姐姐一边，姐姐的眼神非常犀利，充满了嫌弃。笔者还看到一个访谈节目中，一个孩子表示如果妈妈有弟弟妹妹后自己就会离家出走；更有甚者说如果弟弟妹妹生下来就扔进河里……

或许旁人看到报道后会一笑而过，或者以童言无忌来了事。但是相信如果我们成人不做积极处理的话，不仅"大宝"会产生不良心理，而且当事人家庭一定会被浓浓的忧愁所笼罩，很难想象后续家庭中如何维持和谐关系。

2. 问题二：经济的快速发展，物质世界对孩子价值观的影响

社会经济的发展让我们的生活越来越有品质。但是也不乏一些对物质的过度追求和虚荣心态影响到我们的幼儿。一次从孩子的聊天中，笔者听到如下的一段对话：

"你家有车吗？"

"当然啦，我爸爸天天开车送我来呀。"

"我也是爸爸开车送我来幼儿园的。你们车子什么牌子？我家可是宝马。"

"那有什么？我家是保时捷。"

……

显然这段对话中，我听到了"车子"给生活带来便捷以外的意味。孩子开始用物质来进行攀比，以此获得满足感。这一心理并不利于孩子的成长和发展，对

孩子树立正确的人生观和价值观也有着负面的影响。

3. 问题三：家长对幼儿德育教育方面的缺乏

在家长问卷的反馈中，我们看到现代家庭对幼儿德育方面的重视度普遍偏低。从反馈中看出家庭教育更多的还是在知识性和艺术类领域偏多。在品德方面，家庭的重视度不高，认为幼儿不需要品德教育的也占一部分。因此，家庭对于德育的教育也缺乏一定的重视和方法。

在幼儿期加强德育的宣传和德育教育是非常重要和必需的。

（二）新时代下开展幼儿德育教育的意义

1. 国家对德育的要求

党的十八大报告对教育提出了一系列新要求、新论断，其中“把立德树人作为教育的根本任务”在党的全国代表大会报告中首次被提出。“立德树人”要求我们必须坚持德育为先。党的十九大报告明确提出落实立德树人根本任务，培养德智体美全面发展的人才。

2. 对幼儿自身发展的意义

3～6岁幼儿还未形成稳定的人格和品德，是塑造品格重要的时期。但时代的开放、自媒体的特性、互联网时代的快速发展使幼儿无时无刻不在接触着纷繁复杂的各类信息，不同事件和内容对幼儿的成长和价值观都有一定的影响。作为教师对其进行正确的道德品质的引导和教育显然很有必要，同时德育对社会的发展和安定也起到一定的作用。因此，幼儿园有效开展德育教育，对培养幼儿良好素养和高尚人格乃至社会未来都具有很重要的意义。

二、绘本作为载体的优势

（一）绘本本身的特点

绘本以其画面生动、内容直观，具有较强的故事性、情节性的特点，为幼儿创造了一个相对具体、丰富的认知情境，它的表现手法和方式更能让幼儿接受和理解。

绘本中的德育内容要比简单说教显得更柔性。绘本故事中的虚拟身份或者以动物为主角的故事内容将德育内容隐喻在其中，幼儿在绘本的阅读中，久而久之就对好、坏观念有所认知，并将其内化，形成道德认识。

（二）幼儿年龄的特点

3～6岁的幼儿好模仿，容易受情境的影响。在皮亚杰关于人的认知发展理论中，幼儿还处在以自我为中心的认知发展阶段。幼儿期是一个人情感倾向塑造的重要时期，5岁之前幼儿的情感经验甚至会对其一生产生恒久的影响。因此，我们教育工作者就要通过不同的方式让孩子懂得家人、朋友的爱，懂得如何爱别人，如何与人交往、如何关心他人、如何爱祖国等，建立一系列良好的道德品质。

道德情感是伴随着道德认知所产生的，绘本故事能够满足幼儿的情感宣泄，教师也能通过幼儿对绘本人物的情感表现来判断孩子的价值观或者道德意识是否正确。绘本对幼儿的道德行为也有促进作用，通过绘本阅读，幼儿能够了解到各种各样的道德行为，在成人的引导下，幼儿常常会模仿绘本中表现真善美的人物行为，并逐渐内化形成自己的道德观。

（三）教育的灵活性

绘本的阅读不受空间和时间的限制，方便携带和收纳，有助于教师根据幼儿的不同情况开展个别指导和共读，进一步加深或者帮助幼儿理解其内在意义。比如午休前的自由活动，可以根据班级中最近出现的总体情况选择所需要的绘本进行讲述；可以利用幼儿来园时间，针对个别孩子的德育培养要求，个别地进行教育。可以根据家园合作中的需求，将某一德育绘本让孩子带回去和家人一起阅读等。总之，由于绘本的便捷，教师可以根据实际情况选择合适的时间与全体幼儿或者个别幼儿进行阅读，起到德育教育的作用。

三、绘本对德育教育的价值体现

（一）接纳与亲情

案例1

上文中提到我们班级出现了“二孩”后大宝的负面情绪、心理表现。为此，笔者寻找到相关绘本《我做哥哥了》开展了集体教学活动。事先做了活动前的家庭数据调查。

同时，通过观察记录以及分析抽样调查等方法综合分析，证明了此次绘本德育教学对幼儿积极的亲情情感有促进的作用。数据包括教学过程中的观察记录，教学活动后的特定环境的观察记录，活动前后二胎的对照调查问卷等。

此次活动的教学目标是：① 初步理解故事内容，能体会成为“哥哥、姐姐”的意义，并为自己成为“哥哥、姐姐”而感到自豪和骄傲。② 愿意学着关心、爱护自己身边的弟弟、妹妹。

A活动中：第一次观察记录的时候教师上课过程中用两台录像机，从不同角度录像、录音，以便后续反思和跟进。在活动结束后，授课教师和听课教师进行反思和分析。

综合测评项目（一）

表1：集体学习活动观察记录表

填表教师：　　日期

幼儿姓名/编号	理解故事	大胆表达、表达流畅符合逻辑	积极参与	其　他

表格内容说明：（依次越符合分值越高）
理解故事：1—2—3
大胆表达、非常流畅、符合逻辑：1—2—3—4
积极参与：1—2—3

B集体活动后的记录：相应环境中的行为表现评价

准备：摄像机、各活动场所设施提供、记录观察教师、为上课的幼儿匹配不同于其他大班幼儿的挂饰

*组织全园“大带小游园活动”，组织教师定点观察记录幼儿的表现。

*和被带的弟弟妹妹们进行沟通，得到彼此的喜爱和认可。

综合分析项目（二）

表2：游园活动观察记录表

记录教师：　　日期

幼儿姓名/编号	观察地点	观察时间	观察事件	小班对哥哥、姐姐的感受	补充事件	其　他

表格内容说明：（符合加上相应分值）

1. 能够和弟弟、妹妹一起走，或者拉着手。+1
2. 走过、上下楼梯是否会关照、嘱咐弟弟和妹妹。+1
3. 能够向弟弟、妹妹解释活动室的内容，并征求弟弟、妹妹的选择意愿。+1
4. 在活动室制作区域的时候是否会关心弟弟、妹妹的制作进程，并询问是否需要帮助。+1
5. 能否关心弟弟、妹妹的情绪，并做出语言、肢体安慰。+1
6. 是否会因为弟弟、妹妹的想法而改变、调整自己的选择。+2
7. 是否将弟弟、妹妹护送回教室告别后才回到自己教室。+1
8. 弟弟、妹妹是否还愿意和这位哥哥、姐姐一起游戏或者玩耍。+2

C学习评价：对授课中家庭有二孩的调查

家长问卷调查（前后两次）

表3：家庭中幼儿对弟弟、妹妹的表现记录表

填表家长：　　日期

幼儿姓名：	幼儿性别：	与填表人关系：
幼儿的表现		分值0～10（越符合分值越高）
幼儿是否关注弟弟、妹妹？		
幼儿是否经常向爸爸妈妈了解弟弟、妹妹的情况？		
幼儿是否能够主动和弟弟、妹妹介绍自己的玩具或者自己的所见所闻？		
幼儿是否能够在日常生活中关心弟弟、妹妹？		
幼儿是否愿意和弟弟、妹妹分享自己的玩具？		

（续表）

幼儿的表现	分值0～10 （越符合分值越高）
幼儿是否能够因为弟弟、妹妹的意愿而改变自己的选择?	
幼儿是否能够正视弟弟、妹妹占用了爸爸妈妈更多的时间?	
幼儿是否对弟弟、妹妹表现出亲密和亲近的动作?	
幼儿是否能够为弟弟、妹妹做一些简单的劳动或者帮助?	
其他一些良好行为	
其他一些负面行为	

信息仅供教师数据分析之用，不外泄，请确保数据真实，感谢家长配合!

表4：对比问卷

填表家长：　　日期

幼儿姓名：	幼儿性别：	与填表人关系：
幼儿的表现		分值0～10 （越符合分值越高）
幼儿是否比以前会关注弟弟、妹妹?		
幼儿是否比以前更多次地向爸爸妈妈了解弟弟、妹妹的情况?		
幼儿是否能够主动和弟弟、妹妹介绍自己的玩具或者自己的所见所闻?		
幼儿是否能够在日常生活中关心弟弟、妹妹?		
幼儿是否愿意和弟弟、妹妹分享自己的玩具?		
幼儿是否能够因为弟弟、妹妹的意愿而改变自己的选择?		
幼儿是否能够正视弟弟、妹妹占用了爸爸妈妈更多的时间?		
幼儿是否对弟弟、妹妹表现出亲密和亲近的动作?		
幼儿是否能够为弟弟、妹妹做一些简单的劳动或者帮助?		
其他一些良好行为		
其他一些负面行为		

信息仅供教师数据分析之用，不外泄，请确保数据真实，感谢家长配合!

D综合评价解释：

表格1：知识技能、过程评价

表格2：情感表现评价

表格3：家人对家庭中幼儿表现评价（前后的数据变化）

综合数据分析：运用数据综合分析幼儿的学习评价（仅供后续教师给予指导和跟进时作参考之用）

通过我们为期几个月的观察记录和抽样调查问卷的方式，通过质性表述以及同一问卷表前后均值的变化，最后数据统计下来本次绘本集体教学活动的价值有效性体现得非常充分。孩子们对弱小同伴的关爱有大幅度提高，二孩家庭中的哥哥、姐姐对自己家庭中已出生或者即将出生的弟弟、妹妹的期盼也有良性发展和向好趋势。

（二）从物质上升到精神

案例2

在"彩虹的尽头"集体教学活动前，绘本一开始介绍了两个朋友要去"寻宝"，于是教师问孩子们："宝贝是什么？"孩子们的回答是"玩具""好吃的""钻石珠宝"等。

接着教师开始了这本绘本集体教学活动。活动结束后再次询问孩子们："现在你觉得什么是宝贝?"孩子们回答："我的朋友是我的宝贝。""爱我的妈妈是我的宝贝。""我的理想和梦想是我的宝贝。"……可见优秀的有爱绘本集体教学让孩子们从物质世界升华到了情感世界上，推动了孩子们健康情感的发展。

（三）正向的积极乐观品质

案例3

2020年的假期由于疫情变得格外地长，但是在这段时间里，我们通过"云绘本活动"以及绘本云家庭指导方式开展了进一步的实践研究。

教师通过以往的经验，结合孩子年龄特点和情感数据量表，对教学设计中的目标、准备、提问以及预设等都做了非常详细的思考和解释。通过向不同年龄段家长和幼儿推荐一本能够促进幼儿某一积极情感品质的绘本，并以云亲子指导为手段，向家长推荐情境创设内容，拟定部分重要提问方式、回应策略等，来发挥疫情期间云端指导作用，延续着研究。

通过反馈记录表反映家长的真实感受、孩子的状况，然后教师结合自己先前的预期中存在的问题进行分析，从而再次发现症结所在，或者解决的策略是否可行等。

最后，对于推荐价值的分析。这也能再次反观我们教师的思考能力、判断能力，以及后续的调整能力。提升教师科研能力的同时，也能够进一步收集绘本的有效使用方法和授课途径与方式。

比如某位教师向大班家长和幼儿推荐了一个关于不放弃、努力去尝试，并体验与同伴合作带来特别结果的绘本。这个绘本非常适合我们即将迈入小学又无法在幼儿园进行幼小衔接方面学习的孩子。通过这样的内容，进一步稳固形成良好的集体观念，并持续产生与同伴共处的期盼，做好入小学的心理建设。

教师的实录部分用了部分与家长对话的截图，看起来也一目了然，非常真实。从反馈可以看出，通过此次绘本的推荐和云指导方式的运用，此绘本对幼儿的正向积极情感是有一定促进和激励作用的。

四、依托绘本开展德育的方法

（一）德育绘本的筛选

1. 绘本画面及篇幅

由于学龄前幼儿对于色彩的敏感度以及视觉发展的生理因素的影响，大画面、色彩鲜艳的绘本更适合低龄幼儿。由于学龄前孩子的注意力集中时间不够长的特点，选择的故事内容不宜过长。

2. 选择符合幼儿认知特点与满足德育教育目标的绘本

虽然说儿童绘本对于3～6岁幼儿没有严格年龄界限，但幼儿园德育绘本的选择还是需要结合不同年龄段所具备的知识结构、生活经验、生理的特点，进行匹配。

对于3岁的幼儿，在德育故事内容选择上多以围绕一个教育点反复出现的行为故事绘本为主，文字表达上多选择拟人法、反复句、有简单对白的描述为主。

对于3～4岁的幼儿，在德育故事内容上以可能出现在幼儿身上的矛盾或者纠正性行为的德育故事为主，绘本故事主角以熟悉的动物、亲近人物为主人公的想象故事为主。

对于4～5岁的幼儿，德育故事内容多以生活环境与友好社交的故事为主。

对于5～6岁的幼儿，这一年龄段的孩子从能力和发展上来说都逐渐有较大的变化，所以可以加大爱国、爱民族、爱家乡等社会性德育为主的内容，也可以选择一些需要解决问题与留有悬疑、判断等内容的德育故事。

（二）解读绘本的路径

1. 设计活动前，教师要真正走进选择的绘本

教师首先要反复阅读绘本。想真正读懂一本图画书，没有别的捷径可走，只有一个办法，就是反反复复地细读文本（包括文字和图画）。了解绘本的作者、背景、内容中的细节、主旨、思想、德育内容。教师从孩子的角度再次阅读绘本，为设计绘本教学做好准备。

2. 抓住绘本中德育内容的核心

了解好绘本后，我们就要考虑如何设定我们的集体教学活动目标、重点等内容了。怎么将绘本中核心部分确定下来呢？

首先找出这个绘本中的重点德育内容、故事精彩部分。有老师会困惑，到底什么才是绘本中的精彩部分呢？其实大多数情况下，在我们前期对绘本反复阅读的时候就可以感知到，那就是促使你翻页的地方是哪里，或者在阅读的时候为之心一颤的地方。

这样，教师就可以知道自己在设计教学环节的时候哪些地方需要放大，哪些地方需要讨论，哪些地方点到即可。

（三）实施德育绘本活动中教师的有效举措

1. 教师良好的语言运用

教师要运用良好的语言来开展活动，通过语音、语调、节奏的变化来吸引孩子。吸引孩子后，便能让孩子深入绘本世界，让他们感受到角色的变化和场景的多样性，从而体会其中的行为。

2. 教师要注重教育机智，开展有效的问题设计

（1）教师设计的问题同样要遵循不同年龄段幼儿的特点

首先，我们小班3岁左右的孩子基本能够回答“谁、什么、什么地方”等问

题。所以，我们在提问的时候，可以从故事的要素上设问，比如在“关爱”教育绘本《小猫回家》中，可以让幼儿说说“小猫怎么了”“它想回家吗”“谁把它送回家”等相对在绘本中能够直接找到答案的问题。

其次，中班4岁左右孩子基本上能理解“什么时候、怎样”等表明时间和事物状态方式的概念，以及事物之间前后的逻辑关系。比如在“助人、奉献”教育的绘本《彩虹色的花》的时候，问一问孩子：“彩虹色的花把花瓣给了谁？做什么工具呢？”“它到冬天后怎么样了？”让孩子对前后关联内容进行思考。

再次，到了大班5岁左右，大部分孩子都能够回答“为什么”的问题了。如规则教育绘本中，提问：“妈妈为什么总说：大卫，不可以？”孝道绘本《长大做个好爷爷》中提问：“为什么爷爷现在不能为小熊讲故事了？小熊可以做些什么？”多样性有针对性的提问可以让孩子从中发现原因，体会含义。

（2）根据内容设计相关问题

首先，我们的提问是要能有效激起幼儿阅读兴趣思考的问题。

悬念是通过伏笔引起幼儿连续性思维的一种手法，是能够使幼儿充分联想的一种技术。教师将绘本之后的情节和结果在之前给予幼儿一定的提示和线索，能够激起幼儿阅读绘本的兴趣，并调动幼儿的多种感官共同参与绘本阅读活动。

比如，在绘本《我的幸运一天》中，狐狸一边不辞辛劳地为小猪按摩，一边喜滋滋地想着美味大餐。但它却因长时间劳累而一下子晕倒在地，从而成了小猪幸运的一天。根据这一故事情节，设计问题：“本来是狐狸的幸运一天，怎么到最后变成小猪的幸运一天了呢？”这一前置的悬念，使幼儿浮想联翩：是狐狸突然生病了？是猎人在暗中相助？是小猪想了妙计？到底是什么呢？我猜中了吗？在悬念的吸引下，走进绘本会更投入。

其次，能引起幼儿强烈认知冲突的问题。

认知冲突是指认知发展过程原有概念（或认知结构）与现实情境不相符时在心理上所产生的矛盾或冲突，它能促使幼儿的认知活动不断丰富和深化。

在绘本阅读指导前，教师要了解绘本中的哪些内容是符合幼儿生活经验的，哪些是出乎幼儿意料的，并从“出乎意料”入手，引起幼儿强烈的认知冲突。如在绘本《最好的朋友》中，提出了一个与幼儿已有知识经验相冲突的现象——“其他大象都怕老鼠，为什么这只大象不怕呢？”“小老鼠是用什么来形容红颜色？”从而使幼儿认真观察画面，寻找答案，了解内容。

再次，能使幼儿个个跃跃欲试的问题。

新颖有趣的问题是激发幼儿阅读兴趣的有力武器，尤其是大班幼儿很喜欢挑战自己，喜欢对有趣的问题进行猜测和验证。比如，在接纳教育绘本《我做哥哥》中，可以提问："野田哥哥到底喜欢做哥哥吗？""他一开始想逃离小弟们，后面为什么又跑回来了？"这类契合绘本的有趣问题不仅给孩子们专注其中的答案，更能触动孩子道德观的形成和稳定。

3. 恰当的肢体语言

对于教学来说，教师一定要非常投入，在演绎绘本内容的时候，要和孩子一起惊讶、担心、高兴。总之，一切和绘本相关的动态的肢体表情都是促进绘本效果的技能。

4. 讨巧的小小道具和情境、多媒体等

德育绘本教学活动中我们的目标和目的并不是要求教师来制作烦琐或者看似华丽的道具，而是让我们的孩子在集体教学活动中体会或者获得某些经验，体验激发情感，从而形成正确的道德观而为的。所以，只要能够达到目标或者促使孩子感受感知习得的任何小道具——不在多奢华、多精致，只要可以起到画龙点睛的作用，都可以为我们集体教学活动服务。

（四）引导幼儿有效参与体验，提升德育效果

1. 引导猜想，激发想象

德育绘本不仅仅在讲述故事，同时也是在帮助孩子提升观察力，丰富他们的想象力，升华他们的精神境界，从而形成初步的道德观。教师可以通过引导幼儿猜测、想象来初步判断孩子的价值观。所以在活动中可以选择最富想象、最动人的画面引导孩子细心观察其中的形象、色彩、细节、人物关系等，感受画面所流露的情感、所表达的意蕴，引导幼儿参与到推演故事情节的过程中，猜想情节，让故事在孩子充分想象中完成衔接。如《逃家小兔》中都是用简单统一的句式"如果你变成……我就变成……"将故事串讲下来，整个故事充满想象。让孩子参与其中："如果你是兔妈妈，你会怎么变，可以让小兔回家呢？"在孩子饶有兴趣的猜测中，来推进情节，体会妈妈对孩子那浓浓的爱，以及我们应该回馈家人的爱。

2. 给予指导，体味图意

图画是绘本的生命，可以让不识一字的孩子通过观察画面来了解大意，体会人物的品性。因此，教师要引导幼儿有目的地去观察画面，体会其中的寓意。如在阅读友情绘本《我有友情要出租》时，可以引导孩子仔细观察画面细节，看看

图画中还有哪些动物，或者通过大猩猩面部表情的变化猜测它的心理。并可以引导幼儿思考“谁一直陪伴在大猩猩边上？它为什么这么做呢”？这些提示不仅可以促使学生关注故事本身，更能提高孩子们的综合判断、推理能力。

3. 联系生活，感悟内涵

图文并茂的绘本吸引着孩子。绘本的价值和魅力也在于：它没有一句教条，却能满足孩子的成长需要；没有一丝说理，却能启发孩子深入思考；没有一点喧闹，却能激发孩子内心的澎湃。比如《我爸爸》《我妈妈》《我永远爱你》的阅读中，孩子们充分感受父母的爱，丰富孩子的情感，激发孩子内在的爱。

又比如在“彩虹色的花”活动中与幼儿一起欣赏品读后，教师引导幼儿说自己平时是怎么帮助别人的，并对有这些良好行为的幼儿给予手工制作的彩虹花作为奖励，使幼儿对其做过的好行为有一个认知上的强化。分享及助人不仅是道德社会的要求，也是值得发扬的优秀品格 。通过绘本传递的正能量会让幼儿主动要求做很多平时不做的事情，学会与他人分享好东西、友好与人相处，在别人遇到困难时及时伸出援助之手等。

总之，在开展德育绘本活动的过程中，教师要保持头脑清醒，认识到在新的历史时期党和国家倡导什么、反对什么，坚持正确的社会主义核心价值观以及党的核心政治思想方向。寻找绘本的时候也要将这些主要的核心价值观和德育内容融入其中，结合幼儿的年龄特点和兴趣，运用合适的指导策略和组织形式，从而大力推进发展幼儿德育建设，为幼儿健全的人格和社会的健康发展做出努力。

参考文献：

[1] 吴雅玲.试析绘本在幼儿园社会教育中的运用[J].教育导刊，2011（01）：50–53.

[2] 朱锦春.幼儿教育要发挥绘本魅力[J].文学教育，2011（12）：106.

[3] 徐红梅.浅析幼儿教育中德育教育渗透的有效方法[J].中国校外教育，2014（S1）：18.

[4] 孔梅.幼儿园教师如何进行幼儿德育教育[J].农场经济管理，2015（11）：2.

幼儿园运用声律法开展经典诵读活动的实践与研究

王霄文（上海市浦东新区福山同乐幼儿园）

前言

腹有诗书气自华。幼年时期是文化素养形成的关键时期，以诵读中国经典开启智慧，使幼儿在潜移默化的熏陶中，奠定优美人格的良好基础，对于传承中华文化、培养幼儿良好品行方面有着重要的意义和价值。

用声律法诵读经典能够更容易地帮助幼儿接受、喜欢传统文化。诵读经典的背景及形式决定了其内容和价值都是中国传统文化的代表，它能够帮助幼儿认识和接受传统文化中的积极内容。其次在幼儿期开展经典诵读活动能够促进幼儿身心各个方面的发展，可以培养幼儿良好的倾听能力、语言表达能力、艺术表现能力……经典诵读里包含着丰厚的道德意识和行为标准，可以为幼儿形成良好人格品质奠定基础。开展知行统一的幼儿礼仪教育行动研究一直是我园特色课程，运用声律法开展经典诵读为幼儿欣赏、感受传统经典中不同礼仪文化的精髓，了解不同时期我国的文化习俗、礼仪习惯提供了可能，让我们的孩子终身受益。

但在我们实际的教育教学活动中，声律诵读经典活动却是少之又少，老师们愿意尝试，但苦于找不到适当的活动资源和适当的教学方式，因此望而却步。由此便出现了孩子们只是把喜欢的古诗、古词、古文背诵出来这样相对单一的形式，对于其他形式老师不了解、不清楚，所以不敢尝试的现状。只有认识到这些问题的存在，并努力去寻找解决的策略，才能更好地改进教师的教学，促进幼儿全面发展。为此，2018年，我们成功申请了课题“幼儿园运用声律法开展经典诵读活动的实践与研究”，旨在尝试运用探索声律法开展经典朗诵活动，通过唱、诵、演、舞等孩子们喜闻乐见的教育教学方式，丰富经典诵读活动的教学方法，从而让孩子们的身心获得全面发展。

一、课题研究设计

（一）概念界定

“经典”在《现代汉语词典》中解释为：“传统的具有权威性的著作。”中国传统文化经典是在中华民族的文化发展中保存下来的精华，在中华民族的文化历史上起到至关重要的作用。本文中的经典诵读是指根据幼儿身心发展规律，选择适合幼儿年龄特点、有代表性的、历史上广泛流传下来的传统经典作品的诵读，如《三字经》《弟子规》《千字文》和唐诗宋词等。

“声律”指声韵格律。“声律法”指综合采用歌唱、有节奏的朗读、韵律动作相结合的体验方式对经典作品进行诵读的方法。如在打击乐器配合中朗读经典，对读过的经典作品根据内容和孩子的理解配以相应的动作，这既可以让孩子更加深刻地理解作品内容，同时还能够激发幼儿大胆表现表达的欲望。

（二）研究目标

1. 培养幼儿对我国传统文化的兴趣，激发运用声律法对传统经典诵读的兴趣。引导幼儿背诵一定数量的经典诵读内容，并愿意用不同方法表现表达。

2. 通过系统深入的研究，丰富幼儿园经典诵读教学活动内容、声律法教学形式。

3. 建立经典诵读活动资源库，积累优秀活动案例、录像课和相应的教学课件，推广经典诵读在一日活动中的应用。

（三）研究内容

1. 研究幼儿园教学活动中，运用声律法开展经典诵读教学活动的教学设计原则和策略。

2. 有步骤、有过程地进行方案验证。

3. 幼儿园一日活动中运用声律法进行经典诵读教学活动的渗透、研究。

（1）如何通过声律法开展经典诵读教学活动，通过不断实践活动，以求促进师生共同成长。

（2）渗透在一日生活中的经典诵读活动游戏化的实践研究。

（四）研究方法

1. 行动研究法

运用声律法开展经典诵读教学活动在集体教学中的应用，在教学应用中的适宜方式，进行细致深入的分析，探索声律法教学如何渗透在经典诵读活动中。积累优秀活动设计、录像课和案例集。

2. 经验总结法

课题组及时梳理、总结运用声律法开展经典诵读活动方法，注意积累成功课例并将研究成果以文字材料的形式进行归纳整理、交流推广。

（五）研究步骤

选题论证阶段：2018年4月

1. 建立课题组，进行分工，落实研究任务。

2. 制订课题研究计划，涉及课题研究方案，整理课题研究思路，明确课题研究目标、内容、方法、步骤以及研究成果形式等内容。

组织实施阶段：2018年4月—2019年6月

1. 实际操作培训。通过观看录像、学习资料初步了解掌握声律法与经典诵读教学活动的功能与操作要领。

2. 邀请专家老师来园为教师做理论与操作培训，为教师提供有关幼儿园经典诵读教学活动的参考案例，为教师实践教学提供支持。

具体操作应用阶段：2018年4月—2020年6月

1. 初步应用阶段（2018年4月—12月）

教师根据教学目标及集体教学内容，开展运用声律法进行经典诵读教学活动的教学应用尝试，初步熟悉摸索声律法教学的基本方法。（引导过程、保持积极自主表现的过程、评价过程）

2. 反思调整提升阶段（2019年1月—6月）

根据第一阶段实践中出现的问题、教师教学的实际需求，调整课题实施计划，以研讨与培训相结合的方式进行专业技术的提高培训，深入开展声律法进行经典诵读教学活动在集体教学中的应用研究。

3. 交流探讨、中期总结与评估阶段（2019年7月—8月）

交流、分享活动中运用声律法开展经典诵读活动对幼儿、对教学效果所起的实际作用，对实验教师在研究过程中出现的各种新问题、新情况，邀请专家给予指导性意见或建议，完成中期总结报告，课题组成员撰写经验论文。

4. 综合应用、总结提升阶段（2019年9月—2020年3月）

在中期评估、总结的基础上，修订课题研究方案，进一步探讨与实践运用声律法活动开展经典诵读教学的应用，提升我园教师开展经典诵读教学活动的质量。

5. 收集整理阶段（2020年4月—6月）

积累优秀的运用声律法开展经典诵读教学活动设计实例、案例分析、优秀录像课及相应的课件资源，进行推广与延用；提炼经验，撰写课题研究报告，形成最终成果。

二、课题研究实施

（一）根据幼儿年龄特征，选择声律诵读活动方法和内容

运用声律法开展经典诵读教学，要根据幼儿的年龄特点选择相应的方法和内容，以期更适合幼儿感知、理解及表现表达。

1. 声律法的选择

孩子们接触声律法是根据其年龄特征来定。小班的孩子喜欢跟读韵律感强的儿歌童谣，能跟随熟悉的音乐做身体动作。因此可以用背诵、分声部背诵、简单节拍游戏等方式引导幼儿诵读经典。

中班幼儿较小班孩子语言、动作发展更加完善，能用拍手、踏脚等身体活动或可敲击的物品敲打节拍和基本节奏。因此除了小班常用的声律方法，还可以配以合唱、跟唱、音乐游戏等方法引导幼儿诵读经典。

大班幼儿求知欲旺盛，活泼好动，想象大胆，对图书和生活情境中的文字符号感兴趣，知道文字表示一定的意义，能用基本准确的节奏和音调唱歌，喜欢用舞蹈动作表现不同作品。大班幼儿创造性若隐若现，有时会显露出独特的思想或表现出意想不到的行为。因此可以采用的方法更加丰富，如分声部合唱、舞蹈、自编节奏游戏等。同一个经典诵读作品可以穿插多种表现方式。

2. 选择经典诵读内容

孩子的兴趣是选择诵读内容的关键，便于幼儿记忆、诵读是我们选择相应内容的基本原则。我国的经典古诗文浩如烟海、博大精深，在教材的选择上要做到不主观臆断，要根据幼儿的认知规律，科学地、多层次地选取经典教材。当然我们所选择的内容是根据幼儿年龄特征而定的，但不同年龄段对于不是本年龄段的

素材也是可以加以选择的，因为诵读方式的不同，所以同一个素材根据不同年龄段可以选择不同的教学设计。

表1：经典诵读内容

年龄段	目　　标	素材选择
小班	1. 能够安静倾听他人说话，不插嘴。 2. 愿意在集体面前诵读古文。 3. 朗诵古诗，对朗诵有兴趣，能独立背诵。 4. 乐意参加诵读活动，能大胆地跟读经典，发音准确。	《三字经》 《百家姓》 五言律诗
中班	1. 能集中注意力，耐心倾听他人说话，不打断别人的话。 2. 欣赏诵读表演，能说出主要内容，并大胆模仿。 3. 喜欢朗诵经典，能和同伴协调有节奏地诵读。 4. 背诵古诗、古文，对内容感兴趣，感受古诗音韵美。	《弟子规》 《笠翁对韵》 七言律诗
大班	1. 能够专注地倾听他人说话。 2. 愿意与同伴主动表演不同形式诵读内容。 3. 能根据诵读内容的节律，有感情地表现表达。 4. 坚持诵读经典，养成良好诵读习惯。	《千字文》 《声律启蒙》 唐诗 宋词

（二）幼儿声律法诵读经典活动实施的策略

1. 吟诵经典

经典内容语言简练、韵律统一、节奏优美。教师在开展诵读活动时要掌握基本技巧：读准字音、把握节奏、注意动作和神态。幼儿天性好动，特别是小班幼儿注意力容易转移，单纯的吟诵显得枯燥乏味，让孩子们难以接受。老师们可以采取多种诵读方法引导孩子们乐学、爱学、在玩中学。

● 接龙诵读

老师按照孩子们已经学过的诵读内容，一人一句，给每个孩子展示自己的机会，同时激发孩子们的学习兴趣，还可以培养孩子们专心倾听的良好习惯。如和节气有关的古诗词很多，老师可以收集孩子们已经学过的内容，然后老师来念经典诵读的名字，孩子们一个一个吟诵内容。小班幼儿可以以一首古诗为单位，让孩子们围绕一首古诗反复念，增强孩子们的记忆。

● 分声部诵读

这种诵读方法不同年龄段的要求、难度是不相同的。小班幼儿分成两个声部，每个声部念一句，两声部诵读诗句可互换。中班幼儿也分为两个声部，每个声部念同一句但是进入的时间不同，一声部正常诵读，第二声部在第一声部念完第一句古诗时再进入开始念诵。到大班教师根据幼儿实际情况可以把幼儿分成三个或四个声部，每一声部进入的时间可以进一步缩短，由间隔一句到两个字。这样难度越来越高，对孩子们的挑战性也就越来越强，孩子们要全神贯注倾听同伴的朗诵，同时要控制好自己朗诵的速度，不能快、不能慢，无形中培养了孩子们集中注意力以及节奏感。以古诗《小池》为例：

小池（二声部）

	××	××	|	××	×— |	××	××	|	××	×— |
●：	泉眼	无声		惜细	流，	树阴	照水		爱晴	柔。
○：						泉眼	无声		惜细	流，
	××	××	|	××	×— |	××	××	|	××	×— |
●：	小荷	才露		尖尖	角，	早有	蜻蜓		立上	头。
○：	树阴	照水		爱晴	柔。	小荷	才露		尖尖	角，
	××	××	|	××	×—Ⅱ					
●：										
○：	早有	蜻蜓		立上	头。					

一声部用●表示　二声部用○表示

小池（三声部）

	××	××	|	××	×— |	
●：	泉眼	无声	惜细	流，		
○：		泉眼	无声	惜细	流，	
★：			泉眼	无声	惜细	流，
	××	××	|	××	×— |	
●：	树阴	照水	爱晴	柔。		
○：		树阴	照水	爱晴	柔。	
★：			树阴	照水	爱晴	柔。

……以此类推至结束。

一声部用●表示　二声部用○表示　三声部用★表示

● 配乐诵读

选取中国古典音乐作为背景音乐，配以孩子们的诵读。中国古典音乐大多以古筝、琵琶、古琴等古典乐器来演奏，特别的古色古香、意境深远。内涵丰富的经典内容配以舒缓优美的音乐，使孩子们受到双重美的熏陶。以《笠翁对韵》为例。《笠翁对韵》是明末清初的戏曲学家李渔仿照《声律启蒙》写的旨在作诗的韵书，是训练儿童应对、掌握声韵格律的启蒙读物。单字对到双字对、三字对、五字对、七字对到十一字对，声韵协调，朗朗上口，从中得到语音、词汇、修辞的训练，配以被闻一多先生誉为"诗中的诗，顶峰上的顶峰"的《春江花月夜》，优美的旋律静谧安宁，加上幼儿软糯灵动的声音，营造出古风古韵、唱吟经典的意境。

2. 歌唱诵读

● 歌表演诵读经典

顾名思义就是把经典内容唱出来，还可以跟着旋律、歌词内容加以动作表现，边唱边跳。可以是教师有组织地引导幼儿集体、个别表现，也可以用一日活动零散的时间鼓励幼儿自由表现。如早上来园、早点、午饭、午睡前后、散步、离园……为幼儿播放已学过的经典诵读内容，鼓励幼儿大胆地表现表达。

● 合唱活动诵读经典

合唱，作为集体多声部演唱的表演艺术，它是通过集体合作、分工协作来展示音乐作品的内涵，抒发人的内心情感。幼儿园开展合唱诵读经典活动不仅能够培养幼儿对音乐的感受和表现表达能力，还能够培养孩子们相互合作的意识和规则意识。以大班合唱古诗《风》为例：

中央电视台的《经典咏流传》一直是我们班孩子非常喜欢看的节目，里面的古诗词都是非常有代表性的，旋律优美，意境深远！孩子们时不时会吟唱上几句里面的古诗词，有时候会几个朋友在一起拿着小乐器合着旋律自由表现一番。那么孩子们这么喜欢，可不可以结合我们班的合唱活动，让孩子们一起走进旋律、走进古诗词呢？

沙溢一家表演的《风》，是最近孩子们一直在哼唱的内容，原因很简单，有他们熟悉的小明星，而且旋律朗朗上口，说唱简单易学。同时这首古诗精彩之处在于四句诗，没有一个"风"字，诗人通过抓住"叶""花""浪""竹"四样自然界物象在风力作用下的易变，间接地表现了"风"之种种形力，让人真切地感受"风"之魅力与威力。

活动目标定为：尝试根据指挥手势，分声部合唱古诗《风》，体验合作演唱古诗的快乐。前期孩子们基本理解古诗的内容，对于旋律非常熟悉且能够基本会唱整首歌曲。因此活动一开始欣赏歌曲时，孩子们能够充分表达自己对这首歌曲的感受："我喜欢唱这首诗，因为作者非常聪明！""我最喜欢里面的说唱，因为我会跳街舞，可以配着我的街舞一起跳！""我和冯一辰、淘淘、心悦一起分声部合唱呢！"看来孩子们把自己接触过的表现形式基本都运用在这首歌曲里了。

因此当我提出如果我们大二班要演出这首歌曲大家有什么好办法时，孩子们几乎异口同声地说：合唱——分声部合唱！接着我请孩子们分组讨论分声部合唱的方式。因为孩子们对于合唱这种表现形式非常熟悉，很快每一组便有了自己的办法。孩子们推举我为指挥，因为他们觉得王老师按照他们的办法指挥，会让他们想的演唱办法最精彩！

初步尝试诗，孩子们发现无论哪一组的方法，都不能完美地展现！因为这首古诗词的歌曲，不像以前唱过的歌曲结构：前奏——第一段——间奏——第二段——高潮；这首歌中间有朗诵、有说唱、有合唱，副歌旋律没有变化，只是在气势上有所增强。且说唱部分如果集体说唱，歌词内容较多，有的小朋友跟不上，有的小朋友节奏又非常快，显得不够整齐。怎么办呢？

遇到瓶颈了，我在旁引导幼儿：我们以前合唱除了齐唱、轮唱、分声部合唱，还用到过什么小的道具吗？一经提醒，孩子们的思路展开了，小乐器纷纷出场了。但是问题又来了。首先，本来说唱就不整齐，加上乐器更加手忙脚乱了；其次小乐器这么多，选择哪些乐器更加合适呢？孩子们的潜力是无限的！有的孩子说我记不住这么多的说唱歌词，但是我打击乐器节奏非常好，我可不可以只演奏乐器不唱说唱的部分呢？有的说，我本来说唱很好，可一加上乐器我就忘记歌词了！而且如果所有小朋友手里都拿乐器，乐器的声音太响了，盖住了我们演唱的声音，也不行。毕竟这是合唱，而不是打击乐器演奏。乐器的选择问题对于孩子们来说显得简单多了。孩子们一致通过，乐器要选择音域低沉一些的、声音听上去安静一点的，于是沙球和圆舞板成了孩子们的首选。

最终我们呈现的合唱表现方式为：前4句请1个小朋友朗诵，后面演唱部分请4位领唱小朋友两两表现；独白唱段，请4位小朋友表现；接下来唱段合唱，分声部——轮唱方式完整表现四句古诗。第二部分说唱加入小乐器（沙球、圆舞板。乐器选择理由：这两种乐器声音比较温和，不会太响，听上去更加合适）演奏高潮部分。先以合唱形式表现，再继续分声部合唱，但是第二声部晚一拍进入，最后一句全体合唱，最终达到高潮，此起彼伏，更加精彩！

更有趣的是后续：当孩子们对于表现形式熟悉了之后，他们派了一个代表和我商量：王老师你看，我们都会表演这首歌曲了，而且我们自己觉得唱得非常好！就是你做指挥吧，个子有点儿高，把我们都遮住了。能不能让我们小朋友自己指挥，你可以在旁边看谁指挥得最好！于是孩子们选出了自己的小指挥，并且在小指挥的带领下，在大班毕业演出时表演了这首曲目，受到了所有家长和老师的好评，孩子们那天的得意，我现在还历历在目！

整个活动先是通过幼儿聆听音乐、初步尝试，然后发现问题、解决问题，到最终表现——通过我与幼儿共同尝试，歌曲表演达到了本次活动的高潮。活动脉络清晰、环环相扣，既体现出孩子们对于合唱这一音乐表现形式的喜爱，又展现了孩子们对于古诗词吟唱的兴趣。

3. 节律诵读

● 节奏游戏，展现韵律

把经典诵读内容、动作、音乐有机融为一体的最核心的要素就是节奏。大多适合幼儿诵读的经典内容恰恰是极具节奏和音律的，孩子反复吟读为进一步理解意境和内涵打下基础。为古词、古诗等创编不同的节奏类型，教师先示范节奏型，然后引导幼儿继续尝试，最后通过师生互动、生生互动进行古诗词不同节奏的诵读。随着年龄的增长，还可以增加创编节奏型的难度，增加休止、切分、附点等不同的节奏。

打击乐器可以强化节奏。孩子们都喜欢敲敲打打，打击乐器一直是孩子们热衷的节奏游戏。根据经典诵读内容所表现出的不同意境，选择相应的小乐器进行表现，可以充分培养孩子们的观察力、合作能力和自信心。以古诗《元日》为

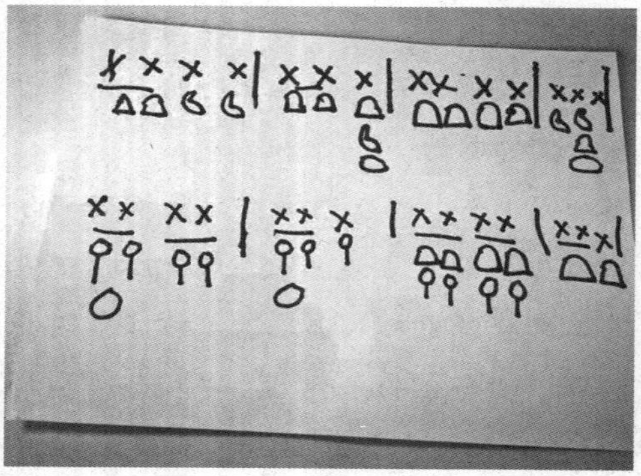

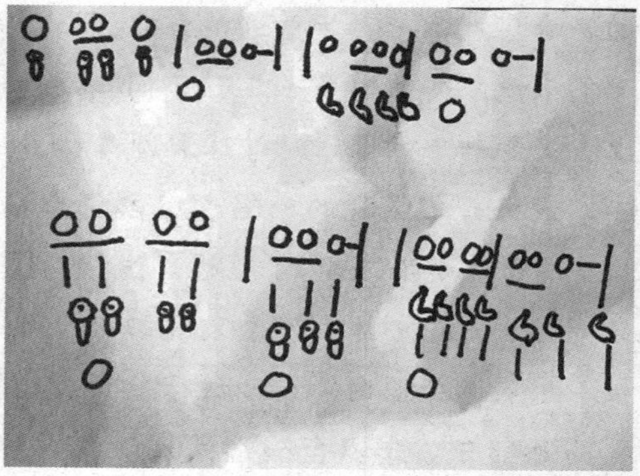

例，这是一首表现过春节欢乐场面的作品。作者择取了过年时最典型的喜庆场景，展现了一幅富有浓厚生活气息的民间风俗画卷。教师可以提供铃鼓、中国鼓、碰铃、沙球等乐器，请孩子们根据古诗内容选择乐器，然后和幼儿一起讨论进行调整，最终确定乐器，根据幼儿自己设计的节奏图谱演奏。

虽然孩子们设计的图谱较为简单，甚至有些节奏书写也不够正确，但是这是孩子们通过小组合作探索出来的，可以看得出孩子们对于用打击乐器表现诵读节奏，是非常感兴趣的。

● 身体律动，体验意境

律动游戏，是指在音乐旋律的伴奏下，以肢体动作表现作品内容。经典诵读的内容有非常明显的形体意象，可以通过肢体动作进行展现。在幼儿理解诵读内容的基础上，鼓励孩子们用动作、表情来表现内容，既可以发挥幼儿的想象力和创造力，又可以调动孩子们相互配合共同学习的积极性，而且还可以加深对经典诵读作品的理解。以古诗《春晓》为例：

本次活动的素材是古诗，选择原因有两个。其一，孩子们都会念古诗，几乎每个孩子都能背出几首，但孩子们对古诗的理解却是一知半解，更谈不上感受古诗所描写的意境；其二，如今吟诵古诗的形式变得更加丰富，有许多古诗吟唱旋律好听，深受孩子们的喜爱。《春晓》这首由古诗改编的歌曲，歌词浅显易懂，旋律优美，表达的是热爱春天、描绘春天美景的意境，孩子们对此有着丰富的生活经验。

在本次活动中，我将古诗词、民族音乐、中国画同置一境。古诗词本身就有韵律，配上了民族音乐和中国水墨画，这样，音律和韵味就更便于孩子通过丰富的肢体动作尽情想象，在表现春天美景的同时，潜移默化地感受古诗的意境之美。这是一个以肢体动作表现为主的音乐活动，鼓励孩子们大胆用动作来想象与表现。通过活动，我想传递给孩子们的不仅仅是运用丰富灵动的肢体动作来诠释古诗，更要让孩子们感受到中国传统文化的“美”，在愉悦的、美的氛围中观察、想象。

三、研究成效

（一）研究让幼儿在声律诵读中启智养性

1. 促进幼儿的记忆力、倾听能力的发展

经典诵读的内容大多句式整齐、音乐和谐、朗朗上口。特别是唐诗宋词

意境优美、内涵丰富、语言精练。3～6岁幼儿的记忆慢慢开始高速发展，这样的内容对促进他们的记忆力非常有帮助。同时在诵读活动中幼儿需要先倾听、再朗读，到最后不同形式的表现表达，无形中培养了孩子们耐心倾听的好习惯。

2. 促进幼儿交往合作能力的发展

声律法诵读经典的形式非常多：节奏游戏、分声部朗诵、舞蹈、合唱……不同的表现形式，许多表现方式都需要同伴间默契的合作。如在以合唱的形式诵唱古诗词时，合唱有多种形式：分声部合唱、轮唱、领唱—合唱……一个完美的表演往往是在集体幼儿共同创造的基础上形成的，孩子们首先要根据指挥的动作准备好自己声部进入，同时还要倾听其他同伴的歌唱把握节奏。一个作品的完成能使幼儿充分体验成功合作的快乐。这种成人与幼儿、幼儿与幼儿之间的音乐交往，可以给幼儿提供大量人际交往的机会和经验，使幼儿自信和合作交往能力得到不断加强。

3. 奠定幼儿良好人格的基础

我们希望孩子们能成为充满爱心、心怀感恩的人。《弟子规》中“父母呼，应勿缓，行勿懒……”《大学》中“为人君，止于人……为人父，止于慈”，这些无不在微笑地告诉孩子们，怎样做能够成为一名品德高尚的人，可谓育人润物无声！经典对孩子成长过程中人格发展、性情修养起着潜移默化的引导作用。

（二）研究让教师在声律启蒙中探索成长

1. 经典诵读，促进教师专业成长

经典诵读的内容激发了老师们学习经典的欲望。我们深刻地认识到经典诵读对幼儿能力发展、情感发展的重要价值。课题开展过程中注重“多元整合”，充分拓展共同性课程中的活动内容，活动内容有机整合在幼儿游戏、学习、生活各环节中。处理好共同性课程与选择性课程之间的关系，才能够让幼儿声律诵读活动发挥应有的价值。通过不断努力，老师们自己设计了如《咏鹅》《春晓》《千字文》等多形式的声律诵读活动，受到家长、专家的好评，同时提升了老师们设计活动的能力。

2. 全员参与，提升教师研究能力

以往我们对课题的研究常常会局限于课题组的成员，研究的受益面比较窄。而与园本教研相结合后，全园教师都成了研究的受益者。不同年级组的老师根据幼儿年龄特征选取教材，设计不同活动，并结合对《纲要》中艺术领域的目标、内容要求以及指导要点的学习，以及对观察的记录进行专项的研讨，从中我们进一步领会到：我们所设计、组织的经典诵读活动要根据幼儿的年龄特点，强调幼儿的主动性，激发幼儿的兴趣变被动为主动。通过有效的教学策略，激发儿童审美情趣，体验创造、自我表现的快乐和成就感。大家感到收获颇多。

（三）研究拓展幼儿礼仪教育课程实施新样式

1. 诵读经典，丰富幼儿礼仪课程内容

开展知行统一的幼儿礼仪教育行动研究是我园的特色课程，旨在通过梳理各年龄段幼儿礼仪知行特点，完善幼儿礼仪认知与行为规范，探索知行合一的幼儿礼仪教育方法与途径，形成幼儿园特色课程。中国礼仪文化源远流长，经典诵读内容绵延几千年，根植于中国历史，包含着丰厚的道德意识和行为标准，保留了中华民族文明礼仪的精髓。如《弟子规》中“读书法，有三到，心眼口，信皆要。此未终，彼勿起”，简单的18个字道出了从古到今的学习方法，让孩子们知道了读书要专心致志。《三字经》中“香九龄，能温席。孝于亲，所当执。融四岁，能让梨，悌于长，宜先知”，寥寥数语道出了我们需要传承千年的做人美德。所以在运用声律法开展诵读活动时自然地渗透了文明礼仪教育，且大量的经典诵读内容无疑丰富了礼仪课程内容。

2. 声律诵读，拓展礼仪课程教育方法

3～6岁幼儿心性纯净，记忆力、语言表达发展快，学习能力也在逐渐增强，容易接受各类信息，正值文明礼仪习惯养成最佳时期。运用声律法开展经典诵读活动的实践与研究能够丰富幼儿园的课程教育方法。利用吟诵经典、歌唱诵读、节律诵读等不同的教学方法丰富课程资源，在有趣的诵读活动中“童蒙养正”，在不断探索中也提高教师进行课题研究的能力，增长教师的文化底蕴，生动幼儿园园本课程实践，助推幼儿园课程的完善与优化。

四、研究思考

（一）如何更有效地引导幼儿走进经典

两年的研究，只是对运用声律法诵读经典有了最初的内容和框架，还需要不断地充实完善。特别是教师对经典内容的认识、声律法的有效运用还不够深入，在设计活动内容的丰富性、灵活性上其实还有许多方面值得深入研究。因此，如何激发幼儿对经典的兴趣，让孩子们在活动中自然感悟，种下主动探索的种子，做到引导有度，教育无痕，是需要我们以后工作中不断完善的。

（二）如何开展家庭教育指导，家园合力开展声律启蒙

陈鹤琴先生说过："幼儿教育不是家庭或幼儿园哪一方可以单独胜任的。"由此可见家庭教育对孩子的成长来说是至关重要的。课题开展的过程中，我们请家长一起参与经典诵读活动，家长也给予大力配合。但是家长指导幼儿诵读经典的方法较为单一，仅限于跟读或背诵，于是出现幼儿在园诵读兴趣高涨，在家兴趣寥寥。如何开展家庭教育指导，家园合力开展声律启蒙，这是我们接下来需要继续探寻的重点。我们可以通过家长学校、家园报、家园之窗等多种形式培训，宣传声律法诵读经典的价值与意义，以求价值认同，帮助家长树立开展幼儿诵读经典的教育意识。通过"家长教家长""家校互动网"、亲子活动等多渠道互动，让家长在参与体验中掌握开展运用声律法诵读经典的教育方法。

"运用声律法开展经典诵读活动的实践与研究"课题虽然告一段落，但是我们的研究不会停止。我们将继续深入实际，以饱满的热情、求实的精神不断完善课题内容，在研究的旅途中快乐成长！

一日活动中提高幼儿劳动素养的实践研究

杜嘉莉（上海市浦东新区海州幼儿园）

一、问题提出

（一）关键概念界定

一日活动：是指幼儿从入园到离园的一天时间里，在幼儿园室内外各个空间里所发生的全部经历。幼儿园一日活动以游戏为基本活动，寓教育于各项活动之中，分为生活活动、运动、游戏活动、学习活动四种类型。

劳动：通常是指能够对外输出劳动量或劳动价值的人类运动，劳动是人维持自我生存和自我发展的唯一手段。这里指的是幼儿在一日活动中做力所能及的事及为他人或集体做事。

素养：意指平日的修养，体现为个体在面对生活情境中的实际问题与可能的挑战时，能运用知识、能力与态度采取有效行动，以满足生活情境的复杂需要，达成目的或解决问题，是个人生活必须的条件，也是现代社会公民必备的条件。

劳动素养：是指个体经过生活和教育活动形成的与劳动有关的素养，这里指的是人在劳动过程中的劳动意识、劳动兴趣、劳动能力和劳动习惯的综合体现。

幼儿劳动素养：这里指的是有效利用一日活动中的各个环节内容，挖掘幼儿自主劳动的相关素材点，渗透到幼儿一日生活中，增强幼儿的劳动意识，激发幼儿的劳动兴趣，提高幼儿的劳动能力，培养幼儿坚持劳动的习惯。

（二）研究的价值与意义

1. 一日活动中提高幼儿劳动素养的重要性

习近平明确强调：要在学生中弘扬劳动精神，教育引导学生崇尚劳动、尊重劳动，懂得劳动最光荣、劳动最崇高、劳动最伟大、劳动最美丽的道理，长大后能够辛勤劳动、诚实劳动、创造性劳动。劳动教育是中国特色社会主义教育制度的重要内容，直接决定社会主义建设者和接班人的劳动精神面貌。劳动能增强幼儿的责任感，通过劳动能让幼儿获得成功的体验，学会关心他人。劳动本身就是一种教育，一种更贴近生活本质的、赋予幼儿幸福生活能力的教育。显然幼儿劳动素养的提高是非常重要的，让幼儿劳动不是目的，而是要让幼儿在劳动中接受教育，学习各种劳动技能，发展其劳动能力。

2. 一日活动中提高幼儿劳动素养的必要性

在我们周围有不少教师和家长因为过度地担忧而让幼儿缺少劳动的意识和机会，基本有以下几个因素：幼儿还小，很多事情不会做，而且也做不好；劳动中可能会出现受伤的情况，更容易出现安全事故；知识技能的学习时间有限，精力消耗过多，其他事情能父母包办就包办，从而忽视了幼儿劳动习惯的培养。正因为这样从而出现了幼儿身上一些不良的现象：衣来伸手、饭来张口；看见教室地上有玩具或者自己房间里的物品满地都是，不会主动去整理收拾；自己的东西从来不自己拿，要父母或祖辈帮忙，等等。显然我们发现这些事情其实都是幼儿一日活动中存在的问题，所以提高幼儿的劳动素养是非常有必要的。

3. 一日活动中提高幼儿劳动素养的可能性

幼儿园虽然是以游戏为基本活动，但是其实一日活动环节蕴含了对幼儿劳动能力的一些要求，例如生活活动中幼儿做自己力所能及的事、日常的整理玩具、值日生工作为集体服务、幼儿园自然角种植活动等也都是劳动的一部分。通过对一日活动中提高幼儿劳动素养的目标、内容、策略、形式的研究，让幼儿通过直接体验参与，从而增强劳动意识，激发劳动兴趣，提高劳动能力以及培养幼儿的劳动习惯。

我们幼儿园已有“以‘阳光田园’为载体，培养阳光小农民”的课题基础，有“阳光田园”的优势，宽阔的种植园地，为幼儿劳动能力的培养提供了很好的平台。教师可以充分利用这样一个自然资源引导幼儿亲手播种、观察植物、养护植物、采摘果实等，满足幼儿劳动的环境。只有幼儿参与到适合他们各自年龄段的劳动中去，幼儿的劳动能力、习惯等才会得到发展和培养，从而也能让幼儿体验到劳动所带来的快乐，有助于幼儿健康成长。

综上所述，我们发现一日活动中提高幼儿劳动素养的实践研究存在着很大的可能性和较强的实践研究价值。

二、研究结果

（一）我园幼儿劳动素养的现状调查分析

1. 调查目的

了解不同年龄段幼儿劳动素养的现状，分析教师对幼儿劳动教育的重视程度和存在的问题，以便更有效地开展一日活动中提高幼儿劳动素养的研究工作。

2. 调查对象

课题组在幼儿园12个班级，选取24名一线幼儿园教师进行了“一日活动中提高幼儿劳动素养现状调查”的情况调查。此次调查发出调查表24份，收回24份，其中有效答卷24份。

3. 调查内容

（1）我园不同年龄段幼儿劳动素养的现状研究。

（2）我园教师针对不同年龄段幼儿开展幼儿劳动教育的现状研究。

4. 调查方法

采用问卷调查法、进行个别访谈的方法。

5. 调查结果与分析

（1）不同年龄段幼儿劳动素养的现状

表1：小中大班幼儿劳动素养调查表

问　　题	选项一	选项二	选项三	选项四
幼儿在园愿意参与劳动的情况（单选）	经常	偶尔	有时	从不
幼儿参与劳动是否有始有终（单选）	经常	偶尔	有时	从不
幼儿是否主动参与到劳动中（单选）	经常	偶尔	有时	从不
幼儿是否有能力独自完成劳动任务（单选）	经常	偶尔	有时	从不

分析：

通过问卷可以看出，我园幼儿在自然教育特色的引导下，对于劳动充满新奇和意愿，具有一定的劳动意识，但是班级之间与幼儿之间劳动素养具有差异性。在与教师的访谈中了解到大半数的幼儿在劳动过程中能够坚持到最后，依然热情高涨；但也有半数的幼儿劳动兴趣与能力较低，对成人的依赖性较强，无法独自完成劳动任务。

第3题： 幼儿在园愿意参与劳动的情况？ [单选题]

选项	小计	比例
经常	11	45.83%
偶尔	8	33.33%
有时	5	20.83%
从不	0	0%
本题有效填写人次	24	

饼状 圆环 柱状 条形 隐藏零

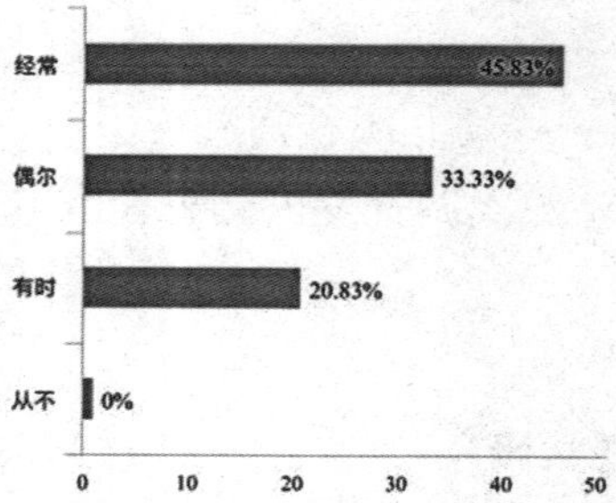

数值 小计排序

第4题： 幼儿参与劳动是否有始有终？ [单选题]

选项	小计	比例
经常	5	20.83%
偶尔	14	58.33%
有时	5	20.83%
从不	0	0%
本题有效填写人次	24	

饼状 圆环 柱状 条形 隐藏零

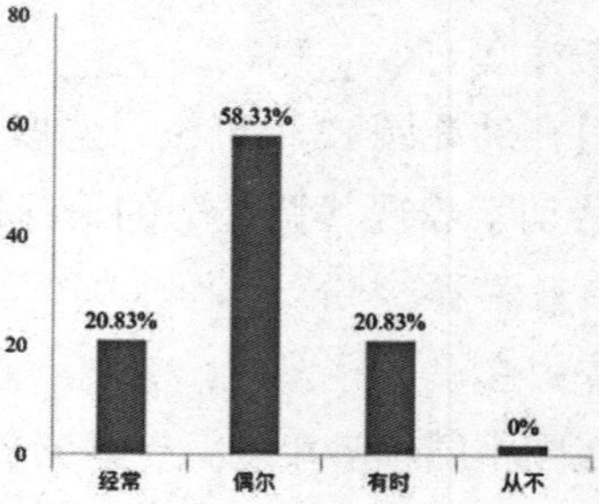

数值 小计排序

第5题： 幼儿是否主动参与到劳动中？ [单选题]

选项	小计	比例
经常	6	25%
偶尔	10	41.67%
有时	8	33.33%
从不	0	0%
本题有效填写人次	24	

饼状 圆环 柱状 条形 隐藏零

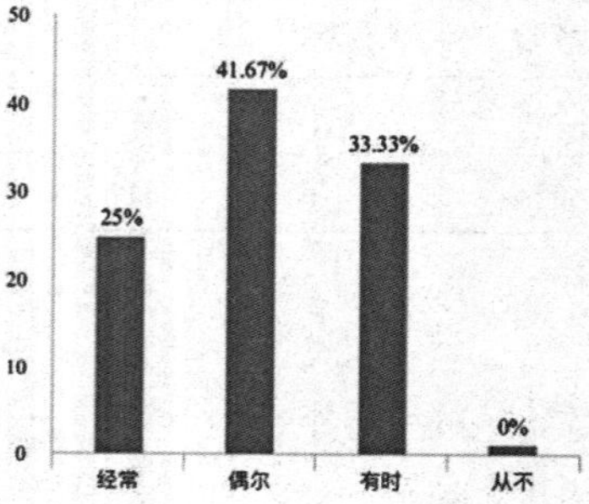

数值 小计排序

第6题：
幼儿是否有能力独自完成劳动任务？ [单选题]

选项	小计	比例
经常	7	29.17%
偶尔	13	54.17%
有时	4	16.67%
从不	0	0%
本题有效填写人次	24	

饼状 圆环 柱状 条形 隐藏零

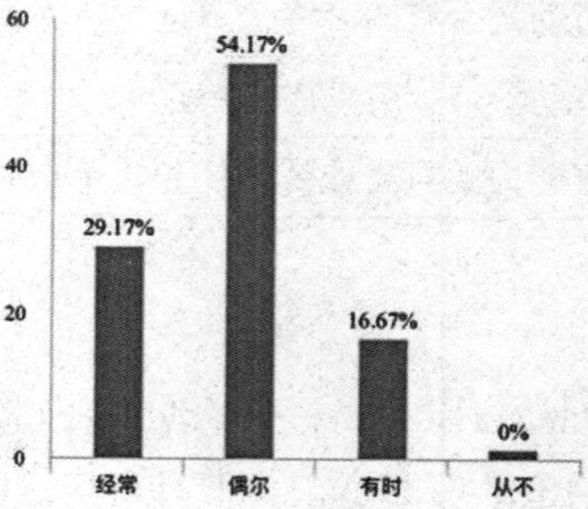

数值 小计排序

图1：小中大班幼儿劳动素养情况统计表

（2）教师根据不同年龄段幼儿开展幼儿劳动教育的现状

表2：教师开展不同年龄段幼儿劳动教育情况调查表

问　　题	选项一	选项二	选项三	选项四
您觉得对于幼儿来说劳动教育是否重要（单选）	非常重要	重要	较重要	不重要
您在劳动过程中会因哪种情况直接帮助幼儿完成事情（多选）	孩子不会时	时间来不及	孩子做得不够好	从不帮忙
您多久开展一次劳动教育（单选）	每日一次	每周一次	每月一次	每学期一次
您在开展劳动教育时是否关注幼儿的意识、兴趣、习惯和能力（单选）	经常	偶尔	有时	从不
您在一日活动中的哪些环节会开展劳动教育（单选）	生活	运动	游戏	学习（阳光田园）
您觉得劳动教育有助于幼儿哪些方面的提升（多选）	珍视劳动成果	提高动手能力	增强责任感	加强健康体质

分析：

由图2可见，超过96%的教师认同劳动对幼儿是非常重要的，只有20%的教师会每日开展劳动教育。可见，我园教师对于劳动教育的知行不统一，幼儿在园期间失去很多劳动锻炼的机会。虽然大部分教师认同幼儿劳动教育的重要性，但在教育实践中往往忽视劳动教育内容，即便幼儿主动提出参与劳动或者帮助教师，教师也会以时间等理由拒绝幼儿的请求。同时教师集中在生活活动和幼儿园特色活动中开展劳动教育，数值高达83%以上，教师们觉得最直观的劳动在这两个活动中最能体现。可见，教师对于教育契机的把握不充分，很少根据幼儿的个体差异给予针对性帮助。

以上这些也都是导致幼儿劳动素养缺失的重要原因。要想在一日活动中提高幼儿的劳动素养，就要使教师在一日活动中加强指导，促进幼儿在各项活动中的劳动教育质量的整体提升，并真正提升幼儿的劳动素养。为此，此番调查分析为课题的研究指明了方向。

第1题：
您觉得对于幼儿来说劳动教育是否重要？ [单选题]

选项	小计	比例
非常重要	23	95.83%
重要	1	4.17%
较重要	0	0%
不重要	0	0%
本题有效填写人次	24	

饼状 圆环 柱状 条形 隐藏零

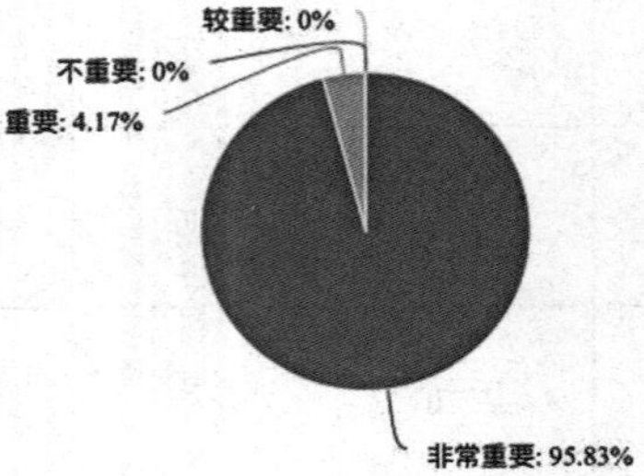

第3题： 您多久开展一次劳动教育？ [单选题]

选项	小计	比例
每日一次	5	20.83%
每周一次	9	37.5%
每月一次	6	25%
每学期一次	4	16.67%
本题有效填写人次	24	

饼状 圆环 柱状 条形

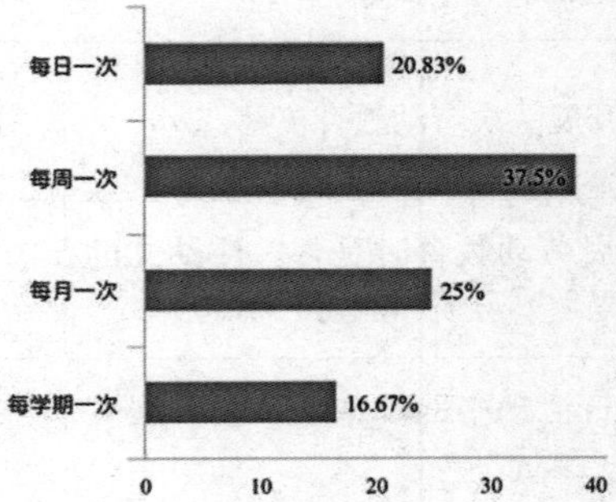

第5题：
您在一日活动中的哪些环节会开展劳动教育？ [多选题]

选项	小计	比例
生活	20	83.33%
运动	14	58.33%
游戏	12	50%
学习（阳光田园）	20	83.33%
本题有效填写人次	24	

饼状 圆环 柱状 条形

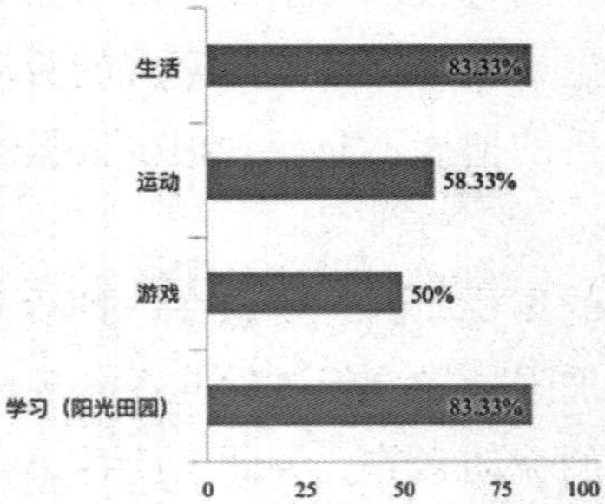

第6题：
您觉得劳动教育有助于幼儿哪些方面的提升？ [多选题]

选项	小计	比例
珍视劳动成果	22	91.67%
提高动手能力	22	91.67%
增强责任感	22	91.67%
加强健康体质	20	83.33%
本题有效填写人次	24	

饼状 圆环 柱状 条形

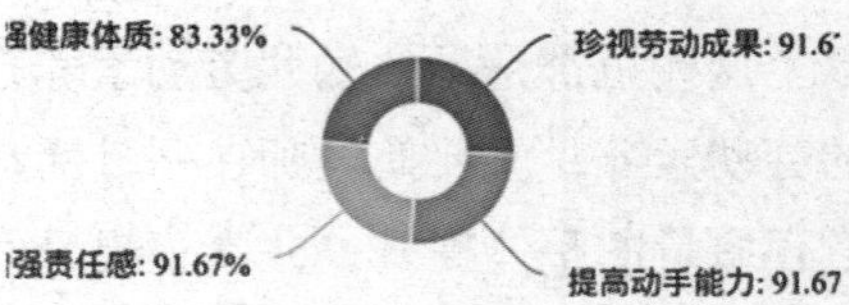

图2：教师开展不同年龄段幼儿劳动教育的情况调查

（二）一日活动中提高幼儿劳动素养的途径和内容研究

1. 生活活动中幼儿劳动素养的培养

自我服务劳动可以帮助幼儿培养生活的自理能力和劳动习惯。如在餐饮活动中指导幼儿自分碗筷、擦拭饭桌；在睡眠活动中指导幼儿收拾被子、穿脱衣服、叠放衣物等；在盥洗活动中指导幼儿自取毛巾、使用牙刷、洗刷杯子等；在如厕活动中指导幼儿自脱裤子、使用厕纸、会用厕具等。其次，集体服务劳动是在教师的组织下，指导幼儿为班级、幼儿园或家庭做力所能及的事，培养幼儿对他人的关心和为集体服务的义务感和责任感。如指导幼儿在班级中清扫活动室、修补图书、清洗玩具；在幼儿园中捡垃圾等。劳动技能的习得既有利于幼儿劳动意识的萌发，也为幼儿自信、从容地生活奠定了基础。

2. 运动中幼儿劳动素养的培养

一日活动中运动环节里器械的整理摆放、路线的设置等对于幼儿来说也算是劳动的一部分，而且这其实是幼儿一日活动中必不可少的环节，是给予幼儿不错的劳动机会，能够通过这个环节逐步建立幼儿的劳动意识，培养他们的劳动习惯。

在运动中，孩子们合作搬运运动器械，学习如何小组分工参与器械探索，如何在最短的时间里整理摆放；在运动中，幼儿同样会自己的事情自己做，主动增减衣物，自主喝水擦汗，通过自我服务、劳动照顾来保护自己。

3. 游戏活动中幼儿劳动素养的培养

面对着幼儿在幼儿园没有劳动的意识这一情况，首先在园内我们认识到区域游戏活动是实施幼儿劳动教育的重要途径。在实施区域游戏活动的过程中，我们可以创设不同的区角供幼儿进行劳动，并适时给予劳动知识和技能方面的指导。如在“小作坊”区域，引导幼儿玩泥巴、剪纸、制作玩具、装饰器材等，不仅使幼儿认识了各种材料的性能，学习到加工和制作的技能，还可以使幼儿体验到创作的乐趣；在“娃娃家”区域，引导幼儿通过扮演医生、厨师等劳动角色体会不同劳动者的工作内容。其次，在实施区域游戏活动后，我们也可以引导幼儿收拾游戏材料、分类物品并摆放整齐，并对幼儿的劳动行为进行及时且适度的激励，从而激发幼儿更大的劳动热情。

游戏中每一个幼儿都有自己所扮演的角色，整个游戏中有多种角色身份，妈妈、爸爸、司机、搬运工、服务员……他们都在“履行自己的职责”，付出他们的劳动。通过角色模仿，激发孩子劳动的兴趣，真实地体验到不同劳动者的工作内容，能够感同身受他们劳动过程中的艰辛，也相信他们在生活中能够多一份关心、体谅，去帮助每一个需要帮助的人，珍惜他们的劳动成果。

4. 学习活动中幼儿劳动素养的培养

劳动素养的培养不是孤立的，具有高渗透性，它渗透在园内的各种大型节日活动、游戏活动甚至是我们的主题课程中。幼儿不仅是活动的参与者，更是活动开始前的设计者、准备者，结束后的收拾整理者，通过自然而生动的活动把劳动不露痕迹地渗透植入其中，幼儿获得多元发展的同时充分感受和体验做活动主人的自豪感。在主题教学活动中，我们梳理了与“劳动”有关的主题，如中班“周围的人”主题活动就与劳动有机结合、相互渗透，同时注重综合性、趣味性、互动性。

这样的主题学习活动不仅帮助孩子们逐渐积累关于周围各种不同职业的人的特点和相关信息，还让他们在了解、模仿成人的过程中不断丰富自已的经验，同时还要充分利用父母及社区环境的资源，提高孩子对成人职业的认识。特别是一些与幼儿生活息息相关的成人的工作和劳动，如生活老师、保安、厨师等，通过各种活动，让幼儿了解社会成员的工作与我们的关系，并尊重他们的劳动。逐步体验社会是一个大家庭，每一个成员所承担的职责都是很重要的，所以要关心、热爱、尊重周围的人们，而且懂得只有付出劳动力才能收获更多。

学习活动中的劳动教育与学习活动相渗透的劳动素养主要结合学习教参中与职业有关的主题活动与内容，通过学习活动激发幼儿主动了解不同职业的特点，积极体验劳动与生活之间的变化有关系。

5. 特色活动中幼儿劳动素养的培养

幼儿要成为一个独立的人，需要从学习生活开始，生活技能便是人类适应社会生活最基本的能力之一。田园活动中蕴含着很多培养幼儿劳动素养的契机，通过经常反复的种植、养护、采摘、清洗……幼儿的生活技能和自我服务能力得到了进一步提高。例如在种植阶段幼儿会接触到很多的劳动工具，他们除了要学习正确使用工具的方法，更多的则是劳动意识、劳动习惯、劳动能力的养成。采摘阶段，幼儿需要了解植物的生长情况，辨认果实是否成熟，掌握正确的采摘方法等。在每次活动后，幼儿还需要自己清洗工具、分类整理、打扫场地等，为后续养成良好的生活习惯和生活能力奠定了基础。

在种植胡萝卜的过程中，孩子们从中收获颇多。田园里的胡萝卜丰收了，孩子们兴致勃勃地准备采摘。“要小心一点，不要把胡萝卜弄断。”“还要把泥土挖得深一些，让胡萝卜都露出来。”“在拔的时候，要从上往下拔。”孩子们自主讨论着。他们来到了工具房，挑选完工具后，回到了胡萝卜种植区，有的利用铲子、小钉耙沿着胡萝卜的边缘，轻轻地翻开泥土；有的直接用手拔……经过不懈的努力，孩子们终于把所有的胡萝卜都拔出来了。但是，“胡萝卜身上都是泥土，还有枯萎的茎叶，太脏了，这可怎么办？”“给它们洗个澡，就会变干净啦！”一位孩子马上说出了自己的想法。“在哪里洗呢？”他指了指放胡萝卜的盆：“先把胡萝卜倒在地上，在盆里接点水，洗一洗胡萝卜，再把干净的胡萝卜放在旁边的篮子里。”“可是胡萝卜上面的叶子，怎么办呢？”有位孩子立马举手回答：“叶子是不能吃的，我去找剪刀。”于是，有些孩子负责修剪茎叶，有些孩子负责给胡萝卜“洗澡”。最终，把满身是泥的胡萝卜都变得干干净净。

活动结束后，孩子们看着一片狼藉的园地，自发地拾起叶子放进了垃圾桶中，又找来了笤帚将地上的泥土扫进簸箕中，让园地焕然一新。在家中不常劳动的孩子到了此刻，都格外地卖力。“我们一起把胡萝卜搬到楼下吧！”有位孩子提议。于是，便可以看到，力气大的男孩子一人一个篮子，呼哧呼哧地往下搬胡萝卜；比较娇小的女孩儿则两两结伴一起搬。从四楼屋顶搬到一楼，对中班孩子来说，这个任务可不简单。当搬累了、没力气了的时候，他们就在原地休息一会儿，相互打气鼓励，擦一擦汗，再继续往下走。中午，孩子们吃着自己辛苦挖出来的胡萝卜，脸上洋溢着幸福的笑容。

幼儿期是稚嫩的，是需要成人精心照顾和保护的时期，然而又是其自理、自立、迈向独立的需要日益增长的时期。现在的幼儿，在家习惯了成人生活上的包办代替，动手能力、自我服务能力和独立性发展缓慢。成人的过度包揽不但会让其能力萎缩、习惯变坏，还会严重地阻碍幼儿自主性、主动性、独立性的发展。实际上，孩子天生就喜欢自己动手做事，成人需要为其搭建平台，鼓励引导。胡萝卜的丰收，对孩子们来说，不仅仅是一次新奇的体验，更让他们在自己动手、同伴合作中知道了劳作的不易。

（三）一日活动中提高幼儿劳动素养的策略研究

1. 合理创设环境，凸显劳动氛围

创设劳动教育环境，激发幼儿参与劳动的意识。环境和教育是幼儿心理发展的决定因素。环境是幼儿的“第三位老师”：整洁的环境，让幼儿有整理的意识；清晰的标签，让幼儿的整理更有目的性。

创设一定的劳动教育环境，提供有趣的材料，让幼儿有更多的练习机会。如：和幼儿一起设置“饲养角”和“种植角”，饲养角可养上龟、金鱼、泥鳅、蝌蚪等，让孩子一同参与管理，一块儿来喂鱼、换水、擦洗鱼缸等。种植角可以为小苗下种、松土、浇水、施肥、拔草、修剪等，还能让幼儿观察花开花落、种子发芽等现象，让幼儿感受劳动的欢欣。幼儿是乐于和同伴、老师一起劳动的，在环境的熏陶下，可以建立幼儿劳动的意识，融洽气氛，促进情感，激发幼儿参与劳动的愿望。

2. 尝试多元激励，鼓励爱上劳动

对于3～6岁的幼儿来说，劳动教育应该渗透于幼儿在园的一日生活，这个阶段的劳动教育更多的是为了帮助幼儿从小树立劳动的意识，养成劳动习惯，培养热爱劳动的精神。我们可以通过绘本故事、音乐、儿歌让孩子们爱上劳动，能自己的事情自己做，教会他们独立、自主的能力，从而使他们懂得珍惜每一个人的劳动成果，知道如何去做一些自己力所能及的事情。

表3：多元激励形式与内容

激励形式	内　　容
绘本故事	《小威利做家务》《第一次上街买东西》《爷爷一定有办法》《南瓜汤》《我是小花匠》《乱作一团》《田鼠阿佛》
音乐	《劳动最光荣》《好妈妈》《从小爱劳动》《爱劳动快乐多》《劳动最美丽》《爱劳动的好娃娃》
儿歌	《五一节》《爱劳动》《做个爱劳动的好孩子》《劳动歌》《劳动最光荣》《太阳和我做值日》《小蜜蜂》《大家一起来劳动》

家长也好，教师也好，要尽量让劳动变成幼儿快乐的源泉。因为只有在劳动中体验到快乐，幼儿才会放松愉悦同时爱上劳动，也才能够唤起他们对于劳动的更多兴趣。其中，经常用到的就是绘本故事的引入、歌曲的熏陶、儿歌的共鸣，更多方式激励并拉近了幼儿的情感体验，极大调动了他们的感官参与，也加速消除了劳动过程中的陌生感、情绪化。

3. 提供劳动清单，明确劳动任务

小班孩子爱模仿，喜欢模仿大人做事的动作，具有较强的动手尝试需要，劳动清单可以提高自我意识。中班孩子做事的有意性增强，能够接受老师的建议或完成一些力所能及的任务，喜欢独立做完一件事情。此时，劳动清单应注重孩子动手能力的培养。大班孩子的生活自理能力较前阶段更独立，对劳动持认真态度，关心劳动结果，也能初步理解劳动的社会意义，在劳动中表现出一定的目的性行为。此时，劳动清单应注意幼儿社会情感的培养。

表4：各年龄段劳动清单

主题类型	应 该 会 做	可 能 会 做
小班	1. 自己动手不用喂 2. 自己端水杯饮水 3. 餐后捡起散落在桌上的食物残渣，会放入空碟内 4. 自己脱、穿裤子如厕 5. 自己洗手、擦手 6. 餐后自己漱口、擦嘴 7. 起床后自己穿衣、穿裤、穿脱鞋子 8. 自己拿取玩具，玩后将玩具物归原处	1. 自己剥虾壳、蛋壳 2. 使用筷子进餐 3. 用梳子梳短发 4. 用小毛巾擦汗 5. 自己解、扣纽扣 6. 自己拉锁拉链 7. 擦拭室内运动后踩过的椅子、桌子
中班	1. 自己如厕、冲便 2. 为自然角植物浇水，参与植物照射阳光的搬动、摆放等劳动 3. 用衣架把自己脱下的衣服挂好 4. 绘画活动后擦拭桌垫 5. 粘贴破损的图书 6. 扶起班中倒下的椅子和其他物品 7. 餐前帮助生活老师摆放筷和勺 8. 餐后捡起掉落在地上的饭粒 9. 帮助老师提些较轻的物品等 10. 主动整理、分类玩具柜里的物品 11. 运动、游戏后将桌椅、玩具收纳箱摆放整齐	1. 大便后自己用卫生纸擦拭 2. 帮助老师绑扎倒下的植物 3. 擦拭桌子、地面的水渍和污渍 4. 修补纸质的玩具盒 5. 和老师一起参与垃圾分类 6. 整理书架上、书橱中自己阅读的图画书 7. 起床后尝试自己叠被子 8. 分类整理图书角里的书籍
大班	1. 自己如厕、冲便 2. 自己整理仪表 3. 进餐时自己剔除鱼刺、肉骨 4. 和同伴一起擦拭盆景和植物摆放 5. 为自然角、阳光田园浇水 6. 自己装订小画册或记录本 7. 修补损坏的图书 8. 餐前帮助生活老师摆放筷和勺 9. 餐后捡起掉落在地上的饭粒	1. 大便后自己用卫生纸擦拭 2. 帮助老师绑扎倒下的植物 3. 擦拭桌子、地面的水渍和污渍 4. 修补纸质的玩具盒 5. 将果皮等集中收拾扔进湿垃圾桶

对于幼儿园阶段的孩子来说，源于体验和自主服务的劳动往往比成人命令指挥式的任务更有意义。只有当孩子们真正从内心接受劳动，感受到劳动的快乐，才会激发他们持续参与劳动的兴趣，为从小爱劳动的心注入活力。热情是一时的，为了将热情转化为习惯，我们借助劳动清单，推出爱劳动小程序打卡系统，将每个幼儿的家务劳动清单转变为真实的劳动，有效地推进幼儿劳动素养的实施，以体验共享为导向。

4. 结合特色活动，培养劳动习惯

幼儿园的屋顶田园，是孩子们最喜欢的活动场所之一，在那里，他们体验着劳作的乐趣，丰收的喜悦，同时也经历着劳作带给他们的考验。《幼儿园教育指导纲要》指出："幼儿的生活环境是幼儿学习与发展的条件，同时强调利用生活中的教育资源能有效地促进幼儿生动、活泼的发展。"我们的屋顶田园为幼儿提供了与大自然亲密接触的有利条件，在不同的活动中能让其体验不怕脏、坚持、勇敢、克服困难、取得成功的愉快情绪，也是帮助幼儿建立良好的劳动习惯的重要场所。在建设屋顶田园的过程中蕴含了很多幼儿劳动的行为，如搬运泥土阶段，幼儿需要通过个人或者和同伴合作的方式，借助铲子、水桶、纸箱、袋子等工具，自己动手把泥土装进去，并通过自己提、两人抬等动作成功搬运至屋顶；在种植阶段，幼儿需要尝试挖土、撒种、洒水等一系列动作；养护阶段，有的爬藤植物需要架棚，有的幼苗需要小竹竿支撑。上述这些行为都是幼儿在平时的生活中接触不到的，通过特色活动的开展，让幼儿在快乐的氛围中养成劳动的习惯，能够对于日常的一些劳动行为习以为常。

（四）一日活动中提高幼儿劳动素养的形式研究

1. 独立完成，自主提升

教育家陈鹤琴先生提出："凡是儿童自己能做的，应当让他自己做。"幼儿生活自理能力是指幼儿在日常生活中照料自己生活的自我服务性劳动的能力，也是提升幼儿劳动素养的一大重点。为了增强幼儿自我服务意识和生活自理能力，形成良好的劳动素养，我们开展了以"劳动小能手"为主题的自理能力比赛活动，提高幼儿自我服务的能力，学会自己的事情自己做，让幼儿成为独当一面的"小大人"。其中小班的宝贝们进行了穿鞋子、叠衣服和收玩具的比赛，中大班的宝贝们进行了整理书包、叠被子、擦桌子等内容的竞赛。比赛活动中，幼儿认真参与，拿出自己的本领和小朋友们一决高低。

寓教于劳、寓教于常，正确的劳动意识和习惯是幼儿一生宝贵的财富。通过独立完成任务，让幼儿从自身做起，从小事做起，体验劳动的乐趣，放手让幼儿去锻炼，给他们成长的机会，在每一次锻炼中获得更大的进步。

2. 集体共同，携手创造

在生活中，我园中大班幼儿每周都有机会担任值日生，他们主动认领任务，为大家照顾自然角搬桌椅，分发材料。我觉得利用离园前十分钟开展每天一评、每周一选值日小明星的活动，既树立幼儿参与劳动的责任感，又增强幼儿为大家劳动的自豪感。运动中幼儿主要结合自己事情自己做、集体事情大家做，培养幼儿整理器械、参与摆放的劳动意识。这些内容都是相互渗透的，它既是劳动，也是发展团队合作，因此通过集体共同完成劳动任务，才能携手创造美好未来。

大家一起劳动的过程中，我能感受到孩子的喜悦，可能这些事情他们在家里从未做过，但是因为作为班级的一分子，为班级打扫卫生共同完成劳动任务，对于他们而言是非常有自豪感的。同时在打扫过程中，他们的劳动能力也在不断地提高，后续也能带动幼儿在家的劳动行为。

3. 小组合作，互帮互助

小组合作的形式在一日活动中比较常见，比如班级中日常角色游戏的整理与分类：小超市的工作人员负责货架，小医院的工作人员负责医院；特色活动中的种植养护：有的小组负责种植洋葱，有的小组负责种植白菜，有的种萝卜，等等，都需要幼儿分组完成。通过分组能够让幼儿在劳动中互相学习，体会大家的合理分工能够提高劳动的效率，同时了解到周围人劳动的辛苦，学会珍惜劳动成果。

田园里新增了一批辣椒苗，孩子们两人一组各自认领一盆，做好标记，辣椒爸爸和妈妈们便开始了合作照顾辣椒苗的日子。“我们的辣椒长了4片叶子。”“我们的有5片。”“我们的辣椒长出了一朵白色的小花了。”“老师，我们的辣椒开花啦！”孩子们每天细心记录自己小组辣椒的生长情况。又过了一段时间，孩子们惊奇地发现，不同大小盆中的辣椒生长速度不同，有的辣椒苗长得高，快要倒下来了。两个人经过一番商量，去工具房里找来了小竹竿和麻绳，一个扶住小苗，一个将竹竿插进泥土，用绳子绑住固定……

小组合作是一种幼儿在小组或团体中为了完成共同的任务，有责任分工的互助性学习。当活动以小组的形式开展，幼儿在两人一组种植养护辣椒苗的过程中，通过分工、沟通、合作，体验着种植的乐趣，那种满足感、自豪感、幸福感是无法用语言来表述的。由此，幼儿也能从种植养护的过程中了解到农民伯伯种植的艰辛，需要长时间的精心养护才能收获果实，领悟到在日常的生活中要珍惜劳动后的成果，尽可能物尽其用。

三、研究成效

1. 幼儿劳动素养得到进一步提升

我们深知，劳动素养既是孩子今后生活的需要，也是孩子未来生存的需要，更是让孩子生命更好发展的需要。因此通过幼儿在生活、运动、游戏、学习、特色活动中感受劳动的重要性，让幼儿在生活中劳动，在劳动中学习，在学习中增长智慧、愉悦身心，让自然生动、丰富多样的劳动成为孩子们独享的美好生活，让儿童在快乐自主且富有教育价值的劳动生活中养成自信、专注、责任、友善、感恩的良好品格。

2. 教师的教育理念得到进一步优化

教师是实践的主体，更是实践智慧的创造者。幼儿园搭建平台，定期组织教师将一日活动中对劳动素养研究实践中形成的成功案例、实效经验进行分享交流，让教师感受到实践研究中自身的作用和成功，树立教师实践变革的信心，进一步激发老师研究幼儿劳动素养的热情，在实践研究的跑道上走出自己的精彩。

四、问题与反思

课题研究虽然取得了一些成果，但是也存在着一系列需要后续思考的问题，并做进一步的探索。

1. 提高劳动素养的方法和形式还需要继续丰富。在课题研究阶段，发现更多时候研究的重点落在了“劳动内容”上，对于“如何提升幼儿劳动素养”的培养方法和形式的研究比较单一，缺乏创新性。

2. 一日活动中幼儿劳动素养的培养途径和内容需要不断细化。此次课题研究在一日活动中幼儿劳动素养培养内容方面做了一些探索与努力，也取得了一定的成果。如果能够围绕某一点展开更加深入与细致的研究，课题收效会更好。

参考文献：

[1] 檀传宝.劳动教育的概念理解[J].中国教育学刊，2019.

[2] 王书.人工智能背景下的儿童劳动素养[J].北极光，2019（12）.

[3] 吴玲.陈鹤琴幼儿劳动教育思想探要[J].安徽师大学报（哲学社会科学版），1998.

[4] 沈春宇.开展劳动特色活动，提高学生劳动素养[J].辅导员，2012.

[5] 蔡琳.教学做合一培养幼儿劳动素养的实践研究[J].小学科学（教师版），2014.

[6] 潘西.当代小学生劳动教育问题探析[J].教育科学发展，2020.

[7] 赵青.种植活动提高幼儿劳动素养的实践研究[J].东方宝宝（保育与教育），2016.

基于儿童视角审视和架构主题目标和内容的策略探析

——以大班主题“我自己”为例

邵　怡（上海市浦东新区冰厂田幼儿园）

一、问题的提出

当前幼儿园课程大多以“主题”形式开展。上海市也出版了相应的教师参考用书，例如《二期课改教师参考用书》（简称“教材”），是上海市各级幼儿园实施主题活动、架构主题目标和内容的主要依据和素材来源。然而，在具体实践中，随着课程资源的日益丰富，教师对活动素材的过度依赖，活动方案的重复使用，按部就班地架构主题目标和内容等现象日益凸显。这些现象的背后，归结为一个根本问题，就是“儿童视角”的缺乏。具体表现为：

第一，忽略儿童的兴趣和需求。儿童所处的生活及社会环境日新月异，一成不变的主题活动无法满足儿童发展的需求。

第二，忽略儿童的主体性地位。教师按照教材及教参中的主题目标、内容以及开展顺序架构主题，看似有序，却忽略了儿童的参与与决策，忽视了儿童的主体性地位。

因此，基于儿童视角架构主题目标和内容显得必要且迫切。应该既要适合儿童的现有水平，又要具有一定的挑战性；既要符合儿童的现实需求，又要有利于儿童的长远发展；既要贴近儿童的生活来选择儿童感兴趣的事物和问题，又要有助于扩展其经验和视野。

二、核心概念的界定

（一）儿童视角

教育者能够在教育实践中主动自觉地关注儿童、理解儿童、移情儿童，站在儿童的立场上，设身处地地感儿童之所感，那么这样的教育者就是具备儿童视角的表现，即我们通常所说的教育者眼里有孩子。儿童视角是教育者“自外而内”地探寻和理解儿童内在体验的自觉意识。

（二）主题目标和内容

幼儿园主题活动是由班级教师和儿童围绕一个中心话题共同开展的系列活动。主题目标和主题内容是构成幼儿园主题活动的重要部分。

主题目标是指通过主题活动所要完成的任务，或达成的成果，体现了主题的核心价值，包含着儿童认知与技能、情感与态度等方面的发展需求。

主题内容是对主题目标的具体落实及达成，是教师基于儿童现有经验、兴趣需求和发展规律等设计的围绕主题目标的一系列活动，包含语言、科学、艺术、社会等领域的活动内容。

（三）基于儿童视角审视和架构主题目标和内容

基于儿童视角审视和架构主题目标和内容，是指教师审视并解读原有主题的核心经验和活动内容后，在尊重和理解儿童的现有经验、兴趣需求以及发展规律的基础上，架构、调整主题目标和内容的动态过程。

三、文献综述

基于儿童视角审视和架构主题目标和内容的策略探析从提出到实施推广，历时尚短。因此，目前关于此方面的研究仍处于起步摸索阶段。尽管我国幼儿园阶段研究儿童视角的同行近年来已经在此方面进行了不少探索，但对于儿童视角方面的研究大多集中在具体实践方案中，对于建立在以《上海市二期课改教师参考用书》基础上如何审视和架构主题活动方面的探索研究较为稀少。如何既能遵循“二期课改”的理念和精神，保障教育教学活动的有序开展，又能基于儿童视角，关注儿童的实际兴趣和需求调整主题目标和内容，有效架构主题活动？仍是目前亟待研究和解决的问题。

对此，本文将结合审视和架构主题目标和内容的主要策略，对基于儿童视角，如何架构幼儿园主题活动进行深入探析，并总结其中的实践策略。

四、基于儿童视角审视和架构主题目标和内容的策略

教育实践中研究发现，基于儿童视角审视和架构主题目标和内容主要经历三个步骤：第一步——审视原有主题目标和内容，把握核心经验；第二步——观察与倾听，了解儿童的现有经验、当前兴趣，并基于发展规律发现问题需求；第三步——基于理解儿童，调整原有主题目标和内容。

下文将以《上海市二期课改教师参考用书》——“5～6岁学习活动”中的大班主题“我自己”为例，展开具体探析。

（一）审视原有主题目标和内容，把握核心经验

1. 解读主题目标，把握核心经验

主题目标既指向于整个主题，也涵盖主题各分支中活动内容的目标。主题目标一般由“认知与技能”和“情感与态度”两部分核心经验构成。解读目标，不仅能够帮助教师了解原有主题的核心经验及其对儿童的发展价值，还能把握其中不同年龄段的侧重点，是检验课程有效性实施的指标。

例如，“我自己”主题从“身体真有用”“和影子捉迷藏”以及“我和别人不一样”三个分支展开。经解读后发现，教师在架构主题时除了要注重引导儿童了解“身体会动的部位”“保护身体的方法”和“影子的特征”等认知技能经验外，还应注重培养儿童自我意识的形成，激发儿童探索兴趣以及培养儿童交往能力和正确表达情绪情感等能力发展。

另外，幼儿园不同年龄段中都有与人、与动物、与自然等相关联的主题，其经验存在着螺旋式上升、逐步递进的逻辑关系。解读不同年龄段的主题目标，有利于教师精准把握不同年龄段中相同主题的经验侧重点，并能基于不同年龄段儿童的认知发展阶段有效架构及实施主题活动。

以中班“身体的秘密”和大班“我自己”做比较。如果说，中班还停留在“对身体外部特征”的了解，那么大班已经进入了“对身体更深层次的内部器官和功能”的探索，同时大班还注重“积极情绪情感”的培养。

2. 审视主题内容，发现内在关联

儿童的经验是在“认知经验的逐渐叠加”“情感体验的不断累积”“探索操

作的反复尝试”的过程中建构起来的。每一个经验都是由若干个活动内容相互映衬、支撑才得以获取、习得和巩固的。因此，在把握主题核心经验后，教师需要进一步解读主题内容并理清内在关联，以便于主题核心经验的有效落实。

每一个主题由不同的主题分支和各个活动内容构成。审视主题内容，不仅有助于教师掌握不同活动内容对儿童发展的核心价值，还能帮助教师掌握主题内容之间的关联性和递进性，判断主题开展顺序，为后续调整主题目标和内容做好经验准备。

（1）主题内容之间的关联

例如，“我自己”主题中“身体真有用”“我和影子捉迷藏”和“我和别人不一样”三个分支分别指向了“了解身体会动的部位”“探索影子的秘密”和“正确认识自我，尝试积极情感表达”这三方面的核心经验，其经验间并没有明显的关联性和递进性。因此，教师在架构主题时可以根据班级儿童的兴趣需求切入相关分支并开展活动。

又如，“身体真有用”分支中的“拷贝不走样”“小木偶的舞蹈”和“运动员俱乐部”这三个内容聚焦了目标“了解身体各个部位都会活动”，它们之间的经验是有关联的。而“红绿小人”“我们会呼吸”则指向了目标“会欣赏和保护自己的身体”。通过审视，有利于教师梳理、整合相同核心经验的活动内容，为架构主题做好准备。

（2）主题内容与主题目标之间的关联

以主题分支“我和别人不一样”为例，审视内容后我们发现：与目标“尝试用不同的方式表达自己的情绪，学习根据他人的情绪、表情，调节自己的行为”相关联的内容只有“我不生气了”一个活动。相对目标而言，儿童的体验太少，内容太单薄。结合日常生活中大班儿童的情感需求，教师需要进一步观察和理解儿童，当发现儿童有情感需求时，需要对这一部分的内容进行适当补充和调整。

（3）领域经验之间的关联

除了上述审视外，教师更不能忽视主题内容中凸显的领域经验。幼儿园主题活动关注儿童经验的整合，是通过一系列带有领域倾向的教学活动来展开的。这些带有领域倾向的教学活动不同于单一的学科教学，需要教师在学科教学的惯性思维中跳脱出来，在儿童经验建构的脉络情境中去思考，解析基于主题背景下每个活动的主题价值和儿童发展点。

审视主题目标和内容是为了让教师对即将开展的主题做到心中有数，并为后续“观察理解儿童”做好经验准备。

（二）观察与倾听，理解儿童

教师对儿童的观察与倾听主要体现在“了解现有经验”“捕捉当前兴趣”以及“基于发展规律，发现问题需求”这三方面。

1. 了解现有经验

儿童的成长建立在现有经验的基础上，这是儿童学习发展的规律，也是架构主题目标和内容的依据。

在“我自己”主题开展前，教师通过观察、谈话、调查等方法对班级儿童的现有经验进行摸底后发现：班中儿童对于“自己”的经验聚焦在“成长变化”“身体秘密”“本领”“爱好”和“情绪”等方面。比如关于“成长的变化”：儿童知道长大不仅是年龄变化，本领也变大了；知道自己的事情自己做，乐于帮助身边人……

2. 捕捉当前兴趣

当了解儿童的现有经验后，教师也需捕捉儿童的兴趣。因为兴趣是儿童最好的学习动力，也是架构主题、推进课程的主要依据。要注意，这里所指的兴趣不仅是个体儿童的兴趣，而应体现大多儿童的兴趣。

例如，在一次学习性区角活动中，教师捕捉到了儿童关于“单双眼皮”的对话，并在分享环节引发了全班讨论，激起了儿童对身体各种“遗传印记”的探索兴趣：为什么有的人是单眼皮，有的人却是双眼皮？我的妈妈是双眼皮，我也是双眼皮，我和妈妈一样……

3. 依据发展规律，发现问题需求

除了理解儿童的现有经验和当前兴趣外，了解儿童的年龄特点和发展规律也是架构主题目标和内容的理论基础和重要依据，教师可以借助相应的工具书来观察理解儿童。

例如，在“我自己”主题开展前，教师结合了《3～6岁儿童学习发展指南》和《上海市幼儿园办园质量评价指南》中的评价指引来分析班级儿童的各方面发展水平，并从中发现相应的问题需求。比如，班级儿童虽然乐意在集体面前表达自己的想法，但在语言表达的逻辑性、完整性、词汇的丰富以及肢体动作的表达等方面仍有提升空间；儿童虽然在日常活动中有分工合作的行为，但会因意见不合发生争执，还没有形成一定的解决方法等。

理解儿童的现有经验、当前兴趣和问题需求，是为了更好地将“主题的核心经验”与“儿童的兴趣需求”做一个勾连，让教师“心中有数”，并为第三步“基于儿童，调整和架构主题目标和内容”做好经验准备。

（三）基于儿童，调整主题目标和内容

1. 基于理解儿童，调整主题目标

调整主题目标是基于教师解读主题核心经验以及观察、理解儿童的基础上对原有主题目标的补充和完善。

以“我自己”主题为例，除了保留原有主题目标外，教师补充了两条目标：

第一，基于班级儿童对身体各种遗传“印记”的兴趣以及引发的后续探索行为，补充目标“通过多元手段了解身体的遗传印记，如单双眼皮、肤色等，有一定的探索兴趣”。

第二，依据大班儿童的自我意识、生活习惯、合作能力、规则意识等方面的现有经验和发展需求，补充了“理解成长的意义，尝试做力所能及的事情。乐意帮助及关爱老师、同伴及身边人”。

2. 基于主题目标，调整主题内容

在基于理解儿童、调整主题目标后，主题内容也应进行相应的补充、整合和替换。

（1）补充是基于儿童当前兴趣或潜在需求而生成的主题内容

例如，基于“理解成长的意义，尝试做力所能及的事情。乐意帮助及关爱教师、同伴及身边人”这条目标，生成了“了不起的本领”“我是哥哥姐姐”“我的升班我做主”等聚焦“我长大了”的系列活动。

又如，聚焦“尝试用不同的方式表达自己的情绪，学习根据他人的情绪、表情，调节自己的行为”这一主题目标，相对应的内容仅有“我不生气了”一个活动。因此，生成了“我的心情”的内容分支，并补充了“我的心情日记”“情绪大作战”和“再见了，坏情绪”等活动。

（2）整合是对指向相同核心经验且经验之间无递进性的活动内容做整合

例如，主题分支“和影子捉迷藏”中的“影子戏”和“影子做游戏”的核心经验都指向了“对影子及其变化感到好奇。在比较中感知和探索影子的基本特性”。比较之下，“和影子捉迷藏”的内容和形式更开放，因此教师把“影子戏”中的相关经验和内容整合到活动“和影子捉迷藏”中。

（3）替换是基于儿童的兴趣并结合主题的核心经验，对儿童不感兴趣的内容做替换尽管在“我自己”主题中没有替换的内容，但在很多主题中大家都会碰到需要替换的情况。例如，在大班“我们的城市”主题中有“动物网吧”这样一个内容，鉴于当今儿童家中都有电脑，“网吧”已经不符合他们的兴趣需求了，因此，教师可以将“网吧”替换成与时俱进的“网络购物”。

此外，要注意的是对不符合儿童现有需求或不合时宜的内容可以删除。例如大班主题“我们的城市”中的“东方书报亭”。

总之，基于儿童视角审视和架构主题目标和内容，其目的在于提示教师在主题架构过程中应注重对儿童的观察和理解，支持儿童的参与与决策，让主题目标和内容的架构成为师生共同参与、共同卷入的动态调整过程。

对教师而言，既要审视原有主题目标和内容，对即将开展的主题做到心中有数，又要通过观察倾听，理解儿童的现有经验、兴趣需求、年龄特点以及发展规律等，对主题目标和内容作出及时调整，真正地做到基于儿童视角，师幼共建课程。

参考文献：

[1] 李召存.以儿童为本:“走向为了儿童”与“基于儿童”的整合[J].学前教育研究，2015（7）.

[2] 沈颖洁.以儿童立场来追问——幼儿园开展“本源性主题”的实践与思考[J].中国教师，2013（1）.

大班自然体验活动中班本化课程实施的思考与探索

——以探秘落叶下面的世界为例

陈小芳（上海市浦东新区冰厂田滴水湖幼儿园）

《3～6岁儿童学习与发展指南》中指出，5～6岁幼儿爱学、好问，有极强的求知欲望。自然体验活动是儿童在探索自然的过程中，通过亲身体验发现自身的意义，并与身边的生活相联系的多种活动方式。在自然体验活动中，大班幼儿会根据自己的实际体验萌发出非常多的问题。那么应该如何根据幼儿的这些问题，帮助幼儿不仅在自然体验活动中获得经验的成长，更是在探索的过程中进一步激发大班幼儿探索的欲望，是我在开展自然体验活动时一直在思考和探索的问题。接下来我将以探索灌木丛中落叶为例，阐述大班幼儿自然体验活动中班本化课程实施的思考与探索。

一、案例实录——落叶下面的世界很神秘

在园庆期间，有一次我们开展了班本“清捡垃圾，美化幼儿园”园庆活动。在捡落叶的时候有很多孩子都钻到灌木丛中去捡落叶，老师说：“树丛中的落叶不需要捡的。”孩子们就好奇地问：“为什么落叶不需要捡呢？”这时候一个女孩说：“因为落叶不是垃圾，它会变成大树肥料的。”“落叶会变成肥料，怎么可能？”于是他们围绕这个话题开始叽叽喳喳地讨论起来。从他们的讨论中我发现，这个话题是他们的兴趣点，同时也是他们的困惑之处。作为观察者和引导者的我，需要引导他们进一步地探索了解。

于是，我就带着他们先一起近距离、细致地观察落叶的堆积状态。在观察的时候，孩子们发现，原来落叶下面的世界如此神秘。他们发现落叶下面有蚂蚁、小洞洞、鼻涕虫、蜗牛、青苔、腐烂的叶子、癞蛤蟆、蚂蚱……原来落叶下面有这么多神奇的东西。针对这些东西，孩子们又生出很多疑惑，比如："为什么落叶下面会有青苔？""落叶下面的小洞洞是什么？""落叶下面白色的小虫子是什么？""叶子腐烂了会变成什么？""鼻涕虫为什么喜欢躲在落叶下面？"……

二、思考与实践——探秘落叶下面的世界我们在行动

通过初次与落叶的亲密接触，孩子们产生了很多的疑惑，衍生出很多的问题。对于孩子们的这些问题，于是我就有了这样两个思考：

第一，孩子们提出的这么多问题，到底哪些问题才是适合孩子们去深度学习的？哪些问题可以作为我们班本化探索的内容？

第二，探索这些问题孩子们需要什么样的支持？也就是说基于儿童视角，我们可以采用何种途径与方法支持孩子们学习？

基于以上两点思考，我开始了不断地思考与实践。

（一）班本化课程如何基于儿童视角选择合适的问题

《指南》当中指出，5～6岁幼儿爱学、好问，有极强的求知欲望。学前后期的儿童对周围世界有着积极的求知探索态度，他们不但爱问"是什么"，还想知道"怎么来的""什么做的"。提问是幼儿积极的学习品质，是幼儿好奇心与主动性等积极学习品质的重要体现，反映了幼儿的思维水平、兴趣倾向、言语水平、生活经验以及最近发展区。基于此，我认为我应该认真对待孩子们提出的每一个问题，尽管这些问题老师也一时间难以准确地回应他们，但是老师要积极地回应并给予关注，让孩子感受到老师对他们的尊重。从心理环境来看，教师重视、积极回应幼儿的提问，有助于建立平等、民主的师幼关系。

但是认真对待孩子们的每一个问题，并不代表每一个问题都适合作为班本化课程探索的内容。我要做的是如何甄别问题，从中筛选出合适的问题作为我们班本化探索的内容。

1. 问题的甄别与分类

科学地将问题分类是为孩子们的学习提供有效支持的前提。在孩子们提问的基础上，通过甄别，根据问题"是什么""为什么""怎么样"三个维度，将问题

分成客观事实的知识性问题、推理缘由型的理解问题、思维行动型的探索问题，具体详见表1。

表1：幼儿在自然体验活动中的提问分类

问题类型	客观事实的知识型问题	推理缘由型理解问题	思维行动型探索问题
维度	是什么	为什么	怎么样
内涵	询问事物的概念、用途、属性、类别等基本问题。	询问推理事件的真假、事物的缘由。	探究事件之间的关系、工作原理以及问题解决策略。
孩子们的具体问题	1. 落叶下面的小洞洞是什么？ 2. 落叶下面白色的小虫子是什么？ 3. 落叶下面棕色的小虫子是什么？是不是蚂蚱？	1. 为什么落叶下面会有青苔？ 2. 蜗牛为什么喜欢躲在落叶下面？ 3. 鼻涕虫为什么要躲在落叶下面？ 4. 落叶下面为什么会有这么多的小洞洞？	1. 叶子腐烂了会变成什么？ 2. 落叶是怎么腐烂的？ 3. 落叶是怎么变成大树妈妈的肥料的？

从表1呈现的孩子们的问题可以看出，孩子们对落叶下面的秘密有一些经验，比如知道落叶会腐烂、落叶腐烂了可以变成肥料，认识落叶下面的一些小昆虫。但是对于落叶是如何腐烂的，小虫子为什么喜欢躲在落叶下面，落叶下面的小洞里面又有哪些秘密，都还不是非常地了解。根据这些问题背后的原因，我认为孩子们真正想要了解的是这样几大类问题：

- 关于落叶腐烂原理的探索
- 关于落叶下面的小洞的探索
- 关于落叶下面生存环境的探索
- 关于小虫子生活习性的探索

2. 问题的取与舍

这么多种类型的问题，哪些才是适合幼儿去深度学习，适合我们开展班本化课程的呢？我认为可以依据这样几个方面进行取舍。

（1）依据幼儿现有的认知水平

维果斯基的“最近发展区理论”，认为学生的发展有两种水平，一种是学生的现有水平，指独立活动时所能达到的解决问题的水平；另一种是学生可能的发展水平，也就是通过教学所获得的潜力，两者之间的差异就是最近发展区。因此，我们先通过调查的方式了解幼儿对这些问题的现有认知水平，然后再在此基础上提供支持。

通过谈话与调查我们发现，孩子们对于落叶如何腐烂、落叶下面的小洞洞、落叶下面的小虫子这三个问题普遍感兴趣却又缺乏经验，于是我们初步选择了这样三个问题，以探索落叶腐烂的秘密、落叶下面的小洞洞以及小虫子的生活习性为主题。

（2）依据主题核心经验的需求

选择了问题，我们根据主题核心经验的要求，选择了在“动物大世界”这个主题中“不同的家园”子主题，该主题下的核心经验是，了解常见动物不同的特点及其与周围环境的关系，有进一步探索动物生活习性的愿望。并根据《上海市幼儿园办园质量评价指南》，初步了解人类生活和自然环境之间的关系，懂得珍惜生命，知道保护环境的重要性。基于以上两个核心经验的需求，我们再次将问题进行筛选，最后从探索落叶腐烂的秘密以及小虫子的生活习性两个方面开展我们的班本化课程。

（二）自然体验活动中班本化课程可以采用何种途径与方法支持孩子们的学习

教师回应就是教师从幼儿生活中捕捉有价值的问题，适时适宜地给予回应，并引导他们去探索、去挑战，以获取有助于成长的经验和智慧。通过什么途径，采用什么方式解答这些问题，即是教师对幼儿提问的回应策略。根据问题的分类，我主要采用了这样几种途径和方法。

1. 家园合作共同制订计划

家庭是幼儿成长的重要环境，课程的有效实施离不开家长的支持。自然体验活动的内容广泛，对自然环境的要求又比较特别，因此为了更好地实施本次班本化课程，我们通过晓黑板、家长会等方式提前告知家长，并与家长共同商量课程实施需要的材料、环境以及其他方面的支持条件。通过交流，我们制订出了共同远足去环湖西三路的公园探索落叶的远足计划，孩子们各自带上调查表与小铲子等工具，去挖掘、观察幼儿园外面的落叶秘密。

除了集体的远足活动，还有每个家庭自己去查找资料调查的计划，根据调查表上面的计划，孩子们和家长一起查找资料，了解落叶腐烂的过程、小虫子们的生活习性等。同时，家长也会利用周末的时间，带着孩子们去不同的公园、不同的落叶下面去探索落叶的秘密。

2. 班级交流分享调查结果

除了各种搜集资料调查，我们还组织孩子们交流分享自己的调查结果，将孩子们个体的调查结果汇总，不仅能够形成集体性的结果，更是在交流分享的过程中将个体的经验变成了集体的经验。孩子之间可以相互学习，老师更是在这个过程中了解孩子们的最近发展区，从而为后面的集体性的学习活动做好铺垫。调查中我们发现，原来落叶下面的虫子还有很多种，很多虫子是幼儿园里没有的。观察的地点不一样，发现的虫子也不一样，那么也就提示着孩子们不同地点的落叶环境是不一样的，不同环境会有不一样的小虫子。于是我们就开展了“不一样的虫子的家”这样的集体学习活动。通过这个活动的开展，帮助幼儿梳理虫子生活习性。

3. 多领域活动形式让课程更立体

为了让我们的课程更加的立体，除了上面的调查、远足、个别化学习等，我们还通过多领域的集体教学活动开展我们的课程。我们开展了科学活动“地底下的秘密”，开展了艺术活动“蜗牛”，开展了语言活动“我观察到的落叶世界”等多种领域的活动。

4. 养殖实验让感受体验更直观

自然体验活动更加注重幼儿的直观体验与感受。为了让孩子们更加近距离地观察与体验，我们在班级里组织孩子们养殖了蜗牛、蚂蚁等小动物，通过养殖进一步了解这些小动物的生活习性。

5. 相关绘本的交流与分享

在调查的过程中，很多家庭会发现一些非常贴近我们课程内容的绘本，孩子们也非常喜欢。于是，家长会自发地让孩子们把自己看过的绘本带来幼儿园，一起分享，一起交流。比如，了解地底下秘密的绘本《地底下的动物》、神奇校车系列的《腐烂小分队》等。

（三）自然体验活动中班本化课程实施带给孩子们的成长

1. 心理层面感受到被尊重、被关注

叶澜说：“教师要学会倾听孩子们的每一个问题，每一句话语，善于捕捉每一个孩子身上的思维火花。”幼儿的提问反映了幼儿的经验、兴趣、困惑与活跃的思维过程，教师通过认真倾听幼儿的提问才能深入地探析幼儿问题世界的秘密。“认真倾听”强调倾听与听的区别。教师常常听到儿童的声音，但他们有时候听到的仅仅是声音，并没有深入理解儿童话语的含义，所以只是简单随意地回应幼儿，这是听而不是倾听。倾听反映了教师对幼儿的尊重，对幼儿提问的重视。幼儿对于成人是否认真倾听有着非常敏锐的感知力，所以教师需要对幼儿的每一个问题都“认真倾听”，并积极地回应幼儿，让幼儿在心理层面感受到被尊重、被关注。

2. 保持探究兴趣和探究精神

提问是幼儿探索世界、认识世界、满足求知欲的一种方式。《幼儿园教育指导纲要（试行）》中科学领域的目标之一就是“对周围的事物、现象感兴趣、有好奇心和求知欲”，要求教师“支持、鼓励幼儿大胆提出问题，发表不同意见”，体现了在科学领域对幼儿提问的重视。其实，不仅在幼儿园的科学领域中需要支持、鼓励幼儿提问，在幼儿的一日生活中也应如此。通过幼儿在一日生活中的提问不仅可以了解到幼儿对什么事物、现象感到好奇，对什么感到迷惑，其语言与思维处在怎样的发展水平，还可以通过提问了解到幼儿的生活经验的最近发展区。总而言之，幼儿提问反映了幼儿的思维水平、兴趣倾向、言语水平、生活经验。因此，以幼儿的提问生成和建构的课程活动可以极大地引起幼儿的兴趣，发挥幼儿主动性，热情投入到活动中去探索问题。这不仅使幼儿感受到自己的提问值得被重视，也培养了幼儿对于问题的探究精神。这种探究精神正是当今社会需要的创新型人才所必要的精神。

3. 形成受益终身的学习方法和能力

《3～6岁儿童学习与发展指南》中指出，成人要善于发现和保护幼儿的好奇心，充分利用自然和实际生活机会，引导幼儿通过观察、比较、操作、实验等方法，学会发现问题、分析问题和解决问题，帮助幼儿不断积累经验，并运用于新的学习活动，形成受益终身的学习方法和能力。孩子们提出的这些问题我不想直接告诉他们答案，而是通过各种方式和途径让他们自己去了解去探索，其实最终的目的是为了让他们形成学习方法和能力，因为这些能力才能让他们受益终身。

4. 敢于大胆表达表现自己的所见所闻

《指南》中指出，幼儿的语言能力是在交流和运用的过程中发展起来的。应为幼儿创设自由、宽松的语言交往环境，鼓励和支持幼儿与成人、同伴交流，让他们想说、敢说、喜欢说，并能得到积极回应。在所有的探索过程中，我注重让幼儿通过记录表或绘画的方式，与同伴一起分享自己的所见所闻，并大胆地表达表现自己的观点。因此，在分享交流的过程中，孩子们变得更加想说、敢说、喜欢说。

三、反思与调整——探秘落叶下面的世界可以怎么做，还能怎么做

（一）探秘落叶下面的世界可以怎么做

基于本次的自然体验课程探索，我有以下几点思考。

1. 课程内容的选择要基于对幼儿的观察与了解

基于儿童视角的课程，顺应儿童身心发展规律和学习特点，尊重儿童的兴趣、需要与经验，支持儿童在自然、真实、具体的生活和游戏情境中，通过自己特有的方式主动探索周围世界。任何活动的开展必须基于对幼儿的观察与了解，这样教师才能根据孩子的原有经验，进行有效指导，及时搭建支架，拓展提升幼儿的新经验。本次落叶探索的主题就是源于幼儿的兴趣与经验，并通过发现幼儿与落叶亲密接触后产生的各种疑惑而开展，那么这样的自然体验活动课程是基于幼儿最近发展区的，同时也是最能激发幼儿探索热情的。

2. 利用家长资源拓展课程开展的空间与内容

主题开展的过程中，我们有效地利用了家长资源来拓展幼儿活动的空间，丰富学习的内容。比如，在“落叶下面有什么”这个活动中，我们组织幼儿在幼儿园的各个角落去探索落叶下面的秘密，但是毕竟幼儿园的场地有限，内容也相对比较少。临港有很多的公园，丰富的自然资源能为幼儿的学习提供内容。但是我们也不能带着每个孩子出去探索，于是，组织家长周末的时候带着孩子去临港的各个公园去探索落叶下的秘密，果然找到的内容和幼儿园的不一样。又比如，“落叶下面的洞洞是什么”这个活动因为受场地、人数等多种因素的影响，不适合在园内开展，那么可以利用家长资源来进行进一步的探索。我们做的是通过集体教学的形式，将幼儿个体的经验进行梳理总结，从而进一步拓展幼儿对活动内容的理解与深入。毫无疑问，有效地利用家长资源拓展了我们这个主题的空间，丰富了幼儿学习的内容。

3. 持续跟进助力课程深入开展

落叶是怎么腐烂的？叶子腐烂了会变成什么？小蚂蚁是怎么挖洞的？这些探索结果不是一下子就能出现显性结果的，而是需要时间的积淀。因此老师要持续跟进，引导幼儿耐心等待变化，并不间断地去观察、了解，这样才能让他们的

课程开展更加深入。比如，秋天看到的落叶，在冬天的时候可以再带孩子们去观察，探索落叶的秘密。

（二）探秘落叶下面的世界还能怎么做

探秘落叶下面的世界课程让孩子们成长很多，老师也从中有不少的收获。但是课程结束后思考，其实我们还有需要提高的地方，比如社区资源的利用。其实社区也包含很多的自然体验活动的资源，自然体验活动课程的开展不仅需要家庭与幼儿园的合作，更应该拓宽课程实施的途径。但是本次课程的实施过程中，我们没有充分地利用社区资源，这是我们需要在以后的活动中持续跟进的。

总之，大班自然体验活动中的班本化课程实施更应该是基于儿童视角的，在观察儿童的基础上，基于儿童的兴趣基础上开展的。同时更是要调动多方的力量，充分地利用周边的自然资源，助推幼儿在课程实施过程中的全面成长。

参考文献：

[1] 袁宗金.回归与拯救：儿童提问与早期教育[D].南京：南京师范大学，2006.

[2] 皮亚杰.儿童的思维与语言[M].香港：香港文化教育出版社，1980.

[3] 李季湄，冯晓霞.《3～6岁儿童学习与发展指南》解读[M].北京：人民教育出版社，2013.

[4] 张欢.幼儿眼中的为什么——基于幼儿提问内容的调查研究[D].沈阳：沈阳师范大学，2014.

幼儿园借形想象美术集体教学活动设计与实施的研究

张兰萍（上海市浦东新区红蜻蜓幼儿园）

“借形”就是借助一个图形、一个物体将自然界中不规则的图形通过人的感知想象变成具体的形象。“借形想象”就是以相关、相似、相对想象为基础的一种艺术表现形式，是对该图形、该物体进行创造添加让其变出新物体形象的过程。“借形想象”对于培养幼儿的创造力和想象力有着重要的影响，幼儿可以运用已有形状，在此基础上通过相关、相似、相对等充分联想、想象，在老师提供的材料上任意添加与修改，创造出新的形象，体验成功的快乐，这能有效地提高幼儿的发散性思维，在无形中培养出一种敢于创新的能力。

一、幼儿园借形想象美术集体教学活动内容的选择

集体教学活动是指在教师指导下，全班一起进行的有计划有目标的活动。教师需要对集体教学活动的作用和功能有清晰的认识，熟悉集体教学活动的基本环节，并掌握一定的教育技能。选择合适的教学内容，是开展集体教学活动的首要条件。

（一）内容的选择来源于幼儿的生活

把生活中常见的、幼儿熟悉的、符合幼儿年龄特点的资源作为幼儿集体绘画活动的主题。在活动“小勺的一天”中，将幼儿生活中每天使用的小勺子作为绘画工具，用小勺子舀上颜色，和泡泡玩起走迷宫的游戏，在点、线、面的练习后，经过翻转拓印，画纸上会出现随机形成的形状，引导幼儿观察，并展开想象、创作。

（二）内容的选择具有新颖性，引起幼儿的好奇心

选择符合幼儿兴趣点的内容，以此来激发幼儿的想象以及探索的欲望。比如

在大班的“动物变变变”中，老师采用锡箔纸这种新型的材料进行小动物的创作，孩子们经常在家里看到爸爸妈妈用烤箱制作美食的过程中使用这种材料，是幼儿比较好奇的平时没有机会接触真正使用的，因此孩子充满了浓厚兴趣。

（三）内容的选择具有核心价值

在主题活动中，与主题相关的内容可以作为幼儿绘画的内容。主题的经验可以为幼儿绘画表现提供很好的素材，对幼儿的主题经验进行补充、再现、总结。比如大班美术活动“应急号码”，其实常用的一些电话号码是孩子们在主题开展的过程中已经有所累积的前期经验。那什么是应急号码呢？幼儿比较缺少生活经验和自我保护能力，像火灾、溺水、拐骗、日常生活中发生的意外伤害和突发事件等，时刻威胁着孩子们。因此将这节课补充在大班主题《我们的城市》中，让幼儿更进一步了解应急号码的用途，帮助幼儿建立良好的自我保护意识，知道在自己遇到紧急情况时会使用这些号码，增强幼儿的自我保护意识，并且尝试借着应急号码的“形、意、音”进行大胆想象，感受到创作活动的乐趣。

二、幼儿园借形想象美术集体教学活动目标的确立

（一）借形想象美术活动和一般美术活动目标制定的区别

借形想象美术活动更偏重于在美术活动的过程中让幼儿充分展开自身的想象力和创造力，体验成功的快乐。但是过多地强调想象而忽略美术活动的知识、技能、情感的培养也是不够全面的。在实践过程中，我们发现，既要兼顾一般美术活动对于目标的制定要求，也要满足我们课程特色的需要。我们没有系统的幼儿园借形想象的活动课例可供参考，所以我们需要梳理幼儿园活动课例和框架。为此我们对目标框架进行了研究。如下表所示：

小　班	中　班	大　班
气球宝宝	生活用具立体借形想象	四季的色彩
1. 体会手工活动的乐趣。 2. 初步感受动物脸部的画法，并大胆根据自己的意愿在气球上添加五官。	1. 认识生活中常见的各种用具，了解它们不同的用途，提升制作大型作品的动手能力和创造力。 2. 尝试组合生活用具进行彩绘、组合，并进行想象添画。	1. 了解季节的变化，感受四季的色彩美。 2. 鼓励幼儿选择自己观察到的四季的色彩进行拓印，并进行借形想象。

（续表）

小　班	中　班	大　班
滴水成画	红色的感觉	应急号码
1. 尝试用水和颜料进行拓印。 2. 对随机出现的水迹有兴趣。	1. 了解夏季是一年中最炎热的季节。 2. 尝试用报纸拓印，并对红色“借色想象”和添画。	1. 了解应急号码的用途，帮助幼儿建立良好的自我保护意识。 2. 尝试借助应急号码的形、意、音进行大胆想象，感受到创作活动的乐趣。

由此表格，我们发现借形想象的目标是要调动孩子的想象力，是大胆想象，并不是要完成一幅作品。我们列出的目标离不开跟想象创造相关的元素，比如跟颜色相关的，跟材料相关的想象、添画，目的是要充分调动孩子的想象力。

（二）不同年龄阶段借形想象美术活动的目标确立

结合国家与上海学前教育纲要的要求，同时兼顾3～6岁幼儿年龄特点，以及我园幼儿的发展情况，我们对我园3～6岁幼儿在借形想象美术活动中的表现进行行动研究，将幼儿在学习活动中所呈现出来的学习反映作为分析和提炼的依据。以下是不同年龄阶段借形想象美术活动的目标。

不同年龄段发展目标（知识、技能、情感、想象创造）

目标＼年龄		第 一 学 期	第 二 学 期
小班	知识	初步尝试使用熟悉的材料进行简单的借形想象。	乐意使用各种不同材料进行借形想象。
	技能	在情境中，尝试运用简单的材料（实物、图形、色块等）在点、线、形游戏中进行撕撕、贴贴、画画等想象创作。	创设各种有趣的情境，在已有材料的基础上变一变，尝试添画背景。
	情感	喜欢参与绘画、手工、撕纸等美术活动，初步体验借形想象的乐趣。	运用绘画、手工、撕纸等各种手法，体验借形想象作画的乐趣。
	想象创造	运用熟悉的材料借形想象，进行添画。	尝试用各种表现形式创设情境，借助实物原有的形态进行简单的创造。
中班	知识	在借助图形、线条的基础上添画，进行想象创作。	将一个形转化成另一个形，尝试变换角度借形想象。

（续表）

目标 \ 年龄		第一学期	第二学期
中班	技能	通过多种方法（撕贴、剪纸、添画）等表现方式，借实物、借画、借图片、借生活用品等进行借形想象。 尝试观察事物的外形及主要特征，并大胆表现。	借助各种表现方式，运用夸张的手法进行借形想象。 在大胆表现事物外形及主要特征基础上，进一步尝试表现动态的事物特征。
	情感	喜欢探索和借助各种工具及材料进行想象，体验创作带来的乐趣。	能用多种表现形式体验不同的造型效果，感受创作的乐趣。
	想象创造	尝试对图形和线条进行添加和组合，展现作品的趣味性。	将原有的图形通过想象添加变成另一个图形，展现富有个性和创造力的画面。
大班	知识	仔细观察物体的整体结构和空间关系，进行借形想象。	改变物体的空间方位和角度，大胆进行借形想象。
	技能	尝试借助色块、文字、图形、实物的特征，从不同的角度进行组合，借助新造型大胆想象和添画。 运用夸张的手法改变物体的外形进行想象和创造。	改变已有画面的空间方位和角度，重新组合或简单分割，展开多角度想象，进行添画和再创造。 运用多种技能结合法，如剪纸、立体制作、废旧材料制作等，有创意地进行表现。
	情感	愿意和别人分享交流自己的作品，感受合作的乐趣。	大胆自主地表达与表现，分享合作完成作品的乐趣和成功感。
	想象创造	运用借形想象的方法，在重新组合的新造型上继续想象添画。	运用借形想象的方法，通过想象把原有的情境创作成另一个情境。

三、幼儿园借形想象美术集体教学活动环节的设计

当教学活动目标确定之后，要与活动环节相匹配对应，即有目标，就要有相应的环节去支撑，逐步达成目标。在明确了教学活动的目标与环节之后，教师可以考虑撰写教案，通过活动幼儿可以收获什么经验？需要哪些方法来实现呢？

（一）表现方法的设计

向幼儿直接传授美术创作的表现手法或者直接提供给幼儿范例进行临摹，这会限制幼儿的思考和创造，导致幼儿有依赖性地模仿。要将培养幼儿的创造力和

个性的表达当作教学的目标，借形想象美术集体教学活动的表现方法要符合幼儿现有的观察、思维和动作水平。在教学活动中，要能吸引幼儿运用已有的经验主动进行新的创作方法的尝试。

比如在“应急号码”中，尝试借着应急号码的“形、意、音”进行大胆想象，感受到创作活动的乐趣。显然，行、意、音的想象是本节课的重难点。借形进行想象，孩子们平时已经做了非常多借形想象的美术游戏了。那么我们今天要换别的办法来玩一玩这个游戏。所以本次活动的重点是引导孩子去更好地进行借音和借义进行想象。在活动中，我要通过一些方法让孩子理解什么是借形、借音、借义想象，让幼儿在看看、想想、说说、画画的过程中，学会“借形想象”的表现方法。

110实际上是一一零，如果我们今天不做借形想象的话，还能不能用别的办法想别的东西？1还能想到什么？幼儿说衣服；0可以想到什么？幼儿说铃铛。有的孩子通过观察，开始了逻辑推理，这种想象方式就叫作借音想象。你画的数字还能不能想到什么东西？9还能想到什么？啤酒。2想到了爱，这个幼儿真有爱。

接着让幼儿再来看一下什么是借意想象。出示图片的时候，提问110我们想到了谁啊？幼儿回答说警察，那我们就会想到来帮助我们的人，可以把110这几个数字变成来帮助我们的警察叔叔，对不对？这个就叫作借意想象。用借意想象的办法，1我们还能想到什么呢？有的幼儿说是医院的救护车，抬伤员的医疗架，消防员叔叔的云梯，等等。幼儿的想象一下子就涌现在眼前。

从借形到借音到借意想象，对幼儿的难度是逐渐加大了，教师有意识地帮助幼儿提升，让幼儿更好地理解活动的重难点，了解借形想象的方法。显然大班的孩子已经有了更好的逻辑思考能力，这样就能更好地让幼儿去打开想象的翅膀，让幼儿的思维更发散。尝试使用借音、借意表现的方法也激励着幼儿去尝试用更难的办法来挑战自己，进一步去想象、创造。

（二）材料的设计

教师需要提供什么样的材料，能引起孩子的兴趣又便于孩子自由选择？借形想象倡导通过与材料之间的互动。提供材料时，教师应充分了解幼儿的年龄特点、兴趣以及材料的可操作性，引导幼儿自主选择进行想象创作。比如在“应急号码”中，材料提供：记号笔、彩色的皮纹纸、彩色粉笔。彩色粉笔，我打了括号，意思表示孩子可以有选择性地使用，根据孩子能力的强弱来使用。对孩子们来说也是新提供的上色比较快、易出效果的工具。

（三）提问的设计

提出问题要具有开放性、发散性、启发性，必须符合幼儿实际经验和幼儿的思维水平，使幼儿发散思维，建立多渠道的联想。

在“应急号码”活动中，我请孩子们思考，你画的数字小超人可以变成什么呢？孩子们开始天马行空地想象，有的孩子说老师我想不出来了怎么办？这样整个班级的气氛就会垮掉。有一句脍炙人口的口诀，可以试一试："我上看下看，左看右看，看看它像什么？"甚至可以在孩子们之间，轮流看看交换画纸进行作画。有的孩子实在想不出，也可以引导孩子去大胆作画，画个你没有见过的、老师没有见过的都可以，哪怕是小怪兽、小超人都可以。我提示幼儿尝试自己转动画纸，不同的角度看到的就是不一样的。

（四）教师行为的设计

那么活动中老师该做些什么呢？老师不是一个幼儿探索的旁观者，而是探索的支持者。老师需要去预设幼儿可能出现的情况，也要不断去发现幼儿的一些创造性的表现，给予肯定和支持。孩子们写好数字后，我会用一步巡视的方法去看一看，孩子们的数字是否利于想象创作。有的数字特别小，不利于变，那么，提醒幼儿，数字小超人应该“头顶着天、脚踩着地”，进行引导。

（五）评价的设计

老师要肯定幼儿的创作，对于不同年龄段的幼儿，教师的指导侧重点也将不同。对于小班的幼儿来说，接纳他们绘画的表现方式很重要。在“应急号码”这节活动课中对于大班孩子，想象力和创造力的表现非常重要，同时要提醒幼儿结合自己的画面进行故事情节的创编等都是值得思考的。

四、幼儿园借形想象美术集体教学活动实施的策略

策略一：导入环节情境化——激发想象

游戏化、情境化的导入活动是促进幼儿积极、主动学习的有效途径，因此，

教师要为导入环节精心设置情境。例如在小班借形想象活动“滴水成画”中把没有生命的材料“水”赋予生命，选取的内容符合幼儿熟悉的生活场景，以此引出借形想象的主题。这样滴管宝宝下雨情境化的游戏导入，让幼儿在不知不觉中进入情境，同时在玩中学、学中玩的过程中，完成借形想象中形的提供，激发幼儿进行创作的兴趣。

策略二：材料提供适宜性——支持想象

丰富多样的材料是幼儿进行艺术表现和创造的主要条件。借形想象倡导通过与材料之间的互动，激发个体对材料的理解。在材料提供时，首先教师应了解幼儿的年龄特点、兴趣以及材料的可操作性。

对于小班幼儿，贴近幼儿生活经验为主的材料，比如生活中常见的蔬菜萝卜，以此作为拓印材料，在此基础上进行添画能更有效地激发小班幼儿借形想象的兴趣。对于中大班的幼儿，教师尽可能提供多种材料，材料尽可能满足幼儿剪、画、贴等多种技能。除此之外，我们会尝试借用立体的材料或者组合材料进行想象创作。

策略三：创作方法灵活性——启发想象

在借形想象活动中，要想让幼儿大胆进行想象，需让幼儿在看看、想想、说说、画画的过程中，多了解一些“借形想象”的方法，比如：将没有情境转换成有情境，将一个形转换成另外一个形，将一个情境转换成另一个情境。用借形的方法，也可以用借音、借意的方法来引导幼儿从不同的角度进行思考创作。可以用一物多变法，也可以用多物联想法，将几个不相干的物体串联起来进行想象创作。在借形想象的创作活动中，我们发现作画的方法是可以选择的，思维的方式是可以变通的，这样不仅可以培养幼儿的发散性思维，对幼儿的想象力、创造力也起到潜移默化的影响。

策略四：表现形式多样性——丰富想象

在借形想象活动中，借形想象作品的表现形式可以灵活多样的，比如用水粉、水彩、水墨、版画等进行拓印借形想象、添画借形想象、拼贴借形想象、组合借形想象等创作活动；也可以借助实物，如泥塑、纸团、袋子等，通过揉、搓、捏、压等手法进行创作；或者进行实物立体借形想象创作活动，把平面和立体材料相结合，让不同层次的幼儿都能找到展示自我的舞台，创作出更加丰富多彩的借形想象作品。

作画的形式也可以是变化的，有小组合作画，也可以单人作画。我们根据创作的主题内容进行合适的选择。如在合作作画的过程中，可以让幼儿围在画纸边上，几十个幼儿排成长卷画，使作品效果更壮观，内容更丰富。

策略五：支持策略有效性——保护想象

教育学家马卡连柯曾经说过："教师态度神色上的少许变化，儿童都能看到或感觉到，教师思想上的一切改变无形之中都会影响到儿童。"在活动中，作品的评价标准不是我们自己认为的像不像、好不好，而是要保护幼儿的想象、创造能力，是否感受到创作的乐趣。

1. 尊重差异，鼓励幼儿大胆作画。

2. 启发提问，挖掘幼儿内心想法。

3. 等待倾听，引导幼儿想象创造。

尊重幼儿的想法，静心观察并找到正确的方法引导帮助幼儿更好地创造与表达。用儿童的视角，开放平等地跟幼儿进行交流，多问幼儿，注重幼儿的想象过程。老师应该对其表达和想象给予肯定，最大程度地调动幼儿的积极性，让幼儿快乐自如地表达自我的认知体验、自我的情绪情感，我们才能够看到更多属于幼儿自己的童画，给每个幼儿机会，使幼儿的想象、创造力都得到展现，体验创作的乐趣。

孩子眼中的世界
——浅谈幼儿在方案活动中的主动性

邬维玮（上海市浦东新区东方幼儿园）

背景介绍

在意大利北部有个名不见经传的小城镇——瑞吉欧，小镇的学前教育曾风靡世界，被称为“全世界最好的学前教育”。在瑞吉欧，教师以“儿童发展为中心”，他们努力倾听孩子的声音，认真走进孩子的世界；他们在倾听中感悟儿童、认识儿童、理解儿童，让孩子尽快地进入主动的学习状态。瑞吉欧教育者有一句名言：“接过孩子抛过来的球。”这句话正道出了我们苦苦追寻的教育原点——“从儿童中来，到儿童中去！”听到这句话，我眼前不禁浮现出这样一幅生动、形象的画面：幼儿园成了儿童主动学习的乐园。在这里，儿童积极主动地和老师一起投入到快乐的“乒乓球”活动中。在以往的教学中，存在这样一些现象，老师花大量的时间去思考指定活动目标，选定认为孩子应该学习的知识内容，但却没有真正了解：孩子需要什么？孩子对什么感兴趣？孩子已具备哪些方面的生活经验？《幼儿园教育指导纲要》提出：“教师要善于发现幼儿感兴趣的事物、游戏和偶发事件中所隐含的教育价值，教师要把握时机，积极引导。”这就要求教师要学会观察、了解幼儿学习兴趣需要，从中挖掘其所蕴涵的教育价值，并以此作为课程设计的重要依据。孩子有一百种语言、一百个想法、一百种思考和说话的方式，作为教师，就应有一百种倾听和爱的方式，成为孩子成长的有力支持者。

方案活动是我园的园本课程，在这一次的方案活动中，我们班的研究主题是“环保”。在方案活动的开展过程中，我体验了一把“孩子也是我们的老师”的感受。

一、不一样的秋游，不一样的谈话

实录：

在秋游参观环保工厂时，孩子们一边认真参观记录，一边纷纷提出自己的疑惑："为什么这些垃圾要分类扔呢？""回收的电器可以干什么？""牛奶盒怎么也能做成大纸箱呢？""环保"两字对幼儿来说虽然不算陌生，但经过这次参观后他们才有了切实的体会，也第一次感受到"环保"与我们生活的联系。在参观的过程中，孩子们对环保工厂里如何处理垃圾以及废物再利用的情况产生了浓厚的兴趣。于是回到幼儿园，孩子们第一时间提出了这次的方案活动想要研究"环保"。

主题是确定了，可是在说到如何开展研究时，孩子们却犯难了——烟囱，从哪里找？烧烤架的烟该如何净化？

果然，马上就有孩子提出异议了："我们这里又没有沙尘暴，怎么研究啊？"

"环保工厂里都是专门的叔叔阿姨在重新回收废电器，我爸爸说我们不能随便拆电器的。"

"哎呀，那是不是我们这个方案不能进行了？大家可以想一想，能不能找到一个我们大家都能研究的方面呢？"教师追问道。

说到这里，本来还兴致勃勃的孩子们不再作声了，大家你看看我，我看看你，一时间都不知该说什么好。

就在这时，曹悦轻轻地说："我想研究废物箱。"

这下，班级里可炸开了锅。

反对派立马提出质疑："废物箱有什么好研究的呀，我们天天都看得到。"维玮老师立即抓住这个机会，也故作疑惑地问："对啊，废物箱可以研究什么呢？"

赞成派立刻声援道："废物箱造型不一样啊！有一次我去商场里，那个废物箱是石头做的，可漂亮了！""马路上废物箱的功能是不一样的，有专门放干垃圾的，也有放可回收垃圾的。""是呀，我还想知道这些废物箱里的垃圾最后会运往哪里呢？这些垃圾还有用吗？"

孩子们你一言，我一语，讨论得热火朝天。老师把孩子们提到的内容一一记录下来，居然又画出了一张以"废物箱"为中心的新网络图。

分析：

在这次与众不同的秋游活动中，孩子们通过参观，对环保工厂里如何处理垃圾以及废物再利用的情况产生了浓厚的兴趣。于是当我们这次要开展方案活动时，马上有孩子提议要研究和环保有关的内容。“环保”主题是时下热门话题之一，孩子们一张口便能说出各种关于环保的话题：绿色出行、保护树木、不污染水、垃圾分类、保护环境……想来也觉得环保可研究的内容多，不至于走进死胡同。

可在谈话过程中，孩子们的奇思妙想一方面让我们高兴，另一方面也让我们犯了难——环保这个主题范围太广，孩子们想要研究的内容很多。在确定方案主题时，我们往往容易走入这样一个误区——选择宽泛的主题，认为这样可以研究的内容多，可以使研究的面更广。其实要研究的东西若非是孩子们自己可挖掘的，便真的需要老师时刻跟在孩子身后撒不了手，这样的方案并不是孩子做出来的，而是老师设计出来的，其本身也违背了方案活动的理念。在上述案例中，虽然教师知道“环保”作为研究的主题有些宽泛，但是教师并没有打消孩子探索的积极性。为了让幼儿有更深层次的探究，教师追问道：“环保主题确定了，那么我们可以进行哪些方面的研究呢？”教师适时的追问，帮助幼儿去建构自己的主题框架。经过一番讨论，孩子们自己觉得“环保”这个主题离自己的生活经验太远，不知道如何探索的时候，教师的一句话，又让孩子重新打开了思路。正是教师的倾听，正是教师了解孩子的一百种语言，才能成为孩子有力的支持者。

二、“从做中学”，允许孩子失败

实录：

“废物箱的材质”研究小组的孩子们带来了研究工具——几块木板。在对于木头与木头之间怎样做连接产生了不同的想法。

李家豪说：“我已经想好了，用热胶枪应该能固定好。因为我一直看到老师总是用热胶枪在粘东西，我想这个应该也能把木头粘起来吧。”于是，他在老师的帮助下去尝试了他的想法。

可是问题很快就出现了——热胶枪根本固定不住木片，只要轻轻地摇晃，木片就会马上倒下。不过小组成员依旧没有放弃，又想到了使用封箱带来固定木片。

“你们用封箱带能够把这些木片固定住吗？”教师疑惑道。

“应该可以的吧，平时教室里的板坏了阿姨也是用封箱带固定的呀。”

于是孩子们马上使用封箱带，继续研究起来。可是问题又出现了——使用这种方法固定的木板确实能够像外面见到的废物箱一样站立起来。然而过了一会儿，孩子们的成功之作却摇摇晃晃地掉了下来，封箱带还是不能长时间地把木片固定住。

这时，小组成员陷入了迷茫中。他们来到了门卫叔叔那里寻找答案。

最后在门卫叔叔的帮助下孩子们决定用钉子试一试。

孩子们很快在门卫叔叔那里借到了榔头，可是他们又犯难了——榔头该怎么使用呢？

“我来试试看！”李家豪自告奋勇，拿起榔头就敲，这下可把我们吓坏了。老师连忙拿过榔头，请李畦冉和李家豪扶住木片固定好，接着再用钉子钉在需要连接的地方，使用榔头敲了起来。经过老师的示范，孩子们很快就掌握了要领。敲钉子对他们并不容易，需要两个人一起合作才能够把一枚钉子敲到木片里。胆大的李家豪连忙接过榔头开始敲起来。

分析：

“允许孩子失败。”

这是我在看到今天孩子们的表现时，脑海里蹦出的第一句话。

刚开始，当我们看到孩子们使用的研究工具时，不明白他们为何会先尝试使用热胶枪和封箱带，而不使用钉子。可对孩子们来说，钉子并非常见的工具，平时生活中能用到的机会更是微乎其微，他们怎么会一下子就想到呢？孩子们熟悉的工具，无非是在家中或幼儿园里常见和常用的工具——热胶枪和封箱带，这些都源于孩子们生活的已有经验。那么在这时，我们究竟是看着孩子们“瞎摆弄”，还是直接告诉他们？很庆幸我们选择了后者。

若是没有经过尝试遇到失败，孩子们就不知道为何不能使用热胶枪和封箱带，虽然他们在成人的引导下使用钉子少走了弯路，但是方案活动中探索的兴趣也会随之降低了，同时也会降低孩子们参与研究的积极性。幼儿的世界是幼儿自己去探索发现的，他们自己探求来的知识才是真知识，他们自己发现的世界才是真世界。可见在一开始就把答案都告诉孩子，未必是个好选择。方案活动中强调幼儿学习的自主性，重视幼儿内在的学习动机。在上述案例中，教师在相信幼儿潜能的前提下适当地给予幼儿的指导，并没有控制或代替幼儿。瞧，允许失败未必一直失败，最后孩子们不是都成功了吗？

三、仔细观察，学会等待

实录：

这天，“废旧物品处理”的小组正在研究如何像环保工厂里那样，把一个个废旧物品有顺序地传送到某个地方。可是该使用什么工具呢？

安奕嘉说：“我在环保工厂里好像看到有一根带子，上面放了很多要分类的东西，这跟带子在机器的开动下，自己会传输，这样叔叔阿姨们就可以直接站在原地处理垃圾了，这样可以省力很多呢。”

在同伴的提醒下，张笔程突然豁然开朗说：“哦，我知道了！要做传输带！”

于是，孩子们对于制作“传输带”的材料进行了讨论。张笔程说：“我觉得用KT板做传输带比较好，因为它比较结实，不容易断，这样运输废品就更牢固。”可是魏郁辰提出了不同的看法：“我有次在军事类书上看到了坦克车的轮子，它是用一些坚固的链条包在轮子上，这样动起来的话速度又快又安全。”两人对选用的材料争论不休。无奈，他们只能来寻求老师的帮助：“老师，你觉得哪种材料适合做运输带呢？”老师说：“别着急，你们可以分别把自己选用的材料来试一下呀，看看哪个效果好！”

于是，几个孩子分成两个不同的小组开始研究如何制作传输带了。

魏郁辰和余浩扬选择使用比较长的纸和卷筒纸芯制作传输带。制作出来的传输带和我们平时见到的坦克履带很相似。

另一边，张笔程和安奕嘉也正在制作他们的传输带。与魏郁辰这组不同的是，张笔程选择使用比较大比较结实的KT板作为传输带的平面，下面的滚轴也选用了卷纸芯，周围还有挡板。

张笔程在做完自己的传输带以后用双手直接动作示意，果然“传输带”滑动了起来。

分析：

我们都清楚，教师在方案活动过程中所充当的一个重要角色就是幼儿探索活动的支持者。但是我们以往对此有一个误解，即“支持儿童”就意味着两个方面：一是教师向幼儿及时提供他们需要的材料；二是当幼儿碰到困难或棘手的问题时，教师就一定要帮助他们降低问题的难度或直接帮助幼儿解决那些问题。然而实践告诉我们，教师作为一个支持者的含义远远不是那么简单的。

在上述这个案例中，当幼儿碰到问题向教师求助时，教师并没有告诉他们解决“哪种材料更适合做传输带”这个问题的办法，而是鼓励幼儿自己去摸索，自己去尝试，这次不急于帮助而是退居幕后稍作等待的尝试让我有了意想不到的收获：孩子们通过自己的不断尝试，终于制作成他们心目中的传输带。

魏郁辰小组的表征结果来源于幼儿平时在电视上或者书中看到的坦克的原型；张笔程小组的表征结果由于参考了环保工厂里的传输带，因此更接近传统意义上的传输带。但其实从中可以看出，孩子们的观察能力是非常强的。虽然张笔程表征的内容更为形象，但是不可否认的是，魏郁辰的表征来源于他自己内化后的结果，其实这也是我们平时在学习中经常鼓励幼儿的。张笔程更多地是将自己所见的东西直接表达出来，是所见即所学、所见即所得的体现。魏郁辰则是有了自己对规则的理解。由于规则是技能的重要构成成分，习得规则的目的是利用它做事、解决问题，不能仅仅局限于记忆和理解规则的层面上，要将理解了的规则转化成利用它办事的能力，需要一定的变式练习，亦即变换适用规则的情境的非本质特征，突现其本质特征，以说明规则适用的条件和如何使用规则。这是一种经验的迁移，而这正是现在大部分孩子缺失的地方。

学会等待，这四个字是我们经常提醒自己的箴言。在等待中，幼儿有可能通过自己不断尝试，通过失败、改进、再失败、再改进，最终获得成功；幼儿也可能通过互相之间的思维碰撞，找到解决问题的正确途径和答案。这些通过幼儿自己的努力获得的经验，远远比成人给予他们的经验更为深刻、更有价值。

作为一个相对于孩子而言知道得“更多”的成年人，往往最容易犯的错误就是过早过快地把我们所知道的知识灌输给孩子，往往容易形成揠苗助长的局面。孩子只知道结果，却失去了探索过程的乐趣，那么对于孩子而言，这样的结果究竟是不是他们所需要的呢？

其实在我们的教学过程中，除了允许失败外，还应学会等待。如若不失败，孩子就学不会如何面对失败，也很难获得坚持的宝贵经验。如若不学会等待，那么很多美好的结局我们便都看不到。

孩子眼中的世界虽以微观为主，却未必不如我们眼中的世界精彩。正是因为有了孩子们与众不同的视角，方案活动的开展和进程才会有更多思维的碰撞，更加多姿多彩的探索与发现。

图书在版编目(CIP)数据

教,然后知反:幼儿园一线新课程探索与实践.优秀论文卷/诸君主编.—上海:文汇出版社,2022.3

ISBN 978-7-5496-3739-3

Ⅰ.①教… Ⅱ.①诸… Ⅲ.①学前教育-教学研究-文集 Ⅳ.①G612

中国版本图书馆CIP数据核字(2022)第031503号

教,然后知反

——幼儿园一线新课程探索与实践(优秀论文卷)

主　　编/诸　君
责任编辑/张　涛
封面装帧/梁业礼

出 版 人/周伯军
出版发行/文匯出版社
上海市威海路755号　(邮政编码:200041)
经　　销/全国新华书店
排　　版/南京展望文化发展有限公司
印刷装订/启东市人民印刷有限公司

版　　次/2022年3月第1版
印　　次/2022年3月第1次印刷
开　　本/787×1092　1/16
字　　数/860千字
印　　张/49.5

ISBN 978-7-5496-3739-3
定　　价/162.00元(全2册)